Rainer Krack
Nepal Handbuch

D1700918

Im Tal gibt es so viele Tempel wie Wohnhäuser
und so viele Götterbilder wie Menschen.

Kirkpatrick (18. Jh.)

Der
Reise Know-How Verlag Peter Rump GmbH
ist Mitglied der
Verlagsgruppe

REISE KNOW-HOW

Rainer Krack
Nepal Handbuch

Impressum

Rainer Krack
Nepal-Handbuch
erschienen im

Reise Know-How Verlag Peter Rump GmbH
Hauptstr. 198
33647 Bielefeld/Brackwede

© **Peter Rump** 1992, 1994
3. aktualisierte Auflage *1996*

ALLE RECHTE VORBEHALTEN

Gestaltung:
Umschlag: M. Schömann, P. Rump
Inhalt: Kordula Röckenhaus
Karten, Pläne: Catherine Raisin
Umschlagkarten: Bernhard Spachmüller
Fotos: Martin Struschka (MS), Jutta Mattausch (S. 429), sonst Rainer Krack

Satz: digitron, Bielefeld

Druck, Bindung: Fuldaer Verlagsanstalt GmbH, Fulda

ISBN: 3-89416-193-0

PRINTED IN GERMANY

Dieses Buch ist erhältlich in jeder Buchhandlung der BRD,
Österreichs, der Niederlande und der Schweiz.
Bitte informieren Sie Ihren Buchhändler über folgende Bezugsadressen:
BRD: Prolit GmbH, Postfach 9, 35461 Fernwald (Annerod)
Schweiz: AVA-buch 2000, Postfach, CH-3910 Affoltern
Österreich: Mohr-Morawa Buchvertriebs GmbH, Sulzengasse 2, A-1060 Wien
Niederlande: Nilsson & Lamm BV, NL-1380 AD Weesp

Wer im Laden trotzdem kein Glück hat, bekommt unsere Bücher gegen Vorein-
sendung des Kaufpreises plus 4,50 DM für Porto (Scheck im Brief) direkt bei:
Rump-Direktversand, Heidekampstr. 18, 49809 Lingen (Ems)

●Wir freuen uns über Kritik, Kommentare und Verbesserungsvorschläge.
●Der Verlag sucht **Autoren** für qualitativ gleichartige Reiseführer.

Vorwort

Nepal, Land der abertausend Berge, Götter und Legenden: Es gibt wohl nur wenige Länder auf der Welt, die eine solche magische Anziehungskraft ausüben wie dieser Hindu-Staat zwischen den Achttausendern des Himalaya und der heißen Tiefebene des Terai. Die höchsten Berge der Erde machen es zu einer Art naturgegebenem Weltwunder, und seine vielgefächerte, größtenteils unverfälschte Kultur schlägt auch denjenigen in ihren Bann, der sich Berge lieber nur aus bequemer Distanz anschaut. Nepal bietet für jeden etwas, ob Bergsteiger, Kultur-Freak oder schlichtweg Urlauber.

Glücklicherweise steht das Land heute jedem offen, und die Reise dorthin wird per Direktflug von Europa bewältigt - das war beileibe nicht immer so: In früheren Jahrhunderten war Europäern der Besuch des Landes von dessen Herrschern strikt untersagt, von wenigen Ausnahmen einmal abgesehen.

Ende des 18. Jh. gelangte ein Abgesandter der East India Company, ein Colonel *Kirkpatrick*, nach Nepal, und Anfang des 19. Jh. durften die Briten einen "Residenten" oder Botschafter nach Kathmandu entsenden. In der Folgezeit vermochten Europäer nur vereinzelt, Sondergenehmigungen zur Einreise zu erringen. Waren die Genehmigungen schon schwer abzutrotzen, so stand den wenigen Auserwählten eine höchst strapaziöse Reise durch dichten, von wilden Tieren beherrschten Dschungel bevor. Zu einer solchen Tour, entbehrungsreich wie sie allgemein war, "muß man alles (Notwendige) selber mitführen, vom Mehl zum Brotbacken bis zur Ausrüstung fürs Campieren" - so der französische Nepal-Reisende *Gustave le Bon*, der seine Erfahrungen 1883 unter dem Titel "Voyage au Nepal" veröffentlichte.

1951 öffnete sich Nepal ausländischen Besuchern, und ein Jahrzehnt später begann zaghaft der Tourismus, dem durch die damaligen schlechten Verkehrswege noch enge Grenzen gesetzt waren. Mittlerweile hat sich die Infrastruktur enorm verbessert. Leider sind in der Zwischenzeit aber auch die ehemals fast undurchdringlichen Wälder arg reduziert, so daß heute nicht mehr die "wilden Bestien" drohen, sondern ökologische Probleme. "Entwicklung" hat ihren Preis, das stellt man heute auch in Nepal fest.

Heute, weniger als ein halbes Jahrhundert, nachdem der Himalaya-Staat seine Grenzen öffnete, ist der Tourismus der wichtigste Devisenbringer, und die Touristenzahlen (ca. 325.000 Personen/Jahr) werden voraussichtlich noch steigen. Für die Jahrtausendwende peilt die Regierung, etwas überoptimistisch, Touristenzahlen von einer Million Besucher pro Jahr an.

Allen, die dieses faszinierende Land zu entdecken gedenken, sei dieses Buch eine kleine Hilfe. Namaste! Willkommen in Nepal!"

Inhalt

Vor der Reise

Land und Leute

Reisetips

Kathmandu und Umgebung

Von Kathmandu nach Pokhara

Kathmandu Valley

Das Terai

Trekking und Rafting   *Anhang*

Exkurse zwischendurch

Begriffe der Tempelarchitektur 110
Im Eiltempo in die Katastrophe? Umweltprobleme in Nepal 115
Die Kumari Dewi - Göttin bis zum ersten Blutstropfen 166
... und ein Fisch fiel vom Himmel - Die Legende von den zwei Astrologen 170
Die Rudraksha-Mala - Gebetshilfe und Allheilmittel 186
Volldampf aus allen Schloten: Die "gute" alte Ziegelindustrie 286
Die Gurkhas - Helden ohne Zukunft? 312
Charas, Bhang und Ganja - Ein Vollrausch für die Götter 350
Pioniertaten in der Todeszone: Die Bezwingung des Mount Everest 419
Der Yeti - Realtität oder Fata Morgana 421
Das Ghazal - Blues auf Orientalisch 439
Bos indicus - Heilig vom Horn bis zum Huf 444

Hinweise zur Benutzung

Zur Schreibweise von Nepali- und Sanskritbegriffen

Zwar gibt es in Fachkreisen ein festgelegtes Transkriptionssystem für Vokabeln aus dem Nepali, Sanskrit, Hindi und Marathi - alle diese Sprachen benutzen dasselbe Alphabet - dieses ist für Laien jedoch kaum verständlich. Demnach müßte der Gott Krishna eigentlich *Kṛṣṇa* geschrieben werden, die Göttin Lakshmi *Lakśmi*, und das Hindu-Epos Ramayana wäre *Rāmāyaṇa*. Auf diese linguistisch akkurate, den Nicht-Indologen aber verwirrende Schreibweise wurde im folgenden Text verzichtet.

Die im Buch gewählte Transkriptionsweise kommt der wissenschaftlichen dennoch so weit als möglich entgegen, wenn auch aus Gründen der Konvention des öfteren Abstriche gemacht wurden. So müßte sich die Stupa von Swayambhunath eigentlich *Svāyambhūnāth* schreiben, mit V statt mit W. Im Nepali gibt es zwar diesen Laut, der wie W klingt, er müßte, genau genommen, aber als V transkribiert werden.

Für Verwirrung sorgt auch das nepalesische B, das häufig mit dem V vertauscht zu werden scheint. Tatsächlich sind die beiden Buchstaben oft austauschbar: Bhairav (ein anderer Name für Shiva) kann auch Bhairab geschrieben werden, Vinayak (ein anderer Name für Ganesh) auch Binayak. Jeweils beide Versionen sind gleichwertig.

Verzichtet wurde meist auch auf die für Laien unverständliche Transkribierung des behauchten C, das etwa wie *tsch-h* auszusprechen wäre. Behauchte Laute sind Konsonanten, denen ein H "nachgehaucht" wird. Diese Laute führen oft zu merkwürdig aussehenden Gebilden wie z.B. *Chhetrapati* (ein Stadtteil Kathmandus), das etwa *Tsch-h-et-rapati* ausgesprochen werden müßte. In vielen derartigen Fällen wurde die Schreibweise vereinfacht, in diesem Beispiel zu Chetrapati. In der nepalesischen Praxis sind beide Versionen anzutreffen.

Aus all diesen Gründen tauchen zahlreiche nepalesische Begriffe je nach Quelle auch in den unterschiedlichsten Schreibvarianten auf. Dadurch sollte man sich aber nicht allzusehr verwirren lassen.

Abkürzungen

Im folgenden einige in Nepal geläufige Abkürzungen, von denen sich viele auch in diesem Buch wiederfinden:

AC	air-conditioned (mit Klimaanlage);
c/o	care of (bei, zu Händen);
D	double room (Doppelzimmer);
Dept.	department (Abteilung);
Dorm	dormitory (Schlafsaal);
Exp.	express (Expreßbus- zug);
ft.	foot/feet (Fuß; 1 Fuß = 30,48 cm);

Govt.	government (Regierung);	NC	Nepalese Currency (nepa-
G.P.O.	General Post Office		les. Währung, nepales.
	(Hauptpostamt);		Rupien);
IC	Indian Currency (indische	P.O.B.	Post Office Box (Postfach);
	Währung, ind. Rupien);	R.	Rupee (1 Rupie)
KTM	Kathmandu	Rd.	Road (Straße);
	(Flughafencode der IATA);	Rs.	Rupees (Rupien);
lb./lbs.	libby/libbies	S	single room
	(engl. Gewichtseinheit;		(Einzelzimmer);
	1 libby = 453,6 g);	Stn.	station (Zug-/Busstation).

Vor der Reise

Information

Nepal unterhält in Deutschland, der Schweiz und Österreich *kein Fremdenverkehrsamt*. Informationen können daher nur in den diplomatischen Vertretungen Nepals eingeholt werden, Adressen s. Kap. Einreisebestimmungen.

Wer sich stärker für Nepal interessiert, findet bei der *Deutsch-Nepalesischen Gesellschaft e.V.*, Wüllnerstr. 118, 50931 Köln, einen Ansprechpartner.

Hin- und Rückflug

Flugpreise

Der offizielle, von der IATA (International Air Transport Association) festgesetzte Preis für die Strecke Frankfurt - Kathmandu - Frankfurt liegt bei 4550 DM. Doch keine Angst, soviel bezahlt niemand, es sei denn, man ist Geschäftsreisender. Die Preise für Billigflüge, die einer Art grauem Markt entspringen, beginnen schon bei ca. 1500 DM. Wer darauf achtet, entdeckt auch bei den Billigtickets in der linken unteren Ecke den offiziellen IATA-Preis, zumeist in der Währung des Landes, in dem das Ticket ausgestellt wurde. Viele in Deutschland verkaufte Tickets stammen von Agenten im benachbarten Ausland, aus Belgien, den Niederlanden oder Dänemark. Im Anhang sind die aktuellen Preise verschiedener Anbieter aufgeführt.

Die Preise für Flüge ab Amsterdam oder Brüssel liegen nicht selten unter denen ab Frankfurt, was für Passagiere aus den entsprechenden Grenzgebieten von Interesse sein könnte.

Wie finde ich ein Reisebüro, das Billigtickets verkauft?

Viele Billigreisebüros annoncieren in Alternativ-Blättern, Stadtmagazinen oder den mittlerweile sehr zahlreichen Reisemagazinen. Einige davon drucken gleich die Preise ab, wodurch man dann den preiswertesten Anbieter bequem vom Sofa aus ausfindig machen kann. Falls keine Preise angegeben sind, einfach anrufen! Auch die Reisebüros in der eigenen Stadt sollte man anrufen, da mit denen leichter Kontakt aufgenommen werden kann als mit solchen, die vielleicht ein paar hundert Kilometer entfernt sind.

14

Wer einen notorischen Weltenbummler kennt, sollte auch diesen mal fragen, wo er seine Tickets kauft, denn solche Leute kennen sich meist bestens aus.

Erkundigt man sich in den Reisebüros nach dem Flugpreis, sollte unbedingt auch nach der Gültigkeitsdauer des Tickets gefragt werden. Einige Tickets sind sehr billig, weil sie nur 30 oder 45 Tage gültig sind, aber diese taugen dann nicht für Langzeitreisende. Andere Tickets sind billig, weil die einmal gebuchten Rückflugtermine nicht mehr geändert werden können. Bei der Preisinformation also auch immer gleich nach der Gültigkeitsdauer fragen!

Welche Airlines fliegen billig nach Kathmandu?

Kathmandus Tribhuvan Airport ist nicht gerade einer der verkehrsreichsten, und so ist die Auswahl an Fluggesellschaften relativ gering. Manchmal fliegen die preiswerten Airlines nicht direkt, sondern das Flugzeug muß irgendwo gewechselt werden, in der Regel im Heimatflughafen der betreffenden Fluggesellschaft. Hier die wichtigsten Billiganbieter (in Klammern der Umsteigeflughafen): Bangladesh Biman Airlines (Dhaka), PIA (Karachi), Royal Nepal Airlines. Die Lufthansa fliegt zweimal wöchentlich die Route Frankfurt-Karachi-Kathmandu, oft sogar zu sehr günstigen Tarifen.

Keinen Zweck hat es übrigens, die Tickets nun bei den o.g. Airlines oder einer anderen direkt in deren Büro kaufen zu wollen: In ihren Büros verlangen die Airlines den offiziellen Preis, den sie - wollen sie keinen Ärger mit der IATA - dort nicht unterlaufen können. Die Billigpreise können nur die Reisebüros bieten, die die Tickets ihrerseits von einem Zwischenhändler beziehen. Und dieser sitzt in den meisten Fällen im Ausland.

Die Preise für Tickets ein und derselben Airline können in den verschiedenen Reisebüros also stark variieren, deshalb Preise vergleichen!

Gibt es andere preiswerte Flugmöglichkeiten?

Wer einen kleinen Umweg nicht scheut, kann auch per Billigflug nach Delhi oder Bangkok fliegen, Flugpreis ab 1200 DM retour. Von Delhi fliegen Indian Airlines oder Royal Nepal Airlines täglich für 200 DM (einfach) nach Kathmandu. Die Royal Nepal Airlines ist auch die günstigste Verbindung ab Bangkok: Flugpreis (einfach) 300-350 DM (abhängig vom Reisebüro und Wechselkurs), Flugfrequenz viermal die Woche.

Wie lange sind die Tickets gültig?

Es gibt Gültigkeitsdauern von 30 und 45 Tagen, 3, 6 und 12 Monaten. Nach Ablauf der Frist (siehe Gültigkeitsdauer in der Mitte des Tickets über der Flugstreckenangabe) ist keine "Verlängerung" möglich. Eine Ausnahme gibt es nur, wenn durch Verschulden der Airline der letztmögliche Flug ausgefallen ist. Dann muß die Fluggesellschaft auch nach der Frist den Passagier ausfliegen.

Können die Flugtermine geändert werden?

Kein Problem, wenn man von den sogenannten fixen Tickets absieht. Innerhalb der Geltungsdauer des Tickets kann der Reisetermin theoretisch beliebig oft und ohne Aufpreis verschoben werden. Selbst wenn man zu einem Flugtermin nicht erscheint - sei es, weil man den Flug verpaßt hat oder aus irgendwelchen anderen Gründen - verfällt das Ticket dadurch nicht. Dann kann ein neuer Termin gewählt werden. Gerade preiswerte Airlines sind aber oft auf Wochen ausgebucht, also Vorsicht!

Warteliste - was ist das?

Ist ein Flugtermin ausgebucht, kann man sich auf die Warteliste (waiting list) setzen lassen, d. h. man kann noch einen Platz bekommen, falls andere Passagiere ihre Buchung zurückziehen. Allerdings muß der auf der Warteliste Befindliche zum Flugplatz und dort warten, ob denn tatsächlich ein Platz frei wird. Es gibt also keine Garantie, daß er mitfliegen kann. Die besseren Airlines geben ihren Wartelisten-Kandidaten Wartenummern, an denen man ablesen kann, wieviele potentielle Passagiere noch vor einem dran sind. Einige Airlines geben diese Nummern nicht, was den Verdacht aufkommen läßt, daß in der Reihenfolge der Kandidaten gemauschelt werden kann. In einigen Ländern Asiens sind Schmiergeldzahlungen, um einen Flug zu bekommen, nichts Außergewöhnliches.

Bei Wartelisten-Tickets, die lange vor Flugtermin gekauft wurden, ist die Chance recht hoch, doch noch einen Platz zu bekommen. Mit aller Wahrscheinlichkeit springen in der Zwischenzeit einige gebuchte Passagiere ab.

Bei Erhalt des Tickets im Reisebüro ist unbedingt darauf zu achten, ob es ein "OK"-Ticket (mit bestätigtem Platz) oder nur ein "RQ"-Ticket ist, das einen nur auf die Warteliste setzt. "RQ" bedeutet "request", also "Wunsch". Rechts neben der Flugstreckenangabe auf dem Ticket muß eindeutig verzeichnet sein, um was für ein Ticket es sich handelt. Hat der Reiseunternehmer zuvor eindeutig ein "OK"-Ticket versprochen und liefert dann nur ein "RQ"-Ticket, die Annahme verweigern! Einige windige Reisebüros versprechen feste Plätze, auch wenn der Flug längst ausgebucht und die Warteliste eröffnet ist.

Kann man einen festen Platz und einen Wartelistenplatz haben?

Ja, das gibt es. Ein Beispiel: Angenommen, man möchte am 1.1. fliegen, es ist aber alles voll. Stattdessen läßt man sich zum nächsten Flugtermin einbuchen, sagen wir mal zum 4.1. Damit ist der Platz zu diesem Termin gesichert, man kann sich aber nun noch gleichzeitig auf die Warteliste für den 1.1. setzen lassen. Springen von diesem Termin noch genügend Passagiere ab, hat man die Auswahl: 1.1. oder 4.1. Die besseren Airlines

telefonieren den Kunden an, wenn sein Wartelistenplatz frei geworden ist, und bitten um Festsetzung des endgültigen Reisetermins. Bei weniger guten Airlines muß man selber des öfteren nachhaken.

Was ist "Rückbestätigung"?

Kauft man ein Ticket Frankfurt - Kathmandu - Frankfurt oder irgendein anderes Rückflugticket mit festgesetztem Rückflugtermin, muß es dennoch im Zielort (in diesem Falle Kathmandu) "rückbestätigt" werden. Das heißt, man hat sich im Büro der entsprechenden Airline zu melden, um festzustellen, ob man tatsächlich auf der Passagierliste für den Rückflugtermin steht. Das muß bis spätestens 72 Stunden vor Abflug geschehen! Ansonsten besteht die Gefahr, daß der Computer den Passagier automatisch aus der Liste streicht, und dann erlebt man beim Einchecken eine böse Überraschung - man kommt unter Umständen nicht mit!

Die Rückbestätigung (reconfirmation) ist besonders wichtig bei der Royal Nepal Airlines, die oft überbucht ist und so gerne mal einige Passagiere "ablädt". Bei Flügen mit dieser Gesellschaft sollte man am besten gleich nach der Ankunft in Kathmandu rückbestätigen und dann noch einmal 3-5 Tage vor Abflug. Sicher ist sicher!

Nicht rückbestätigt werden muß bei Flügen mit der Lufthansa, die hier ein leuchtendes Beispiel an Zuverlässigkeit und Kundenfreundlichkeit bietet.

Ticket verloren - was nun?

Ist ein Ticket verloren, das schon bei der entsprechenden Airline rückbestätigt wurde, besteht eine vage Chance, einen Ersatz dafür zu erhalten. Einige Airlines kassieren aber noch einmal 10% des Flugpreises, andere 50% und wiederum andere - sorry, da muß tief in die Tasche gegriffen und ein neues Ticket gekauft werden.

Wer auf die berühmte "Nummer Sicher" gehen will, kann sein Ticket im Büro der Airline in Kathmandu deponieren (gegen Quittung!) und dann kurz vor Rückflug abholen.

Ansonsten empfehlen sich Fotokopien des Tickets, um so die Ticket-Nummer und den Passagier-Code zu kennen. Das erleichtert alles weitere.

Kann man in Kathmandu ein Rückflugticket kaufen?

Natürlich, nur wird es nicht unbedingt billiger als zu Hause. Die Flugtarife sind durch Regierungsmaßnahmen stark reglementiert und somit nicht sehr günstig. Leider besteht ein zweigleisiges Preissystem, in dem indische und nepalesische Staatsangehörige weit weniger zahlen als alle anderen. Diese Staffelung ist, wohlgemerkt, offiziell und nicht etwa der persönliche Bereicherungsversuch des Ticket-Verkäufers. Die beste Methode, gegen diese Preisdiskriminierung zu protestieren: Keine Tickets in Kathmandu kaufen!

Der Rückflug - was ist zu beachten?

Bei allen internationalen Flügen öffnen die Einceckschalter 2 Stunden vor Abflug, und rechtzeitiges Kommen ist empfehlenswert. Die unzuverlässigeren Airlines überbuchen gerne, und dann werden möglicherweise die zuletzt eincheckenden Passagiere trotz ihres "OK"-Tickets einfach stehengelassen. Am besten also gleich am Anfang der Eincheck-Schlange stehen, zudem hat man dann freie Auswahl bezüglich Fensterplätzen, Raucher/Nichtraucher etc. Die bequemsten Plätze sind meist die am Notausgang (emergency exit), denn da hat man niemanden vor sich sitzen und absolute Beinfreiheit.

Beim Einchecken ist eine hohe Flughafengebühr (airport tax) von 600 Rs. zu zahlen. Es schadet nicht, dieses Geld gleich mit dem Ticket zurückzulegen, um es nicht auszugeben. Keine Airport Tax - kein Flug!

Restliches nepalesisches Geld kann im Flughaften in westliche Währungen zurückgetauscht werden, allerdings nur bis zu 15% des Betrages, den man offiziell eingewechselt hat. Es gilt also, die Wechselquittungen aufzubewahren!

• Alle Airlines bieten auf Wunsch *Sondermahlzeiten* an, die allerdings mindestens 3 Tage vor Abflug angemeldet werden sollten, besser noch gleich bei der Buchung des Tickets. Das Spektrum der Mahlzeiten umfaßt die Kategorien vegetarisch (oft unterschieden in westlich und indisch/orientalisch), Hindu, moslemisch, salz- oder glutenfrei, Diabetikerkost, kosher u.a. Die Zuverlässigkeit, mit der die Airline den gebuchten Speisewunsch erfüllt, zeigt, wie gut oder schlecht sie ist!

Die Buchung des Essenswunsches wird wie alle anderen Fluginformationen in den Computer eingegeben, und beim Einchecken müßte ein Code auf der Bordkarte vermerkt sein, der darüber Auskunft gibt. "VGML" zum Beispiel bedeutet "Vegetarian Meal". Falls die Airline trotz allem nicht das richtige Essen an Bord hat, darauf bestehen, ein entsprechendes Menü aus dem Vorhandenen zusammengestellt zu bekommen!

• Falls das Flugzeug mit einer *Verspätung* von mehr als 2-3 Stunden fliegt, servieren die besseren Airlines ihren Passagieren im Flughafenrestaurant eine Mahlzeit. Bei den Billig-Airlines tut man sich weitaus schwerer damit, und das Essen muß erst durch kräftige Worte und ein überlautes Magenknurren eingeklagt werden. Bei derartigen Verspätungen beim Bodenpersonal der entsprechenden Airline um Essencoupons bitten (Bargeld gibt es natürlich nicht)! Dieser Essenservice ist kein Gefallen, den die Gesellschaft ihren Passagieren erweist, sondern Vorschrift der IATA, des Dachverbandes der Airlines.

Fällt der Flug gar gänzlich *aus*, hat die Airline die Passagiere in Hotels unterzubringen und dort solange zu verpflegen, bis die Maschine endlich fliegt. Nach 8 Std. Wartezeit müßte ein Hotelzimmer bereitgestellt werden. Auch hier trennt sich schnell die Spreu vom Weizen, und es zeigt sich oft (nicht immer), daß die billigsten Airlines auch die unkooperativsten sind.

• *Zubringerflüge* von Lokalflughäfen zum internationalen Flughafen kosten oft nur einen kleinen Aufpreis, manchmal nicht einmal diesen. Wer also in der Nähe von

Hamburg wohnt und von Frankfurt nach Kathmandu fliegt, kann die Strecke Hamburg - Frankfurt oft spottbillig fliegen. Im Reisebüro nachfragen!

Flüge einiger Airlines kosten das gleiche, egal, wo man in Europa zusteigt! Es lohnt sich also u.U., mit einer teureren Gesellschaft zu fliegen und sich dabei die (auch nicht immer billige) Anfahrt per Zug zu ersparen.

•Wer *Lokalflüge im Zielland* (in diesem Falle also Nepal) schon zu Hause bucht, zahlt meistens erheblich mehr als am Ort selber, schließlich wollen die Reisebüros eine Kommission. Dies empfiehlt sich somit nur Leuten, die nicht aufs Geld achten müssen und wenig Zeit haben. Ohnehin besteht das Problem, daß man in Nepal nicht hundertprozentig sicher sein kann, daß die Buchung von zu Hause dort auch ordnungsgemäß im Computer vermerkt ist. Besser an Ort und Stelle buchen!

Überlandfahrt ab Indien

Die Anreise nach Nepal kann auch auf dem Landweg über Indien erfolgen. Für Ausländer, sprich die Nationalitäten außer Nepalesen und Inder, kommen nur drei *Grenzübergänge* in Betracht: Sunauli bei Bhairawa, Rauxaul bei Birganj und Kakarbhitta in Ostnepal. Alle anderen Grenzübergänge sind, außer für Nepalesen und Inder, offiziell nicht passierbar. Allem Anschein nach hängt die Auslegung dieser Vorschriften aber auch vom wachhabenden Beamten ab, denn gelegentlich ist Westlern schon die Einreise bei Bhittamor (22 km südl. von Janakpur) geglückt. Einen derartigen Versuch sollte man aber besser nicht unternehmen, denn wenn es nicht klappt, hat man ungeheure Umwege in Kauf zu nehmen, um zum nächsten für Touristen passierbaren Grenzübergang zu gelangen.

Vollkommen *unkontrolliert einreisen* könnte man an manchen Tagen mit der Janakpur Railway von Jaynagar im indischen Bihar aus am Grenzübergang Madhubani - oft ist weit und breit kein Grenzbeamter zu sehen. Zu empfehlen ist diese Art der Einreise jedoch nicht, illegaler Grenzübertritt kann sowohl in Indien als auch in Nepal mit hohen Gefängnisstrafen geahndet werden.

Die wichtigsten Anreisewege

Ab Darjeeling

Per Kleinbahn oder Bus zum nordbengalischen Verkehrsknotenpunkt Siliguri; von dort aus per Bus zum Grenzübergang Kakarbhitta, wo sich auch ein Tourist Information Centre befindet. Von Kakarbhitta weiter per Bus nach Biratnagar (110 km), von wo aus zahlreiche Anschlußbusse zur Verfügung stehen. Die Royal Nepal Airlines fliegt zweimal täglich von Biratnagar nach Kathmandu.

Ab Kalkutta

Mit dem Zug zunächst nach Gorakhpur in Uttar Pradesh (ca. 20 Std.), von dort per Bus nach Sunauli/Bhairawa. Vorsicht, die Reisebüros in Gorakhpur ziehen Touristen wunderbar über den Leisten: Tickets, die eigentlich höchstens 200 Rupien kosten müßten, werden für 500 I.Rs. verkauft! Ab Sunauli als auch ab Bhairawa fahren direkte Busse nach Kathmandu. Die Royal Nepal Airlines bietet pro Woche drei Flüge Bhairawa - Kathmandu.

Ab Benares (Varanasi)

Per Bus zum Grenzort Rauxaul, von dort mit der Riksha über die Grenze nach Birganj. Ab Birganj fahren direkte Busse nach Kathmandu. Die Royal Nepal Airlines fliegt einmal täglich ab Simra (20 km nördl. von Birganj) nach Kathmandu. Falls keine direkte Busverbindung Benares - Rauxaul erhältlich ist, dann von Benares nach Gorakhpur fahren und dort in einen Bus nach Rauxaul umsteigen. Als Alternative kann die Grenze bei Sunauli/Bhairawa passiert werden, dann nach einem Bus Benares - Sunauli bzw. Gorakhpur - Sunauli Ausschau halten.

Ab Patna

Per Bus nach Rauxaul und dann wie oben beschrieben weiter.

Ab Delhi

Zahlreiche Reisebüros offerieren direkte Busfahrten nach Kathmandu, mit Grenz-übertritt entweder bei Sunauli oder Rauxaul. Eine Alternative wäre die Bahnfahrt bis Rauxaul und dann weiter wie oben.

Einreise-bestimmungen

Visum

Bürger der BRD, Österreichs, der Schweiz, der Niederlande und zahlreicher anderer Länder erhalten bei der Einreise auf Wunsch ein *Touristen-Visum* von 15, 30 oder 60 Tagen; letzteres ist ein *Multiple Entry Visa* (Mehrfach-Visum), d.h. das Visum berechtigt zu mehrmaligen Aufenthalt von insgesamt 60 Tagen, Gültigkeitsdauer 3 Monate. Die Visa kosten 15 $ (15 Tage), 25 $ (30 Tage) und 40 $ (60 Tage), bzw. den Gegenwert in nepalesischen Rupien. An den Schaltern im Flughafen von Kathmandu, an denen die Visa ausgestellt werden, befindet sich ein Wechselschalter, an dem ausländische Devisen in nepalesisches Geld eingetauscht werden können.

Außer der Visumsgebühr ist ein Paßfoto vorzulegen, dazu ein ausgefülltes Visumsformular. Die Formulare liegen auf Tischen vor den Visumsschalter aus. Die Abfertigung an den Schaltern geht nicht immer zügig voran, es ist mit Wartezeiten von 1/4 - 1 Std. zu rechnen.

Visa erteilen auch die nepalesischen Auslandsvertretungen. Man kann sich sein Visum schon vor der Reise einholen, falls man nicht am Ort der Botschaft wohnt, lohnt sich der Aufwand aber kaum. Bestenfalls ist die Abfertigungszeit mit Visum an den Einreiseschaltern im Flughafen etwas kürzer.

Zur Visumerteilung in der Auslandsvertretung muß ein Visumsformular ausgefüllt werden, das dann samt einem Paßfoto, dem Reisepaß und der entsprechenden Visumgebühr einreicht wird. Das ganze kann persönlich oder aber per Einschreiben erfolgen. Im zweiten Falle ist der Sendung ein frankierter Rückumschlag beizufügen. Bei fernschriftlicher Bearbeitung ist mit einer Wartezeit von 1-2 Wochen zu rechnen; bei persönlichem Vorsprechen wird das Visum in Europa meist noch am selben Tag erteilt in Asien innerhalb von 24 Stunden.

Die regulären *Einreisestellen* (*Entry Points*) sind Kathmandu (Flughafen) sowie die indisch-nepalesischen Grenzstationen bei Sunauli/Bhairawa, Birganj und Kakarbhitta. Besonders beim Grenzüberschritt bei Sunauli und Birganj verlangen die Grenzbeamten oft Schmiergelder - ausgewogenerweise sowohl auf der indischen als auch der nepalesischen Seite der Grenze.

Außer obigen Grenzübergängen existieren zwar noch weitere, diese sind aber bisher nur für Inder und Nepalesen passierbar.

Die *Gültigkeitsdauer* des Visums beträgt vom Tag der Ausstellung an drei Monate. Nach Ablauf dieser Frist ist das Visum verfallen, und wer bis dahin nicht eingereist ist, müßte sich erneut ein Visum erteilen lassen. Wer also z.B. eine dreimonatige Indien- oder Asienreise plant, um dann nach Nepal weiterzureisen, sollte sich das Visum keinesfalls zu Hause erteilen lassen. Besser, man holt es sich irgendwo unterwegs. Delhi, Kalkutta und Bangkok gehören diesbezüglich zu den beliebtesten Anlaufstellen.

Visumsbestimmungen sind häufigen Änderungen unterworfen, im Zweifelsfalle frage man in seinem Reisebüro oder bei der nächstgelegenen nepalesischen Auslandsvertretung nach.

Auswahl Nepalesischer Auslandsvertretungen

●**BRD:** Königlich Nepalesische Botschaft, Im Hag 15, 53179 Bonn (Bad Godesberg), Tel. (0228) 343097, 343099, Fax 856747 Königlich Nepalesisches Konsulat, Flinschstr. 63, 60388 Frankfurt/M., Tel. (069)

40871; Königlich Nepalesisches Konsulat, Schmiedererweg 7, 70736 Fellbach/Stuttgart, Tel. (0711) 95791234; Königlich Nepalesisches Konsulat, Ehrenbreitsteinerstr. 44, 80993 München, Tel. (089) 14365260, Fax 14365190; Königlich Nepalesisches Konsulat, Uhlandstr. 171/172, 10719 Berlin, Tel. (030) 8814049, 8814040.

•*Schweiz:* Königlich Nepalesisches Generalkonsulat, Asylstr. 81, 8030 Zürich, Tel. (01) 475993.

•*Österreich:* Es gibt keine nepalesische Niederlassung, die Visa sind in einer Vertretung in der BRD zu beantragen.

•*Bangladesh:* United Nations Road, Road No. 2, Baridhara, Diplomatic Enclave, Dhaka (Botschaft).

•*Belgien:* 21 Avenue Champlel, B-1640, Rhode St. Genese (Konsulat).

•*Indien:* Barakhamba Rd., New Delhi 110001 (Botschaft); 19 Woodlands, Sterndale Rd., Alipore, Calcutta (Konsulat).

•*Niederlande:* Prinsengracht 687, Gelderland Building, 1017 JV Amsterdam.

•*Pakistan:* House No. 506, Street No. 84, Attaturk Ave., Ramna G-6/4, Islamabad (Botschaft); Qamar House, 4th Floor, M.A. Jinnah Rd., Karachi 2 (Konsulat).

•*Sri Lanka:* Vision House, 5th Floor, 52 Galle Rd., Colombo 4.

•*Thailand:* 189 Sukhumvit 71 Rd., Bangkok 10110 (Botschaft).

Visumverlängerung und Trekking Permit

Die Touristen-Visa können bei den zuständigen Immigration Offices in Kathmandu und Pokhara (Adressen siehe dort) problemlos verlängert werden.

Zur *Verlängerung* sind einzureichen: Ein ausgefülltes Antragsformular und ein Paßfoto. Die *Verlängerungsgebühren* betragen 2 $ pro Tag in den ersten 60 Tagen der Verlängerung und 3 $ pro Tag zwischen dem 61. und 90. Tag der Verlängerung. Um mehr als 90 Tage kann das Touristen-Visum nicht verlängert werden.

120 Tage pro Jahr ist die **Höchstaufenthaltsdauer**, die Touristen in Nepal gewährt

wird. Zu zahlen ist in nepalesischer Währung, jedoch mit Vorlage einer Wechselquittung über die Summe. In den Immigration Offices befinden sich Wechselschalter.

Bei *Visumsüberschreitungen* ist - meldet man sich verspätet im Immigration Office - die dreifache Verlängerungsgebühr für die überschrittene Zeit zu berappen. Wer ansonsten ohne gültiges Visum erwischt wird, macht Bekanntschaft mit einem nepalesischen Gefängnis.

Trekking Permits

Die Immigration Offices sind auch für die *Trekking Permits* zuständig. Da die Visa nur für den Aufenthalt im Kathmandu- und Pokhara-Tal, dem Royal Chitwan National Park und den Gebieten entlang der Hauptstraßen gelten, muß für Trekking-Touren in abgelegene Regionen diese Genehmigung eingeholt werden. Das gilt auch, wenn man z.B. per Flugzeug in die betreffende Region fliegt. Die Trekking Permits können nur im Lande selber ausgestellt werden!

Jedes Permit wird immer jeweils nur für eine einzige Route erteilt, wobei auch Abstecher davon nicht anzugeben sind. Versuche, ohne Trekking Permit die Gegend zu durchkreuzen, sind zum Scheitern verurteilt, selbst an der einsamsten Route befinden sich Kontrollposten, und man kann sich eine Menge Ärger einhandeln.

Zur Ausstellung eines Trekking Permits sind 2 Paßfotos, ein ausgefülltes Antragsformular, ein gültiges Visum und die Entrichtung einer *Trekking-Gebühr* erforderlich. Die Höhe der Trekking-Gebühr richtet sich nach dem besuchten Gebiet; sie ist jeweils in nepalesischer Währung zu zahlen, wiederum gegen Vorlage einer Wechselquittung:

•*Annapurna, Everest (Sagarmatha), Jumla-Rara, Gorkha, Sindhupalchowk u.a.* - 5 $ pro Woche in den ersten vier Wochen, danach 10 $ pro Woche.

•*Kanchanjunga, Lower Dolpa* - 10 $ pro Woche in den ersten vier Wochen, danach 20 $ pro Woche.

•*Upper Dolpa* - 700 $ in den ersten zehn Tagen, danach 70 $ pro Tag.

●*Manaslu* - von Dezember bis August 75 $ pro Woche; September bis November 90 $ pro Woche.

●*Mustang* - 700 $ für die ersten zehn Tage, danach 70 $ pro Tag. Für Mustang werden derzeit nur 1.000 Permits pro Jahr ausgestellt.

●*Simikot-Manasrovar* - 90 $ in der ersten Woche, danach 15 $ pro Tag.

Für Trekking Permits und Visumverlängerungen sind die folgenden *Ämter* zuständig:
●*Department of Immigration*
Tridevi Marg, Thamel, Kathmandu
Tel. 4-12337, 4-18573
●*Pokhara Immigration Office*
Pardi, Pokhara
Tel. 21167
Die Büros sind So-Do von 10.30-13.00 Uhr geöffnet; Fr 10.30-12.00 Uhr.
Die Schalter für die Trekking Permits und Visumverlängerungen nehmen die Anträge nur von 10.30-12.30 Uhr (Winter) bzw. bis 13.00 Uhr an; freitags von 10.30-12 Uhr.
Trekking Permits und Visumverlängerungen können meist schon wenige Stunden nach ihrer Beantragung abgeholt werden (nachmittags).
Falls durch Krankheit, Unfall oder irgendeine andere mißliche Lage Visum oder Trekking Permit überzogen werden, sollte man sich mit entsprechenden Unterlagen (z. B. ärztliche Bescheinigung) bei der nächsten Polizeistation melden. Diese kann in Notfällen Sondergenehmigungen ausstellen.

Bergsteigen

Das Besteigen von Berggipfeln ist **genehmigungspflichtig** und an Gebühren gebunden. Die Genehmigungen sind einzuholen bei der *Mountaineering Section, Ministry of Tourism & Civil Aviation*, Maitighar. Ende 1996 soll das Ministerium nach Bhrikuti Mandap (nahe City Hall) umziehen.
Die **Gebühren** pro Expedition mit max. 9 Teilnehmern:
●*Gipfel über 8.000 m* (ausgenommen Mt. Everest) - 8.000 $; für jeden weiteren Teilnehmer 800 $.

●*Gipfel von 7.501-8.000 m* - 3.000 $; für jeden weiteren Teilnehmer 400 $.
●*Gipfel von 7.001-7.500 m* - 2.000 $; für jeden weiteren Teilnehmer 300 $.
●*Gipfel von 6.501-7.000 m* - 1.500 $; für jeden weiteren Teilnehmer 200 $.
●*Gipfel unter 6.501 m* - 1.000 $; für jeden weiteren Teilnehmer 100 $.
●*Mt. Everest* - 50.000 $, für 5 Expeditionsmitglieder, dazu max. 2 weitere Teilnehmer zu je 10.000 $. Weiterhin sind 4.000 $ "Müllgeld" zu hinterlegen; diese werden zurückbezahlt, wenn die Expedition ihren biologisch nicht-abbaubaren Müll wieder zurück nach Kathmandu bringt.

Einfuhrbeschränkungen

Es gelten die international üblichen Begrenzungen: **Erlaubt** ist die Einfuhr von max. 200 Zigaretten oder 20 Zigarren, 2 Flaschen oder 12 Dosen Bier und 1 l Spirituosen.
Gewisse **Beschränkungen** bestehen beim Import von Fotoapparaten, Film- oder Videokameras, elektronischen Geräten etc. Wer jedoch keine Großhandelsmengen mit sich führt, wird keinen Ärger bekommen. Notfalls kann man sich die Artikel im Paß eintragen lassen, wodurch bei der Ausreise festgestellt wird, ob diese das Land auch wieder verlassen.
Filmmaterial unterliegt theoretisch auch Begrenzungen, aber selbst Mengen von mehr als 50 Filmen werden nach eigenen Erfahrungen nicht beanstandet. Bei größeren Mengen Film vor Einreise die Pappschachteln wegwerfen, damit es nicht so aussieht, als wolle man sie verkaufen!
Unbedingt gewarnt werden muß vor **Schmuggelversuchen** mit Gold o.ä. Zahlreiche ankommende Passagiere werden einer Leibesvisitation unterzogen, die keine Chance läßt. Das gilt besonders bei Flügen ab Bangkok oder Singapur, einer traditionellen Goldschmugglerroute. 1991 wurden bei einem einzigen Flug aus Bangkok 15 Goldschmuggler festgenommen!
Nepalesische **Währung** darf nicht eingeführt werden, ausländische dagegen in jeder beliebigen Menge.

Blühendes Nepal: Rapsfeld

Rückreise

Ausfuhrbeschränkungen

Nicht ausgeführt werden dürfen **Antiquitäten**, d.h. in Nepal: Objekte, die 100 Jahre oder älter sind. Es hat also gar keinen Zweck, sich auf einen scheinbar so günstigen Antiquitätenkauf einzulassen, denn erstens macht man sich bei der Ausfuhr strafbar und, wahrscheinlicher noch, hat einem der Händler ohnehin einen nagelneuen Artikel aufgeschwatzt, der "auf alt" gemacht wurde. Ein paar Wochen dem vollen Monsun ausgesetzt wirken da wahre Wunder!

Um Probleme bei der Ausreise zu vermeiden, sollten solche Stücke, die ein übereifriger Zöllner eventuell als Antiquitäten ansehen könnte, beim Department of Archeology geprüft werden (National Archives Building, Ram Shah Path, Kathmandu). Dort kann dann eine Bestätigung ausgestellt werden, daß der Artikel ausführbar ist. Echte Antiquitäten *müssen* hier sogar vorgelegt und ein entsprechender Ausfuhrantrag gestellt werden.

Nicht ausgeführt werden dürfen Pretiosen wie Gold, Silber, Edelsteine, lebende oder tote wilde Tiere oder Teile davon (z.B. Felle, Zähne etc.)

Sadhu

Flughafengebühr

Beim Einchecken zu den meisten internationalen Flügen ist eine Flughafengebühr *(Airport Tax)* von 700 Rs. zu entrichten. **Ausnahmen** bestehen bei Flügen in Länder der *SAARC (South Asian Association for Regional Co-operation)*, der Nepal angehört, also nach Bangladesch, Bhutan, Indien, Pakistan und Sri Lanka. In diesem Fall beträgt die Gebühr 600 Rs.

Ausrüstung

Der Umfang der Ausrüstung hängt in erster Linie vom Reiseprogramm und der Jahreszeit ab. Wer beispielsweise nur im Kathmandu Valley bleibt, braucht außer einem Paar solider Wanderschuhe nichts Besonderes. Anders sieht es natürlich bei Trekking-Touren in entlegene Gebiete aus. In den Wintermonaten sollte man selbst in Kathmandu, ganz zu schweigen von höheren Lagen, warme Kleidung dabeihaben. Insgesamt sollte man sich aber nicht zu sehr mit Gepäck belasten, das meiste kann man notfalls noch in Kathmandu nachkaufen. Die empfehlenswerten Mitbringsel im einzelnen:

Medizin-Set

Nepal leidet unter einer chronischen medizinischen Unterversorgung, im ganzen Lande gibt es gerade 950 Ärzte, nicht mitgerechnet diejenigen, die in Ayurveda, der alten indischen Naturheilkunde ausgebildet sind. Mit anderen Worten, auf 20.000 Einwohner kommt statistisch weniger als ein Arzt. Im Ernstfall sollte man sich also auch selbst helfen können, jedenfalls soweit dies für Laien möglich ist.

Ein Medizin-Set sollte die folgenden Bestandteile enthalten: *Verbandszeug* und *Heftpflaster*, letzteres möglichst in verschiedenen Größen und Formaten; *Aspirin*, *Jodtinktur* und *Desinfektionssalbe* und ein *Breitbandantibiotikum* (z.B. Bactrim, Doxycyclin o.ä.). Diese Antibiotika können gegen eine Reihe von Infektionen wirksam sein, sollten aber nur im Notfall ohne medizinische Aufsicht genommen werden. In Europa sind sie nur auf Rezept erhältlich, und selbst in Nepal sind sie offiziell mit Rezeptpflicht belegt. Dennoch sind sie dort überall offen

erhältlich. Trotzdem muß derjenige, der Antibiotika mit sich führt, *offiziell* ein Rezept dafür vorweisen können, an den Kontrollposten *könnte* man theoretisch durchsucht werden und mit der Arznei auffallen.

Außerdem: *Wasserentkeimungstabletten* (daheim in jeder Apotheke erhältlich) und zu Trekking-Touren auch Mineralsalzlösungen und Vitamintabletten. Die *Mineralsalzlösungen* sind unter verschiedenen Markennamen erhältlich (auch in Nepal) und ersetzen die durch übermäßiges Schwitzen verlorenen Mineralstoffe. Die internationale Bezeichnung für die Mittel ist ORS (Oral Rehydration Salts). Auch bei Durchfällen werden diese, abgepackt als Pulver in Portionsbeuteln, empfohlen, da der Körper auch dabei stark an Wasser verliert.

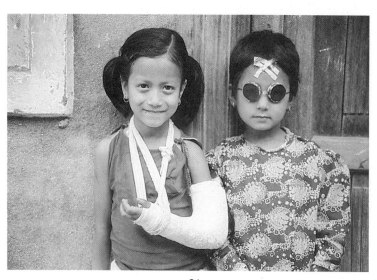

Die **Vitamintabletten** helfen, etwaigem Vitaminmangel auf einer Trekking-Tour vorzubeugen. Zu warnen ist aber vor Präparaten, die allzu hohe Dosen Vitamin A und Vitamin D aufweisen, wie z. B. das in Nepal erhältliche Supradyn. Beide Vitamine können überdosiert Vergiftungserscheinungen hervorrufen. Von Mitteln wie Supradyn zur Prophylaxe nur eine *halbe* Tablette pro Tag einnehmen! Die volle Dosis ist nur bei schon eingetretenen schweren Mangelerscheinungen anzuraten.

Weiterhin ist ein zuverlässiges **Antidurchfallmittel** zu empfehlen, das im Notfall den Darm in Schnellstzeit verschließt. Wer möchte schon beispielsweise auf der Busfahrt von Kathmandu nach Pokhara unter heftigen Durchfallkrämpfen leiden. Sehr gute und schnelle Wirkung tut ein Mittel namens Immodium. Nur in der Schweiz erhältlich ist das auf Pektin basierende Kaopectate (in Deutschland nicht mehr erlaubt), das den Darm im Nu verschließt. Die guten alten Kohletabletten sind vielleicht für einen Urlaub an der Adria ausreichend, in Nepal helfen sie jedoch nur in den allermildesten Fällen.

Personen, die besonders allergisch gegen Insektenstiche sind, sollten sich auch eine **Anti-Insekten-Creme** zulegen, die die Plagegeister für einige Stunden fernhält. Wer durch Bangkok oder Singapur kommt, könnte sich in den dortigen chinesischen Pharmazien kleine Fläschchen Prawn Oil zulegen, das bei Stichen Wunder wirkt. Die Schwellung und der Juckreiz lassen sofort nach.

Wer übrigens das eine oder andere o.g. Mittel zu Hause vergessen hat, kann es sich noch in Kathmandu zulegen. In der dortigen New Road befinden sich zahlreiche gutbestückte **Apotheken**. Die Preise liegen weit unter den europäischen. Zu achten ist aber unbedingt auf das Verfallsdatum! Ist man auf bestimmte Medikamente angewiesen, sollte man den Beipackzettel oder die Pappschachtel davon mit sich führen, auf denen die chemische Zusammensetzung angegeben ist. Zahlreiche Mittel sind in Asien unter anderen Namen in Umlauf, und ein erfahrener Apotheker kann es an der Zusammensetzung identifizieren.

Toilettenartikel

Diese sind in Nepal oft teurer als daheim, und wer nicht auf sein spezielles Mandelöl-Shampoo verzichten möchte, sollte es lieber von dort mitbringen. Alltägliche Hygieneartikel wie Seife, Zahnpasta etc. sind allerdings in Nepal sehr preiswert.

Unbedingt anzuraten ist die Mitnahme von **Sonnenschutzöl**, da die Sonne in den Höhenlagen eine ungeheure Strahlungsintensität aufweist. Je nach Jahreszeit und Zielort sind verschiedene Lichtschutzfaktoren zu empfehlen. So tut's in Kathmandu ein Mittel mit Lichtschutzfaktor 6-8, bei Trekking-Touren besser 15-20, in Extremhöhen sogar darüber. Sonnenschutzöle sind z. T.

auch in Kathmandu und Pokhara erhältlich, allerdings meist viel teurer als daheim und möglicherweise nicht mit dem gewünschten Lichtschutzfaktor. Der Lichtschutzfaktor gibt an, wieviel Mal solange man sich der Sonne aussetzen kann wie ohne Creme - eine Stunde ohne Creme entspricht 6 Std. mit Faktor 6, 8 Std. mit Faktor 8 etc.

Frauen sollten sich bei Bedarf **Tampons** von zu Hause mitbringen, die in Asien generell recht unpopulär und damit wenig erhältlich sind.

In Nepal gibt es die sogenannten **Moskito-Spiralen** (moskito coils) zu kaufen, die wie ein Räucherstäbchen abgebrannt werden, und deren Qualm die Moskitos angriffsunfähig macht. Eine Spirale brennt ca. 8 Std. Da die Spiralen gesundheitsschädliche Substanzen enthalten, sollte der Raum gut belüftet werden. Wer "zur Sicherheit" zwei oder mehrere Spiralen gleichzeitig abbrennt, wacht am nächsten Morgen höchstwahrscheinlich mit einem Brummschädel auf!

Kleidung

In der kühlen Jahreszeit von **Oktober bis Februar** ist selbst für Kathmandu die Mitnahme von Pullover oder Jacke anzuraten, morgens und abends kann es empfindlich kalt werden. Ganz zu schweigen natürlich von den höheren Lagen. Warme Kleidung läßt sich aber auch an Ort und Stelle kaufen, sogar sehr preiswert.

Für die warme Jahreszeit empfiehlt sich leichte Baumwollkleidung, leger, aber nicht zu schludrig. Für den Fall, daß man bei Nepalesen eingeladen wird oder man einen Besuch im Restaurant eines Fünf-Sterne-Hotels plant, sollte **ordentliche Kleidung** vorhanden sein. Dabei braucht man nicht zu übertreiben, eine gute Hose (bzw. Rock), Hemd (bzw. Bluse) und ein paar "richtige" Schuhe - keine Gummilatschen! - sind ausreichend.

Für die Regenzeit von **Mai bis September** ist eine Regenjacke mit Kapuze eine gute Investition. Diese sollte so leicht wie möglich sein.

Je nach geplanter Strecke sollte mehr oder weniger solides **Schuhwerk** vorhanden sein, zu Trekking-Touren feste Bergstiefel. Am besten, man läuft diese schon zu Hause etwas ein, um sich nicht am Ort mit Blasen abplagen zu müssen. Wander- und Bergschuhe kann man auch in Kathmandu oder Pokhara ausleihen oder kaufen.

Wer in billigen Unterkünften übernachtet, die nur ein Gemeinschaftsbad (common bathroom) bieten, sollte Gummi- oder Badelatschen dabei haben. Barfüßiges Laufen in den Badezimmern birgt die Gefahr von Fußpilzerkrankungen.

Karten

● Sehr gut ist die Nepal Karte (1:1.500.000) des Nelles Verlags, München. Darin sind auch ein paar Detailkarten mit kleinerem Maßstab enthalten.
● Derselbe Verlag gibt auch die Schneider-Karten zu einzelnen Regionen Nepals heraus.
● Langjähriger Spezialist für allgemeine, Detail- oder Spezialkarten ist Därr's Travel Shop, Theresienstr. 66, 80333 München, Tel. (089) 282032. Gratiskataloge gibt es auf Anfrage.
● Zahlreiche Trekking- und andere Karten sind in Nepal selber erhältlich, in Kathmandu in jedem besseren Buchladen. Eine hervorragende Auswahl hat das Pilgrims' Book Store in Thamel, Kathmandu, und seine Zweigstelle Kailash Book Distributors am Durbar Marg in Kathmandu, vor dem Yak & Yeti Hotel.

Sonstiges

Bei Trekking-Touren leistet ein **Schlafsack** gute Dienste (absolut notwendig ist er nicht - siehe Kap. Trekking), und auch im Winter in Kathmandu oder Pokhara kann er sehr nützlich sein. Zwar bieten so gut wie alle Unterkünfte in der kalten Jahreszeit Decken an, ein Geruchstest läßt jedoch oft erahnen, wie oft diese seit der letzten Wäsche schon benutzt wurden. Zum Schlafen im Freien sollten eine zusätzliche **Isoliermatte** sowie eine Nylon- oder **Plastikplane** (gegen plötzlichen Regen) vorhanden sein.

Nicht schaden kann auch ein mitgebrachtes **Bettlaken**, da die Bettücher in den billigen Unterkünften oft nicht nach 100-Grad-Kochwäsche aussehen.

Dringend zu empfehlen ist eine **Taschenlampe**, da in vielen Orten gar keine Elektrizität vorhanden ist. Selbst in Kathmandu fällt diese regelmäßig aus (besonders bei Regengüssen!); weiterhin ein **Vorhängeschloß**, da Zimmer in Billigunterkünften oft per Schloß verriegelt werden und das eigene Schloß immer das sicherste ist. Schlösser ebenfalls mitbringen zum Abschließen der Gepäckstücke. Sehr empfehlenswert ist ein Vorrat an **Ohropax**, da Nepals streunende Hunde nachts oft ganze Stadtteile wachhalten, besonderes in Kathmandu. Selbst davon abgesehen, ist Nepal - und Asien im allgemeinen - oft lauter, als man annimmt.

Weiterhin leisten gute Dienste: Taschenmesser, Näh- und Sicherheitsnadeln, eventuell Wäscheleine etc. Vorsicht bei **Insektensprays**, die zwar oft sehr schädlich für Menschen sind, den Kakerlaken aber erst nach mehreren Attacken Paroli bieten können! Besser sind die **Kakerlakenfallen** (cockroach traps), die in einigen Ländern Asiens (und möglicherweise Europas) erhältlich sind. Diese sind aber kein Schutz gegen anderes Ungeziefer.

Fotografieren

Nepal ist ein wunderbar fotogenes Land, und wer keine Kamera mitnimmt, wird sich möglicherweise im nachhinein ärgern. Es gibt herrliche Naturszenerien zu fotografieren, unzählige Tempel, bunte Feste und vieles mehr.

Allgemeine Ausrüstung

Die Wahl der Kamera und des Umfangs der Ausrüstung sei hier nicht behandelt, schließlich hängt sie vom persönlichen Interesse an der Fotografie wie auch vom Geldbeutel ab.

Unbedingt anzuraten ist der Gebrauch von **UV- oder Skylight-Filtern**, die störende Sonnenstrahlen herausfiltern und Farbreflexe verhindern. Sehr hilfreich ist auch ein **Pol-Filter**, der zum einen Reflexionen von glänzenden Oberflächen (z.B. Wasser) verhindert, aber auch das Blau des Himmels intensiviert. Wer hat sich nicht schon einmal gewundert, wie die Fotografen immer diesen tollen Himmel hinkriegen, und man selber schafft nur ein schwächliches, ausgewaschenes Blau? Die Antwort: Mit Pol-Filter!

Sehr wichtig ist eine gut gepolsterte **Fototasche**, die auch relativ staubdicht sein sollte. In der heißen Jahreszeit vor dem Monsun (März-April) kommt es zu einer ungeheuren Staubentwicklung, was sich besonders bei Bus- oder Taxifahrten bemerkbar macht. Der Staub dringt in jede Ritze.

Zur Kamera und den Objektiven sollten Päckchen mit **Silica-Gel** in die Fototasche gesteckt werden, die Feuchtigkeit entziehen. Feuchtigkeit kann zu Pilzbefall führen, der die Ausrüstung stark in Mitleidenschaft zieht. Die Jahreszeit mit der höchsten Luftfeuchtigkeit ist der Monsun von Mai bis September, das Flachland ist generell feuchter als die Hochlagen.

Filmmaterial

Dia oder Abzug? Die Wahl hängt natürlich von den individuellen Wünschen ab. Dia-, Color- und S/W-Filme haben alle verschiedene Eigenschaften, aber auch innerhalb dieser Sparten gibt es Unterschiede.

Zuerst zu den *Dias*: Ein ganz hervorragender, feinkörniger Film ist der relativ teure Fujichrome Velvia (50 ASA). Die Farben sind satt und kontrastreich, aber nicht übertrieben oder schrill. Dieser Film wird zunehmend von Profis benutzt. Ein alter Profi-Klassiker ist der Kodachrome 64 (64 ASA), der zur Entwicklung allerdings an ein Kodak-Labor geschickt werden muß (Umkehrbeutel befindet sich in der Packung). Dieser Film ist ebenfalls sehr feinkörnig, sehr nüchtern und reell in der Farbgebung. Oft wirken die Bilder aber etwas "ausgewaschen", wogegen man sich aber mit einem Trick helfen kann: Den Empfindlichkeitsring statt auf 64 auf 80 ASA stellen! Damit werden die Bilder automatisch um 1/4 Blende unterbelichtet, was bessere Kontraste schafft. Weiterhin sehr gut sind die beiden Fuji-Filme Fujichrome 50 D Professional (50 ASA) und Fujichrome Provia 100 (100 ASA), die sehr prächtige Farben präsentieren. Der Fujichrome 50 ist aufgrund seiner schwächeren Lichtempfindlichkeit natürlich feinkörniger, und die Empfindlichkeit von 50 ASA reicht an den klaren Tagen allemal. Nur falls man mit Pol-Filter arbeitet (der ja einige Belichtungsstufen schluckt), kann es mit den Blenden eng werden. Auch sehr brauchbar ist der Agfachrome RS 100 Professional; dieser ist recht feinkörnig, manchen vielleicht von der Farbgebung ein wenig zu nüchtern (bzw. realistisch).

Für *Papierabzüge* stehen recht gute Filme von Fuji, Kodak, Konica, Agfa u.a. zur Verfügung. Leider gibt es diese erst ab 100 ASA, nicht in 50 oder 64 ASA. Mittlerweile gibt es sogar hyperlichtempfindliche Filme wie den Ektar 1000 (1000 ASA), der sogar noch recht feinkörnig sein soll. Notwendig sind solche hohen ASA-Zahlen jedoch nicht, es sei denn, man ist Höhlenforscher!

Es gilt im übrigen, so viel Filmmaterial von zu Hause mitzubringen wie möglich. Die Preise dafür sind in Kathmandu, ganz zu schweigen von den anderen Landesteilen, erheblich höher als in Europa. Zudem ist möglicherweise der gewünschte Film nicht erhältlich. Die besten Preise bieten immer noch die zahlreichen Fotoläden an der New Road in Kathmandu. Beim Filmkauf dort immer feststellen, ob es sich um einen 24- oder 36-Bild-Film handelt! Die Preise von einigen Filmen dort scheinen auf den ersten Blick gar nicht so übel, dafür sind dann aber nur 24 Bilder darauf statt 36.

Objektive

Ganze Buchkapitel sind schon über die richtige Objektivkombination geschrieben worden, und ich will dem hier keines dazufügen. Es gibt keine "richtige" Kombination, alles hängt von den persönlichen Wünschen ab. Eine gute Standardkombination wäre ein 35-135-mm-Zoom (gut für Portraits, Normalbrennweiten- und leichte Weitwinkelaufnahmen) mit einem 24-mm-Objektiv (für mittelstarken Weitwinkel bei Landschaften, weiten Tempelanlagen etc.). Oder ein 28-mm-Objektiv (leichter, optisch sehr gefälliger Weitwinkel) mit einem 50-mm-Normalobjektiv und einem 70-200-mm-Zoom (gut für Portraits und zum "Heranholen" entfernter Motive). Oder ... Oder ... Wer das Geld dazu hat, wird sicher keine Probleme haben, seine Objektivkombination zu finden.

Fotografieren von Menschen

Es versteht sich von selbst, daß beim Fotografieren von Personen eine gewisse Zurückhaltung zu wahren ist, das gilt nicht nur für Nepal. Wer sich bei einer Leichenverbrennung vorn an den Scheiterhaufen drängt, um Fotos zu machen, degradiert die Betroffenen zur exotischen Urlaubskulisse und vergißt, was da eigentlich passiert. Ähnliche Beispiele gäbe es noch zuhauf. Die Sensibilität, wie und wann man fotografieren kann oder nicht, ist Teil des allgemeinen Taktgefühls, das man auch als Tourist wahren sollte.

Es schadet nicht, um Fotoerlaubnis zu fragen. Auf Nepali lautet das: *Ma foto khiitschne sake* (Kann ich fotografieren)? In den meisten Fällen wird die Antwort positiv sein.

Zahlreiche Zeitgenossen warten sogar förmlich darauf, fotografiert zu werden, um sich dadurch ein paar Rupien zu verdienen. Diese bieten sich dann mit der Aufforderung "Foto! Foto!" dem Fotografen an. Es gehört zwar nicht zu den europäischen Gepflogenheiten, für ein Foto Geld zu nehmen, bei der in Nepal herrschenden Armut ist dies jedoch selbstverständlich. Schließlich beweist allein die Tatsache, daß jemand eine Fotoausrüstung besitzt, daß er reich ist. Oder um es in Zahlen zu belegen: Für eine recht gute Fotoausrüstung von, sagen wir, 5000 DM, müßte der durchschnittliche Nepali (Jahreseinkommen 250 DM) 20 Jahre arbeiten! Wer also Menschen zu fotografieren gedenkt, sollte immer ein wenig Kleingeld in der Tasche haben.

Rund ums Geld

Nepalesische Währung

Die nepalesische Währungseinheit ist die **nepalesische Rupie**, die in 100 **Paisa** unterteilt ist. "Rupie" oder auf Nepali *rupiya* stammt vom Sanskrit-Begriff *rupa* für "Silber", womit angedeutet ist, woraus die Münzen ursprünglich geprägt waren. Bei Preisangaben wird "Rupien" meist zu Rs. verkürzt (bzw. R. bei nur einer Rupie). Im internationalen Bankgeschäft sind die Abkürzungen NR oder NC (Nepali Currency) üblich, um die Währung von der indischen Rupie zu unterscheiden (IR oder IC). *Rupiya* steht im heutigen nepalesischen Sprachgebraucht auch ganz allgemein für "Geld".

Die **Stückelung** sieht wie folgt aus: Es gibt Münzen zu 1, 2, 5, 10, 25 und 50 Paisa (P), die jedoch immer seltener werden, da man für solche Beträge eh nichts mehr kaufen kann. Banknoten gibt es zu 1, 2, 5, 10, 20, 50, 100, 500 und 1000 Rupien (Rs.).

Geld wechseln

Zur Zeit (Stand Anfang 1996) gelten etwa die folgenden **Wechselkurse**:

1 DM	37-38 Rs.
1 Schweiz. Franken	47-48 Rs.
1 Österr. Schilling	5-6 Rs.
1 Holl. Gulden	33-34 Rs.
1 Brit. Pfund	84-86 Rs.
1 US Dollar	54-55 Rs.
1 Ind. Rupie	1,60 Rs.

31

Der **Wechselkurs** für die indische Rupie ist offiziell festgesetzt, da Indien Nepals übermächtiger Handelspartner ist und Kursschwankungen weitreichende wirtschafliche Folgen hätten. Alle anderen Währungen unterliegen den üblichen Schwankungen. In der englischsprachigen Tageszeitung Rising Nepal sind die jeweiligen Tageskurse abgedruckt.

Leider sind die Geldscheine oft dermaßen abgegriffen und schmuddelig, daß man nicht immer auf den ersten Blick erkennt, um welche Banknote es sich handelt. Also immer gut anschauen, was man gibt oder als Wechselgeld erhält. Zudem sollte man sich beim Geldwechsel nicht zu viele 500- oder 1000-Rupien-Noten geben lassen, die woanders oft nicht gewechselt werden können. Selbst mit 100-Rupien-Noten kann es gelegentlich Probleme geben. Ebenfalls nicht angenommen werden sollten zu arg zerfledderte oder mit Klebeband geflickte Scheine, die kaum jemand akzeptiert. Beim Geldwechsel also den Zustand der Scheine überprüfen!

Gewechselt werden kann in **Banken**, die sich in allen größeren Städten befinden. Die Geschäftszeiten sind üblicherweise So - Do 10.00 - 14.00 Uhr und Fr 10.00 - 12.00 Uhr. In Nepal ist nicht der Sonntag arbeitsfrei, sondern der Samstag! Samstags bleiben alle Regierungsämter, Banken und auch zahlreiche Geschäfte geschlossen.

Geldwechsel ist auch an den Rezeptionen einiger großer **Hotels** möglich, wobei dort aber meist ein schlechterer Kurs gilt. Außerdem bieten noch zahlreiche **Schwarzhändler** ihre Dienste an. Meistens sind es Ladenbesitzer, die mit einer dem Gesetz trotzenden Offenheit agieren. Es wird wohl niemanden geben, der nicht vom Schlepper eines Schwarzhändlers angesprochen wird. Die von den Schwarzhändlern gezahlten Kurse liegen derzeit 2 – 6 % über der offiziellen Rate. Unter den Währungen wird der gute alte "Greenback" oder US-Dollar von den Schwarzhändlern am meisten bevorzugt, gefolgt von DM, Schweizer Franken und Pfund. Scheine mit größerem Nennwert werden oft günstiger getauscht. Der Schwarzhandel ist zwar enorm verbreitet, doch sollte man sich darüber im klaren sein, daß er - wie der Name schon so treffend andeutet - illegal ist.

Schecks

Welche Schecks oder Währungen mitbringen? Für **Deutsche** sind DM-Reiseschecks zu empfehlen. Es ist nicht sinnvoll, die DM mit Verlust in Dollar-Schecks zu wechseln, um diese dann in Nepal einzulösen. DM-Schecks werden ebensogut überall akzeptiert. Wer sich allerdings vor Kursverfall schützen will, kann sein Geld zur Hälfte in DM- und zur anderen in Dollar-Schecks eintauschen. Kurserhöhungen des Dollars gehen automatisch mit entsprechendem Kursverfall der DM einher, und wer über Schecks in beiden Währungen verfügt, gleicht damit Gewinne und Verluste aus.

Zu empfehlen sind die Schecks namhafter Banken wie z. B. American Express (AMEX), Bank of America, Deutsche Bank etc. *Schweizer Staatsbürger* sollten sich SF-Schecks ausstellen lassen.

In der Schweiz gibt es zudem ein relativ neues Postscheck-Verfahren, das es in einigen asiatischen Ländern ermöglicht, per Scheck beim Postamt Geld abzuholen. Am Postamt daheim nachfragen, ob Nepal schon auf der Liste der angeschlossenen Länder steht!

Österreicher sollten sich ihre Schillinge in DM- oder Dollar-Schecks umwechseln lassen. *Niederländer* sicherheitshalber auch, da nicht sicher ist, daß jede Bank Gulden-Schecks akzeptiert.

Einen Teil seiner Reisekasse sollte man als Bargeld mit sich führen. Damit kann man zur Not eine Rechnung bezahlen und ist - unternimmt man den gesetzesbrecherischen Gang zum Schwarzhändler - unabhängig von Banköffnungszeiten.

Bei der *Stückelung der Schecks* als auch der Geldscheine sollte man darauf achten, auch ein paar kleinere mitzunehmen. Damit kann dann am Schluß der Reise schnell noch etwas gekauft werden, ohne einen großen Schein oder Scheck einzulösen, dessen Großteil dann wieder zurückgetauscht werden müßte.

Überweisungen

Geldüberweisungen sind bisher nur auf die Staatsbank, die Nepal Rashtra Bank, in Kathmandu möglich. Absolut abzuraten ist von Normalüberweisungen, die per Schriftverkehr getätigt werden und Wochen dauern können. Bei *Telexüberweisungen* dagegen müßte das Geld in spätestens zwei Tagen da sein - *müßte*, eine Garantie dafür gibt es in Nepal nicht. Von Nachteil bei Telexüberweisungen ist die hohe Gebühr, die vom Absender zu zahlen ist. Mit 60-70 DM ist zu rechnen.

Billiger dagegen sind die neuen, per Computer getätigten *Swift-Überweisungen*, die ebenfalls nicht länger als zwei Tage dauern dürften (mit allen Vorbehalten!). Kostenpunkt ca. 20-30 DM, falls man bei der Bank, von der die Überweisung vorgenommen wird, ein Konto hat (ansonsten ebenfalls ca. 60 DM). Vor der Abreise sollte man bei seiner Bank nachfragen, ob dort schon eine Swift-Verbindung nach Nepal besteht.

Ist das *Geld* wider Erwarten noch *nicht eingetroffen*, gilt es, hartnäckig nachzuhaken. Gelegentlich werden Überweisungen einfach "vergessen", und irgendwann stellt man fest, daß die "nicht vorhandene" Zahlungsanweisung schon seit geraumer Zeit auf dem Schreibtisch liegt! Da Nepalis oft nicht zwischen Vor- und Nachnamen von Ausländern unterscheiden können, sollte in der Eingangsrubrik der Bank nach beiden Namen gesucht werden.

Der *Gang zur Heimatbotschaft* sei übrigens nur in absoluter Notlage zu empfehlen: Die Botschaften tun sich heute mit spontaner Hilfe sehr schwer, was nicht zuletzt darauf zurückzuführen ist, daß einige dubiose "Traveller" die Hilfsleistungen der Botschaften unzulässig in Anspruch genommen haben. In den meisten Fällen wird ein Telefongespräch nach Hause ermöglicht (nach Rückkehr zu bezahlen) und eventuell noch etwas Überbrückkungsgeld verauslagt - verlassen sollte man sich aber nicht darauf.

Kreditkarten

Kreditkarten der namhaften Kreditinstitute (American Express, Visa, MasterCard etc.) werden in den gehobenen Hotels und einigen Geschäften akzeptiert. In jedem Einzelfall ist aber zu klären, ob beim Bezahlen mit der Karte zum Preis noch ein Prozentsatz aufgeschlagen wird.

Preise/Kosten

Als eines der ärmsten Länder Asiens stellt Nepal für den Reisenden auch eines der billigsten Reiseziele dar. Die Preise von Waren oder Dienstleistungen machen meist nur einen Bruchteil dessen aus, was man daheim zu zahlen hätte. Wer das erste Mal nach Nepal fliegt, kennt natürlich das allgemeine Preisniveau nicht, und das Wissen darum muß oft erst teuer erkauft werden. Um ein Gefühl für die Preisverhältnisse zu bekommen, folgt hier eine Liste mit Preisen für alltägliche Waren oder Dienstleistungen. Zu beachten ist, daß Nepal derzeit eine offizielle Inflationsrate von 8 % hat - billiger wird also auch hier nichts. In einigen Bereichen kann die Inflationsrate sogar 20 % oder mehr betragen.

Daß auf Märkten zudem gefeilscht werden muß, ist sicher bekannt. Wer dazu noch etwas Nepali beherrscht, kommt meist am besten davon. Die "Kleine nepalesische Sprechhilfe" im Anhang enthält auch das dazu benötigte Vokabular.

Preisbeispiele

Glas Tee		3-12 Rs.
Fl. Mineralwasser	(1 l)	18-20 Rs.
Dal-Bhat-Tarkari	(1 Portion)	15-50 Rs.
Mangos	(1 kg)	15-25 Rs.
1 Apfel		10 Rs.
Stück Seife		8-20 Rs.
Benzin	(1 l)	30 Rs.
Fujichrome	(100-ASA-Film)	400 Rs.
Leichte Baumwollhose		ab 150 Rs.
Riksha-Fahrt	(ca. 2 km)	6-15 Rs.

Reisekasse

Wieviel Geld man von zu Hause mitbringt, hängt natürlich von den Ansprüchen und der Reisedauer ab. Im folgenden eine grobe Übersicht, mit welchen **Ausgaben pro Tag** zu rechnen ist. Zu diesen Summen sind noch die Kosten von Einkäufen, Reisen innerhalb des Landes, Trekking-Touren u.ä. hinzuzuzählen. Wie man aber sieht, ist ein Nepalaufenthalt für jeden Geldbeutel erschwinglich.

●**Unteres Ausgabeniveau:**

Unterkunft	5-10	DM
Essen	5-10	DM
Bus/Fahrrad	1	DM
zusammen	11-21	DM

●**Mittleres Ausgabeniveau:**

Unterkunft	10-25	DM
Essen	10-20	DM
Taxi	5-25	DM
zusammen	25-70	DM

●**Hohes Ausgabenniveau:**

Unterkunft	25-60	DM
Essen	20-50	DM
Taxi	10-50	DM
zusammen	55-160	DM

●**Luxusklasse:**

Unterkunft	60-200	DM
Essen	50-100	DM
Mietwagen mit Fahrer	100-150	DM
zusammen	210-450	DM

Aufbewahrung von Wertsachen

Zur Aufbewahrung von **Geld und Schecks** empfiehlt sich ein Brustbeutel oder ein Geldgürtel. Letzterer sollte möglichst so beschaffen sein, daß man ihm nicht ansieht, welchen kostbaren Inhalt er birgt. Deshalb wäre ein Gürtel mit innenverlaufendem Reißverschluß besser geeignet als einer, an dem eine wulstige Tasche befestigt ist. Es sollte möglichst nicht zu erkennen sein, ob und wo man Geld hat. Zur Sicherheit kann noch irgendwo in einem Kleidungsstück etwas Geld als Reserve eingenäht werden, für den Fall, daß der Geldbeutel oder -gürtel abhanden kommt. Das gleiche gilt im Prinzip für Schecks. Zu beachten ist hier natürlich, daß die Schecks gesondert von den dazugehörigen Quittungen aufbewahrt werden, denn wenn auch diese weg sind, gibt es keinen Ersatz für die Schecks.

Das Verstauen von *Reisepapieren* ist etwas schwieriger, da sie nun einmal etwas sperriger sind. Reisepaß und sonstige Papiere passen gut in größere Brustbeutel, oder, wenn es nicht anders geht, in eine Umhängetasche. Die entsprechenden Fächer sollten mit einem Reißverschluß versehen sein, und am besten, man verbirgt den Paß unter einem Haufen wertlosen Krams. So wird den Taschendieben ihr Gewerbe zumindest erschwert.

Trotz aller Vorsichtsmaßnahmen sollten von allen wichtigen Papieren (besonders von den Seiten mit den Personalangaben und dem Visum mit Einreisestempel, den Scheckquittungen etc.) mehrere *Fotokopien* gemacht werden. Das erleichtert im Notfall vieles.

Gesundheit

Armut und mangelnde Schulbildung bilden die Ursachen für schlechte Hygieneverhältnisse, und somit liegt das Krankheitsrisiko in Nepal weit höher als in westlichen Ländern. Das Fehlen von Toiletten macht sich nur allzu häufig in der Landschaft bemerkbar, und selbst in Kathmandu gibt es keine Abwässerkanalisation. Um Krankheiten zu vermeiden, sollten die folgenden Grundsätze bechtet werden (s. a. im Beileger "Gesundheitstips für Fernreisende").

Kräuter-Händler in Tansen

Impfungen

Zwar besteht für die Einreise in Nepal *keinerlei Impfpflicht*, dennoch sind einige Impfungen anzuraten: In erster Linie gegen Hepatitis (Gelbsucht) und Tetanus (Wundstarrkrampf), in zweiter Linie gegen Typhus und Cholera.

Gegen *Hepatitis* gibt es Gammaglobulin-Injektionen, die eigentlich keine Impfung im üblichen Sinne darstellen, sondern lediglich die Abwehrkräfte erhöhen. Gammaglobulin gibt es in 1-Monats- oder 3-Monats-Dosen und kann so je nach Reisedauer dosiert verabreicht werden. Da die Schutzwirkung des Gammaglobulin - eine absolute Schutzgarantie gibt es nicht - vom Tag der Verabreichung stetig abnimmt, sollte man es sich so kurz wie möglich vor der Abreise injizieren lassen.

Mittlerweile gibt es schon eine reguläre Impfung gegen Hepatitis A mit dem Mittel Havrix. Informieren Sie sich bei Ihrem Gesundheitsamt, ob sie dort zu bekommen ist, und wenn ja, zu welchem Preis.

Ebenso wichtig ist der Schutz vor *Tetanus*, eine Erkrankung, die schon durch kleinste Verletzungen hervorgerufen werden kann. Da Sie möglicherweise schon einmal eine Tetanus-Impfung erhalten haben, ist vielleicht nur eine Auffrischungsimpfung nötig, die dann weitere 10 Jahre vorhält. Sehen Sie diesbezüglich in Ihren Impfpapieren nach oder/und lassen Sie sich von Ihrem Gesundheitsamt beraten.

Typhus und Cholera sind sehr selten, dennoch geht Sicherheit vor Bequemlichkeit. Auch diesbezüglich sollte man fachkundigen Rat einholen. Gegen Typhus gibt es auch eine Tabletten-Prophylaxe.

Da die Impfungen einige Wochen Zeit in Anspruch nehmen können, sollten Sie sich möglichst schon zwei Monate vor der Abreise mit Ihrem Gesundheitsamt in Verbindung setzen.

Malaria-Prophylaxe

Vor Besuchen im moskito-geplagten Terai sollte eine Malaria-Prophylaxe begonnen werden, die mehr oder

weniger Schutz vor dieser unter Umständen tödlichen Krankheit bietet. Da die Malariaerreger nach einer gewissen Zeit immun gegen die gebräuchlichen Medikamente werden, sollte man auch in diesem Fall beim Gesundheitsamt (bzw. Tropeninstitut, falls in der Nähe vorhanden) vorsprechen, das aktuelle Listen über die in verschiedenen Ländern wirksamen Mittel bereithält.

Mit der Prophylaxe muß ca. 3 Wochen vor der Abreise in das malariagefährdete Gebiet begonnen werden, auch hier ist also rechtzeitige Vorbereitung gefragt.

Wasser

Das Trinken von Wasser, sei es aus der Leitung oder aus dem Brunnen, ist strikt zu unterlassen, die Gefahr einer Hepatitis oder von Infektions- und Wurmerkrankungen ist sehr hoch. In Europa oder auch in Kathmandu lassen sich **Wasserentkeimungstabletten** kaufen, mit denen das Wasser trinkbar gemacht werden kann. Je nach Mittel beträgt die Einwirkzeit 10 Minuten oder mehr, beachten Sie entsprechende Hinweise auf dem Beipackzettel.

Weniger praktisch ist das **Abkochen des Wassers**: Das Wasser muß mindestens 20 Minuten lang kochen, in großen Höhenlagen noch länger, da dort der Siedepunkt des Wassers unter 100 Grad liegt - fragt sich, was dann vom Wasser noch übrig ist! Eiswürfel sind logischerweise genauso zu meiden wie das Wasser selber. In sehr guten (sprich teuren) Hotels und Restaurants sollte das Wasser eigentlich abgekocht und gefiltert sein, hundertprozentig darauf verlassen sollte man sich allerdings nicht.

Das **Zähneputzen** mit unbehandeltem Wasser ist weniger gefährlich, da man im Idealfall nichts davon schluckt. Wer dennoch sicher gehen will, sollte auch dazu nur entkeimtes Wasser benutzen.

Für alle Ernährungs- und Hygiene-
zwecke eignet sich das überall erhältliche **Mineralwasser**, das unter 1
DM pro Literflasche kostet.

Allgemeine Hygiene

Mehr als die Hälfte aller Infektions-
krankheiten werden durch schmut-
zige Hände übertragen, folglich sollten Sie sich so oft wie möglich die
Hände waschen. Das gilt besonders vor den Mahlzeiten und nach
dem Stuhlgang. In diesem Zusammenhang wird auch der Sinn des
nepalesischen Grußes *Namaste*
deutlich, bei dem der Grüßende seine Handflächen aneinanderlegt, anstatt sie - als feuchtwarme Bakte-
rienschleudern - seinen Mitmen-
schen darzureichen.

Der Hygienestandard nepalesischer **Restaurants** läßt meist zu
wünschen übrig. Um sich keinem
erhöhten Risiko auszusetzen, sollten
die ganz billigen und einfachen Restaurants gemieden werden, falls eine Ausweichmöglichkeit besteht.
Zur Feststellung der Sauberkeit eines Restaurants empfiehlt sich - so
paradox das klingen mag - ein Blick
in die Toilette: Falls diese, als üblicherweise vernachlässigter Teil eines Restaurants, sauber ist, kann
man auch davon ausgehen, daß das
Essen sauber zubereitet wird. Allzu
häufig glänzt der Speiseraum und
der Gang zur Toilette gerät zu einem
unappetitlichen Abstieg.

Zum geringeren Teil verrät auch
das Geschirr den Sauberkeitsgrad
des Restaurants. Besonders gut ist

dies an den Teegläsern ablesbar.
Schmierige Gläser mit zahlreichen
Fingerabdrücken und brauner Tee-
kruste sind ein eindeutiges Warnzei-
chen.

Nahrungsmittel, die es zu meiden
gilt, sind Salate oder sonstiges Gemüse sowie ungeschältes Obst.
Gleiches gilt für unverpackte, offen
herumliegende Nahrungsmittel, die
möglicherweise schon von Dutzenden von Fliegen aufgesucht worden
sind.

Besondere Vorsicht ist beim Verzehr von **Fleisch** geboten, das im
Rohzustand oft von dicken Fliegen-
schwärmen bedeckt ist. Der Fleisch-
konsum sollte möglichst stark reduziert oder zumindest auf die gehobenen Restaurants beschränkt werden. Eine gänzlich vegetarische
Kost verringert das Risiko von Darm-
erkrankungen.

Sonnenschutz

Je nach Jahreszeit und Höhenlage wird die Haut mehr oder weniger durch schädliche UV-Strahlung in Mitleidenschaft gezogen. Unbedingt anzuraten ist somit die Benutzung einer Sonnencreme, die mindestens Lichtschutzfaktor 6 aufweisen sollte (Der Lichtschutzfaktor gibt an, wieviel mal so lange man sich der Sonne aussetzen kann wie ohne Creme; bei Lichtschutzfaktor 6 also 6 mal so lange. Die in die Haut eindringende UV-Strahlung wird auf ein Sechstel reduziert.) In hohen Lagen sind sogar Lichtschutzfaktor 12-20 anzuraten oder gar die Sunblocker, die die UV-Strahlung gänzlich herausfiltern.

Vitamine und Mineralsalze

Bei anstrengenden Trekking-Touren kann die (meist sehr eintönige) Kost durch Einnahme von Vitamintabletten ergänzt werden. Multivitamin-Präparate sind in Nepal in jeder Apotheke erhältlich, weit billiger als in Europa. Meiden Sie aber - wie im Kapitel "Ausrüstung" schon angesprochen - Tabletten mit zu hohen Dosen von Vitamin A und D. Diese können Vergiftungen hervorrufen. Pro Tag sollten nicht mehr als 4000 I.U. (International Units) Vitamin A und 100 I.U. Vitamin D eingenommen werden.

Bei starker Schweißentwicklung empfiehlt sich, die Mineralstoffreserven durch ORS oder Oral Rehydration Salts zu ergänzen. Diese Präparate gibt es unter verschiedenen Markennamen in jeder besseren Apotheke. Meist sind sie als Portionsbeutel abgepackt, deren Inhalt, ein Pulver, in (entkeimtem) Wasser aufgelöst und getrunken wird. Beachten Sie die auf der Packung angegebenen Dosierungsanweisungen, da auch hier Überdosen schädlich sind.

Ernstere Erkrankungen

"Verabredet man sich morgens mit einem gesunden Menschen für den kommenden Abend, und geht man dann zur vereinbarten Zeit zu ihm hin, erfährt man, daß er tot ist und bald kremiert werden wird." Mit diesen wenig optimistisch stimmenden Worten beschrieb im Jahre 1883 der französische Archäologe *Gustave Le Bon* die nepalesischen Gesundheitsverhältnisse.

So gefährlich ist das Land heute schon längst nicht mehr. Zwar könnte man sich theoretisch ein ganzes Lexikon an Krankheiten zuziehen, in der Praxis sind schwerwiegende Erkrankungen bei angemessener Hygiene jedoch selten. Wichtig ist sicher auch die psychologische Einstellung, denn wer glaubt, er müsse unbedingt krank werden, der wird es wohl auch. Die folgende Horrorliste sollte in diesem Sinne mit etwas Nonchalance betrachtet werden:

Cholera

Cholera-Epidemien sind sehr selten, falls sie auftreten, wird in der Presse darüber berichtet, und man sollte die betroffenen Gebiete meiden. Die Cholera ist eine Bakterieninfektion, die durch Kontakt mit verseuchten

Nahrungsmitteln, Wasser, Milch sowie mit infizierten Personen übertragen wird. Das anfängliche Symptom sind breiartige Durchfälle, die später dünnflüssiger und häufiger werden. Zuletzt erscheinen die Ausscheidungen - um einen vielzitierten Vergleich heranzuziehen - wie "Reiswasser". Nebenher leidet der Patient an Erbrechen, bald kommt es zum Kreislaufkollaps, Nierenversagen und Koma. Die Therapie besteht aus Infusionen von Mineralsalzen sowie der Verabreichung von Tetrazyclin (Tetracycline), einem Antibiotikum. Ohne Behandlung stirbt die Hälfte aller Patienten.

Dehydration

Die Dehydration oder "Entwässerung" ist eine Begleiterscheinung von starken Durchfällen und kann sich durch Abgeschlagenheit und Muskelkrämpfe bemerkbar machen. Bei Durchfällen gilt es, viel zu trinken, möglichst unter Zugabe von ORS (Oral Rehydration Salts).

Dengue-Fieber

Der Dengue-Erreger wird von Moskitos übertragen, der beste Schutz besteht also im Vermeiden von Moskitostichen. Dazu sollte man nachts die überall erhältlichen Moskitospiralen (Moskito Coils) abbrennen und eventuell noch eine Anti-Insekten-Creme auf die Haut auftragen. Die Symptome sind plötzliches hohes Fieber, gepaart mit starken Glieder- und Muskelschmerzen. Danach kann sich am Körper eine Art Ausschlag ausbreiten, der sich bald bis zum Gesicht und den Extremitäten ausdehnt. Nach einigen Tagen gehen die Symptome von selbst zurück.

Durchfall

Durchfall kann durch eine Reihe verschiedener Erreger hervorgerufen werden und dementsprechend mehr oder minder stark ausfallen. Bei blutigem Stuhl und/oder Fieber wie auch bei einfachem Durchfall, der über eine Woche anhält, sollte man einen Arzt aufsuchen. Durch eine Stuhluntersuchung kann dann der Erreger festgestellt werden. In schweren Fällen werden Antibiotika wie Ampicillin, Tertrazyclin oder Chloramphenicol verabreicht. Mittel, die Tonerde und Pektine enthalten (z.B. Kaopectate), sind gut geeignet, die Ausscheidungen zu verfesten, der Erreger wird damit jedoch nicht bekämpft. Derartige Medikamente sind jedoch sehr hilfreich, wenn man unbedingt reisen muß, was bei permanentem Durchfall äußerst unangenehm wäre. Zusätzlich sollte viel getrunken werden, immer versetzt mit ORS-Lösungen.

Erkältung/Grippe

Erkältungen sind auch in warmen Ländern recht häufig, besonders beim Jahreszeitenwechsel und/oder bei Aufenthalten in klimatisierten Räumen. Bei einer einfachen Erkältung genügt ein wenig Ruhe und, wenn nötig, etwas Aspirin. Etwas problematischer ist

Kräuteröl-Verkäufer in Kathmandu

die fiebrige Grippe, bei der eventuell fieber-senkende Mittel verabreicht werden sollten. Eine länger als eine Woche anhaltende Grippe ist durchaus ernst zu nehmen, da sich daraus eine Lungenentzündung oder Bronchitis entwickeln könnte. Hohe Dosen Vitamin C nützen übrigens nichts mehr, wenn die Erkrankung einmal da ist, vorbeu-gend sind sie jedoch sehr nützlich. Mehr als 500 mg Vitamin C pro Tag braucht nicht eingenommen zu werden, da der Körper höhere Dosen nicht annehmen kann und somit unverarbeitet ausscheidet.

Gardia

Die Gardia wird durch einen amöbenähnli-chen Erreger, dem Giardia lamblia, hervor-gerufen, der sich im Dünndarm niederläßt. Die Symptome sind gelblicher, übelriechen-der, aber unblutiger und schleimloser Durchfall, dazu kommen ein geschwollener, schmerzender Blähbauch und Darmkoliken. Normalerweise verschwindet die Krankheit von selbst, in schweren Fällen wird Metroni-dazol oder Cloroquine verabreicht. Eine ge-sunde Ernährung unterstützt den Heilpro-zeß.

Gastroenteritis

Diese wird durch einen Virus hervorgerufen und macht sich durch Durchfall, Magen-krämpfe und möglicherweise Erbrechen und leichtem Fieber bemerkbar. Häufig tritt sie epidemisch auf, besonders zum Jahreszei-tenwechsel oder zu Beginn des Monsun. Et-was Bettruhe und die Einnahme von reich-lich Flüssigkeit genügen im allgemeinen.

Hepatitis

Die Hepatitis oder Gelbsucht ist eine Virusin-fektion, die die Leber in Mitleidenschaft zieht, und die man sich auf dem indischen Subkontinent, statistisch gesehen, ca. 40 Mal leichter zuziehen kann als in Europa. Da dessen Bewohner jedoch in vielen Fällen schon einmal dem Virus ausgesetzt waren, besteht unter ihnen eine höhere Immunität

als bei Europäern. Je nach Erreger wird die Krankheit in Hepatitis A, Hepatitis B oder Non-A, Non-B unterschieden.

Hepatitis A ist noch relativ harmlos, eine Hepatitis B kann jedoch länger als ein hal-bes Jahr andauern, und ebenso gefährlich ist die Non-A, Non-B, die aber recht selten und auch noch ziemlich unerforscht ist. Neueren Erkenntnissen nach gibt es sogar noch einige weitere Formen, die in keine der drei obigen Kategorien passen.

Hepatitis wird durch menschlichen Kot, Wasser, Nahrungsmittel aber auch durch Geschlechtsverkehr mit einer infizierten Per-son oder unsterile Injektionsnadeln übertra-gen. Die Warnsignale sind extreme Appetit-losigkeit, weißer Stuhl, gelbe Augen und Brechreiz. Dazu kommen möglicherweise Schmerzen auf der rechten Körperseite, die von der Leber ausgehen.

Eine medikamentöse Hilfe gibt es nicht, bestenfalls empfiehlt sich die Einnahme von Vitamin-B-Complex-Präparaten, um die Le-ber zu entlasten. Am wichtigsten ist anson-sten absolute Bettruhe sowie eine gesunde, kohlehydrat- und eiweißreiche Kost. Alkohol ist gänzlich untersagt. In Indien wird gele-gentlich ein Hausrezept aus Zuckerrohrsaft und Haldi (Gelbwurz) verabreicht, probieren kann man es ruhig, schaden kann es nicht. Ebenfalls in Indien erhältlich - und auch in einigen Apotheken in Kathmandu - sind ayurvedische Tabletten namens Liv. 52, die auf rein pflanzlicher Basis hergestellt sind. Diese sollen sich sowohl zur Vorbeugung als auch als Therapie für Hepatitis eignen.

Die Hepatitis muß unbedingt voll aushei-len, da andernfalls die Gefahr einer Leber-zirrhose droht!

Hitzschlag

Nepal ist generell zwar nicht so heiß, daß überall der Hitzschlag droht, im Terai könnte es in den Monaten April oder Mai jedoch gelegentlich dazu kommen. Man sei sich bewußt, daß übermäßige Sonneneinstrah-lung extrem schädlich ist und nehme sich ein Beispiel an den Einheimischen, die sich nie freiwillig der Sonne aussetzen!

Beim Hitzschlag ist die Haut gerötet und heiß, ohne jegliche Schweißabsonderung, nicht einmal in den Achselhöhlen. Die Körpertemperatur kann bis auf 42 Grad Celsius steigen, und Bewußtlosigkeit ist möglich. Der Patient muß sofort in den Schatten, die Körpertemperatur sollte durch Eiswasser gesenkt werden. Zusätzlich Luft zufächeln. Falls möglich, sollte ein Arzt herbeigerufen werden.

Der Hitzschlag ist nicht mit der Hitzeerschöpfung zu verwechseln, die weniger gefährlich ist. Dabei ist die Haut feucht und kalt, der Patient hat einen schwachen und schnellen Puls, er ist blaß und wird möglicherweise bewußtlos. In diesem Fall sollte man die/den Betreffende/n mit hochgelegten Beinen in den Schatten setzen und die Beine kühlen. Falls bei Bewußtsein, sollte Salzwasser verabreicht werden, bei Bewußtlosigkeit dagegen nicht.

Höhenkrankheit

Die Höhenkrankheit (Acute Mountain Sickness oder AMS) tritt heutzutage recht häufig auf, da immer mehr Trekker immer schneller hinauf wollen. Schon ab einer Höhe von 2800 m kann es zu einer Unterversorgung des Blutes mit Sauerstoff kommen, was sich durch eine ganze Reihe von Symptomen bemerkbar macht: Erschöpfung, Kopfschmerzen, Schwindelgefühl, Halluzinationen, Schlaf- und Appetitlosigkeit, Erbrechen, trockener Husten mit Auswurf u.ä. Schlimmstenfalls bilden sich Hirn- oder Lungenödeme, die zum Tode führen. In Nepal werden pro Jahr etwa 20 solcher Todesfälle registriert - alles Trekker, die sich zuviel zugemutet haben. Äußerlich erkennt man die Opfer an ihrem aschfahlen Gesicht und bläulichen Lippen.

Bei verdächtigen Symptomen sollte sofort der Rückmarsch in tiefere Gefilde angetreten werden. Um die Gefahr der Höhenkrankheit überhaupt auszuschließen, sollte man bis zu einer Höhe von 3000 m pro Tag nicht mehr als 1000-1500 m aufsteigen und dann möglichst einen Tag ausruhen, an dem sich der Körper an die sauerstoffarmen Luftverhältnisse gewöhnen kann. Über 3000 m sollte man auf 500 m Anstieg pro Tag beschränken. Beim Erreichen von 4000 m sind drei Ruhetage einzulegen. Abzuraten ist auch von direkten Flügen in Orte über 2800 m.

Medikamente gegen die Höhenkrankheit gibt es nicht, bestenfalls Mittel, die die Atemtätigkeit anregen und damit die Sauerstoffzufuhr erhöhen (z.B. Diamox). An der Notwendigkeit des Abstiegs ändert sie jedoch nichts. Zur Rettung von Höhenkranken wurde in den letzten Jahren ein mit Überdruck ausgestatteter Luftsack entwickelt, in den der Patient gesteckt wird. Für den Normaltrekker kommt er jedoch kaum in Frage: Kostenpunkt um 2000 US $.

Malaria

Die Malaria wird durch den Stich von weiblichen Moskitos der Gattung Anopheles übertragen und war früher mit ein Grund, warum das Terai relativ dünn besiedelt war. Mit der erfolgreichen Bekämpfung der Malaria vermehrte sich die Bevölkerung einerseits durch die geringere Sterberate, andererseits auch durch Zuwanderung aus anderen Landesteilen.

Es gibt 4 Malaria-Arten: Malaria ovale, Malaria tertiana, Malaria quartana und Malaria tropicana, wovon letztere die gefährlichste ist. Malariaanfälle, die etwa alle 2-3 Tage auftreten, zeichnen sich zunächst durch Schüttelfrost, starkes Zittern und Kopfschmerzen aus. In der folgenden Phase steigt die Körpertemperatur auf 40 Grad Celsius oder mehr, der Patient ist geschwächt und geht in eine Art Delirium über. Darauf folgen Schweißausbrüche und Temperaturabfall. Nach dem Anfall bleibt ein Gefühl von Schwäche und Abgeschlagenheit zurück. Bei Malariaverdacht ist sofort ein Bluttest zu machen. Falls bei dringendem Verdacht weder Arzt noch Labor in der Nähe sind, greife man zu Larium (6 Tabl./24 Std.), gegen das bisher noch keine Resistenzen bekannt sind. Die Nebenwirkungen sind jedoch relativ stark, und so sollte dieses Mittel niemals prophylaktisch eingenommen werden. Zur Prophylaxe eignet sich besser Resochin, das aber schon längst keine absolute Sicherheit vor Erkrankung mehr bietet.

Die Selbstbehandlung von Malaria kann im Notfall zwar lebensrettend sein, ist aber kein Dauerzustand. Wenn möglich, sollte man schnellstens einen Arzt aufsuchen. Malaria kann noch nach Jahren unregelmäßige Anfälle hervorrufen. Eine nicht ausgeheilte chronische Malaria verursacht Milzvergrößerung und Anämie.

Meningitis

Die Meningitis oder Hirnhautentzündung wird je nach Typus von infizierten Personen, aber auch von Moskitos übertragen. Sie kann innerhalb von wenigen Stunden zum Tod führen und erfordert somit eine sofortige medizinische Behandlung. Sie Symptome sind heftige Kopfschmerzen, Fieber und Hautausschläge, dazu versteift sich das Genick, so daß der Kopf nicht nach vorne geneigt werden kann. Das beste Gegenmittel sind sehr hohe Dosen Penicillin.

Parasiten & Konsorten

Je nach Art der Würmer unterscheidet sich die Übertragungsweise der Eier, in den meisten Fällen vollzieht sie sich jedoch über den Kot infizierter Personen oder Tiere. Leider existiert ein ganzes unappetitliches Sammelsurium an Parasiten: Es gibt Spul-, Peitschen-, Spring-, Haken- und Bandwürmer und noch mehr. Die Parasiten siedeln sich im Darm an und verursachen je nach Typ Übelkeit, Brechreiz, Durchfall, Koliken, Juckreiz, Appetitlosigkeit, Heißhunger, Anämie, Gewichtsverlust u.ä. Zumeist treten mehrere Symptome gleichzeitig auf. Bei Verdacht auf Wurmbefall sollte eine Stuhlanalyse durchgeführt werden, wonach ein angemessenes Medikament verabreicht werden kann.

An sich nicht sehr gefährlich sind die *Läuse*, die sich in den (Scham-)Haaren oder auf der Haut niederlassen. Der hervorgerufene Juckreiz kann allerdings sehr lästig werden, und außerdem können Läuse schlimmere Krankheiten übertragen, z.B. das Fleckfieber (Flecktyphus), dessen Symptome zum Teil

Entlausungs-Dreier in Janakpur

denen des Typhus ähneln. Übertragen werden die Parasiten oft in schmutzigem Bettzeug, folglich sollte dieses im Hotel gründlich unter die Lupe genommen werden. Bei Läusebefall werden die in Mitleidenschaft gezogenen Körperpartien mit einer Tinktur behandelt (z.B. Jakutin). Außerdem sollte die Wäsche möglichst oft gewechselt werden.

Ebenfalls Krankheitsüberträger können die *Blutegel* sein, die sich sowohl auf Mensch als auch Tier stürzen. Am häufigsten treten sie in der Regenzeit und in der unmittelbaren Zeit danach auf, vor allem in Waldgebieten. Die Egel setzen sich auf der Haut ihres Opfers fest und saugen sich solange mit dessen Blut voll, bis sie gesättigt abfallen. Meisten bemerkt man sie erst, wenn sie schon eine ganze Weile lang auf der Haut sitzen. Bei ihrem Blutmahl injizieren sie einen Stoff in die Wunde, das der Gerinnen des Blutes verhindert und ihnen einen langen ungestörten Trinkgenuß verschafft. Danach juckt die Wunde oft tagelang.

Auf der Haut sitzende Egel lassen sich schlecht abreißen, wahrscheinlich bleibt ein Teil im Fleisch sitzen. Äußerst wirksam ist dagegen das Aufstreuen von Salz oder Tabak sowie das "Abfackeln" mit einer glühenden Zigarette: Der Egel läßt sofort von seinem Opfer ab. Um die exponierten Körperteile von vornherein gegen die Parasiten zu schützen, empfiehlt sich das Einreiben mit Tabak. Eifrige Wanderer können sich außerdem spezielle Anti-Egel-Socken zulegen, die es bei einschlägigen Reiseausstattern zu kaufen gibt.

Ruhr

Die Ruhr (Dysenterie) wird entweder durch Bazillen oder Amöben hervorgerufen (Bazillen- bzw. Amöbenruhr), und dementsprechend unterscheidet sich das Krankheitsbild. Im allgemeinen leidet der Patient unter häufigen schleimigen und weichen, in schweren Fällen blutigen Durchfällen, Bauchkoliken und Schwächegefühl. Erst eine Stuhlanalyse gibt Aufschluß darüber, um welche Form der Ruhr es sich handelt. Die

Bazillenruhr (aufgrund ihres Erregers auch Shigellen-Ruhr genannt) ist die harmlosere Form und kann nach ca. 2-3 Wochen von selbst zurückgehen; eine Amöbenruhr dagegen zieht oft Leberabszesse nach sich, und eine Behandlung (mit Metrodinazol) ist dringend nötig. Bei obigen Warnsignalen sollte deshalb sofort eine Stuhluntersuchung erfolgen. Falls sie negativ ausfällt, die Symptome nach ein paar Tagen dennoch unvermindert anhalten, muß der Stuhl erneut untersucht werden: In bestimmten Phasen bleiben die Erreger unsichtbar, was zu Fehldiagnosen führen kann. Wenn möglich, den Stuhl mehrmals untersuchen lassen!

Tetanus

Diese Krankheit, auch Wundstarrkrampf genannt, wird durch einen Bazillus ausgelöst, der sich mit Vorliebe in Schmutz ansiedelt. Kommt dieser mit einer Wunde in Berührung - auch über die Schleimhäute -, kommt es nach einer Inkubationszeit von 3-28 Tagen zu Muskelkrämpfen und schweren Atemstörungen. Hals und Genick versteifen sich, es kommt zum Kieferkrampf und Schluckbeschwerden. Eine Behandlung ist nur durch den Arzt möglich. Vorbeugend empfiehlt sich eine Tetanus-Impfung.

Tollwut

Die Tollwut wird durch infizierte Säugetiere übertragen, besonders durch Hunde und Katzen, aber auch durch Wölfe, Schakale, Fledermäuse u.a. Nach dem Biß treten an der Wunde nach einigen Tagen Schmerzen auf, dazu gesellen sich Schluckbeschwerden, die das Trinken unmöglich machen, der Speichel verdickt sich. Bald wird der Patient von Wutanfällen geschüttelt, die durch die nichtigsten Gründe ausgelöst werden können und sich mit ruhigen Phasen ablösen. Am Ende stehen Krämpfe, Atem- und Körperlähmung und Tod. Die ersten Symptome können zwischen 15 Tagen und 1 Jahr nach dem Biß auftreten, in der Regel jedoch nach 40-50 Tagen.

Ist man von einem Tier gebissen worden, sollte die Wunde sofort mit fließendem Wasser, Seife und, wenn vorhanden, Wassersuperoxyd gereinigt werden. Falls das Tier Anzeichen von Tollwut zeigt (Schaum vor dem Maul, unfähig zu fressen oder zu trinken, auffallende Zutraulichkeit, Beißanfälle, Tod innerhalb von 5-10 Tagen) sollte sofort medizinische Hilfe in Anspruch genommen werden.

Tuberkulose

Die Tuberkulose (TB/TBC) ist eine Lungenerkrankung, die durch den Hustenauswurf infizierter Personen, aber auch durch Produkte aus Milch infizierter Kühe übertragen wird. Im allgemeinen befällt sie nur Personen, die chronisch unterernährt sind, womit der Tourist fast völlig ausgeklammert wäre. Die Krankheit geht mit starkem Husten einher, der sofort nach dem Aufstehen einsetzt. Als Begleiterscheinungen kommt es (tagsüber) zu leichtem Fieber, Nachtschweiß, Brust- oder Rückenschmerzen, Gewichtsverlust und Schwächegefühlen. Wer 15 Tage lang unter Husten mit Auswurf leidet, sollte unverzüglich seine Lungen röntgen bzw. eine Analyse des Auswurfs machen lassen. Zur Behandlung wird eine Kombination von drei der folgenden Medikamente verschrieben: Ethambutol, Isoniazid, Protionamid, Rifampic und Streptomycin. Wichtig ist auch eine eiweiß-, vitamin- und kohlehydratreiche Kost.

Typhus

Der Erreger des Typhus ist die Salmonella typhi, die sich im Darm niederläßt. Verbreitet wird sie durch Nahrungsmittel, Wasser und den Stuhl infizierter Personen. Die Krankheit ist hochansteckend und führt somit meist zu mehr oder minder weitreichenden Epidemien.

Die ersten Symptome ähneln denen einer Grippe (Kopf- und Halsschmerzen, Husten, Nasen- und Darmblutungen, kontinuierlich steigendes Fieber bis über 40 Grad Celsius, verlangsamter Puls). Diese werden von Erbrechen, Durchfall/Verstopfung, Schwindelgefühlen und Schlaflosigkeit begleitet. In der zweiten Woche der Infektion folgen rote Flecken am Körper, Zittern, Delirium, "erbsbreiartiger" Durchfall, Schwäche, Gewichtsverlust und Dehydration, begleitet von anhaltend hohem Fieber. In der dritten Woche tritt im Normalfall eine allmähliche Besserung ein.

Behandelt wird Typhus mit Chloramphenicol, falls nicht vorhanden, mit Ampicillin oder Bactrim. Zum Senken des Fiebers sollten kalte Wadenwickel angelegt werden, gegen die Dehydration muß viel Flüssigkeit verabreicht werden, Fruchtsäfte, Suppen, ORS-Lösungen o.ä. Bettruhe und eine nahrhafte Kost vervollständigen die Therapie.

Medizinische Hilfe

In Notfällen wende man sich telefonisch an seine Botschaft, die eine Liste mit Vertrauensärzten parat hat. Außerhalb der Öffnungszeiten oder falls ein Anruf nicht möglich, ist das Bir Hospital in Kathmandu die richtige Adresse (Kantipath, Tel. 2-21988), das auch über einen Not- und Unfalldienst verfügt. Weitere Krankenhausadressen siehe unter "Wichtige Adressen" in den Kapiteln zu Kathmandu und Pokhara.

Versicherungen

Reisegepäckversicherung

So gut wie alle Reisebüros bieten relativ preiswerte Reisegepäckversicherungen an, oft im Paket mit einer Krankenversicherung. Wie bei allen Verträgen, so ist auch hier aufmerksam zu lesen, was man unterschreibt. Ist es zum Verlust gekommen, hat man sich bei der örtlichen Polizei ein Verlustprotokoll ausstellen zu lassen, das Verlustort, -zeit und -umstände detailliert beschreibt. Ungenaue Protokolle können den Versicherungen später einen Vorwand geben, nicht zu zahlen.

Zu beachten ist ferner, daß gemäß der meisten Policen Schmuck und Kameraausrüstungen meistens nur zur Hälfte des Wertes gedeckt sind. Für Kameraausrüstungen gibt es gesonderte Versicherungen, deren Abschluß sich bei teuren Apparaturen sicher empfiehlt. Außerdem sind Brillen, Prothesen und ähnliche medizinische Hilfsmittel meist von der Versicherung ausgeschlossen.

Kameraversicherung

Nur wenige Versicherungen befassen sich mit diesem Spezialgebiet, die Nachfrage danach ist relativ gering. Wer jedoch Fotoausrüstungen von mehreren Tausend Mark mit sich führt, sollte sich danach umsehen. Kameraversicherungen gibt es z. B. bei der Firma Gerling in Köln, die auch über deren Agenten abgeschlossen werden können. Versicherungen bis 10.000 DM kosten ca. 500 DM/Halbjahr, für andere Fristen oder Summen gelten natürlich andere Tarife.

Reisekrankenversicherung

Für die Zeit des Auslandsaufenthaltes ist eine Reisekrankenversicherung dringend anzuraten, da die normalen Krankenkassen die dort entstehenden Behandlungskosten nicht ersetzen. Die Versicherungen können meist gleich bei der Buchung im Reisebüro abgeschlossen werden, wobei aber ebenfalls das Kleingedruckte genauestens zu studieren ist. Speziell bei den Reisekrankenversicherungen bekommt man nicht immer, was man sich erhofft. Geklärt sein muß z. B., ob chronische Krankheiten, die schon vor Vertragsabschluß bestanden, kostenfrei behandelt werden können - wahrscheinlich ist das nicht der Fall. Wer also beispielsweise an chronischem Asthma leidet, kann bei Behandlungsbedürftigkeit durch etwaige Asthmaanfälle im Ausland die Behandlungskosten nicht einklagen. Personen ab 70 Jahren sind von den Versicherungen meist ausgeschlossen.

Ausgiebig wird von vielen Versicherungen mit deren Rettung-Jet geworben, der den Kranken notfalls kurzfristig nach Hause fliegen soll. Dies ist in der Praxis aber an viele Bedingungen geknüpft: So muß der im Ausland behandelnde Arzt bescheinigen, daß der Patient am Ort nicht die ausreichende Hilfe erhalten kann. Frage: Wie soll er das bescheinigen? Schriftlich? Telefonisch? Dieser Punkt ist vor Vertragsabschluß abzuklären. Außerdem muß der Arzt die Transportfähigkeit des Patienten bescheinigen. Auch hierbei sind die genauen Modalitäten zu klären. Festzustellen ist auch, ob die Telefonzentrale des Rettungs-Jets

24 Std. und auch an Wochenenden besetzt ist. Der flinkste Flieger nützt nichts, wenn niemand das Telefon abnimmt. Günstig wäre auch, wenn die Versicherung Pensionsanspruch bei durch Unfall oder Gewaltakt hervorgerufener Invalidität einschlösse.

Im Krankheitsfall müssen alle Quittungen des Krankenhauses oder behandelnden Arztes aufgehoben und später der Versicherung vorgelegt werden. Alle diese Unterlagen sollten deutlich Name und Adresse des Instituts/Arztes vermerken und auch die Namen und Mengen der verabreichten Mittel auflisten. Dabei wird von den Versicherungen maximal der Preis für Medikamente und Behandlung erstattet, den diese in der Heimat kosten würden. Das dürfte aber kein Problem sein, da die Kosten in Nepal weit unter europäischem Niveau liegen. Dennoch: Gesund bleiben ist besser als die kulanteste Versicherung!

Maße und Gewichte

Längenmaße

1 inch	2,54 cm
1 foot	30,48 cm
1 yard	91,44 cm
1 mile	1,609 km

Flächenmaße

1 square inch	6,425 cm^2
1 square foot	929,029 cm^2
1 square yard	0,836126 m^2
1 acre	1 1/2 Morgen
1 square mile	2,59 km
1 ropani	510 m^2
1 bigha	6770 m^2 / 0,677 ha

Raummaße

1 cubic inch	16,387 cm^3
1 cubic foot	0,028332 m^3
1 cubic yard	0,7647 m^3

Gewichtsmaße

1 ounce	28,35 g
1 pound	453,59 g
1 hundredweight	50,8 kg
1 long ton	1016,05 kg
1 pau	199,4 g
1 seer	0,797 kg
1 dharni	2,393 kg

Zeitverschiebung

Die Nepal Standard Time ist der mitteleuropäischen Zeit (MEZ) zur Sommerzeit (Ende März - Ende September) um 3 Std. 45 Min. voraus, zur Winterzeit 4 Std. 45 Min. Mit anderen Worten: Um 12 Uhr in Deutschland ist 15 Uhr 45 bzw. 16 Uhr 45 in Nepal. Der Indian Standard Time ist sie um 15 Min. voraus, d.h. 12 Uhr in Indien ist 12 Uhr 15 in Nepal.

Nepal in der Zeit voraus sind unter anderem Bangladesh (15 Min.), Thailand (1 Std. 15 Min.), Malaysia und Singapur (2 Std. 15 Min.).

Land
und
Leute

Geographie

Nepal befindet sich, eingeschlossen von den beiden bevölkerungsreichsten Ländern der Erde, Indien und China, zwischen dem 26. und 30. nördlichen Breitengrad und sowie zwischen dem 80. und 88. östlichen Längengrad. Damit liegt es etwa auf der Höhe von Libyen oder dem nördlichen Saudi-Arabien.

Hauptstadt und Kommunikationszentrum ist Kathmandu (ca. 700.000 Einw.), das in einer Talsenke - dem Kathmandu Valley - auf etwa 1300 m.ü.M. liegt. Nepal gehört zu den wenigen Ländern **ohne direkten Zugang zum Meer**, woraus sich einschneidende wirtschaftliche Abhängigkeiten vom Transitland Indien ergeben. Der nächste Seehafen befindet sich in Kalkutta, fast 1000 km Landweg von Kathmandu entfernt.

Die **Gesamtfläche** des Landes beträgt 147.181 Quadratkilometer, was etwa der gemeinsamen Landmasse der Schweiz und Österreichs entspricht. Der südliche Nachbar Indien, der aufgrund seiner Kulturverwandtschaft als eine Art Bruderland betrachtet wird, ist etwa 22 mal so groß. Die größte Ost-West-Ausdehnung Nepals beträgt 885 km, die größte Nord-Süd-Ausdehnung liegt zwischen 145 und 241 km.

Trotz seiner kleinen Fläche umfaßt Nepal geographische Zonen, wie sie unterschiedlicher nicht sein könnten. Sie reichen von den nur 60 m.ü.M. gelegenen Tiefebenen im Süden bis zu den Bergriesen des Himalaya.

Generell ist Nepal - ganz seinem Klischee entsprechend - ein **extrem gebirgiges Land**. 64 % der Fläche liegen über 1000 m hoch, 28 % über 3000 m und 10 % über 5000 m. Alle Regionen über 5000 m sind von permanentem Schnee bedeckt.

Das Land unterteilt sich in insgesamt vier geographische Zonen: die Tiefebene, genannt Terai, die sich nördlich anschließenden Shiwaliks (auch: Churia-Hügelkette), die Mahabharat-Kette und das Bergland (Nepali: Pahar), aus dem sich auch die Himalaya-Kette erhebt.

Das **Terai**, das unmittelbar an Indien grenzt, war bis in die jüngere Vergangenheit von dichtem Dschungel bedeckt, nur wenig besiedelt und galt aufgrund der weitverbreiteten Malaria als der "Fieberhölle" Nepals. Dieser schwer durchdringbare Wall von Dschungel und Krankheit isolierte Nepal lange gegen Süden, im Norden war es ohnehin durch das Hochgebirge abgeschnitten.

Mit der Zurückdrängung der Malaria seit den sechziger Jahren wuchs im Terai die Bevölkerung, weite Waldflächen wurden gerodet und zu Ackerland gemacht. Betriebe wurden errichtet. Heute versorgt das Terai weite Teile Nepals mit Nahrungsmitteln und erzeugt sogar Exportüberschüsse. Zahlreiche der größten Städte Nepals befinden sich im Terai und florieren zum großen Teil durch den Handel mit Indien. Die wichtigsten dieser Orte sind Biratnagar (120.000 Einw.), Birganj (50.000 Einw.), Bhairawa (40.000 Einw.) und Nepalganj (50.000 Einw.).

Das Terai wird an einigen Stellen von niedrigen Höhenzügen durchschnitten, die teilweise die Grenze nach Indien bilden oder nach Süden hin kleine Ebenen umschließen, die **Inneres Terai** genannt werden.

Den nördlichen Abschluß des Terai bilden die **Shiwaliks** oder **Churia-Berge**, die sich quer durch das ganze Land erstrecken. Vom Terai aus steigen diese - zum Erschrecken vieler Buspassagiere - enorm steil an und erreichen Höhen bis zu 1500 m.

Dieser Streifen ist aufgrund seiner Bodenbeschaffenheit jedoch landwirtschaftlich nicht nutzbar, und das Gebiet ist entsprechend nur dünn besiedelt. Unkontrollierte Abholzungen haben zudem zu starker Bodenerosion geführt, und die im Monsun ins Terai abfließenden, stetig zunehmenden Wassermassen haben aus diesem Grund schon manche Überschwemmungskatastrophe ausgelöst.

Nördlich der Shiwaliks erstreckt sich die **Mahabharat-Kette** mit Gipfelhöhen von 2000 - 3000 m. Dieser Höhenzug stellt altes nepalesisches Siedlungsgebiet dar, das von den Fiebersümpfen im Süden und dem Himalaya im Norden umschlossen und für Feinde fast unerreichbar war. Da die vorhandenen Flußtäler sehr eng und zum Siedeln ungeeignet sind, ließ sich die Bevölkerung an den Talhängen nieder und schuf terrassenförmiges Ackerland. Die wichtigsten Städte dieser Region sind Dharan Bazar (50.000 Einw.), Hetauda (40.000 Einw.) und Butwal (30.000 Einw.).

Nördlich der Mahabharat-Kette schließt sich das Bergland an, das die **Täler von Kathmandu und Pokhara** umschließt und sich in einer Breite von 50-100 km quer durch das Land erstreckt. Üppige Niederschläge und das gemäßigte Klima machten diese Region zum Hauptsiedlungsgebiet, und in der Vergangenheit beherbergte sie gut 2/3 der nepalesischen Bevölkerung. Mittlerweile leidet die Region unter Überbevölkerung, Bodenerosion und

Bodenauszehrung. Die Folge davon ist ein stetig fallender Flächenertrag. Das veranlaßt viele Bewohner zur Flucht in die größeren Städte, in der sie sich ein sichereres Auskommen erhoffen. Der Ackerbau erfolgt auf unzähligen Terrassenfluchten, die den Bergen in mühseliger Arbeit abgerungen wurden. Naßreis wird bis in Höhen von 2000 m angebaut, Mais bis zu 2500 m und Weizen bis 2800 m.

Aus dem Bergland erhebt sich das legendäre *Himalayamassiv*, dessen Gipfel sich unter ewigem Schnee befindet. Der Name Himalaya (Betonung auf dem ersten a) entstammt dem Sanskrit und bedeutet "Ort des Schnees". Hier befindet sich auch der Mt. Everest (8848 m), der höchste Berg der Welt. In der Landessprache nennt er sich *Sagarmatha* oder "Kopf des Meeres" - ein treffender Hinweis darauf, daß sich hier vor Millionen von Jahren ein Meer befand. Der Himalaya bildete sich vor 140 Mio. Jahren, als sich die sogenannte Indische Platte aus dem Südkontinent (Godwanaland) löste und gen Norden auf die Eurasische Platte zudriftete. Durch den beim Aufeinandertreffen entstehenden Druck wurde der Himalaya aufgewölbt. Da die Landbewegung immer noch im Gange ist, erhöht sich der Himalaya jedes Jahr noch um einen Millimeter, der allerdings durch natürliche Erosion wieder abgetragen wird.

Als Siedlungsgebiet spielt das Gebirge verständlicherweise eine untergeordnete Rolle, an seinen Süd-

hängen liegt die Siedlungsgrenze bei ca. 2500 m. Einige Sommersiedlungen werden gelegentlich in Höhen bis 4400 m angelegt.

In der Mythologie der Nepalesen sind zahlreiche Berge des Himalaya mit ihren Göttern verknüpft und gelten als heilig. So z.B. der Machhapuchre (6993 m) im Annapurna-Massiv, der 1957 gegen den Willen weiter Teile der Bevölkerung von einer Bergexpedition in Angriff genommen wurde. Die Besteigung scheiterte jedoch - ein untrügerisches Zeichen der Macht der Götter -, und weitere Versuche wurden nicht mehr gestattet. Ohnehin hegen die Nepalesen wenig Verständnis für die Besteigung von Bergen aus abenteuerlichen Gründen.

Die *zehn höchsten Gipfel* sind:

Mt. Everest	8848 m
Kanchenjunga	8586 m
Lhotse	8516 m
Mt. Makalu	8463 m
Dhaulagiri	8172 m
Manaslu	8163 m
Cho-Oyu	8201 m
Annapurna I	8091 m
Annapurna II	7937 m
Annapurna III	7582 m.

An Teilen der Grenze zu Tibet erstreckt sich über 400 km - vom Ganesh Himal bis in den Nordwesten des Landes - die *nordhimalayische Trockenzone*, deren zerklüftete Öde an die Hochebenen von Tibet erinnert. Wegen ihrer lebensfeindlichen Bedingungen ist die Region nur spärlich besiedelt, nur in den Flußniederungen wird Ackerbau betrieben.

Am Trisuli-Fluß

Aus den Gebirgsregionen ergießen sich zahlreiche *Flüsse* in Richtung Süden, die alle direkt oder indirekt in die heilige "Mutter Ganges" einfließen. Wie die Inder, so betrachten auch die Nepalesen viele ihrer Flüsse als Manifestationen der Götter, in die man die Asche der Toten streut, die dann zum Ganges und damit zur Erlösung treibt. Nepals wichtigste Flüsse sind der Karnali im Westen, der Gandaki in der Zentralregion und der Koshi im Osten. Sie entwässern gemeinsam ca. 3/4 der Landesfläche.

Der Wasserstand der Flüsse ist stark von der Jahreszeit abhängig, und manch traurig dahinplätscherndes Rinnsal schwillt in der Regenzeit zu einem flutgewaltigen, reißenden Strom an. Zu dieser Jahreszeit führen viele Flüsse das 30fache ihrer normalen Wassermenge, was sich im Zuge der *zunehmenden Bodenerosion* in Zukunft auch noch steigern kann: Das Abholzen der Bergwälder, die zuvor große Teile des Regenwassers speicherten, läßt die Wassermassen der Flüsse und damit auch deren zerstörerische Kraft anschwellen und oft Überschwemmungen herbeiführen.

Andererseits bergen die Flüsse ein ungeheures Potential an Engergie: Berechnungen zufolge verfügt Nepal, bei einem Flächenanteil von nur 0,94 % der Erde, theoretisch über 2,27 % des weltweiten *hydro-elektrischen Potentials*. Bis dieses jedoch voll genutzt werden kann, wird so manches Wasser ungenutzt in den Ganges fließen.

Flora und Fauna

Flora

Entsprechend der geographischen Zonen kann man Nepal auch in fünf größere **Vegetationszonen** unterteilen: die tropische Zone im extremen Süden, die sich anschließende subtropische, die gemäßigte, die subalpine und schließlich die alpine Zone.

Die **tropische Zone** umfaßt das Terai und das Innere Terai und ist die Heimat eines artenreichen Monsunwaldes. Der verbreitetste Baum ist der Sal-Baum (Shorea robusta), dazu kommen Orchideenbäume, Dillenien, Katechu-Akazien, Wollbaum u.v.a. Das Terai ist Nepals fruchtbarste Region und bietet gute Voraussetzungen für den Reisanbau, der die Region zur Kornkammer des Landes gemacht hat. Weite Landstriche sind mit Zuckerrohr bepflanzt, das hier ebenfalls am besten gedeiht.

Die **subtropische Zone** befindet sich in Höhenlagen zwischen 1000 und 2100 m. Im westlichen Nepal finden sich darin Nadelwälder, die von der Emodikiefer (Pinus ruxburghii) dominiert werden; im Osten und in der Zentralregion herrschen Chilaunen- und Scheinkastanienwälder vor, durchsetzt mit Eichen, Erlen, Korallen- und Walnußbäumen. Vor allem im Osten wachsen verschiedene Rhododendron-Arten, die im März und April zu voller Pracht erblühen.

Die **gemäßigte Zone** erstreckt sich bis in Höhen von 3100 m und unterliegt einem feuchten, kühlen Klima. In den unteren Lagen finden sich Pinienwälder, Birken, Ahorn-Bäume, Scheinkastanien u.a., in den oberen Lagen Pappeln, Haselnuß-, Spindel- und Ahornbäume sowie Birken. In dieser Zone gedeihen auch zahlreiche Kräuter, die in der traditionellen Heilmedizin Verwendung finden.

Die **subalpine Zone** beginnt bei 3100 m und reicht bis zur Baumgrenze, die in den verschiedenen Landesteilen auf unterschiedlichem Höhenniveau liegt: im Westen bei 3650 m, in der Zentralregion bei 3800 m und im Osten bei 4100 m. Durch das ungastliche, kalte Klima und Wassermangel ist die Vegetation hier sehr spärlich, es gibt Hemlock- und Himalayatannen, Birken- und Rhododendronwälder und vor allem verschiedene Kräuterarten. Darunter sind Steinquitte, Waldrebe, Seidelbast und Primeln.

Die **alpine Zone** beherbergt karge Trockensteppen, die zum Teil über 4500 m hoch liegen, mit nur wenigen, anspruchslosen Sträuchern. Bis 5000 m Höhe wachsen Blumen, von denen Nepal insgesamt 6500 Arten aufweist. Dazu kommen insgesamt 375 Farnarten.

Die ungeheure Artenvielfalt, die den verschiedenen Klimazonen entspringt, ist natürlich nicht ungefährdet. 87 % des Energiebedarfs wird aus Brennholz gedeckt, und die daraus resultierende Abholzung **der Wälder** löst eine Kette von ökologischen Katastrophen aus: Erdrutsche, Überschwemmungen. Darüberhinaus wird vielen Tier- und Pflanzenarten die Lebensgrundlage entzogen. Gemäß dem Statistischen Jahrbuch Nepals von 1990 waren zu jenem Zeitpunkt noch 37,6 % der Landesfläche mit Wald bedeckt - tatsächlich dürften es heute kaum noch 25 % sein. Holz ist ein wichtiges Exportgut und bringt dem Land jährliche Einnahmen von 50-100 Mio. Rupien. Am meisten betroffen von der Waldzerstörung sind die mittleren Höhenzüge bis 2750 m, wo anstelle von Wäldern vielerorts nur noch ödes Strauchland zu finden ist.

Fauna

Insgesamt beheimatet Nepal über 800 Vogel-, 590 verschiedene

Schmetterlings- und 120 Fischarten. In den Niederungen kriechen Gekkos und Warane, aber auch zahlreiche Schlangenarten. Letztere halten die Ratten- und Mäusepopulation in Grenzen (insgesamt 22 Arten), die Schätzungen gemäß ohnehin schon 15-20 % einer jeden Ernte vernichten. Ohne die mäusejagenden Schlangen wäre der Schaden noch höher.

Unter den **Schlangenarten**, die vor allem im Terai vorkommen, kaum in den Höhenlagen, sind Kobras, Königskobras, Pythons, Kraits, Vipern und die (ungiftigen) Blindschleichen. Schlangenbisse werden hauptsächlich unter der Dorfbevölkerung des Terai registriert, die bei der Feldarbeit einem erhöhten Risiko ausgesetzt ist. Die Chance, bei einer Trekking-Tour eine Schlange zu Gesicht zu bekommen, ist sehr gering: Erstens werden die Schlangen mit zunehmender Höhe seltener, und zweitens flieht jede halbwegs gescheite Schlange beim Gedröhn von einem Dutzend Trekker-Stiefeln. Schlangen haben zwar kein Gehör, nehmen durch ihren Körper aber die vom Boden ausgehenden Vibrationen auf.

Viper

Wie nicht anders zu erwarten, beherbergt jede der so unterschiedlichen Klima- und Höhenzonen ihre eigenen Tiergattungen. So findet man *im heißen Terai* Affenarten wie Makaken und Languren, verschiedene Wildkatzen, Hyänen, Füchse, Mungos, Otter, Maulwürfe, Einhörnchen, Karnickel, Wildschweine, Schwarzbären und etliche Hirscharten. Dazu gesellen sich einige vom Aussterben bedrohte Arten: Die Zahl der Tiger wurde 1986 auf insgesamt 220 geschätzt, danach sank die Zahl drastisch ab. Heute sollen es schon wieder gut über hundert sein, was auf eine weitgehende Unterbindung

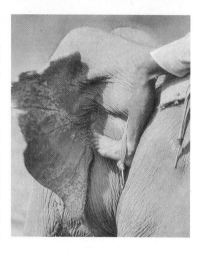

der Wilderei zurückzuführen ist. Angestiegen ist aus selbigem Grund auch die Zahl der Nashörner, deren Bestand derzeit auf ca. 700 geschätzt wird (560 davon im Chitwan-Park). Dazu kommen wilde Wasserbüffel (unter 100), wilde Elefanten (ca. 20), Bisons (100-200) und Schwarzhirsche (ca. 50). Die Polulation der Flußdelphine wurde 1986 mit 10-20 Tieren angegeben.

Die *Mittelgebirge* bis 3000 m werden bevölkert von Makaken, Languren, Wölfen, Füchsen, verschiedenen Bärenarten, Wildschweinen, diversem Rotwild, Dschungelkatzen, Leoparden und Schakalen.

In *Höhen bis zu 4000 m* leben wiederum die allgegenwärtigen Languren, verschiedene Schaf- und Rotwildarten, Bären, Rote Pandas, Wölfe, Bergfüchse, Braun- und Himalaya-Bären und Schneeleoparden.

Nationalparks und Wildreservate

Seit der Gründung des ersten Nationalparks in Nepal im Jahre 1973, dem Royal Chitwan National Park, wurden bisher 11 weitere Nationalparks oder Wildreservate geschaffen. Diese umfassen insgesamt eine Fläche von ca. 13.000 km^2, was knapp 9 % der Landesfläche entspricht - eine beachtliche Zahl, die wohl von nicht vielen Ländern erreicht wird.

Informationen zu den Schutzgebieten werden erteilt vom Department of National Parks and Wildlife Conservation, P.O. Box 860, Barbar Mahal, Kathmandu, Tel. 2-20912.

●*Royal Chitwan National Park* - Gegründet 1973; Fläche 932 km^2; Region: Terai, bei Tadi Bazar/Bharatpur/Meghauli. Tiere: Hirsche, Wildschweine, Krokodile, Alligatoren, Flußdelphine, Tiger, Leoparden, Rhinozerosse.

●*Sagarmatha National Park* - Gegründet: 1976; Fläche 1148 km^2; Region: Khumbu, Ostnepal. Tiere: Languren, Hirsche, Rote Pandas, Schwarzbären, Leoparden, Wölfe.

●*Langtang National Park* - Gegründet: 1976; Fläche: 1710 km^2; Region: Langtang Valley, Gosainkund. Tiere: Hirsche, Yaks, Schneeleoparden, Rote Pandas, Wildschuhe.

●*Rara National Park* - Gegründet: 1976; Fläche 106 km^2; Region: Rara Lake, Karnali, Nordwest-Nepal. Tiere: Moschushirsche, Schwarzbären.

●*Shey-Phoks-Undo National Park* - Gegründet: 1984; Fläche: 3555 km^2; Region: Ostnepal. Tiere: Moschushirsche, Schneeleoparden, Wildschafe.

●*Khaptad National Park* - Gegründet: 1984; Fläche: 225 km^2; Region: Westnepal. Tiere: Rote Pandas, Schwarzbären, Wildhunde, Fasane, Leoparden, Rhesus-Affen.

●*Royal Bardia National Park* - Gegründet: 1988; Fläche: 986 km^2; Region: Bardia District. Tiere: Tiger, Leoparden, wilde Elefanten, Hirsche.

●*Royal Shukla Phanta Wildlife Reserve* - Gegründet: 1986; Fläche: 155 km^2; Region: Kanchanpur District. Tiere: Wilde Elefanten, Tiger, Leoparden, Wildschweine, Hirsche.

●*Koshi Tappu Wildlife Reserve* - Gegründet: 1976; Fläche: 175 km^2; Region: Südost-Nepal, nahe Biratnagar. Tiere: Tiger, wilde Büffel, Wildschweine, Hirsche.

●*Parsa Wildlife Reserve* - Gegründet: 1984; Fläche: 50 km^2; Region: Zentral-Nepal. Tiere: Chital, Tiger, wilde Elefanten.

●*Dhorpatan Hunting Reserve* - Gegründet: 1987; Fläche: 1325 km^2; Region: Dhaulagiri Himal, Westnepal. Tiere: Bären, Fasane, Truthähne.

●*Shivapuri Wildlife Watershed Reserve* - Gegründet: 1976; Fläche: 145 km^2; Region: nördlich von Budhanilakantha, Kathmandu Valley. Tiere: Hasen, Hirsche.

Annapurna Conservation Area

1986 wurde das Annapurna Conservation Area Project (ACAP) gegründet, das sich dem Schutz des *vieldurchtrekkten Annapurna-Gebietes* verschrieben hat. Diese Initiative wurde notwendig, da der Trekking-Tourismus dort beständig gewachsen war und sich schädlich auf die Ökologie auszuwirken begann. Derzeit durchtrekken jährlich ca. 35.000 Touristen die Region, begleitet von etwa derselben Zahl von Trägern und Trekking-Guides - macht insgesamt 70.000 Personen, in einem Gebiet, das nur 40.000 Einwohner beherbergt.

Die ACAP legt unter anderem Baumschulen an, baut Toiletten und Mülldeponien und weckt das Um-

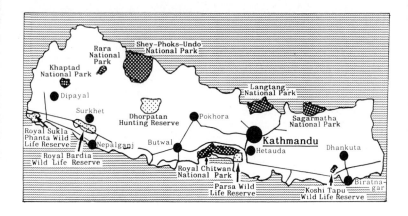

weltbewußtsein der **örtlichen Bevölkerung**. Diese hatte anfänglich heftige Ressentiments gegen die Mitarbeiter des Projektes gehegt, da man schlichtweg um Haus und Hof fürchtete: Es herrschte die Angst, in ein anderes Gebiet umgesiedelt zu werden, wie das so oft bei der Gründung von Nationalparks geschehen war. Dabei hatte es verständlicherweise einigen Mißmut bei den Betroffenen gegeben.

Im Gegensatz zu den staatlichen Nationalparks handelt es sich bei der ACAP um eine **private Initiative**, die sich aus verschiedenen Treuhandgesellschaften finanziert, aber auch aus der Eintrittsgebühr von 250 Rs., die Besuchern des Gebietes abverlangt wird. Derzeit umfaßt das Projekt eine Fläche von 800 km², die jedoch in naher Zukunft auf 2600 km² ausgedehnt werden soll. Das Hauptquartier befindet sich in Ghandruk.

Informationen zum ACAP gibt es beim King Mahendra Trust, P.O. Box 3712, Babar Mahal, Kathmandu (Tel. 2-23229) und im Annapurna Regional Museum and Information Centre, Prithvi Narayan University, Pokhara.

Klima

Aufgrund der extremen Höhenunterschiede innerhalb des Landes gibt es logischerweise eine Vielzahl von klimatischen Zonen, und die Frage: "Wie ist das Wetter in Nepal im Oktober?" kann so generell nicht beantwortet werden. Wo in Nepal, das ist der springende Punkt. Denn während der Farmer im Terai unter herbstlicher Brutsonne schwitzt, riskiert der Everest-Bezwinger Erfrierungen; während es im Terai im Monsun Kübel schüttet, glitzert im Hochgebirge der ewige Schnee.

Grundsätzlich kann das Jahr in 3 Haupt- und 2 Nebenjahreszeiten unterteilt werden: Von Mitte Juni bis Anfang Oktober herrscht der bei Touristen so unbeliebte **Monsun**, den die Nepalesen *Ritu Hawa* nennen, die "Jahreszeit der Winde". Dies ist die ungünstigste Jahreszeit für Reisen, es gibt oft tagelangen Regen, und die sonst so weithin sichtbaren Berge sind dick in Wolken verhüllt.

Das Ende des Monsuns leitet in die schönste Jahreszeit über, eine Art kurzen **Herbst**, der etwa von Mitte Oktober bis Mitte November dauert. Auf Nepali heißt er *Sharad Ritu*, die "Kühle Jahreszeit". Das Wetter ist klar, die Sicht gut, und alles ist nach den vorangegangenen Regengüssen in ein tiefes Grün getaucht.

Es folgt der **Winter** (*Hiuñdo* oder *Jarobela*), der etwa bis Ende Februar oder Anfang März dauert. Es kann empfindlich kühl werden, und in Kathmandu werden gelegentlich Nachttemperaturen von knapp unter 0 Grad gemessen. Das Ende der kalten Jahreszeit wird durch das hinduistische Frühlingsfest Holi markiert, nach dem es tatsächlich oft schlagartig heiß wird.

Dieser **Frühling** oder *Basanta Ritu* geht schon bald in eine Art Vormonsun über (ca. Ende April), dessen gelegentliche Stürme den nahenden Regen ankünden.

Im folgenden eine Übersicht, welches **Wetter** wann **im Kathmandu Valley** zu erwarten ist:

●**Januar** - Kalte Nächte mit gelegentlich nur um 0 Grad, Tagestemperaturen um 21 Grad; nachts und morgens nebelig, ansonsten sehr klar.

●**Februar** - Etwas wärmere Nächte und Tagestemperaturen um 24 Grad; in der zweiten Monatshälfte kein Morgennebel mehr, tagsüber aber gelegentlich geringe Wolkenbildung; ansonsten sehr klar.

●**März** - Nachttemperaturen kaum unter 10 Grad, am Tage bei knapp 30 Grad; steigende Luftfeuchtigkeit und häufigere Wolkenbildung; gelegentlich dunstig.

●**April** - Nachttemperaturen kaum unter 13 Grad, tagsüber bis 32 Grad; verstärkte Dunstbildung und nachmittags gelegentlich Stürme, allerdings ohne Regen.

●**Mai** - Der heißeste Monat mit Nachttemperaturen selten unter 16 Grad, tagsüber 32 Grad, manchmal etwas darüber; mittlerweile starke Wolkenbildung und gelegentliche Schauer; ab der zweiten Monatshälfte zunehmende Trockenheit und starke Staubbildung, schwül.

●**Juni** - Etwas höhere Nacht- aber geringere Tagestemperaturen; zunächst zögernde Schauer, die ab Monatsmitte kräftiger und ausdauernder werden.

●**Juli** - Wenig veränderte Temperaturen, aber oft tagelanger Regen; wenn die Sonne einmal durchbricht, sehr feucht.

Ernte in Kathmandu Valley

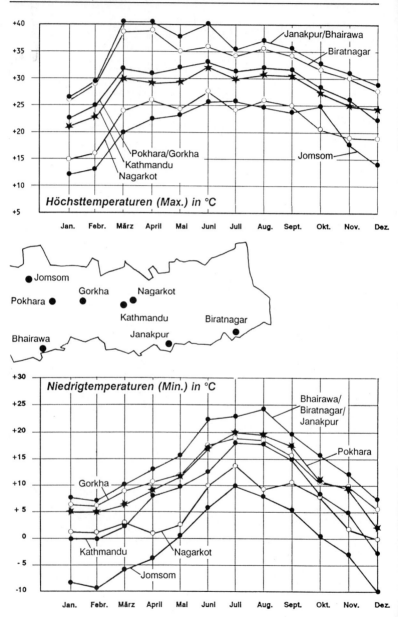

Höchsttemperaturen (Max.) in °C

Niedrigtemperaturen (Min.) in °C

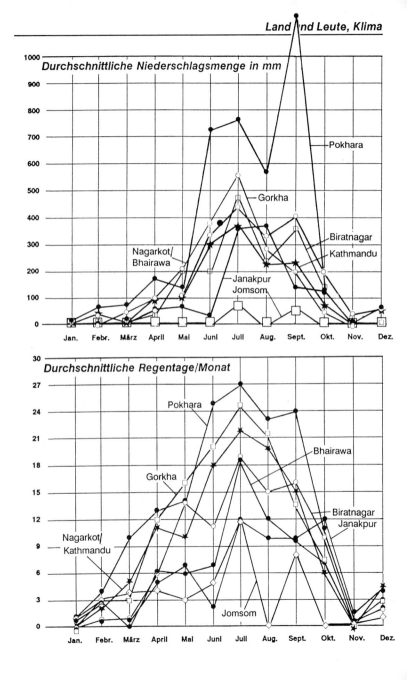

●**August** - Immer noch etwa die gleichen relativ hohen Temperaturen und genauso naß.

●**September** - Leicht absinkende Temperaturen, nachts nicht unter 18 Grad, tagsüber höchstens 30 Grad; schon weniger Regen, besonders ab der zweiten Monatshälfte.

●**Oktober** - Angenehme Temperaturen von nachts mind. 14 Grad, am Tage max. 29 Grad; in der ersten Monatshälfte eventuell noch ein gelegentlicher Schauer; alles ist herrlich ergrünt, das Wetter ist klar, nur wenig Wolkenbildung.

●**November** - Es wird kühler, Nachttemperaturen sinken bis auf 7 Grad, Tagestemperaturen max. 26 Grad; abends und nachts Nebel, ansonsten klarer, blauer Himmel.

●**Dezember** - Kalt! Nachts manchmal unter 5 Grad, tagsüber höchstens 12 Grad; nachts und morgens Nebel, ansonsten klar und trocken.

Weitere Angaben, auch zu anderen Orten, entnehme man den folgenden Tabellen. Passionierte Wintersportler seien noch davor gewarnt, ihre Skiausrüstung nach Kathmandu zu schleppen: Den einzigen dort jemals registrierten Schneefall gab es 1945!

Die Zahlen beruhen auf den Angaben des Department of Hydrology and Metereology in Kathmandu und beziehen sich auf das Jahr 1986. Die Angaben stellen die in jenem Jahr gemessenen Maximalwerte, keine Durchschnittwerte, dar. Gewisse Abweichungen davon sind in anderen Jahren möglich.

Bevölkerung

Statistik

1992 hatte Nepal ca. 22 Mio. Einwohner, was eine relativ **dünne durchschnittliche Besiedlung** von 143 Einwohner pro Quadratkilometer (zum Vergleich: BRD 218 Einw./km^2) bedeutet. Zu bedenken ist aber, daß weite Teile des Landes unbewohnbar sind und in den Hauptballungsgebieten eine viel höhere Bevölkerungsdichte herrscht – wie jedermann merken wird, der sich durch Kathmandus Altstadt zwängt.

Kathmandu ist mit ca. 2.500 Einw./km^2 die dichtbesiedeltste Stadt, gefolgt von Bhaktapur mit 2.000 Einw./km^2. Wie überall in der "Dritten Welt" wird eine **Abwanderung der Landbevölkerung** in die Städte registriert, und lebten 1971 dort nur 4 % der Bevölkerung, so sind es heute über 14 %. Außerdem ist eine Abwanderung in die fruchtbaren Regionen des Terai zu beobachten, da die Landwirtschaft in den Bergregionen mit sinkenden Flächenerträgen zu kämpfen hat. Heute leben 8 % der Gesamtbevölkerung in den Hochgebirgen, 47 % in den Hügelregionen und 45 % im Terai.

Zwar scheint die Bevölkerung relativ gering, der jährliche **Zuwachs** aber ist enorm. So hatte Nepal noch 1971 nur etwa die Hälfte seiner heutigen Einwohnerzahl, nämlich 11,5 Mio. Innerhalb von zwei Jahrzehnten verdoppelte sich die Bevölkerung, und das etwas bombastische Wort "Bevölkerungsexplosion" ist keines-

wegs zu hoch gegriffen. Zum Vergleich: Indien, das Mutterland bevölkerungspolitischer Fehlschläge, benötigte 30 Jahre, um seine Bevölkerung von 350 auf 700 Mio. zu verdoppeln (1951-1980). In den Jahren 1985-90 wuchs Nepals Bevölkerung im Durchschnitt um 2,55 % pro Jahr. Im Durchschnitt bekommt eine nepalesische Frau 5,7 Kinder.

Den hohen Geburtenzahlen steht eine der höchsten Raten an **Kindersterblichkeit** in Asien entgegen: Von 1000 Kindern sterben 88 (zum Vergleich: Taiwan 4, Japan und Singapur 5, BRD 6, USA 9, Indien 79, Laos 94, Kambodscha 110, Bhutan 126, Afghanistan 164). Hohe Kindersterblichkeit bewirkt in Entwicklungsländern fast immer hohe **Geburtenzahlen,** da "zur Sicherheit" immer mehr Kinder gezeugt werden. In Ländern ohne soziales Sicherungsnetz sind Kinder, die die Eltern

im Alter versorgen können, die einzig wirksame Lebensversicherung.

Ein Grund für das Bevölkerungswachstum liegt aber auch im **Analphabetentum** und dem daraus resultierenden Mangel an Verhütungswissen. 1995 galten nur 27 % der nepalesischen Bevölkerung als "alphabetisiert" - von den Frauen 12 %, von den Männern 37 % (zum Vergleich: Pakistan 22/48, Bangladesch 24/48, Indien 35/64, China 70/88, Sri Lanka 86/93 Prozent).

Ein nepalesisches Kind, das heute geboren wird, hat eine durchschnittliche **Lebenserwartung** von 54 Jahren. Im Gegensatz zu den Industrienationen, wo sich Frauen als langlebiger als Männer erweisen, kommen sie in Nepal schlechter davon: Ihre Lebenserwartung liegt bei 52,1 Jahren, die der Männer bei 54,8 Jahren. Wenn Frauen trotz ihrer erwiesenermaßen größeren physi-

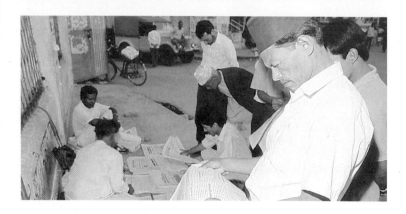

schen Robustheit vor den Männern das Zeitliche segnen, drängt sich der Verdacht einer gesundheitlichen Diskriminierung auf. In der Tat ist aus vielen patriarchalisch ausgerichteten Gesellschaften bekannt, daß die dort praktizierte gesundheitliche Vernachlässigung von Mädchen und Frauen deren Todesrate in die Höhe schnellen läßt. In den Ländern des indischen Subkontinents beginnt diese Diskriminierung oft schon vor der Geburt, und weibliche Föten werden abgetrieben, um nicht später die bei Hochzeiten verlangte hohe Mitgift aufbringen zu müssen.

Die relativ niedrige Lebenserwartung spiegelt auch die **schlechte medizinische Versorgung** des Landes wider, in dem ein Arzt 16.000 Patienten zu versorgen hat. Mit dieser Zahl ist Nepal das Schlußlicht in Asien (zum Vergleich: Italien 1:210, BRD 1:333, USA 1:419, Singapur 1:711, Thailand 1:4.361, Afghanistan 1:7.692, Myanmar (Burma) und Papua Neu-Guinea 1:12.500).

Die Volksgruppen

Nepals Bevölkerung bildet keine homogene ethnische Gruppe, stattdessen gibt es mindestens 36 verschiedene Volksgruppen, die zum großen Teil ihre eigene Sprache sprechen und eigene Traditionen pflegen. Das Spektrum reicht von den Bhote-Völkern des Himalaya, die den Tibetanern verwandt sind (Nepali *bhote* = "Tibet"; Vorsicht, das Wort gilt bei vielen Nepalesen heute als Schimpfwort im Sinne: "Hinterwäldler"!), bis zu den indo-arischen Gruppen des Terai. Der Begriff "Nepalese" ist – falls die Person nicht genauer definiert wird – etwa genauso vage wie das Wort "Europäer".

Die verschiedenen Volksgruppen leben, falls sie nicht von der großen Wanderungswelle erfaßt wurden, in den ihnen **angestammten Regionen:** Die Täler und Mittelgebirge sind die Heimat der Newar, Tamang, Magar, Limbu, Rai, Sunwar, Jirel, Kiranti, Thakali, Gurung, Magar, Chepang, Panchgaunle. Im Terai leben die Tharu, Satar, Rajbansi, Dhimal, Bodo, Dhangar, Majhi und Darai, und im Himalaya die bekannten Sherpa, dazu Lhomi, Thudam, Topke Gola, Lopa, Manangba, Baragaunle und Olangchung Gola.

Zu all den in Nepal ansässigen Völkern gesellen sich zunehmend *Inder,* die aufgrund eines entsprechenden indo-nepalesischen Abkommens Wohn- und Arbeitsrecht in Nepal genießen. Das begünstigt einen starken Zustrom aus den verarmten Unterschichten der angrenzenden indischen Bundesstaaten Uttar Pradesh und Bihar, aber auch aus den wohlhabenden Händlerkasten der Sindhi und Marwari. Mittlerweile leben einige Millionen Inder in Nepal, dessen Bevölkerung den Zuzug mit nur wenig Wohlwollen beobachtet. In der Umgangssprache werden die Inder "Dhoti" genannt – eine Anspielung auf das gleichnamige Wickelgewand, das die meisten von ihnen tragen.

Die wichtigsten nepalesischen Volksgruppen im einzelnen sind:

Newar

Die Newar werden als die "Ureinwohner" des Kathmandu Valley betrachtet, die allerdings selbst keine homogene ethnische Gruppe darstellen. Die Newar-Gesellschaft entstand um das 6. Jh., als sich Kirata, Kollya, Salmaliya, Shakya, Licchavi und Shreshta im Kathmandu ansiedelten, und vermischte sich später mit weiteren Gruppen und Einflüssen. Der Begriff Newar umfaßt deshalb sowohl Gruppen indo-arischer als auch tibeto-burmesischer Herkunft, und diese komplexe Zusammensetzung hat Ethnologen schon zu den unterschiedlichsten Herkunftstheorien verleitet.

Die Newar sprechen ihre eigene Sprache, Newari, das der tibeto-burmesischen Sprachenfamilie zuzuordnen ist, aber auch einige Sanskrit-Einflüsse aufweist. Geschrieben wird es im Devangari-Alphabet, das auch für Nepali, Hindi, Marathi und Sanskrit verwendet wird. Die einst gebräuchliche eigene Newari-Schrift wird heute kaum noch benutzt.

Die Newar umfassen heute ca. 800.000 Personen, von denen mehr als die Hälfte im Kathmandu Valley wohnen, der Rest in und um Pokhara, Tansen, Butwal und im äußersten Westen des Landes. Die meisten arbeiten als Handwerker, Geschäftsleute oder in der Landwirtschaft.

Gurung

Die Gurung sind ein Bergvolk, das die Gebiete von Gorkha bis Lamjung, Kaski und Syangja im Westen bewohnt und sich vor allem in den berühmten Gurkha-Regimentern einen Namen gemacht hat (siehe Kap. "Pokhara"). Es gibt wohl kein Gurung-Dorf, in dem nicht ein paar Gurkha-Veteranen zu finden wären, die nun geruhsam ihre Pension aufzehren. Abgesehen davon, wird der Lebensunterhalt in erster Linie durch den Anbau von Reis, Weizen, Mais, Kartoffeln sowie der Schafzucht verdient.

Die Gurung-Gesellschaft ist in zwei Hauptkasten unterteilt, die Char Jat ("Vier Stände") und Sora Jat ("Sechzehn Stände"). Die Mitglieder der Char Jat haben den höheren Status, und Ehen ziwschen den Kasten sind nicht üblich. Die Char Jat unterscheiden sich weiterhin, wie der Name schon andeutet, in vier Unterklassen. Die Sora Jat bestanden ursprünglich einmal aus 16 Unterklassen, inzwischen sind es jedoch schon mehr. Untereinander erkennt man die Gruppenzugehörigkeit und damit den Status am Clannamen. Heute leben schätzungsweise 250.000 Gurung in Nepal

Magar

Wie die Gurung, so zog es auch die Magar traditionell in die Gurkha-Regimenter, was den bescheidenen Einnahmen aus der

Landwirtschaft eine Menge Pound Sterling zufließen ließ. Angebaut werden Reis, Hirse, Weizen, Buchweizen, Mais, Obst und Gemüse. Einige Bauern betreiben Ziegen- oder Schafzucht.

Die Magar gehören zu den tibeto-burmesischen Völkern und sprechen demnach eine dem Tibetischen verwandte Sprache. Diese ist jedoch in drei so unterschiedliche Dialekte gespalten, daß deren Sprecher untereinander kaum kommunizieren können.

Die Magar-Gesellschaft unterteilt sich in eine Reihe von Thar oder "Clans", die sich untereinander weiter in Unterclans aufteile. Grundsätzlich wird den Clans keine spezielle Rangordnung zugeschrieben, in einigen Dörfern kann dies aber gelegentlich der Fall sein. Die meisten Magar heiraten strikt innerhalb ihres Clans, wobei Ehen zwischen Cousin und Cousine auffallend häufig sind. Die meisten Ehen sind von den Eltern arrangiert, einige Magar-Herren "rauben" sich aber lieber eine Frau und heiraten ihre "Beute" dann in einer Nacht- und Nebel-Aktion!

Die meisten Magar leben über Westnepal verstreut, insgesamt ca. 350.000.

Thakali

Ihrer geringen Anzahl zum Trotz sind die Thakali im Geschäftsleben und besonders der Gastronomie enorm einflußreich. Ursprünglich stammen sie aus dem Gebiet des Thak Khola *(khola = "Fluß")* zwischen Annappurna und Dhaulagiri, breiten sich aber schon Ende des 19. Jh. entlang dem gesamten Kali-Gandaki-Tal aus, und heute sind sie fast im ganzen Land anzutreffen. Ihr traditionelles Handelszentrum ist Tukche, dessen Name an den tibetanischen Begriff für "Salzmarkt" angelehnt ist. Tatsächlich hielten sie seit Mitte des 19. Jh. das Monopol für den Salzhandel mit Tibet in ihren Händen, und als einige ihrer Kaufleute die darauf erhobenen Steuern nicht mehr zahlen konnten, wandten sie sich anderen Handelszweigen zu.

Heute unterhalten viele von ihnen die Bhatti oder Herbergen, die an den Trekking-Routen liegen. Landwirtschaft ist in ihrem Wohngebiet aufgrund der dort vorherr-schenden Trockenheit nicht stark verbreitet, bestenfalls in der Region südlich von Tukche, wo etwas mehr Regen fällt. Dort wird Malz, Mais, Weizen und Buchweizen angebaut, dazu Kartoffeln und Rettiche.

Auch die Thakali-Gesellschaft ist in Clans oder Sippen unterteilt, die jeweils ihrem eigenen Clansgott huldigen. Die Religion der Thakali ist eine esoterische Mixtur aus Buddhismus, Hinduismus, Schamanenkult und diversen anderen, tibetanischen Kulten. Thakali-Hochzeiten sind traditionell "Raubhochzeiten": Dazu versammeln sich Anverwandte und Freunde des hoffnungsvollen Bräutigams und entführen die Auserwählte, sobald sie ihr Haus verläßt. Dann wird sie solange in der Verwandtschaft des Mannes festgehalten, bis ihre Eltern in die Heirat einwilligen. Einigen Männern bekommt das Ritual so gut, daß sie es gleich mehrmals im Leben absolvieren: Polygamie wird geduldet, ist aber nicht die Regel.

Gemäß dem Zensus von 1981 gab es damals ca. 5300 Thakalis, heute sind es wahrscheinlich 7000-8000.

Rai

Die Rai sind ein Zweig der Kiranti-Volksgruppe, der noch die Limbu und einige kleinere Völker angehören. Als bevölkerungsreichster Kiranti-Zweig umfassen die Rai ca. 300.000 Personen. Sie werden als tapfere Krieger angesehen, und im 2. Jh. soll das Kathmandu Valley von Kiranti-Königen beherrscht worden sein. Die Bezeichnung Rai bedeutet soviel wie "Häuptling". Noch heute zieht es die Männer in die Polizei oder Armee bzw. die Gurkha-Regimenter.

Ansonsten bauen sie Reis, Hirse, Mais und Weizen sowie Orangen, Bananen, Guaven, Jackfruit und einige Gemüsesorten an. Sie gelten als harte und ausdauernde Arbeiter, die ihre wohlverdiente Freizeit aber zu genießen wissen mit selbstgebrannten Spirituosen, die sie aus überschüssigem Getreide gewinnen. Die Rai-Gesellschaft ist in Clans unterteilt, die aus verschiedenen Orten oder Gebieten stammen. Am Clansnamen läßt sich so erkennen, wo genau eine Sippe ursprünglich angesiedelt war.

Die Hauptsiedelgebiete der Rai sind die Täler des Dudh Koshi und Arun River in Ostnepal, in den Distrikten Solu-Khumbu, Sagarmatha, Okhaldunga und Khotang Bhojpur. Die meisten Dörfer befinden sich in der Region zwischen 1000 und 2000 m.

Tamang

Mit einer Bevölkerung von ca. 750.000 sind die Tamang eine der größten Volksgruppen Nepals. Ihre Wohngebiete befinden sich in Höhenlagen zwischen 1600 und 2300 m, gelegentlich aber auch darüber, rings um das Kathmandu Valley. In Kathmandu kann man tagtäglich beobachten, wie Tamang mit Lasten auf dem Rücken, die ihr Körpergewicht überschreiten, durch die Straßen ziehen.

In erster Linie leben sie von der Landwirtschaft, sie gelten aber auch als gute Handwerker. Die Männer arbeiten oft als Zimmerleute, Maurer oder Pflugmacher, die Frauen weben wollene Winterjacken oder flechten Bambuskörbe und Schirme aus Blattwerk. Einige Priester der Tamang, die durchweg Buddhisten sind, malen Thangkas, die tibetanischen religiösen Stoffgemälde. Ursprünglich waren die Tamang allerdings Pferdehändler, wie ihr Name auch andeutet: *ta* ist Tibetanisch für "Pferd", *mang* bedeutet "Händler". Sie gehören der tibetoburmesischen Völkerfamilie an und sind laut Überlieferung in grauer Vorzeit aus Tibet eingewandert.

Die Gesellschaft ist in Clans oder Sippen unterteilt, die jeweils von einem gemeinsamen Ahnen abstammen sollen.

Sherpa

Wer hat nicht schon von den Sherpa gehört? Aufgrund ihrer Leistungen bei zahlreichen Hochgebirgs-Expeditionen ist ihr Name leider zum Synonym für einen "Lastenträger" geworden – in Wirklichkeit bedeutet der Name des stolzen Volkes "Bewohner des Ostens". Tatsächlich bewohnen sie in erster Linie Ostnepal; ihre Heimat ist der Distrikt Solu-Khumbu, wo sich ihre Dörfer in Höhen zwischen 3300 und 4600 m befinden. Sie leben von Landwirtschaft, Viehzucht und Handel, und erst seit der jüngeren Vergangenheit verdingt man sich als Bergführer oder Träger. Die Lage ihrer Heimat an der Handelsroute zwischen Nepal und Tibet begünstigte von je her den Handel; die wichtigsten Handelsgüter waren Salz, Schafswolle, Yaks und Fleisch.

Die Sherpa sind ein tibeto-burmesisches Volk, dessen Sprache eng mit dem Tibetanischen verwandt ist. Ihre Zahl beträgt gegenwärtig ca. 100.000 Personen.

Sprachen

Nepali

Die offizielle Landessprache ist seit der Einigung Nepals im 18. Jh. Nepali, das gelegentlich auch Pahari ("Bergsprache") genannt wird. Nepali stammt vom **altindischen Sanskrit** ab, der sogenannten "Sprache der Götter", in der alle wichtigen Hindu-Schriften verfaßt wurden. Damit ist das Nepali ein enger Verwandter der nordindischen Sprachen wie Hindi, Bengali, Marathi, Gujerati u. v. a., die ebenfalls vom Sanskrit herrühren. Hindi und Nepali stehen sich etwa so nahe wie Deutsch und Holländisch. Mit anderen Worten: Wer eine der beiden Sprachen beherrscht, versteht auch schon zum großen Teil die andere!

Als Abkömmling des Sanskrit gehört Nepali zur **indo-germanischen Sprachenfamilie,** der außer Baskisch, Finnisch, Ungarisch, Estnisch und Türkisch auch alle europäischen Sprachen angehören. Somit ist Nepali tatsächlich auch über zig Ecken mit dem Deutschen verwandt – was beim Erlernen der Sprache jedoch rein gar nichts nützt! Die Gemeinsamkeiten sind nur noch für Sprachwissenschaftler erkennbar, der Laie bemerkt sie nicht.

Nepali wird im *Devanagiri-Alphabet* geschrieben, das auch für Sanskrit, Hindi und Marathi benutzt wird. Das Alphabet besteht aus 36 Konsonanten, 12 Vokalen und 2 Nasalzeichen. Dazu kommt noch eine theoretisch unbegrenzte Zahl von kombinierten Konsonanten, die sogenannten Ligaturen. Einige dieser Ligaturen sind sehr ungebräuchlich und finden sich nur noch bei Sanskrit-Vokabeln. In der Praxis werden ungefähr 30-40 Ligaturen benutzt.

Weitere Sprachen

Außer Nepali werden aber noch mindestens 21 andere Sprachen in Nepal gesprochen, die verschiedenen Sprachfamilien angehören, hauptsächlich der indo-germanischen und der tibeto-burmesischen. Diese Sprachen wiederum untergliedern sich in zahllose lokale Dialekte, so daß sich viele Nepalesen untereinander gar nicht verständigen könnten, gäbe es nicht das Nepali! Nepal ist somit eine Art linguistischer Mikrokosmos, ein Gebirgs-Babylon, in dem viele Leute aneinander vorbeireden!

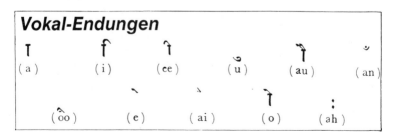

Vokale

अ	आ	इ	ई	उ	ऊ	अं
a	aa	i	ee	u	oo	an

ऋ	ऌ	ए	ऐ	ओ	औ	अः
ri	lri	e	ai	o	au	ah

Vokal-Endungen

ा	ि	ी	ु	ौ	ं
(a)	(i)	(ee)	(u)	(au)	(an)

ू	े	ै	ो	ः
(oo)	(e)	(ai)	(o)	(ah)

Konsonanten

क	ख	ग	घ	ङ
Ka	Kha	Ga	Gha	Na

च	छ	ज	झ	ञ
Cha	Chha	Ja	Jha	Yna

ट	ठ	ड	ढ	ण
Ta	Tha	Da	Dha	Na

त	थ	द	ध	न
Ta	Tha	Da	Dha	Na

प	फ	ब	भ	म
Pa	Pha	Ba	Bha	Ma

य	र	ल	व	श
Ya	Ra	La	Wa	Sha

ष	स	ह	त्त	त्र	ज्ञ
Sha	Sa	Ha	Ksha	Tra	Jna

69

Die wichtigsten Sprachen sind die folgenden (in Klammern prozentualer Anteil der Sprecher an der Gesamtbevölkerung):

Nepali	58,4 %
Maithili	11,1 %
Bhojpuri	7,6 %
Tharu	3,6 %
Tamang	3,5 %
Newari	3,0 %
Avadhi	1,5 %
Rai/Kirati	1,5 %
Magar	1,4 %
Gurung	1,2 %
Limbu	0,9 %
Bhote/Sherpa	0,5 %
Rajbansi	0,4 %
Satar/Sunwar/Danuwar je	0,1 %

Maithili, Bhojpuri und Avadhi sind derbe Ableger des Hindi, die auch in verschiedenen Teilen Nordindiens sehr verbreitet sind. Bei all dem Sprachgewirr ist tröstlich, daß Englisch fast überall mehr oder weniger verstanden wird. In Kathmandu, Pokhara und den anderen größeren Städten wird es mit Englisch kaum Verständigungsprobleme geben, eher schon an den abgelegenen Trekking-Pfaden.

Wer sich einige Grundbegriffe in Nepali aneignen möchte, dem empfiehlt sich das ebenfalls im Peter Rump Verlag erschienene "Nepali für Globetrotter" von Gayaka Voßmann, Reihe Kauderwelsch, oder aber das "Sprachbuch Himalaya" des gleichen Verlages, für Nepali, Hindi und Tibetanisch. Damit klappt dann auch das Gespräch mit dem indischen Obstverkäufer in Kathmandu oder einem Sherpa, dessen Sprache eng mit dem Tibetanischen verwandt ist.

Geschichte

Nepals frühe Geschichte ist von Myriaden von Legenden durchwoben, die von Göttern, Heiligen und wundersamen Ereignissen berichten. Wahrheit und Mythos vermischen sich zu einem unerschöpflichen Fundus von Überlieferungen, die wesentlich zum Reiz des Landes beitragen. Wahr oder nicht, sind die Legenden doch oft interessanterer Lesestoff als die Geschichte.

Mythische Vorzeit
Nur wenig gesicherte Erkenntnisse gibt es über die Zeit vor dem 5. Jh.n.Chr. Ab ca. dem 8. Jh.v.Chr. waren möglicherweise die Könige der **Gopala-** oder **Ahir-Dynastie** die ersten Herrscher des Tales von Kathmandu. Diese waren angeblich von einem Kuhhirten (= *Gopala/ Ahir*) begründet worden, der vom legendären **Weisen Ne** zum König erhoben worden war. Der Weise Ne, oder in Landessprache *Ne Muni,* ist der Namensgeber und Schutzpatron des heutigen Nepal. "Nepal" bedeutet frei übersetzt "Land des Ne".

Die Gopala-Dynastie wählte einen heiligen Ort bei Thankot zu ihrem Sitz, an dem sich heute Mata Tirtha oder das "Mutter-Heiligtum" befindet (siehe Kapitel Thankot). Einer Überlieferung nach überdauerte die Dynastie 521 Jahre und wurde dann von den

Kiranti aus dem heutigen Ostnepal verdrängt. Diese verlegten ihren Sitz nach Gokarna, wenige Kilometer nordöstlich des heutigen Kathmandu. Zur Regierungszeit des siebten Kiranti-Königs, *Jitedasti,* soll *Arjuna,* der Held des Hindu-Epos Mahabharata dem Land einen Besuch abgestattet haben. Dabei beeindruckte er den Gott Shiva, der sich als Kiranti verkleidet hatte, mit seinen Künsten als Bogenschütze. Zusätzlich überredete er Jitedasti, ihm ein Heer nach Kurukshetra in Nordindien zu entsenden, um gegen seine Feinde, die Gaurava, zu kämpfen. Die Schlacht von Kuruksheta bildet den Hintergrund der wichtigsten hinduistischen Schrift, der Bhagavad Gita, die zugleich ein Teil der Mahabharata ist.

um 200 n.Chr.

Die Kirantie-Dynastie findet ihr Ende, als Somabansi aus Nordindien ins Land einfallen. Von nun an herrschen **Somabansi-Könige,** die am Fuße des Pulchowki-Berges am Südrand des Kathmandu Valley residieren. Sie verankern in der Gesellschaft das hinduistische Kastensystem, das bis heute ungebrochen fortbesteht.

um 300 n.Chr.

Die nordindischen **Licchavi** dringen in das Tal ein und lösen bald die Somabansi-Dynasti ab. Ab hier etwa lüftet sich der Schleier der Vergangenheit, und wir kommen zu ersten historisch gesicherten Fakten ...

464-897 n.Chr.

Die Licchavi herrschen über das Kathmandu Valley, und Kunsthandwerk und Architektur erleben eine Blütezeit, aus der heute noch zahlreiche Tempel und Kunstschätze erhalten sind. Verbesserte Handelswege zwischen Tibet, dem Kathmandu-Tal und Indien fördern den kulturellen Austausch untereinander. Die Verbindung nach Tibet wird durch die Heirat des tibetanischen Königs *Songsten Gampo* mit einer nepalesischen Prinzessin, *Bhrikuti,* gefestigt. *Bhrikuti* wird nach ihrem Tode geheiligt und geht als Hari Tara oder "Grüne Tara" in den buddhistischen Götter-Pantheon ein.

733

Mit dem Tod des Licchavi-Königs *Jayadeva II.* geht die Licchavi-Periode zu Ende, und es beginnt eine Ära verschiedener, sich bekämpfender Dynastien, über die wenig gesicherte Kenntnisse vorliegen.

897-1182

Die sogenannte **Thakuri-Periode,** begründet von König *Ragavadeva Lakshmi.* Es herrscht eine Folge von indischen Fürstenhäusern, vornehmlich aus der Kriegerkaste der Rajputen. "Thakur" bedeutet etwa "Landedelmann" oder "Hoher Herr".

949

Gunakamadeva I., der spätere Gründer Kathmandus, besteigt den Thron.

Um 1200

Nach der Thakuri-Herrschaft folgt die **Malla-Dynastie,** die bis 1768 über das Land herrschen sollte. "Malla" bedeutet "Ringer", und einer Legende zufolge wurde dem ersten König der Dynastie, *Arideva,* während eines Ringkampfes die Nachricht von der Geburt eines Sohnes überbracht – worauf er seinem Königshaus den Namen Malla gab.

1244-1311

Eindringlinge vom Volk der Maithila aus dem heutigen Nordindien überfallen die Städte des Kathmandu-Tales mindestens fünf Mal, plündern und zerstören Tempel und Häuser.

1255	Während eines heftigen Erdbebens kommt ein Drittel der nepalesischen Bevölkerung um.
1349	Die **moslemischen Moguln,** die schon ab dem frühen 13. Jh. in Indien eingefallen waren, erobern unter der Führung von *Shamsuddin Ilyas* für kurze Zeit das Kathmandu-Tal. Dabei zerstören sie zahllose Tempel und andere Heiligtümer.
1382	Mit der Krönung *Jayasthitis* beginnt die dritte Generation der Malla-Dynastie, die als die wichtigste angesehen wird. Der König zerschlägt die Banden, die seit Mitte des Jahrhunderts das Tal unsicher gemacht hatten und baut einen wohlgeordneten Staat auf. Die Pflichten der verschiedenen Kasten wie auch deren Unterscheidung nach Kleidung, Wohngebiet etc. werden in einer Art Codex festgelegt.
1428	*Yakshya Malla* wird König und dehnt den Einflußbereich des Mallas über die Grenzen des Tales hinaus aus. Dazu erweist er sich als generöser Kunstmäzen und Religionsförderer und setzt diesbezüglich ein Beispiel, dem spätere Malla-Herrscher folgen sollten.
1482	*Yakshya* stirbt, und sein Reich wird unter seinen vier Kindern, drei Söhnen und einer Tochter, aufgeteilt. Diese herrschen von nun an getrennt über Kathmandu, Bhaktapur, Patan und Banepa und bilden die erste Generation von separaten Dynastien. In der Folgezeit befinden sich diese Dynastien fast im permanenten Kriegszustand gegeneinander. Die Rivalität zwischen den vier Reichen wird auch auf künstlerischem Gebiet ausgetragen, und die Herrscher wetteifern untereinander, die prächtigsten säkulären Bauten oder Tempel zu errichten. Als Folge erblühen Kunsthandwerk und Architektur.
1559	Nachdem die Auseinandersetzungen die Königreiche zu schwächen beginnen, gelüstet es einige der Herrscher aus dem Hinterland nach der Macht. Einer von ihnen, *Dravya Shah*, erobert die Festung von Gorkha, von der zwei Jahrhunderte später die Einigung Nepals ausgehen sollte.
1618-1658	*Siddhi Narasinha Malla* regiert in Paten und erweist sich als unermüdlicher Bauherr von Tempelanlagen.
1641-1674	*Pratap Malla* herrscht über Kathmandu und führt es zu seiner Blütezeit. Unter seiner Führung entstehen zahllose Baudenkmäler, die bis heute das Stadtbild des alten Kathmandu prägen.
1685	Zum ersten Male greift das Herrscherhaus von Gorkha in das Geschehen im Kathmandu Valley ein und unterzeichnet mit Kathmandu und Bhaktapur einen Pakt gegen Patan.
1719	Die Pest geht im Kathmandu-Tal um und rafft über 20.000 der Bewohner dahin.
1734	*Jaya Prakash Malla* besteigt den Thron von Kathmandu, in seligem Unwissen, daß er der letzte Herrscher der Dynastie sein wird. Aufgrund der endlosen Querelen mit Bhaktapur und Patan wird der Gegner, der sich am Horizont abzeichnet, nicht rechtzeitig beachtet: der Gorkha-Prinz *Prithvi Narayan Shah*, der ein begierliches Auge auf das Tal geworfen hat.

Die Pratap Malla-Säule in Bhaktapur

1768	*Prithvi Narayan Shahs* Truppen marschieren in Kathmandu ein – günstigerweise am Tag des Indrajatra-Festes, als die Bevölkerung zu betrunken ist, sich den Eindringlingen zu widersetzen. König *Jaya Prakash* flieht zuerst nach Patan, das sich aber bald den Gorkhali ergibt, dann nach Bhaktapur.
1769	*Prithvi Narayan Shah* greift Bhaktapur an, das sich heftig zur Wehr setzt, schließlich aber fällt. Dem König von Bhaktapur, *Ranjit Malla,* wird die Ausreise ins Exil nach Benares gewährt. *Prithvi Narayan Shah* ist nun der uneingeschränkte Herrscher über das gesamte Tal. Er macht Kathmandu zu seiner Hauptstadt und begründet die **Shah-Dynastie,** die bis heute fortbesteht.
1774	*Prithvi Narayan Shah,* der nun als "Vater der Nation" gilt, stirbt.
1787-1792	Die Gorkha-Armeen fallen im Zuge einer angestrebten territorialen Ausdehnung in Sikkim und Tibet ein und provozieren damit einen Krieg mit China. Die Gorkhali unterliegen und werden zu fünfjährlichen Abgaben an China gezwungen. Ihre Expansionsgelüste Richtung Norden sind damit ein für allemal begraben.
1791	Aufgrund seiner Niederlage gegen China wendet sich Nepal der Britischen East India Company zu und unterzeichnet mit ihr ein Handelsabkommen.
1795	Nepalesische Truppen überfallen Kumaon und Garhwal im westlichen Himalaya und annektieren sie.
1814-1816	Übergriffe der nepalesischen Armeen auf britisches Gebiet in Nordindien führen zum **Krieg mit der englischen Kolonialmacht.** Die Briten siegen und Nepal tritt ihnen Garhwal, Kumaon, Darjeeling und seine im Terai besetzten Gebiete ab. Die Briten sind jedoch so von der Kampfkraft der Nepalesen beeindruckt, daß sie von nun an Rekrutierungen in ihre Armee vornehmen – die legendären **Gurkha-Regimenter,** auf denen zahlreiche spätere Schlachtsiege der Briten beruhen sollen, sind geboren.
1846	Langandauernde Zwiste am Königshof führen zu einem Mord, den ein Offizier, *Jung Bahadur Kanwar,* zum Anlaß nimmt, eine Krisensitzung einzuberufen. Bei dieser sind Hunderte seiner politischen Gegner anwesend, die er kaltblütig ermorden läßt. Bei dem Gemetzel, das als **Kot-("Festungs")Massaker** in die nepalesische Geschichte eingeht, kommt außer dem König fast jede bedeutende Persönlichkeit um.
	Dem König wird Exil in Benares gewährt, und *Jung Bahadur* setzt den jungen Kronprinzen *Surendra Vikram Shah* auf den Thron. Alle weiteren wichtigen Posten schaßt er aber seinen eigenen Familienmitgliedern zu und ernennt sich selber zum Maharaja oder "Großen König". Die Shah-Königsfamilie wird praktisch zu einem Schattendasein verdammt, die tatsächliche Macht liegt in Händen der Sippe Jung Bahadurs, die sich nun **Rana** nennt (= "Herrscher", "König"). Damit ist der Grundstein der **Rana-Dynastie** gelegt, die Nepal über ein Jahrhundert beherrschen soll.
1852	Nach einem Staatsbesuch *Jung Bahadur Ranas* in Endland, führt er eine Gesetzgebung nach englischem Vorbild und eine europäische Kleiderordnung bei Hofe ein. Palastbauten in jener Zeit bekommen deutlich europäische Züge.

1857-1858	Aus Anlaß des indischen Aufstandes gegen die Engländer entsendet *Jung Bahadur* der Kolonialmacht Hilfstruppen und erntet so deren Dank: Die Briten überlassen Nepal einen Teil des westlichen Terai, womit das Land seine heutige Ausdehnung erreicht.
1877	*Jung Bahadur Rana* stirbt, und sein Nachfolger, *Uddip Rana,* kann einen Versuch der Shahs, die Macht wieder an sich zu reißen, niederschlagen.
1885	*Bir Shamsher Rana* ermordet *Uddip,* schwingt sich zum allgewaltigen Premierminister auf und schließt Jung Bahadurs Zweig der Familie von der Macht aus.
1914-1918	*Chandra Shamsher Rana,* der wichtigste Herrscher der Rana-Folge, der in seinen 29 Regierungsjahren unermeßliche Reichtümer beiseite schafft, entsendet Gurkhas, die an der Seite der Briten im 1. Weltkrieg kämpfen.
1923	Großbritannien erkennt Nepal als unabhängigen Staat an.
1934	Ein Erdbeben gewaltiger Stärke ebnet die meisten Bauten des Kathmandu Valley ein und tötet Tausende von Bewohnern.
1939-1945	Mehr als 250.000 Gurkhas kämpfen im 2. Weltkrieg, entweder unter britischer Fahne oder in der nepalesischen Armee, und einige verdienen sich Großbritanniens höchste militärische Auszeichnung, das Victoria Cross.
1947	Indiens Unabhängigkeit weckt in Nepal Verlangen nach einem Ende des repressiven Rana-Regimes. In den folgenden Jahren des Widerstandes schlägt sich der de facto zwar machtlose, aber in der Bevölkerung hochverehrte König *Tribhuvan* auf die Seite seines Volkes.
1951	Nachdem König *Tribhuvan* ins Exil nach Indien geflohen und zurückgekehrt war, stimmen die Ranas unter indischem Druck einer Koalitionsregierung zu, an der Vertreter der Königsfamilie, Mitglieder der *Nepali Congress Party* und der Ranas teilhaben. Nepal, das lange für Ausländer verschlossen war, öffnet sich der Außenwelt.
1953	Der Neuseeländer *Edmund Hillary* und der Sherpa *Tensing Norgay* bezwingen als erste den Mt. Everest und sind somit die Vorhut von Hunderten von Bergsteigern, die in der Folgezeit ihrem Beispiel nacheifern.
1962	Der 1955 gekrönte König *Mahendra* verbietet alle politischen Parteien und führt landesweit das **Panchayat-System** ein, das bis dahin schon in einigen Landesteilen bestanden hatte. Panchayats, wörtlich "Fünferräte", waren üblicherweise Dorfräte, die für lokale Belange zuständig waren. Das neue Panchayat-System gliedert sich in verschiedene Ebenen: Auf niedrigster Stufe steht der Dorf-Panchayat; aus diesem geht der Distrikt-Panchayat hervor, über dem der National-Panchayat steht. Letzterer umfaßt 140 Mitglieder. Da der König einen Großteil der Mitglieder des Obersten Panchayat selber ernennt, ist ihm der direkte Machtzugriff garantiert.
1972	König *Mahendra* stirbt, und in seine Fußstapfen tritt sein Sohn, *Birendra Bikram Bir Shah.* Die offizielle Thronbesteigung findet jedoch erst drei Jahre später statt.

1980   In einem **Volksentscheid** stimmen 55 % der Wähler für die Beibehaltung des Panchayat-Systems anstelle eines Wechsels zu einer demokratischen Regierungsform. Der Volksabstimmung waren blutige Unruhen vorausgegangen, in denen prodemokratische Demonstranten gegen die starren Machtverhältnisse protestiert hatten.

1981   Zum ersten Male findet eine Wahl statt, bei der die Wähler verschiedene Kandidaten zur Auswahl haben. Als Kandidat ist jedoch nur zugelassen, wer sich zum Panchayat-System bekennt.

1986   Aus den Wahlen geht *Man Singh Shreshta* als Regierungschef hervor, alle wesentliche Macht liegt jedoch noch immer beim König, der sich in seiner beinahe uneingeschränkten Rolle zunehmend Kritik zuzieht.

1989   Nach der Kündigung von Handels- und Transitverträgen mit Indien, das aufgrund eines nepalesischen Waffengeschäftes mit China verärgert ist, kommt es zu Lebensmittel- und Benzinknappheit und auch zu Preissteigerungen. Aus dieser Notsituation heraus schließt sich die Opposition zusammen und fordert eine Abkehr vom Panchayat- zugunsten eines demokratischen Mehrparteiensystems. Hinzu kommen massive Vorwürfe der Korruption an die herrschenden Panchayat-Mitglieder, aber auch an die Königsfamilie selber, die sich auf Kosten des Volkes bereichert haben soll. Besonders heftige Anschuldigungen dieser Art richten sich gegen König Birendras Frau, Königin *Aishwarya Rajya Lakshmi Devi*.

1990   Die ungeheuren Umwälzungen in Osteuropa gehen auch an Nepal nicht spurlos vorüber, und eine **Demonstrations- und Streikwelle** fegt über das Land. Blutiger Höhepunkt ist ein Massaker an einigen Hundert Demonstranten, die auf den Königspalast anstürmen und den Kugeln der dort postierten Soldaten zum Opfer fallen.

Unter dem immer stärker werdenden Druck seines Volkes und mit der weisen Einsicht, daß es sich nicht mit halbherzigen Versprechungen zufrieden geben würde, stimmt König *Birendra* einem Mehrparteiensystem zu und begnügt sich mit einer Rolle als konstitutioneller Monarch. Er beauftragt den angesehenen langjährigen Oppositionspolitiker *Ganesh Man Singh* mit der Bildung einer Übergangsregierung, die Wahlen vorbereiten soll.

1991   Aus den **ersten Wahlen** in einem demokratischen Mehrparteiensystem geht nach einem hitzigen Wahlkampf der *Nepali Congress (NC)* mit 213 Parlamentssitzen als Sieger hervor und stellt den Premierminister, *Girija Prasad Koirala*. Mehr als nur einen Achtungserfolg verbuchen die Kommunisten, die sich für die Wahl zu einer Allianz zusammengeschlossen haben: Landesweit erhalten sie 69 Sitze, in Kathmandu gar 4 von 5 Sitzen insgesamt. Kommunistische Parolen, woanders längst zum Alteisen geworfen, haben durchaus Zugkraft in einem Land, in dem viele Bewohner rein gar nichts zu verlieren haben.

1993

Im Mai *verunglückt der Vorsitzende der Kommunistischen Partei, Madan Bhandari* und ein weiteres Parteimitglied: Ihr Jeep kommt vom Prithvi Highway zwischen Kathmandu und Pokhara ab und stürzt 45 m in die Tiefe - ein Unfall, der auf Nepals Serpentinenstraßen eigentlich nichts Ungewöhnliches ist. Die Anhänger der Partei aber sind von einem Komplott überzeugt und fordern eine gründliche Untersuchung des Falles. Zusätzlich verlangen sie den Rücktritt von Premierminister *Koirala,* dem Vetternwirtschaft und Korruption vorgeworfen wird. Es kommt zu gewalttätigen Demonstrationen und Streiks, bei denen etwa 30 Menschen umkommen, die meisten durch Polizeikugeln.

1994-1995

Premierminister *Koirala* widersetzt sich standhaft den permanenten Rücktrittsforderungen seitens der Opposition. Seine Regierung kann sich auf Dauer dem Druck nicht erwehren, sie fällt schließlich, und bei Neuwahlen Anfang 1995 gehen die Kommunisten als die Sieger hervor. Premierminister wird *Manmohan Adhikary.*

Im September '95, gerade acht Monate später, wendet sich das Blatt jedoch schon wieder. Eine Koalition bestehend aus dem *Nepali Congress,* der *Rashtriya Prajatantra Party (RPP)* und der *Nepal Sadbhavana Party (NSP)* stürzt die Regierung durch ein *Mißtrauensvotum* und übernimmt selber die Staatsgeschäfte. Premierminister wird *Sher Bahadur Deuba* vom *Nepali Congress.*

Die Kommunisten hatten dem drohenden *Machtwechsel* zuvor entgegenwirken wollen, indem sie im Juni das Parlament auflösen ließen, ein Akt der von König *Birendra* als konstitutioneller Monarch formell abgesegnet wurde. Der Oberste Gerichtshof erklärte den Schritt später jedoch für unkonstitionell und somit ungültig.

Die Kommunisten werden es kaum beim gegenwärtigen Zustand belassen wollen, und dauerhafte politische Stabilität so sehr das Land sie bräuchte - scheint noch sehr fern.

Staat und Verwaltung

Staat

Seit den revolutionären Ereignissen von 1990 ist Nepal eine **konstitutionelle Monarchie** mit dem König als Staatsoberhaupt in einem demokratischen Mehrparteiensystem. Als einziges Land der Welt ist in seiner Verfassung der **Hinduismus als Staatsreligion** verankert, was dem Land den Beinamen "einziges Hindu-Königreich der Welt" eingetragen hat. Der Hinduismus genießt besonderen Schutz, und gemäß einem kontroversen Gesetz werden "Bekehrungsversuche" an Hindus zum Islam, Christentum oder anderen Religionen mit Gefängnis bestraft.

Nationale Symbole

Ganz im hinduistischen Sinne gilt als Nepals **Nationaltier** die altbekannte *bos indicus* – mit anderen Worten, die gemeine indische Kuh. **Kühe** gelten den Hindus als heilig, was höchstwahrscheinlich auf der vielseitigen Verwendbarkeit der Kuh und ihrer Produkte beruht. Noch heute wird bisweilen zu religiösen oder gesundheitlichen Zwecken das Panchagavya eingenommen, eine Mixtur aus Milch, Yoghurt, Ghi (geklärte Butter), Kuhdung und -urin!

Wie der Hinduismus selber, so steht auch die Kuh unter besonderem gesetzlichen Schutz, und das Töten einer solchen kann mit Gefängnis bis zu 15 Jahren bestraft werden. Das gilt auch für Unglücksfälle mit dem Auto, und kein Wunder, wenn Kühe absolutes Vorfahrtrecht in Anspruch nehmen – irgendwie scheinen sie ihre privilegierte Stellung zu spüren! Trotzdem verzeichnet die nepalesische Kriminalstatistik jährlich um die 30 Fälle von illegalem "Kuh-Schlachten", Tendenz steigend. In den meisten Fällen handelt es sich wohl um alte, nutzlos gewordene Tiere, die klammheimlich "beseitigt" werden.

Nepals **Nationalblume** ist die rote oder rosafarbene **Lali Gurans** *(Rhododendron arboreum)*, eine Rhododendron-Art, die im März oder April erblüht. Gelegentlich kommt es zu weißen oder gefleckten Blüten.

Sehr außergewöhnlich ist die **Nationalflagge,** die aus zwei gleich großen übereinandergestellten Dreiecken besteht. Mit dieser Dreiecksform erinnert sie an die orangen,

Nepalesische Nationalflagge

78

allerdings einfachen Dreiecksfahnen, die den Hinduismus symbolisieren. Die nepalesische Flagge ist sattrot, mit einem dunkelblauen Rand. Im oberen Dreieck befindet sich ein auf dem Rücken liegender Halbmond, von dem acht Strahlen ausgehen. Das untere Dreieck zeigt eine Sonne mit zwölf Strahlen. Für diese Symbole gibt es eine Reihe von Deutungen, am naheliegendsten ist wohl der Bezug zum hinduistischen Sonnengott Surya und zum Mondgott Chandra.

Neben diesen Staatssymbolen gibt es noch einige andere, die aber den Eindruck erwecken, als suche man ein wenig verkrampft nach einer nationalen Identität: So gibt es einen **Nationalvogel** (Danfay, eine seltene Fasanen-Spezies), ein **Nationalmesser** (das Khukri), eine **Nationalfarbe** (Purpurrot, etwa wie in der Flagge) und ein (männliches) **Nationalkostüm.** Letzteres besteht aus einem fast knielangen Hemd, dem Labeda, und einer heutengen, leichten Hose, der Suruwal. Dazu kommt noch die Topi, die bunte **Nepali-Kappe.** Frauen sollten diese jedoch niemals aufsetzen!

Schließlich gibt es noch die **Nationalhymne.** Deren Text ist eine wortgewaltige Huldigung an den König und lautet frei übersetzt: "Ihr edler, besonnener Nepalese, über allem erhabener König, möge Eurer fünffach ruhmreichen Majestät allzeit Glück beschieden sein. Mögen Eure Untertanen sich mehren und Euren Ruhm verkünden, das ist der Nepalesen innerstes Gebet."

Verwaltung

Verwaltungstechnisch ist Nepal in 5 sogenannte **Development Regions** oder "Entwicklungsgebiete" unterteilt: die Eastern Development Region, Central Development Region, Western Development Region, Mid-Western Development Region und Far-Western Development Region.

Diese unterteilen sich in insgesamt 14 Zonen **(Zones):** Mechi, Koshi, Sagarmatha, Janakpur, Bagmati, Narayani, Gandaki, Dhaulagiri, Lumbini, Rapti, Bheri, Karnali, Seti und Mahakali.

Die Zonen wiederum bestehen aus insgesamt 75 Distrikten **(Districts),** die sich ihrerseits aus Städten und Dörfern zusammensetzen.

Religionen

Überblick

Nepal ist der einzige Staat der Welt, der den Hinduismus in seiner Konstitution verankert hat, und es weist den prozentual höchsten Hindu-Anteil an der Gesamtbevölkerung auf, einen noch höheren als im benachbarten Indien. So sind 89,5 % **Hindus,** 5,3 % **Buddhisten** und 2,7 % **Moslems.** Der Rest von 2,5 % setzt sich aus Jains, Christen, Animisten u.a. zusammen.

Die Zahl der **Christen** beträgt insgesamt nur ca. 5000, denn christliche Missionare waren in Nepal von jeher nicht gut gelitten, und mancher kam auf tragische Weise um. Heute herrscht religiöse Toleranz im Lande, wenn man einmal von dem zuvor erwähnten Verbot der Konvertierung von Hindus absieht.

Was übrigens die Zählung von Hindus und Buddhisten erschwert, ist die Tatsache, daß sich viele Nepalesen als beides gleichzeitig verstehen! Hinduismus und Buddhismus haben sich im Laufe der Zeit eng verwebt, was sich auch in zahlreichen Tempeln ausdrückt, die von Anhängern beider Religionsgemeinschaften gleichermaßen besucht werden. Einige Götter und Göttinen tauchen sowohl in hinduistischer als auch buddhistischer Form auf.

Hinduismus

Der Hinduismus entstand im ersten Jahrtausend vor unserer Zeitrechnung aus der vedischen Religion der Arier, die seit ca. 2000 v.Chr. aus Zentralasien in Indien eingedrungen waren, durch Vermischung mit den dravidischen Kulten der alteingesessenen Bewohner Indiens. Die vedische Religion beruhte auf den vier *Veden,* heiligen Schriften aus der Zeit vor 1000 v. Chr., die magische Rituale und Opfergesänge enthielten. "Veda" ist Sanskrit für "Wissenschaft", und die beiden Begriffe sind etymologisch sogar miteinander verwandt, so wie sich noch viele

Hindu Priester mit Zuhörerschaft

deutsche Vokabeln mit Sanskrit-Herkunft finden lassen.

Mit der Entwicklung des Hinduismus kamen weitere religiöse oder philosophische Schriften dazu, so die Upanishaden, Puranas, die Epen *Ramayana* und *Mahabharata.* Das Kernstück der Mahabharata ist die Bhagavad Gita ("Das Göttliche Lied"), die wichtigste Schrift des Hinduismus, in der Krishna während der Schlacht von Kurukshetra den Krieger Arjuna in die göttlichen Mysterien einweiht.

Zahlreiche Episoden aus Ramayana und Mahabharata sind so bekannt, daß sie von den Müttern an die Kinder weitergegeben werden, etwa wie bei uns einst die Märchen, und scheinen – obwohl millionenfach wiedererzählt – niemals ihre Attraktion zu verlieren. Als das indische Fernsehen in den achtziger Jahren beide Epen als Serie ausstrahlte, waren Indiens Straßen zur Sendezeit leergefegt, und in Nepal boomte der Verkauf von Hochleistungsantennen, mit denen die indischen Programme empfangen werden können.

Ramayana und Mahabharata sind auf der Volksebene die wichtigsten hinduistischen Kulturgüter und wirken sich auch da aus, wo man es am wenigsten vermutet: So sind die episch-langen indischen Spielfilme mit ihren mehrschichtigen, sich überkreuzenden und irgendwann zusammenlaufenden Handlungsfäden nichts als moderne Nachkommen der alten Epen. Auch die Politik auf dem indischen Subkontinent mit

ihren zahllosen, wechselnden Allianzen und ebensovielen Intrigen wirkt wie ein Abklatsch der Mahabharata!

Die Vielzahl der Schriften macht die Antwort auf die Frage, was der Hinduismus lehrt, nicht gerade leichter. Viele Hindus selber sagen, daß er weniger eine Religion als ein "way of life" ist, eine spezielle Lebensart. Tatsächlich bedeutet *das Wort Hindu* lediglich "Inder": Für die Perser begann Indien am Fluß Sindhu, dem Indus, den sie aber nur wie "Hindu" aussprechen konnten. Das Wort Hindu wurde zur Bezeichnung für die Bewohner des Indus-Landes, also Indiens.

Die hinduistische Lebensart, die sich herausbildete, war von fast grenzloser *religiöser Toleranz* geprägt, so daß ein jeder geduldet war, der zu einer der zahlreichen

Holz-Maske, Kathmandu

ismus ist die Vorstellung der **Reinkarnation,** d.h. der Wiedergeburt der unsterblichen Seele in einem neuen Körper. Jede Seele hat Hunderttausende von Wiedergeburten zu durchleben, ehe sie Moksha, die Erlösung aus dem Geburtenkreislauf erreichen kann. Jedes einzelne Leben wird dabei vom Karma bestimmt, d.h. der Summe der vorangegangenen guten oder schlechten Taten. Karma bedeutet "das Getane". Ein günstiges Schicksal ist ein Hinweis auf gute Taten in den vorangegangenen Leben, ein schlechtes Schicksal ist die Strafe für Missetaten.

Formen Gottes betete. Schließlich hatte der Hinduismus selber Tausende von Göttern, die alle friedlich koexistierten. Im Gegensatz zu den meisten anderen Weltreligionen hegte der Hinduismus nie einen Alleinanspruch auf die Wahrheit, sondern sah alle Religionen als verschiedene Wege zum selben Ziel an. Bezeichnend für diese Toleranz war bis in die jüngste Vergangenheit die Tatsache, daß Hindu-Familien im indischen Bundesstaat Panjab ihren erstgeborenen Sohn traditionell zum Sikh weihen ließen. Eine großmütigere Geste der Religionsbrüderschaft ist wohl kaum vorstellbar. Daß es heute auf dem indischen Subkontinent, vor allem in Indien, weit schlechter um die Toleranz bestellt ist, darf größtenteils Politikern angelastet werden, die soziale Spannungen zur Selbstprofilierung nutzen und die entstandenen Gräben verbreitern.

Doch warum genau glaubt der Hindu? Der Grundpfeiler des Hindu-

Zur Erreichung der **Erlösung** steht dem Hindu eine Reihe von Methoden zur Verfügung: Es gibt Dutzende von Arten der Meditation (Dhyan), aber auch Systeme der vollkommenen Hingabe an einen Gott (Bhakti) oder des selbstlosen Verrichtens guter Taten (Karma Yoga).

Bei der Gotteshingabe und beim Gebet hat der Hindu die Wahl zwischen **Tausenden von Göttern**, die jeweils alle mit einer oder mehreren göttlichen Eigenschaften ausgestattet sind. Diese Eigenschaften werden auch in Notlagen angerufen. So ist beispielsweise der dickbäuchige Elefantengott Ganesh der Beseitiger von Hindernissen und ganz allgemein ein Glücksbringer; für das materielle Glück ist die Göttin Lakshmi zuständig, und demzufolge ist "Lakshmi" auch eine umgangssprachliche Bezeichnung für Geld, also im Sinne "Zaster". Saraswati ist die Göttin des Lernens und die

Schutzpatronin der Sprache und Künste, Indra ist der Gott des Regens und der Fülle etc., etc. – es gibt wohl ebensoviele Götter wie Eigenschaften.

Die herausragenden Götter des *Hindu-Pantheon* sind jedoch die "Dreifaltigkeit" oder Trimurti des *Brahma, Vishnu* und *Shiva.* Brahma ist der Schöpfer des Universums, Vishnu der Erhalter und Shiva der Zerstörer und Erneuerer. Diese drei erscheinen auch vereint als Dattatreya ("Dreiergott"), diese Form ist jedoch recht selten. Von den drei werden in der Praxis nur Vishnu und Shiva verehrt, Brahma geweiht sind auf dem ganzen indischen Subkontinent bestenfalls ein halbes Dutzend Tempel. Als Grund wird häufig angegeben, daß Brahma seine eigene Tochter Saraswati geheiratet habe und sich dadurch des Inzests schuldig gemacht habe!

Verwirrenderweise kommen zu all der Göttervielfalt noch etliche *Manifestationen,* in denen die Götter erscheinen können. Vishnu beispielsweise kann als Krishna, Narayan und in Hunderten anderen Varianten verehrt werden; Shiva als Mahadev, Mahakal, Bhairav und ebenso zahlreichen anderen. Die Göttin Kali kann ebensogut als Durga, Telaju oder Bhawani auftauchen. Das gleiche gilt auch für alle anderen Götter, was dem Laien die Indentifzierung nicht gerade erleichtert.

All die Götter können aber auch – und das wäre vielleicht der Idealfall – als verschiedene Aspekte des *einen* Gottes betrachtet werden, der

sich in vielen Formen auszudrücken vermag.

Die Götter und Göttinnen haben übrigens auch himmliche Ehepartner, so daß ganze *Götterfamilien* entstehen. Krishnas Frau ist Radha, Shiva ehelichte Parvati und Rama die getreue Sita, die als Symbol einer perfekten, ihrem Gatten ergebenen Ehefrau gilt.

Ein weiterer und enorm wichtiger Bestandteil des Hinduismus ist das *Kastensystem.* Die Hindu-Gesellschaft unterteilt sich traditionell in vier Hauptkasten, die sich in schätzungsweise 2000-3000 Unterkasten aufgliedern. Die oberste Kaste ist die

der Brahmanen (Priester oder Schriftgelehrte), die in einer Hindu-Analogie als der "Kopf" der Gesellschaft bezeichnet wird. Es folgen die Kshatriya (Krieger, Soldaten), in Nepal Chhetri genannt, dann die Vaishya (Kaufleute, Bauern) und als unterste die Shudra (Arbeiter).

Unter diesen Hauptkasten befinden sich die sogenannten *Kastenlosen* oder "Unberührbaren", die ursprünglich zu einem Schattendasein ohne jegliche Rechte verdammt waren. Ihnen kamen nur "unreine" Arbeiten zu, da sie ohnehin nicht mehr verunreinigt werden können. Zu diesen gehörte das Bearbeiten von Tierfellen, Leichenverbrennen, Straßen- und Toilettenreinigung etc. Das Leben eines Kastenlosen war ursprünglich weit weniger wert als das einer heiligen Kuh, und selbst sein Schatten konnte einen Höherkastigen dermaßen verunreinigen, daß dieser sich komplizierten Reinigungsritualen zu unterziehen hatte – nicht zu reden von den Strafen, die den "Frevler" erwarteten.

Dem Kastenwesen liegt die Vorstellung zugrunde, daß jedem Wesen der durch sein Karma vorbestimmte Platz zugedacht sei. Dieser Platz ist unveränderlich und durch Geburt vorbestimmt. Ein Auf- oder Absteigen in eine andere Kaste ist unmöglich, selbst geheiratet werden kann nur innerhalb der eigenen Kaste. In den gebildeten Schichten zeigt sich allerdings eine allmähliche Auflösung des Kastendenkens, und Ehen zwischen Mitgliedern verschiedener Kasten kommen vor.

Die *Kastenzugehörigkeit* ist heute äußerlich praktisch nicht mehr zu erkennen, es sei denn bei den männlichen Brahmanen, die eine heilige Brahmanenschnur, das Yagnopavit, um die Schulter tragen. Meistens gibt aber der Nachname eindeutig Auskunft über die Kaste, in einigen Fällen gibt es Überschneidungen, und der Namensträger kann theoretisch zu verschiedenen Kasten gehören. Die Kastennamen variieren regional, die Bewohner eines Gebietes kennen sich aber bestens mit den lokalen Namen aus, und die Kastenidentifizierung fällt ihnen leicht.

Weiterer wichtiger Bestandteil der Hindu-Lebensart sind die zahlreichen *Hindu-Feste* oder -pilgerfahrten, die nach dem hinduistischen Mondkalender ausgerichtet sind. Den teilnehmenden Dorfgemeinschaften sollen sie kollektives Wohlergehen, eine gute Ernte und Schutz vor bösen Mächten garantieren, auf individueller Ebene persönliches Glück und das Näherkommen an Moksha, die so ferne, aber nicht aus den Augen zu verlierende Erlösung.

Buddhismus

Wenn der Buddhismus heute in Nepal und Indien eine untergeordnete Rolle spielt, so ist dies in erster Linie dem psychologischen Geschick des hinduistischen Klerus zuzuschreiben: Als die Hindu-Priester ihre Religion durch den sich ausbreitenden Buddhismus in Bedrängnis wähnten, nahmen sie Buddha kurzerhand als eine Inkarnation Vishnus in ihr Göt-ter-Pantheon auf. Damit war der Buddhismus vom Hinduismus prak-tisch aufgesogen und verlor seine Daseinsberechtigung. Toleranz und Wandlungsfähigkeit sicherten dem Hinduismus so das Überleben.

Der Buddhismus beruht auf den Lehren des Buddha oder "Erleuchte-ten", der 543 v. Chr. als *Siddharta Gautama* in Lumbini nahe der indi-schen Grenze zur Welt kam. Schon kurz nach seiner Geburt soll sich Wunderbares an ihm vollzogen ha-ben. Kaum hatte ihm seine Mutter, die Königin *Maya Devi*, das Leben geschenkt, stapfte er einige Schritte in jede der vier Himmelsrichtungen, wobei aus seinen Fußabdrücken Lo-tusblumen sprossen – ein Symbol seiner göttlichen Geburt.

Siddharta Gautama wurde in eine Königsfamilie hineingeboren und genoß seine ersten Lebensjahre in der sorgenfreien Abgeschiedenheit des Palastes. Angeblich wollte sein Vater, König Suddhodhana von Ka-pilavastu, ihn von den Leiden der Welt abschirmen, um ihn nicht die vergängliche Natur alles Materiellen erkennen zu lassen. Doch die Vor-sehung wollte es anders.

Siddharta unternahm einige heim-liche Ausflüge in die Stadt, wo er zum ersten Mal mit all den dunklen Aspekten des Lebens konfrontiert wurde, die bisher von ihm ferngehal-ten worden waren. – Armut, Krank-heit, Elend und Tod, menschliches Leid schlechthin. Überwältigt von diesen Eindrücken beschloß er, nach den Ursachen des Leids zu forschen, das das menschliche Le-ben wie ein Schatten zu begleiten schien. Eines Tages – er muß etwa Ende zwanzig gewesen sein – machte er sich auf, seinen Palast für immer zu verlassen, um in Medita-tion und Askese die Antworten auf seine Fragen zu suchen. Zurück ließ er seine Frau und seinen gerade geborenen Sohn – ein untrügeri-sches Zeichen, wie ernst ihm sein Anliegen war.

Nach langen Jahren, in denen er sich verschiedenen Formen der As-kese unterworfen hatte, wurde ihm unter einem Pipal-Baum meditierend die *Erleuchtung* zuteil. So gesche-

Die Ashoka-Säule in Lumbini markiert Buddhas Geburtsort

hen in einem Ort in Nordindien (Bundesstaat Bihar), der fortan den Namen Bodh Gaya tragen sollte, wörtlich "Wurde erleuchtet". Der Pipal-Baum wurde von nun an Bodhi-Baum genannt, "Baum der Erleuchtung".

Siddharta Gautama war nun ein Buddha oder "Erleuchteter" und faßte seine Erkenntnisse in den *"Vier Edlen Wahrheiten"* zusammen:

1. Alles Leben ist Leiden (Dukkha);
2. Alles Leiden wird durch Begierden hervorgerufen (Samudaya);
3. Das Leid kann durch die Auslöschung der Begierden an seinen Wurzeln ausgemerzt werden (Nirodha);
4. Die Begierden können durch einen "Achtfachen Pfad" zerstört werden und damit auch das Leid (Magga).

Der "Achtfache Pfad" war ein von Buddha entwickeltes, von strenger Selbstdisziplin geprägtes System aus rechtem Handeln, das nieman-

den verletzt, und Meditation. Das Endziel dieses Weges sollte das Nirvana sein, ein reiner, körperloser Zustand, der auch das Ende der Kette der Wiedergeburten bedeutet.

Einer der einflußreichsten Anhänger der neuen Religion wurde der indische *König Ashoka Maurya,* der 249 v.Ch. Buddhas Geburtsort besuchte und ihm zu Ehren dort eine Gedenksäule errichten ließ, die die Jahrtausende bis heute überdauert hat. Ashoka beließ es jedoch nicht bei Pilgerrreisen, sondern sandte Missionare in alle Himmelsrichtungen aus, die die Lehre Buddhas verbreiten sollten. Bald gelangten Sri Lanka und weite Teile Südostasiens unter buddhistischen Einfluß.

Im 1. Jh.n.Chr. spaltete sich der Buddhismus jedoch in zwei Zweige, den Hinayana ("Kleines Fahrzeug") und Mahayana ("Großes Fahrzeug"). Der *Hinayana* war die ursprüngliche Form, deren Ziel die Erlangung des persönlichen Nirvana war, wogegen der neue *Mahayana* das liebende Mitgefühl mit allen Kreaturen hervor-

Dämonen-Maske

86

hob. Das Idealbild des personifizierten Mitgefühls wurden die Boddhisattvas, erleuchtete Wesen, die noch nicht ins endgültige Nirvana einziehen, um anderen auf ihrem Weg dorthin zu helfen.

In Nepal, dessen Buddhisten überwiegend dem Mahayana anhängen, werden zahllose Boddhisattvas wie Götter verehrt, und vielen davon sind eigene Tempel geweiht. Der bekannteste ist der *Avalokeshvara,* dessen Name etwa "Gott, der herniederblickt" bedeutet – herniederblickt mit Mitgefühl auf eine Welt voller Leid. Avalokeshvara gilt somit auch als der "Gnadenvolle", auf Sanskrit Karunamaya.

Der in Nepal praktizierte Buddhismus ist jedoch von vielseitigen *Einflüssen* geprägt. Im 7. Jh. hatte der Buddhismus Tibet erreicht und vermischte sich mit dem dort verbreiteten Kult des Bon, der schamanistische Rituale um Naturgötter, Dämonen und Geister beinhaltete. Die daraus entstandene Fusion, der *tibetanische Buddhismus*, beeinflußte den nepalesischen Buddhismus.

Das spirituelle Oberhaupt des tibetanischen Buddhismus ist der *Dalai Lama,* der 1959 den Repressalien der Chinesen entfloh und sich in Indien ansiedelte. Heute lebt er mit etlichen Tausend seiner Landsleute in Dharamshala in Nordindien.

Einfluß auf den nepalesischen Buddhismus nahm auch der aus hinduistischer Tradition stammende *Kult des Tantra.* Dieser ist eine esoterische Mischung aus Yoga, Medi-

Tantrische Holzschnitzerei am Jagganath-Tempel in Kathmandu

tation und magischen Formeln und Ritualen. Eine spezielle Schule des Tantra widmet sich interessanterweise genau den Praktiken, die im orthodoxen Hinduismus geächtet sind, den sogenannten "fünf M's". Dazu gehört der Genuß von Wein (Madya), Fleisch (Mañsa) und Fisch (Matsya), der Geschlechtsverkehr (Maithuna) und ein System von magischen Körpergesten (Mudra). All diese Praktiken sollten auf eine Art "umgekehrtem Weg" eigentlich zum selben Ziel führen wie der traditionelle Hinduismus, wurden aber meist mit der Absicht praktiziert, sich geheimer Mächte zu bedienen. Unter dem Deckmantel des Tantra wurden recht befremdliche Riten vollführt, wovon das Verzehren von Leichen noch eine der harmloseren war.

Ein Beispiel für tantrischen Einfluß ist in Nepal das Opfern von Tieren, deren Blut der (Hindu-)Göttin Kali oder einer ihrer zahlreichen Formen dargebracht wird. Der Tantra-Einfluß auf den Buddhismus beschränkt sich auf die Verehrung einiger tantrischer Göttinen, z.B. der Vajra Yogini.

Islam

Mitte des 14. Jh. hatten moslemische Eindringlinge, die Moguln, zeitweise das Kathmandu-Tal erobert und zahlreiche Heiligtümer zerstört, zogen sich jedoch bald wieder zurück. Die **ersten Moslems,** die sich dauerhaft niederließen, waren kashmirische Teppich- und Wollhändler, die über Tibet ins Kathmandu-Tal gekommen waren, einige davon auf den ausdrücklichen

Wunsch König *Ratna Mallas* hin. Mancher von ihnen war zuvor die Handelspfade zwischen Kashmir, Ladakh und Tibet entlanggezogen und sah in der Ausweitung nach Kathmandu günstige Geschäftsmöglichkeiten.

Im 17. und 18. Jh. stellten die lokalen Herrscher in Westnepal einige indische Moslems an, die ihre Soldaten in der Benutzung von Feuerwaffen unterrichteten. Die größte **Einwanderungswelle indischer Moslems** fand jedoch in der zweiten Hälfte des 19. Jh. statt, als sich zahlreiche Feldarbeiter im Terai niederließen, aber auch Händler von Leder, Armreifen, Halsketten oder anderen einfachen Schmuckstücken sich in den Hügelregionenen ansiedelten.

Der Islam (wörtl. "Unterwerfung") wurde zwischen 610 und 632 vom Propheten **Mohammed** gestiftet und verehrt nur einen Gott. Dieser einzige Gott ist **Allah,** der nach dem jüngsten Gericht die guten oder bösen Taten mit Paradies oder Hölle vergilt.

Den Anhängern des Glaubens wird die Einhaltung von **fünf Geboten** abverlangt, den sogenannten "Fünf Säulen" des Islam:
1. Das Bekenntnis zur Einheit Gottes und der Prophetenschaft Mohammeds;
2. Das fünfmalige tägliche Gebet;
3. Das Geben von Almosen;
4. Das Fasten im Fastenmonat Ramadan und
5. die Pilgerreise nach Mekka, dem heiligen Ort des Glaubens.

Der *heilige Tag* der Moslems ist der *Freitag*, an dem sich besonders viele Gläubige zum Gebet in den Moscheen einfinden. Zu diesem Anlaß finden Lesungen aus dem *Koran,* der heiligen Schrift des Islam, statt, die auf der göttlichen Eingebung von Mohammed beruht.

Feste und Feiertage

Es vergeht kaum ein Tag, an dem nicht irgendwo in Nepal ein Fest gefeiert würde. Die weitaus meisten davon sind religiöser Natur, denn schließlich kennt der Hinduismus nach kühnsten Schätzungen etwa 300 Millionen Götter, von denen zumindest die wichtigsten gefeiert werden wollen. Die Feste sind oft eine komplizierte Mischung aus religiösem Ritual und jahrmarkthafter Ausgelassenheit, und gerade diese Kombination macht sie so farbig und attraktiv.

Da die Daten der Feste auf dem hinduistischen *Vikrama-Kalender,* einem Mondkalender, beruhen, sind sie variabel und können sich von Jahr zu Jahr verschieben. Gemäß diesem Kalender ist der erste Tag des Jahres der 13./14. April, und unser Jahr 1993 ist das Vikrama-Jahr 2050. Die Newar im Kathmandu Valley haben dazu noch einen eigenen Kalender, dessen Jahr 1113 unserem 1993 entspricht.

Die *Mondmonate* werden in zwei Hälften unterteilt, eine "helle", in der der Mond zunimmt, und eine "dunkle", in der er abnimmt. Die Feste fallen zumeist auf einen oder mehrere bestimmte Tage in diesen Hälften oder aber auf Vollmond bzw. Neumond. Einige häufig wiederkehrende Begriffe in den Namen der Feste deuten auf deren Lage im Mondkalender hin, so wie *Sankranti* (der erste Tag eines Monats) oder *Purne/Purnima* (Vollmond). Weitere geläufige Bestandteile der Festbezeichnungen sind *Mela* ("Jahrmarkt", "Fest"), *Jayanti* ("Geburtstag") und *Jatra* ("Prozession", "Fest").

Die *nepalesischen Monate* sind:

Magh	Jan./Fe.
Phalgun	Fe./März
Chaitra	März/Apr.
Baisakh	Apr./Mai
Jeshtha	Mai/Juni
Ashadh	Juni/Juli
Shrawan	Juli/Aug.
Bhadra	Aug./Se.
Ashwin	Se./Okt.
Kartik	Okt./Nov.
Marga/Mangsir	Nov./Dez.
Paush	Dez./Jan.

Wichtige Feste und Feiertage

Januar/ Februar

Am ersten Tag des Monats Magh, der ausnahmsweise nicht vom Mondkalender, sondern vom Überwechseln der Sonne in die nördliche Hemisphäre bestimmt wird, wird **Magh Sankranti** begangen. Dieses markiert das Ende der kältesten Jahreszeit, es werden Reinigungsrituale an den Flußufern abgehalten und geheiligte Speisen verzehrt – darunter ist häufig auch selbstgebrautes Bier, das dem Fest die nötige Heiterkeit verleiht.

In Devighat bei Trishuli Bazar findet beginnend einige Tage vor Vollmond die **Devighat Mela** statt, ebenfalls ein rituelles Badefest, das mit dem Vollmond zu Ende geht.

Zur gleichen Zeit wird am Narayani-Fluß bei Devghat (nahe Narayanghat im Terai) ein ähnliches Fest vollzogen, die **Tribeni Mela.**

Am fünften Tag des abnehmenden Mondes des Monats *Magh* (Ende Jan., gelegentlich auch Anfang Feb.) wird der Göttin Saraswati gehuldigt, die hier ihren Geburtstag feiert und zu diesem Anlaß angeblich auch Kathmandu besucht. Gleichzeitig gilt der Tag als Beginn des Frühlings und heißt deshalb **Basant Panchami** *(basant* = "Frühling", *panchami* = "fünfter Tag des abnehmenden Mondes")*. Besonders viele Gläubige finden sich an einem Saraswati-Schrein unterhalb der Plattform am Pashupatinath-Hügel ein. Darunter sind zahlreiche Schüler, Studenten, Künstler, Gelehrte oder solche, die es werden wollen – schließlich ist Saraswati die Göttin der Weisheit, des Lernens und der Musen, und ein kurzes Gebet hier hilft vielleicht mehr als jede Büffelei!

Februar/ März

Der siebte Tag des Monats Phalgun ist König *Tribhuvan,* dem hochverehrten Vater des modernen Nepal geweiht. Zu diesem **Tribhuvan Jayanti** oder **National Democracy Day** werden Paraden und Prozessionen abgehalten.

Am Neumondtag folgt eines der wichtigsten Hindu-Feste, **Shivratri,** die "Nacht des Shiva". Dies ist der Geburtstag des Gottes, zu dem sich an seinem Hauptheiligtum in Pashupatinath Abertausende von Gläubigen zum rituellen Bad einfinden. Darunter sind zahlreiche Pilger aus Indien sowie verwegen dreinblickende Sadhus, die hier sichtlich ihren Ruhm genießen, lebende Manifestationen des Gottes zu sein. Im Verlauf des Festes, das nach Einbruch der Dunkelheit seine volle Intensität erreicht, erscheint auch König Birendra, um vor dem Lingam von Pashupatinath göttlichen Schutz für sein Land zu erbitten.

Am Vollmondtag findet **Phagu** oder **Holi** statt, das den Beginn der heißen Jahreszeit markiert. In einem ausgelassenen Fest wird symbolisch der Sieg Narasinhas über den Dämonen Hiranyakashipu gefeiert. Es werden Beutel mit allerlei Farbpulvern geworfen, und der Tourist tut gut daran, nicht in bester Kleidung einherzulaufen! Am Basantapur Tower in Kathmandu wird ein Pfahl aufgestellt, an dessen oberem Ende bunte Stoffe hängen – diese symbolisieren die Saris, die Krishna – schelmischer Gott, der er nun einmal war – seinen Gopis oder Kuhhirtinnen gestohlen haben soll.

Am Tag vor Neumond im Monat Chaitra erfreut man sich am *Ghora Jatra,* dem "Pferdefest". Auf dem Tundikhel in Kathmandu finden in Anwesenheit des Königs Pferderennen statt, die an den Sieg über den Dämonen Tundi erinnern sollen, der einst von einer Horde Reiter überrannt und vernichtet worden sein soll. Den trinkfreudigeren Einwohnern der Stadt ist das Fest ein willkommener Anlaß, sich voll und ganz einem Dämonen namens Alkohol hinzugeben.!

Mit dem *Ram Navami* huldigen die Einwohner von Janakpur dem Gott Rama, der dort die Göttin Sita geehelicht haben soll.

Zum *Chaitra Dasain,* auch "Kleines Dasain" genannt (das "große" findet sechs Monate später statt), wird die Figur des Weißen Matsyendranath drei Tage in Prozessionen durch Kathmandu gezogen. In einigen Tempeln werden der blutrünstigen Durga Tieropfer dargebracht, so im Guhyeshvari-Tempel, Pashupatinath.

Am Vollmondtag trifft man sich im Mahendra Park von Balaju zur *Balaju Jatra* und nimmt rituelle Bäder.

Am letzten Tag des Monats Chaitra und dem ersten Tag von Baisakh ist nepalesisches *Neujahr* oder *Bisket.* Der Name stammt vom Newari-Begriff für "Zwei Schlangen" *(bi syako),* denn das Fest gedenkt dem Sieg über zwei Schlangendämonen in der Mahabharata. Der beste Ort, die Feiern zu erleben, ist Bhaktapur, wo diese Figuren von Bhairav und Kali in einer triumphalen Prozession durch die engen Straßen gezogen werden. Einer der Höhepunkte ist das mühselige Aufstellen eines gut 25 m hohen, hölzernen Lingam (phallisches Symbol für Shiva), bei dem die Zuschauer mitfiebern wie bei der Cricketweltmeisterschaft. Nicht immer gelingt das Unterfangen, was dann als böses Omen für das kommende Jahr gilt. Ist der Lingam errichtet, machen sich zwei gegnerische Mannschaften daran, ihn vor Tausenden von Zuschauern mit Seilen in jeweils ihre Richtung zu ziehen. Wenn der Lingam bedrohlich schwankt und endlich zu fallen droht, heißt es die Beine in die Hände zu nehmen und zu rennen: Tödliche Unfälle durch das tonnenschwere Monstrum sind keine Seltenheit.

In Thimi, einem kleinen Nachbarort von Bhaktapur, wird zur gleichen Zeit die *Balkumari Jatra* begangen, die so etwas wie dessen Version des Neujahrsfestes ist. Die Gläubigen versammeln sich am Balkumari-Tempel und entzünden kleine Öllampen, die einige von ihnen sich sogar auf den Körper stellen und stundenlang darauf balancieren. Am nächsten Tag findet der Teil der Feierlichkeiten statt, dem die meisten Teilnehmer schon entgegenfiebern: Eine hochverehrte Ganesh-Figur wird auf einer Khat oder Sänfte aus dem Nachbardorf Nagadish zum Balkumari-Tempel getragen, wo sie auf 32 weitere Götterfiguren trifft, die gleichfalls auf Sänften sitzen. Unter lautstarker Musikbegleitung werden die Figuren nun durch die Straßen Thimis getragen, wobei die 32 Götter bald dem Glücksbringer Ganesh hinterherjagen, um seine Rückkehr nach Nagadish zu verhinden. Das Ganze verläuft karnevalshaft heiter, und alle haben ihren Spaß. Etwas sorgenvoller sieht die Ziegen- und Hühnerpopulation dem Ereignis entgegen, da im weiteren Verlauf zahlreiche ihrer Angehörigen der Balkumari geopfert werden, wobei sich Ströme von Blut über die Statue ergießen.

April/ Mai

"Das Rato Machhendranath-Gefährt in Erwartung des großen Festes. Das wohl wichtigste Fest des Kathmandu Valley ist die **Rato Machhendranath Jatra** in Patan. Der Rote *(rato)* Machhendranath ist eine Art Gegenspieler zum Weißen *(sweta)* Machhendranath, die beide oft aber auch als ein und derselbe Gott angesprochen werden. Machhendranath gilt als der Schutzpatron des Kathmandu Valley – und besonders der Bauern –, da er einst eine 12jährige Dürre beenden half. Das Fest um diesen Gott ist somit auch eine Bitte um Regen und findet rechtzeitig vor Beginn des Monsuns statt.

Das Rato Machhendranath-Gefährt

Die Vorbereitungen sind aufwendig und beginnen schon zwei Wochen vor dem eigentlichen Fest. In einer Prozession wird die Figur des Rato Machhendranath zu einem Feld in Lagankhel, Patan, gebracht, wo jener angeblich auch Rast gemacht hatte, als er ursprünglich ins Kathmandu-Tal kam. Mit bei der Prozession ist ein altes Schwert des Königs von Bhaktapur, der dem Fest beizuwohnen pflegte, und eine symbolische Einladung geht an den König von Kirtipur, der durch dessen Ortsvorsteher repräsentiert wird. Die Figur des Gottes wird nun rituell gewaschen und bald darauf neu mit Farbe bemalt. Die Maler kommen dabei immer aus einer bestimmten Familie. Am Abend kehrt die Figur in ihren Tempel zurück.

Am Tag des Festes dann wird die Figur auf einem prunkvollen Gefährt, einem Rath, durch die Straßen Patans gezogen. Am Vorderteil befindet sich eine Art hochgewundener Bug, der den Kopf des Schlangengottes Karkot darstellt, der mitgeholfen haben soll, den Machhendranath aus Assam (Indien) herbeizuholen. Auf dem Gefährt ist ein etwa 15 m hoher, recht unsolide wirkender Turm aus Bambus- und Holzstangen aufgebaut, der bedrohlich schwankt. Die Räder des Rath sind aus massivem Holz, haben einen Durchmesser von ca. 1,5 m, und wehe dem, der darunter geraten sollte!

Das Gefährt wird unter den Anfeuerungsrufen der Zuschauer von Hunderten von Männern an Seilen durch die Straßen gezogen – eine Mühe, die göttlichen Segen garantiert. Hinter dem Wagen mit dem Machhendranath folgt ein kleineres Gefährt mit einer Figur des Gottes Minanath darauf, der gelegentlich als der Sohn Machhendranaths, aber auch als dessen Tochter bezeichnet wird. Alle 12 Jahre ist das Fest besonders aufwendig, und der Machhendranath wird bis in den Ort Bungamati gezogen, wo er eine Art "zweiten Wohnsitz" hat – nächstes Mal erst wieder im Jahre 2003!

Mai/ Juni

An einem Wassertank nahe Thankot, dem Mata Tirtha oder "Mutter-Heiligtum", wird eine Art 'Muttertag' begangen, an dem die verstorbenen Mütter geehrt werden. Das Fest heißt **Mata Tirtha Snan,** wörtlich: "das Bad im Mutter-Heiligtum", und gelegentlich soll jemand dabei das Gesicht seiner verstorbenen Mutter auf der Wasseroberfläche sehen!

Auf den Vollmondtag im Monat Baisakh fällt einer der heiligsten Tage der Buddhisten, **Buddha Jayanti,** Buddhas Geburtstag. Am interessantesten sind die Festlichkeiten an der Stupa von Swayambhunath, wo sich den ganzen Tag über Tausende von Pilgern einfinden und Lamas in prachtvollen Roben um die Stupas tanzen, untermalt von tibetanischer Musik. Ähnliche Festlichkeiten finden auch an der Stupa von Bodhnath statt.

Am sechsten Tag des zunehmenden Mondes begehen die Newar **Sithinakha** oder **Kumar Shasthi,** den Geburtstag des Kriegergottes Kumar, des Sohnes Shivas und Bruders Ganeshs. Dazu wird der Boden vor den Haustüren rituell gereinigt und ein roter Kreis mit einem Lotus darin aufgemalt, der den Gott reprä-

Juni/ Juli

Juli/ August

August/ September

sentiert. Das Fest markiert den Beginn der Regenzeit und somit der Reispflanzsaison.

Auf Ende Juni oder Anfang Juli fällt das *Harishayani Ekadasi,* zu dem in Budhanilakantha der Figur des liegenen Vishnu Tribut gezollt wird. An diesem Tag sind Tieropfer wie auch der Verkauf von Fleisch offiziell verboten.

Ende Juli oder Anfang August wird *Ghanta Karna* gefeiert, der Sieg über den gleichnamigen Dämonen. Dazu errichten Kinder an Straßenkreuzungen Torbögen aus Blättern und Zweigen, die die bösen Geister fernhalten sollen. Dafür verlangen sie von den Passanten eine Art Wegzoll in Form von Kleingeld. Höhepunkt ist die Versenkung einer Ghanta-Karna-Puppe im Fluß, womit der Dämon für das kommende Jahr unschädlich gemacht ist.

Zu Neumond im Monat Shrawan beginnt *Gunla,* der heilige Monat der Buddhisten. In diesem Monat unterwirft man sich Fastenübungen, Pilgerreisen oder heiligen Ritualen, um am Ende eine gesellige, ausgelassene Feier samt Festschmaus zu halten. Zahlreiche Gläubige finden sich zu Gebeten in Swayambhunath ein.

Am fünften Tag des zunehmenden Mondes begehen die Nepalesen *Nag Panchami,* das Fest, das den Schlangengöttern geweiht ist *(Nag* = "Schlange"), die angeblich Einfluß auf den Regen haben. Über den Haustüren werden Bilder der Schlangengötter angebracht, die zur Segnung ein wenig rote Tika-Paste auf die Stirn bekommen. Zudem begibt man sich auf Feld und Flur, um dort Schlangen Opfergaben darzubringen – gekochten Reis, Milch, Yoghurt und Honig. Angeblich sind die Schlangen an diesem Tag absolut handzahm, und garantiert niemand wird gebissen!

Am Vollmondtag von Shrawan wechseln die Brahmanen die Yagnopavit, ihre heilige Brahmanenschnur. Das Ereignis heißt *Janai Purne,* "Vollmond der heiligen Schnur".

Am gleichen Tag binden Mädchen und Frauen dem anderen Geschlecht bunte Zwirnsfäden um das Handgelenk und erklären sie so symbolisch zu ihren "Brüdern", die sie von nun an zu beschützen haben. Dieses *Raksha Bandhan* oder "Anlegen des Schutzbandes" ist eine geniale Methode, einen unliebsamen Freier flugs zum "Bruder" umzuformen, womit jeglichen amourösen Absichten gegengewirkt wird! Es zeugt aber auch von Respekt dem "Bruder" gegenüber, da man ihm Sicherheit und Wohlergehen anvertraut.

Der Tag nach dem Janai Purne/ Raksha Bandhan ist den hochverehrten heiligen Kühen geweiht: Zur *Gai Jatra,* der "Kuhprozession", verkleiden sich zahlreiche Bewohner als Kühe, während die Originale für den Tag festlich herausgeputzt und mit schmackhaftem Futter verwöhnt werden. Dem Glauben nach hängen sich die Seelen der Verstorbenen an die Schwänze von Kühen, die sie sicher zur Pforte des Totengottes Yama führen und diese mit ihren Hörnern aufstoßen. Hinter der Pforte werden die Toten dann für ihre Taten von Yama gerichtet.

Am Rande der Prozession kommt es zu allerlei Clownereien und Schabernack, man kleidet sich in abstruse Masken, füllt sich mit größeren Mengen von Alkohol und haut einmal voll auf die Pauke. Die Zeitungen tragen das ihre zu dem Irrwitz bei und veröffentlichen absurde Nonsens-Nachrichten – Karneval und 1. April vereint!

Dieser neckische Aspekt des Festes geht angeblich auf das 18. Jh. zurück, als die Frau König *Pratap Mallas* sich ob des Todes ihres Sohnes grämte und das Lachen verlernt zu haben schien. Nach geraumer Zeit schrieb der König eine Belohnung aus für denjenigen, der sie wieder zum Lachen brächte. Bald erschien eine ganze Abordnung von Witzbolden am Palast, gekleidet in lächerlichste Kostüme und Grimassen schneidend, und kurz darauf erhellte das Lachen der Königin das Gemäuer.

Der achte Tag des abnehmenden Mondes ist **Krishna Ashtami** oder **Krishna Jayanti,** der Geburtstag Krishnas. Bilder und Figuren des geliebten Gottes werden mit Blumen geschmückt, und an mancher Straßenecke bringt ein Geschichtenerzähler Episoden aus dem Leben zu Gehör, die oft ganz ungöttlich schelmisch sind – sicher einer der Gründe der Popularität Krishnas, der gerne als herumtollendes, verspieltes Kind dargestellt wird.

Zu **Gokarna Aunshi** am Neumondtag, dem nepalesischen Vatertag, werden den verstorbenen Vätern in Gokarna Opfergaben dargebracht.

Am dritten Tag des zunehmenden Mondes beginnt das dreitägige **Tij,** ein reines Frauenfest, zu dem sich die Teilnehmerinnen am Pashupatinath-Tempel zu allerlei Frohsinn und rituellen Bädern einfinden.

In Kathmandu wird acht Tage lang die **Indra Jatra** gefeiert, die dem Regengott Indra, auch Akash Bhairav genannt, gewidmet ist. Der Legende nach war der Gott vor langer Zeit von den Bewohnern des Kathmandu Valley beim Stehlen von Blumen ertappt und – nicht ahnend, wen sie vor sich hatten – bei lebendigem Leib begraben worden. Bald suchte Indras Mutter Dagini nach ihm, und als sich der Irrtum aufgeklärt hatte, beschloß der König, Indra zu Ehren ein jährliches Fest zu veranstalten. Dieses beginnt heutzutage am zwölften Tag des zunehmenden Mondes.

Zunächst wählen Priester der Manandhar-Kaste, die von der Regierung bestimmt werden, einen riesigen Sal-Baum (Shorea robusta) aus. Dieser wird durch tantrische Riten und Blutopfer geheiligt, dann gefällt und entlaubt, und der Stamm wird für vier Tage auf dem Tundikhel in Kathmandu aufgestellt. Die folgenden vier Tage steht er am Hanuman Dhoka, wohin auch die Figur des Indra getragen wird. Der Stamm symbolisiert die Einheit Nepals, das nun geschlossen Indra huldigt. Seine Figur ist dabei in Ketten gebunden, als Erinnerung an die Gefangenschaft, die er in Kathmandu erlitten hatte. Bestandteil des Festes sind einige traditionelle Maskentänze, so der Lakhe-Tanz, benannt nach einem Dämonen, als auch der Elefanten-Tanz zu Ehren von Indras Reittier.

95

Der Höhepunkt ist jedoch die am Tag vor Vollmond stattfindende **Kumari Jatra,** eine Prozession, in der die Kumari oder "Lebende Göttin" in prachtvollem Schmuck durch die Straßen getragen wird. Die Kumari ("Jungfrau") ist jeweils ein junges Mädchen, das nur solange als göttliche Inkarnation gilt, bis es einen Tropfen Blut verliert – sei es durch Mißgeschick oder Menstruation (mehr zur Kumari Siehe Kap. Kathmandu).

September/ Oktober Der Beginn des zunehmenden Mondes kündigt das **Dasain** oder **Durga Puja** an, das wichtigste Fest Nepals. Die Feierlichkeiten dauern gut 10 Tage, und so mancher Arbeiter oder Angestellter genehmigt sich einen inoffiziellen Urlaub, taucht im Trubel des Festes unter, um dann irgendwann danach wieder aufzutauchen, als wäre nichts geschehen.

Das Dasain ist der Göttin Durga gewidmet und symbolisiert den Sieg des Guten über das Böse. Die Häuser werden rituell gereinigt, ausgebessert und geschmückt, da der Besuch der Göttin erwartet wird oder – falls diese anderweitig verhindert sein sollte – zumindest Besuch der Verwandten.

Im Verlauf der Feierlichkeiten an den Durga-, Kali- oder Taleju-Tempeln werden zahlreiche männliche unkastrierte Tiere geopfert – vor allem Wasserbüffel, die symbolisch einen Büffeldämon darstellen, den die Göttin einst getötet haben soll. Dem Glauben nach werden die zu Dasain geopferten Tiere im nächsten Leben als Menschen wiedergeboren, wobei unter Büffeln umstritten ist, ob dies nun als Belohnung oder Strafe aufzufassen ist! Die Vegetarier unter den Gläubigen opfern anstelle von Tieren übrigens eine bestimmte Art von Kürbis, der vor der Statue der Göttin entzweigeschlagen wird.

Oktober/ November Fünf Tage dauert das so schöne Fest **Tihar** oder **Diwali,** übersetzt "Lichterreihen" bzw. "Lichterfest", das in die Erntezeit fällt. An den Tempeln werden Hunderte von kleinen Senföllampen aufgestellt, die dem Fest seinen Namen geben. Geweiht ist es Lakshmi, der Göttin des Wohlstandes, und so ist es nicht verwunderlich, wenn um Geldtruhen und Geschäftsbücher aufwendige Pujas zelebriert werden, die den Beistand Lakshmis für das kommende Jahr garantieren sollen.

Nebenbei kommen Haushunde, Straßenköter und die ebenso ungeliebten Krähen zu Ehren und werden großzügig gefüttert. Die Hunde gelten als die Bewacher der Pforte des Totengottes Yama, die Krähen als dessen Boten, die durch ihr Gekrähe den Tod ankündigen. Besondere Aufmerksamkeit wird den ohnehin schon erlauchten Kühen entgegengebracht, man schmückt sie mit Blumengirlanden, gibt ihnen das rote Tikazeichen auf die Stirn und kriecht unter ihrem Bauch durch – letzteres eine Art Glücksritual.

Zu **Haribodhini Ekadasi** wird Vishnus Wiederkehr zu den Menschen gefeiert, der die vier Monate davor schlafend am Meeresgrund verbracht hat. Pilger ziehen zu allen Vishnu- oder Narayan-Tempeln, um dem Gott dort Opfer zu bringen, insbesondere zum "schlafenden Vishnu" von Budhanilakantha. Die Riten auszulassen scheint nicht sehr ratsam, denn der Überlieferung nach wird derjenige, der sich dessen erdreisten sollte, im nächsten Leben als Gockel wiedergeboren!

November/ Dezember Das *Sita Panchami* oder *Sita Bibaha Panchami* in Janakpur gedenkt der Heirat der Göttin Sita mit Rama, dem Helden des Epos Ramayana. Ähnlich einer regulären Hindu-Hochzeit wird die Figur des "Bräutigams" vom Rama-Tempel zu seiner Zukünftigen im Janaki-(= Sita-)Tempel getragen. Zu dem Fest strömen Tausende von Pilgern – darunter zahlreiche aus Indien –, denen Sita als das Sinnbild der idealen Ehefrau gilt.

Yomarhi Punhi, zu Vollmond, ist eine Art Erntedankfest der Bauern des Kathmandu Valley, bei dem Reiskuchen *(yomarhi)* gebacken und an die Nachbarn verschenkt werden. Kinder ziehen von Haus zu Haus und fordern ebenfalls ihren Tribut in Form der Kuchen, zum Teil unter Zuhilfenahme eines traditionellen kessen Liedes. Dessen letzter Vers lautet unmißverständlich: "Wenn ihr euch nicht sputet und uns Yomarhi schenkt, kacken wir in eure Reismühle!"

Dezember/ Januar Der erste Tag des Monats Paush ist *Mahendra Jayanti* oder *Constitution Day,* an dem mit Paraden und Prozessionen an den Verfassungsentwurf von 1962 erinnert wird.

Der 14. des Monats wird als der *Geburtstag König Birendras (Birendra Jayanti)* gefeiert, der 27. ist *Prithvi Jayanti,* der Geburtstag *Prithvi Narayan Shahs,* der mit seinen Truppen Nepal vereinte, und gilt daher auch als "Tag der nationalen Einheit".

Ab dem achten Tag des zunehmenden Mondes wird das viertägige *Seto Machhendranath Snan* zelebriert, das rituelle Reinigen des Weißen Machhendranath *(snan* = "Bad"). Das Waschen der Statue obliegt vornehmlich Priestern aus der Banra-Kaste. Am Tempel des als barmherzig geltenden Machhendranath in Kathmandu, des Machhendranath Bahal, wird der sogenannte "Badethron" errichtet, eine Art Plattform. Auf dieser wird die Machhendranath-Statue rituell gebadet, dann in neue Kleider gehüllt, sie bekommt eine neue Krone aufgesetzt und wird mit frischen Blumengirlanden behängt. Das alles findet vor den Augen der Kumari statt, die dazu in einer feierlichen Prozession herbeigetragen wird.

Kunst und Handwerk

Geschichte

Wie bei Nepals geografischer Lage nicht anders zu erwarten, verbinden sich in seiner Kunst *indische und tibetanische Elemente.* Der indische Einfluß ist bis in das 6. Jh. zurückverfolgbar, um das 12. Jh. kam er aufgrund der Moslem-Invasionen jedoch zum Erliegen. Von Tibet gelangten tantrische und lamaistische Impulse herüber, und all die Einflüsse wurden schon zwischen dem 4. und 7. Jh. von den Nepalesen zu einem eigenen Stil weiterentwickelt.

Besonders taten sich dabei die Newar des Kathmandu Valley hervor, die bis heute als hochbegabte

Künstler und Handwerker gelten. Der herausragende Vertreter dieser künstlerischen Tradition war ein gewisser **Arniko,** der 1246 von *Kublai Khan* nach Tibet berufen wurde, um dort eine goldene Stupa zu errichten. *Arniko*, genialer Steinmetz, Maler, Kunstschmied und Architekt, wählte 80 Handwerker aus, die ihn bei der Arbeit unterstützen sollten, und innerhalb eines Jahres war das Werk vollendet. In der Folgezeit wurde ihm die Arbeit an weiteren Sakralbauten anvertraut, und in Beijing errichtete er die Weiße Pagode, die bis heute erhalten ist.

Unter der Herrschaft der **Malla-Könige** vom 13. bis 18. Jh. wurden Kunst und Architektur zu ihrer Blütezeit geführt, die jedoch 1769 mit der Eroberung des Kathmandu Valley durch die Gorkha-Truppen des *Prithvi Narayan Shah* jäh endete. Die meisten architektonischen oder künstlerischen Sehenswürdigkeiten im Kathmandu Valley stammen aus diesen Jahrhunderten, in denen sich die Könige als begeisterte Bauherren und Kunstmäzene erwiesen. Die Herrscher von Kathmandu, Patan und Bhaktapur wetteiferten quasi miteinander, die prachtvollsten sakralen aber auch profanen Bauten zu errichten. Von diesem "Krieg" der Baumeister profitiert heute der Tourist, der ob der Vielzahl an Sehenswürdigkeiten in sprachloses Staunen gerät.

Nicht minder entwickelt war die **Handwerkskunst der Newar,** die mit dem ihnen scheinbar angeborenen Sinn für Ästhetik Holz, Ton, Stein und Metall bearbeiteten. Schon um das Jahr 400 berichtete der chi-

Metallarbeit am Tempel von Changu Narayan

nesische Reisende *Fa-Hsien* vom "beachtlichen Geschick" der Newar in Handwerk und Kunst – obwohl er sie andererseits als "harte und wilde Naturen" charakterisierte. Schon zu jener Zeit beherrschte man das Metallgießen und Legieren von Kupfer, Messing und Bronze.

Als begabt erwiesen sich auch die *Holzschnitzer* der Newar, die Häuser und Tempel mit filigranen Schnitzereien verzierten. Weitere Handwerkskünste waren die *Baumwollweberei,* die schon im 4. Jh.v.Chr. von *Kautilya* (ein anderer Name ist Chanakya) in seiner "Artha Shastra", ein Lehrbuch der Staatsführung, erwähnt wurde, oder die *Arbeit mit Ton,* der schon vor mindestes 2300 Jahren zu kleinen Menschen- oder Tierfiguren geformt wurde.

Einige Jahrhunderte alt ist die Herstellung eines speziellen *"Nepali-Papier"* aus dem in 2700-3300 Meter Höhe wachsenden Seidelbast (Daphne ssp.). Dieses Handwerk stammte wahrscheinlich aus China und wurde über Tibet in Nepal verbreitet. Ebenfalls aus Tibet rührt die *Teppichknüpferei,* die heute von zahlreichen tibetanischen Flüchtlingen betrieben wird.

Eine tragende Rolle bei der Erhaltung der Handwerkskünste fallen heute dem Tourismus und dem Export zu, denn der Binnenmarkt für handwerkliche Produkte ist nur klein und beschränkt sich auf praktische Artikel. So lebt heute manch Handwerkstalent ausschließlich von den Dollar, DM oder Yen, die ihm der Verkauf von Souvenirs einträgt.

Baumwollweberei

Die Künste

Musik

Gemäß der hinduistischen Mythologie ist Shiva in seiner Form als Nataraja ("König des Tanzes") der Herr über Musik und Tanz. Sein weibliches Gegenstück ist Nateshvari, die "Göttin des Tanzes". Während Shiva tanzt, wird er von einem Götter-Orchester begleitet: Brahma schlägt die Cymbeln, Vishnu die Trommel, Saraswati spielt die Vina, ein Saiteninstrument, Indra Flöte, und Lakshmi singt dazu. Auf diese Weise entsteht – so eine Hindu-Schrift – "die Musik der Sphären."

Historische Erwähnungen nepalesischer Musik reichen nur bis ins 13. Jh. zurück. Allem Anschein nach entwickelte sie sich aus *alter buddhistischer Musik,* die auf einem Konzept von 16 Musikgottheiten beruhte. Jede dieser Gottheiten wurde mit einem Musikinstrument in Verbindung gebracht.

Ab dem 10. Jh. dominierte indischer Einfluß und die *Ragas* wurden verbreitet, instrumentale oder gesungene Musikstücke, die auf festgelegten Tonfolgen basierten und bestimmte Stimmungen ausdrücken sollten. Den Ragas wird eine solche spirituelle Klangkraft nachgesagt, daß ein Meister des Metiers damit wahre Wunder vollbringen kann. Alten Aufzeichnungen zufolge verursachte *Naik Gopal,* ein begnadeter Sänger des 17. Jh., bei einer Aufführung der Dipika Raga, der "Raga des heißen Sommers", eine verheerende Feuersbrunst. Daraufhin blieb sogar der Monsun aus, bis der Sänger *Tan Sen* die Megha Raga, die "Wolken-Raga" anstimmte, während der sich Regenwolken zusammenballten und bald das ausgedörrte Land begossen. Als ein Nachfahre *Tan Sens* später die Dipika Raga auf der Vina spielte, fing das Instrument von selber Feuer. Danach wurde es in einem Tempel in Bodh Gaya (Nordindien) als Reliquie aufbewahrt.

Neben den Ragas bildeten sich die *Raginis* heraus, eine Art weibliches Gegenstück, bestehend aus "weiblichen" Tonfolgen. Nepalesische Musiker übernahmen die meisten Ragas und Raginis aus Indien, entwickelten aber auch einige eigene. In der Praxis dienen sie heute nicht mehr zu metaphysischen Wundertaten – vielleicht liegt es auch nur am Mangel genialer Interpreten – sondern rein dem Ausdruck von Stimmungen und Gefühlen. So gibt es Morgen-Ragas, Abend-Ragas, Monsun-Ragas etc., die jeweils die Atmosphäre der betreffenden Tages- oder Jahreszeit einfangen und an den Hörer weitervermitteln.

Neben dem reichhaltigen Repertoire komplizierter klassischer Musik besteht aber ein reicher Fundus an Volksmusik, die romantische, heroische, religiöse oder jahreszeitliche Themen zum Inhalt hat. Noch heute trifft man gelegentlich auf den *Gaine* ("Sänger"), eine Art Moritatensänger, der die Heldentaten tapferer Krieger besingt.

Die populärste Musikform ist heute aber zweifellos der *Hindi-Filmschlager,* der einer der tragenden

Elemente des Hindi-sprachigen Spielfilms ist. Ein Film ohne mindestens 5-6 Gesangseinlagen – das wissen Bombays Filmproduzenten sehr wohl – ist von vornherein zum Flop verdammt. In Nepal hört man diese oft schwülstigen, oft wunderbar melodiösen und aufwendig orchestrierten Songs auf Schritt und Tritt, und damit sind sie wahrscheinlich so etwas wie neuzeitliche Volksmusik.

Die traditionelle nepalesische Musik wird auf einem Sortiment von über 100 **Instrumenten** gespielt, dazu zählen vor allem Saiten-, Blasund Schlaginstrumente. Es gibt etwa 40 Arten von Schlaginstrumenten, 24 Blasinstrumente, 7 Streich- und 6 Zupfinstrumente sowie 27 verschiedene Cymbeln oder ähnliche kleine Schelleninstrumente.

In der Volksmusik eingesetzt werden unter anderem die Sarangi ("die Hundertfarbige"), eine traurig klingende kleine Fiedel, die Dudra und Tunga, vier- bzw. sechssaitige Zupfinstrumente, die Murali, eine Bambusflöte und die Dholaki, eine kleine Handtrommel.

Die klassische Musik verwendet die Sitar, ein Saiteninstrument, das durch den indischen Musiker *Ravi Shankar* zu Weltruhm gelangte, die mit ihr verwandte Vina, das Shruti-Petti oder Harmonium, die Tablas, auf eine bestimmte Tonhöhe gestimmte kleine Trommeln u.v.m.

Tanz

Eine der häufigsten Götterfiguren, die man in nepalesischen Souvenir-

Musiker in Kirtipur

läden kaufen kann, zeigt Shiva in seiner Form als Nataraja, **Gott des Tanzes.** Dabei verharrt er in einem solchen Tanzschritt, daß die Figur wie das alte Hindu-Zeichen für OM wirkt, der kosmische Urlaut, der das ganze Universum durchdringt. Shivas Tanz und das Universum sind eng miteinander verknüpft, und am Ende des Weltenzyklus tanzt der Gott den Tandava, den Tanz der Zerstörung, der die Welten vernichtet.

Der nepalesische Tanz ist heute weniger spirituell inspirierte Kunst denn ein folkloristisches Ereignis. Getanzt wird aus Anlaß religiöser oder anderer Feste, von Einzelpersonen oder Gruppen. Gemeinsam ist allen Tänzen die Zuhilfenahme

von festlichen bunten Kostümen, Schmuck und Schminke, die den dramatischen Effekt erhöhen. Die wichtigsten Tänze sind:

●*Maskentanz* - Aufgeführt in Kathmandu, Patan und Bhaktapur zu religiösen Feiertagen; getanzt werden Legenden und Mythen, wobei die Tänzer überdimensionale, bizarre Masken tragen.

●*Regentanz* - Ein Paartanz, in dem Mann und Frau Shiva und seine Gemahlin Parvati symbolisieren.

●*Jhankri-Tanz* - Von einem Jhankri, einem Shamanen getanzt, soll dieser die bösen Geister vertreiben.

●*Damfu-Tanz* - Ein Gruppentanz der Tamang mit Tambourins (Damfu), der von Liebe und Liebeswerben handelt.

●*Jhijhiya-Tanz* - Ein Tanz aus dem Terai, der der Göttin Durga geweiht ist; Gruppen von Mädchen balancieren dabei Wasserkrüge auf dem Kopf, denen Öllampen aufgesetzt sind.

●*Dhunnasa-Tanz* - Ein Gruppentanz, bei dem Bambusstöcke geschwungen werden, aufgeführt zumeist bei Melas (Volksfesten) oder anderen größeren Ereignissen.

●*Ya-Lang-Tanz* - Eigentlich ein Tanz der Limbu, der in verschiedenen Variationen aber auch bei anderen Volksgruppen anzutreffen ist; eine Art im Kreis aufgeführter Gruppentanz zur Erntezeit.

●*Jhyaure-Tanz* - Äußerst lebhafter, wenn nicht gar wilder Tanz der Gurung und Magar, mit ungestümen Verrenkungen, Luftsprüngen und Fußstampfen.

●*Jhumara-Tanz* - Beheimatet im Terai, wird dieser nur von Männern präsentiert, die die Gopis darstellen, die Milchmädchen Krishnas.

Literatur / Volkserzählungen

Als Land mit der zweitniedrigsten Alphabetisierungsrate Asiens (27 %), welches in dieser Beziehung nur noch von Bhutan unterboten wird (ca. 18 %), ist Nepals Literatur ein kurzes Thema: Es gibt nur sehr wenig. Noch Anfang der 50er Jahre hatte die Alphabetisierungsrate nur etwa 5 % betragen, was bei einer damaligen Einwohnerzahl von 8 Mio. gerade 400.000 Personen bedeutete, die des Lesens mächtig waren.

Die traditionelle Literatur umfaßt alte religiöse, astrologische oder medizinische Texte, die – gedruckt oder als Kalligraphie – noch in manchen Tempel- oder Klosterbibliotheken zu finden sind. Die bedeutendste Sammlung von Schriftstücken sind die alten *Vamshavali* ("Annalen"), Geschichtschroniken, die jedoch über weite Passagen ins Reich der Legende und Fantasie abgleiten. Historische Fakten werden nahtlos mit Mythen verwoben, und die Zeitangaben sind größtenteils vage oder schlichtweg unglaubwürdig. Beispiel: "Die Kiranti kamen im 15.000. Jahr des Dwipar Yuga *(yuga* = "Zeitalter") nach Nepal und beherrschten das Land 10.000 Jahre lang. Die Götter kamen nach den Kiranti. König Dharmadatta herrschte 1000 Jahre ..."

In geringem Maße spielte noch die *Poesie* eine Rolle, da die Könige ihre Edikte gerne in Versform herausgaben. Der geringe Umfang an geschriebener Literatur wird zum Teil aber wettgemacht durch einen reichen Fundus an *Volkserzählungen,* die über die Jahrhunderte von Mund zu Mund weitergegeben wurde. In diesen vermengen sich Mythen, Legenden, heroische oder re-

ligiöse Geschichten zu fabulösen Gespinnsten. Oft haben sie jedoch einen belehrenden, moralisierenden Charakter, wie z.B. die Erzählung "Rajkumari" ("Die Prinzessin"), in der die Eitelkeit aufs Korn genommen wird. In "Dadi Saniamma" ("Die Stiefmutter") geht es um Neid und Mißgunst, in "Lobhi Purohita" ("Der gierige Priester") um den trügerischen Schein des Geldes. Ähnlich den Märchen des Abendlandes, siegt auch in den nepalesischen Erzählungen immer das Gute und die Vernunft.

Gelegentlich sieht man noch professionelle *Geschichtenerzähler,* die an irgendeiner Straßenecke die uralten Geschichten weitererzählen und damit das Publikum in ihren Bann schlagen, – genau wie vor Hunderten von Jahren.

Die wichtigsten Handwerke

Metallarbeiten

Die Metallgießerei in Nepal geht bis auf das 4. Jh. zurück. Verschiedene *Legierungen* – anfänglich aber auch Silber und Gold – wurden zu sehr plastischen Götterfiguren geformt, die ihren Platz in den zahllosen Tempeln und Schreinen fanden. Eine der geläufigsten Legierungen war das aus acht Metallen gemischte Ashtadhatu, Sanskrit für "Acht Metalle".

Geformt wurden die Figuren durch die *Technik des Cire Perdue* oder "verlorenen Wachses": Dazu wurde die gewünschte Figur zunächst in Ton modelliert und dann getrocknet.

Die entstandene Form wurde nun mit einer Schicht Bienenwachs bedeckt, worüber wieder eine Schicht Ton folgte, die ebenfalls getrocknet wurde. Das Ganze wurde dann erhitzt, wobei der Wachs aus einer dafür vorgesehenen Öffnung ausfloß. Damit war eine Gußform geschaffen, und anstelle des Wachses wurde nun flüssiges Metall in den entstandenen Hohlraum gegossen und dann – nach seiner Erkaltung – aus der umgebenden Tonschicht geschält. Noch heute benutzen die Newar diese Methode, wobei dem Bienenwachs aber Harze und Senföl beigemischt werden.

Flache Metallobjekte – wie z.B. die über Tempeleingängen angebrachten Torana – wurden allerdings nicht gegossen, sondern in der *Repoussée-Technik* gehämmert oder geschlagen. Dazu wurde das Metall von der Rückseite so bearbeitet, daß sich auf der Vorderseite Wölbungen bildeten, die die gewünschten Formen oder Figuren darstellten. Diese Methode ermöglichte besonders feine, detaillierte Metallarbeiten.

Holzschnitzerei

Holzschnitzereien gehörten seit dem 12. Jh. zum festen Bestandteil von Tempeln oder Häusern, und während der Malla-Herrschaft erlebte das Handwerk seine Blütezeit. Türen, Fenster, Balken und Streben wurden mit aufwendigem Schnitzwerk versehen, wobei an Tempeln religiöse Motive zum Tragen kamen, an den Profanbauten eher Ornamente, die aber nicht minder prachtvoll waren. Am meisten benutzt wurden Hölzer der Sisu-, Champa-, Deodar-, Saaj-, Haldu-, Teak- und Sal-Bäume. Letzteres ist Nepals härtestes Holz und überdauert angeblich tausend Jahre, egal ob an der Luft

Die wunderschön geschnitzte Pujari Math in Bhaktapur

oder im Wasser. Aus diesem Grunde wurde es zum meistbenutzten Holz bei Tempelbauten.

Wie sehr entwickelt die Holzschnitzerei war, ist an dem umfangreichen *Fachvokabular* erkennbar, das in der Zunft verbreitet ist. Jedes winzige Teil eines traditionellen Ornamentes, jeder technische Handgriff hat einen eigenen Namen, wenn nicht sogar mehrere Synonyme.

Eine sehr augenfällige Variante von Holzschnitzereien sind die *erotischen Figuren* an Tempelpfeilern oder -streben, von denen die westlichen Besucher früherer Jahrhunderte jeweils zutiefst verstört berichteten. Auf sie wirkten diese – mit all ihren oft so abstrusen Kopulationsvarianten – wie ein Lehrbuch der Perversion. Die Schnitzereien von Maithuna, dem sexuellen Verkehr in allen seinen Formen, basieren auf dem Kult des Tantra und sind eine lebensbejahende Darstellung sexueller und schöpferischer Energie – nicht, wie die früheren Reisenden angenommen hatten, eine Aufforderung zur Nachahmung!

Bildhauerei

In grauer Vorzeit schon verehrten die Bewohner Nepals Steine oder Felsen als *Erscheinungsform der Götter.* Noch heute gibt es an einigen Tempeln solche Steine, die zumeist als Repräsentation des glückbringenden Elefantengottes Ganesh gelten.

Von der Verehrung naturgegebener Steine war es nur ein kleiner, wenn auch fundamentaler Schritt,

ihnen Formen und Gesichter nach eigenen Vorstellungen zu geben. In der zweiten Hälfte des 5. Jh. war aus der Bildhauerei eine ernst zu nehmende Kunst geworden, die im 9. Jh. ihren Höhepunkt fand. Diese sogenannte *klassische Periode* war stark vom indischen Gupta-Stil beeinflußt und ließ eine Vielzahl von Meisterwerken entstehen, von denen noch zahlreiche erhalten sind. Ein hervorragendes Beispiel ist die Figur des liegenden Vishnu in Budhanilakantha, die wohl bekannteste Steinskulptur Nepals.

Malerei

Ebenfalls in der klassischen Periode begann die Malerei, deren älteste übriggebliebene Beispiele jedoch aus dem frühen 11. Jh. stammen. Dieses sind Illustrationen zu Palmblatt-Manuskripten, die wiederum von Indien beeinflußt waren. Die *Themen* der Malerei waren hauptsächlich religiöser Natur, die Hindu-Epen Mahabharata und Ramayana sowie die zahlreichen buddhistischen und hinduistischen Legenden boten einen unendlichen Fundus an Motiven. Etwa in der Mitte der Malla-Periode (15./16. Jh.) wurden besonders tantrische Motive populär.

Eine spezielle Form des religiösen Gemäldes waren die *Mandalas,* mystische Bilder aus zahllosen ineinander verschachtelten Kreisen und Quadraten, die sowohl auf hinduistischer als auch buddhistischer Tradition beruhen.

Die bei Touristen begehrtesten Gemälde sind jedoch die *Thangkas*

(Tibet), auch **Paubha** (Nepal) genannt. Das sind Rollbilder, ähnlich altertümlichen Schriftrollen, die aus einem feinen Baumwoll- oder Seidenstoff hergestellt werden. Der Stoff wird in einen Rahmen gespannt, dann werden mehrere Schichten einer Mischung aus Kalk, Leim und Indigo aufgetragen und getrocknet. Um der Oberfläche Glanz zu verleihen, wird noch eine Schicht aus dem Eiweiß von Enteneiern und Wasser aufgetragen, und diese wird dann mit einem glatten Gegenstand poliert. Die Umrisse der Figuren werden mit Ruß eingezeichnet, später kommen die Farben,

vermischt mit erhitztem, dünnflüssigem Leim dazu. Die Thangkas stellen hauptsächlich buddhistische Gottheiten oder Bodhisattvas dar, die möglicherweise von Gruppen von Halbgöttern umgeben sind, häufig aber auch Mandalas.

Eine Sonderform der Thangkas sind die **Patas** ("Banner"), oft meterlange Rollen, die Legenden in einer Art Bildergeschichte erzählen, ganz ähnlich einem Comic Strip.

Professionelle Maler stammen vornehmlich aus der Kaste der Chitrakar oder "Bildermacher", ansonsten aus dem Shakya, Vajracharya und einigen anderen.

Terracotta-Arbeiten

Funde bei Lumbini und Kapilavastu weisen darauf hin, daß schon im 3. Jh.v.Chr. Ton zu Götter-, Menschen- und Tierfiguren, zu Spielzeug, Haushaltsgegenständen und Wasserrinnen verarbeitet wurde. Das Handwerk erblühte besonders zwischen dem 16. und 18. Jh., und Ausgrabungen am Dhum Varahi-Tempel im südlichen Kathmandu Valley brachten sogar Handpressen aus jener Zeit zum Vorschein, mit denen eine fast fabrikmäßige Produktion möglich war.

Heute ist vor allem noch die Töpferei von Bedeutung, die auf eine etwa tausendjährige Geschichte zurückblicken kann. Ihr Zentrum ist der kleine Ort Thimi, westlich von Bhaktapur, in dem man die Herstellung der Gefäße zum Teil noch auf offener Straße verfolgen kann.

Dachrinnen-Herstellung in Janakpur

Teppichknüpferei

Die Herstellung von Teppichen, die in Europa und besonders Deutschland gute Exportumsätze erzielen, liegt fast ausschließlich in den Händen von tibetanischen Flüchtlingen. Als sie in den 50er und 60er Jahren ihre Heimat verließen, hatten sie in den meisten Fällen keinerlei finanzielle Mittel, lediglich ihr handwerkliches Geschick. Mit der Unterstützung ausländischer Hilfsprojekte und der nepalesischen Regierung wurde das *Jawlakhel Handicrafts Centre* in Patan gegründet, und dies war der Anfang der Wiederentdeckung der Teppichknüpferei – die in ihrem Heimatland übrigens mittlerweile fast ausgestorben ist.

Ein traditioneller tibetischer Teppich ist 90 mal 160 cm groß, 1 - 1½ cm dick und hat 40 - 100 Knoten pro Quadrat-Inch, d.h. etwa 6 - 15 Knoten pro cm^2. Die Wolle stammt von den tibetanischen Schafen der Himalaya-Region, die eine besonders glänzende Oberfläche aufweist und besonders widerstandsfähig ist.

Zur Einfärbung werden heute meist Anilin-Farben verwendet, ursprünglich bediente man sich jedoch *Naturfarben.* Aus Walnüssen wurde das Beige gewonnen, aus Rhabarber das Gelb und aus speziellen Wurzeln das Rotbraun. Zur Herstellung von Blauviolett wurde Indigo 30 Tage lang in einem Topf mit Urin aufbewahrt.

Die *Motive der Teppiche* stammen aus Tibet, China, Indien und Turkmenistan, und einige davon sind inzwischen zu neuen, originellen Mustern weiterentwickelt worden. Dazu kommen oft hochmoderne, computerentworfene Designs, die von ausländischen Importeuren in Auftrag gegeben werden.

Architektur

Nepalesische Architektur ist in erster Linie die Architektur des Kathmandu Valley, die von den kunstbegabten Newar geschaffen wurde. Ein **typisches Newar-Haus** ist aus Ziegeln gebaut und mit holzgeschnitzten, glaslosen Fenstern versehen. Die Häuser sind in der Regel 4 - 8 m lang, 6 m breit und haben 2, 3 oder sogar 4 Stockwerke, die jedoch oft so niedrig gebaut sind, daß ein Erwachsener darin kaum aufrecht gehen kann. Meistens gruppieren sich die Häuser um einen *Chowk* oder Innenhof, in dessen Zentrum sich ein Tempel, Schrein oder auch nur eine Anzahl Götterfiguren befindet. Mehrere solcher Chowks bilden einen *Tol*, eine Art Wohnblock oder Stadtbezirk.

Tempelbau

Ihren perfektesten Ausdruck findet die Architektur jedoch in den zahllosen Tempeln, für die die Baumeister weder Zeit noch Mühen oder Kosten scheuten. Für die Götter war nur das Beste gut genug.

Die Grundlage des Tempels bildet das **Fundament,** das bei größeren Anlagen 3 - 4 Meter tief ist. Über die genaue Beschaffenheit dieses Fundaments, genannt *Jag* ("Erwachen"), ist nicht viel bekannt, da bisher keine Ausgrabungen daran gestattet wurden. Wahrscheinlich ist es keine solide Masse, sondern weist Hohlräume auf. Lediglich die Stelle, über der das Allerheiligste errichtet ist, hat massiv und fest zu sein.

Über dem Fundament erhebt sich oft eine steinerne Plattform, auf die

Tempel am Durbar Square in Patan

der eigentliche *Tempel* gebaut ist. Dieser ist quadratisch oder rechteckig, hat einen kleinen Eingang zum Allerheiligsten mit der Götterfigur darin sowie echte oder "falsche" Fenster aus Holzschnitzereien. Bei den älteren Tempeln wurde der Boden unter diesem Allerheiligsten oft aus Ziegeln gemauert, in die Mandalas eingebrannt waren.

Oben abgeschlossen wird der Bau durch ein sanft abfallendes *Dach,* das weit über ihn herausragt – damit soll der abfließende Regen von den hölzernen Teilen des Baus ferngehalten werden. Das Dach ist mit rechteckigen Ziegeln gedeckt, manchmal auch mit Messingplatten. Da es sehr schwer ist, müssen sowohl sein Gerüst als auch die Streben und Stützbalken aus robustem Material bestehen. Am besten eignet sich das Holz des robusten Sal-Baumes, Shorea robusta, das für

Bauzwecke unübertroffen sein soll. Neben ihrem funktionalen Nutzen bieten die Balken noch eine weite künstlerische Bearbeitungsfläche, und so sind sie meist mit geschnitzten Götterfiguren verziert – eine gelungene Form, das Nützliche mit dem (optisch) Angenehmen zu verbinden.

Gelegentlich werden mehrere Dächer übereinandergebaut, wobei sie nach oben hin kleiner werden. Das beste Beispiel dafür ist der Nyatapola-Tempel in Bhaktapur, dessen fünfgeschossiges Dach ein majestätisches, weithin sichtbares Bild vermittelt.

Die Dachspitzen sind oft mit Messing beschlagen, gelegentlich sogar aus Gold. An die Dachränder werden oft Reihen kleiner Glocken gehängt, deren Klang die Götter erfreuen und die Gläubigen zum Tempel rufen sollen.

Einige Begriffe der Tempel-Architektur

Chaitya	Kleiner überdachter Schrein, mit gewölbtem, leicht zugespitztem Dach.
Dhvaja	Wörtl. "Fahne", eine Art Metallstreifen, der von der Dachspitze herabhängt, und auf dem die Götter angeblich zur Erde gelangen können.
Garbhagriha	Wörtl. "Mutterleib", das Allerheiligste des Tempels, in dem die Götterstatue aufbewahrt wird.
Garuda	Mystischer Vogel, halb Mensch, halb Tier, das "Vehikel" *(Vahan)* oder Reittier Vishnus; steht vor Vishnu-Tempeln und blickt in Richtung Allerheiligstes.
Jag	Wörtl. "Erwachen", das Tempel-Fundament.
Kalasha	Wörtl. "Krug", eine Art Gefäß, das an das Tempeldach gehängt wird und den Segen der Götter symbolisiert.
Kalpalata	Verschlungenes Ornament, das eine Kletterpflanze *(Lata)* symbolisiert, die alle Wünsche *(Kalpa)* erfüllt.
Kinkinamala	Kette *(Mala)* aus kleinen Glocken *(Kinkina)*, die am Dachrand angebracht wird.
Kirtimukha	Wörtl. "Gesicht des Ruhmes", Abbildung eines Wesens, das in seinem Rachen zwei Schlangendämonen zermalmt; gewöhnlich auf der Torana (s.u.) angebracht.
Linga/ Lingam	Das phallische Symbol Shivas, das meistens aus einer *Yoni* (s.u.) herausragt.
Mandala	Mystisches, meditatives Bild aus ineinander verschachtelten Kreisen und Quadraten.
Murti	Die Statue eines Gottes bzw. einer Göttin.
Nag/ Naga	Schlangengott oder -dämon.
Nandi	Shivas Reittier; der Bulle, dessen Figur jeweils vor Shiva-Tempeln kniet.
Pataka	Siehe *Dhvaja*.
Pokhri	Kleiner Teich, oft neben Tempeln gelegen.
Pradakshina	Wandelgang um das Allerheiligste.
Rupa	Wörtl. "Form", nach oben geschwungenes Metallobjekt an den Dachecken.
Sardul	Löwenähnliches Fabelwesen, das den Tempeleingang bewacht.
Shikara	Turm oder turmartiger Aufbau indischen Ursprungs.
Shivalingam	Siehe *Linga/ Lingam*.
Stupa	Hügel- oder kegelartiger, runder Bau buddhistischer Tradition, in dem Reliquien aufbewahrt werden.
Swastika	Hindustisches "Hakenkreuz", ein Sonnen- und Glückssymbol; der Name stammt von Sanksrit *Swasthya* für "Gesundheit".
Torana	Halbkreisförmige Messingplatte mit Ornamenten oder anderen Abbildungen; jeweils über Tempeleingängen angebracht.
Trishul	Der Dreizack Shivas, oft an Shiva-Tempeln aufgestellt.
Yoni	Symbol des weiblichen Geschlechtsteiles, immer zusammen mit einem Linga (s.o.) dargestellt.

Medien

Zeitungen/Magazine

Die Geschichte der **nepalesischen Presse** begann 1901 mit der Gründung der regierungseigenen "Gorkhapatra" ("Gurkha-Zeitung"), das heute meistgelesene nepalisprachige Blatt. Daneben zirkulieren etwa 60 weitere Tageszeitungen sowie ca. 250 Magazine in Englisch, Nepali und einer Reihe von Lokalsprachen.

Die wichtigsten **englischsprachigen Tageszeitungen** sind die etwas trockene "Rising Nepal" und die relativ neue und informativere "Kathmandu Post". Noch besser aber sind die vielerorts erhältlichen indischen Tageszeitungen wie "Times of India", "The Statesman", "Indian Express", "The Hindu", "Hindustan Times" etc., die in Kathmandu noch am Drucktag zum Kauf ausliegen, anderswo meist mit ein oder zwei Tagen Verspätung. Leider kommen auch in den indischen Blättern die internationalen Nachrichten etwas zu kurz. Wer sich für das internationale Geschehen interessiert, dem empfiehlt sich die aus Singapur eingeflogene "International Herald Tribune".

Englischsprachige einheimische **Magazine** von Bedeutung gibt es nicht, hier muß man auf Importe aus Indien oder anderswo zurückgreifen. Ganz hervorragend ist die vierzehntägig erscheinende, umfangreiche "India Today", gefolgt von ihren Konkurrentinnen "Frontline" und "Sunday". Dazu gibt es noch eine Reihe zweitrangiger Magazine und ein endloses Sammelsurium von Filmmagazinen, die sich mit Heißhunger auf die Skandale, echte oder imaginäre, von Bombays Filmheroen stürzen.

Sehr empfehlenswert dagegen sind einige **indische Wochenzeitungen** wie "Sunday Observer" oder "Sunday Mail", die eine gelungene Mischung aus Information und Unterhaltung bieten.

Internationale Magazine sind ebenfalls erhältlich, so "Time", "Newsweek", "Asiaweek", "The Economist", "Far Eastern Economic Review" u.a. Zahlreiche Händler im Kathmanduer Stadtbezirk Thamel haben zudem druckfrische "Spiegel", "Focus" und "Stern" auf Lager, oft schon einen Tag nach ihrem Erscheinen in Deutschland; je nach Flugplan kann sich das Eintreffen aber auch verzögern.

Radio

Radio Nepal, die staatliche Sendeanstalt des Landes, besteht seit 1951 und sendet auf UKW, Mittel- und Kurzwelle. Die meisten Programme werden in Nepali ausgestrahlt, um 8 Uhr und 20 Uhr gibt es jedoch auch eine englischsprachige Nachrichtensendung. Ansonsten wird viel Musik gesendet - nepalesische Volks- als auch indische Filmmusik - und dazu Wetter- und Landwirtschaftsberichte, das eine oder andere Hörspiel etc.

Auf der **Kurzwelle** empfehlen sich besonders die hervorragenden (englischsprachigen) Sendungen der

BBC (World Service), die auf mehreren Frequenzen klar zu empfangen sind. Weiterhin stehen die Voice of America, Radio Australia, Radio Netherlands, All India Radio und etliche andere zur Verfügung. Auch die Programme der Deutschen Welle (deutsch oder englisch) sind gut zu hören; zur kostenlosen Zusendung des aktuellen Programms und der Sendefrequenzen wende man sich an die Deutsche Welle, Abt. Hörerpost, 50588 Köln.

Fernsehen

Erst Ende 1985 nahm die **Nepalese Television Corporation** ihre Sendungen auf und schleuste Nepal damit etwas verspätet in den Kreis der fernsehenden Nationen ein. Doch TV hat in Nepal spezifische Probleme, einerseits natürlich die begrenzten Finanzmittel, andererseits das bergige Terrain, das die Fernsehwellen abblockt und eine Unzahl von Relaisstationen nötig machte, wollte man das Land flächendeckend mit TV zu versorgen.

Bisher kommt ein TV-Gerät auf 350 Einwohner (BRD 1:1,8). Der einzige von der Nepalese Television Corporation betriebene Sender Nepal TV bietet täglich nur ca. vier Stunden Programme (18.00-22.15 Uhr), und diese zeichnen sich zumeist durch höchste Betäubungswirkung aus. In die Bresche springt da der neue, private Shangri-La Channel, der die Satellitenprogramme von Star Movies (Hongkong) ausstrahlt. Da gibt es Spielfilme rund um die Uhr.

Wer es sich leisten kann, läßt sich zudem eine Satellitenschüssel installieren, mit dem sich eine Vielzahl von Programmen empfangen lassen: das indische Staatsfernsehen Durdarshan, die privaten indischen Zee TV, BBC World, den Musiksender Channel [V] und die diversen Programme von Star TV (Star Movies, Star Plus, Prime Sports). Derzeit vergeht kaum ein Monat auf dem indischen Subkontinent, in dem nicht ein oder zwei neue Satelliten-Kanäle ihren Dienst aufnehmen - für Mitte 1996 wurde eine Gesamtzahl von 100 Stationen vorausgesagt! Wieviele davon überleben werden, bleibt abzuwarten.

Viele Hotels in Nepal stellen sich auf die Senderflut ein und statten ihre Zimmer zunehmend mit TV-Geräten aus.

Wirtschaft

Mit einem durchschnittlichen Jahreseinkommen von 180 $ pro Kopf ist Nepal das **zweitärmste Land Asiens** (nach Afghanistan mit 150 $) und eines der zehn ärmsten Länder der Welt. Selbst der im Westen als so rückständig betrachtete Nachbar Indien liegt mit 310 US$ noch weit davor. Zum Vergleich: Das durchschnittliche Bruttojahresprodukt pro Einwohner der BRD liegt bei 24.000 US$. Das durchschnittliche nepalesische Monatseinkommen beträgt genau 15 US$.

Eine modere Wirtschaft in all ihrer Komplexität ist erst seit kurzem im

Entstehen. Bis 1951 war das Land von der Außenwelt abgeschnitten; *Außenhandel* fand nur in Form von Tauschgeschäften mit Indien und Tibet statt. Indien versorgte Nepal mit einem weiten Sortiment von Gebrauchsgütern und Nahrungsmitteln und bekam dafür medizinische Heilkräuter und Handwerksartikel. Tibet lieferte Holz und Salz und nahm dafür Getreide. Von Industrie konnte damals noch keine Rede sein. Nach der Öffnung des Landes wuchs das Handelsvolumen rapide; um auf dem Weltmarkt mitspielen zu können, waren aber nun Devisen nötig. Aufgrund seiner sehr begrenzten natürlichen Ressourcen – es gibt kleinere Eisen-, Kupfer-, Blei- und Zinkvorkommen und wahrscheinlich sehr begrenzte Erdgasvorräte – und seiner wenig entwickelten Landwirtschaft, deren Erträge in den letzten Jahren zum Teil sogar rückläufig waren, verzeichnet Nepal ein krasses Außenhandelsdefizit: Im Durchschnitt muß viermal soviel importiert werden wie exportiert werden kann. 1995 lag das Außenhandelsdefizit bei 300 Mio US$.

Pro Jahr exportiert Nepal derzeit Waren im Wert von ca. 400 Mio US$, womit das Land für seine Verhältnisse gar nicht so schlecht dasteht - Kambodscha, Laos, Bhutan und die Malediven liegen noch darunter.

Die wichtigsten Exportgüter sind (in der Reihenfolge des Exportvolumens): Industrie- und Handwerksartikel, Nahrungsmittel und Vieh, Rohmaterialien (Minerale, Metalle u.a.), tierische sowie pflanzliche Öle und Fette, Chemikalien und Medikamente, Maschinen und Transportgeräte, Tabak und Getränke. Wichtigster Exportabnehmer ist Indien, gefolgt von den USA und der Bundesrepublik.

Zum Ausgleich für das eklatante Außenhandelsdefizit fließen stattliche *Hilfsgelder und Kredite* ins Land, die zwar im Moment hilfreich sein mögen, bisher aber kaum eine strukturelle Verbesserung der Verhältnisse haben herbeiführen können. Dafür steht Nepal mit 1,9 Milliarden US$ beim Ausland in der Kreide, was umgerechnet eine Schuldenlast von 90 US$ für jeden Bewohner bedeutet.

Das Wissen um Nepals Position unter den ökonomischen Schlußlichtern der Welt hat bei vielen Nepalesen eine Art *Minderwertigkeitsgefühl* erzeugt. Die Achtung, die Westmenschen im Lande genießen, beruht zu einem Teil auf einer kollektiven Dankbarkeit dafür, daß deren Regierungen Nepal durch regelmäßige Geldinfusionen am Leben erhalten – daß sie es dadurch aber auch in Abhängigkeit halten, steht auf einem anderen Blatt.

Nicht weniger aber ist das Land *von Indien abhängig,* über das alle lebenswichtigen Güter transportiert werden müssen. Wie tragisch sich diese Abhängigkeit auswirken kann, erlebten die Nepalesen, als Indien sich 1989 aufgrund politischer Querelen weigerte, den auslaufenden Transitvertrag zu erneuern: Nepal war monatelang vom normalen Güterverkehr abgeschnitten. Warenknappheit und eine galoppierende Inflation waren die Folge. Nach Beilegung der Auseinandersetzung – es ging um einen Waffenkauf Nepals in China – wurde der Transitvertrag verlängert, und der Handel konnte wieder florieren.

Um in absehbarer Zukunft auf wirtschaftlich sicherem Fuß zu stehen, versucht die Regierung, die *Industrialisierung* des Landes voranzutreiben. Die meisten Industriebetriebe werden im Terai angesiedelt, das durch ein relativ gutes Straßennetz mit Indien und Kathmandu verbunden ist. Vorerst sind von der Industrie – zaghaft wie sie sich entwickelt – noch keine allzu dynamischen Impulse zu erwarten. Derzeit sind nur ca. 2 % der arbeitsfähigen Bevölkerung in der Industrie beschäftigt, dagegen 91 % in der Land-, Forst- und Fischereiwirtschaft.

1994/95 verzeichnete die Wirtschaft ein *Wachstum* von 7 %, gepaart mit einer *Inflation* von 8 % – diese kann in Teilbereichen aber auch 20 % oder mehr betragen, wie jede nepalesische Hausfrau beim Marktgang immer wieder feststellen muß. Angetrieben wird die Inflation durch den hohen Preis für Benzin, das eingeführt werden muß und für das Nepal seit seiner Währungsabwertung von 1991 nun mehr zahlen muß als zuvor. Die damalige Abwertung um 20 % war notwendig, wollte man Indien nicht als den größten Importeur nepalesischer Waren verlieren. Denn in Indien war zuvor die Rupie abgewertet worden. Wenn der große Bruder Indien hustet, bekommt der Zwerg Nepal einen Schnupfen.

Im Eiltempo in die Katastrophe?
Umweltprobleme in Nepal

Auch am Himalaya, erhaben wie das Massiv erscheinen mag, ist die Welt nicht mehr in Ordnung: Gemäß einer im Zuge der *United Nations Environmental Program* (1990) erstellten Öko-Diagnose gehört Nepal zu den ökologisch gefährdetsten Ländern Asiens - zusammen mit Indien, Pakistan, Bangladesh, Burma und Indonesien.

Die Ursachen für die Umwelt-Misere sind mannigfaltig. Der *Tourismus*, gelegentlich als "abgasfreie" Industrie bezeichnet, ist zweifelsohne eine davon. Nach einer Erhebung verbraucht der durchschnittliche Trekker in der Khumbu-Region 6-7 kg Brennholz täglich, und das trotz aller Appelle zu umweltschonenden Verhaltensweisen. Entlang der wichtigsten Trekking-Routen sind Störungen des empfindlichen Öko-Systems zu beobachten, unter denen besonders die Tierwelt leidet. Die Lodges eines einzigen Dorfes entlang des Annapurna-Treks verbrauchen beispielsweise etwa 1 ha unberührten Rhododendron-Waldes pro Jahr - zum Heizen und Kochen für die Trekker. Jede der zahlreichen Everest-Expeditionen hinterläßt im Durchschnitt 500-600 kg biologisch nicht abbaubaren Mülls; insgesamt wird der Unrat, dessen sich die Seilschaften am Berg entledigt haben, auf 50 t geschätzt.

Zwar sieht das Tourismus-Gesetz von 1879 eine Klausel vor, nach der für derartige Landschaftsverschandelungen Geldstrafen bis zu 25.000 Rs. verhängt werden, doch verurteilt wurde allem Anschein nach bisher noch niemand. Ohnehin dürfte eine solche lächerliche Summe - gerade einmal 1.000 DM - auf die sehr kostenaufwendigen Expeditionen kaum abschreckend wirken.

Doch der Berg-Tourismus ist natürlich nicht der alleinige Übeltäter, er ist ein zusätzlich belastender Faktor, der von außen, von Fremden, verursacht wird. Eine "hausgemachte" Ursache ist das rasante *Bevölkerungswachstum*. Obwohl sich die Zuwachsraten in den letzten Jahrzehnten etwas verringert haben, kann man davon ausgehen, daß sich die Bevölkerung in den nächsten 30-35 Jahren noch einmal verdoppeln wird. Die landwirtschaftliche Produktion kann mit dieser Entwicklung jedoch nicht Schritt halten, im Gegenteil, die Hektar-Erträge sinken, hervorgerufen durch *Bodenerosion* und Bodenauszehrung.

Da nützt dann auch das Urbarmachen (sprich Roden) von weiteren Waldflächen nichts, denn es treibt die Bodenerosion ja nur wieder weiter voran: Der Regen wird nicht mehr von den Pflanzen und Bäumen aufgenommen, sondern überschwemmt ziellos die Felder und trägt die obersten, fruchtbarsten Erdschichten ab. Jedes Jahr verringert sich dieser Boden um 1,7 mm; das sind insgesamt ca. 240 Mio. Tonnen, die schließlich in den nepalesischen Flüssen landen und über das Flußsystem Nordindiens dann in der Bucht von Bengalen enden. Der nepalesische Bauer sieht sich also in einem Teufelskreis gefangen: Niedrige Erträge durch Bodenerosion - Rodung von Wald zur Schaffung von zusätzlichen Feldern - noch mehr Bodenerosion - noch schlechtere Erträge.

Nicht alle Bodenerosion ist aber menschgemacht; es gibt auch eine natürliche, die in der Steilheit des Terrains und auch in der tektonischen Instabilität der relativ jungen Himalaya-Region begründet liegt, deren Entwicklung ja noch immer nicht abgeschlossen ist. Im allgemeinen aber ist das Volumen von Erdabtragung und Erdrutschen in Gebieten, die von Menschenhand bearbeitet wurden, weit höher als in unberührten Regionen.

Seit 1979 werden jährlich ca. 12.000 ha *Wald gerodet*; in den Jahren davor, als das Terai seine große Abholzphase erlebte, waren es teilweise bis zu 75.000 ha gewesen. Aber auch heute kann das Einschlagvolumen urplötzlich in die Höhe schnellen, so geschehen nach Ablauf des indo-nepalesischen Transitabkommens 1989/90, als Nepal von Brennstoffimporten aus Indien abgeschnitten war. Damals wurden täglich 240 ha Wald gefällt.

Die Verwertung des *Holzes als Brennstoff* ist ein weiterer wichtiger Grund für die Dezimierung der Wälder; etwa 75 % aller Energie wird aus Holz gewonnen. Für das Jahr 2001 wird ein jährlicher Holzverbrauch von 13,1 Mio. Tonnen erwartet - ein Waldverlust, der nur mit Hilfe teurer Importe vermieden werden könnte.

Um dem drohenden Kahlschlag Nepals entgegenzuwirken, werden jährlich ca. 5.000 ha *aufgeforstet*. Bis zum Jahr 2000 sollen landesweit 1.258.000 ha mit einem neuerlichen Waldkleid bedeckt sein. Wird der verbleibende Wald aber im bisherigen Maße weiter abgeholzt, sind zahlreiche *Tierarten vom Aussterben bedroht*: 200 Vogelarten, 40 Gattungen Säugetiere und 20 Amphibien- und Reptilienarten.

Daß aber auch die scheinbar so "einfachen" Bergbewohner zu einem ökologischen Bewußtsein hingeführt werden können, beweist die 1973 in Nordindien gegründete *Chipko-Bewegung*. Diese hatte sich im nördlichen, gebirgigen Teil des Bundesstaates Uttar Pradesh um den charismatischen Umweltschützer *Sunderlal Bahuguna* formiert. In spektakulären Aktionen stellten sich Dorfbewohner schützend vor Bäume - umarmten sie gar -, um sie vor den anrückenden Fällkolonnen abzuschirmen. *Chipko* bedeutet "umarme".

Den Chipko-Mitgliedern gelang es zwar, viele "ihrer" Bäume vor der Kreissäge zu retten, die Fälltrupps zogen sich aber bald in andere Waldregionen zurück, um dort ungehindert weiterzumachen.

Die weltweite Abholzung von Wäldern schlägt jährlich mit ca. 2,8 Mrd. Tonnen Kohlendioxyd zu Buche, die sich in der Atmosphäre ansammeln. In Nepal ist die Luft zwar noch verhältnismäßig schadstoffrein, die zunehmende *Urbanisierung* schafft aber schon giftgeschwängerte Ballungszentren. Kathmandu mit seinem sprunghaft wachsendem Verkehr ist davon am meisten betroffen. Der Schwermetallgehalt der Luft in Kathmandu hat hochgefährliche Ausmaße angenommen und die Stadt - ehemals als blühendes Shangri-La gepriesen - ist heute eine der vergiftetsten Metropolen Asiens.

Der vom Verkehr (als auch von Industriebetrieben) ausgehende *Lärm* erreicht teilweise Werte von über 100 Dezibel - neben Lungenerkrankungen und Krebs droht so noch Taubheit.

Doch nicht genug der Horrornachrichten: Es herrscht eine generelle *Trinkwasserverseuchung* im Land, in erster Linie hervorgerufen durch Koli-Bakterien. Zudem gelangen mit zunehmender Industrialisierung vermehrt Chloride, Sulfate, Nitrate etc. in das Wasser. Die Koli-Bakterien stammen aus Fäkalien, die über das unzureichende bzw. kaum vorhandene Abwässersystem in die Wasserversorgung gelangen. Trotz Chlorierung - wie sie z.B. in Kathmandu vorgenommen wird - kommt es oft zu gefährlichen Verseuchungsgraden. Das gilt vor allem in der Regenzeit, wenn das Wasser über 60 mal so viele Koli-Bakterien aufweist wie im Winter und über 10 mal so viele wie im Sommer.

Bei all den ökologischen Problemen Nepals steht deren Lösung ein großes Hindernis entgegen - der Mangel an Geld. Um Umweltschutzmaßnahmen zu ergreifen, braucht man Geld, doch dafür kann das arme Land nichts abzweigen. Und die Armut der Bevölkerung ist es auch (gepaart mit der mangelnden Schulbildung), die die Bevölkerungsexplosion hervorruft, welche wiederum die Ökologie überstrapaziert, was eine weitere Verarmung zur Folge hat. Ein Kreis ohne Ende?

Empfohlene Lektüre zur weiteren Vertiefung in das Thema: Environment & Man, Know Nepal Series No. 5, von P.K. Jha; erschienen bei Craftsman Press in Bangkok, erhältlich in Buchgeschäften in Kathmandu und Bangkok.

Tourismus

Geschichte

Im Jahre 1949 landete zum ersten Male ein Flugzeug in Nepal, eine zweimotorige DC-3 Dakota, die nach reistündiger Reise aus Kalkutta eingetroffen war. Östlich von Kathmandu befand sich die Gauchar-Flugpiste, die soeben angelegt worden war, und deren Name darauf hindeutet, was sich dort zuvor befunden hatte: *Gauchar* bedeutet schlichtweg "Kuhweide".

1952 dann trafen die ersten westlichen Touristen ein, ebenfalls mit der Dakota, die zum Arbeitspferd der frühen nepalesischen Luftfahrt wurde. Das einzige Hotel, das den Besuchern zur Verfügung stand, was das Royal Hotel des legendären Boris Lissanewitsch, von dem im weiteren Verlauf des Buches noch zu lesen sein wird. 1962 besuchten schon 6179 Touristen das Land - eine Zahl, die sich innerhalb der folgenden Dekade verzehnfachte.

Derzeit sind es über 325.000 Touristen pro Jahr. Diese geben jährlich ca. 80-90 Mio. US$ aus, was

Indische Touristen am Swayambunath-Tempel

117

etwa 37 % der gesamten Deviseneinnahmen darstellt, und damit ist der Tourismus Nepals wichtigster Devisenbringer. Kein Wunder also, daß die Regierung den Tourismus erweitern will und sich für die Jahrtausendwende - etwas unrealistisch - 1 Mio. Besucher pro Jahr erhofft.

Statistik

1994 wurde Nepal von 326.531 Touristen besucht, der höchsten Zahl, die das Land bisher verzeichnen konnte. (1993: 293.567). Die durchschnittliche Aufenthaltsdauer betrug 12 Tage. 63 % der Besucher waren männlichen Geschlechts. Die Gesamteinnahmen durch Tourismus beliefen sich auf 88,2 Mio. US-Dollar. Die mit Abstand meisten Touristen kamen, wie jedes Jahr, aus Indien (102.540); Inder und Nepalesen können die Grenze ohne Paß passieren, was einen regen Grenzverkehr zur Folge hat. Die zweitgrößte Besuchergruppe stellten zum ersten Male die Deutschen (44.530), deren Zahl im Vergleich zum Vorjahr um 39 % zunahm. Es folgten die Briten (22.504), US-Amerikaner (21.646), Japaner (19.569), Franzosen (18.638), Italiener (9.715), Holländer (8.669), Australier (7.947), Spanier (6.228) und Schweizer (4.921). Aus Österreich kamen 2.927 Besucher. Gemäß den Erhebungen des nepalesischen Tourismus-Ministeriums stammten die meisten Touristen aus der Altersgruppe zwischen 31 und 45 Jahren (33 %). Etwa 23 % der Besucher gaben bei der Einreise als Besuchsgrund das Trekking an, 52 % machten ihr Kreuz bei "Holiday", und 1,6 % (wohl fast ausschließlich Inder) waren eigenen Angaben zufolge auf Pilgerfahrt.

Die Statistiken des Tourismus-Ministeriums listen auch auf, mit welchen Airlines die Touristen einflogen: Den größten Kuchen sicherte sich die Royal Nepal Airlines, die 122.880 Touristen ins Land brachte; es folgten Indian Airlines (82.750) und Thai Airways (30.032) und Lufthansa (13.496). Insgesamt reisten 89 % der Touristen per Flugzeug an, nur 11 % kamen über den mühseligen Landweg.

Kathmandu wird nur von etwa einem Dutzend internationalen Airlines angeflogen, und die unzureichenden internationalen Flugverbindungen werden mit dafür verantwortlich gemacht, daß die Touristenzahlen nicht so steigen, wie sie eigentlich sollten.

Ökologische Folgen

Daß die Touristenströme an einem kleinen, ökologisch schon angeschlagenen Land nicht spurlos vorübergehen können, ist kein Geheimnis. Trekker und ihre Träger verbrauchen Brennholz und hinterlassen Müll. Schon gibt es Erwägungen, das Gebiet um den Mt. Everest für Expeditionen zu sperren, da Tausende von Gipfelstürmern und Basislager-Messners ihren Abfall dort verstreut haben, wohl um die höchste Mülldeponie der Welt zu schaffen.

Zu gesellschaftlichen Auswirkungen kommt es ebenso: Manch nepalesischer Junge schwänzt die Schule, um sich lieber ein paar Rupien als "Tourist Guide" zu verdienen oder - schlimmer - die Bettelhand zu trainieren.

Auf der anderen Seite hat der Tourismus Handwerkskünste wiederbelebt, die im Begriff waren auszusterben, und werden zahlreiche Arbeitsplätze geschaffen. Jeweils 7 Touristen geben einem Nepali Arbeit, das sind insgesamt 40.000 Personen, die direkt vom Tourismus zehren, nicht mitgerechnet deren Familien. Aber: Durch die Umweltschäden, die nur zu einem kleinen Teil durch den Tourismus verursacht werden, kommt es zu Bodenerosion, Felder werden unbrauchbar, und damit gehen wieder Arbeitsplätze verloren.

Wie auch immer - der Tourismus ist die größte Wachstumsindustrie der Welt, und aller Wahrscheinlichkeit nach wird Nepal in Zukunft wachsende Besucherzahlen verzeichnen können. Damit wird auch der Tourismus stärkere Folgen nach sich ziehen, gute wie schlechte.

Reisetips

Verhaltenshinweise

Zwar sind die Nepalesen im allgemeinen ein sehr tolerantes Volk, doch sollte diese Tatsache nicht als Freibrief gewertet werden. Wie in jeder anderen Gesellschaft auch gibt es spezifische Tabus, derer man sich bewußt sein und die man, wenn irgendmöglich, nicht verletzen sollte. Schließlich ist man nicht Eroberer oder Kolonialist, sondern Gast.

Das *Betreten* des Allerheiligsten *von Hindu-Tempeln* ist nur Hindus gestattet. Nicht-Hindus sind aber direkt am Tempel, auf dem Innenhof des Tempels, in einigen eventuell umliegenden, dazugehörigen Gebäuden etc. zugelassen - nur eben nicht im zentralen Heiligtum! In der Praxis kann natürlich niemand feststellen, ob der Tourist nun Hindu ist oder nicht, was einzig zählt, ist die Hautfarbe: So wird jeder Weiße automatisch als Nicht-Hindu angesehen, jede Person mit indisch-nepalesischen Gesichtszügen als Hindu, es sei denn, er gibt sich durch Kleidung (z.B. die Moslem-Kappe) o.ä. als Nicht-Hindu zu erkennen. An vielen größeren Tempeln sind am Zugang zum Hauptheiligtum Verbotsschilder angebracht: "Admission for Hindus only" - Eintritt nur für Hindus!

Bei Betreten von Wohnhäusern sind die *Schuhe* an der Schwelle auszuziehen. Das gilt im Prinzip auch für die heiligen Bezirke der Tempel, nur betrifft dies ja, wie oben dargelegt, nicht den Touristen. Schuhe gelten als unrein, da sie den Schmutz der Straße an sich haben und da sie - im Falle von Lederschuhen - von toten Tieren stammen. In der hinduistischen Gesellschaft fällt daher das Bearbeiten von Leder traditionell den Kastenlosen zu, die sich nach orthodoxer Auffassung ohnehin nicht mehr verunreinigen können. Ein Haus mit Schuhen zu betreten wäre gleichbedeutend, wie wenn man in einem westlichen Heim auf den Fußboden spuckte!

Die *Küche eines Hauses* ist ein abgeschirmter Bereich, den man nicht unaufgefordert betreten sollte. Diese Regel gilt in erhöhtem Maße bei traditionellen Brahmanen-Familien, deren Speisen ansonsten rituell verunreinigt würden. Den alten Kastenregeln zufolge dürfen Brahmanen nur essen, was von Brahmanenhand gekocht wurde, und die Anwesenheit eines Nicht-Brahmanen in der Küche würde die absolute rituelle Reinlichkeit gefährden. In Anbetracht der wachsenden Zahl von Restaurants in Nepal, in denen vornehmlich Nicht-Brahmanen kochen und im Zuge der allmählichen Auflösung des Kastendenkens nimmt die Bedeutung dieser Regel zwar ab, dennoch - Vorsicht, Küche!

Wenn die Hausfrau das Essen serviert, werden die männlichen Familienmitglieder zuerst bedient, erst wenn diese gegessen haben, essen die Frauen. Das mag dem europäischen Gast mißfallen, es zu kritisieren ist jedoch fehl am Platze. Weibliche Gäste aus dem Westen werden zumeist mit den Männern gleichgestellt und bekommen das Essen gemeinsam mit denen!

Nepalis sind, gemessen an unseren Verhältnissen, zwar arm und kleiden sich dementsprechend einfach, dennoch wird bei der *Kleidung* auf Anstand und Sitte geachtet. Daß Westler - und besonders Frauen - gelegentlich "halbnackt" (so sehen es die Nepali) auftreten, ist in den Augen der Einheimischen eines der zahlreichen Mysterien des Abendlandes. Frauen sollten keine gewagten Ausschnitte präsentieren, und von Shorts ist ebenso abzuraten. Nepalesische Frauen verhüllen ihren Körper fast gänzlich mit dem Sari, und so kann man sich denken, welchen Effekt nackte Frauenhaut auf die Herrenwelt hat. Aber auch für männliche Reisende gilt eine gewisse Zurückhaltung, ein nackter Oberkörper beispielsweise ist auch nicht gern gesehen, den zeigen bestenfalls die Arbeiter auf dem Feld.

Beim *Sitzen* müssen die Füße so plaziert werden, daß die Fußsohlen auf niemanden zeigen, denn das wäre eine Beleidigung. Dies ist übrigens eine der wenigen Regeln, die nicht auch auf Indien zutrifft: Dort reibt und massiert man sich oft genüßlich die Fußsohlen, während man sich mit seinem Gegenüber unterhält.

Öffentliche Zärtlichkeiten unter Paaren sind absolut verpönt. Unter Nepalis wäre selbst das Händchenhalten eine Sensation, vom Küssen kann gar keine Rede sein, das gilt als unerhörte Schamlosigkeit. Schon Filmküsse bringen das (männliche) Publikum in Wallung, denn Küssen gilt als hocherotischer Akt.

Anders ist es mit dem Händchenhalten unter Männern, das ist lediglich ein Zeichen der Freundschaft. Manche Nepalis fassen im

Gespräch die Hand des Besuchers, wobei sie natürlich nicht ahnen, daß es ihm peinlich sein könnte.

Die **linke Hand** wird zum Reinigen nach dem Stuhlgang benutzt und gilt daher als unrein. Deshalb sollten damit keine Nahrungsmittel angefaßt und schon gar keine Personen berührt werden. Leider wird diese Regel aber auch von Einheimischen verletzt, so z. B. von Kellnern, die das Chapati mit der Linken reichen. Dieses Fehlverhalten sollte jedoch nicht als Maßstab gelten.

Besondere Umsicht erfordert der Umgang von männlichen Besuchern mit **einheimischen Frauen**. Diese

sollten möglichst nicht angesprochen werden, wenn man nach dem Weg, Hotel o.ä. fragt, am besten immer an einen Mann wenden! Nur wenn keine andere Wahl besteht, kann man ausnahmsweise eine Frau fragen, das aber zurückhaltend und höflich! Im allgemeinen wird eine Nepalesin Kontaktversuche seitens der Männer völlig ignorieren. Unter keinen Umständen dürfen Frauen berührt werden, wie "freundschaftlich" das auch gemeint sein mag. Weibliche Reisende sind von dieser Regel jedoch nicht betroffen.

Mit ihrer direkten Art fordern **westliche Touristinnen** oft Mißverständnisse bei den einheimischen Männern heraus. Allzu lockere Gespräche, ein kumpelhaft-freundliches Verhalten und selbst die Erwiderung von Blickkontakt erzeugen beim Nepalesen den Eindruck von sexueller Zugänglichkeit. Um das zu vermeiden, ist eine "traditionell weibliche" Zurückhaltung angebracht, wie sie die Nepalesinnen instinktiv betreiben: Gespräche sollten mit einer gewissen Distanziertheit geführt werden, erotische Themen sind unter allen Umständen zu meiden. Blickkontakt von Fremden sollte nicht erwidert werden, eine nepalesische Frau, die das täte, würde als Freiwild betrachtet.

Frauen dürfen die **Topi**, die nepalesische Männer-Kappe, niemals aufsetzen, das wäre eine schlimme Beleidigung den Männern gegenüber.

Feuer ist heilig, besonders das Küchenfeuer, in dem niemals Abfall

Feueropfer in Panauti

verbrannt werden darf. Falls beim Trekking Abfall verbrannt werden muß, so sollte dies kurz vor Aufbruch vom Lager geschehen, nicht etwa, bevor das Essen darauf gekocht wird.

Im allgemeinen lassen sich die Nepalis sehr gerne *fotografieren*, jedoch nicht alle. Vor dem Fotografieren von Personen sollte immer um die Erlaubnis dazu gebeten werden, alles andere wirkt wie ein Überfall. In vielen Fällen wird der/die Betreffende ein wenig Kleingeld verlangen, es empfiehlt sich also, immer einen Vorrat an kleinen Münzen und Scheinen dabei zu haben. 1-2 Rs. pro Foto sollten ausreichen. Nicht unterstützen sollte man allerdings das Verhalten einiger Einwohner, besonders von Kindern, die sich für Fotos anbieten, nur um danach Geld fordern zu können.

Die *Bettelei* ist eines der unangenehmsten Probleme, mit denen der Tourist konfrontiert wird. Grundsätzlich sollte man nur solchen Personen etwas geben, die sich offensichtlich nicht selbst ernähren können, also Kranken, Krüppeln, Alten etc. Nichts geben sollte man dagegen den zahlreichen bettelnden Kindern, die sonst womöglich auf die Idee kommen, Bettelei sei einträglicher als Arbeit, und damit ist Nepal nicht geholfen. Wer Gutes tun will, wende sich besser an eine der zahlreichen Hilfsorganisationen, die die Spenden nutzbringend einzusetzen wissen.

Auf dem Boden *liegende Speisen* sind zu umgehen, ein Darübersteigen würde sie rituell verunreinigen.

Kühe sind den Hindus heilig und werden oft sogar als die "Mutter" des Menschen bezeichnet. Dementsprechend groß ist der Freiraum, den sie genießen. Kühe liegen ungestört mitten auf der Fahrbahn, wandeln geruhsam durch Märkte oder blockieren Eisenbahngleise, ganz wie es ihnen behagt. Viele Nepalis lassen sich im Vorbeigehen von den Kühen "segnen", indem sie ihre rechte Hand zunächst zu deren Stirn, dann an die eigene führen. Das Schlachten von Kühen ist gesetzlich verbo-

ten, und ebenso sollte man nicht nach ihnen treten, Steine werfen o.ä.

Nepal ist eines der ärmsten Länder der Welt, und es gehört zum guten Ton, nicht mit seinem *westlichen Reichtum* zu protzen. Die Nepalesen sind sich ihrer Abhängigkeit von ausländischer Hilfe durchaus bewußt und haben in gewissem Maße einen kollektiven Minderwertigkeitskomplex ausgeprägt. Diesen sollte man nicht noch steigern. Die Höhe des Einkommens, der Preis der Kameraausrüstung etc. sollten lieber diskret umgangen werden.

Die nepalesiiche Form der *Bejahung* oder Zustimmung ist dieselbe wie in Indien: Der Kopf wird mehrere Male seitlich von links nach rechts und umgekehrt gerollt, etwa wie unsere Geste zum "Nein". Je nach Intensität der Bewegung kann sie verschiedene Nuancen der Zustimmung ausdrücken: Heftig: "Ja, auf jeden Fall", mittel: "Ja, wahrscheinlich", zögernd: "Ja, ich glaube", vielleicht auch: "Ich weiß eigentlich nicht". Darüber hinaus gibt es natürlich noch alle Zwischentöne.

Das *"Nein"* wird durch ein kurzes seitliches Zucken des Kopfes ausgedrückt, möglicherweise unterstützt durch ein abfälliges Schnalzen.

Das *Händeschütteln* ist in Nepal nicht üblich, man begrüßt oder verabschiedet sich, indem man die Handflächen wie zum Gebet vor der Brust zusammenlegt und *"Namasté"* sagt. *"Namasté"* stammt aus dem Sanskrit und bedeutet frei übersetzt: "Ich grüße den Gott in dir". Gebraucht werden kann es zu jeder Tageszeit, Grußformeln wie "Guten Morgen", "Guten Tag" etc. werden in der Regel nicht benutzt.

Nicht anwenden sollte man das *Namasté* jedoch gegenüber eindeutig Niedriggestellten wie Bettlern, Schuhputzern u.ä., die sich durch die unangemessen respektvolle Begrüßung verhöhnt fühlen könnten. In diesem Falle braucht nicht gegrüßt zu werden. Gelegentlich begrüßt man sich formlos mit *"Jay Nepal!"* ("Heil Nepal!"), das aus dem Mund eines Ausländers aber sicher für Heiterkeit sorgen wird.

Sicherheit

Nepal ist ein sicheres Reiseland, und aller Wahrscheinlichkeit nach wird der Aufenthalt ohne Eintrag in die Kriminalstatistik vonstatten gehen. Diese *Statistik* gibt übrigens sehr niedrige Zahlen für die diversen Straftaten an, so daß man gewisse Zweifel an deren Vollständigkeit hegen könnte: So gibt es nach offiziellen Angaben jährlich etwa 600 Diebstähle, 150 Fälle von Straßenraub, 130 Fälle illegalen Waffenbesitzes, 350 Morde und - interessanterweise - 100 Fälle von Menschenhandel. Der Wert dieser Statistik sei zwar in Frage gestellt, dennoch ist Nepal sicherlich nicht gefährlicher als das Heimatland des Touristen.

Trotzdem ein paar *Sicherheits-Tips:*

●Gepäckstücke sollten nicht auf den Dächern der Busse festgemacht werden, es kommt dabei regelmäßig zu Diebstählen. Das Gepäck immer mit in den Bus hineinnehmen.

●Alle wichtigen Mitbringsel gehören ins abgeschlossene Gepäck und sollten nicht offen im Hotelzimmer herumliegen. Gelegenheit macht Diebe! Zu den beliebteren "Souvenirs" gehören auch Kugelschreiber, Kosmetika, Kleidung etc.

●Gelegentlich kommt es zu Taschendiebstählen. Geld und andere Wertsachen sollten also sicher am Körper verstaut werden (Brustbeutel, Geldgürtel, eingenähte Innentasche etc.).

●Wie in jeder anderen Hauptstadt der Welt auch, so treibt sich auch in Kathmandu bei Nacht bisweilen dubioses Volk herum, und dunkle Seitengassen sind deshalb zu meiden. Kathmandus Taxifahrer fahren nachts oft mit einer Begleitperson, um gegen unan-

genehme Begegnungen gewappnet zu sein. Alleinreisende Frauen sollten solche doppel-bemannten Taxis jedoch besser meiden!

●Drogenanbieter sind oft Spitzel, die mit der Polizei zusammenarbeiten und den Käufer nach getätigtem Handel ausliefern. So verdienen sie doppelt, erst durch den Verkauf, dann durch die vom Verhafteten erpreßten Schmiergelder.

●Frauen sollten sich nepalesischen Männern gegenüber sehr zurückhaltend verhalten, so wie es die einheimischen Frauen auch tun. Allzu große Freundlichkeit, Offenheit oder Kumpelhaftigkeit kann als "Einladung" verstanden werden. Vergewaltigungen von westlichen Frauen sind sehr selten, sind aber schon vorgekommen.

Unterkunft

Derzeit stehen im ganzen Land ca. 30.000 Hotel- und Guest-House-Zimmer zur Verfügung, 25.000 davon in Kathmandu. Zimmer gibt es in allen erdenklichen Preislagen, vom primitiven 50-Rupien-Unterschlupf bis hin zur 35.000-Rupien-Luxussuite.

Am untersten Ende der Skala stehen die *Dorm-* oder "Schlafsaal"-Unterkünfte, in denen Betten schon ab ca. 25 Rs. zu haben sind. Ebenso schlicht und einfach sind die *Bhattis* oder *Lodges*, billige Herbergen, die man an den bekannteren Trekking-Strecken vorfindet. Besser sind in der Regel die *Guest-House-Zimmer*, die sich etwa in der Preislage von 50-500 Rs. bewegen, wobei in den höheren Preislagen ein angeschlossenes Bad vorhanden ist.

Hotel in Janakpur

(AC) oder Heizungen gibt es nur in noch gehobenerer Klasse, eine Klimaanlage ist - außer eventuell im Terai - ohnehin nicht nötig.

Die Zimmer der **Luxusklasse** - etwa ab 3.000 Rs. - haben meist "westlichen Komfort", der auch verwöhnten Ansprüchen gerecht wird. Solche Häuser gibt es allerdings nur in Kathmandu und, in geringerem Maße, in Pokhara.

Zimmersuche - Worauf sollte man achten?

●**Elektrizität** - Einige preiswerte oder etwas sehr abgelegene Unterkünfte haben keinen Strom, was zwar sehr rustikal wirkt, aber vielleicht nicht jedermanns Sache ist. Im Zweifelsfall danach fragen! Viele Hotels und Guest Houses in Kathmandu und Pokhara beziehen ihren Strom übrigens von Sonnenkollektoren, um vom recht unzuverlässigen Stromnetz unabhängig zu sein.

●**Heißes Wasser** - Die meisten besseren Unterkünfte annoncieren zwar freudig ihr "hot water", ob es den aber immer so hot ist, ist fraglich. Beim Ansehen des Zimmers nachchecken, ob heißes Wasser vorhanden ist oder nicht! Eine kalte Dusche im winterlichen Nepal kann sehr unangenehm sein!

●**Toilette** - Die Toiletten sind entweder "westlich", d.h. wie zu Hause, oder aber "Nepali". Einheimische Toiletten sind die üblichen asiatischen Hock-Klos, die aus hygienischen Gründen den westlichen allemal vorzuziehen sind, nur kann sich nicht

Diese teureren Guest Houses unterscheiden sich eigentlich nicht von Hotels, lediglich der Name "Guest House" allein impliziert ein einfacheres Haus ohne großartige Service-Leistungen - dabei sind gute Guest Houses oft besser als manches hochtrabende "Hotel"!

Gute **Mittelklasse-Hotels** (bzw. -Guest Houses) finden sich in der Preislage von ca. 300-1.000 Rs. In dieser Klasse wird schon ein gewisser Komfort geboten, die Zimmer haben alle angeschlossenes Bad (h+k Wasser), einen Deckenventilator und - am oberen Ende der Preisskala - Telefon. Klimaanlagen

jeder daran gewöhnen. In einigen Hotels haben manche Zimmer westliche, manche Hock-Toilette. Sonderwünsche anmelden!

● ***Bettwäsche*** - Es empfiehlt sich, einen Blick auf die Bettwäsche zu werfen, die bisweilen nicht jedem Hausfrauengewissen gerecht werden kann. In sehr zweifelhaften Unterkünften sollte auch einmal die Matratze angehoben werden: In einigen Fällen sind dort schon ganze Kakerlaken-Clans entdeckt worden!

● ***Decken- oder Tischventilator*** - Funktioniert er oder nicht? Antesten!

● ***Moskitonetz/-gitter*** - Moskitonetze sind besonders nützlich im Terai, wo oft Moskitos von Bombergröße ihr Unwesen treiben. Gibt es Netze im Zimmer, so ist das ein Plus. Vor den Fenstern sollten sich nach Möglichkeit Moskitogitter befinden, so daß man diese zur Durchlüftung öffnen kann, ohne daß die Plagegeister dabei Einlaß finden.

● ***Tresor-Service*** - Gleich an der Rezeption fragen, ob ein Tresor vorhanden ist, in dem man seine Wertsachen deponieren kann!

● ***Preise*** - Manche Unterkünfte nennen ihre Preise in US$, andere in Rs. In den Unterkunftsempfehlungen in den folgenden Ortsbeschreibungen sind die Preise jeweils in der Währung angegeben, die das betreffende Unternehmen nennt. Bei Dollarpreisen klarstellen, welcher Rupien-Kurs dafür genommen wird!

● ***Steuern*** - Besitzer aller Unterkünfte müssen Steuern abführen, die sie auf ihren Zimmerpreis aufschlagen. In der Regel wird der zusätzliche Steuersatz separat vom Preis genannt, so daß sich der Endpreis erhöht. Immer nach dem Preis inklusive Steuern fragen! Die Steuersätze richten sich nach der ***Sterne-Klassifizierung***, die bei besseren Unterkünften üblich ist: Hotels / Guest Houses ohne Stern - 10 % Steuern; 1-2 Sterne - 11 %; 3 Sterne - 12 %; 4 – 5 Sterne - 13 %. In den Ortsbeschreibungen sind Sterne-Hotels mit dem entsprechenden Zeichen (* / ** / *** / **** / *****) kenntlich gemacht. Außerdem wird jeweils der Nettopreis als auch der aufzuschlagende Steuersatz angegeben.

● ***Ermäßigungen*** - In der Nebensaison von April-September sind fast in jedem Hotel/Guest House Preisnachlässe möglich. Manche Unternehmen gehen von sich aus mit dem Preis herunter, in anderen muß man ihn selber herunterhandeln. Besonders wer länger zu bleiben gedenkt, hat Aussicht auf eine erhebliche Reduzierung; 20-40 % sind machbar.

● ***Buchungen*** - In der Hauptsaison von Oktober-März sind viele Unterkünfte Wochen im voraus ausgebucht. Wer sicher gehen will, sollte sein Zimmer für ein paar Tage vorbuchen (schriftl./telefon./per Fax) und sich erst dann am Ort nach einer anderen Bleibe, falls gewünscht, umsehen. Die Zuverlässigkeit, mit der solche Buchungen gehandhabt werden, sagt viel über die Qualität des betreffenden Hauses aus. Leider sind Schlampereien jedoch keine Seltenheit.

Essen und Trinken

Speisen

Die ursprüngliche nepalesische Küche spiegelt die einfachen Lebensverhältnisse wider und ist entsprechend sehr schlicht und begrenzt. Das **Standardgericht** besteht aus Reis *(bhat)*, zu dem eine Art herzhafter Linsenbrei *(dal)* oder /und Gemüse-Curries *(tarkari)* serviert werden. Als Beilage dazu gibt es meist kleingeschnittene Zwiebeln *(piyaj)*, ein wenig Pickles *(acar)*, das sind sauer-scharf eingelegte Früchte (z.B. unreife Mangos, Limonen etc.); gelegenlich auch eingelegtes Gemüse oder Knoblauch. Hausgemachter Yoghurt *(dahi)* rundet die Mahlzeit ab. Die obige Kombination von Dal-Bhat-Tarkari ist so etwas wie Nepals bescheidenes Nationalgericht, kann auf die Dauer aber recht eintönig werden.

Glücklicherweise ist man nicht auf die rein nepalesische Kost angewiesen. Zur Abwechselung bieten sich tibetanische oder - in weit größerem Maße - indische Gerichte an. Besonders in Kathmandu und im Terai ist der **indische Einfluß** deutlich; fast alle halbwegs besseren Restaurants in Kathmandu kochen indisch und nicht nepalesisch. Das ist einerseits auf den großen Zustrom von Indern zurückzuführen, andererseits wohl auch auf die Tatsache, daß auch den besser situierten Nepalesen ihre eigene Küche ein wenig zu monoton geworden ist.

In erster Linie gibt es nordindische Gerichte, die zwar nur mäßig gewürzt, aber oft wahre Kalorienbomben sind. Mit Öl, Ghi (geklärte Butter) und Kohlehydraten wird nicht gegeizt. Positiv schlägt jedoch zu Buche, daß sie nachhaltig sättigen. Relativ neu sind einige kleinere Restaurants, die leichtere südindische Küche anbieten. Dabei handelt es sich aber eher um Snacks oder Nebenmahlzeiten - eine Art südindisches Fast Food -, die nichtsdestoweniger sehr schmackhaft sind.

Daneben gibt es in Kathmandu und Pokhara eine unglaubliche Auswahl an **West-Speisen**. In den bekannten Travellerzentren braucht niemand auf sein Morgen-Müsli, das liebgewonnene Vollkorn-Käsebrot oder gar Spinat-Lasagne zu verzichten. In dieser Beziehung können Kathmandu und - in geringerem Maße Pokhara - zu einem wahren Freßtrip werden. Die Qualität ist durchweg gut.

Nepalesische Gerichte

Alu Gobhi	Würziges Gemüsegericht aus Kartoffeln *(Alu)* und Blumenkohl *(Gobhi)*.
Matar Paneer	Gemüsegericht mit Erbsen *(Matar)* und Käsebrocken *(Paneer)*.
Palak Paneer	Gemüsegericht aus würzigem Spinat *(Palak)* mit Käsebrocken *(Paneer)*.
Sahi Paneer Korma	Kaloriengranate aus dicken Käsebrocken in cremiger Soße mit Cashew-Nüssen und Rosinen.
Channa Masalla	Eiweißreiches Gericht aus großen Kichererbsen.
Tandoori Chicken	In einem Tonofen *(Tandur)* zubereitetes Huhn, das zuvor mit einer würzigen Yoghurt-Soße bestrichen wurde.
Momo (Kothe)	Tibetanische Fleisch- oder Gemüseklöße, die gedämpft oder gebraten werden.
Thupka	Tibetanische Fleischsuppe.
Mulligatawny Soup	Herzhafte indische Linsensuppe.
Masalla Dosa	Südindisches knuspriges Teiggericht mit Gemüsefüllung und Chutney.
Idli	Südindischer gedämpfter Reiskuchen, serviert mit Chutney.
Paratha	In Öl gebackener Vollkornfladen, zum Teil mit Füllung aus Kartoffel *(Alu Paratha)* oder Rettich *(Muli Paratha)*.
Nan	Großes, etwa dreieckiges Fladenbrot, manchmal mit Füllung aus Käse *(Paneer/Cheese Nan)*, Zwiebeln *(Onion Nan)* oder gesüßt und mit Früchten *(Kashmiri Nan)*.
Puri	In Fett gesottener Teigfladen, der dabei aufgeht wie ein Ballon.
Roti	Im Ofen gebackenes Fladenbrot.
Chapati	Dünnes Fladenbrot.
Biryani	Reisgericht entweder nur mit Gemüse *(Vegetable Biryani)* oder mit Huhn *(Chicken Biryani)*.
Barfi	Süßigkeit aus Milch, Zucker und je nach Geschmacksrichtung diversen anderen Zutaten.
Gulab Jamun	Süße Teigbälle, eingelegt in Zuckersirup.
Jalebi	Eine Art Brezel, leicht gesüßt und in Fett gesotten.

Getränke

Das nepalesische Nationalgetränk ist der *Tee (Chiya/Chai)*, zu dem, anders als bei uns, Teeblätter, Milch und Zucker zusammen aufgekocht werden. Dazu werden bisweilen Gewürze wie Kardamom *(Alaichi)*, Ingwer *(Aduwa)* und Zimt *(Sinkauli)* gegeben, was einen herrlich erfrischenden Effekt hervorzaubert. Leider wird mit dem Zucker meist sehr großzügig umgegangen, und manche Tasse Tee kann langvergessene Zahnplomben in Aufruhr bringen. Es empfiehlt sich deshalb, bei der Bestellung *Chin Thorai* ("Wenig Zukker") bzw. *Chin Bina* ("Ohne Zukker") hinzuzufügen.

Tee-"Küche" in Kathmandu

Wasser ist ansonsten natürlich der beste Durstlöscher, vom Trinken des normalen Leitungswassers muß aber hier noch einmal dringend abgeraten werden. Selbst wenn man es in Indien noch getrunken hat - dort ist es weitaus sauberer -, sollte man in Nepal nur zu den in Plastikflaschen abgefüllten Mineralwassern (z.B. Marke Bisleri) greifen, die es mittlerweile überall gibt.

Auf Alkoholisches braucht nicht verzichtet zu werden, es gibt eine Reihe von einheimischen und importieren *Bieren* als auch Härteres. Viele Tibetaner oder Bergvölker brauen sich ihr eigenes *Chang*, das auf vergorenem Hopfen basiert.

Tongba ist ein nicht minder beliebtes Gebräu aus vergorener Hirse.

Mit Vorsicht zu genießen ist der *Lassi*, ein süßes bzw. gesalzenes, an sich sehr erfrischendes Yoghurtgetränk: Diesem ist immer Wasser oder Eis untergemischt! "Sicher" dürfte er nur in den teuren Fünf-Sterne-Hotels sein, wo er soviel kostet wie eine ganze Mahlzeit in einem Normalrestaurant, das Wasser dafür aber mit ziemlicher (?!) Gewißheit genügend lange abgekocht worden sein sollte.

Preise

Was die Preise angeht, so hängen die Ausgaben natürlich in erster Linie vom Geldbeutel und von den Ansprüchen ab. Das erwähnte nepalesische Dal-Bhat-Tarkari kostet meistens um 20 Rs., wobei mehrere Nachschläge inbegriffen sind. Eine

Einkäufe

Nepal generell als ein Einkaufsparadies zu bezeichnen, wäre sicher zu hoch gegriffen, im Bereich des Handwerklichen läßt sich aber so manch interessantes Souvenir erstehen.

Seit Senkungen der Einfuhrzölle in den letzten Jahren lohnt sich der Kauf von Kameras, Objektiven, Uhren und anderen technischen Geräten. Die günstigsten Geschäfte dafür finden sich in der New Road in Kathmandu. Die Waren stammen zumeist aus Singapur, wo sie zum Großhandelspreis eingekauft wurden, und aufgrund der niedrigeren Mieten und Löhne in Nepal können sie billiger als in Singapur verkauft werden. Vorsicht aber, gelegentlich wird eine brandneue Kamera vorgezeigt, und nach Preisvereinbarung tauscht der Händler die Kamera blitzschnell gegen eine gebrauchte aus! Siehe auch unter "Sonstiges" in der Stadtteilbeschreibung New Road, Kathmandu.

kleine südindische Mahlzeit, bestehend vielleicht aus Idli und Masalla Dosa (s.o.) liegt etwa in derselben Preislage. Ab ca. 30 Rs. läßt sich schon recht gut nordindisch essen. In einem First-Class-Restaurant (z.B. in einem Fünf-Sterne-Hotel) sollte man mindestens 250 Rs. einkalkulieren. Es gibt alle möglichen Zwischenstufen. Westliche Mahlzeiten liegen preislich etwa wie die indischen, je nachdem, wo und was man ißt.

Achtung, Steuern! In den Restaurants von Hotels wird auf die Speisen derselbe *Steuersatz* aufgeschlagen wie auf die Zimmer. In einem Hotel ohne Stern werden also 10 % auf die Rechnung aufgeschlagen, in 1- bis 2-Sterne-Hotels 12 %, in 3-Sterne-Hotels 13 % etc. Passend dazu wird in den - eigentlich nicht sehr vornehmen - Flughafenrestaurants von Kathmandu und Pokhara die 15prozentige Steuer erhoben, da diese von 5-Sterne-Hotels betrieben werden.

Etwas teurer als in Europa sind *Kosmetika*. Falls die doch sehr preiswert auftauchen, handelt sich sich mit hoher Wahrscheinlichkeit um Imitationsware. Nicht gestattet ist die Ausfuhr von *Antiquitäten*, das heißt nach dem nepalesischen Gesetz Kunstobjekte, die 100 Jahre oder älter sind. Probleme kann es auch mit solchen Objekten geben, die so aussehen, als hätten sie das erlaubte Alter überschritten. Für solche Gegenstände sollte man sich beim Department of Archaeology

(National Archives Building, Ram Shah Path, Kathmandu) eine entsprechende Bescheinigung ausstellen lassen. Ohne diese kann es bei der Ausreise theoretisch zur Konfiszierung des Artikels kommen.

Eines der beliebtesten Souvenirs ist sicher das *Khukri*, das legendäre Messer der Gorkha-Soldaten. Khukris werden rings um den Durbar Square in Kathmandu von Straßenhändlern zu Hunderten angeboten, die Preise liegen zwischen 100 und 1000 Rupien. Diese Khukris sind alle speziell für Touristen produziert, ein authentisches altes Strück, das schon an einigen Kriegsgegnern ausprobiert wurde, könnte auch noch teurer werden - vorausgesetzt, sein Besitzer gibt es überhaupt her.

Vorsicht bei der Weiterreise nach Singapur! Das Tragen von Khukris - sowie anderer größerer Messer - ist in Singapur verboten und ihre illegale Einfuhr kann mit Gefängis bestraft werden. Bei der Einreise ist das Khukri dem Zoll vorzulegen, wo es gegen eine Quittung deponiert wird. Bei der Ausreise bekommt man es zurück.

Dieselben Stände in Kathmandu bieten auch *tibetanische Gebetsmühlen* und andere buddhistische Kultgegenstände, sowie preiswerten Schmuck und ähnliches an.

Sehr populär sind auch die *Thangkas*, tibetanische religiöse Stoffgemälde, die es in zahlreichen Geschäften in Kathmandu (z.B. an der Nordseite des Durbar Square in Kathmandu, in Thamel und anderswo) gibt. Die Preise können ungeheuer variieren - von 100 bis zu Tausenden von Rupien -, und demnach besteht auch ein großer Handelsspielraum.

Eine Spezialität Bhaktapurs sind *Masken* aus Papiermaché oder Holz, die alle mehr oder weniger furchterregende Dämonen darstellen. Die Papiermaché-Masken sind zwar meist farbenprächtiger und auf den ersten Blick attraktiver, dafür aber auch weniger haltbar. Zahlreiche Läden in Bhaktapur nehmen leider stark überzogene Preise, und um sich einen Überblick zu verschaffen, sollte man sich vielleicht erst einmal in den folgenden zwei Geschäften umsehen: das staatliche Handicraft Emporium in der New Road, Kathmandu, und/oder bei Kailash Book Distributors, vor dem Yak & Yeti Hotel, Kathmandu, die in ihrem Erdgeschoß ebenfalls eine

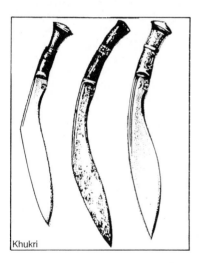

Khukri

kleine kunsthandwerkliche Abteilung aufweisen. Beide Läden bieten meist gute Ware zu vernünftigen Preisen.

Das Handicraft Emporium hat auch eine Auswahl eines anderen typischen Bhaktapur-Artikels, der holzgeschnitzten Pfauenfenster, verkleinerte Nachbildungen des berühmten Peacock Window an der Pujari Math in Bhaktapur.

Ebenfalls meist aus Bhaktapur stammen die bunten **Dämonenmarionetten**, die aus Papiermaché und Stoff hergestellt werden. Diese geben eine originelle Dekoration ab. Erhältlich sind sie in zahlreichen Geschäften in den touristischen Bezirken von Kathmandu und Bhaktapur.

Patan dagegen ist berühmt für seine Metall- und Bronzegießereien. In der Umgebung des dortigen Durbar Square findet sich eine Reihe von Geschäften, die oft sehr filigran hergestellte **Götterfiguren** anbieten. Sehr gut für **Haushaltsartikel aus Metall** ist Janakpur, wo südlich des Janaki-Tempels eine Reihe von Geschäften spottbillig das verkaufen, was jede nepalesische Hausfrau benötigt. Besonders interessant sind dabei vielleicht die speziellen Dal-Bhat-Tarkari-Teller, zu denen sich manch Traveller - nach zahllosen Portionen dieses nepalesischen Standardgerichtes - möglicherweise hingezogen fühlt.

Eine weitere Spezialität Janakpurs sind die **Chura** (sprich Tschura), bunte Plastikarmreifen, wie sie von verheirateten Hindu-Frauen getragen werden. Damit hat es in Janakpur eine besondere Bewandtnis,

obwohl sie dort nicht hergestellt werden: Da die Chura eines der Zeichen einer verheirateten Frau ist und sich gerade in Janakpur die Gottheiten Rama und Sita vermählten, die danach eine zur Legende gewordene perfekte Ehe führten, ist der Kauf von Chura dort besonders verheißungsvoll. Wird eine Hindu-Frau zur Witwe, legt sie die Chura ab und zerbricht sie.

Das Zeichen des nepalesischen Mannes ist dagegen die **Topi**, die teils bunte, teils einfarbige "Nepali-Kappe". Eine besondere Anhäufung von Topi-Läden findet sich um Asan

Chura-Verkauf

Tol und Indra Chowk in Kathmandu und auf dem Basar von Tansen. Frauen sollten sich auf keinen Fall die für Männer reservierte Topi aufsetzen.

Bezüglich Kleidung lohnt sich ansonsten der Kauf von **Wollpullovern**, die zu Beginn der kühlen Jahreszeit plötzlich an jedem Kleiderständer hängen. Einige Geschäfte in Thamel bieten gar recht gute und zum Teil sehr preiswerte **Lederjakken** an.

Sehr gefragt sind **tibetanische Teppiche**, die von tibetanischen Flüchtlingen bzw. deren in Nepal geborenen Nachkommen gefertigt werden. Fabrikationszentren befinden sich in Jawlakhel, Patan, und in den tibetanischen Siedlungen in der Umgebung von Pokhara. Die Werkstätten können besucht werden. Vorsicht jedoch beim Fotografieren, einige Unternehmen lassen neue Designs nicht ablichten! Das übliche Format der Teppiche ist 90 mal 160 cm, die Preise reichen von einigen Hundert bis zu einigen Tausend Rupien. Für die Ausfuhr von Teppichen ist eine Zollgenehmigung einzuholen, versuchen Sie, daß Ihr Händler diese Formalitäten für Sie übernimmt. Pro Paket darf nur 1 Teppich ausgeführt werden.

Wer die Sendungen von Radio Nepal hört, entwickelt vielleicht einen Geschmack für nepalesische Musik. **Musik-Kassetten** mit traditioneller Nepali-Musik (als auch indischer Filmmusik und den neuesten westlichen Pop-Hits) gibt es in Läden in der New Road, Kathmandu.

Nepal produziert - auch wenn dies kaum bekannt ist - recht guten **Tee**, der in Ostnepal, nahe dem indischen Darjeeling angepflanzt wird. Eine gute Auswahl davon gibt es in einigen Geschäften am Patans Durbar Square und am Ganga Path in Kathmandu sowie auch bei Kailash Book Distributors.

Und wo wir gerade bei diesem Laden sind: Kailash Book Distributors (als auch dessen Schwesterngeschäft, Tiwari's Pilgrims Book House in Thamel) hat eine wahrlich atemberaubende Auswahl an **Büchern**, vor allem im Bereich Reise, dazu Bildbände, ein unerschöpfliches Antiquariat u.v.m. Eine der bestbestückten Buchhandlungen Asiens.

Post und Telefon

Die wichtigste Anlaufstelle für alle postalischen Dienstleistungen ist das General Post Office (G.P.O) am Kantipath in Kathmandu, nahe dem meilenweit sichtbaren weißen Bhimsen Tower. Geöffnet So-Fr. 10.00-17.00 Uhr, in den Wintermonaten nur bis 15.30 Uhr. Das etwas südlich davon gelegene Central Telecommunication Office (C.T.O) für Telexe, Telegramme, Auslandsgespräche etc. ist bis 24.00 Uhr geöffnet.

Karten, Briefe und Pakete

Postkarten nach Deutschland und andere mitteleuropäische Länder kosten 12 Rs., **Aerogramme**, denen die Briefmarke schon eingedruckt ist, und die zu einem Brief zusammengefaltet werden, 14 Rs. *Normalbriefe* (bis 20 g) kosten 18 Rs. Die Laufzeit bis Europa beträgt ab Kathmandu 10-14 Tage, ab abgelegeneren Orten entsprechend länger.

Alle Sendungen sollten zum *Entwerten der Marken* persönlich zur Post gebracht werden, wo man sie unter Argusaugen abstempeln läßt - andernfalls werden die Marken höchstwahrscheinlich abgelöst und an den nächsten Kunden weiterveräußert. Da die in Nepal erhältlichen Briefumschläge als auch die Marken nur mit mikroskopischen Mengen von Leim ausgestattet sind, empfiehlt sich Vielschreibern die Mitnahme einer kleinen Tube *Klebstoff*. Zwar steht in den Postämtern immer ein Topf mit Leim bereit, aber auch der ist oft mit Wasser auf Klebeunfähigkeit gestreckt.

Grundsätzlich ignoriert werden sollten die Briefkästen, da auch dort eingeworfenen Sendungen das Schicksal des Markenraubes droht. Die Briefe oder Karten landen dann natürlich auf dem Müll.

Halbwegs sicher ist das Abgeben der Postsendungen an der Rezeption eines gehobenen Hotels, vorausgesetzt, man wohnt auch tatsächlich dort. Die Sendungen werden dann normalerweise von einem Angestellten gesammelt zur Post gebracht und abgestempelt - eine absolute Gewähr dafür besteht aber nicht!

Luftpostpakete von 1 kg kosten nach Deutschland teure 1.622 Rs.; bei schwereren Sendungen verringert sich der Kilopreis allerdings. Die Pakete müssen in Stoff eingenäht und versiegelt sowie unter Vorlage des Passes unter Zollgesichtspunkten überprüft werden. Erlaubt ist rein theoretisch nur die Ausfuhr von Gegenständen des persönlichen Gebrauchs (pesonal effects), bei kleineren Souvenirs dürfte es wahrscheinlich aber auch keine Schwierigkeiten geben. Die Ausfuhr von Teppichen muß allerdings beim Zoll genehmigt werden.

Weniger zeitraubend sowie sicherer und schneller ist die Verschickung durch einen der zahlreichen *Kurier- und Frachtdienste*, die sich in und um den Durbar Marg in Kathmandu befinden. Diese können die

Formalitäten und Verpackungsprobleme weitgehend abnehmen, kosten dafür aber auch mehr als die normale Post.

Seefrachtpakete lassen sich nur im Parcel Centre am Kantipath aufgeben (Öffnungszeiten Sa-Do 10.00-13.30 Uhr). Ein 10 kg schweres Paket nach Deutschland kostet z.Zt. 2.222 Rs.

Alle Pakete können gegen geringe Gebühren versichert werden, wie die Verlustsumme dann von zu Hause aus in Nepal eingeklagt werden soll, ist allerdings eine andere Frage.

Telefonieren

Ferngespräche

In den letzten Jahren sind überall in Nepal privat betriebene Communication Centres aus dem Boden geschossen, von denen aus Fern- oder sonstige Telefongespräche geführt werden können. Meist sind die durch die Initialen IDD (International Direct Dialling) kenntlich gemacht. Internationale Verbindungen kommen recht leicht zustande, auch wenn die Tonqualität oft zu wünschen übrig läßt.

Eine Gesprächsminute nach Deutschland kostet je nach Unternehmen 165-190 Rs.; auch bei Telefonaten von weniger als einer Minute muß der volle Minutenpeis bezahlt werden. Dasselbe gilt für alle folgenden Minuten - jede neu angebrochene Minute wird voll bezahlt. Nur sehr wenige Unternehmen berechnen exakt nach Sekundentakt, wo dann nur bezahlt wird, was man wirklich vertelefoniert hat.

Telefongespräche lassen sich auch von Hotels aus führen, wobei aber vorher abzuklären ist, ob das Hotel Servicegebühren auf die Gespräche aufschlägt, bzw. wie hoch diese sind. Je teurer das Hotel, umso höher sind in der Regel die Servicegebühren.

Von Postämtern oder dem C.T.O (Central Telegraph Office) in Kathmandu lassen sich über die Vermittlung auch person-to-person calls buchen, d.h. Telefongespräche, bei denen man nach einer bestimmten Person am anderen Ende verlangt. Ist die Person nicht zu sprechen, braucht das Gespräch - oder besser das versuchte Gespräch - nicht bezahlt zu werden. Kommt das Gespräch aber tatsächlich zustande, ist zu den normalen Gebühren eine Extragebühr zu zahlen.

Internationale Vorwahlnummern

Nepal hat den *internationalen Vorwahl-Code 00977*. Um einen der u.g. Orte von außerhalb Nepals anzurufen, wähle man diese Nummer, gefolgt von der betreffenden Ortsvorwahl, jedoch ohne die ihr vorangehende Null. Beispiel: Pokhara (061) ist unter der Vorwahl 00977-61 zu erreichen. Danach ist die Nummer des dort gewünschten Anschlusses zu wählen. Bei Anrufen aus einigen asiatischen Ländern muß in den Landes-Code noch eine weitere Zahl eingeschoben werden (z.B. eine 5 bei öffentlichen Fernsprechern von Singapur: 00-5-977). Im Zweifelsfalle wende man sich an die örtliche Telefon-Auskunft.

Ortsgespräche

Ortsgespräche lassen sich von Hotels und Guest Houses oder von Geschäften aus führen. Die meisten Geschäftsinhaber gestatten das, wenn man sie darum bittet. Dafür werden ca. 3-5 Rs. verlangt. Telefonzellen gibt es nicht!

Die wichtigsten Vorwahlnummern

Da Nepal über ein relativ dünnes Telefonnetz verfügt, werden die Vorwahlnummern nicht ortsweise, sondern nach Bezirken vergeben. Aus diesem Grunde weisen jeweils mehrere Orte die gleiche Vorwahlnummer auf.

Baglung	068	Baitadi	095
Bandipur	065	Banepa	011
Beni	069	Bhairawa	071
Besi Shahar	066	Bhaktapur	01
Bharatpur	056	Bhimfedi	053
Bidur	010	Biratnagar	021
Birganj	051	Butwal	073
Charikot	049	Dadeldhura	096
Damauli	065	Darchula	093
Dhading	010	Dhangadhi	091

Dhankuta	026	Dharan Bazar	025
Dhulikhel	011	Dipayal	094
Doti	094	Gaur	055
Gorahi	082	Gorkha	064
Hetauda	057	Itahari	025
Janakpur	041	Kalaiya	053
Kathmandu	01	Krishnanagar	076
Kusma	067	Lalitpur (Patan)	01
Mahendranagar	091	Nepalganj	081
Palpa (Tansen)	075	Patan (Lalitpur)	01
Parashi	078	Pokhara	061
Rajapur	084	Ramechhap	047
Simra	053	Sindhuli	047
Surkhet	087	Syangja	063
Tansen (Palpa)	075	Taulihawa	076
Tikapur	010	Trisuli Bazar	010
Triveni	078	Tulsipur	082

Fax und Telex

Hierfür bieten sich am ehesten die oben erwähnten privaten Telefon- und Faxunternehmen an. Eine Seite per Fax oder Telex nach Europa kostet 165 – 190 Rs. Einen Fax-Service bieten auch alle Hotels, die über eine Faxanschrift verfügen.

Telegramme

Aufzugeben im C.T.O. am Kantipath in Kathmandu oder anderen Postämtern mit Telegramm-Service. Telegramme lassen sich in den besseren Hotels auch telefonisch aufgeben, was bei einer Übertragung deutscher Texte allerdings problematisch werden dürfte.

Verkehrsmittel

Das Reisen innerhalb Nepals wird nicht selten zu einem unverhofften Abenteuer, denn die öffentlichen Verkehrsmittel sind nicht immer zuverlässig, dafür um so langsamer und überfüllter. Viele Straßen sind nichts anderes als rustikale Holperwege, die Vehikel und Fahrgäste auf eine harte Belastungsprobe stellen.

Die Nepalesen selber können gelassen darüber hinwegsehen, da die vorhandenen Verkehrsmittel wohl immer noch bequemer sind als der Fußmarsch, der für viele Einwohner bis heute die einzige Methode ist, von einem Ort zum anderen zu gelangen. In den meisten Berggebieten gibt es nur Fußpfade, und feiertägliche "Spaziergänge" von vier oder fünf Stunden, um die Verwandten zu besuchen, werden leichtfedernden Fußes absolviert. Zu vielen Festen an verehrten Tempeln wandern die Gläubigen gar einige Tage lang zu Fuß, selbst wenn Straßen dorthin vorhanden sein sollten. Eine ganze Woche Marschzeit hin und zurück ist dabei eher die Regel als die Ausnahme. So betrachtet, ist der Tourist auch mit den relativ bescheidenen Verkehrsmitteln des Landes noch gut bedient.

Flugzeug, staatlich

Die staatliche Fluggesellschaft *Royal Nepal Airlines*, Airline-Code RA, unterhält ein dichtes **Inlandsflugnetz** mit insgesamt 40 Flugplätzen. Von diesen können einige nur zu bestimmten Jahreszeiten angeflogen werden, die meisten aber verfügen über Allwetterbahnen, die - von extremen Wetterlagen abgesehen - das ganze Jahr hindurch benutzt werden können. Das Wort Flughafen ist in den meisten Fällen vielleicht etwas zu hoch gegriffen, denn meist handelt es sich nur um eine kurze Rollpiste und ein winziges Abfertigungsgebäude.

Der **Flugzeugpark** besteht hauptsächlich aus sogenannten *STOL-Flugzeugen*, die mit extrem kurzer Rollbahn auskommen können *(STOL = short take-off and landing)*. In den Bergtälern ist für weit auslaufende Rollbahnen eben kein Platz. Die Maschinen sind in erster Linie 19sitzige DHC-6 Twin Otter und - seltener - die 44sitzige HS 748 Avro, die nur die größeren Flughäfen ansteuern kann, z.B. Kathmandu und Pokhara.

Flüge mit der Royal Nepal Airlines sind nicht immer unproblematisch. Oft werden sie **überbucht**, so daß sich mancher Passagier, der sich im Besitz eines OK-Tickets befindet, auf der Abstellbahn stehen sieht: Bevor er eingecheckt hat, ist das Flugzeug schon voll. Um derartigen Malheurs vorzubeugen, empfiehlt sich das wiederholte Rückbestätigen eines schon gebuchten Tikkets - lieber einmal zu viel als zu wenig!

Nicht minder unangenehm ist die Tatsache, daß Nepalesen und Inder zu sehr preisgünstigen **Tarifen** fliegen können, wogegen Ausländern - sprich allen sonstigen Nationalitäten - drei bis vier mal so hohe Preise abgeknöpft werden, zu zahlen in US$ oder dem Gegenwert in einer anderen westlichen Währung. Beispiel: Der Flug Kathmandu - Pokhara kostet Nepalesen oder Inder 1.200 Rs., Ausländer dagegen 61 US$, z.Zt. also ca. 3.300 Rs. Welche Begründung die Airline für eine solche Doppelpreispolitik immer parat haben mag - den meisten Touristen wird sie schwer einleuchten.

Die Tickets können mit **ausländischen Devisen** (US$, DM, Pfund etc.) oder entsprechenden Reiseschecks bezahlt werden. Der Restbetrag wird in Rupien herausgegeben. In wenig besuchten Orten werden meist nur US$ akzeptiert. Die Summe kann aber auch in Rupien bezahlt werden - zur Festlegung des Rupien-Preises gilt der Tageskurs des Dollars -, dazu muß aber eine

Bankquittung über die entsprechende Summe vorgewiesen werden, aus der hervorgeht, daß das Geld legal eingewechselt wurde. Dies ist eine der Maßnahmen der Regierung, den Schwarztausch von Devisen einzudämmen. Einzuchecken ist mindestens eine Stunde vor Abflug. *Flughafen-Auskunft:* Tel. 4-73110.

Büros der Royal Nepal Airlines in Kathmandu:
●Head Office, RNAC Building, Ecke New Rd./Kantipath, Tel. 2-20757; zuständig für alle internationalen Flüge sowie Inlandsflüge nach Pokhara, Jomson (kein Direktflug; umsteigen in Pokhara), Jumla, Bharatpur, Meghauli und den Everest-Rundflug (s.u.);
●Das Büro für andere Inlandsflüge befindet sich gleich rechts neben dem Hauptgebäude, in einer kleinen Gasse, die am New Road Gate von der New Road abzweigt.

Flugzeug, Privatgesellschaften

1992 wurde das staatliche Flugmonopol aufgehoben, woraus sogleich die Gründung einiger privater Fluggesellschaften resultierte. Diese haben zwar bisher noch ein relativ dünnes Flugnetz, das dürfte sich aber in naher Zukunft ändern. Auf der Strecke Kathmandu-Pokhara z.B. hat man mittlerweile die Auswahl zwischen vier Airlines. Da die Preise für die Routen bei allen Gesellschaften jeweils die gleichen sind, unterscheiden sich diese höchstens in punkto Service, Zuverlässigkeit und Sicherheit. Allgemein gelten die privaten Airlines pünktlicher als die notorisch verspätete Royal Nepal.

Bei der Bezahlung akzeptieren die Privatgesellschaften meist nur US-Dollars (bar oder Scheck), keine anderen Währungen. Diese Regelung scheint aber auch außer Kraft gesetzt zu werden, besonders in den großen Orten wie Kathmandu und Pokhara.

Die Tickets der privaten Airlines können ohne Aufpreis in so gut wie allen Reisebüros im Lande gekauft werden, oder - sofern man den oft längeren Weg auf sich nehmen mag - auch in den Stadtbüros der Airlines selber.

Die Hauptbüros der privaten Fluggesellschaften:
●*Everest Air,* Durbar Marg, Kathmandu, Tel. 2-2290, 2-28392, 2-30672;
●*Necon Air,* Kamal Pokhri, Lal Durbar, P.O.Box 4047, Kathmandu, Tel. 4-17986, 4-19145;
●*Nepal Airways,* Hattisar, Kamal Pokhari, Kathmandu, Tel. 4-16475, 4-14279.

Sowohl die Royal Nepal als auch die privaten Airlines bieten einen *Everest-Rundflug:* In der klaren Jahreszeit (ca. Okt.-März) starten jeden Morgen Flugzeuge zu einem etwa einstündigen Flug, der den höchsten Berg der Welt als auch seine Nachbarn zum Greifen nahe bringt. In den Monaten April/Mai finden die Flüge nur bei guter Sicht statt; kurzfristige Stornierungen aufgrund schlechten Wetters sind möglich. Kostenpunkt bei allen Gesellschaften z.Zt. 99 US$.

Hubschrauber

Hubschrauber können über jedes bessere Reisebüro in Kathmandu oder Pokhara gechartert werden. So kann man sich z.B. den langen Trek nach Muktinath ersparen. Je nach Typ und Passagierkapazität kostet die Flugstunde 500-2.000 $. Die größten Hubschrauber im Angebot sind russische MI-26, mit Platz für 25 Passagiere.

Busse

Das unangenehmste Verkehrsmittel Nepals sind wohl die Busse, die meist unbequem, qualvoll langsam und zudem völlig überfüllt sind. Am übelsten sind die *Tagesbusse* *(day buses),* an denen die Fahrgäste kleben wie die Fliegen am Büffelmist, an jeden Vorsprung an der Karosserie klammern sich Trauben von Passagieren, etliche hocken gar auf dem Dach. Bei all der Überlastung plus den oft miserablen Straßen schaffen die Busse oft im Durchschnitt nicht mehr als 20-25 km/h, die eine oder andere obligatorische Panne eingerechnet. Das einzig Positive ist der enorm niedrige Fahrpreis, eine Fahrt von hundert Kilometern kostet etwa so viel wie ein Straßenbahnticket zu Hause!

Besser - aber nicht immer vorhanden - sind die **Nachtbusse** *(night buses)*, bei denen es vorgebuchte Sitze gibt, die Ausstattung ist etwas bequemer, und das Dach wird tatsächlich für seinen eigentlichen Zweck genutzt, nämlich dem Verstauen von Gepäck. Die Nachtbusse absolvieren meist längere Strecken und fahren gegen Nachmittag oder Abend los, um am nächsten Morgen am Zielort einzutreffen. Die meisten Busse gehören der der staatlichen Verkehrsgesellschaft *Saja Sewa*, eine der zuverlässigsten; hinzu kommt eine Reihe von privaten Betreibern.

Im allgemeinen sind die Nachtbusse schneller als die Tagbusse, wegen der schlechten Straßenverhältnisse und des oft bergigen Terrains kommen aber auch hier lange Fahrzeiten zustande: Für eine Strecke von 400 km benötigt man ca. 10-15 Std.; je nach Straßenzustand, Jahreszeitzeit und diversen Schicksalsschlägen können es aber auch noch mehr werden.

Recht gut sind die speziellen **Touristenbusse**, die besonders zwischen Kathmandu und Pokhara verkehren. Die Tickets dazu (möglichst ein paar Tage vorbuchen!) gibt es in allen einschlägigen Reisebüros in Kathmandu und Pokhara. Ähnliche Busse fahren auch in einige indische Städte, z.B. Delhi oder Benares.

In Kathmandu gibt es eine ganze Reihe von **Busbahnhöfen**, von denen die Busse jeweils zu verschiedenen Zielorten fahren. Siehe diesbezüglich unter der Rubrik "Weiterreise" im Kapitel Kathmandu. An diesen Busstationen können auch die Tickets für Nachtbusse vorgebucht werden. Man achte darauf, sich niemals Sitze in der letzten oder vorletzten Sitzreihe verkaufen zu lassen, da man dort vor lauter Schaukelei seekrank werden kann. Am besten sind Plätze in der Mitte oder am Ende des vorderen Drittels der Busse.

Taxis, Mietwagen und Jeeps

Eine sehr gute Alternative zu den Bussen sind Taxis oder Mietwagen, die man sich - an europäischen Verhältnissen gemessen - fast zu Spottpreisen anmieten kann. Wenn sich mehrere Leute zusammentun, läßt sich mit diesem Transportmittel sehr preiswert und vor allem bequem reisen.

Taxis gibt es allerdings nur in Kathmandu, Pokhara und - merkwürdigerweise - im ansonsten nicht sehr aufregenden Dharan Bazar. Nach Vereinbarung mit dem Fahrer kann man entweder Ausflüge in die Umgebung absolvieren oder aber das Taxi auch für eine längere Strecke mieten. Die Strecke Kathmandu - Pokhara kostet ca. 4.000 Rs., Kathmandu - Bhairawa 5.000 Rs.

Für Rundfahrten, die mehrere Tage dauern sollen, empfiehlt sich eher der *Mietwagen-Service* eines renommierten Reiseunternehmens. Der Grund: Die Taxifahrer sind nicht immer sehr zuverlässig, und es könnte passieren, daß er seine Passagiere sitzenläßt und nach Hause fährt, da gerade wieder eines der zahllosen nepalesischen Feste vor der Tür steht! So etwas kommt tatsächlich vor und zwar häufiger, als man annehmen mag! (Dieses Phänomen des spurlosen Verschwindens von Angestellten kennt allerdings jeder Arbeitgeber in Nepal - es beschränkt sich nicht nur auf Taxifahrer). Dis-

ziplinierter sind da die Mietwagenfahrer, die bei den Reiseunternehmen arbeiten.

Bei diesen Unternehmen lassen sich Mietwagen mit Fahrer anheuern, wobei die Preise je nach Wagentyp und Firma variieren: Die Skala liegt zwischen 1000 und 3000 Rs./Tag plus Benzin. Für nepalesische Verhältnisse am geeignetsten sind *Jeeps*, die preislich eher am oberen Ende der Palette liegen. Ein sehr zuverlässiges Unternehmen, das zahlreiche Wagentypen zur Verfügung hat, ist *Yeti Travels*, Durbar Marg, Post Box 76, Kathmandu, Tel. 2-25982, 2-21739, 2-21754, 2-22285, 2-22329, 2-24556; Fax 977-1-226153. Jeeps samt Fahrer gibt es aber auch in allen größeren Orten des Terai zu mieten. Diese sind meist älterer und unbequemer Bauart und werden von der örtlichen Bevölkerung zur Jungfernfahrt bei Hochzeiten angemietet! Diese *Jeep-Verleihs* sind in der Regel nicht leicht aufzufinden, und man muß sich eisern nach ihnen durchfragen.

●Beachten Sie bei der Anmietung eines Fahrzeugs auch die Hinweise im Abschnitt "Highway Permits und Straßengebühren".

Hauptverkehrsmittel in Nepal sind Schusters Rappen

140

In kleineren Städten, die keine Reisebüros aufweisen, wende man sich erst immer an das beste Hotel im Ort: Dort kann man meistens einen Mietwagen arrangieren. Die Preise in den weniger touristisch erschlossenen Orten sind niedriger als in Kathmandu oder Pokhara. Im Terai kostet ein Mietwagen mit Fahrer ca. 800-1.000 Rs./Tag plus Benzin und die Mahlzeiten für den Fahrer. Letztere belaufen sich höchstens auf 50-60 Rs./Tag - Nepalesen sind keine extravaganten Esser!

Günstige Anlaufstellen für *Mietwagen im Terai* sind das Hotel Yeti in Bhairawa, das Nepal Guest House in Sunauli, das Regal Rest House, Hotel Narayani Safari und Hotel Chitwan Keyman in Narayanghat/Bharatpur sowie Hotel Welcome und die Bombay Lodge in Janakpur. Die Adressen siehe unter den betreffenden Stadtbeschreibungen.

Benzin kostet derzeit 30 Rs./Liter.

Eisenbahn

Der Zug ist in Nepal kein bedeutendes Verkehrsmittel, denn - es gibt nur noch eine einzige Strecke von etwa 34 km! Diese Linie, die *Janakpur Railway*, verläuft von Janakpur aus in nordwestlicher Richtung bis Bijalpura (22 km) und südöstlich in Richtung indische Grenze (12 km) und weiter bis nach Jaynagar im indischen Bundesstaat Bihar. Westliche Reisende zieht der Zug kaum an, dafür aber Eisenbahn-Freaks aus aller Welt, die den charmant-winzigen Zug freudig bestaunen. Eigentlich gehört die Janakpur Railway somit eher unter die Rubrik "Sehenswürdigkeiten". Andere, eventuell auf älteren Karten noch eingezeichnete Bahnstrecken existieren nicht mehr.

Weitere Verkehrsmittel

Alle übrigen Verkehrsmittel eignen sich nur zu Reisen in die nähere Umgebung des betreffenden Aufenthaltsortes: Überall anzutreffen sind die *Fahrrad-Rikshas*, in Nepal schlicht *Riksha* genannt. Die dreirädrigen *Motor-Rikshas*, die mit einem besseren Nähmaschinenmotor ausgestattet sind, trifft man in Kathmandu, Pokhara und gelegentlich im Terai an. Im Terai gibt es dazu die

Janakpur Railway

141

Tongas oder Pferdewagen. In den Beschreibungen der wichtigeren Orte wird noch einmal von Fall zu Fall auf diese Verkehrsmittel eingegangen.

Unterwegs mit dem Auto

Verkehrsregeln

Verkehrsregeln? Westliche Beobachter des nepalesischen Verkehrs mögen gut zu dem Schluß kommen, es handele sich um eine uneingeschränkte Freistil-Version von Verkehr, in dem jeder gerade das tut, was ihm spontan einfällt. Offiziell gibt es natürlich Regeln, die im Prinzip denen in Europa gleichen. Verkehrszeichen sind (sofern vorhanden) die international üblichen. Gesondert zu erwähnen ist allerdings der hier geltende **Linksverkehr**, genau wie in allen anderen Ländern des indischen Subkontinents.

Äußerst wichtig ist die Regel: **Kühe haben immer Vorfahrt!** Jeder nepalesische Fahrer drosselt das Tempo, wenn er am Horizont eines oder mehrere der heiligen Tiere erblickt, und gegebenenfalls hält er an. Wie an anderer Stelle bereits erwähnt, kann das Verletzen oder Töten von Kühen hohe Gefängnisstrafen einbringen - das gilt auch im Straßenverkehr. Zudem besteht das nicht unerhebliche Risiko, daß der Unglücksfahrer der Selbstjustiz der lokalen Bevölkerung zum Opfer fällt.

Ganz allgemein ist das **Selbstfahren** von PKW, Jeeps etc. nicht zu empfehlen. Leihen Sie sich besser ein Fahrrad aus oder vertrauen Sie sich einem einheimischen Fahrer an.

Verkehrswege

Die einzigen Verkehrswege von Bedeutung sind die insgesamt ca. 6000 Kilometer langen Straßen des Landes, deren Zustand aber oft zu wünschen übrig läßt. Die Flüsse kommen als Verkehrswege nicht in Betracht, da sie über zu viele Stromschnellen führen und zu starken jahreszeitlichen Schwankungen ausgesetzt sind: Mancher reißender Strom wird nach der Regenzeit zum gerade knöcheltiefen, kläglichen Rinnsal. Die wichtigsten Straßenverbindungen sind die Highways, auf Nepali *Rajmarg*, "Königsstraßen" genant.

Der **Prithvi Rajmarg** (190 km) führt vom Westrand Kathmandus über den Verkehrsknotenpunkt Mugling nach Pokhara. Der Abschnitt zwischen Kathmandu und Mugling ist derzeit in ausgezeichnetem Zustand, dann ändert sich das Bild schlagartig, und die restliche Strecke bis Pokhara ist bestenfalls als Landstraße zu bezeichnen.

Der **Siddharta Rajmarg** (186 km) verbindet Pokhara mit Bhairawa und der 4 km weiter südlich gelegenen Grenze zum indischen Bundesstaat Uttar Pradesh. Die Strecke führt über den interessanten Ort Tansen und ist teilweise sehr spektakulär, wenn nicht gar atemberaubend, mit engen Haarnadelkurven, die sogar einem Atheisten ein Stoßgebet entlocken können.

Bei Butwal am Siddharta Rajmarg zweigt der **Mahendra Rajmarg** (East-West-Highway) in östliche Richtung ab und verläuft über Narayanghat (sehr guter Straßenzustand) nach Hetauda (auch noch sehr gut), von wo aus er 26 km lang - bis Amlekhganj - mit dem Tribhuvan Highway einhergeht. Ab Amlekhganj führt er weiter nach Osten über Rajbiraj nach Biratnagar und zur 6 km davon entfernten Grenze des indischen Bundesstaates West Bengal. Weite Streckenabschnitte westlich und östlich von Rajbiraj befinden sich allerdings in hundsmiserablem

Zustand, der am besten per Jeep überwunden wird. Mit 510 km ist der Mahendra Rajmarg der längste Highway Nepals.

Der **Tribhuvan Rajmarg** (158 km) zweigt bei Naubise (26 km westl. von Kathmandu) vom Prithvi Rajmarg in südlicher Richtung ab und führt über zahllose Serpentinen nach Daman, Hetauda, Amlekhganj (zwischen den beiden letztgenannten Orten deckungsgleich mit dem Mahendra Highway) nach Birganj und zur 3 km weiter südlich gelegenen Grenze zum indischen Bundesstaat Bihar.

Der **Arniko Rajmarg** (144 km) ist ein Geschenk der chinesischen Regierung, die einst große Hoffnungen auf die Kommunistische Partei Nepals setzte. Dieser Highway verläuft von Kathmandu über Dhulikhel, Barabise und Kodari zur Grenze mit Tibet. Der Straßenzustand ist recht gut, der Abschnitt ab Kodari ist in der Regenzeit wegen Erdrutschgefahr aber oft unbefahrbar.

Außer diesen Highways gibt es noch einige andere relativ gute Straßen. Auffallend gut ist die Strecke **von Dharan Bazar nach Dhankuta** (73 km), die von Engländern gebaut wurde und zu den schönsten Bergstraßen des Landes gehört.

Ebenso gut ist die 18 km lange Straße, die 8 km westlich **von Mugling** vom Prithvi Rajmarg abzweigt und **nach Gorkha** führt. Auch dies ist ein Werk der Chinesen.

Auch noch verhältnismäßig gut sind die Straßen, die Kathmandu mit den anderen Orten **im Kathmandu Valley** verbinden. Ausnahmen gibt es dennoch, und so sollten einige Ziele am besten per Jeep angefahren werden: Namobuddha, Nagarjun (Jamacho) und Ichangu Narayan. Die Anfahrt per Normalwagen ist zu den meisten Zeiten zwar möglich, könnte aber zu einem mittelschweren Schütteltrauma führen!

Highway Permits und Straßengebühren

Vor Fahrten mit dem Mietwagen (als auch mit allen anderen Kraftfahrzeugen) über die Highways *(Rajmarg)* muß an einer Art Straßenverkehrsamt *(Road Office)* ein **Highway Permit** eingeholt werden. In Kathmandu befindet sich dieses Amt in Baneswor nahe der Ring Road und nennt sich auf Nepali *Yatayaat Vyavastha Vibhaag* ("Amt für Verkehrsangelegenheiten"). Die dort erteilte Genehmigung ist an den Kontrollposten entlang der Strecke vorzulegen. Üblicherweise erledigt Ihr Fahrer all diese Formalitäten, Sie sind davon nicht betroffen. Die Genehmigungen kosten je nach Strecke - grob gesagt - um die 100 Rs. und sollten im Mietpreis des Wagens inbegriffen sein.

An vielen Stadtgrenzen muß bei der Einfahrt in den Ort eine **Straßenbenutzungsgebühr** *(Road Tax)* entrichtet werden, die in die Kassen des betreffenden Nagar Panchayat, der Stadtverwaltung, fließt. Diese Gebühren belaufen sich jeweils auf ca. 5-25 Rs. Beim Verlassen des Ortes muß die dazu ausgestellte Quittung noch einmal an einem Checkposten vorgezeigt werden. Klären Sie beim Mieten eines Fahrzeugs, wer diese Kosten zu tragen hat, Sie oder das Verleihunternehmen (bzw. der Fahrer bei privaten Taxis).

In den Grenzgebieten kann es vorkommen, daß Ihr Mietwagen mit einem indischen Nummernschild fährt. Einige Hotels des Terai arbeiten mit indischen Autovermietern zusammen. In Indien registrierte Fahrzeuge bedürfen in Nepal einer **Straßengenehmigung** (Road Permit), die an den Checkposten erhältlich ist. Diese Genehmigung kostet ca. 100 Rs./Tag. Pochen Sie darauf, daß alle Formalitäten vor der Fahrt abgewickelt sind, bzw. klären Sie, wer die Gebühren zu tragen hat!

Vorschlag einer Reiseroute

Die Geographie Nepals und die relativ geringen Straßenverbindungen limitieren die Möglichkeiten einer Rundreise erheblich.

Angenommen, der Aufenthalt beginnt in **Kathmandu**. Vor ein oder zwei Jahrzehnten noch war ein Nepal-Besuch ein Anhängsel an eine Indien-Fahrt, und die meisten Reisenden drangen auf dem Landwege vor. Heute wählen nur noch 14 % aller Touristen diesen Weg, die meisten davon sind Inder. Für die Mehrheit beginnt der Nepal-Trip auf Kathmandus Tribhuvan Airport.

Kathmandu hat ungeheuer viele Sehenswürdigkeiten, der mittlerweile stark angewachsene Verkehr aber, als auch die daraus resultierende Luftverschmutzung machen den Aufenthalt in der Stadt nicht gerade angenehmer. Als idyllischere Alternativen bieten sich im Kathmandu Valley gelegene Orte an (z.B. Dhulikhel, Bhaktapur, Nagarkot), von denen aus man Touren nach Kathmandu unternehmen kann.

Nach dem Aufenthalt in Kathmandu (bzw. den Orten des Kathmandu Valley) bietet sich die Weiterfahrt nach Pokhara an (200 km).

Die Straße dahin ist im Abschnitt von Kathmandu nach Mugling (etwa auf halber Strecke gelegen) ist in den letzten Jahren erheblich verbessert worden, jahreszeitlich bedingt kann es jedoch zu Störungen des Fahrflusse kommen - besonders im oder nach dem Monsun, wenn Teile der Asphaltierung herausgespült

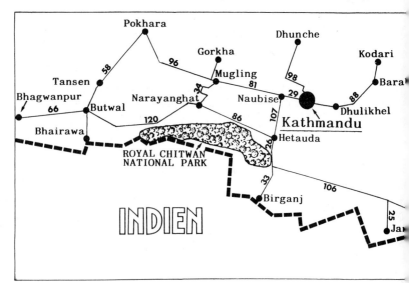

worden sind. Ähnliches gilt auch für die anderen Highways des Landes, und die in den Ortsbeschreibungen unter "Anreise" angegebenen Fahrzeiten mögen so nur als grobe Anhaltspunkte dienen. Je nach Straßenzustand können die Fahrzeiten erheblich variieren. Pokhara ist von Kathmandu aber auch per Flugzeug zu erreichen; alle vier Inlands-Airlines fliegen die Route mehrmals täglich. Die landschaftlich reizvolle Umgebung von Pokhara lädt zu Trekking-Touren oder Wanderungen ein. Bei der Anreise per Bus oder Taxi ließe sich zudem ein Abstecher nach *Gorkha* einlegen. Vom alten Fort von Gorkha ergeben sich überwältigende Blicke auf den Himalaya.

Von Pokhara aus wäre die Weiterfahrt nach *Bhairawa* (184 km) möglich, das nur wenige Kilometer von *Lumbini* entfernt ist, dem Geburtsort Buddhas. Eine Flugverbindung Pokhara-Bhairawa gibt es derzeit noch nicht, das könnte sich aber in naher Zukunft ändern. Trotz seiner historischen Bedeutung ist Lumbini keine Sehenswürdigkeit ersten Ranges - Zyniker mögen außer einer sehr friedvollen Atmosphäre nur ein paar "olle Ruinen" entdecken - und ist kein absolutes Muß auf dem Besuchsprogramm.

Nicht ausgelassen werden sollte aber der *Royal Chitwan National Park*, der sowohl von Pokhara als auch von Bhairawa aus angesteuert werden kann (145 bzw. 160 km). Ab Pokhara besteht auch eine tägliche Flugverbindung mit der Necon Air nach Bharatpur; von dort aus sind es noch ca. 19 km bis zum Eingang des Chitwan-Park bei Sauraha.

Der Park ist ein Refugium für eine ungeheure Anzahl von Tier- und Pflanzengattungen, und die Hauptattraktion sind frühmorgendliche Ritte auf dem Rücken von Elefanten, bei denen man Nashörner und andere Tiere beobachten kann.

Nach dem Besuch des Parks sei die Weiterreise nach *Janakpur* empfohlen (220 km), einer wunderbaren Stadt, an der die großen Touristenströme noch vorbeifließen. Die Straßenverbindung vom Chitwan-Park dorthin ist streckenweise hundsmiserabel, derzeit sind aber umfassende Verbesserungsarbeiten im Gange. Der Weg lohnt dennoch. In Janakpur wurde der Überlieferung nach die Hindu-Göttin Sita geboren

---

Fernstraßen und Entfernungen

Dhankuta

Dharan Bazar

73

Kakarbhitta
Siliguri

120 →

ur

169

29

Biratnagar

und dort mit Gott Rama vermählt. Deshalb ist der Ort ein wichtiges Pilgerziel. Die mit Tempeln und heiligen Badetanks reichlich ausgestattete Stadt strahlt eine friedliche und dennoch sehr lebhafte Atmosphäre aus. Janakpurs zentrales Heiligtum ist der großartige Janaki-Tempel, der angeblich genau die Stelle markiert, an der Sita geboren wurde.

Von Janakpur könnte man nun nach Kathmandu zurückkehren (375 km; dreimal wöchentl. auch eine Flugverbindung). Wer aber noch weiterreisen möchte, kann von Janakpur über **Dharan Bazar** oder **Biratnagar** nach **Dhankuta** fahren (240 km; mit Umweg über Biratnagar etwas mehr). Dhankuta ist ein sehr ruhiger, angenehmer und relativ wohlhabender Bergort, und

schon allein die Anfahrt von Dharan Bazar nach Dhankuta - durch wundervolle Bergtäler - ist ihr Geld wert. Nach Dhankuta erwartet den Reisenden die lange Rückfahrt nach Kathmandu (590 km). Von Biratnagar aus (94 km von Dhankuta) ließe sich aber auch dorthin fliegen. Täglich gibt es mehrere Verbindungen Biratnagar-Kathmandu, alle vier Airlines des Landes fliegen die Strecke.

Für die oben beschriebene Route sollte eine **Reisedauer** von ca. 3 Wochen einkalkuliert werden. Wer Bhairawa/Lumbini ausläßt, kommt auch mit 2,5 Wochen aus. Durch längere Aufenthalte in Kathmandu, Pokhara, dem Chitwan-Park oder Janakpur läßt sich die Tour aber auch auf vier Wochen oder (viel) länger ausdehnen.

Kathmandu und Umgebung

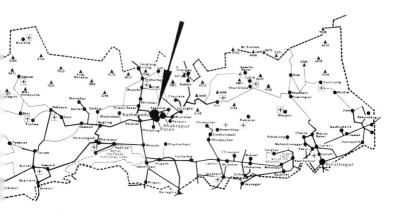

Ankunft auf dem Tribhuvan Airport Kathmandu

Kathmandus Tribhuvan International Airport ist ein vergleichsweise sehr kleiner Flughafen, dafür aber auch relativ übersichtlich. Nach Ankunft geht es als erstes zur **Paßkontrolle**, wo der Einreisestempel eingedrückt wird. Für diejenigen, die nicht im Besitz eines Visums sind, steht ein ausgeschilderter Schalter zur Verfügung, an dem die Visa ausgestellt werden.

Hinter der Paßkontrolle führt eine Treppe hinunter zu den Gepäckbändern. Gleich daneben befinden sich die **Zollschalter**, an denen das Gepäck üblicherweise sehr gründlich untersucht wird. Dabei werden manche Passagiere zu einer Leibesvisite in eine Kabine beordert, was nicht gerade das angenehmste Einstiegserlebnis darstellt. Passagiere aus Richtung Bangkok, Singapur, Hongkong etc. werden eher inspiziert als solche, die aus Europa einfliegen. Es geht fast ausschließlich um Gold, das in Nepal sehr hohe Preise erzielt.

Hinter den Zollschaltern eröffnet sich die **Ankunftshalle**. Mit etwas Glück verteilt dort gleich am Zugang jemand eine Ausgabe des kostenlosen Magazins "Nepal Traveller" und einen Stadtplan von Kathmandu. In der Halle befinden sich **Wechselschalter**, an denen Schecks und Bargeld in Landeswährung eingetauscht werden können. Die Kurse sind die gleichen, die man bei den Banken in der Stadt erhält.

Mit dem Geld in der Tasche läßt sich nun in der Ankunftshalle an einem Schalter ein spezielles Airport-Taxi in die Innenstadt buchen, Preis 150 Rs. Draußen stehen zahlreiche weitere Taxis bereit, die man eventuell für etwas weniger anheuern kann. 120 Rs. sollten genug sein, da der reguläre Preis per Taxameter nur etwa 70-80 Rs. wäre. Auf das Einschalten des Taxameter läßt sich am Flughafen leider kein Fahrer ein.

Viele Fahrer betätigen sich gleichzeitig als Schlepper und versuchen, den Ankömmlingen eine **Unterkunft** aufzuschwatzen, die ihnen selbstverständlich eine Kommission zahlt. Mit dem vorliegenden Buch erübrigt sich dieser "Service" jedoch: Am besten, man wählt aus den beschriebenen Unterkünften eine aus, die man als Fahrziel angibt. Von den eventuellen Beteuerungen der Fahrer, daß die Unterkunft "nicht gut" oder "voll" sei, sollte man sich nicht beeindrucken lassen, denn die Fahrer haben ja nicht ganz selbstlose Motive. Also: Auf jeden Fall erst zu der ausgesuchten Unterkunft hinfahren, und wenn die dann doch nicht zusagt, gibt es in unmittelbarer Nähe viele andere.

Wer sich schon in eines der besseren Hotels eingebucht hat, kann vom **hauseigenen Wagen** abgeholt werden. Selbst viele Mittelklasse-Unterkünfte bieten diesen Service, die hochklassigen Hotels ohnehin. Zu diesem Zweck muß bei der Buchung logischerweise Flugnummer, Ankunftstag und -zeit angegeben werden. Dann steht ein Angestellter des Hotels mit einem Schild in der Ankunftshalle, auf dem groß und breit Ihr Name geschrieben steht.

Am Tage fährt auch einige Male ein sogenannter **Tourist Bus** in die Innenstadt (New Road), abends jedoch seltener.

Kathmandu

Nepals Hauptstadt Kathmandu hat im letzten Jahrzehnt eine dramatische Entwicklung durchlebt. Vom

Charme der einst so romantisch, ja – mittelalterlich anmutenden Stadt ist nur noch wenig verblieben, die "Entwicklung" hat ihr Verkehrslärm, Hektik und dichte Abgaswolken beschert. Die Luftverschmutzung hat in den letzten Jahren erschreckende Ausmaße angenommen. Hinzu kommt ein immenses Bevölkerungswachstum - großenteils durch Zuwanderung aus den ländlichen Gebieten Nepals - und das Ergebnis ist eine Stadt, die an Menschen, Fahrzeugen und Giftwolken zu ersticken droht.

Schade, denn Kathmandu hat eigentlich so viel zu bieten: Die zahllosen engen Gassen der Altstadt sind voll von kleinen Tempeln und Schreinen, vor denen sich zu jeder Zeit Gläubige zum Gebet einfinden. Quirlige Straßenmärkte, angefüllt mit Obst, Gemüse und dem noch blutigen Fleisch frisch geschlachteter Büffel, setzen einen weiteren "exotischen" Tupfer auf. Die Häuser im alten Stadtkern wirken noch wie aus fernen Jahrhunderten, mit winzigen Fenstern und Türen, die man nur tief gebückt durchschreiten kann. Leider wird aber auch das Schlendern durch die Altstadt zunehmend durch motorisierten Verkehr und Menschenmengen erschwert. Oft kommt es zu Verkehrstaus in den Gassen, wobei sich Fahrräder, Rikshas, Motorräder, Lieferwagen und Privatautos zu einem unüberblickbaren Chaos aus Blech verkeilen. Man braucht etwa vier paar Augen, um sich sicher durch das Gewühl zu bugsieren!

Wem Kathmandu heute zu aufreibend ist, kann sich ein Zimmer in einem der Orte des Kathmandu Valley nehmen (z.B. Nagarkot, Dhulikhel, Nagarkot) und die Metropole von dort aus besuchen.

Geschichte

Kathmandu wurde in der zweiten Hälfte des 10. Jh. von König *Gunakamadeva I.* gegründet. Der Legende nach hatte sich der Monarch (949 - 1000 n.Chr.) einst einem strengen Fasten unterworfen und inbrünstig zur Göttin Mahalakshmi, der Göttin des Glücks und Wohlstandes, gebetet. Bald erschien ihm die Göttin im Traum und gebot ihm, am Zusammenfluß des Bagmati und Vishnumati eine neue Stadt zu erbauen. Diese Stelle hatte schon seit grauer Vorzeit als heiliger Ort gegolten. Hier hatte der Weise *Ne Muni*, der Namensgeber Nepals, religiöse Übungen auf sich genommen, und hier versammelten sich angeblich tagtäglich auch Indra, der Regengott, und andere Gottheiten zum spirituellen Stelldichein.

Gemäß den Instruktionen Mahalakshmis sollte die neue Stadt Kantipur ("Stadt der Kanti") heißen und in Form eines Kharg, des heiligen Schwertes der Göttin, angelegt werden. Im Gegenzug versprach Mahalakshmi, solange selber in der Stadt zu wohnen, bis dort täglich Geschäfte im Wert von 100.000 Rupien getätigt würden! Ein solches Angebot, zumal von der Göttin des Wohlstandes persönlich dargeboten, schlägt man schlecht aus, und *Gunakamadeva I.* ließ von Priestern einen verheißungsvollen Zeitpunkt errechnen, an dem der Bau beginnen sollte. Bald darauf verlegte der König seinen Sitz von Patan nach Kantipur.

Nach der Errichtung des Kashtamandap (wörtl. "Hölzerne Pagode") wahrscheinlich im Jahre 1596 geriet der alte Name zunehmend in Vergessenheit und wurde durch "Kathmandu" ersetzt, eine Verfremdung von "Kashtamandap".

Bevölkerung

Kathmandu florierte - wer hätte es bei der wohlwollenden Protektion Mahalakshmis auch anders erwartet - und zog Bewohner aus dem weiteren Umfeld an. Anfang des 19. Jh. hatte die Stadt ca. 50.000 Einwohner, um 1875 waren es 108.000. Heute sind es nach offiziellen Angaben ca. 500.000, die wahre Zahl liegt aber wahrscheinlich um 1 Million.

Die Stadt, das mit Abstand größte Handels- und Kommunikationszentrum des Landes, zieht zahlreiche verarmte Bergbewohner an sowie Zigtausende von Indern, die von der Statistik weitgehend unerfaßt bleiben. Die Bergbewohner verdingen sich als Arbeiter, Kulis, Rikshafahrer oder in der Tourismusindustrie; die Inder stammen zum größten Teil aus der bitterarmen Unterschicht der Bundesstaaten Bihar und Uttar Pradesh und arbeiten als kleine

Markthändler, oder sie kommen aus Rajasthan und sind Angehörige der Marwaris, einer wohlbetuchten Händlerkaste.

Bei all dem Zustrom fühlen sich die Ureinwohner des Kathmandu-Tales, die Newar, beinahe überrollt und Ressentiments ihrerseits gegenüber den Zuwanderern sind durchaus vorhanden. Heute sind vielleicht etwa noch die Hälfte der Bewohner Kathmandus Newar.

Orientierung

Kathmandu befindet sich, geografisch gesehen, auf 85°19' Grad östlicher Länge und 27°43' Grad nördlicher Breite, in einer Höhe von ca. 1300 m.ü.M. An seiner Westseite wird es vom **Vishnumati-Fluß** flankiert, an seiner Südseite vom **Bagmati**, der auch die Grenze zur Nachbarstadt Patan bildet. Die **Gesamtfläche** beträgt 395 km².

Kathmandu liegt in einer Talsenke, dem sogenannten **Kathmandu Valley**, das ringsum von Bergen umgeben ist. Diese erreichen Höhen von über 2700 m.ü.M. und bilden eine Art natürlichen Schutzwall - so erlebt man oft bei Ausflügen während der Regenzeit, daß es beispielsweise in Dhulikhel oder Godavari, am Rande des Tales, fürchterlich schüttet, wogegen Kathmandu verschont bleibt.

Das Herz der Stadt bildet die relativ moderne **New Road** mit ihren zahllosen Geschäften und Restaurants. Diese befindet sich nur eine oder zwei Minuten Fußweg östlich des ursprünglichen Stadtzentrums, des **Durbar Square** (die Bewohner Kathmandus nennen ihn *Hanuman Dhoka)* mit seinem alten Königspalast. Der Durbar Square ist Kathmandus herausragende Sehenswürdigkeit, eine faszinierende Ansammlung jahrhundertealter Tempel und Schreine, die aber irgendwie voll ins Leben des 20. Jh. integriert scheinen - die Tempel dienen Fußmüden als Rastplatz, Markthändlern als Gemüselager und Souvenierhändlern als Verkaufsstand (mehr

zum Durbar Square s.u.).

Nördlich und südlich des Durbar Square erstreckt sich die **Altstadt**, die in ihrer heutigen Struktur seit dem 16. Jh. besteht. In nördlicher Richtung erreicht man - durch vor Mensch und Tier quirlenden, engen Gassen - die Touristenstadtteile **Chetrapati** und **Thamel** (Laufzeit 15 bzw. 20 Min.).

Nur eine Gehminute entfernt, zwischen Durbar Square und New

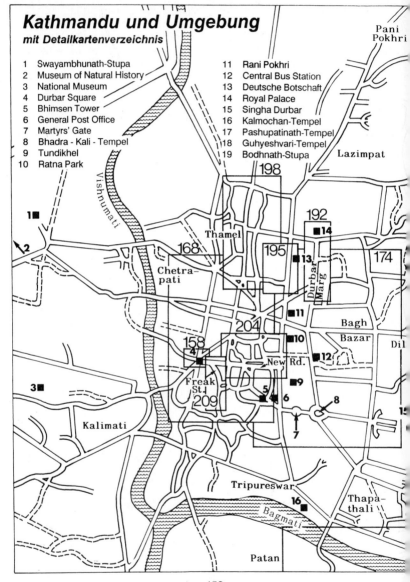

Kathmandu und Umgebung
mit Detailkartenverzeichnis

1 Swayambhunath-Stupa
2 Museum of Natural History
3 National Museum
4 Durbar Square
5 Bhimsen Tower
6 General Post Office
7 Martyrs' Gate
8 Bhadra - Kali - Tempel
9 Tundikhel
10 Ratna Park

11 Rani Pokhri
12 Central Bus Station
13 Deutsche Botschaft
14 Royal Palace
15 Singha Durbar
16 Kalmochan-Tempel
17 Pashupatinath-Tempel
18 Guhyeshvari-Tempel
19 Bodhnath-Stupa

Pani Pokhri

Lazimpat

Vishnumati

198

192

Thamel

168

195

Chetra-pati

Durbar Marg

174

11

Bagh Bazar

204

10

Dil

158

New Rd.

12

4

3

Freak St.

209

5

6

9

8

Kalimati

7

Tripureswar

Thapa-thali

16

Bagmati

Patan

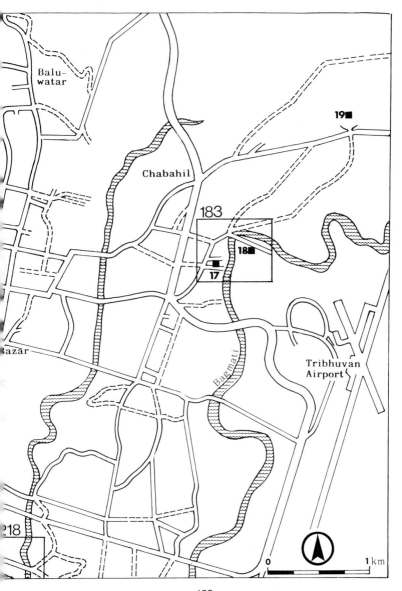

Road in südlicher Richtung abzweigend, befindet sich die legendenumwobene *Freak Street*, einst Hippie-Unterschlupf Nummer Eins, heute ein halbwegs ruhiges Low-Budget-Hotelviertel. Der eigentliche Name der Straße ist Jhochen Tole, doch den kennen heute auch viele Kathmanduer nicht mehr!

Westlich des Durbar Square zweigt *Maru Tole* ab, eine schmale Straße, die zu Hippie-Zeiten Pie Alley bzw. Pig Alley hieß. Das beruhte, wer hätte es sich nicht gedacht, auf den vielen Schweinen, die die Gegend durchstöbern bzw. auf den Kuchen-Shops (pie shops), die dort aus dem Boden schossen. Heute gibt es dort weder Schweine noch Kuchen, nur noch ein paar kaum empfehlenswerte Billigabsteigen.

An ihrem Ostende mündet die New Road in die *Kantipath* ("Weg der Kanti"), eine der wichtigsten Nord-Süd-Verkehrsadern. Hier gibt es einige Geschäfte, Hotels und Restaurants. Parallel dazu, aber etwas weiter östlich, befindet sich der *Durbar Marg* ("Weg zum Königshof"), der so etwas wie Kathmandus bescheidener Versuch einer "Prachtstraße" darstellt. Hier gibt es noble Hotels und Restaurants, sowie zahlreiche Büros von Reisegesellschaften und von Fluggesellschaften (Details siehe unter "Die wichtigsten Stadtteile").

Einen der wichtigsten Orientierungspunkte, etwa auf halbem Wege zwischen New Road und Durbar Marg gelegen, bildet der *Rani Pokhri* ("Teich der Königin"), ein rechtekkiger künstlich angelegter Teich, in dessen Mitte sich ein Pavillon befindet. An der Ostseite des Teiches steht weithin sichtbar ein Glockenturm, der *Ghantaghar* (wörtl. "Uhrhaus").

Ein weiterer wichtiger Orientierungspunkt ist der weißgetünchte, nadelschlanke *Bhimsen Tower*, ca. 250 m südlich der New Road, nahe dem Hauptpostamt (G.P.O.).

Information

Ein *Tourist Information Centre* befindet sich am Dharma Path, schräg gegenüber der Einmündung Freak Street. Geöffnet Mo-Do 9.00-17.00 Uhr, Fr 9.00-15.00 Uhr; in den Wintermonaten (ca. November - Februar) wird eine Stunde später geöffnet und früher geschlossen. Tel. 2-20818.

Leider gereicht dieses "Informationszentrum" seinem Namen meist nicht zur Ehre, denn außer einem "Visitors' Guide to Nepal" ist nicht viel Informationsmaterial zu erhalten. Besagte Broschüre ist zudem vollkommen überaltert, die Angaben zu den Hotels haben nichts mehr mit der Gegenwart gemein. Es ist schade, daß ein Land, das den größten Teil seiner Devisen aus dem Tourismus bezieht, nicht mehr anbietet.

Wer detaillierte Informationen braucht, wird oft *an das Ministry of Tourism* verwiesen. Das Ministerium liegt etwas versteckt hinter dem Civil Aviation Department in Maitighar. Hier kann man in Hotellisten für verschiedene Ortschaften einsehen (in der Hotel Section), Details zu Trekking-Permits oder andere Informationen einholen.

Ende 1996 soll das Ministerium nach Bhrikuti Mandap, in die Nähe des Rathaues (City Hall) umziehen.

Im **Tribhuvan Airport** befindet sich ein Informationsschalter, der nach Ankunft eines Fluges besetzt sein sollte; Tel. 2-15537. In der Ankunftshalle wird einem häufig gleich nach Ankunft eine Ausgabe des kostenlosen **Magazins "Nepal Traveller"** ausgehändigt, das recht informativ ist, sowie ein Stadtplan von Kathmandu. Das Magazin liegt auch in den besseren Hotels aus.

Verkehrsmittel

Fahrräder

Bis vor einigen Jahren war das Fahrrad das angenehmste Verkehrsmittel in Kathmandu. Mit dem enorm angestiegenen Verkehr und der damit einhergehenden Luftverschmutzung ist es jedoch nur noch sehr bedingt zu empfehlen. Besonders auf den größeren Straßen (z.B. in Richtung Bhaktapur oder Patan) wird man mit Tonnen von Abgasen bombadiert. Wer sich trotzdem nicht abhalten lassen will, sollte sich beim Fahrradverleiher oder in einer Drogerie eine Atemschutzmasken zulegen (ca. 30 Rs.). Ein weiteres Problem ist der Staub, der besonders in der heißen Jahreszeit (März-Mai) aufgewirbelt wird.

Fahrräder lassen sich für 15-20 Rs./Tag ausleihen, Mountain Bikes für 60 Rs./Tag. Zahlreiche Verleih-läden finden sich in Thamel, in der Freak Street oder am Durbar Square. Anzuraten ist in jedem Fall eine vorhergehende Prüfung des Gefährts, um anschließend etwaige Schadensersatzforderungen des Vermieters auszuschließen. Ebenfalls sollte noch eine Sitzprobe abgelegt werden, denn nicht jeder Sattel und jedes Hinterteil sind füreinander geschaffen.

Mit dem Fahrrad lassen sich alle Sehenswürdigkeiten Kathmandus leicht besichtigen, ebenso die meisten Orte innerhalb des Kathmandu Valley. Soll die Fahrt in die hoch gelegenen Randgebiete des Tales führen (z.B. Nagarkot, Kakani u.ä.), ist ein Mountain Bike zu empfehlen.

Taxis

Wer es bequemer und zeitsparender liebt, sollte auf Kathmandus preiswerte Taxis zurückgreifen.

Die Taxis erkennt man an ihrem gelb lackierten Dach oder einem gelben "Taxi-"Schild auf dem Dach. Die meisten Taxis sind japanische Wagen der unteren Mittelklasse, in mehr oder minder gutem Zustand. Wer längere Fahrten vorhat, sollte sich ein robust aussehendes Fahrzeug auswählen. Und auch bei den Taxis ist eine Sitzprobe zu empfehlen: Einige sind so flach gebaut, daß der Kopf permanent an der Wagendecke andrückt, was bei Schlaglöchern schmerzvoll sein kann!

Die Taxis wurden vor kurzem mit elektronischen Taxametern ausgestattet. Die Grundgebühr beträgt 5 Rs. Oft weigern sich die Fahrer, die

Taxameter einzuschalten, um so einen höheren Fahrpreis herauszuschinden.

Die Taxis werden von zahlreichen privaten Kleinunternehmern betrieben, die teilweise nur ein einziges Taxi besitzen; nicht selten ist der Fahrer auch der Besitzer. Mittlerweile gibt es aber auch größere Unternehmen mit Flotten von zwei oder drei Dutzend Taxis. Die Wagen dieser Taxi-Unternehmen sind an ihrer uniformen Farbgebung und teilweise am Namenszug der betreffenden Firma zu erkennen - siehe Yellow Cab, KYC, ECC, Greenlands, Blue Cab o.a. Die beiden letztgenannten Gesellschaften haben die komfortabelsten Wagen. Die Fahrer der Taxi-Unternehmen sind relativ umgänglich und noch am ehesten bereit, das Taxameter einzuschalten.

Fahrpreise zu Besichtigungsorten außerhalb der Stadt lassen sich also folgendermaßen berechnen: Kilometer (Hin- und Rückfahrt) mal 9 Rs., plus voraussichtliche Wartezeit. Was dabei herauskommt, ist zumeist weniger, als man zu Hause auf der Fahrt zur Stammkneipe ausgibt.

Busse

Zwar verkehren in Kathmandu eine ganze Reihe verschiedener Busarten, diese sind allerdings alles andere als empfehlenswert. Zumeist sind sie so überfüllt, daß der beste Platz der auf dem Trittbrett ist - falls frei!

Die besten und geräumigsten Busse sind die der staatlichen Gesellschaft Saja Sewa, zu erkennen an ihrer blauen Farbe. Dazu gibt es

private Minibusse, auch als winzige dreirädrige Vehikel, die so aussehen, als hätten sie bestenfalls Platz für ein paar Milchkannen.

Der einzige Vorteil, den die Busse bieten, sind die ungeheuer niedrigen Preise; für ein paar Pfennige kommt man überall in der Stadt hin.

Fahrrad-Rikshas

Noch immer tun Tausende von Fahrrad-Rikshas ihren Dienst in Kathmandu, die eine exotische Möglichkeit bieten, die Stadt zu besichtigen - für den, der oben sitzt! Das Fahren einer Riksha ist Knochenarbeit, vor allem in den schlaglochübersäten Gassen der Altstadt. Infolgedessen sind die Rikshas relativ teuer: So kostet z.B. die Strecke New Road - Thamel mit zwei Passagieren 15-20 Rs., mit dem Taxi (Taxameter eingeschaltet!) sind es nur wenig mehr, ca. 25-30 Rs. Die Preise sind im vorab auszuhandeln. Für längere Strecken sind die Rikshas ungeeignet, da dem Fahrer zuviel abverlangt wird.

Übrigens - wer sehr früh aufsteht, kann erleben, zu welch anderen Transportzwecken die Rikshas eingesetzt werden: Gegen 7 oder 8 Uhr lassen einige Metzger Büffelinnereien und andere Köstlichkeiten auf den Rikshasitzen transportieren.

Mietwagen

Einige Tophotels bieten einen Mietwagen-Service, mit oder ohne Fahrer, der aber nicht gerade billig ist: 50 - 100 US$ pro Trag. Das Selbstfahren ist nicht sehr empfehlenswert, da Kathmandus Verkehrsteilnehmer ihre eigene, sehr individuelle Auslegung der Straßenverkehrsordnung haben. Außerdem kann man schnell einmal Haustiere überfahren, was sofortige Schadensersatzforderungen des Besitzers zur Folge hat (eine überfahrene Ente kostet nach eigenen Erfahrungen - mit Handeln - 80 Rs.!). Schlimmer noch wäre das Überfahren einer Kuh, das 15 Jahre Gefängnis einbringen kann! (Im hinduistischen Land Nepal stehen Kühe unter besonderem gesetzlichen Schutz). Alle diese Erwägungen lassen den Mietwagen samt einheimischem Fahrer empfehlenswerter erscheinen als das Selbstfahren.

Motor-Rikshas

Die dreirädrigen Motorrad-Rikshas sind zwar eine exotische, aber keineswegs bequeme Alternative zu den Taxis oder Fahrrad-Rikshas. Meist wird man darin arg durchgeschüttelt. Auch die Preise sind nicht sehr attraktiv: Die Motor-Rikshas kosten nur ca. 10-15% weniger als die Taxis. Da die Taxameter anders als bei den Taxis seit Jahren nicht umgestellt oder erneuert wurden, sich die Fahrpreise aber zwischenzeitlich erhöht haben, ist auf den angezeigten Taxameter-Preis 40 % hinzuzurechnen.

Sehenswürdigkeiten in der Stadt

Durbar Square

Der Durbar Square ist zweifellos Kathmandus wichtigste Sehenswürdigkeit, ein wundervolles Sammelsurium von Tempel- und Palastanlagen auf engstem Raum. Diese wurden von 1972-75 aus Anlaß der Thronbesteigung König *Birendras* von der UNESCO restauriert. "Durbar" (sprich: Darbar) heißt soviel wie "Königshof", und das Zentrum des Durbar Square ist der alte Königspalast, der Royal Palace. Die Einheimischen nennen den Platz eher *Hanuman Dhoka* oder "Hanuman-Tor", nach der Hanuman-Statue, die den Zugang zum Palast bewacht.

Am Tor müssen **Eintrittskarten** für das Betreten des Palastkomplexes gelöst werden (10 Rs./Pers.; geöffnet So-Mo und Mi-Fr 10.30-16.00 Uhr, Sa und Fei 10.30-14.00 Uhr; Di geschl.). Gelegentlich scheinen die Zeiten nach Gutdünken geändert zu werden!

Ein Rundgang durch den Durbar Square könnte hier beginnen. Die **Hanuman-Statue** stammt aus dem Jahre 1862 und sollte den Palast vor Unheil und Feinden schützen. Hanuman, der listige und kampfstarke Affengott und Held des Hindu-Epos Ramayana, war der Lieblingsgott hinduistischer Krieger, die sich von ihm Unbesiegbarkeit erhofften.

Die Statue ist bis zur Unkenntlichkeit mit Sindur, einer roten Paste, beklebt, die Gläubige zur Huldigung anbrachten. Der Statue umgehängt ist eine Art rotes Gewand, das beizeiten ausgewechselt wird. Der Schirm (Chatra) oben, der ihm Schatten spendet, wird einmal im Jahr gewechselt.

Den ganzen Tag kommen Hindus zur Statue, um sie einige Male im Uhrzeigersinn zu umlaufen - eine Praxis, die Parikrama genannt wird - und davor zu beten. Mancher berührt den Sockel mit der Stirn.

Rechts neben Hanuman befindet

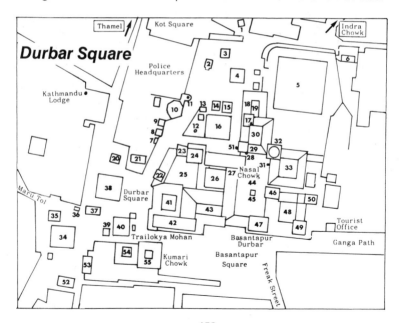

sich das **Goldene Tor** zum alten Königspalast, flankiert von zwei steinernen weißen Löwen. Auf dem rechten reitet Shiva, das Schwert bedrohlich in der Hand, auf dem linken seine Gemahlin Parvati. Das Goldene Tor wurde 1810 aus hunderten alter eingeschmolzener Messing-Inschriften gefertigt. In der Mitte über dem Tor befindet sich ein Bildnis Krishnas mit Arjuna und Vishvarupa, eine Szene aus dem Hindu-Epos Mahabharata. Links daneben ist Krishna mit zwei seiner Lieblings-Gopinis (Kuhhirtinnen) zu sehen, Rukmini und Satyabhama. Rechts sieht man einen König mit seiner Frau, dessen Gesichtszüge

König *Pratap Malla* nachempfunden sein sollen.

Gleich links hinter dem Tor steht eine schwarze Marmorstatue von Narasinha, die gerade einen Dämon zerfleischt, eine Halb-Mensch-Halb-Löwe-Inkarnation Vishnus. Die **Narasinha-Statue** stammte ursprünglich wahrscheinlich aus Indien und wurde 1673 von *Pratap Malla* an ihrem jetzigen Platz aufgestellt. Dadurch wollte er den Gott beschwichtigen, den er glaubte beleidigt zu haben, indem er einst als Narasinha verkleidet durch den Königshof getanzt war.

Rechts neben der Statue schließt sich der **Gaddi Baithak** an, wörtlich

1 Mahendreshvar-Tempel	29 Gaddi Baithak
2 Kotilingeshvar-Mahadev-Tempel	30 Mahan Chowk
3 Mahavishnu-Tempel	31 Daneing-Shiva-Tempel
4 Kakeshvar-Shiva-Tempel	32 Pancha Mukhi Hanuman
5 Taleju-Tempel	33 Mul Chowk
6 Tana Deval	34 Kasthamandap
7 Great Bell	35 Shiva-Tempel
8 Stone-Vishnu-Tempel	36 Ashok Binayak (Maru-Ganesh-Schrein)
9 Saraswati-Tempel	37 Lakshmi-Narayan-Tempel
10 Krishna-Tempel	38 Maju Deval
11 Great Drums	39 Garuda-Statue
12 Säule des Königs Pratap Malla	40 Trailokya-Mohan-Narayan-Tempel
13 Kala Bhairav	41 Huluche Chowk
14 Indrapur-Tempel	42 Gaddi Baithak
15 Vishnu-Tempel	43 Lam Chowk
16 Jagannath-Tempel	44 Nasal Chowk
17 Mohan Tower	45 Krönungsplattform
18 mehrsprachige Steininschrift	46 Kirtipur Tower
19 Sundari Chowk	47 Basantapur Tower
20 Narayan-Tempel	48 Lohan Chowk
21 Shiva-Parvati-Tempel	49 Patan Tower (Lalitpur Tower)
22 Bhagwati-Tempel	50 Bhaktapur Tower (Lakshmi Bilas)
23 Sveta Bhairav	51 Hanuman-Statue
24 Degu-Taleju-Tempel	52 Sinha Sattal
25 Masan Chowk	53 Kabindrapur-Gebäude
26 Dahk Chowk	54 Kumari Bahal
27 Tribhuvan Museum	55 Kumari Chowk
28 Narsinha-Statue	

der "Sitzungssaal des Zepters", eine Audienzhalle der Malla-Könige. Diese war in ihrer heutigen Form 1908 von Premierminister *Chandra Shamsher Rana* in Auftrag gegeben worden, der gerade höchst beeindruckt von einem Besuch in London zurückgekehrt war - daher die viktorianisch beeinflußte Bauweise.

Der große Innenhof, an dessen Nordseite der Gaddi Baithak liegt, nennt sich **Nasal Chowk**, "Tanz-Hof". Der Name stammt von einer der Bezeichnungen für Shiva, Nacheshvara, "Gott des Tanzes". In diesem Hof fanden in früheren Jahr-

Wache im "Nasal Chowk"

hunderten königliche Theater- und Tanzdarbietungen statt, und auch die Proben dafür wurden hier abgehalten. Beginnend mit der Shah-Dynastie wurden hier auch die Könige gekrönt, eine Zeremonie, die zuvor im benachbarten Mul Chowk vonstatten ging. Mitten im Nasal Chowk befindet sich eine Plattform, die in ihrer heutigen Form seit 1826 besteht. Darauf wurde 1975 König *Birendra* gekrönt, und aus Anlaß der Indra Jatra (siehe Kapitel "Feste & Feiertage") wird die Figur des Gottes Indra aus dem benachbarten Degu-Taleju-Tempel hierhin gebracht.

Blickt man nun von der Plattform in Richtung Gaddi Baithak, sieht man zwei Türme darüber hinausragen. Der westliche davon ist der **Agam Chen**, der den Privatschrein der Malla-Könige beherbergt; der östliche ist der des **Pancha-Mukhi-Hanuman-Tempels**, des "Tempels des fünfgesichtigen Hanuman", errichtet 1655. Zu beiden Anlagen besteht kein öffentlicher Zutritt.

An der Westseite des Nasal Chowk führt eine kleine Treppe zum **Tribhuvan Museum** (Eintritt 10 Rs.). Das Museum dokumentiert das Leben König *Tribhuvans*, unter anderem mit einer eindrucksvollen Sammlung persönlicher Gegenstände des Monarchen, dazu Fotos, Zeitungsausschnitte und sogar eine Reihe von Thronen.

An der Nordseite des Nasal Chowk liegt der **Mohan Chowk**, der Hof mit den Wohngebäuden der Malla-Könige, erbaut 1649 unter *Pra-*

tap Malla und 1822 unter *Birendra Bikram Shah* erneuert. Dieser Teil des Palastes ist für Ausländer verschlossen. Nördlich dieses Hofes befindet sich ein weiterer, der kleine **Sundari Chowk**, der "Hof der Schönheit".

Ebenfalls unzugänglich ist der nordöstlich des Nasal Chowk gelegene **Mul Chowk** oder "Haupt-Hof". Dieser ist der Hausgöttin der Malla-Könige geweiht, der blutrünstigen Taleju Bhavani, der dort auch Tieropfer dargebracht wurden. Dazu diente der Hof zahlreichen religiösen Feierlichkeiten als auch der Ernennung von Ministern oder Hochzeitsfeiern als Austragungsort.

An der Südseite des Nasal Chowk führt eine Passage in einen weiteren Hof, den **Lohan Chowk**, der von einem Gebäude namens **Vilas Mandir** (etwa "Tempel der göttlichen Dramas") umgeben ist. Über dessen vier Ecken erhebt sich jeweils ein Turm: der **Kirtipur Tower**, **Bhaktapur Tower**, **Lalitpur Tower** und - als wichtigster - der **Basantapur Tower**. Das Entstehungsdatum des gesamten Komplexes ist etwas unklar, so trägt beispielsweise die untere Hälfte des 30,5 m hohen Basantapur-Turmes Inschriften aus der Zeit vor 1630, der obere Teil wurde aber erst im Frühjahr 1770 fertiggestellt - daher auch der Name: "Basanta" (Nepali/Sanskrit für "Frühling").

Die anderen Türme wurden nach den Städten benannt, die ihren Bau finanzierten. Das sollte die Einigkeit des zu jener Zeit gerade geeinten Nepals unter Beweis stellen.

Verläßt man nun den Palastkomplex wieder durch das Goldene Tor, so liegt wenige Meter vor dem Ausgang der rostrote **Jagannath-Tempel**, dessen Ursprung auf das Jahr 1563 zurückgeht. In seinem Allerheiligsten beherbergt der Tempel einen Schrein des Chaturmurti Vishnu, des "Viergestaltigen Vishnu". Der Name "Jagannath" ("Herr der Welt") ist eine weitere Bezeichnung für Vishnu. (Von dem Wort leitet sich auf die englische Vokabel "Juggernaut" für "Götze" oder "Moloch" ab).

Das interessanteste Merkmal des Tempels sind die an den Stützstreben des Daches angebrachten erotischen Holzschnitzereien, die ihren Ursprung im Kult des Tantra haben.

Westlich des Jagannath-Tempels ragt eine Säule in den Himmel, auf deren oberem Ende eine **Statue Pratap Mallas** thront. Umgeben ist der König von seinen vier Söhnen.

Wenige Meter südwestlich davon, versteckt hinter einem Gitter, befindet sich der gut 4 m hohe, goldene Kopf des **Sveta Bhairav**, des "Weißen Bhairav". Dieser wird nur zum Indra-Jatra-Fest den Blicken der Öffentlichkeit preisgegeben, und dann fließt aus seinem Mund faßweise Reisbier, von dem die Festteilnehmer so viel wie möglich zu erheischen suchen.

Das Gegenstück des Weißen Bhairav, der Schwarze Bhairav oder **Kala Bhairav**, ist ein ca. 3 m hohes, buntes Wandfresko, das den Gott in seiner schwertschwingenden, furcht-erregenden Form darstellt. Viele Gläubige halten für ein kurzes Gebet

Kala Bhairav

ragt mit seinen 35 m alle anderen Bauwerke und besticht durch seine Bauweise: Auf einen fünfstufigen Sockel wurde ein filigran verziertes, dreistöckiges Dach gesetzt. Der Tempel, der höchste des Kathmandu-Tals, sollte die Macht der Göttin Taleju Bhavani darstellen, der die Malla-Könige bevorzugt huldigten.

Taleju Bhavani ist eine eigentlich südindische Manifestation der Göttin Durga oder Kali, deren Einfluß im 14. Jh. nach Nepal gelangte. Der Göttin, die nie ein gutes Blutmahl verschmähte, wurden auch Menschenopfer dargebracht, und in Indien trieb bis ins 19. Jh. der Kult der Thags sein Unwesen, die im Namen von Bhavani mordeten und plünderten und einen Teil ihrer Raubbeute der Göttin stifteten. Der Eintritt in den Tempel ist nur Nepalesen zur Zeit der Durga Puja gestattet.

davor inne, um dann weiter ihren Geschäften nachzugehen.

Der Legende nach wurde der Kala Bhairav auf dem Berg Nagarjun gefunden und im 17. Jh. von *Pratap Malla* an seinen jetzigen Standort gebracht. In der Folgezeit mußten Hofangestellte ihren Loyalitätseid darauf schwören, und Zeugen legten ihre Aussagen davor ab. Wer im Angesicht des Schwarzen Bhairav log, wurde von ihm mit dem Tode bestraft!

Am äußeren Nordostende des Durbar Square steht die imposanteste Konstruktion des Komplexes, der 1564 unter *Mahendra Malla* erbaute **Taleju-Tempel**. Dieser über-

Der Rundgang führt nun zurück zur Westseite des Durbar Square. Dort steht, westlich der Malla-Säule, ein **Krishna-Tempel**, erbaut unter *Pratap Malla* im Jahre 1637. Durch den Bau versuchte *Pratap* - damals noch Prinz - seine Ehre wiederzuerlangen, die er nach einer fehlgeschlagenen Attacke auf Patan in vieler Augen verloren hatte. Er widmete den Tempel seinen zwei Frauen und ließ im Inneren einen Schrein errichten, dessen Figuren sein Antlitz als auch die Gesichtszüge seiner Gemahlinnen trugen.

Etwas nördlich des Tempels sieht man zwei mit Büffel- und Ziegenfell bespannte **Trommeln**, denen zum Fest Durga Puja Blut geopfert werden muß. Dazu werden Ziegen und Büffel mit einem kräftigen Schlag enthauptet. Südlich des Krishna-Tempels befindet sich eine Art Riesentrommel, deren Klang die bösen Geister fernhalten soll und die speziell zur Durga Puja geschlagen wird.

Geht man nun von hier weiter in südliche Richtung, verläßt man den eigentlichen Durbar Square. Links steht ein Gebäudekomplex namens **Masan Chowk** oder "Kremationshof". Diese Bezeichnung deutet darauf hin, daß sich hier einst die Stadtgrenze Kathmandus befunden haben muß, da Kremationen traditionellerweise am Rand der Stadt stattfanden. Das an dieser Stelle stehende Gebäude weist unten einige Souvenirläden auf, oben einige herrliche, holzgeschnitzte Fenster. Aus diesen sahen früher die Könige hinaus und beobachteten das geschäftige Treiben ihrer Untertanen.

Die Fenster zeigen aber auch auf den gegenüberliegenden **Shiva-Parvati-Tempel,** der Ende des 18. Jh. auf einer schon vorhandenen Plattform – wahrscheinlich einer Tanzbühne – errichtet wurde. Aus einem Fenster an der Südseite des Tempels blicken die Hausherren des Bauwerkes ins Freie: die weißen, etwas grob geschnitzten Figuren von Shiva und Parvati, die, aus der Entfernung betrachtet, verblüffend lebensecht erscheinen.

Südwestlich schließt sich ein weiterer Shiva-Tempel an, der **Maju Deval,** errichtet 1690. Macht man sich die Mühe, die etwas unbequemen Stufen empor zu klettern, ge-

Shiva-Parvati-Tempel

nießt man oben eine gute Aussicht auf die Umgebung.

Noch einige Meter weiter südlich steht der **Trailoka-Mohan-Tempel,** der im Jahre 1680 unter *Prithvibendra Malla* erbaut wurde. Im Volksmund wird er auch **Das Avatar Dekhaune Mandir** genannt, der "Tempel, der die zehn Inkarnationen zeigt": Hier werden zum Indra-Jatra-Fest Tänze aufgeführt, die die zehn Inkarnationen Vishnus darstellen.

Vor dem Tempel steht eine **Garuda-Statue,** die Prithvibendras Witwe 1689 nach dessen Tod dort aufstellen ließ.

Der Platz westlich des Trailoka-Mohan-Tempels wird **Maru Tol** genannt, nach dem *Maru-Ganesh-Schrein* oder **Ashok-Vinayak-Tempel,** der dort recht unauffällig an einer Straßenecke zu finden ist. Der Schrein gilt – aller Unscheinbarkeit zum Trotz – als einer der vier wichtigsten Ganesh-Schreine des Kathmandu-Tales. Er wird besonders vor wichtigen persönlichen Unternehmungen aufgesucht, denn Ganesh ist der Beseitiger von Hindernissen – dementsprechend groß ist die Zahl der Besucher. Der gesamte Schrein ist mit goldfarbenem Messing beschlagen, sein genaues Alter ist mangels Inschriften jedoch unbekannt. Das Dach in seiner heutigen Form stammt aus dem Jahre 1847 und wurde von König *Surendra* in Auftrag gegeben.

Wenige Meter weiter südlich befindet sich das Gebäude, dem Kathmandu seinen Namen verdankt: der **Kashtamandap** oder **Maru Sattal.** Die Anfangsgeschichte des nicht sehr augenfälligen Baus reicht bis in das 14. Jh. zurück, und Teile der heutigen Konstruktion sollen noch aus jenen Anfangszeiten stammen. Der Legende nach wurde das gesamte Gebäude sowie der benachbarte **Sinha (Singh) Sattal** aus dem Holz eines einzigen Sal-Baumes gefertigt.

Der Kashtamandap ist eine Art überdachte Plattform, die heute für alle erdenklichen Zwecke benutzt wird – so spielen Kinder darin, Gemüsehändler stellen ihre Waren dort ab, und Straßenköter halten ihren Mittagsschlaf. Als das Gebäude vor Jahren restauriert werden sollte, hat-

ten die Restaurateure Mühe, die dort lebenden Familien zu vertreiben.

Im Innern des kulturhistorisch wichtigsten Baus in Kathmandu befindet sich ein Schrein, der Gorakhnath gewidmet ist.

Das wichtigste Gebäude am Südende des Gebietes ist der **Kabrindapur,** ein vierstöckiger Bau aus dem Jahre 1673, der zumeist von Marktständen umlagert ist.

Der **Sinha (Singh) Sattal** ist nach den löwenähnlichen Figuren benannt, die an seinen Ecken aufgestellt sind. Das Gebäude wird zum Teil zum Singen religiöser Lieder, der Bhajans, genutzt.

Begibt man sich von hier nun in Richtung Basantapur Square, passiert man kurz davor ein weiteres sehr wichtiges Gebäude, das **Kumari Bahal,** "Kloster der Jungfrau". Dieser 1757 unter *Jaya Prakash Malla* errichtet, dient als Wohnsitz der hochverehrten Kumari Devi oder "Jungfräulichen Göttin", eines jungen Mädchens, das als Inkarnation der Göttin Taleju betrachtet wird (s.u.).

Der Palast verfügt über einen zugänglichen Innenhof, den **Kumari Chowk,** der einen eindrucksvollen Blick auf die filigranen, holzgeschnitzten Fenster der umliegenden Gebäude erlaubt. Beim Betreten des Hofes wird man wahrscheinlich sofort von einigen selbsternannten "Tourist Guides" angesprochen, die gegen ein Entgelt die Kumari am Fenster erscheinen lassen wollen! Der Kult der Kumari hat also durchaus seine kommerziellen (Schatten)-Seiten. Außerdem ist das Fotografieren der Göttin offiziell streng verboten, trotzdem erscheinen ihre Fotos auf wundersame Weise immer wieder in Bildbänden, und vor der Schwelle des Kumari Bahal werden Postkarten mit ihrem Bild feilgeboten!

An der Ostseite des Kumari Bahal erstreckt sich der weitläufige, rechteckige *Basantapur Square* und stellt so etwas wie ein Verbindungsstück zum modernen Kathmandu dar. Wenige Schritte weiter östlich liegt die geschäftige New Road. Der Basantapur Square befindet sich voll in der Hand von Souvenirhändlern, hier gibt es Khukris, die bekannten Gurkha-Messer, tibetanische Gebetsmühlen, Schmuck u.v.m. zu kaufen. In früheren Zeiten fand hier ein Gemüsemarkt statt, und vor einigen Jahrhunderten wurden hier die königlichen Elefanten gehalten.

Achtung, Schnorrer! Der Durbar Square wimmelt von allerlei dubiosem Volk, das es auf die Geldbörsen der Touristen abgesehen hat. Es vergehen keine zehn Sekunden, in denen man nicht von einem aufdringlichen Straßenhändler oder bettelnden Kindern angesprochen wird. Weiterhin gibt es Leute, die vorgeben, Geld für eine Schule oder einen Tempel zu sammeln; zum Teil legen sie sogar authentisch aussehende Spendenlisten vor. Nicht darauf hereinfallen!

Altstadt nördlich des Durbar Square

"Altstadt" ist ein durchaus debattierbarer Begriff, in dieser Stadt, in der fast die Hälfte der Fläche mit Gebäuden aus vergangenen Jahrhunderten bebaut scheint. Das wichtigste Altstadtgebiet sind die engen, verwinkelten Viertel, die sich nördlich und südlich des Durbar Square erstrecken. Diese setzen sich aus einer Vielzahl von *Tol* zusammen, das sind um einen Innenhof angelegte Wohnblocks, die jeweils von einem Familien-Clan oder einer Kaste bewohnt wurden. Ursprünglich hatten die Viertel aus verstreut liegenden Tol bestanden, bis diese immer enger aneinanderwuchsen und bald eine geschlossene Siedlung ergaben – das, was wir heute als "Altstadt" bezeichnen können.

Die Kumari Devi — Göttin bis zum ersten Blutstropfen

Glaubt man den **alten Legenden,** die man sich seit Generationen im Kathmandu Valley erzählt, so entstand der Kult der Kumari aus purer, blanker Fleischeslust: Der Folklore nach spielte *Jaya Prakash Malla,* König von 1732 - 1768, einst mit der Göttin Taleju ein Würfelspiel. Alles ging gut, bis der König plötzlich von unlauteren Gefühlen der Lust gegenüber seiner Spielpartnerin ergriffen wurde. Nicht ganz Herr seiner Sinne, machte er der Göttin einige amouröse Angebote. Erbost löste sich Taleju in Nichts auf und gelobte, nur in der Form einer Jungfrau zur Erde zurückzukehren. Von diesem Zeitpunkt an wurden jungfräuliche Mädchen aus der Shakya-Kaste ausgewählt, die als Inkarnationen Talejus angesehen wurden.

Die Kumari Devi wird **im Alter von 2 - 4 Jahren erkoren** und darf noch nie einen Tropfen Blut verloren haben. Um die Eigenschaft der Furchtlosigkeit zu testen, werden vor den Augen der Kandidatinnen in der Kalratri ("Schwarze Nacht") zum Dasain-Fest 108 Büffel und 108 Ziegen geschlachtet – 108 ist eine heilige Zahl der Hindus. Nur wer kein Anzeichen der Regung zeigt, kann Kumari werden.

Ist die Kumari auserwählt, wird sie mit dem geheiligten Schwert der Taleju ausgestattet und zu ihrem neuen Wohnsitz, dem Kumari Bahal, geleitet. Da von nun an ihre Füße nicht mehr den Boden berühren dürfen, werden vor ihr weiße Tücher ausgebreitet. Von nun an ist auch ihr **Aussehen** reglementiert, sie bekommt eine rote Robe umgelegt, ihre Haare werden in einem Knoten oben auf dem Kopf zusammengebunden, sie bekommt rote Farbe, den Tika, auf die Stirn, die Zehennägel werden rot bemalt, und von den Augen wird ein schwarzer Strich bis zu den Schläfen gezogen. Das unbeschwerte Kinderleben, das sie bis dahin geführt haben mag, ist nun vorbei, sie wird von nun an mit allerhöchstem Respekt behandelt, und sie hat sich würdevoll wie eine Göttin zu benehmen. Kein Wunder, daß alte, ehemalige Kumaris immer wieder davon berichten, daß sie in ihrer Göttinnen-Zeit voll Neid von ihrem Fenster auf die spielenden Kinder schauten!

Zu den **Aufgaben der Kumari** gehört das Empfangen von Gläubigen, die um eine Audienz gebeten haben. Jede Geste der Göttin wird dabei genau beobachtet, denn sie wird als Verheißung betrachtet: Lächelt sie, während sie das rote Tika auf die Stirn eines Gläubigen streicht, wird er gesund und er-

---

An der Nordostseite des Durbar Square, überragt vom Taleju-Tempel, liegt der **Makhan Tol,** an dem sich zahllose kunsthandwerkliche Läden angesiedelt haben, die vor allem Thangkas verkaufen. "Makhan" bedeutet in Nepali "Butter", und der Name des Viertels gibt so Aufschluß darüber, womit hier früher Handel getrieben wurde. Ein Teil der umliegenden Häuser wurde im 19. Jh. umgebaut und zeigt somit nicht mehr seine ursprüngliche Form; einige Gebäude wurden in diesem Jahrhundert gar gänzlich abgerissen. Vorhanden ist noch eine **Garuda-Statue,** die einst vor einem längst verschwundenen Vishnu-Tempel gestanden haben muß.

Geht man vom Makhan Tol weiter in nordöstliche Richtung, gelangt man zum **Indra Chowk,** dem "Hof des Indra". Dieser war ursprünglich so etwas wie der Vorhof des an der Westseite gelegenen **Akash-Bhairav-Tempel,** des "Tempels des Himmels-Bhairav". Dieser Tempel – auffallend metallbeschlagen und von zwei Messing-Löwen bewacht – beherbergt eine silberne Figur des

folgreich sein; verzieht sich ihr Gesicht in Runzeln, wird ihm ein Unglück zustoßen; falls sie zittert, wird er im Gefängnis landen; weint sie oder reibt sie sich die Augen, muß er sofort sterben.

Zum *Fest Indra-Jatra* versammelt sich eine Menschenmenge am Kumari Bahal, ein Ehrensalut wird gefeuert und eine Ziege geopfert. Dann wird die Göttin in eine Sänfte gehoben und in einer Prozession durch die Stadt getragen. Dabei umtanzen sie wild maskierte Männer, begleitet von Trommelgedröhne. Die Gläubigen am Wegesrand überschütten die Göttin mit Reis, Blumen und kleinen Münzen. Diese Prozession wird drei Tage hintereinander wiederholt, was alles Übel aus der Stadt vertreiben soll.

Hat die Kumari Devi ihren ersten Tropfen Blut verloren – meist durch die erste Menstruation – ist ihre *Zeit als Göttin vorüber,* eine neue muß erkoren werden. Der plötzliche Wechsel von einem Leben in höchstprivilegierter Stellung in ein vollkommen normales, unbeachtetes Dasein hinterläßt bei vielen der Mädchen einen Schock. Ihre finanzielle Lage ist meist prekär: In ihrer Kumari-Zeit wurde ihnen keinerlei Schulausbildung zuteil, und einen treusorgenden Ehemann zu finden, ist schwer, da ihnen immer noch der Nimbus der Göttin anhängt.

Nur einmal im Jahr noch treten die ehemaligen Kumaris ins Licht der Öffentlichkeit, zur Indra-Jatra, wenn sie an einem Festmahl teilzunehmen haben. Für so manche ist es vielleicht das beste Mahl, das sie im Jahr bekommen. Danach hängt über vielen wieder der graue Schleier der Trauer, des Vergessenseins.

Neben der von Kathmandu gibt es übrigens noch *weitere Kumari im Kathmandu Valley.* In Bhaktapur allein leben drei, was sich auf eine weitere Legende stützt: Dieser zufolge hatte sich Taleju einst in Bhaktapur in einem Baum versteckt, und als sie daraus hervorgekommen war, begab sie sich in drei verschiedene Stadtteile Bhaktapurs, nach Baha Chhen, Tibuk Chhen und Wala Lakhu. Deshalb wird in diesen Stadtteilen heute je ein Mädchen zur Kumari erwählt.

Zwei weitere Kumaris leben in Patan, wovon eine – wie es die Regel vorschreibt – nach dem ersten Blutstropfen abgelöst wird. Die zweite bildet aber in jeder Beziehung eine Ausnahme: Diese stammt nicht, wie sonst üblich, aus der Shakya-, sondern aus der Bajracharya-Kaste und ist Kumari seit 1953, seit ihrem zweiten Lebensjahr. Von vielen Gläubigen wird sie unvermindert als Göttin verehrt, und sie gilt, wenn sie "gut bei Laune" ist, als zuverlässige Weissagerin.

Akash Bhairav, die zu besonderen Festtagen, z.B. der Indra-Jatra, auf dem Vorplatz der Öffentlichkeit präsentiert wird. Die eigentlichen Tempelgemächer befinden sich im Obergeschoß des Gebäudes und dürfen von Nicht-Hindus nicht betreten werden.

Umgeben ist der Indra Chowk von zahlreichen Blumenhändlern, bei denen sich die Gläubigen Blumengirlanden für ihre Tempelbesuche kaufen. Eine Reihe von indischen Obsthändlern sorgt für das leibliche Wohl und verkauft vom Fahrrad aus

Mangos, Lichis und Bananen.

Wenige Meter weiter nordöstlich liegt der *Khel Tol,* wörtlich der "Spiel-Platz". Ganz so spielerisch geht es hier nicht mehr zu, das Gebiet befindet sich fest in den Händen der Händler. Angeboten werden Stoffe, Saris, metallene Gefäße und Topis, die bunten, traditionellen Nepal-Kappen.

An der linken Seite führt ein enges Tor zum wichtigen *Seto-Machhendranath-Tempel* (auch *Sveta-Machhendranath-Tempel.* Dieser stammt aus der Zeit um das 16./17.

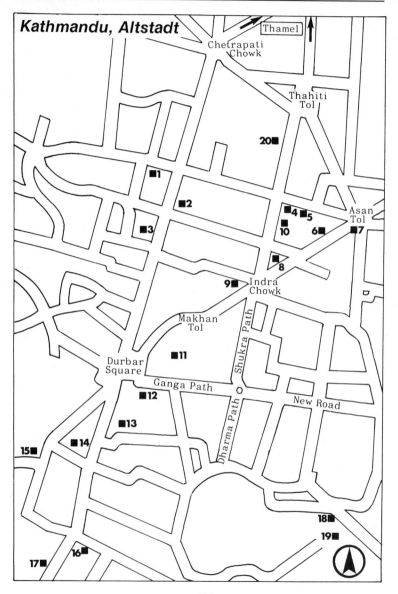

Kathmandu, Altstadt

Thamel

Chetrapati Chowk

Thahiti Tol

20■

■1

■2

■3

4■ ■5

10■ 6■ ■7

Asan Tol

8■

9■ Indra Chowk

Makhan Tol

■11

Durbar Square

Ganga Path

Shukra Path

Dharma Path

New Road

■12

■13

■14

15■

18■

19■

16■

17■

Die Götterfigur, die im Allerheiligsten aufbewahrt wird, wird zum Seto-Machhendranath-Fest (März oder April) auf einem riesigen Gefährt durch die Straßen gezogen.

Verläßt man den Tempelhof durch das Tor an der Westseite, landet man unversehens auf einem **Töpfermarkt** mit Hunderten, wenn nicht Tausenden von tönernen Gefäßen in allen Größen und Formen.

Jh. und wurde Mitte des 17. und Mitte des 19. Jh. weitgehend restauriert und umgebaut. Geweiht ist er dem "Weißen *(seto/ sveta)* Machhendranath", der von Hindus als Inkarnation Shivas, von Buddhisten als Verkörperung des Avalokiteshvara betrachtet wird. Folglich finden sich hier die Anhänger beider Religionen gleichermaßen ein.

Der den Tempel umgebende Hof birgt ein wunderbares Sammelsurium von Schreinen, Chaityas und Statuen. Besonders interessant ist die eindeutig im "Jugendstil" modellierte, goldmetallene Frauenfigur, die als eine Art Lampenhalter dient. Diese stammt möglicherweise aus einem alten Rana-Palast.

Töpfermarkt

Durbar Square

... und ein Fisch fiel vom Himmel — die Legende von den zwei Astrologen

Wenige Meter vom Annapurna-Tempel, im Marktgewimmel nur allzu leicht zu übersehen, wurde ein Denkmal ganz besonderer Art errichtet: Eine rechteckige Mulde in der Straße, in der die länglich-oval steinerne Form eines Fisches zu schwimmen scheint. Wie in Nepal nicht anders zu erwarten, so rankt sich auch um diese Merkwürdigkeit eine Legende.

Ein bekannter Astrologe saß in seinem Arbeitszimmer und erwartete ungeduldig einen Glockenschlag, der ihm die Geburt seines Kindes ankündigen sollte. Nach langem Warten war es endlich soweit, ein paar Straßen weiter hatte seine Frau einen Sohn geboren, und die Glocke erschallte unüberhörbar laut und freudig. Sogleich machte sich der Astrologe daran, das Horoskop des Kindes zu erstellen. Als es jedoch vollendet war, fühlte er sich wie vom Blitz getroffen: Gemäß den Gestirnen konnte er nicht der Vater des Kindes sein! Ein Irrtum war ausgeschlossen, hatte er sich doch noch nie in seinen Kalkulationen geirrt, und so tat er das einzige, was ihm in den Sinn kommen konnte - er flüchtete aus der Stadt, um ihr für immer den Rücken zu kehren.

Doch – nach vielen, vielen Jahren kam er zurück, die lange Zeit hatte ihn die Schmach vergessen lassen. Er traf einen jungen, hervorragend beleumundeten Astrologen, bei dem er erneut in die Lehre ging. Eines Tages schickte sich dieser an, die Kenntnisse des älteren Astrologen zu prüfen, indem er ihn um die exakte Vorausberechnung eines zukünftigen Ereignisses anhielt. Nach einer Weissagung sollte alsbald ein Fisch vom Himmel fallen.

Der ältere Astrologe stellte seine Berechnungen an, dann der jüngere, und dann verglichen beide ihre Ergebnisse. Der jüngere bemerkte sogleich, daß sein Schüler einen kapitalen Fehler begangen hatte: Er hatte den Effekt des Windes nicht in seine Kalkulationen einbezogen! Und da fiel es wie Schuppen von den Augen des älteren – auch damals, als der Glockenschlag erklang, der die Geburt seines Sohnes ankündigte, hatte er es versäumt, die Zeit miteinzukalkulieren, die der Klang zur Überbrückung der Distanz benötigte. Sogleich begab er sich daran, das Horoskop neu zu erstellen, und siehe da! Der junge, meisterhafte Astrologe war niemand anderes als sein eigener Sohn.

Zum Gedenken an ihr Treffen beschlossen Vater und Sohn, ein Denkmal zu errichten – den Fisch von Asan Tol.

Nahe dem Osttor, am Khel Tol also, befindet sich der kleine *Lunchun-Lunbun-Ajima-Tempel,* der durch eine relativ neue, weiße Kachelverkleidung allerdings ein wenig von seiner Attraktivität eingebüßt hat. An der Rückseite sind einige Stützbalken mit erotischen Schnitzereien zu sehen.

Geht man weiter nordwestwärts, passiert man einen achteckigen *Krishna-Tempel* mit elegant geformten Fenstern. Direkt daneben befindet sich das *Tilang Ghar* ("Glashaus"), ein Privathaus aus dem 19. Jh., das als erstes Gebäude außer dem Königspalast Glasfenster bekommen durfte. An der Vorderseite des Hauses ist ein Stuckrelief angebracht, das marschierende Soldaten zeigt. Dies ist eine Kopie des Reliefs, das sich am Prithvi Narayan Shahs Fort in Nawakot befunden hatte.

Etwas weiter nordöstlich in der Straße liegt nun der *Asan Tol,* das ursprüngliche Herz des alten Kathmandu. Hier pulsiert tagein, tagaus ein lebendiger Gemüsemarkt, es wird gefeilscht und gehandelt. Das Marktgeschehen wird von mehreren Tempeln überwacht, darunter einer dreistöckigen Pagode der Göttin Annapurna – kein Wunder, daß die Geschäfte so gut gehen, denn Annapurna ist die Göttin des Überflusses. Ihr Name bedeutet übersetzt "Die Essens-Volle"!

Geht man vom Asan Tol die Straße weiter in nordöstlicher Richtung, verläßt man das alte Kathmandu und gelangt zum relativ modernen Kanti-

path. Um jedoch in der Altstadt zu bleiben, nehmen wir die Straße, die vom Asan Tol nach Westen abzweigt. Dort passiert man einen *Tempel der Göttin Ugratara* ("Stern des Zornes"), an dem Gebete gegen kranke oder schwache Augen besonders erfolgversprechend sein sollen.

Weiter westlich endet die Straße in einem halbwegs großen Platz, der unter anderem als Riksha-Haltestelle dient. An dem Platz steht ein *Ikha-Narayan-Tempel* mit einer fast 1000 Jahre alten Vishnu-Statue darin, einer Figur der Göttin der Weisheit und der Künste, Saraswati, als auch einer Buddha-Figur.

Das merkwürdigste Objekt des Platzes ist jedoch der *"Zahnschmerz-Schrein",* ein unförmiges Stück Holz, in das unzählige Nägel gehämmert sind. Der Überlieferung nach wird derjenige, der hier einen Nagel einschlägt, von seinen Zahnschmerzen befreit – jeder Nagel hat somit eine schmerzvolle Geschichte zu erzählen. Daß es mit dieser Therapie jedoch nicht immer klappt, beweisen die wenige Meter nordwärts gelegenen simplen Zahn"kliniken". Bevor er dort antrat, hat wohl mancher es erst einmal mit dem Nagel versucht. Die Gegend um den Schrein heißt im Volksmund übrigens Bangemudha, Newari für "Verdrehtes Holz".

Vorbei an den besagten Zahnarztpraxen führt die nordwärts verlaufende Straße nach ca. 200 m zur *Kathesimbhu-Stupa* (links durch eine kurze Passage zu erreichen).

Sie wurde um 1650 erbaut und stellt eine verkleinerte Version der Swayambhunath-Stupa dar. Errichtet wurde sie speziell für Gläubige, die das Original aus irgendeinem Grunde nicht besuchen konnten! Der die Stupa umgebende Hof beherbergt weiterhin eine Reihe von Chaityas, wie auch einen Schrein der Göttin Harti (Göttin der Pocken!) direkt hinter der Hauptstupa.

Wenige Meter weiter nördlich schließt sich der **Thahiti Tol** an, in dessen Mitte eine Stupa aus dem 15. Jh. mit gelben Gebetsmühlen zu sehen ist. Dahinter befindet sich ein **Nateshwar-Tempel,** der Shiva in seiner Eigenschaft als "Gott des Tanzes" gewidmet ist. Passenderweise zeigen die am Tempel angebrachten Metallarbeiten Musiker mit diversen Instrumenten, die den Tänzer musikalisch begleiten.

Altstadt südlich des Durbar Square

Die Altstadtviertel südlich des Durbar Square sind bei weitem nicht so interessant wie die nördlich davon gelegenen, wer also nicht viel Zeit hat, könnte sich auf die nördliche Altstadt beschränken.

Blickt man vom Kashtamandap in südliche Richtung und nimmt die linke der zwei in südliche Richtung verlaufenden Straßen, passiert man eine Reihe von Tempeln. Zunächst erscheint links an einer Straßenkreuzung der **Atko-Narayan-Tempel,** einer der vier wichtigsten Vishnu-Tempel Kathmandus. Wenige Meter weiter südlich folgt ein weiterer

Linsen: Das Standardnahrungsmittel wird überall angeboten

Vishnu-Tempel, rechts gefolgt von einem **Hari-Shankar-Tempel.** Dieser ist sowohl Vishnu (Hari) als auch Shiva (Shankar) gewidmet.

An dieser Stelle zweigt rechts eine Straße ab und führt an ihrem Ende zum **Bhimsen-Tempel** ("Bhimsen" sprich mit langem i und langem e!), geweiht dem Gott der Händler.

Geht man zurück zur ursprünglich eingeschlagenen nord-südlich verlaufenden Straße und dann weiter südwärts, erscheint bald ein Shiva-Tempel aus dem 17. Jh., der **Jaisi Deval,** mit einigen erotischen Holzschnitzereien.

Wenige Schritte entfernt ragt ein monumentaler **Shiva-Lingam** in die Höhe, das Fruchtbarkeitssymbol Shivas, das aus einer Yoni hervortritt, dem Symbol des weiblichen Prinzips der göttlichen Allmacht. Bei den Ausmaßen des Lingam ist es nicht verwunderlich, wenn Gebete um Fruchtbarkeit hier besonders erfolgversprechend sein sollen! Während des Indrajatra-Festes, wenn die Kumari in Prozessionen durch die Stadt geführt wird, legt sie an dieser Stelle einen Halt ein, und auf der unmittelbar benachbarten Plattform werden Tänze aufgeführt.

Rund um Rani Pokhri

Der **Rani Pokhri** ("Teich der Königin"), zwischen Kantipath und Durbar Marg gelegen, ist eine der markantesten Stellen Kathmandus, ein quadratischer, künstlich angelegter Teich mit einem weißgetünchten Shiva-Tempel in der Mitte. Der Teich wurde 1670 von *Pratap Malla* in Auftrag gegeben, um damit seine Frau über den Tod ihres Sohnes hinwegzutrösten. Ob das gelang, ist nicht verbürgt – sicher ist, daß den Teich eine Aura von Tod umgab, von der sich mancher Selbstmörder fatal angezogen fühlte. Nachdem sich mehrere dort ertränkt hatten, wurde der Teich umzäunt, und der **Shiva-Tempel** ist heute nur noch durch Gitterstäbe zu betrachten. Der heutige Tempel ist nur ein Nachbau eines Tempels, der im Erdbeben von 1934 zerstört wurde und der seinerseits nur eine Kopie des ursprünglichen Tempels gewesen war.

Geht man vom Rani Pokhri den Kantipath in nördliche Richtung bis zum Hotel Nook und biegt dort links ein, erreicht man nach ca. 100 m den eindrucksvollen **Chhusya Bahal,** eine der ältesten noch erhaltenen Klosteranlagen dieser Art im Kathmandu Valley. Das Gebäude wurde 1649 fertiggestellt, am letzten Arbeitstag wurde die Statue des Harihara Lokeshvara aufgestellt, eingeweiht wurde es von *Pratap Malla* jedoch erst 1667. Man beachte besonders die kunstvollen Holzschnitzereien! Über dem Eingang befindet sich eine Torana, die Buddha bei seinen spirituellen Übungen zeigt.

Direkt neben dem Gebäude befindet sich der weniger gut erhaltene **Musya Bahal** aus dem Jahre 1663. Einige Hundert Meter weiter nordöstlich, an der Ostseite des neuen Königspalastes, führen Stufen zu einem **Narayan-Tempel** von 1793. Dieser befindet sich in einem mit zahlreichen Stupas versehenen Innenhof und bezieht seinen Namen von dem dortigen Wassertank **Narayan Hiti.** Jener wird aus zwei Zuflüssen gespeist, die die Form von verzerrten Krokodilsgesichtern aufweisen: Der Legende nach waren die Krokodile Augenzeugen des Mordes an einem gewissen König Dharmadeva durch dessen Sohn. Der König hatte seinen Sohn selber zu der Tat angestachelt, da er glaubte, durch sein Opfer eine unerkläriche Wasserknappheit beenden zu können.

An der Ostseite des Rani-Pokhri-Teiches steht der **Ghantaghar** oder

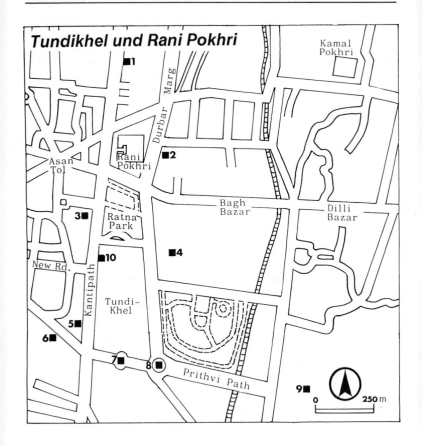

Tundikhel und Rani Pokhri

Kamal Pokhri

Durbar Marg

■1

Asan Tol

Rani Pokhri

■2

Bagh Bazar — Dilli Bazar

3■ Ratna Park

New Rd. 10■

Kantipath

■4

Tundi-Khel

5■

6■

7 8

Prithvi Path

9■

0 250 m

1	Delicatessen Centre
2	Uhrturm
3	Bir Hospital
4	Central Bus Station
5	General Post Office
6	Bhimsen Tower
7	Martyrs' Gate
8	Bhadra-Kali-Tempel
9	Singha Durbar
10	Mahakal-Tempel

"Uhrturm" des Trichandra College. Nebenan befindet sich Kathmandus größte Moschee.

Rund um den Tundikhel

Südlich des Rani Pokhri erstreckt sich der **Ratna Park,** der hauptsächlich von kleinen Händlern in Beschlag genommen ist, viele davon aus Indien. Es wird allerlei billige

Kleidung und Kleinkram verkauft, und besonders umlagert sind die Stände mit den Hindi-Filmmusik-Kassetten – allerdings mehr von Lauschenden als von Käufern!

Unmittelbar südlich schließt sich der weitläufige *Tundikhel* an, ein militärischer Exerzierplatz, der aber inoffiziell öfter als Cricket- oder Fußballfeld benutzt wird. Die Reiterfiguren am Rande und an den Ecken des Platzes stellen nepalesische Kriegshelden dar. Der Legende nach ist der Tundikhel Lieblingsplatz des Riesen Guru Mapa, dem hier zum Ghore Jatra-Fest ein Büffel und 3,5 kg Reis geopfert werden.

An der Westseite des Tundikhel, dort, wo die New Road in den Kantipath einmündet, steht der *Mahankal-Tempel,* der Shiva in seiner furchterregenden Form als der "Große Tod" (= Mahankal) geweiht ist. "Kalo" bedeutet auf Nepali zudem "schwarz", siehe die Farbe der Mahankal-Figur im Tempelinneren.

Weiter südlich, nahe dem General Post Office (G.P.O.) erhebt sich weithin sichtbar der minaretthafte, ca. 60 m hohe *Bhimsen Tower* (auch Bhimsen Stambha oder Dharahara), den 1825 Premierminister *Bhimsen Thapa* als Wachtturm errichten ließ. Eigentlich hatten sich hier ursprünglich zwei Türme befunden, einer fiel jedoch 1832 in sich zusammen. Einer Legende nach sprang einst der Premierminister *Jung Bahadur Rana* auf Geheiß des Königs samt seinem Pferd vom Bhimsen Tower, wobei nur das Pferd den Tod fand – der Premierminister hatte sich zuvor an-

geblich einen großen Schirm besorgt, mit dem er heruntersegelte!

An der Südseite des Tundikhel überspannt das *Martyrs' Memorial* oder *Shahid Gate* die Straße (*shahid* = "Märtyrer"). Dieses ist eine Art Torbogen, das an die im Kampf gegen die Rana-Herrschaft Gefallenen erinnert. Daran befinden sich vier Büsten von 1940 umgekommenen Kämpfern, und in der Mitte steht eine Statue von König *Tribhuvan,* der als Vater des modernen Nepal gilt.

Etwas östlich des Tores befindet sich auf einer Art Verkehrsinsel der *Bhadrakali-Tempel* und zieht tagtäglich unzählige Gläubige in seinen Bann. Der Überlieferung nach verwandelte die dem Tempel innewohnende Gottheit Kali einst das Brot eines Geschäftsmannes in Gold. Darauf spielt auch die Newari-Bezeichnung der Göttin, Lumari Devi, an: *Lu* bedeutet in Newari "Gold", *Mari* bedeutet "Brot", *Devi* "Göttin".

Einige hundert Meter südöstlich des Tundikhel findet man den kolossalen *Singha Durbar,* einen ehemaligen Rana-Palast, der 1901 in nur 11 Monaten Bauzeit fertiggestellt worden war. Dieser umfaßte 17 Innenhöfe, hatte über 1700 Räume und galt als die größte Privatresidenz Nepals. 1973 wurde ein Großteil des Komplexes durch ein ungeklärtes Feuer zerstört, nur die Vorderseite blieb unbeschadet. Danach wurde das Gebäude wieder restauriert, und heute sind hier das Amt des Premierministers, einige andere Ministerien und auch Radio Nepal untergebracht.

Am Bagmati-Fluß

Eine Reihe von interessanten, aber nur wenig besuchten Tempeln findet sich am Ufer des Bagmati, westlich der Patan Bridge. Von der Brücke führt eine Art Uferpromenade (die Bezeichnung sollte keine überhöhten Erwartungen entstehen lassen!) in Richtung Westen. Leider hat sich hier in den letzten Jahren ein Slum gebildet, dessen Bewohner – Inder aus Rajasthan und Bihar – aus Mangel an Toiletten unangenehme Spuren auf dem Gelände hinterlassen. Einige der Slumbewohner stellen handwerkliche Gegenstände her, die sie an Geschäfte weiterverkaufen.

Nahe dem Slum steht der eigenwillig gebaute **Kalmochan-Tempel,** dessen Bau möglicherweise 1852 begonnen, aber erst 1873 unter *Jung Bahadur Rana* vollendet wurde. Der Tempel fällt durch seine typische Moghul-Architektur aus dem Rahmen, wie sie sonst nur bei islamischen Bauwerken zu finden ist. Der Bau weist eine zwiebelförmige Kuppel auf, die auf einen quadratischen, Sockel gesetzt ist. Die vier Ecken des Gebäudes werden von metallenen Fabelwesen bewacht, die ursprünglich an einem Vishnu-Tempel am Tundikhel gestanden hatten.

Etwas mysteriös ist allerdings die Vorgeschichte des Tempels. Offiziell ist er Jagannath geweiht und dient dem Gedenken an die Kriege gegen Britisch-Indien und Tibet. Der Name Kalmochan aber *(kal* = "Tod") impliziert Totenrituale um eine oder mehrere verstorbene Personen. Gerüchten zufolge befindet sich unter dem Tempel ein Massengrab, in dem die Opfer des von *Jung Bahadur Rana* angerichteten Kot-Massakers (siehe Kap. "Geschichte"), allesamt Adlige, ihre letzte Ruhe gefunden haben. Durch das Massaker hatte der Rana die Macht an sich reißen können. Heute sitzt seine Figur hoch auf einer Steinsäule und blickt in Richtung Tempel.

Folgt man der Uferpromenade weiter in Richtung Westen, so führt eine davon rechts abzweigende Gasse zum **Tripureshwar Mahadev** (auch **Tripura-Sundari-Tempel).** Dieser Tempel wurde 1818 auf Wunsch von Königin *Tripura Sundari,* der Frau von *Jung Bahadur Rana*, gebaut. Dieser wurde ihrem Gatten zu Ehren errichtet, sollte aber auch gleichzeitig das religiöse Verdienst der Königin mehren helfen. Sicherheitshalber ließ sie eine Statue ihrer selbst für die Nachwelt installieren, die dort heute noch, von einem Schirm beschattet, zu finden ist.

Etwa 1 km weiter westlich führt der Uferweg zum **Tin-Deval-Tempel,** zum **Panchali Bhairav,** einem Shiva-Schrein.

Sehenswürdigkeiten am Stadtrand

Swayambhunath

Die Stupa von Swayambhunath, ca. 2 km westlich von Kathmandu auf einem legendenumwobenen Hügel gelegen, ist fast ein Wahrzeichen der Stadt, das mittlerweile auf unzähligen Fotos abgelichtet wurde.

er Vorzeit, genauer gesagt im Satya Yuga, dem "Zeitalter der Wahrheit", hatte sich der Vipassawi Buddha auf dem Berg von Nagarjun niedergelassen. Am Vollmondtag im Monat Chaitra (März/April) warf er einen Lotussamen in das vor ihm liegende Tal, das zu jener Zeit noch ein See war, aus dem nur einige Berggipfel herausragten. Der Same schlug alsbald Wurzeln, die sich in Guhyeshvari in die Erde bohrten. Die entstandene Lotusblüte aber trieb auf dem See, und von ihr ging ein blaues, überirdisches Licht aus, das weithin sichtbar war. Nachdem der Sikhi Buddha von dem mysteriösen Licht gehört hatte, begab er sich auf einen Berggipfel in der Nähe und meditierte solange auf das Licht, bis er mit ihm eins geworden war.

Ein Zeitalter darauf, im Treta Yuga, kam der Boddhisattva Manujshri aus China und beobachtete von einem Hügel bei Bhaktapur drei Nächte lang das Licht von Swayambhunath. Dabei kam ihm in den Sinn, das Wasser, auf dem der Lotus schwamm, abfließen zu lassen. Er machte sich auf zum Südufer des Sees, zerteilte an einer günstigen Stelle mit seinem Schwert die Berge, und das Wasser floß ab. So entstand die Chobar-Schlucht, durch die heute der Bagmati fließt. Der Lotus aber setzte sich nun auf einen Hügel nieder, dem heutigen Swayambhunath-Hügel, und wurde als Sinnbild des "Selbstgeborenen Buddha" verehrt *(swayam* = "selbst", *bhu* = "geschaffen", *nath* = "Gott"). Um den Lotus zu schützen, wurde

Swayambhunath

Dies ist einer der heiligsten Orte des Kathmandu-Tales, der allerdings auch von einer unheiligen Herde Affen bevölkert wird, die ihm den Namen *"Monkey Temple"* eingetragen hat. Vorsicht – wer etwas in der Hand hält, das im entferntesten nach Essen aussieht, wird möglicherweise Opfer eines Überfalls: Die Affen reißen einem das vermeintliche Futter allzu gerne aus den Händen, um dann irgendwo auf dem hügeligen Gelände unterzutauchen und die Beute in Ruhe zu inspizieren.

Um den Swayambhunath-Hügel ranken sich – wie so vieles in Nepal – *Mythen und Legenden.* In grau-

eine Stupa darüber errichtet. Wahrscheinlich hatten sich schon im 5. Jh. Tempelbauten an dieser Stelle befunden, angeordnet von König *Manadeva*. Die ältesten noch vorhandenen Inschriften stammen zwar erst aus dem Jahr 1129, dennoch gilt als sicher, daß sich hier schon lange zuvor ein Heiligtum befunden haben muß. Mitte des 14. Jh. wurde die Anlage von einfallenden Moslems zerstört, und der heutige Bau stammt zum größten Teil aus der Zeit des nachfolgenden Neubaus.

Der beste Weg, Swayambhunath zu besteigen, ist die **große Treppe** an seiner Ostseite – auch, wenn es einen bequemeren Zugang an der Südseite gibt, der per Fahrzeug erreicht werden kann. Der Beginn der Treppe ist selber eine kleine Sehenswürdigkeit. Links davor, an der Straße, die links herum direkt zur Stupa führt, befindet sich eine Gompa mit einer übermannshohen Gebetsmühle. Vor den Stufen selber stehen drei rot-gelbe Figuren von sitzenden Buddhas, die den Weg weisen. Dazwischen führen die Stufen (insgesamt 365) steil nach oben. Vorsicht, bei nasser Witterung besteht Rutschgefahr.

Das Ende der Treppe wird von einem ca. 1,5 m hohen **Vajra** oder "Donnerkeil" markiert, dem Symbol der spirituellen Kraft. Der Vajra (auf Tibetanisch: *dorje)* ruht auf einem Mandala, an dessen Seiten die Symbole des tibetanischen Kalenders angebracht sind.

Buddha-Figuren vor der "großen Treppe"

Unmittelbar dahinter befindet sich *die heilige Stupa,* aus der oben durch eine Öffnung immer noch das mystische Licht erstrahlt. Die Basis des Gebildes ist der Meghi oder Sockel, auf dem sich eine Kuppel erhebt. Diese wird als Garbha ("Mutterleib") oder Andha ("Ei") bezeichnet und besteht innen aus aufgeschütteter Erde und Geröll, bedeckt mit einer Schicht aus Ziegelsteinen, die schließlich mit Gips verputzt wurde. Zu bestimmten Festtagen wird die Kuppel so geschickt mit Ockerfarbe bespritzt, daß dabei Muster entstehen, die einer Lotusblume ähneln. Sponsoren dieser Verschönerungsaktion sind häufig Gläubige, die sich besondere religiöse Verdienste erwerben wollen.

Aus der Mitte der Kuppel ragt oben ein kastenförmiger, quadratischer Aufbau, der Harmika, an dessen vier Seiten die allsehenden Augen des Buddha gemalt sind. Auf der Stirn zwischen den Augen befindet sich zudem das mystische "Dritte Auge", das Sinnbild spiritueller Erkenntnis. Die "Nase" wird durch die fragezeichenähnliche nepalesische Ziffer "1" dargestellt, ein Symbol für die Einheit des Buddha mit dem Universum.

Über dem Harmika läuft ein goldener Turm in 13 nach oben kleiner werdenden Stufen zu einer Spitze zusammen. Die Stufen symbolisieren die 13 Stufen spirituellen Fortschritts. Als "Krone" ist ihnen eine Art majestätischer Schirm aufgesetzt, als Sinnbild des höchsten religiösen Zieles, des Nirvana.

Um die Stupa herum sind Nischen mit den *fünf Dhyani-Buddhas* ("Meditierende Buddhas") und ihren jeweiligen Reittieren angebracht – der Amogasiddhi auf dem Garuda (Nordseite), der Akshobhya auf seinem Elefanten (Ostseite), der Ratnasambhava auf einem Pferd (Südseite), der Amitabha auf einem Pfau (Westseite) sowie der Vairocana auf seinem Löwen (nahe dem Akshobhya). Dhyani-Buddhas repräsentieren verschiedene Eigenschaften oder Aspekte, die einem Erleuchteten zugeschrieben werden.

Zwischen den Buddhas befinden sich außerdem Nischen mit vier ihnen zugeordneten weiblichen Aspekten, den *Buddhashaktis.* Rings um die Stupa, zwischen den einzelnen Buddha-Nischen, sind Reihen von *Gebetsmühlen* errichtet, die von den Gläubigen beim Umrunden der Stupa (immer im Uhrzeigersinn!) gedreht werden. Die Mühlen tragen die tibetische Inschrift "Om Mani Padme Hum" ("Ehre sei Dir, Du Juwel in der Lotusblüte"), die heiligste buddhistische Gebetsformel. Das Drehen der Gebetsmühlen ersetzt das langwierige Aufsagen der Formel.

Die Stupa ist weiterhin mit einer Vielzahl von Gebäuden, Schreinen und Chaityas umgeben. Vier der *Schreine* sind den vier Elementen geweiht, Erde, Waser, Feuer und Luft. Ein anderer, an der Nordostseite der Stupa, ist Hariti oder Ajima gewidmet, der Göttin der Pocken. Mütter bringen ihre Kinder hierhin, um sie von der Göttin gegen Pocken und andere ansteckende Krankheiten immunisieren zu lassen!

An der äußersten Nordseite steht ein recht unauffälliges Gebäude, das **Shantipur Building,** das aller Schlichtheit zum Trotz eine interessante Geschichte zu erzählen hat: Nachdem König *Gunakamadeva* die Götter einst durch Inzest erzürnt hatte, war eine verheerende Dürre mit nachfolgender Hungersnot über das Land hereingebrochen. Mit Hilfe eines Weisen namens Shantikar, der in besagtem Gebäude lebte, versuchte der geplagte König, die Elemente zu besänftigen. Shantikar gelang es, die Herrschaft über neun Nags oder Schlangengötter zu gewinnen. Er brachte sie dazu, dem König zu huldigen, und aus ihrem eigenen Blut bildeten sie ihre Ebenbilder, die der König von nun an bei Dürre anrufen sollte – Regen würde danach vom Himmel fallen! Noch heute soll sich der nepalesische König bei drohender Dürre zum Tempel begeben, um die neun Schlangengötter anzurufen – ob aus festem Glauben daran oder als Zugeständnis an die Tradition, das sei dahingestellt!

Chabahil

Etwa 4,5 km östlich von Kathmandu-Innenstadt in Richtung der Bodhnath-Stupa steht die Stupa von Chabahil (14 m Durchmesser). Chabahil war einst ein eigenes Dorf, mittlerweile wurde es aber von dem sich immer weiter ausbreitenden Kathmandu geschluckt. Wie bei Bodhnath, so gibt es auch hier keine gesicherten Erkenntnisse über die Ursprünge der Stupa. Einer Legende nach wurde sie im 3. Jh.v.Chr. vom indischen König Ashoka und seiner Tochter Charumati in Auftrag gegeben. Mit Sicherheit ist sie älter als die Stupa von Bodhnath, die Chaityas um sie herum stammen aus der Licchavi-Periode, aus der Zeit zwischen dem 5. und 8. Jh. In einem Gebäude an der Nordseite der Stupa befindet sich die Figur eines sitzenden Buddhas mit einer Öffnung darunter. Der Überlieferung nach kann nur derjenige durch diese kriechen, der nie lügt!

Bodhnath

Die Stupa von Bodhnath, 6 km nordöstlich des Zentrums von Kathmandu, ist neben Swayambhunath das wichtigste buddhistische Heiligtum Nepals. Mit einem Durchmesser von 40 m ist sie zudem eines der größten buddhistischen Bauwerke der Welt.

Die Hintergründe und Daten ihrer Entstehung sind umstritten. Möglicherweise stammt sie aus dem 7. Jh., aber wie so oft in Nepal vermischen sich Fakten und Legenden zu einem unauflösbaren Mysterium.

Gemäß einer dieser **Legenden** wurde die Stupa von einem Mädchen namens Kangma gebaut, die einst als überirdisches Wesen existiert hatte, als Strafe für den Diebstahl von Blumen in Indras Himmel jedoch als Tochter eines Schweinehirten wiedergeboren worden war. Als sie herangewachsen war, heiratete sie, bekam vier Kinder und wurde alsbald Witwe.

Auf sich selbst gestellt, verdiente sie ihren Lebensunterhalt als Gänsehirtin und hatte

Die Stupa von Bodhnath

nach geraumer Zeit ein solides kleines Vermögen angehäuft. Mit der Zeit wurde sie immer mehr von dem frommen Wunsch erfüllt, dem Amitabha-Buddha ein Heiligtum zu errichten. Zur Unterstützung ihres Vorhabens bat sie den König, ihr soviel Land zur Verfügung zu stellen, wie ein Büffelfell umspannen konnte. Der König sagte zu. Die Frau nahm ein Büffelfell, schnitt es in hauchdünne, schmale Streifen und nähte sie aneinander. Damit umspannte sie ein riesiges Areal, das ihr der König trotz der Anfechtungen neidischer Mitbürger gewährte. Die Gänsehirtin begann mit dem Bau der Stupa, der nach ihrem Tod von ihren Söhnen fortgesetzt wurde. Diese ließen schließlich auch Teile der sterblichen Überreste des Kashyapa-Buddha in die Stupa einmauern.

Soweit die Legende. Verbürgt ist, daß an dem Gelände der Stupa schon vor Jahrhunderten ein Handelsweg nach Tibet vorbeiführte.

Wahrscheinlich nutzten die Reisenden die Stupa zu einem letzten inbrünstigen Gebet, das sie gegen die Gefahren der langen Reise absichern sollte. Die Stupa in ihrer heutigen Form ist denn auch nicht mehr der ursprüngliche Bau, sondern stammt wahrscheinlich aus dem 14. Jh. und nach der Zerstörung durch einfallende Moslems neu errichtet worden.

Heute überwältigt das immense Ausmaß der Stupa den Besucher, und wer sie wie ein tibetanischer Pilger im Uhrzeigersinn umkreist, wird einige Minuten dazu benötigen. Der Grundriß der Stupa ist einem tibetanischen Mandala nachempfunden, mit einem vierstufigen *Sockel,* in dessen Mitte sich die glockenförmige Kuppel erhebt. Auf dieser baut sich ein quadratischer *Turm* auf, der sich in 13 Stufen nach oben hin verjüngt und an seiner Spitze mit einem "krönenden" Schirm abgeschlossen wird. Wie bei der Stupa von Swayambhunath, so symbolisieren die 13 Stufen die 13 Stadien spiritueller Erkenntnis, und der Schirm gilt als Sinnbild der Erleuchtung. Von den Seiten des Turmes überblicken die *Augen des Buddha* das Geschehen, wieder mit einem zusätzlichen "Dritten Auge" versehen und der nepalesischen Ziffer "1" als "Nase" (vergl. Swayambhunath).

Um die Basis der Stupa befinden sich 108 kleine *Statuen des Amitabha-Buddhas* (108 ist eine heilige Zahl der Buddhisten und Hindus), und entlang des Wandelganges um die Stupa sind Hunderte von Gebetsmühlen angebracht. An der Nordseite der Stupa steht ein Schrein, der Hariti oder Ajima geweiht ist, der Göttin der Pocken.

In unmittelbarer Umgebung befinden sich einige Gompas oder *Klostergebäude,* die von Mönchen bewohnt und zu Gebetssitzungen genutzt werden. Die Gompas sind zum Teil mit eindrucksvollen Wandgemälden und Thangkas geschmückt. In der Cinya Lama Gompa nördlich der Stupa hat der Cinya Lama, das dritthöchste spirituelle Oberhaupt der Tibetanter nach dem Dalai Lama und dem Panchen Lama, seinen Wohnsitz.

Da Bodhnath vor allem von tibetanischen Buddhisten verehrt wird, hat sich um das Heiligtum eine *tibetanische Siedlung* gebildet, die das Gelände um die Stupa kreisförmig umschließt. Neben Wohnhäusern gibt es hier zahlreiche Geschäfte, die tibetanische Souvenirs anbieten, sowie einige einfache tibetanische Restaurants. Hier wird unter anderem Chang, Reisbier und Tongba (Hirsebier) angeboten. Letzteres wird in einem Bambusrohr mit Strohhalm serviert.

Pashupatinath

Der hochinteressante Pashupati-Tempelkomplex liegt ca. 5 km östlich der Innenstadt Kathmandus am Bagmati-Fluß und unmittelbar neben dem Tribhuvan Airport.

Pashupatinath ist Nepals wichtigstes hinduistisches Heiligtum und der Zielort zahlloser *Pilger und Sadhus.* Letztere sind oft furchterregend dreinschauende Asketen, die sich wie ihr Vorbild Shiva die langen Haare zu einem Berg auf dem Kopf auftürmen und zur Vertiefung ihrer Meditation Ganja und Haschisch rauchen, so wie Shiva einen ganzen Berg Ganja geraucht haben soll. Ein Großteil der Sadhus als auch der Laienpilger stammt aus Indien, einige sogar aus dem tiefen Süden.

Gegenüber dem Surya Ghat lebt der bekannte Sadhu Dugdhadhiri Baba, auch "Milk Baba" genannt - angeblich ernährt er sich von nichts anderem als Milch! Seine kleine Steinhütte, gelegen auf einer Anhöhe über der Ufer-"promenade", ist im Inneren mit Dutzenden von Götterbildern geschmückt.

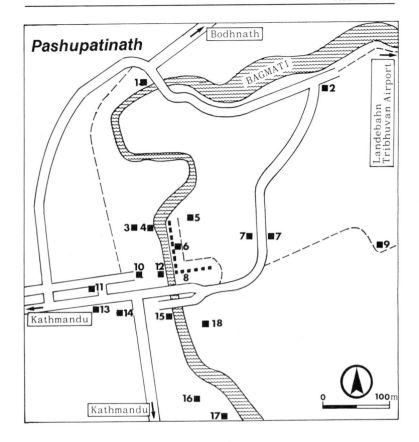

Pashupatinath

1 Hanuman-Statue	10 Pashupatinath-Tempel
2 Guhyeshvari-Tempel	11 Restaurants
3 Aussichtspunkt	12 Ghat für königliche Kremationen
4 Einsiedler-Höhlen	13 Taxis
5 Shiva-Lingam	14 Pancha-Deval-Tempel
6 Aussichtspunkt	15 Kremations-Ghat
7 Gorakhnath-Tempel	16 Bacchareshvari-Tempel
8 Chaityas	17 Ram-Tempel
9 Vishvarup-Tempel	18 Dugdhadhiri Baba ("Milk Baba")

Sadhus

Wie bei allen Hindu-Tempeln in Nepal ist auch hier Nicht-Hindus der Zutritt zum Allerheiligsten nicht erlaubt. Das umliegende Gelände bietet aber so viel Sehenswertes und so viel Atmosphäre, daß ein Besuch lohnt. Wäre man Nepal-Besucher im Schnelldurchgang und könnte nur eine einzige Sehenswürdigkeit besuchen, so sollte es dieser Ort sein.

Der Pashupati-Tempel ist Shiva in seiner Form als "Herr der Tiere" geweiht *(pashu* = "Vieh, *pati* = "Herr", *nath* = "Gott"). Das *Hauptheiligtum* ist ein riesiger Shiva-Lingam, das Fruchtbarkeitssymbol Shivas, der aus einer Yoni ragt, dem Symbol für das weibliche Prinzip. Der Lingam weist an seinen vier Seiten jeweils einen Shiva-Kopf auf, und dieser Pashupatinath-Lingam ist es auch, den man in verkleinerter Form bei den Souvenir-Händlern findet.

Da Nicht-Hindus den OriginalLingam nicht sehen können, empfiehlt sich ein Besuch im *Pancha Deval,* einem großen, quadratischen Gebäude an der Südostseite des Tempelkomplexes. Dieses dient als ein (aus Spenden finanziertes) Behindertenheim und weist in seinem Innenhof (Ostseite) eine exakte, wenn auch verkleinerte Kopie des Pashupati-Lingam auf. Der Sinn dieser Kopie liegt darin, daß das Original nicht berührt werden darf. Hierhin kommen Gläubige, um den Lingam mit Blumen und buntem Pulver zu bestreuen und ihn kurz zu berühren.

Das *Tempelgebäude* um den Original-Lingam stammt aus dem Jahre 1696 und wurde unter *Birpalendra Malla* errichtet, auch wenn sich hier schon lange vorher ein Heiligtum befunden haben muß. Der Tempel ist durch vier *Tore* zu-

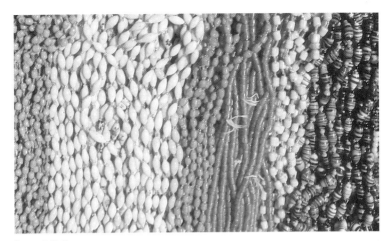

Souvenir-Ketten

gänglich (nur für Hindus!), die sich jeweils an einer Seite befinden. An den Toren blickt jeweils ein Nandi-Bulle, das Reittier Shivas, in Richtung des Lingam. Am Westtor, dem Hauptzugang, steht ein riesiger goldener Bulle, von dem der von außen schauende Nicht-Hindu jedoch nur das imposante Hinterteil als auch Teile der Genitalien zu Gesicht bekommt! Wie an den anderen Zugängen auch, so steht auch hier ein Polizist Wache, das Gewehr bei Fuß.

Von einigen Gläubigen werden an den Toren **Lakhbatti** verbrannt, wörtlich "Hunderttausender-Lichter". Diese sind so etwas wie Zwirnsrollen, die jeweils 1000 Windungen aufweisen, und 100 dieser Rollen ergeben ein Lakhbatti, also ein Licht aus 100.000 Windungen. Die Lakhbatti werden dann mit geklärter Butter *(ghi)* übergossen und vor den

Zugängen abgebrannt. Wieviele Lakhbatti jemand verbrennen läßt, hängt einerseits davon ab, wieviel religiösen Verdienst er sich erhofft, andererseits vom Geldbeutel – ein Lakhbatti kostet ca. 700 Rs.! Die in Pashupati benutzten Lakhbatti werden übrigens zum großen Teil von den Behinderten im Pancha Deval hergestellt.

Außer dem Hauptheiligtum sind die meisten anderen Teile des Tempelkomplexes für Nicht-Hindus zugänglich. Vor dem Haupttor an der Westseite befindet sich eine faszinierende **kleine Gasse,** die von Bettlern, Musikanten und Souvenirhändlern flankiert wird. Die Stände verkaufen Götterbilder, bunte Pulver, die auf den Pashupati-Lingam geschüttet werden, die erwähnten Mini-Lingams, Blumengirlanden wie auch Rudraksha-Ketten.

Die Rudraksha-Mala — Gebetshilfe und Allheilmittel

Indische Pilger, die den Pashupatinath-Tempel besuchen, müssen ihren Daheimgebliebenen oft ein besonders begehrtes Andenken von dort mitbringen: eine Rudraksha-Mala, d.h. eine Kette aus Rudraksha, dem *Samenkern* des Elaecarpus-Baumes. Rudrakshas gelten als eine Manifestation Shivas, deren Berührung alleine alle Sünden hinwegwaschen kann. Rudraksha bedeutet übersetzt etwa "Auge des Rudra", wobei Rudra ein anderer Name für Shiva ist.

Rudrakshas sind in der Regel kugelrund, mittel- bis dunkelbraun, haben einen Durchmesser von 1 bis 2 cm und sind von einer Anzahl von Furchen durchzogen. Meistens werden sie in *Ketten* zu 108 Rudrakshas aneinandergereiht, da diese Zahl den Hindus als glückverheißend gilt. Die Ketten werden zum Teil als *Japamala* benutzt, als "Kette zum Aufsagen von Mantras". Dabei wird bei jedem neuerlichen Rezitieren des Mantras mit den Fingern eine Rudraksha weitergezählt, bis nach 108 Rezitationen das Ende der Kette erreicht und ein Gebetszyklus beendet ist.

Rudraksha-Ketten werden vor allem von Sadhus getragen, die in den allermeisten Fällen Anhänger von Shiva sind. Gelegentlich tragen Gläubige ein oder zwei Rudrakshas an einem Zwirnsfaden um den Hals, die ihnen von weisen Männern gegeben wurden und irgendeinen metaphysischen Zweck erfüllen sollen.

Gemäß der Ayurveda, der traditionellen indischen Heilkunde, haben die Rudrakshas aber auch einen *therapeutischen Wert.* Dieser hängt weitgehend davon ab, wieviele Furchen der Samenkern aufweist. Diese Furchen werden fachmännisch als Mukh oder "Gesichter" bezeichnet. Rudrakshas, die zehn Furchen aufweisen, sollen – mit Milch zu einer Paste verarbeitet – chronischen Husten kurieren. Rudrakshas mit vier Furchen werden in Milch gekocht und heilen dann angeblich "alle Gehirnerkrankungen". Allein schon das Tragen einer Rudraksha-Kette soll hohen Blutdruck verhindern.

Andere Teile der insgesamt 300 Varianten des Elaecarpus-Baumes werden bei Fieber, Malaria, Epilepsie, Rheuma, Lepra, Geschwüren, Lungenentzündung, Hämorrhoiden, Durchfall, Ruhr und einer Reihe anderer Krankheiten verwandt. Die hohe Achtung, die der Baum genießt, hat also nicht nur spirituelle Gründe.

Rudrakshas können aber auch *Seltenheitswert* besitzen, etwa so wie ein vierblättriges Kleeblatt. Der Wert von Rudrakshas hängt ausschließlich von der Anzahl ihrer "Gesichter" ab, also ihrer Furchen. Je weniger Furchen, desto wertvoller sind sie. Die Rudrakshas mit den meisten Furchen, die bisher gefunden wurden, hatten 32. Rudrakshas mit 5 Furchen sind noch relativ häufig, darunter jedoch beginnt die Edelklasse. Hat eine Rudraksha nur 2 "Gesichter", wird sie als Gauri Shankar bezeichnet, wobei die beiden Hälften Parvati (Gauri) und Shiva (Shankar) repräsentieren. Am seltensten und somit wertvollsten sind jedoch die Exemplare mit nur einem "Gesicht". Diese kosten Abertausende von Rupien, denn sie gelten als Befreier von allen Sünden und als Garant für Glück und Wohlstand. Lakshmi, die Göttin des Reichtums, lächelt demjenigen zu, der eine einfurchige Rudraksha sein eigen nennt. König Birendra soll gar eine ganze Sammlung davon besitzen.

An der Nordseite der Souvenirhändler-Gasse, wenige Meter vom Haupttor des Tempels entfernt, führt eine Treppe hinauf auf einen Hügel, der oben zu einer Plattform abgeflacht ist. Von hier ergibt sich ein guter Ausblick auf den Tempelkomplex.

An der Südostseite des Tempel-Hauptgebäudes überspannen zwei kleine Brücken den schmalen Bagmati-Fluß. Von der Anhöhe am anderen Ufer, dem Ostufer, hat man freien Blick auf das Hauptgebäude, das den Pashupati-Lingam beherbergt. Die *Ufertreppen* unterhalb des Gebäudes heißen *Arya Ghat* ("Ufer der Adligen"), und hier werden die verstorbenen Verwandten der Königsfamilie kremiert. Dazu pflanzt sich am anderen Ufer ein Ehrenbataillon der Armee auf. Das Arya Ghat ist für Nicht-Hindus nicht zugänglich, von den Brücken oder dem Ostufer des Flusses hat man Ausblick darauf.

Wenige Meter südlich der Brücken befindet sich das *Surya Ghat* ("Ufer der Sonne"), wo auf speziellen Plattformen die gewöhnlichen Sterblichen nach ihrem Tode verbrannt werden. Das ganze Ritual geht meist sehr formlos vor sich, der Tote wird im Eiltempo zum Ufer gebracht, das Brennholz wird aufgeschichtet, der Tote daraufgelegt, und nach kurzem Ritus geht der Scheiterhaufen in Flammen auf. Trotz der scheinbaren Gleichgültigkeit der Anwesenden dem Tod gegenüber sollte man beim Beobachten einer Zeremonie sehr zurückhaltend sein. (Und noch mehr beim Fotografieren!) Um nicht zu stören, beobachtet man am besten vom anderen Ufer aus oder vom Dach des Gebäudes neben dem Surya Ghat.

In früheren Zeiten fanden an dieser Stelle auch die *Sati* statt, die *Selbstverbrennungen* der Witwen, die sich zusammen mit ihren toten Ehemännern den Flammen übergaben. Gemäß der hinduistischen Tradition wurden diese Frauen posthum als Inkarnation einer Göttin verehrt. Eine Witwe, die im Begriff war, Sati zu begehen, konnte sich dem alten Glauben gemäß durch eine Art inneres Feuer spontan selbst entzünden. Heute ist der Sati gesetzlich verboten.

Weiter südlich des Surya Ghat befinden sich weitere Tempelanlagen – ein *Bachhareshvari-Tempel* und ein *Ram-Tempel* – sowie eine sehr gut erhaltene stehende Buddhafigur aus dem 7. Jh. Diese ist halb in der Erde vergraben.

Auf der anderen Flußseite, gegenüber dem Arya Ghat, stehen 11 *weiße Chaityas,* in denen sich jeweils ein Schrein Shivas befindet. Etwas weiter oben auf der Nordseite der angrenzenden Anhöhe steht ein weiterer dem Pashupati-Lingam nachempfundener Lingam.

Der dahinter befindliche Hügel ist dicht mit Eichen und Champa-Bäumen bewachsen und Tummelplatz einer mitgliederreichen *Affenherde.* Vorsicht, viele der Affen sind aggressiv, und wer den Hügel durchstreift, sollte sich vorher besser mit einem Stock bewaffnen. Der Biß eines Affen kann sehr schmerzhaft sein und zudem Tollwut übertragen.

Ansicht von Pashupatinath um 1884

Zu bestimmten Tageszeiten marschieren übrigens Hunderte von Affen in geschlossener Formation zum Trinken zum Fluß – ein Bild von fast menschlicher Disziplin!

Die Stufen am Ostufer führen den Hügel hinauf zum **Gorakhnath-Tempel,** der zahlreichen Sadhus als Aufenthaltsort dient. Wie die vielen Chaityas andeuten, vor denen Figuren des Nandi-Bullen sitzen, ist der Tempel Shiva geweiht.

In einer der **Sadhu-Unterkünfte** lebt *Shiva Avatari Lama* (geb. 1955), einer der bekannteren Sadhus des Landes und einer der umgänglichsten und freundlichsten dazu. Im Gegensatz zu den meisten seiner "Kollegen" lehnt er den Gebrauch von Haschisch strikt ab und lebt auch ansonsten ausgesprochen asketisch - seine Hauptnahrung sind Kartoffeln, dazu ein wenig Obst und grundsätzlich kein Salz. *Shiva Avatari Lama* spricht kaum Englisch, nur Nepali und Hindi, dennoch sind ihm westliche Gäste jederzeit willkommen. Der Besuch lohnt, es bieten sich gute Einblicke in das Leben eines echten Sadhu.

In einer Unterkunft gleich nebenan wohnt der ältere *Yoginath Harinar,* einer der verehrtesten heiligen Männer Nepals - selbst Minister suchen seinen Rat! *Harinar,* dessen sanftes Gesicht tiefe Vergeistigung auszustrahlen scheint, ist introvertierter als *Shiva Avatari Lama,* dennoch werden auch hier Besucher nicht abgewiesen.

Südwestlich des Tempelgeländes zweigt ein Weg ab, der zum nahegelegenen *Vishvarup-Tempel* führt; diesen Abstecher kann man sich jedoch sparen, da der Tempel für Nicht-Hindus nicht zu betreten und von außen nicht zu sehen ist. Der Weg durch das Gelände des Gorakhnath-Tempels verläuft weiter über den bewaldeten Hügel, um dann an dessen Nordseite am Guhyeshvari-Tempel zu enden (s.u.).

Festtage in Pashupatinath

Ekadashi – der Name bedeutet soviel wie "Fest des elften Tages", es wird an jedem 11. Tag nach Voll- und Neumond begangen. Außergewöhnliches passiert dabei nicht, es finden sich lediglich mehr Gläubige als an den anderen Tagen ein, mit noch reichlicheren Ofpergaben für Pashupatinath.

Shivaratri – Das Fest der "Nacht des Shiva" findet am ersten Tag des Hindu-Monats Falgun (Februar/März) statt, also am Neumondtag. Dazu strömen Abertausende von Pilgern herbei, um Shiva in seiner Form als Pashupatinath zu ehren. Die meisten der Pilger kommen aus Indien, ein Teil davon sogar zu Fuß, um Shiva so ihre Hingabe zu bezeugen. Unter ihnen ist eine große Zahl von Sadhus, die außer mit einem Lendenschurz nur mit heiliger Asche bedeckt sind. Der mit sich geführte Trishul oder Dreizack weist sie als Anhänger Shivas aus.

Zum Shivaratri werden rituelle Bäder im Bagmati-Fluß genommen, es wird gebetet, und so mancher Festteilnehmer unterwirft sich rituellem Fasten. Der Pashupati-Lingam im Allerheiligsten wird mit Blumen und anderen Opfergaben überhäuft.

Shivaratri wird zum gleichen Tag an allen Shiva-Tempeln des indischen Subkontinents begangen, in Indien wird das Fest allerdings meist Mahashivaratri genannt, die "Große Nacht des Shiva".

Tij – Ein reines Frauenfest, das jeweils am dritten Tag nach Neumond im Hindu-Monat Bhadra (August/September) gefeiert wird. Die Frauen legen festliche, ausschließlich rote Saris und den besten Familienschmuck an und bitten in einem ausgelassenen Reigen aus Tänzen und Gesängen um ein langes Leben ihrer Gatten. Dazu finden rituelle Waschungen im Bagmati statt, und einige Teilnehmerinnen unterwerfen sich dem Fasten.

Magh Sankranti – Am ersten Tag des Hindu-Monats Magh (Januar/Februar) werden Shiva, Vishnu, Bhagvati und andere Götter geehrt, aber auch die Sonne. Die Newar essen dazu Süßigkeiten aus Ghi (geklärte Butter) und Rohrzucker.

Bei Pashupatinath finden an diesem Tag allerdings nur kleinere Feierlichkeiten statt; am sehenswertesten ist das Fest am Devghat, dem Zusammenfluß von Kali Gandaki und Narayani (auch: Seti Khola) nahe Narayanghat.

Guhyeshvari-Tempel

Der Ort des Guhyeshvari-Tempels wird als eine der heiligsten Stellen im Kathmandu Valley angesehen, um den sich auch eine Anzahl von **Legenden** rankt. So soll hier die Wurzel des Lotus stecken, dessen Blüte und mystisches Licht sich in Swayambhunath befinden (s.o.). Nachdem der Heilige Manujshri das erkannt hatte, ließ er Bäume bei Guhyeshvari pflanzen und ein Dorf bauen, in dem diejenigen seiner Anhänger leben sollten, die sich noch nicht vom Weltlichen losgesagt hatten, sondern als normale Familienväter ein gottgerechtes Dasein führten.

Einer anderen Überlieferung nach hatte sich Parvati in ein Feuer gestürzt, nachdem ihr der Vater verboten hatte, Shiva zu ehelichen. Als Shiva mit der toten Parvati auf den Schultern umherwanderte, fielen Teile ihrer Leiche zu Boden. Guhyeshvari ist der Ort, an dem ihre Guhya, wörtlich das "Verborgene", herniederkam, ihr Geschlechtsteil. Fresken am Eingang des Tempels zeigen kurioserweise eine furiose Frauengestalt, die eindeutig männliche Genitalien aufweist!

Die heutigen **Tempelgebäude** wurden erst im 17. Jh. unter *Pratap Malla* errichtet, irgendeine Art von Heiligtum hatte es sicherlich aber schon zuvor hier gegeben. Zwar ist auch dieser Tempel für Nicht-Hindus unzugänglich, ein Abstecher hierher lohnt aber dennoch: Am direkt vor dem Tempel vorbeigluckernden Bagmati läß es sich herrlich sitzen und das **Flußleben** betrachten – Kinder baden ohne Unterlaß, Frauen waschen endlos ihre Familienwäsche, und an den Ufern hüten Hirtenjungen ihre Büffel.

Die Straße, die entlang des Flusses zum Tempel führt, endet direkt davor, verläuft aber an dessen Ostseite weiter als schmaler Pfad. Folgt man diesem weiter in östliche Richtung, gelangt man zur Landepiste des Tribhuvan Airport. Sperrgebiet! In entgegengesetzter Richtung führt die Straße zu einem Dorf mit Wasch- und Tempelanlagen am Fluß. Darunter befindet sich eine rote Hanuman-Statue, die in Richtung Pashupatinath schaut.

Spaziergang Pashupatinath - Guhyeshvari — Bodhnath

Von Pashupatinath führen die Stufen am Ostufer des Bagmati auf den Hügel mit dem Gorakhnath-Tempel darauf. Von hier ist es nur ein Fußweg von wenigen Minuten hinab zum Guhyeshvari-Tempel. Der Weg verläuft zum Schluß seitlich von Guhyeshvari und endet in der relativ breiten Straße, die den Bagmati entlangführt.

Mit dem Guhyeshvari-Tempel im Rücken kann man über den Fluß hinweg im Hintergrund die riesige Stupa von Bodhnath erkennen. Diese ist von Guhyeshvari in ca. 35-40 Minuten Fußweg zu erreichen. Dazu gehe man die Straße vor dem Tempel nach Westen (mit dem Tempel im Rücken links herunter!), bis nach ca. 5 Minuten die kleine Siedlung von Guhyeshvari erscheint. Hier zweigt ein Weg rechts ab und führt durch einige weitere, fast ländliche Ansiedlungen nach ca. 30 Minuten auf eine Hauptstraße zu. Auf dieser geht es rechts entlang in wenigen Minuten zur Stupa von Bodhnath.

Die wichtigsten Stadtteile

Durbar Marg

Der Durbar Marg, wörtlich der "Weg zum Königshof" ist so etwas wie Kathmandus "Nobelallee", was allerdings nicht zu überhöhten Erwartungen führen sollte. Am Nordende der gerade 200 m langen Straße steht der erstaunlich unattraktive **Königspalast** (Royal Palace). Der Durbar Marg bildete bis in dieses Jahrhundert die Zufahrt dorthin, gesäumt von schattigen Bäumen. In einigen großzügig angelegten Villen in unmittelbarer Nachbarschaft hatten nepalesische Edelmänner ihre Konkubinen untergebracht.

Heute ist der Durbar Marg vollgestopft mit den Büros von Fluggesellschaften und Reiseunternehmen sowie einigen hochklassigen Hotels und Restaurants. Wer gut essen oder wohnen möchte, ist hier bestens aufgehoben.

Unterkunft

●Eine der besten Adressen Kathmandus ist das **Yak & Yeti Hotel** (*****), ein alter Rana-Palast, der einst auch dem legendären *Boris Lissanewitsch* als Residenz diente. Boris, wie er kurz genannt wurde, war russischer Abstammung, ein Gastronom der ersten Güteklasse und gilt heute als Vater des Tourismus in Nepal. Boris ist seit einigen Jahren tot, seine Lebensgeschichte wurde jedoch in einem Buch für die Nachwelt niedergeschrieben (Peissel, Michel: "Tiger for Breakfast"; Hodder, London).

Das Hotel besteht heute aus einem alten Flügel, dem ehemaligen Palast, sowie einem neueren Zubau mit einem großen Garten davor. Der alte Teil ist architektonisch interessant gestaltet, man fühlt sich in der Tat in eine Zeit versetzt, als noch der Adel ein- und ausging. Vorhanden sind zudem Swimming-Pool, Tennisplatz, Sauna, Massagemöglichkeiten und Shopping-Arkaden. Die mit allem Luxus eingerichteten Zimmer (AC, Heizung, Telefon etc.) kosten Einzel 150/190, Doppel 160/210 $; Luxussuiten zu 250-450 $, zu allem jeweils 13 % Steuer.

Adresse: Hotel Yak & Yeti, G.P.O.Box 1016, Durbar Marg, Kathmandu, Tel: 413999; Telex 2237/2683 YKNYTI NP; Fax 977-1-227782. Buchungen in Deutschland: Tel. (0211) 369903, (069) 1566748 und (0221) 2077-0; Schweiz: Tel. (01) 3116858.

●Weniger geschichtsbeladen, dennoch eines der besten Hotels der Stadt ist das **Hotel de l'Annapurna** (*****). Indische Filmstars, die immer wieder zu Dreharbeiten in Kathmandu einfliegen, favorisieren diese Herberge. Das moderne Haus bietet jeden Luxus: Spielcasino, Swimming-Pool, Tennisplatz, Health Club, Sauna und Beauty Parlour, Billard- und Croquet-Möglichkeiten sind vorhanden.

Die Zimmer (AC, Heizung, TV, Tel.) kosten Einzel 110/125, Doppel 120/135 $; Suiten zu 200 und 300 $; 13 % Steuer.

Adresse: Hotel de l'Annapurna, P.O.Box 140, Kathmandu, Tel. 2-21711; Telex NP 2205 AAPU; Fax 977-1-225236. Buchungen in Deutschland unter Tel. (0211) 369903 und (069) 1566748; in der Schweiz unter Tel. (01) 3116858.

●Nicht in derselben Klasse, dennoch reichlich teuer ist das renovierte **Woodlands Dynasty Hotel** (****). Zimmer mit Bad, AC, TV und Tel. zu 97 $ (Einzel), 108 $ (Doppel) und 196 $ (Suite); dazu je 13 % Steuer.

Adresse: Woodlands Dynasty Hotel, P.O.Box 760, Durbar Marg, Tel. 2-22683, 2-20123, 2-20623; Telex 2282 HOTOOD NP; Fax 977-1-1225650, 977-1-223083.

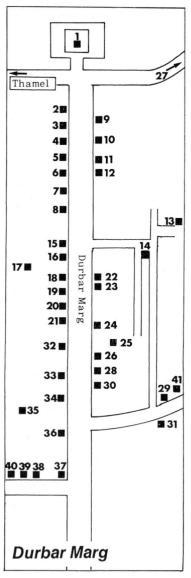

Thamel

Durbar Marg

Durbar Marg

1 Royal Palace
2 Souvenirladen
3 Souvenirladen
4 Wantan Restaurant
5 Standard Chartered Bank
6 Hot Breads
7 Pan Am
8 Singapore Airlines / Delta Air
9 Indian Airlines
10 Swissair
11 Pakistan International Airlines (PIA)
12 Air Lanka
13 Hotel Yak & Yeti
14 Kailash Book Distributors
15 Ghar-e-Kebab (Rest.)
16 Annapurna Coffee Shop
17 Hotel de l'Annapurna
18 Thai Airways
19 British Airways
20 Lufthansa
21 Air France
22 Air Canada
23 Japan Airlines (JAL)
24 Café de la Paix
25 Hotel Sherpa
26 Amber (Rest.)
27 Mike's Breakfast (Rest.)
28 Moti Mahal (Rest.)
29 Federal Express
30 Tansen (Rest.)
31 The Bakery Café
32 Nirula's (Fast Food)
33 Nanglo Pub
34 Quantas Dynasty
35 Woodlands Hotel
36 Mero Pub
37 Bangalore Coffee House
38 Punjabi Tandoori Restaurant
39 Hotel Mayalu
40 Yeti Travels / American Express
41 Akuj Hotel

●Ein weiteres Top-Class-Hotel ist *Hotel Sherpa* (****), mit geschmackvollen Zimmern (AC, Heizung , TV, Video, Tel.). Einzel 105 \$, Doppel 115 \$, Deluxe 200 \$, 13 % Steuer.

Adresse: Hotel Sherpa, P.O.Box 901, Durbar Marg, Kathmandu, Tel. 2-27000; Telex 2223 NEPCOM NP; Fax 977-1-222026.

●Ein paar Meter ums Südwestende des Durbar Marg herum befindet sich das relativ einfache *Hotel Mayalu* (*). Mäßige Zimmer mit Bad, EZ 9 $, DZ 13 $; 12 % Steuer.

●Relativ neu ist das *Akuj Hotel* (Tindhara Pathsala, Laldurbar, Durbar Marg, Tel. 2-228053; Fax 977-1-228359), das kleine, aber blitzsaubere und gemütliche Zimmer bietet (Bad; TV in einigen Zimmern). Bei Preisen von 10 bzw. 12 $ für Einzel/Doppel eine sehr gute Wohnmöglichkeit in diesem ansonsten so teuren Viertel. 10 % Steuer kommen dazu.

Restaurants

Ähnlich wie bei den Hotels, so gehören auch die hier vertretenen Restaurants in erster Linie der höheren Klasse an. Allerdings ist die Qualität auch überdurchschnittlich.

●Eines der Top-Five-Restaurants von Kathmandu für indisch/nepalesische Küche ist das *Ghar-e-Kabab* ("Kebab-Haus"). Dieses gehört zum Hotel de l'Annapurna, ist aber in einem getrennten Gebäude davor untergebracht. Ausgesprochen gut sind die Suppen (z.B. Tomato Soup, Cream of Vegetable Soup), Hühnergerichte oder Gemüsespeisen (z.B. Palak Paneer, würziger Spinat mit Käsebrocken). Die Preise liegen für nepalesische Verhältnisse recht hoch, mit 1.000 Rs. für ein volles Essen für 2 Personen ist zu rechnen. Abends gibt es zum Essen eine sehr angenehme Musikbegleitung, ein kleines Orchester spielt und singt stimmungsvolle Ghazals.

●Sehr beliebt ist auch der gleich nebenan gelegene *Coffee Shop* des *Hotel de l'Annapurna*. Geboten werden westliche Frühstücke und Backwaren, aber auch sehr gute südindische Massalla Dosas - wahrscheinlich die besten in Nepal. Die Preise sind wiederum nicht niedrig: Ein Frühstück für zwei Personen kostet ca. 300-500 Rs.

●Ghazal-Untermalung gibt es abends im *Amber Restaurant* an der Südostseite des Durbar Marg (ab ca. 20.00 Uhr). Das Ambiente ist etwas schummrig, was viele Zecher anzuziehen scheint, das Essen aber ist sehr gut. Die Preise sind aber auch entsprechend hoch; Gemüse-Curries z.B. kosten ab 95 Rs. Ein Essen für zwei Personen dürfte sich auf mindestens 800 Rs. belaufen.

●Rechts vom Amber befindet sich das *Moti Mahal* ("Perlenpalast"). Auch hier ist das Essen überdurchschnittlich gut, der Service gelegentlich aber etwas nachlässig. Hervorragend ist das Butter Chicken, das zudem in einer Riesenportion "angeflogen" kommt. Preise etwas niedriger als oben.

●Wiederum rechts vom Moti Mahal liegt das relativ neue *Tansen Restaurant*, das sich anschickt, den älteren Top-Restaurants Konkurrenz zu machen. Das Ambiente ist ausgezeichnet, mit heller, aber dennoch gemütlicher Inneneinrichtung; die Qualität des Essen schwankt jedoch zwischen gut und ausgezeichnet. Bei den relativ niedrigen Preisen für ein Restaurant dieser Klasse ist es auf jeden Fall einen Versuch wert (ab ca. 500 Rs./2 Pers.). Besonders empfehlenswert sind die Paneer Tikka, Riesenklötze von gewürzumhülltem Käse, der wie Kebab geröstet wird, oder Chicken Tikka, mariniertes und geröstetes Huhn.

●Eines der allerbesten indischen/nepalesischen Restaurants ist das im Hotel Yak & Yeti befindliche *Naachghar.* Der Name bedeutet soviel wie "Tanzhaus", und das nicht umsonst: Abends werden auf einer Bühne traditionelle nepalesische Volkstänze aufgeführt, die durchaus sehenswert sind. Einige Tänzer treten dabei in Tierkostümen auf – z.B. Yak und Pfau – und ahmen die Bewegungen der Tiere dabei erstaunlich lebensecht nach. Das Restaurant ist in einer stuccoverzierten, riesigen Halle untergebracht, und man kann sich gut vorstellen, wie hier einst der nepalesische Adel dinierte (der alte Teil des Hotels war, wie erwähnt, einst ein Palast).

Das Essen ist perfekt – alles auf der Speisekarte kann empfohlen werden! – der Service hochaufmerksam. Kostenpunkt gut 1.000 Rs./2 Personen. Die Tanzvorstellungen finden täglich von 19.00 - 20.00 Uhr statt.

●An der Südwestecke des Durbar Marg befindet sich das *Mangalore Coffee House* (zuvor Bangalore C.H.) mit (rein vegetarischen) südindischen Snacks und einigen nordindischen Gerichten. Gut ist die Masalla Dosa, ein knuspriger Teigfladen mit Gemüsefüllung, als auch die Coconut Uttapam, eine Art Pfannkuchen aus Reis- und Kichererbsenmehl mit Kokosraspeln darauf. Die Preise sind niedrig, ab ca. 100 Rs./2 Pers.

●Das Restaurant des Sherpa Hotel, **Sherpa Grill,** bietet eine sehr dezente Atmosphäre und einen guten Service, das Essen ist aber nur gehobene Mittelklasse. Ganz gut ist das Paneer Kabab, gegrillter Käse am Spieß. Ca. 600 Rs./ 2 Personen.

●Das Restaurant im Durbar Marg, das täglich den größten Ansturm zu bewältigen hat, ist wohl **Nirula's.**

Nirula's, der größte Hamburger-Verwurster des Subkontinents, ist Indiens Antwort auf McDonald's. Als das erste Lokal der Kette Anfang der achtziger Jahre in Delhi öffnete, war es bald so beliebt, daß dem Management regelmäßig die Bestecke ausgingen: Da das Besteck die Prägung "Nirula's" trug, war es ein beliebtes Souvenir und verschwand schneller in den Taschen der Gäste, als es ersetzt werden konnte. Daraufhin ließ sich das Mangement etwas besonderes einfallen. Es änderte die Prägung um in "Stolen at Nirula's" – "Gestohlen bei Nirula's"! Der Beliebtheit des Bestecks tat dies jedoch keinen Abbruch, im Gegenteil. Als sich herausstellte, daß ein Großteil der Löffel von Junkies entwendet wurde, die darauf ihren nächsten Heroinschuß aufbereiteten, ließ man kleine Löcher in die Löffel bohren.

Die Zeit der Besteckprobleme bei Nirula'a ist heute vorbei, die Löffel sind ganz normal, ohne Aufschrift. Die eifrigsten Kunden sind indische Touristen und die wohlhabendere einheimische Jugend. Es gibt Fast Food, aber auch 21 Sorten Eiscreme (ca. 15 Rs./ Portion), das gar nicht mal so übel ist, und Milchshakes.

●Etwas weiter nördlich am Durbar Marg, auf derselben Straßenseite, befindet sich das **Hot Breads**, eine Art Fast-Food-Restaurant für Backwaren. Es gibt alle möglichen Brotsorten (z.T. mit besonderen Füllungen), Kuchen, Pizzas u.ä. Die Waren können mitgenommen oder gleich am Ort verzehrt werden;

ein paar Tische und Sitzgelegenheiten sind vorhanden.

●Das für seine hervorragende westliche/ amerikanische Küche bekannte **Mike's Breakfast** ist vom Durbar Marg ca. 1 km weiter nach Nordosten umgezogen. Es befindet sich nun relativ abgelegen im Stadtteil Naxal, nahe dem Polizeihauptquartier (kennt jeder Taxifahrer). Der Weg lohnt aber auf jeden Fall. Mike's Breakfast ist ein idyllisches Gartenlokal, im Hintergrund spielt dezent klassische westliche Musik. Das Essen ist rundum ausgezeichnet, und man bekommt Riesenportionen für sein Geld. Ein volles Mittagessen für zwei Personen dürfte ca. 400-500 Rs. kosten. Beim Frühstück wird der amerikanische Einschlag klar, es gibt jede Menge Omelettes, Steak mit Spiegelei und Salat, aber auch Granola-Muesli oder Sandwiches. Nebenbei finden sich auf der Speisekarte auch sehr leckere mexikanische Gerichte - Burritos, Enchiladas und Entostadas. Geöffnet täglich 7.00-16.00 Uhr; dienstags und freitags zusätzlich 17.00-21.00 Uhr, dann stehen vor allem Pizzas auf dem Programm.

●In einer neben dem Restaurant gelegenen, hübsch restaurierten Villa befindet sich die **Indigo Gallery**; hier gibt es Thangkas und andere traditionelle Handwerksprodukte zu kaufen.

Sonstiges

●Jeder Buchliebhaber sollte einmal bei **Kailash Book Distributors** vorbeischauen, eine neuere Zweigstelle des bekannten Pilgrim's Book House in Thamel. Das Geschäft – geleitet von den Gebrüdern Tiwari aus Lucknow, Nordindien – bietet die größte Buchauswahl Nepals. Es gibt alles erdenkliche: Reiseführer (z.T. in Deutsch), Bildbände, wissenschaftliche Werke, Trekking-Karten und sogar Tee, Räucherstäbchen und vieles mehr. Das Geschäft unterhält auch einen weltweiten Versand-Service, so daß man die gekauften Buchmengen nicht selber mitschleppen muß.

Kantipath

Der Kantipath ist Kathmandus zentrale Nord-Süd-Verbindungsstraße und verläuft zum Teil parallel zum Durbar Marg. Zwar läßt der Kantipath das "weltstädtische" Flair des Durbar Marg vermissen, dafür befinden sich hier Sehenswürdigkeiten (s. "Sehenswürdigkeiten": Ratna Park, Rani Pokhri, Mahankal-Tempel) wie auch gute Hotels und Restaurants. Die meisten touristischen Einrichtungen liegen in der Nähe des Yellow Pagoda Hotels.

Unterkunft

●Das *Yellow Pagoda Hotel* (***) ist das beste Hotel am Kantipath. Die Lage ist zentral und dennoch ruhig. Die Zimmer (AC, Heizung, Tel.) kosten Einzel 60 $, Doppel 70 $, Suiten mit eigener Kitchenette zu 800 $/ Monat; 11 % Steuer. Adresse: Yellow Pagoda Hotel, P.O.Box 373, Tel. 2-20337, 2-20338; Telex 2268 PAGODA NP; Fax 977-1-228914.

●Etwa da, wo bis vor kurzem die Deutsche Botschaft angesiedelt war, steht heute das *Hotel Mountain* (***). Die Zimmer (Bad, A.C., Satelliten-TV, Video, Minibar) sind groß, sehr sauber und komfortabel. Kostenpunkt Einzel 70, Doppel 80 und Deluxe-Räume 100 $, dazu 11% Steuer. Im Erdgeschoß befindet sich ein gutes und relativ preiswertes Restaurant mit indisch/ nepalesischen als auch westlichen Gerichten (für 2 Pers. ab ca. 300 Rs.). Adresse: Hotel Mountain, P.O.Box 900, Kantipath, Kathmandu, Tel. 2-20481, 2-24498, 2-24086; Fax 977-1-227736; Tlx. 2780 MOUNT NP.

●Sehr gut ist das 100 m entfernte *Hotel Gautam* (**). Saubere Zimmer (AC, Heizung, Tel.), Einzel 26 $, Doppel 32 $, Dreier 40 $. Adresse: Hotel Gautam, P.O.Box 1241, Jyatha, Kantipath, Kathmandu, Tel. 2-15014, 2-15016; Telex 2447 HOGAUT NP.

●Verhältnismäßig preiswert ist das *Hotel Himalayan View* (*). Zimmer (Bad) zu 10 $ (Einzel) und 15 $ (Doppel); Dreier zu 20 $. Plus 11% Steuer. Bei Aufenthalten über einer Woche werden Rabatte gewährt. Adresse: Hotel Himalayan View, P.O.Box 218, Jyatha, Kantipath, Kathmandu, Tel. 2-16531.

●Daneben das *Hotel Kohinoor* (*), mit Zimmern mit Bad; Einzel 8 $, Doppel 12 $, Deluxe-Doppel 11 $, dazu 14 % Steuer.

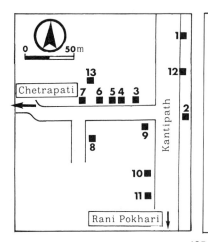

Kantipath

1 Hotel Mountain
2 Delicatessen Centre
3 Gautam Hotel,
   Kebab Corner (Rest.)
4 Hotel Himalayan View
5 Queens Pond (Rest.)
6 Hotel Kohinoor
7 Garden Hotel
8 Hotel Mt. Kailash
9 New Hotel Paradise
10 Korean Air
11 Air India
12 Hotel Yellow Pagoda
13 Hotel Rara

Adresse: Hotel Kohinoor, Jyatha, Kathmandu, Tel. 2-13930, 2-11997.

●Recht gut ist das *Hotel Mount Kailash* (*), mit Zimmern mit Bad zu 9 $ (Einzel), 14 $ (Doppel) und Deluxe-Räume zu 20 $; zu allem 12 % Steuer. Adresse: Hotel Mt. Kailash, P.O.Box 5515, Jyatha, Kantipath, Kathmandu, Tel. 2-16462.

●Das von der Hauptstraße etwas zurückversetzte *Rara Hotel* ist sehr ruhig gelegen und hat saubere, gepflegte Zimmer (Bad, AC, Tel., TV) zu 25/35 $ (Einzel) und 30/40 $ (Doppel), dazu je 11% Steuer. Insgesamt bietet das Haus eine des besten Preis-/Leistungsverhältnisse in diesem Teil der Stadt. Adresse: Hotel Rara, Jyatha, Kantipath, P.O.Box 3295 Kathmandu, Tel. 2-26969, Tlx. 2609 UTC NP; Fax 977-1-229158.

Restaurants

●Wer nach längerem Asien-Aufenthalt nach westlichen Spezialitäten lechzt, findet Abhilfe im *Delicatessen Centre* am Kantipath gegenüber der Einmündung zu Jyatha. Dieses Geschäft/Restaurant wird von Österreichern geleitet und befriedigt die ganze Palette heimischer Speisegelüste: Geboten werden Dutzende von europäischen Käse-, Wurst-, Fleisch- und Brotsorten, dazu jede Menge Kuchen, importierte Schokolade, Salate, Suppen, Sandwiches u.v.m. Das Sortiment ist in der Tat erstaunlich, die Preise erschwinglich. Beispiele: Roggenbrot 90 Rs., Wiener Apfelstrudel und Schwarzwäldertorte je 40 Rs., Sachertorte 50 Rs., 100 g Gouda oder 100 g Edamer je 88 Rs., Rollmops 75 Rs., Spaghetti Bolognaise 70 Rs. Zu den Stammkunden gehören westliche Botschaftsangehörige und andere "Expats".

●Eines der empfehlenswertesten Restaurants Kathmandus ist das *Kabab Corner* des Hotels Gautam. Es gibt indische/nepalesische Gerichte, die allerdings so mild gewürzt sind, daß sich Asienneulinge hier magenschonend an die lokale Küche gewöhnen können. Sehr gut ist das Dum Alu, ein fast europäisch wirkendes Kartoffelgericht in einer cremigen Soße, oder die Kashmiri Nan, Fladenbrote, die mit Trockenfrüchten bestreut sind. Die Gerichte sind für die Qualität nicht zu teuer, eine volle Mahlzeit für 2 Personen kostet ab ca. 300 Rs.

●Ebenso auffallend mild würzt das Restaurant des *Yellow Pagoda Hotel* – in Abwesenheit eines eigenen Namens schlicht "Dinner Hall" geheißen. Das Restaurant ist sehr sauber, hat einen guten Service und eine umfangreiche Speisekarte (indisch/nepalesisch, chinesisch, westlich). Ca. 500 Rs. für 2 Personen.

●Das preiswerte *Aroma Restaurant,* an der Nordwestseite des Rani Pokhri gelegen, ist vor allem wegen seines Dachgartens beliebt, auf dem sich die Sonnenuntergänge über Kathmandu genießen lassen.

Thamel / Chetrapati

Hierher zieht es die meisten Traveller nach Ankunft in Kathmandu: Thamel, ein kleines, quirliges Viertel mit engen und zum Teil schlecht gepflasterten Straßen, die sich in der Regenzeit in einen Morast-Parcour verwandeln. Aus welchen unerfindlichen Gründen der internationale Tourismus sich hier auch angesiedelt haben mag – heute treten sich Guest Houses, Hotels, Restaurants und Trekking-Agenturen fast gegenseitig auf die Füße. Die Auswahl an Low-Budget- und Medium-Budget-Unterkünften und Speisemöglichkeiten ist riesig, die große Konkurrenz wiederum hält die Preise in Grenzen.

Über kurz oder lang mußte der Tourismus-Boom auch auf die angrenzenden Stadtteile überschwappen. Wer ein wenig ruhiger wohnen möchte, sollte sich in Chetrapati umsehen, das sich direkt südlich an Thamel anschließt. Vom Herzen Thamels, um das Kathmandu Guest House herum, sind es nur drei Minuten Fußweg zum Chetrapati Chowk (Chowk sprich Tschauk = "Platz"), dem verkehrstechnischen Zentrum von Chetrapati.

Thamel und sein Zwillingsviertel Chetrapati haben heute dem alten Touristenviertel aus Hippie-Zeiten, Freak Street, vollkommen den Rang abgelaufen.

Von Thamel oder Chetrapati führt ein kurzer, aber hochinteressanter Fußmarsch zum Durbar Square, Kathmandus wichtigster Sehenswürdigkeit. Laufzeit ab Thamel ca. 20 Minuten. Dabei führt der Weg durch faszinierende enge Altstadtgassen, überreichlich angefüllt mit nepalesischer Basaratmosphäre.

Unterkunft

Der zentrale Bereich von Thamel ist so eng mit Guest Houses, Restaurants, Geschäften und Bars bebaut, daß es hier eventuell sehr laut und unruhig sein kann. Das Laufen in den engen Gassen wird außer von aufdringlichen Straßenhändlern auch von zahlreichen Rikshas, Motorrädern oder Autos erschwert. Die ruhigsten Wohnmöglichkeiten bieten sich am Rand des Viertels.

●An der äußersten Nordostseite von Thamel, genauer gesagt in einem kleinen Viertel namens Paknajol, befindet sich das hervorragende, für die Gegend untypisch teure **Hotel Malla** (****). Das Malla, ein Vertragshotel der TUI, hat luxuriöse Räume (AC, Heizung, Tel.) und einen wunderschönen Garten samt grellweißer, buddhistischer Stupa zu bieten. Die Zimmer kosten Einzel 105/120 $, Doppel 125/150 $, Suiten 160 und 220 $; dazu 14 % Steuer. Im Hotel befinden sich mehrere Restaurants und Bars. Adresse: Hotel Malla, P.O.Box 787, Leknath Marg, Kathmandu, Tel. 4-18383, 4-18385; Telex 2238 MALLA NP; Fax 977-1-418382.

●Eine Minute Fußweg weiter westlich liegt das merkwürdig betitelte **Hotel Greeting**

Palace (Hotel "Grüßender Palast" ?), mit Sitzbalkon auf jeder Etage. Zimmer mit Bad zu 14 $ (Einzel), 18 $ (Doppel), 18/25 $ (Deluxe); Zimmer ohne eigenes Bad (Gemeinschaftsbad) zu 10 $; 10 % Steuer. Adresse: Hotel Greeting Palace, Leknath Marg, Thamel, Kathmandu, Tel. 4-17197, 4-17212; Fax 977-1-225571.

●Direkt dahinter befindet sich das **Pilgrims Hotel,** das dem Besitzer von Pilgrims Book House gehört. Zimmer mit Bad zu 15 $ (Einzel/ Doppel), Deluxe-Räume zu 20 und 30 $; Zimmer ohne eigenes Bad 6 $ (Einzel) und 10 $ (Doppel); plus 10 % Steuer. Angeschlossen ist ein kleines, überdurchschnittlich gutes Gartenlokal, das vor allem indische, aber auch einige westliche Gerichte bietet. Adresse: Pilgrims Hotel, G.P.O.Box 3872, Kathmandu, Tel. 4-16910; Fax 977-1-229983.

●Sehr komfortabel ist das **Hotel Gauri Shankar** mit Zimmern (Bad, Tel., eingebaute Musikanlage) zu 14 $ (Einzel) und 19 $ (Doppel), dazu 10 % Steuer. Adresse: Hotel Gauri Shankar, Leknath Marg, Thamel, Kathmandu, Tel. 4-11605, 4-17181.

●Etwas näher am Zentrum von Thamel liegt das saubere **Hotel Buddha.** Alle Zimmer mit Bad, Einzel 15 $, Doppel 25 $, Deluxe-Räume 30 $; jeweils 10 % Steuer. Adresse: Hotel Buddha (P.) Ltd., G.P.O.Box 5439, Thamel, Kathmandu, Tel. 4-16918, 4-13366; Fax 977-1-413194.

●Direkt daneben befindet sich das sehr gute **Valentine Guest House**. Die Zimmer sind einfach, aber sauber und wohnlich. Kostenpunkt mit eigenem Bad 8/10 $ (Einzel/ Doppel), ohne Bad 4/6 $; Deluxe-Zimmer zu 12 $. Adresse gemäß der Visitenkarte des Hauses: Valentine Guest House, Thamel, in front of Hotel Marshyangdi, Kathmandu, z.Zt. kein Telefon.

●Sehr komfortabel ist das **Hotel Marshyangdi** (***), mit eigenem Coffee Shop (Lumbini Café) und einer Dachgarten-Bar (Khukuri Bar). Zimmer zu 55/70 $ (Einzel) und 65/80 $ (Doppel); 11 % Steuer. Adresse: Hotel Marshyangdi, P.O.Box 5206, Paknajol, Thamel, Kathmandu, Tel. 4-14105, 4-12129; Fax 977-1-410008.

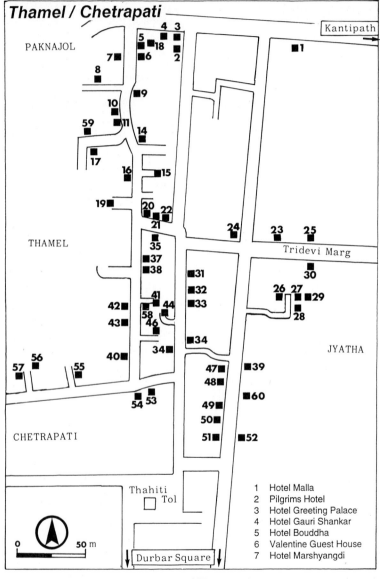

Thamel / Chetrapati

Kantipath →

PAKNAJOL

THAMEL

CHETRAPATI

JYATHA

Tridevi Marg

Thahiti Tol

Durbar Square

0   50 m

1   Hotel Malla
2   Pilgrims Hotel
3   Hotel Greeting Palace
4   Hotel Gauri Shankar
5   Hotel Bouddha
6   Valentine Guest House
7   Hotel Marshyangdi

8	Hotel Ocean
9	Iceland Hotel
10	Hotel Mandap
11	Nirmal (Veg. Rest.)
14	Hotel Garuda
15	Ned Kelly (G.H.)
16	Yeti (G.H.)
17	Rum Doodle Bar
18	Lonely Planet (G.H.)
19	Kathmandu (G.H.)
20	Mona Lisa (G.H.)
21	Kingsland (G.H.)
22	K.C.'s (Rest.)
23	Tilicho Hotel / Green Café
24	Hotel Tridevi
25	Immigration Office
26	Imperial (G.H.)
27	Shangrila (G.H.)
28	Mustang Holiday Inn
29	Hotel White Lotus
30	Fire & Ice Pizzeria
31	Lovers' Nest G.H.
32	Hotel Puska
33	Buddhist G.H.
34	Universal G.H.
35	Pumpernickel Bakery
37	Third Eye (Rest.)
38	Himal Cottage (G.H.)
39	Hotel Norling
40	Mont Blanc G.H.
41	Skala Veg. (Veg. Rest.)
42	Sherpa (G.H.)
43	Gurkha (G.H.)
44	Thorong-La (Rest.)
46	Fuji (G.H.)
47	Hotel Blue Diamond
48	Tibet Rest House
49	Lhasa (G.H.)
50	Siddharta (G.H.)
51	Hotel New Gajur
52	Hotel Jagat
53	Potala (G.H.)
54	New Narayan (G.H.)
55	Hotel Silk Road
56	Trans Himalayan (G.H.)
57	Tibet (G.H.)
58	Green Leaves (Rest.)
59	Holy Lodge
60	Utse Hotel

●Das **Lonely Planet Guest House** benennt sich nach der bekannten australischen Reiseführer-Serie und zielt wohl auf eine besondere Erwähnung darin ab. Die Zimmer sind allerdings nur mäßig und für den gebotenen Standard zu teuer. Nur zu erwägen, wenn die anderen Unterkünfte in der Preisklasse voll sein sollten! Einzel ohne eigenes Bad 6 $, mit Bad 9/10 $; Doppel ohne eigenes Bad 9 $, mit Bad 15/18 $. Adresse: Lonely Planet Guest House, Thamel, Kathmandu, Tel. 4-12715; Fax 977-1-418918.

●Das **Hotel Iceland,** wenige Schritte weiter südlich gelegen, hat einen sehr hilfsbereiten Besitzer, der auch das benachbarte Reisebüro, Nuptse Travels, leitet. Zimmer ohne eigenes Bad kosten 6 $ (Einzel), 8 $ (Doppel), mit Bad 11/14 $; Deluxe-Räume 10/16 $; dazu 10 % Steuer. Adresse: Hotel Iceland, P.O.Box 4848, Thamel 29, Kathmandu, Tel. 4-16956, 4-16686; Fax 977-1-411682.

●**Hotel Mandap** (**) hat bequeme Zimmer (AC, Heizung, Tel.) zu 18 $ (Einzel), 24 $ (Doppel), Suiten zu 40 $; 11 % Steuer. Angeschlossen ist das gemütliche Kashtamandap Restaurant, in dessen Mitte zur kalten Jahreszeit ein Kamin lodert und den Raum erwärmt. Zum Essen (indisch/nepalesisch, westlich) spielt abends eine Band klassische nepalesische Musik. Adresse: Hotel Mandap, P.O.Box 3756, Thamel, Kathmandu, Tel. 4-13321, 4-19735; Fax 977-1-419734.

●Eine der beliebtesten Herbergen in "downtown" Thamel, im Zentrum von Thamel also, ist das **Holy Lodge.** Die Zimmer sind sehr sauber und gepflegt, für die Qualität preiswert. Einzel mit Bad 400/500 Rs., Doppel 500/800 Rs.; Einzel ohne eigenes Bad 150/250 Rs., Doppel 250/300 Rs. Adresse: Holy Lodge, 15/81 Sat Ghumti, Thamel, Tel. 4-16265.

●Ganz hervorragend ist das **Hotel Garuda,** das Management äußerst hilfsbereit, die Zimmer sind sauber und groß. Das Hotel ist sehr beliebt bei den Teams von Bergexpeditionen, wie die zahlreichen Fotos von erfolgreichen Bergsteigern in der Eingangshalle beweisen. Die Zimmer (alle mit Bad) kosten Einzel 13/16 $, Doppel 17/20 $, AC-Räume

27/33 $; plus 10 % Steuer. Dem Haus angeschlossen ist der Garuda Coffee Shop. Adresse: Hotel Garuda Pvt. Ltd., G.P.O.Box 1771, Thamel, Kathmandu, Tel. 4-16340, 4-16776; Fax 977-1-413614, 472390.

●Zu den besten Unterkünften von Thamel zählt das *Kathmandu Guest House* (**), das angenehm von der Straße zurückversetzt liegt, so daß die Zimmer dort ziemlich ruhig sind. Allerdings ist die Bezeichnung "Guest House" etwas irreführend. Es handelt sich eher um ein solides Mittelklassehotel, mit gehobenem Ambiente und einigen Souvenirshops auf dem Zufahrtsweg. Die Zimmer (mit Bad) sind jedoch recht gut. Einzel 17/25 $, Doppel 20/30 $; zudem gibt es reduzierte Wochentarife (90/165 $) und Monatstarife (320-560 $). Dazu kommen 11 % Steuer. Adresse: Kathmandu Guest House, Thamel, Kathmandu, P.O.Box 2769, Tel. 4-13632, 4-17133; Telex 2321 BASS NP.

●Das *Sherpa Guest House* hat freundliches Personal, die Zimmer (Bad) sind sauber und ordentlich. Einzel zu 10/13 $, Doppel 15/18 $. Außerdem gibt es Zimmer ohne eigenes Bad zu 8 $. Adresse: Sherpa Guest House, P.O.Box 1821, Thamel, Kathmandu, Tel. 2-21546.

●Preiswert ist das *Gurkha Guest House*, das auch einen kleinen Garten zum Sitzen bietet. Zimmer mit Bad zu 200 Rs. (Einzel) und 450 Rs. (Doppel), ohne Bad 100/250 Rs.; plus 10 % Steuer. Adresse: Gurkha Guest House, Thamel, Kathmandu, Tel. 2-21434.

●Das *Fuji Guest House* liegt etwas weiter zurückversetzt von der Straße, die Zimmer sind recht ordentlich. Einzel mit Bad 6 $, Doppel 9 $; Einzel mit Dusche, aber ohne Toilette 5 $, Doppel 6 $; Einzel ohne Dusche oder Toilette 4 $; zu allem 10 % Steuer. Adresse: Fuji Guest House, P.O.Box 6209, Thamel, Kathmandu, Tel./Fax 2-29234.

●Das *Potala Guest House* ist eine der gehobeneren Unterkünfte und befindet sich schon in Chetrapati (wo immer auch die exakte Grenzlinie verlaufen mag). Die ordentlichen Zimmer (Bad) kosten Einzel 8/10 $, Doppel 13/15 $, Deluxe-Räume 20 $; plus 10 % Steuer. Adresse: Potala Guest House, Chetrapati, Thamel, P.O.Box 5390, Tel. 2-20467, 2-26566; Telex 2375 PEACE NP; Fax 977-1-223256.

●Sehr gepflegte, saubere Zimmer (Bad) bietet das renovierte *Hotel Silk Road*. Kostenpunkt 12/15 $ (Einzel) bzw. 15/20 $ (Doppel). Dazu gibt es komfortabel ausgestattete Apartments zu 20-40 $. Adresse: Hotel Silk Road, P.O.Box 3491, Kathmandu, Tel. 2-12224, 2-16741; Fax 977-1-225571.

●Sehr gute Zimmer mit Bad gibt es auch im *Trans Himalayan Guest House*, das insgesamt aus drei Gebäuden besteht. Das direkt an der Straße gelegene Haus ist das älteste, die beiden dahinter in einer Seitengasse befindlichen sind neuere Zubauten. Einzel kosten 10 $, Doppel 16 $, Deluxe-Räume 18/25 $; dazu je 11% Steuer. In einem der Gebäude gibt es Apartments zu mieten, die für Langzeit-Reisende interressant sein könnten.

●Tadellos ist das dahinter gelegene *Tibet Guest House,* mit tibetanischem Personal, das ausnahmslos sehr freundlich und hilfsbereit ist. Die sauberen und bequemen Zimmer (Bad) kosten Einzel 12,25 $, Doppel 13,25 $; Deluxe 14,50/15,75 $; Zimmer ohne eigenes Bad 8,90/9,10 $. Die Deluxe-Räume haben einen mannshohen Safe mit doppeltgesichertem Fach für Papiere! Zu allen Preisen 10 % Steuer. Adresse: Tibet Guest House, Chetrapati, Thamel, P.O.Box 1132, Tel. 2-14383, 2-15893, 2-14951.

●Eher für Geschäftsleute eignet sich das *Hotel Tridevi* an der Ostseite von Thamel. Die Zimmer sind gut, aber nicht berauschend; Einzel 24 $, Doppel 28 $; am besten ist noch die Suite (Platz für 4 Pers.) zu 48 $. Die Zimmer vorn zur Straße können laut sein, Vorsicht! Morgens von 6.00 - 7.00 Uhr gibt es kostenlosen Kaffee oder Tee (abends an der Rezeption vorbestellen). Adresse: Hotel Tridevi, Tridevi Marg, Thamel, Kathmandu, P.O.Box 3274, Tel. 4-16742; Fax 977-1-412822.

●Das *Hotel New Gajur* wird von freundlichen Tibetanern geleitet; die ordentlichen Zimmer (Bad) kosten 12 $ (Einzel), 16 $ (Doppel) und 24 $ (Dreierzimmer). Steuer schon im Preis enthalten. Adresse: Hotel

New Gajur, Jyatha, Thamel, Kathmandu, P.O.Box 1831, Tel. 2-26623; Fax 977-1-228621.

•Recht gut ist das *Lhasa Guest House*, mit Zimmern (Bad) zu 7 $ (Einzel) und 11 $ (Doppel); Zimmer ohne eigenes Bad zu 5/6 $ (Einzel) und 9 $ (Doppel). Zu allem 10 % Steuer. Adresse: Lhasa Guest House, Jyatha, Thamel, Kathmandu, P.O.Box 1267, Tel. 2-26147; Fax 977-1-228019.

•Nahebei liegt das *Siddharta Guest House*, mit Zimmern (Bad) zu 7 $ (Einzel), 10 $ (Doppel) und 12 $ (Dreier); Zimmer ohne eigenes Bad zu 5 $ (Doppel). 10 % Steuer kommen hinzu. Adresse: Siddharta Guest House, Jyatha, Thamel, Kathmandu, Tel. 2-27119.

•Zu den besten Unterkünften in Thamel/Jyatha zählt das *Blue Diamond Hotel* (**). Die Zimmer (AC, Heizung, Tel.) kosten Einzel 18 $, Doppel 22 $, Dreierzimmer 26 $; Zimmer ohne Heizung und AC zu 12/15/18 $. Dazu 12 % Steuer. Angeschlossen ist das Munal Restaurant mit indischer, chinesischer und westlicher Küche. Adresse: Blue Diamond Hotel P. Ltd., Jyatha, Thamel, P.O.Box 2134, Tel. 2-26320; Fax 977-1-26392.

•Das sehr gute *Tibet Rest House* ist ein preiswerter Ableger des Tibet Guest House und Sherpa Guest House. Wie bei allen Hotels der Kette ist das Personal sehr freundlich und die Räume sauber und gut. Zimmer mit Bad kosten 10 $ (Einzel) und 15 $ (Doppel); Zimmer mit Gemeinschaftsbad 6/10 $; zu allem je 10 % Steuer. Adresse: Tibet Rest House, Jyatha, Thamel, G.P.O.Box 1132, Kathmandu, Tel. 2-25319; Fax 977-1-226945.

Die allerbeste Wohngegend von Thamel ist eine kleine Sackgasse im östlichen Außenbezirk des Stadtteils, genannt Jyatha (siehe Karte). Hier gibt es vier empfehlendswerte Unterkunftsmöglichkeiten:

•Das *Imperial Guest House* hat helle, saubere Zimmer mit Bad, Einzel 12 $, Doppel 15 $; dazu 10 % Steuer. Adresse: Thamel Bahadur Bhawan, Kathmandu, P.O.Box 5185, Tel. 2-29339, 2-25693.

•Direkt gegenüber liegt das *Shangrila Guest House*, ein guter Ort, um mit Leuten Kontakt zu knüpfen, die schon Jahre in Nepal wohnen: Viele der Gäste sind bei Forschungs- oder Hilfsprojekten tätig. Ordentliche Zimmer zu 6-12 $, dazu 10 % Steuer. Adresse: Jyatha, Thamel, Kathmandu, Tel. 2-27388.

•Das benachbarte *Hotel White Lotus* gehört dem freundlichen Mr. B. J. Gurung, der mehr als zwei Jahrzehnte als Manager in Top-Class-Hotels gearbeitet hat. Die Zimmer im Hotel sind nett und ordentlich, die Lage sehr ruhig. Einzel ohne eigenes Bad kosten 4 $, Doppel 7 $; Einzel mit Bad zu 12/15 $, Doppel 14/16/18/20 $. Zu allem 10% Steuer. Adresse: Hotel white Lotus, P.O.Box 4264, Thamel, Kathmandu, Tel. 2-26342; Fax 977-1-220143.

•Einige der preiswertesten Unterkünfte in Thamel sind in den letzten Jahren geschlossen worden, bzw. haben smarteren Unternehmungen Platz gemacht - ein Trend, der sich möglicherweise fortsetzten wird. Zu den preiswertesten Unterkünften gehören z.Zt. das *Unique Guest House* (hinter der Pumpernickel Bakery), *My Mom's Place* (nahe Third Eye Restaurant) und *Hotel Puska*. Die Preise liegen ab ca. 150 Rs., großer Luxus ist dafür allerdings nicht zu erwarten.

•Die komfortabelste Unterkunft dieser Gegend ist das *Mustang Holiday Inn* mit sehr sauberen und wohnlichen Zimmern (Dusche, Badewanne, Radio, Tel.). Für die Qualität sehr preiswert! Einzel 15/20 $, Doppel 20/30 $; eine Luxus-Suite zu 40/45 $; zu allem 11 % Steuer. Angeschlossen ist ein sauberes kleines Restaurant mit hauptsächlich westlicher Küche. Adresse: Mustang Holiday Inn, Jyatha, Tahmel, Kathmandu, P.O.Box 3352, Tel. 2-26794, 2-26538; Fax 977-1-228216.

Restaurants

Eines der besten Restaurants in Thamel ist das *Northfield Café*, rechts neben Pilgrims Book House gelegen. Das Café ist ein Ableger von Mike's Breakfast in Naxal, und genau wie jenes ist auch dies ein Gartenlokal. Anders als die meisten anderen Gartenlokale in Thamel ist das Northfield jedoch relativ groß und infolgedessen sitzt es sich angenehmer. Die Speisekarte ist fast die gleiche wie bei Mike's Breakfast, es gibt aber noch mehr mexikanische Gerichte, und die Preise sind zum Teil etwas niedriger. Im benachbarten Gebäude befindet sich die kleine *Jesse James Bar*, die sich ebenfalls mexikanisch gibt - Spezialität Margueritas.

Lukullisch betrachtet, ist Thamel ein Phänomen, vom westlichen Speise-Imperialismus beschlagnahmtes Territorium: Da gibt es Dutzende von Restaurants mit Westküche, vom Müsli über den Vollkorn-Toast zum Spinat-Lasagne und zu Käse-überbakkenen Zuchinis. Knoblauch-bedeckte Pizzas fehlen ebensowenig wie Apfelstrudel mit Schlagsahne. Das alles ist von guter Qualität, auch wenn dabei gelegentlich recht eigenwillige Kreationen entstehen.

Die westliche Küche hielt ihren Einzug in Nepal, als der berühmte Boris 1951 das allererste Restaurant des Landes eröffnete und darin unter anderem russische Heimatspeisen kredenzte. Als anderthalb Jahrzehnte später die ersten Traveller auf dem strapaziösen Landweg in Nepal eintrafen, erkannten örtliche Geschäftsleute sofort, wonach es den Neuankömmlingen gelüstete: Wochen oder Monate von Dal und Reis, Reis und Dal, gefolgt von Chapati und Dal und nochmals Reis hatten in ihnen ernsthafte Sehnsüchte nach guter alter Hausmannskost geweckt. Als Folge entstanden die "Pie Shops" oder "Kuchenläden", die ein breites Sortiment an Naschwerk boten – von A wie Apfelkuchen bis Z wie Zimttorte. Ein Teil der Backprodukte wurde zudem durch "bewußtseinserweiternde" Substanzen angereichert.

Heute sind die Westkost-Restaurants aus Kathmandu nicht mehr wegzudenken und bieten eine gute Alternative zu den indisch/nepalesischen Restaurants. So läßt sich in Thamel bestens nach westlicher Façon speisen; wer allerdings gut einheimisch essen möchte, ist besser im Durbar Marg oder in der New Road aufgehoben (siehe Stadtteilbeschreibungen).

●Zwei gute Restaurants an der Südseite von Thamel, in Chetrapati, sind das *New Nara-*yan *Restaurant* und das *Cosmopolitan Restaurant.* Es gibt westliche Suppen und Hühnergerichte, Käseaufläufe und eine täglich wechselnde Palette von Kuchen.

●Das möglicherweise beste Restaurant für Pizzas ist die von Italienern geleitete *Fire & Ice Pizzeria*, fast genau gegenüber dem Immigration Office gelegen. Die Pizzas sind mit Preisen von ca. 100-160 Rs. nicht billig, aber auf jeden Fall ihr Geld wert. Nebenbei gibt es gute Eiscreme.

●Leckere Pizzas bieten auch das *Pizza Maya* nahe dem Hotel Silk Road, sowie das *San Francisco Pizza House* am Nordende von Thamel.

●Rechts daneben befindet sich das *Nirmala Vegetarian Restaurant,* das eine ausgezeichnete Minestrone kredenzt sowie sehr gute vegetarische Lasagnes.

●Ein weiteres rein vegetarisches Restaurant ist das *Skala Restaurant* etwas südlich des Zentrums von Thamel. Das Restaurant hat einen netten Garten zum Sitzen und bietet milde, leichte Gemüsegerichte, Vollkornbrot, hausgemachte Marmelade, Müsli etc.

●Einen Besuch wert ist auch die *Pumpernickel Bakery,* hier gibt es Kuchen, Brötchen, Vollkornbrot und alles was der teutonische Magen so an Getreideprodukten braucht. Angeschlossen ist ein kleines Gartenrestaurant, das eine überdurchschnittliche Zahl von einheimischen "Freaks" anzuziehen scheint.

●Sehr gut für Steaks ist das altbekannte *K.C.'s Restaurant,* ein Überbleibsel aus den frühen Tagen von Thamel. Dazu gibt es Müsli, Porridge und italienische Speisen, das alles überdurchschnittlich gut zubereitet, wenn auch nicht ganz billig.

●Das tibetanische *Utse Restaurant*, einst am Tridevi Marg gelegen und eines der ältesten Restaurants von Thamel, befindet sich nun im neuen *Utse Hotel*. Hotel und Restaurant werden von derselben Familie betrieben. Die Zimmer im Hotel sind zwar sehr sauber, aber etwas ungemütlich eingerichtet; das Restaurant aber gilt als eines der besten tibetanischen Restaurants der Stadt. *Der* Ort, um sich an *Momos*, den beliebten Fleisch- oder Gemüseklößen zu laben!

Sonstiges

●Eine neue und lobenswerte Einrichtung ist das **Green Café** im 2. Stock des **Tilicho Hotel** am Tridevi Marg (zusammen mit der *Himalaya Rescue Association*). Hier wird die übliche Café-Kost geboten - Kaffee, Tee, Fruchtsaft und Kuchen -, der Hauptzweck ist jedoch die Förderung de vielbeschworenen "sanften Tourismus". So gibt es eine Bibliothek mit Leseraum, Ausstellungen, Vorträge und persönliche Beratung zu allen erdenklichen tourismusbedingten Fragen (Was tun bei Höhenkrankheit? Wie steht's um den nepalesischen Wald? Wie verhält man sich als Tourist ökologiegerecht?). Das Café wird von der englisch-nepalesischen Initiativgruppe KEEP *(Kathmandu Environmental Education Projekt)* geleitet und finanziert sich vor allem aus Spenden.

●Das **Pilgrim's Book House** nahe dem Kathmandu Guest House ist Thamels bestbestückter Buchladen. Es gibt Reise- und Trekking-Führer, Romane, Bildbände u.v.m., das alles in einer erstaunlichen Auswahl. Genau wie in seiner Zweigstelle Kailash Book Distributors (siehe Stadtteilbeschreibung Durbar Marg) wird auch hier ein weltweiter Versand-Service geboten. Das hochinteressante Antiquariat von Pilgrim's Book House, das sich in Thamel befand, ist jetzt bei **Kailash Book Distributors**.

●Achtung beim **Schmuckkauf!** Einige der Schmuck- und Edelsteinhändler in Thamel haben ein sehr vertrauenerweckendes Gebaren, ihre Waren sind aber oft bei weitem nicht wert, was sie versprechen. Von Verheißungen, wieviel die Stücke angeblich im Westen wert sind, nicht blenden lassen!

●Vorsicht ist auch bei den privat betriebenen **Geldwechselbüros** in Thamel geboten. Die Kurse liegen oft erheblich unter den Bankkursen. Im Zweifelsfalle hilft ein Blick in die Tageszeitungen Kathmandu Post oder Rising Nepal, die täglich die neuesten Kurse veröffentlichen.

New Road (Juddha Sarak)

Die New Road wurde nach dem verheerenden Erdbeben von 1934 angelegt, um so eine breite Zufahrtsstraße zum damaligen Königspalast zu erhalten. Der Initiator des Projektes war Premierminister *Juddha Shamsher Rana*, worauf sie den Namen Juddha Sadak oder "Juddha's Straße" bekam (der Vorname Juddha bedeutet soviel wie "Krieger"!). Diesen Namen trägt sie heute noch, er wird aber nie benutzt. Jeder kennt sie unter "New Road".

An ihrem Westende steht die **Statue des Juddha,** mitten auf einer Verkehrsinsel, aber unbeachtet.

Am anderen Ende der New Road, auf Höhe des Büros der Royal Nepal Airlines, überspannt ein weißes Tor, das **New Road Gate,** verziert mit einigen Götterfiguren, die Straße. Unter den Göttern befindet sich auch der dickbäuchige, Wohlstand versprechende Ganesh, einer der Lieblingsgötter der Händler.

Die gerade 200 m lange New Road bildet Kathmandus kommerzielles Zentrum, beide Seiten der Straße sind dicht mit den unterschiedlichsten Geschäften gesäumt. Die größte Zahl von Läden befindet sich im **Bishal Bazar** ("Riesiger Markt"). Dies ist eine Art Shopping Plaza, Nepals bisher einzige, unter deren Dach Dutzende von Geschäften untergebracht sind. Dazu beherbergt es Nepals allererste Rolltreppe!

Der Großteil der in der New Road **angebotenen Waren** stammt aus Bangkok, Singapur und Hongkong und wird von nepalesischen "fliegenden Händlern" säckeweise aus den genannten Orten herangeschafft. Viele dieser Zwischenhändler pendeln wöchentlich zwischen Kathmandu und Bangkok/ Singapur/Hongkong hin und her. Wenn die Flüge der Royal Nepal Airlines in diese Zielorte oft auf Wochen ausgebucht sind, liegt das meist an diesen Händlern, die ihre Tickets gleich bündelweise buchen!

Wer nach seinem Aufenthalt in Kathmandu in einen der genannten Orte weiterfliegt, sollte mit Käufen in der New Road vorsichtig sein. Manch Geschäftsinhaber dort kann von thailändischen Reisegruppen erzählen, die voller Begeisterung "nepalesische" Souvenirs einkauften, die ein paar Tage zuvor aus Bangkok eingeflogen worden waren.

Eine Vielzahl der **Geschäftsleute** in der New Road sind Inder aus der Händlerkaste der Marwaris aus Rajasthan, einige wenige – vor allem die Edelsteinhändler – sind indische Moslems, ebenfalls aus Rajasthan. Die "Übernahme" der New Road durch indische Kaufleute wird von der einheimischen Bevölkerung nicht mit Wohlwollen betrachtet.

Der unübersehbare Mittelpunkt der New Road ist der ehrwürdige alte **Pipal-Baum,** in dessen Schatten sich Zeitungshändler als auch ein gutes Dutzend Schuhputzer niedergelassen haben. Der Pipal-Baum – auf Newari *Pipal Bot* genannt – ist

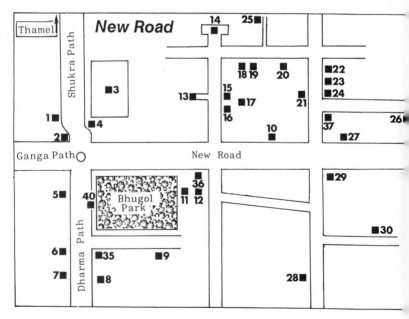

über die Grenzen der Stadt hinaus bekannt und wird häufiger als "Zeitungsbaum" bezeichnet. Darunter finden sich Leser ein, um eingehend die letzte Ausgabe der "Gorkhapatra" oder "Rising Nepal" zu studieren.

Unterkunft

●Sehr sauber ist das *Hotel Kathmandu Reflection*, etwa gegenüber dem Inlands-Büro der Royal Nepal Airlines gelegen. Die Zimmer (Bad; h. & k. Wasser) sind gemütlich eingerichtet; die vorne zur Straße gelegenen sind aber möglicherweise zu laut. Einzel 20 $, Doppel 24/ 28 $, Dreier 34 $ und Suiten zu 36/42 $ (2 bzw. 3 Pers.). Adresse: Hotel Kathmandu Reflection, 384 New Road Gate, Kathmandu 6, P.O.Box 3027, Tel. 2-22493, 2-23631; Fax 977-1-231132.

●Das *Hotel Classic* (***), vormals Hotel Crystal, ist die teuerste Unterkunft der Gegend. Trotz der gründlichen Erneuerung des Hauses sind die Zimmer (Bad; AC; TV) überteuert. Einzel kosten 65 $, Doppel 75 $, die größeren Luxuszimmer 75/85 $. Zu allem 11% Steuern. Die meisten Gäste sind indische Touristen, die in Tourgruppen anreisen und weit weniger als o.g. Preise zahlen. Überdurchschnittlich gut ist dennoch das Natraj Restaurant im 3. Stock des Hotels; es gibt indische als auch ein paar westliche Gerichte. Speisen werden auch auf der Dachterrasse (Tower Restaurant) serviert, von der aus sich ein wunderbarer Ausblick auf einige Gebäude des Durbar Square und - ein paar Kilometer weiter im Hintergrund - auf Swayambhunath ergibt. Ein Besuch ist besonders am frühen Morgen oder zu Sonnenuntergang zu empfehlen. Adresse: Hotel Classic, New Road, Kathmandu, P.O.Box 29, Tel. 2-22630, 2-23636, 2-23397; Fax 977-1-224889.

●Sehr gute Qualität bietet das *Hotel Mount Makalu* (**) mit wohnlichen Zimmern (Bad) zu 15 $ (Einzel) und 20 $ (Doppel); dazu 11 % Steuer. Auch hier gibt es ein sehr gutes Restaurant (Siehe "Restaurants"). Adresse: Hotel Mt. Makalu, 65 Dharma Path, Kathmandu, Tel. 2-24616, 2-23955.

●Mäßig ist das *Hotel Raj,* mit Zimmern (Bad) zu 250 Rs. (Einzel), 350 Rs. (Doppel) und 400 Rs. (Dreier); Zimmer ohne eigenes Bad 160/200/250 Rs.; zu allem 10 % Steuer. Adresse: Hotel Raj, Dharma Path, Kathmandu – 6, Tel. 2-20798.

●Recht gut ist das *Panorama Hotel* (*), gut 100 m südlich der New Road gelegen. Die Zimmer (Bad, Tel.) kosten Einzel 10 $, Doppel 15 $; Deluxe-Doppel 18 $, Deluxe Dreierzimmer 22 $; Deluxe-Dreierzimmer mit AC 27 $. Zu allem 12 % Steuer. Adresse: Panorama Hotel, Teja Mahal, Khichapokhri, Kathmandu, P.O.Box 956, Tel. 2-21502.

Restaurants

●Die winzige, von außen kaum als Restaurant zu erkennende *Punjabi Dhaba* wurde von einem Sikh aus Delhi gegründet, der Kathmandu inzwischen verlassen hat. Das Essen ist jedoch noch immer typische (rein vegetarische) Punjab-Kost, sehr preiswert und gut. Besonders empfehlenswert ist das Rajma, ein würziges Gericht aus Kidney Beans, oder der Vegetable Fried Rice. Ein volles Mitagessen für zwei Personen kostet ca. 100 Rs.

●Gegenüber liegt das ebenfalls vegetarische *Tripti Restaurant,* das in der Vergangenheit oft göttliche Gerichte gezaubert hat, den Standard aber nicht immer halten konnte. Am besten selber einmal testen! Sehr gut ist oft der Butter Dal, kräftiger Dal mit viel Butter oder das Paneer Butter Masalla, indischer Käse in dicker Creme-Soße. Außerdem gibt es südindische Snacks wie Idli (Reiskuchen) und Masalla Dosa (Gemüsefüllung in knusprigem Teig), als auch Thalis, d.h. Gemüseplatten mit Reis, Chapatis und anderen Beilagen, bei denen immer wieder nachgefüllt wird.

●Rechts daneben befindet sich das *Great Punjab,* mäßige nordindische Küche.

●Ganz hervorragend ist das große Restaurant der Marwari Sewa Samiti, genannt *Joshi Mahal,* nach seinem Betreiber, Mr. Joshi (mahal = "Palast"). Zugang besteht durch den Innenhof der Marwari Sewa Samiti, einem Hotel, das nur Hindus zur Verfügung steht. Es gibt leckere nord- und südindische

Gerichte (vegetarisch) zu moderaten Preisen. Sehr beliebt ist die Thali (35 Rs.), die indische Version des nepalesischen Dal-Bhat-Tarkari.

●Sehr gut für südindische Snacks, außerdem sehr sauber ist das kleine *Madhuban,* links neben der Marwari Sewa Samiti. Sehr gut die Badam Barfi, eine marzipanähnliche Süßigkeit aus Milch, Zucker und Mandeln.

●Ein paar Meter weiter liegt das nicht immer ganz saubere *Bombay Cold Store,* das ebenfalls südindische Snacks serviert. Lecker ist aber das Pau Bhaji, ein typisches Bombay-Gericht: Auf ein in Butter gebratenes Stück Brot oder Brötchen (Pau) wird ein dicker, würziger Gemüsebrei (Bhaji) gestrichen und dann mit Zwiebeln bestreut.

●Die nebeneinander gelegenen *L.M.R. Restaurant* und *Gupta Bhojanalaya* ("Gupta Restaurant") bieten akzeptable indisch/nepalesische Einfachkost. Für 30 Rs. gibt es füllendes Dal-Bhat-Tarkari, d.h. eine große Reisplatte (auf Wunsch auch Chapatis) mit verschiedenen Gemüsen (Tarkari), Dal, Pickles und Yoghurt. Es wird solange nachgefüllt, bis der Kunde satt ist!

●Das vegetarische *Nandan Restaurant* ist ein gehobener Ableger des Madhuban. Das Essen entstammt der Küche der Marwaris aus Rajasthan, ein paar südindische Gerichte stehen aber ebenfalls auf der Speisekarte. Sehr gut ist die Thali (80 Rs.), ein Rundumgericht mit diversen Gemüse-Curries, Reis, Chapatis, Yoghurt u.a. Ausgesprochen lecker ist auch das Pau Bhaji (s.o.).

●Das unter "Hotels" erwähnte *Hotel Classic* verfügt über ein sehr gutes Restaurant im 3. Stock, das seltsamerweise aber immer recht verlassen scheint. Man kann sich das Essen aber auch auf der Dachterrasse servieren lassen, von der sich ein herrlicher Ausblick in Richtung Durbar Square ergibt, besonders bei Sonnenuntergang. Hervorragend sind die Lentil Soup, eine Art Linsensuppe, Palak Paneer (Käse in Spinat) oder Malai Kofta (Gemüsebällchen in cremiger Soße). Bei aller Qualität ist das Essen recht preiswert, ca. 300-400 Rs./2 Pers.

●Auf die Dachterrasse des Crystal dringen oft die Musikklänge des benachbarten

Ghoomti Restaurant herüber, in dem ab 19.30 Uhr ein Orchester Ghazals und indische Filmhits spielt. Das Restaurant hat ein wenig zuviel Bar-Atmosphäre, das Essen ist dennoch ganz gut, bis auf die Suppen, die gemieden werden sollten. Es gibt nordindische Küche, Kosten ca. 300-400 Rs./2 Pers.

●Ausgesprochen gut ist das Restaurant im Erdgeschoß des *Hotel Mt. Makalu.* Es gibt leckere Suppen wie auch Fleisch- und Gemüsegerichte, für die Qualität sehr preiswert. Ca. 250 - 300 Rs./ 2 Pers.

●Da sich in der New Road, wie erwähnt, zahllose Marwaris aus Rajasthan angesiedelt haben, die für ihren "sweet tooth", ihre unsterbliche Neigung zum Verzehr von Süßspeisen bekannt sind, bietet die Straße auch die größte Dichte an Geschäften mit indischen Süßspeisen. Von denen heben sich *Gokul, Chappan Bhog* und das zuvor erwähnte *Madhuban* ab. Am besten aus der Auslage jeweils ein Stück (5 - 6 Rs.) pro Sorte antesten!

Sonstiges

●*Geldwechsel:* Den wohl effizientesten Geldwechsel-Service Nepals bietet die *Nepal Rastra Bank* in einem kleinen Pavillon vor ihrem Hauptgebäude an der New Road. Das Wechseln hier geht ungewöhnlich zügig vonstatten, da würde manchem Schalterbeamten einer Provinzbank direkt schwindelig (7.30-19.30 Uhr, auch an Feiertagen).

●Sehr gut für Einkäufe von Souvenirs ist das *Cottage Industries & Handicraft Emporium,* ein staatliches Unternehmen zur Förderung einheimischer Handwerkskunst. Hier gibt es oft schönere Stücke von Bhaktapur-Holzschnitzereien als in Bhaktapur selber, dabei noch zu günstigeren Preisen. Außerdem gibt es sehr schöne Stoffe, Decken etc. Im Gegensatz zu anderen Geschäften hat man hier zudem den Vorteil, sich, von den Verkäufern vollkommen ungestört, umsehen zu können – das Geschäft ist halt staatlich, und die Angestellten bekommen ein festes Gehalt, egal wie viel oder wenig sie verkaufen!

●Einer der bestbestücktesten Supermärkte Kathmandus ist das *Fresh House,* wenige Meter vom Südende des Dharma Path entfernt. Hier gibt es viele Nahrungsmittel, die man auch für Trekking-Touren gebrauchen kann, sogar ein gutes Sortiment von (im Lande gewachsenen) Kräuterteesorten.

●Der *Zeitungsladen* neben der Gupta Bhojanalaya führt ein sehr großes Sortiment an indischen englischsprachigen Tageszeitungen, die weit besser sind als die einheimischen Zeitungen. Da die Zeitungen täglich etwa um 14.00 eintreffen, ist das Geschäft von 14.00 - 21.00 Uhr geöffnet. Ausländische Magazine wie "Time", "Newsweek" etc. sind ebenfalls erhältlich.

●In der New Road stehen eine Vielzahl von *Fotoläden* zur Verfügung, in denen man seine Filme (Color oder Dia) entwickeln lassen kann. Sehr zuverlässig sind *Fujiexpress* und *Photoconcern*, die auch eine große Auswahl an Kamerazubehör bieten. Die Entwicklung eines Color-Filmes samt 36 Abzügen kostet ab 190 Rs.

●Sehr günstig kann der Kauf von *Kameras und Objektiven* in der New Road sein; im zentralen Bereich der Straße befinden sich mehrere kleine, aber sehr gut bestückte Kamerageschäfte. Wer sich mit Kameras und Preisen auskennt - also auch eine brandneue Kamera von einer nur wenig gebrauchten unterscheiden kann - macht möglicherweise einen sehr guten Handel. Die Kameras sind per Großhandel in Singapur eingekauft und werden oft zu Preisen unter Singapur-Level angeboten. Beispiel: Eine Nikon FM2 gibt es z.Zt. um 630 DM zu kaufen - in Deutschland kostet sie ca. 900-1.000 DM, in Singapur 670 DM. Eine Nikon F90X kostet in der New Road ab 1.250 DM (Deutschland 1.800 DM, Singapur 1.400 DM). Eine Nikon F3 HP war Ende 1995 mit viel Schachern für 1.700 DM zu bekommen (Deutschland ca. 2.700 DM, Singapur 1.900 DM). Die besten Preise lassen sich heraushandeln, wenn man mit US-Dollars bezahlt. Etwas Vorsicht ist allerdings geboten, es könnte passieren, daß der Händler die soeben vorgeführte, brandneue Kamera beim Kauf flugs gegen eine gebrauchte austauscht. Beim Begutachten der Kamera sollte man sich die Seriennummer so gut es geht einprägen und dann, wenn die Kamera zum Mitnehmen verpackt ist, noch einmal öffnen und nachsehen! Auf Nikon-Kameras gibt es in Nepal übrigens keine Garantie, da dort auch kein Nikon-Reparatur-Service existiert. Bei anderen Marken sind meist Garantien erhältlich.

•Das Hauptbüro der **Royal Nepal Airlines** an der Ecke Kantipath/New Road ist für internationale Flüge zuständig und für die Inlandsflüge zu den wichtigsten Touristenorten (Bharatpur, Jomsom, Lukla, Meghauli, Pokhara, Everest-Flug). Flüge zu anderen inländischen Zielen sind in einer Zweigstelle zu buchen: rechts neben dem Hauptgebäude in einer Gasse.

Freak Street (Jhochen Tole)

In den sechziger Jahren waren in der Jhochen Tole zahlreiche Guest Houses und "Pie Shops" aus dem Boden geschossen, in denen sich die Flower-Power-Generation zum gemeinsamen Erkunden psychodelischer Sphären einfand. Die unmittelbare Nähe zum Durbar Square machte sie so anziehend.

Heute geht es hier relativ ruhig zu, der große Tourismus ist nach Thamel abgewandert. Dennoch halten sich standhaft einige Guest Houses und Traveller-Restaurants, die den Wandel der Zeiten relativ unbeschadet überstanden haben. Wer nahe am Durbar Square und etwas weniger "touristisch" wohnen möchte als in Thamel, ist hier gut aufgehoben. Zudem gibt es hier einige der billigsten Unterkünfte Kathmandus.

Unterkunft

•Eine der einfachsten und billigsten Unterkünfte ist die **Kanchan Lodge** mit spartanischen Zimmern (Gemeinschaftsbad) zu 60 Rs. (Einzel) und 100 Rs. (Doppel); 10 % Steuern. Unten in der Lodge befindet sich ein kleines nepalesisches Restaurant. Es gibt einfaches Dal-Bhat-Tarkari, die altbekannte Reis-und-Gemüseplatte zu 30 Rs.

•Eine Klasse besser ist die **Momumental Lodge**. Die Zimmer (Bad) kosten Einzel 100, Doppel 150 Rs., ohne eigenes Bad 40/60 Rs.; dazu jeweils 10 % Steuer, Tel. 2-14864.

•Die **G.C.Lodge** ist ein Überbleibsel aus den alten Zeiten. Die schlichten Zimmer (Gemeinschaftsbad) kosten Einzel 50 Rs., Doppel 100 Rs., Dreier 150 Rs. Dazu 10 % Steuer. Adresse: G.C. Lodge, 5/72 Jhochen Tole, Kathmandu, z. Zt. kein Telefon.

•**Himalaya's Guest House** (Tel. 2-15416) ist eine der neueren Unterkünfte in der Freak Street und auf jeden Fall eine der besten. Die sehr sauberen Zimmer verteilen sich auf sechs Stockwerke, von denen die in den oberen Stockwerken gelegenen am beliebtesten sind. Der Grund ist der gute Ausblick auf Kathmandu und den nahem Durbar Square. Am beeindruckendsten ist die Aussicht von der Dachterrasse des Hauses, auf der sich auch Sitzmöglichkeiten bieten. Zimmer ohne eigenes Bad kosten Einzel 100 Rs., Doppel 200 Rs.; dazu gibt es Doppel mit eigenem Bad zu 250 und 300 Rs. Zu allem 10 % Steuer.

•Ebenfalls eine der besseren Unterkünfte in der Straße ist die **Annapurna Lodge**, die in der Saison häufig ausgebucht ist. Die Zimmer kosten mit Bad 250 Rs., ohne Bad 175 Rs. (jeweils 1-2 Pers.); dazu 10 % Steuer. Adresse: Annapurna Lodge, 5/665 Jhochen Tole, Kathmandu - 5, Tel. 2-13684.

•Eine der ruhigsten Unterkünfte der Gegend ist das gemütliche **Friendly Home**, am Ende einer Seitengasse der Freak Street gelegen. In Betrieb seit 1968, besteht sie aus einem älteren und einem neueren Gebäude. Sehr empfehlenswert! Einzel ohne eigenes Bad kostet 65/75 Rs.; Doppel ohne eigenes Bad im alten Gebäude 100 Rs., im neuen 60/75/120 Rs.; Dreierzimmer ohne Bad 120 Rs., Doppel mit Bad 140 Rs; 10 % Steuer. Adresse: Om Bahal, Jhochen Tole, Kathmandu, Tel. 2-20171.

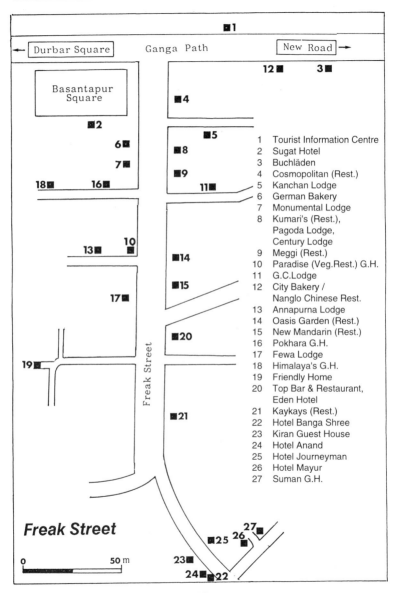

Basantapur Square

Durbar Square

Ganga Path

New Road

Freak Street

Freak Street

0   50 m

1   Tourist Information Centre
2   Sugat Hotel
3   Buchläden
4   Cosmopolitan (Rest.)
5   Kanchan Lodge
6   German Bakery
7   Monumental Lodge
8   Kumari's (Rest.),
    Pagoda Lodge,
    Century Lodge
9   Meggi (Rest.)
10 Paradise (Veg.Rest.) G.H.
11 G.C.Lodge
12 City Bakery /
    Nanglo Chinese Rest.
13 Annapurna Lodge
14 Oasis Garden (Rest.)
15 New Mandarin (Rest.)
16 Pokhara G.H.
17 Fewa Lodge
18 Himalaya's G.H.
19 Friendly Home
20 Top Bar & Restaurant,
    Eden Hotel
21 Kaykays (Rest.)
22 Hotel Banga Shree
23 Kiran Guest House
24 Hotel Anand
25 Hotel Journeyman
26 Hotel Mayur
27 Suman G.H.

●Schräg gegenüber liegt das *New Hotel Anand*, mit Zimmern (Bad) zu 300 Rs. (Einzel), 500 Rs. (Doppel) und 800 Rs. (Dreier). Dazu 10 % Steuer. Adresse: New Hotel Anand, Lagan Tole, Kathmandu, Tel. 2-23288.

●Das *Kiran Guest House* hat Zimmer (Bad) zu 250 Rs. (Einzel/Doppel); Zimmer ohne eigenes Bad zu 80/110 Rs. Plus 10 % Steuer. Adresse: Kiran Guest House, Lagan Tole, Kathmandu, Tel. 2-17857.

●Einige neuere Hotels befinden sich direkt auf der anderen Straßenseite: *Hotel Banga Shree*, *Suman Guest House*, *Hotel Journeyman* und *Hotel Broadway*. Die beiden letzteren sind vielleicht die besten davon; Kostenpunkt 275-770 Rs. im *Journeyman* (die teuersten Zimmer mit TV) und 275-605 Rs. im *Broadway*.

Restaurants

Die Auswahl ist bei weitem nicht so groß wie in Thamel, eine Handvoll guter Restaurants gibt es dennoch.

●Recht gutes Essen serviert man im *Oasis Garden Restaurant*, mit Sitzgelegenheit im Freien. Diese Speisekarte bietet typische "Traveller-Gerichte" aber auch ein paar indische Curries.

●Zu den besseren Restaurants gehören weiterhin das *Mona Lisa*, *Kumari's Restaurant* und *Cosmopolitan Restaurant*.

●Das *Lunch Box* im Erdgeschoß der Sayami Lodge bietet preiswerte Gerichte, untermalt mit Rock-Musik aus der umfangreichen hauseigenen Kassetten-Sammlung.

Sonstiges

●Die *German Bakery* bietet zwar brauchbare Müslis, Vollkornbrot und Trekking-Nahrung, der dort verkaufte Käse ist aber nicht immer Gourmet-Ware. Besser einmal in der *Nepalese Dairy* rechts neben dem Tourist Information Centre vorbeischauen, dort gibt es Käse, Yoghurt und Milch.

●Die Umgebung der Freak Street ist einer der Haupttummelplätze der *Schwarzgeldhändler*. Es wird kaum gelingen, nicht von einem der Schlepper auf einen Geldwechsel

angesprochen zu werden. "Change money? Very good rate!" lautet das sich immer wiederholende Mantra. Die Schlepper kaufen die Dollars, DM oder Pfund nicht selber, sondern vermitteln nur zwischen Ver- und Aufkäufer. Letztere sind Geschäftsinhaber in der Gegend. Für US-Dollars gibt es derzeit ca. 5-7 Prozent mehr als in den Banken, für DM allerdings nur ca. 2 Prozent.

Weitere Hotels

Nahe Bodhnath

●Das *Kokoner Guest House* (kein Tel.) befindet sich gleich rechts am Eingangstor zu Bodhnath, sollte aber nur in Erwägung gezogen werden, falls man aus irgendeinem Grunde gleich an der Stupa wohnen möchte. Die Zimmer (je 2-4 Betten; Gemeinschaftsbad) sind ziemlich schmuddelig, außerdem kann man sich mit den einheimischen Besitzern nur auf Tibetanisch verständlich machen. Kostenpunkt 60 Rs. pro Bett.

●*Maya Guest House* (P.O.Box 1178, Bodhnath, Kathmandu, Tel. 4-70266; Fax 977-1-470261) - sehr gemütliches Guest House, ein paar hundert Meter östlich von Bodhnath; komfortable Zimmer (Bad; Safe) zu 48 $ (Einzel) und 64 $ (Doppel), mit Reduktionen von ca. 50% in der Off-Season. Frühstück und Flughafen-Transfer im Preis inbegriffen.

●*Hotel Stupa* (P.O.Box 1922, Bodhnath, Kathmandu, Tel. 4-70400, 4-70385) - Zimmer (Bad) zu überteuerten Preisen: Einzel 15/20/25 $, Doppel 20/25/30 $, Frühstück jeweils inbegriffen.

●*Taragaon Resort* - mit gutem Ausblick auf die Stupa von Bodhnath, wird derzeit einer gründlichen Renovierung unterzogen; angeblich wieder bewohnbar ab 1996.

Nahe Flughafen / Pashupatinath

●*Dwarika's Hotel* (P.O. Box 459, Battisputali, Kathmandu, Tel. 4-70770, 4-73725; Telex NP 2239 KTT; Fax 977-1-225131) - traditionelles Newar-Haus in Backsteinbauweise mit den üblichen Holzschnitzarbeiten, dazu ein Garten. Zimmer (Bad) zu 63 $ (Einzel) und 81 $ (Dopppel); günstigere Tarife bei längeren Aufenthalten. Plus 10 % Steuer.

An der Straße nach Bhaktapur

●*The Everest Hotel* (*****) (Baneswor, P.O. Box 659, Kathmandu, Tel. 2-10567; Telex 2260 HOTEVS NP; Fax 977-1-226088) - Top-Hotel am Stadtrand von Kathmandu, mit einigen sehr guten Restaurants, Swimming-Pool, Disco etc. Einzel 130 $, Doppel 140 $, Suite 250/400 $. Plus 13 % Steuer.

Am Westrand Kathmandus

●*The Soaltee Holiday Inn Crowne Plaza* (*****) (P.O. Box 97, Tahachal, Kathmandu, Tel. 2-72550, 2-72555; Telex 2203 SOALTEE NP; Fax 977-1-272205) - d i e Adresse für Reisende ohne Budget-Limit; jeder erdenkliche Luxus, ein Spielcasino und hervorragende Restaurants. Das Hotel ist ruhig am Stadtrand gelegen und umfaßt ein weitläufiges, parkähnliches Gelände. Einzel 160 $, Doppel 170 $, dazu Suiten von 350-675 $. Zu allem 13 % Steuer. Möglicherweise lassen sich bei Buchung über Reisebüros in Kathmandu erhebliche Reduktionen herausschlagen.
Buchungen in Europa: Deutschland Tel. 0130-815131, Schweiz Tel. 155-1175, Österreich Tel. 066-08595; Fax in allen Fällen 31-20-6065454.

Nahe Swayambhunath

●*Peace Guest House* (Tahachal, P.O. Box 1153, Kathmandu, Tel. 2-71093) - sehr preiswerte Unterkunft in ruhiger, untouristischer Lage. Einzel ohne Bad zu 40-45 Rs., Doppel 50-75 Rs.; Doppel mit Bad 75 Rs. Plus 10 % Steuer.
●*Haus Namaste* (P.O.Box 4014, Chhauni, Kathmandu, Tel. 2-70503) - ein wunderbar ruhig gelegenes, gemütliches Privathaus,

abseits der Straße Tachupal gelegen; ein Schild weist an der Abbiegung auf das Haus hin. Es gibt acht sehr nette Zimmer (Bad), zum Teil mit großartigem Ausblick auf Swayambhunath und Kathmandu - sehr zu empfehlen! Einzel 12 $, Doppel 20 $, Frühstück jeweils inbegriffen.
●*Hotel Vajra* (P.O. Box 1084, Kathmandu, Tel. 2-72719, 2-71545, 2-71819; Telex 2309 HVGHPL NP; Fax 977-1-271695) - wunderschönes traditionelles Newar-Haus in ruhiger Lage; für die Qualität keineswegs teuer, eigenes Transportmittel (z. B. Fahrrad) könnte aufgrund der abgeschiedenen Lage allerdings nötig sein. Deutsch-nepalesisches Management. Zimmer mit Bad zu 33 $ (Einzel) und 38 $ (Doppel) im alten Gebäude, 53/61 $ im neuen. Zimmer nur mit Waschbecken 14/16 $. Plus 11 % Steuer.

Im Stadtteil Tripureshwar, Richtg. Patan

●*Bluestar Hotel* (***) (G.P.O. Box 983, Tripureshwar, Kathmandu, Tel. 2-11470 bis 74; Telex 2322 BLUESTR NP; Fax 977-1-226820) - mit Swimming-Pool, Sqash Court, Health Club etc. Einzel 70 $, Doppel 85 $, Suite 120 $. Plus 13 % Steuer.
Nahe G.P.O.

Nahe G.P.O.

●*Budget Hotel* (Bagh Durbar, Sundhara, Kathmandu, Tel. 2-28712, 2-14807) - Ordentliche Zimmer (Bad) zu 175 Rs. (Einzel), 300/400 Rs. (Doppel) und 450 Rs. (Dreier), in zentraler Stadtlage, etwas südöstlich des Bhimsen Tower.

In Lazimpat / Maharajganj

●*Hotel Manaslu* (**) (Lazimpat, Kathmandu, Tel. 4-13470, 4-10071; Telex 2447 HOGAUT NP; Fax 977-1-416516) - nettes, ruhig gelegenes Hotel mit kleinem Garten-Restaurant. Einzel Bad 28 $, Doppel 32 $. Plus 11 % Steuer.

●**Shangri-La** (****) (Lazimpat, G.P.O. Box 655, Kathmandu, Tel. 4-12999; Telex 2276 HOSNANG NP; Fax 977-1-414184) - Luxushotel mit Swimming-Pool, Shopping-Arkaden etc. Einzel 110 $, Doppel 125 $, Deluxe 250 $. Plus 13 % Steuer.

●**Hotel Ambassador** (**) (P.O. Box 2769, Lazimpat, Kathmandu, Tel. 4-15432, 4-14432, 4-13641; Telex 2321 BASS NP; Fax 977-1-418479) - Schwesterhotel des Kathmandu Guest House in Thamel; die Zimmer sind gut, das Restaurant allerdings kräftig teuert. Einzel 25/35/40 $, Doppel 30/40/50 $. Plus 11 % Steuer.

●**Hotel Shankar** (****) (P.O. Box 350, Kathmandu, Tel. 4-10151, 4-10152, 4-12973; Telex NP 2230) - in altem Rana-Palast untergebrachtes Luxushotel, mit sehr gutem Restaurant (Kailash Restaurant). Einzel 90 $, Doppel 105 $, Suite 125 $. Plus 13 % Steuer.

●**Hotel Karnali** (**) (Maharajganj, Kathmandu, G.P.O. Box 5537, Tel. 4-11688, 4-14925) - verkehrsgünstig an der Ring Road gelegen, aber wahrscheinlich auch laut. Zimmer mit TV. Einzel 30 $, Doppel 40 $, Suite 50/60 $. Plus 12 % Steuer.

●**Hotel Kathmandu** (****) (P.O. Box 11, Maharajganj, Kathmandu, Tel. 4-10786, 4-18494; Telex 2256 HOKAT NP; Fax 977-1-416574) - etwas abgelegenes Luxushotel mit verschiedenen Restaurants und Bar. Relativ preiswert ist das Essen im indisch/nepalesischen Café Royal. Die Zimmer sind aber überteuert. Einzel 96 $, Doppel 108 $, Suite 190 $. Plus 13 % Steuer.

Weitere Restaurants

●**Himalchuli Restaurant** (im Soaltee Oberoi) - Möglicherweise das beste indische Restaurant Kathmandus und - an westlichen Preisen gemessen - für ein Fünf-Sterne-Restaurant direkt spottbillig. Suppen kosten 70 Rs., Gemüsegerichte ab 95 Rs., Fleischgerichte etwas mehr. Man probiere einmal die Mulligatawny Soup, eine Art Linsensuppe, oder das Paneer Tikka, herzhaft gewürzte Käsebrocken. Im Himalchuli kann man sich getrost durch die ganze Speisekarte

essen, alles ist hervorragend, die Bedienung zudem schnell und umsichtig. Abends spielt ein sehr dezentes Orchester Ghazals, perfekt ausgewogen. Dazu werden teilweise nepalesische Volkstänze aufgeführt. Ein Essen für 2 Personen dürfte ca. 1.000 Rs. kosten. Geöffnet täglich 19.00-23.00 Uhr.

●**Al Fresco Restaurant** - Ebenfalls im Soaltee Holiday Inn, das wohl beste italienische Restaurant Kathmandus. Es gibt sehr gute Pizzas (ab 105 Rs.), Suppen, Salate, Lasagne und andere italienische Spezialitäten. Ein Essen für zwei Personen um 1.000 Rs.

●**The Far Pavilion** Restaurant (im Hotel Everest) - Benannt nach einem Roman, der in Indien spielt, bildet das Far Pavilion eine echte Konkurrenz für das Himalchuli im Soaltee Oberoi. Das Essen ist fast genauso gut - manchem schmeckt es vielleicht gar besser. Gemüsegerichte kosten ab 90 Rs., Fleischgerichte etwas mehr. Das Interieur ist gediegen, der Service umsichtig, aber nicht aufdringlich, und abends werden auch hier Ghazals vorgetragen. Vom Restaurant (7. Stock) hat man zudem eine gute Aussicht auf Kathmandu. Ca. 1.000 Rs. / 2 Personen.

●**Bhanchha Ghar** (in Kamaladi) - Das Bhanchha Ghar, nepalesisch: "Küche", ist das edelste Restaurant mit rein nepalesischer Kost, gelegen in einem alten, umgebauten Newar-Haus. Wer das nepalesische Standard-Menü von Dal-Bhat-Tarkari leid ist, kann sich hier davon überzeugen, daß die einheimische Küche auch mehr zu bieten hat. Ca. 1.000 Rs. / 2 Personen.

●**Him Thai** - Nepals derzeit einziges Thai-Restaurant befindet sich in Lazimpat, wenige Meter hinter dem Ambassador Hotel oder nahe der französischen Botschaft. Das ruhig gelegene Gartenlokal bietet in der Regel recht authentische Thai-Cuisine, gelegentlich aber fallen die Kreationen etwas eigenwillig aus. Der Standard ist im Allgemeinen jedoch recht gut. Sehr lecker ist die Tom Yang Gung, eine scharfe Suppe mit Krabben, oder Phat Phet Gung Gap Normai, ein feuriges Krabbem-Curry mit Bambussprossen. Vorsicht, die Thai-Küche ist weit schärfer als die nepalesische oder indische! Ca. 300-600 Rs./2 Personen.

●*Mountain City Restaurant* - Im sehr guten Hotel Malla gelegen, ist dies möglicherweise das beste chinesische Restaurant Nepals. Es gibt die Küche Sichuans, perfekt serviert. Ca. 800 - 1.000 Rs. / 2 Personen.

Unterhaltung/Nachtleben

Das Spektrum an Unterhaltungsmöglichkeiten ist eng begrenzt, besonders was das Nachtleben betrifft - gegen 22.00 Uhr werden die Bürgersteige hochgeklappt, die meisten Restaurants schließen, und nur wenige Tanzbeine durchzucken die Nacht in den zwei *Discotheken* der Stadt (im Woodlands Hotel und Hotel Everest).

Ansonsten kann noch in einigen *Restaurants mit Live-Musik* (verhalten!) getanzt werden, so im Gurkha Grill im Hotel Soaltee Oberoi und im Mandala Room des Hotel Malla. Daneben bieten einige der besseren Restaurants Musik zur Unterhaltung, siehe dazu in den Restaurant-Beschreibungen.

Traditionelle Tänze werden außer im Naachghar des Hotel Yak & Yeti u. a. im Hotel Shankar und im Hotel de l'Annapurna präsentiert.

Einige *Kulturzentren* veranstalten unregelmäßig Filmvorführungen, Ausstellungen u.ä., so das Goethe-Institut und das French Cultural Centre. Ein Anruf (Tel.-Nr. siehe unter "Wichtige Adressen") lohnt.

Ausländische Filme sind in den *Kinos* Kathmandus fast nie zu sehen, meistens werden indische Filme in Hindi gezeigt und, in geringerem Maße, nepalesische Eigenproduktionen. Unter den Hindi-Filmen kommen gelegentlich sehr gute vor, wer sich damit allerdings nicht auskennt und keine Vorauswahl treffen kann, wird möglicherweise die drei Stunden, die die Filme im allgemeinen dauern, nicht durchstehen. Zum groben Verständnis der Filme sind Hindi-Kenntnisse übrigens nicht nötig, die Haupthandlungen sind recht transparent - allerdings spielen sich daneben gleichzeitig so extrem viele Seitenhandlungen ab, daß sie so kompliziert werden können wie die Ramayana!

Eine interessante Nacht verbringen kann man am Spieltisch des *Casino Nepal* im Soaltee Holiday Inn, dem ersten Spielcasino Nepals (weitere befinden sich heute im Hotel de l'Annapurna, im Yak & Yeti und im Hotel Everest).

Die Hauptbesucher sind indische Touristen, von denen ein nicht unerheblicher Teil hier sein Schwarzgeld "wäscht" - behaupten böse Zungen. Touristen, die ihr Flugticket nach Nepal vorweisen können, werden mit kostenlosen Spielchips im Wert von 100 Rs. ausgestattet, maximal einmal pro Woche. Ein weiteres Plus ist das vorzügliche und recht preiswerte Restaurant des Casinos. Einige Gäste kommen nur zum Essen!

Ab 23.00 Uhr besteht ein Zubringerdienst, mit dem Besucher des Casinos von und zu den größeren Hotels in der Innenstadt gefahren werden. Die Busse verkehren etwa jede Stunde. Informieren Sie sich bei den teureren Hotels, ob und wann der Bus dort hält. Zum Besuch des Casinos ist halbwegs ordentliche Kleidung anzuraten, also lange Hose, Hemd etc. Nepalis haben übrigens keinen Zutritt.

Wichtige Adressen und Telefonnummern

●*Polizei* 2-26908;
●*Feuerwehr* 2-21177;
●*Krankenwagen* 2-28094;
●*Telefonauskunft* (Inland) 180, (Indien) 187, (international) 186, (allgemein) 197.

Fluggesellschaften

●*Aeroflot Soviet Airlines*, Kantipath, Tel. 2-12397;
●*Air Canada*, Durbar Marg, Tel. 2-22838, 2-24854;
●*Air France*, Durbar Marg, Tel. 2-23339, 2-23541;
●*Air India*, Kantipath, Tel. 2-23815, 2-11730;
●*Air Lanka*, Kantipath, Tel. 2-12831;
●*Alitalia*, Durbar Marg, Tel. 2-20215;
●*British Airways*, Durbar Marg, Tel. 4-11302;

●*Cathay Pacific*, Kantipath, Tel. 4-12778;
●*China Airlines*, New Road, Tel. 4-11725;
●*Dragonair*, Durbar Marg, Tel. 2-27229, 2-25166;
●*Indian Airlines*, Durbar Marg, Tel. 2-19649;
●*Japan Airlines*, Durbar Marg, Tel. 2-22838, 2-24854;
●*KLM*, Durbar Marg, Tel. 2-24895-6;
●*Korean Air*, Kantipath, Tel. 2-122080;
●*Kuwait Airways*, Kantipath, Tel. 2-12080;
●*Lauda Air*, New Road, Tel. 2-27315;
●*Lufthansa*, Durbar Marg, Tel. 2-23052, 2-21900;
●*Pakistan International Airlines*, Durbar Marg, Tel. 2-23102;
●*Royal Nepal Airlines*, Kantipath/New Road, Tel. 2-20757;
●*Singapore Airlines*, Durbar Marg, Tel. 2-20759;
●*Swissair*, Durbar Marg, Tel. 2-22452;
●*Thai International*, Durbar Marg, Tel. 2-23565, 2-24917;
●*TWA*, Kantipath, Tel. 4-11725.

Auslandsvertretungen

●*Australien*, Hattisar, Tel. 4-13129;
●*Ägypten*, Pulchowk, Tel. 5-24844;
●*Bangladesch*, Naxal, Tel. 4-14943;
●*Belgien*, Lazimpat, Tel. 2-20939;
●*Burma (Myanmar)*, Chakupat, Patan, Tel. 5-24788;
●*China*, Baluwatar, Tel. 4-11740;
●*Dänemark*, Kantipath, Tel. 4-13010;
●*Deutschland*, Gyaneshwor, Kathmandu, P.O.Box 226, Tel. 4-12786, 4-16527, 4-16832; Tlx. 2213 AA KATH NP; Fax 977-1-416899; geöffnet im Sommer (1.4.-31.10.) Mo und Di 8.00-15.30 Uhr, Mi 8.00-16.00 Uhr, Do und Fr 8.00-15.00 Uhr; im Winter (1.11.-31.3.) Mo und Di 8.00-16.30 Uhr, Mi 8.00-17.00 Uhr, Do 8.00-16.00 Uhr, Fr 8.00-15.00 Uhr.
●*Finnland*, Lazimpat, Tel. 4-16636;
●*Frankreich*, Lazimpat, Tel. 4-12332;
●*Großbritannien*, Lainchaur, Tel. 4-11590;
●*Indien*, Lainchaur, Tel. 4-10900;
●*Israel*, Lazimpat, Tel. 4-11811;
●*Italien*, Baluwatar, Tel. 4-12280;
●*Japan*, Pani Pokhri, Tel. 4-14083;

●*Korea* (Nord), Jhamsikel, Tel. 5-21855;
●*Korea* (Süd), Tahachal, Tel. 2-70172;
●*Niederlande*, Kumaripati, Tel. 5-23444;
●*Österreich*, Hattisar, Tel. 4-13129;
●*Rußland*, Baluwatar, Tel. 4-12155;
●*Schweden*, Mira House, Khochpokhri, Tel. 2-13912;
●*Schweiz*, Jawalakhel, Tel. 5-23468;
●*Pakistan*, Rani Pokhri, Tel. 4-10565;
●*Thailand*, Thapathali, Tel. 2-13910;
●*USA*, Rani Pokhri, Tel. 4-11179.

Krankenhäuser

●*Bir Hospital*, Kantipath, Tel. 2-21988;
●*CIWEC Clinic*, Baluwatar, Tel. 4-10983;
●*Kanti Hospital*, Maharajganj, Tel. 4-11550;
●*Maternity Hospital*, Thapathali, Tel. 2-13216;
●*Teaching Hospital*, Maharajganj, Tel. 4-12303;
●*Patan Hospital*, Lagankhel, Tel. 5-22278;
●*Nepal International Clinic*, Hiti Durbar, Tel. 4-12842;
●*Red Cross*, Exhibition Road, Tel. 2-28094.

Kulturelle Einrichtungen

●*Amercian Library* (nur für in Nepal ansässige Personen zugänglich), New Road/Khichpokhri, Tel. 2-11250;
●*British Council Library*, Kantipath, Tel. 2-11305;
●*French Cultural Centre*, Bagh Bazar, Tel. 2-14326;
●*Goethe-Institut*, Gana Bahal (am Bhimsen Tower), P.O. Box 1103, Tel. 1-220528;
●*International Buddhist Library*, Swayambhunath;
●*Kaiser Library*, Keshar Mahal, Kantipath, Tel. 2-13562.

Museen

●*National Museum und Natural History Museum*, Chauni, Swayambhunath. Interessante Ausstellungsstücke zur nepalesischen Geschichte. Nahe der Stupa von Swayambhunath. Geöffnet: So. - Do. 10.00 - 16.00 Uhr, Fr. 10.00 - 15.00 Uhr.

Internationale Organisationen

- *International Monetary Fund*,
Tel. 4-11977;
- *United Nations*, Pulchowk, Tel. 5-23200;
- *US AID*, Kalimati, Tel. 2-70144;
- *World Bank*, Kantipath, Tel. 2-26792.

Kreditkarten

- *American Express*, Durbar Marg,
Tel. 2-23596;
- *Visa*, c/o Nepal Grindleys Bank,
Tel. 2-28473.

Weiterreise

Mit dem Bus

Kathmandu verfügt über eine ganze Reihe von *Busbahnhöfen*, was einerseits zwar das Chaos etwas verteilt, andererseits aber auch für Verwirrung sorgt, da man erst den richtigen Abfahrtsplatz ausfindig machen muß. Der zentrale Busbahnhof befindet sich östlich von Tundikhel und Ratna Park. Nepals Busse sind alles andere als komfortabel und meistens beängstigend überfüllt. Der einzige Vorteil liegt im ungeheuer niedrigen Preis.

Für längere Strecken (z.B. nach Pokhara) sollte man besser einen der bequemeren *Touristenbusse* nehmen, wofür Tickets in allen Reisebüros gebucht werden können. Es empfiehlt sich, so früh wie möglich zu buchen, mindestens 1-2 Tage im voraus. Die Touristenbusse sind zwar teurer als die Normalbusse, nach westlichen Verhältnissen jedoch noch immer spottbillig.

Im folgenden eine Übersicht der Abfahrtsstellen zu Orten im Kathmandu Valley. Zu weiter entfernten Zielen siehe die jeweiligen Städtebeschreibungen, Rubrik "Anreise".

- *Banepa* - ab Central Bus Station; 9 Rs.
- *Bhaktapur* - ab Haltestelle am Bagh Basar, östlich des Ratna Park; 2 Rs. Oder mit dem elektrischen Trolley-Bus ab dem Südende des Kantipath, nahe dem National Stadium; die Busse halten jedoch etwas außerhalb des Zentrums von Bhaktapur, und ein weiterer Fußmarsch ist vonnöten; 3 Rs.
- *Budhanilakantha* - Minibusse ab Rani Pokhri, Nordseite; 2 Rs.
- *Bungamati* - ab Jawalakhel in Patan; 2 Rs.
- *Chapagaon* - Mini- und Normalbusse ab Lagankhel in Patan; 2 Rs.
- *Dhulikhel/Banepa* - ab Central Bus Station; 10 bzw. 9 Rs.
- *Godavari* - ab Langankhel in Patan; 4 Rs.
- *Gokarna* - ab Ratna Park, Nordseite; 3 Rs.
- *Kakani* - ab Lekhnath Marg; 15 Rs.
- *Kirtipur* - ab Ratna Park; 3 Rs.
- *Panauti* - ab Central Bus Station; 12 Rs.
- *Pashupatinath/Bodhnath* - ab Rani Pokhri; die Busse fahren zuerst nach Pashupatinath, dann nach Bodhnath; 2 Rs.
- *Patan* - ab Ratna Park; 2 Rs.
- *Pharping/Dakshinkali* - ab Martyrs' Gate; Normalbusse 5 Rs., Expreßbusse 15 Rs., diese fahren jedoch hauptsächlich am Dienstag und Samstag, wenn Dakshinkali von zahlreichen Pilgern besucht wird.

Mit dem Taxi

Wer es sich leisten kann, ist mit der Weiterreise per Taxi sicherlich gut beraten. Gemessen an heimischen Verhältnissen sind die Taxis immer noch lächerlich preiswert. Bei allen Ortsbeschreibungen zum Kathmandu Valley sind die zu erwartenden Taxipreise unter der Rubrik "Anreise" angegeben. Taxis lassen sich aber auch zu weiter entfernten Zielen anmieten, z.B. nach Pokhara. Die einfache Fahrt Kathmandu - Pokhara kostet ca. 4.000 Rs., mit gutem Handeln und etwas Glück noch weniger. Siehe auch Kapitel "Verkehrsmittel".

Mit dem Flugzeug

Die Royal Nepal Airlines fliegt ab Kathmandu 40 Inlandflughäfen an. Das meistbenutzte *Fluggerät* sind dabei die zweimotorigen, 20-sitzigen Twin Otter, die aussehen wie überdimensionale, mutierte Moskitos, die sich nun anmaßen, die höheren Luftschichten zu erkunden. Wer nur Großraumflugzeuge gewöhnt ist, empfindet die Twin Otter je nach Naturell entweder als aufregend oder schlichtweg beängstigend.

Die *Tickets* für die Inlandflüge gibt es entweder im Royal Nepal Büro am Kantipath/Ecke New Road (Flüge nach Pokhara, Jomson, Meghauli, Lukla und Bharatpur) oder im Domestic Office der Gesellschaft in der Gasse rechts daneben. Weiterhin existieren auch drei private Airlines, die die wichtigsten Touristenziele anfliegen. Die Adressen der Hauptbüros siehe unter "Verkehrsmittel".

Das *Einchecken* zu den Flügen erfolgt in einem winzigen Terminal, etwas links des Hauptgebäudes für die internationalen Flüge. Den Taxifahrern das "Domestic Terminal" als Zielort angeben; Fahrpreis ab Innenstadt ca. 100-120 Rs. Auf Einschalten des Taxameters lassen sich die meisten Fahrer nicht ein.

Eingecheckt werden muß mindestens eine Stunde vor Abflug. Im Terminal befindet sich ein Restaurant, so daß man hier zur Not noch etwas essen kann. Das Restaurant wird vom Hotel de l'Annapurna betrieben, ist dementsprechend etwas teurer und kassiert auch die "Fünf-Sterne-Steuer" von 15 %.

Flugpreise / -zeiten ab Kathmandu

- *Baglung* 77 $ / 50 Min.;
- *Baitadi* 149 $ / 3 Std. 10 Min.;
- *Bajhang* 149 $ / 2 Std. 50 Min.;
- *Bajura* 127 $ / 2 Std. 55 Min.;
- *Badhrapur* 99 $ / 1 Std.;
- *Bhairawa* 72 $ / 50 Min.;
- *Bharatpur* 50 $ / 25 Min.;
- *Bhojpur* 77 $ / 50 Min.;
- *Biratnagar* 77 $ / 55 Min.;
- *Chaurjhari* 116 $ / 1 Std. 50 Min.;
- *Dang* 110 $ / 1 Std. 20 Min.;
- *Dangadhi* 149 $ / 2 Std.;
- *Janakpur* 55 $ / 30 Min.;
- *Jumla* 127 $ / 1 Std. 40 Min.;
- *Lamidanda* 66 $ / 35 Min.;
- *Lukla* 83 $ / 40 Min.;
- *Mahedranagar* 160 $ / 2 Std. 35 Min;
- *Meghauli* 72 $ / 30 Min.;
- *Nepalganj* 99 $ / 1 Std. 30 Min.;
- *Phaplu* 77 $ / 35 Min.;
- *Pokhara* 61 $ / 35 Min.;
- *Rajbiraj* 77 $ / 1 Std. 10 Min.;
- *Ramechhap* 39 $ / 30 Min.;
- *Rumjatar* 55 $ / 35 Min.;
- *Sanfebagar* 132 $ / 2 Std. 50 Min.;
- *Silgadhidoti* 138 $ / 1 Std. 50 Min.;
- *Simra* 44 $ / 25 Min.;
- *Surkhet* 116 $ / 1 Std. 25 Min.;
- *Taplejung* 110 $ / 1 Std. 15 Min.;
- *Tikapur* 132 $ / 2 Std. 5 Min.;
- *Tumlingtar* 44 $ / 55 Min.

Everest-Flug

Im Winter startet die Royal Nepal Airlines (wie auch die anderen Fluggesellschaften) täglich zu einem Rundflug (ca. 1 Std.) entlang des Himalaya. Dabei ist natürlich der Mt. Everest die größte Attraktion, es bieten sich aber auch Ausblicke auf Mt.

Makalu, Nuptse, Lhotse u.a. Die Flughöhe beträgt ca. 6.000 m, die Entfernung zum Himalaya 15-20 km. Das Fluggerät ist eine der alten, aber bewährten Avro HS 748. Flugpreis z.Zt. 99 $. Im Sommer finden die Flüge aufgrund der ungünstigen Wetterlage und der damit verbundenen schlechten Sicht nur sporadisch statt, es gilt also, sich in den Büros der Fluggesellschaften nach eventuellen Flügen zu erkundigen; in der Regenzeit finden normalerweise keine Flüge statt.

Patan (Lalitpur)

Patan ist nur durch den Bagmati von Kathmandu getrennt und stellt somit dessen Zwillingsstadt dar. Mit ca. 300.000 Einwohnern ist es die zweitbevölkerungsreichste Stadt des Kathmandu-Tales, seine Fläche liegt mit 385 km^2 nur geringfügig unter der Kathmandus (395 km^2). Patan ist die ruhigere der beiden Städe, und so siedeln ausländische "Expats" mit Vorliebe hier an, und auch zahlreiche Botschaften und Verwaltungen von Hilfsorganisationen haben hier ihren Sitz.

Geschichte

Einer vielzitierten Überlieferung nach wurde Patan im 3. Jh. vom indischen König *Ashoka* und seiner Tochter *Charumati* begründet, was historisch jedoch unwahrscheinlich ist. Angeblich ließ *Ashoka* an den vier Kardinalpunkten je eine Stupa errichten - die bis heute erhaltenen Ashoka-Stupas -, ob diese jedoch tatsächlich aus jener Zeit stammen, ist mehr als zweifelhaft. Die schlichte Form der Stupas erschwert die exakte Datierung, und Ausgrabungen, die Licht auf das Rätsel werfen können, wurden bisher nicht gestattet.

Zum Glück hat Nepals unerschöpflicher Legenden-Fundus eine weitere Erklärung parat. Demnach soll die Stadt 299 n. Chr. von König *Bir Deva* und einem Grasschneider gegründet worden sein. Der Grasschneider war eine auffallend häßliche Kreatur, zudem arm und ohne Freunde. Täglich schnitt er nahe dem Bagmati Gras, das er als Viehfutter verkaufte.

Eines Tages wurde er während der Arbeit überaus durstig, er steckte den Bambusstab, an dem er das Gras zum Verkauf zu tragen pflegte, in den Boden und machte sich auf die Suche nach etwa Trinkbarem. Tatsächlich fand er bald einen Teich, in dem er ausgiebig badete und aus dem er trank. Als er dem Teich entstieg, war sein Körper vollkommen gewandelt. Nun war er wohlaussehend, ja sogar schön. Er ging zurück zu seinem Bambusstab, an dem er sein Gras forttragen wollte, doch der Stab ließ sich plötzlich nicht mehr aus der Erde ziehen. Nach einigen Versuchen gab er auf und trug das Gras unter dem Arm.

Bald darauf sah ihn der König, der über das neue Aussehen seines vormals so häßlichen Untertanen erstaunt war. Der Grasschneider erzählte ihm seine Geschichte, und

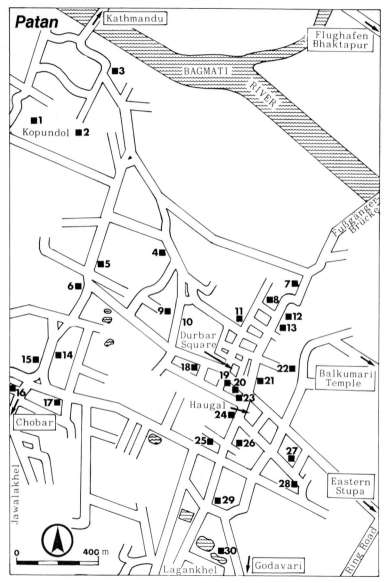

1	Summit Hotel
2	Hotel Greenwich
3	Hotel Himalaya
4	Bus Stop
5	Hotel Narayani
6	Western Stupa
7	Nothern Stupa
8	Kumbeshvar-Tempel
9	Pim Bahal
10	Nag Bahal
11	Kwa Bahal (Golden Temple)
12	Dhum Bahal
13	Uma Maheshvar Temple
14	Youth Hostel
15	German Bakery
16	Zoo
17	Aloha Inn (Hotel)
18	Haka Bahal
19	Pizza Palace Guest House
20	Café de Patan (Rest.)
21	Royal Palace
22	Om Bahal
23	Vishvakarma-Tempel
24	I Baha Bahal
25	Rato-Machhendranath-Tempel
26	Minanath-Tempel
27	Mahabuddha-Tempel
28	Uku Bahal
29	Lagankhel Busstation
30	Southern Stupa

der König gab ihm nun den Namen Lalit, "der Schöne", und bot ihm seine Freundschaft an. Bald darauf sann der König darüber nach, mit welcher Gedenkstätte er das ungewöhnliche Ereignis würdigen könnte. In der darauffolgenden Nacht hatte er einen Traum. Die Stimme eines Shiva-Lingams sprach zu ihm und erzählte, daß er unter dem Bambusstab des Grasschneiders begraben sei. Der Stab habe nun göttliche Kräfte, und er gebot dem König, eine Stadt darum zu bauen und sie Lalitpatan zu nennen, die "Stadt des Schönen". Der König tat, wie ihm

geheißen. Er errichtete eine Stadt für zwanzigtausend Menschen und ließ in ihrer Mitte einen Wassertank anlegen, der den Nags und anderen Gottheiten geweiht wurde.

Heute heißt diese Stadt Patan oder Lalitpur (*pur* = "Stadt").

Sehenswürdigkeiten

Durbar Square (Mangal Bazar)

Wie Kathmandu und Bhaktapur so hat auch Patan seinen Durbar Square, den "Platz des Königshofes", der sich um die alten Palastanlagen erstreckt. Die Einheimischen nennen ihn aber eher **Mangal Bazar** ("Markt des Glücks"), nach dem Markt, der hier abgehalten wird. Die Anwesenheit von Dutzenden von Marktkarren, beladen mit gelben oder grünen Mangos, und Ständen mit kunterbunten Saris machen den Platz mit seinen historischen Gebäuden um so attraktiver.

Beginnt man einen Rundgang durch den Durbar Square an dessen Westseite, steht dort der etwas klobige, nicht sehr ansehnliche **Bhai Dega-** oder **Bisheshvar-Tempel**. Dieser ist Shiva in seiner Form als Bisheshvar geweiht. "Bisheshvar" bedeutet "Der besondere Gott". Im Tempelinneren befindet sich ein Shiva-Lingam.

Wenige Schritte weiter östlich befindet sich einer der wenigen achteckigen Tempel des Kathmandu-Tales, ein **Krishna-Tempel**. Im Gegensatz zu den anderen Krishna-Tempeln besteht dieser jedoch aus Stein. Er wurde 1723 von *Yogamati*,

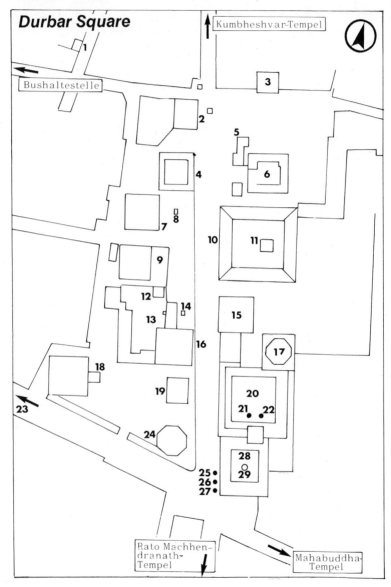

Durbar Square

Kumbheshvar-Tempel

Bushaltestelle

Rato Machhen-
dranath-
Tempel

Mahabuddha-
Tempel

1	Kwa Bahal, Hiranya Varna Mahavi-har (Goldener Tempel)
2	Bhimsen-Tempel
3	Ganesh-Tempel
4	Vishvanath-Shiva-Tempel
5	Mani Mandap
6	Mangal Hiti
7	Krishna-Tempel
8	Garuda Statue
9	Jagannarayan-Tempel
10	Golden Gate
11	Mani Keshar Chowk
12	Vishnu-Tempel
13	Narsinha-Statue
14	Statue des Königs Yoganarendra Malla
15	Taleju-Tempel
16	Hari-Shankar-Tempel
17	Degutalle-Tempel
18	Bhai-Dega-Shiva-Tempel
19	Taleju Bell
20	Mul Chowk
21	Ganga-Statue
22	Jamuna-Statue
23	Pizza Palace Guest House
24	Krishna-Tempel
25	Narasinha-Statue
26	Ganesh-Statue
27	Hanuman-Statue
28	Sundari Chowk
29	Tusha Hiti (Badetank)

Krishna-Tempel

der Tochter *Yoganarendra Mallas*, nach dem Tod ihres Vaters und ihres Sohnes errichtet, um ihnen zu religiösem Verdienst im nächsten Leben zu verhelfen. Auffallend ist der Einfluß der indischen Moghul-Architektur. Der Tempel dient heute in erster Linie den Lastenträgern des Marktes als Ruheplatz für eine Schlafpause oder eine Runde Karten.

Direkt gegenüber wurde das südlichste der Palastgebäude errichtet, der **Sundari Chowk** ("Hof der Schönheit"). Nahe des Eingangs sind Wandgemälde zu sehen, die Narasinha, Ganesh und Hanuman darstellen. Zu diesen gesellt sich oft noch ein Sadhu, der für die Kameras der Touristengruppen ein dickes Chilam Haschisch raucht und sich dafür gut bezahlen läßt.

Der Sundari Chowk wurde 1627 als Residenz für König *Siddhi Narasinha Malla* und seine Familie gebaut. In seiner Mitte befindet sich der **Tusha Hiti**, ein mit unzähligen Gottheiten verzierter steinerner Badetank, der durch ein Leitungssystem mit Wasser aus den umliegen-

221

Der Tusha Hiti

den Bergen gespeist wurde. Mit seiner Vielfalt von Figuren, die sich zu
einem geschlossenen Kunstwerk
vereinen, gehört er sicherlich zu den
schönsten Steinmetzarbeiten Nepals. Die Figuren stellen unter anderem die acht Matrikas, die acht Bhairavs und acht Nags dar. Der Was-
serhahn besteht aus einer metall-
überzogenen Muschel. Um den
Tank am Boden des Hofes winden
sich zwei Schlangen und umrahmen
ihn.

Der Innenhof wird von einem dreistöckigen Gebäude umgeben, das
herrlich geschnitzte Fenster und anderes Zierwerk aufweist. Hier lebte
früher die königliche Familie, und auf
der erhöhten Steinplatte nahe dem
Tank pflegte der König zu thronen.
Die Platte darf nicht berührt werden,

wie ein Hinweisschild deutlich angibt.

An der Nordseite des Innenhofes
schließt sich der größte der drei Innenhöfe des Palastkomplexes an,
der **Mul Chowk** oder "Haupthof",
dessen Zugang von zwei Steinlöwen
bewacht wird. Der Mul Chowk wurde
1660 unter *Siddhi Narasinha Malla*
errichtet, 1662 von einem Feuer zerstört und 1665-66 von seinem Nachfolger *Shrinivasa Malla* restauriert. In
der Mitte des Hofes befindet sich ein
kleiner Schrein der Göttin Bidya,
dessen spitze Kuppel mit Metall
beschlagen ist. An der Südseite des
Chowk befindet sich ein Schrein der
Göttin Taleju, der von zwei "lebensgroßen" bronzenen Statuen der
Flußgöttinnen Ganga (Ganges) und
Yamuna (ein Nebenfluß des Gan-

ges) flankiert wird. Aus deren rechten Handflächen fließt, durch eine Metallspitze angedeutet, das Wasser. Ganga steht dabei auf einer mystischen Schildkröte, Yamuna auf einem Krokodil, dem Makara der hinduistischen Mythologie. In den Gebäuden um den Innenhof wohnten früher die Priester, die für die religiösen Zeremonien am Königshof verantwortlich waren.

An der Nordostseite des Mul Chowk ragt der *Taleju-Tempel* empor, eine fünfstöckige Konstruktion mit einem dreistöckigen Dach. *Shrinivasa Malla* hatte den Tempel 1671 auf einem dreistöckigen Gebäude aufbauen lassen, wobei die Ecken so abgewandelt waren, daß ein achteckiger Grundriß entstand.

Zum Tempel gehört die auf der anderen Straßenseite gegenüber dem Sundari Chowk angebrachte *Taleju-Glocke* aus dem Jahre 1737.

Den benachbarten *Degutaleju-Tempel* ließ 1671 *Siddhi Narasinha Malla* über einem dreistöckigen Gebäude errichten. Er ist Taleju Bhawani geweiht und nur für Priester zugänglich. Im Tempelinneren wurde auf Wunsch des Königs ein besonderer Raum eingerichtet, der ihm zum Beten und Meditieren diente.

Der dritte Palasthof, der *Keshav Narayan Chowk* oder *Mani Keshav Chowk*, war die wichtigste der Palastanlagen und wurde nach 60 Jahren Bauzeit als letzte fertiggestellt. Der Bau war 1674 unter *Shrinivasa Malla* begonnen und 1734 unter seinem Nachfolger *Shrivishnu Malla* vollendet worden. Unmittelbar da-

neben hatte zuvor eine buddhistische Klosteranlage, der Harkhushi Bahal, gestanden, der dem Bau weichen mußte und verlegt wurde. An der Stelle des Hofes hatte sich gemäß einer Inschrift von 643 n. Chr. ein Licchavi-Palast befunden.

Die umliegenden Gebäude weisen einige hervorragende Holzschnitzereien auf, auch wenn einige davon durch unfachmännische Restaurationen in der Vergangenheit an Attraktivität eingebüßt haben. Besonders auffallend ist das herrliche goldene Tor an der Frontseite, über dem eine Torana mit Bildnissen von Shiva, Parvati, Ganesh und Kumar

Goldenes Tor am Königspalast

angebracht ist. Aus dem ebenso schönen vergoldeten Fenster an der Vorderseite pflegte der König sich seinen Untertanen zu zeigen.

Der **Mangal Hiti** ("Tank der Glückseligkeit") an der Nordseite des Mani Keshav Chowk ist noch intakt und gilt als die möglicherweise älteste noch erhaltene Konstruktion am Durbar Square. Der Tank stammt aus dem 10. Jh. und weist drei interessante Wasser"hähne" in Form von Krokodilsköpfen auf.

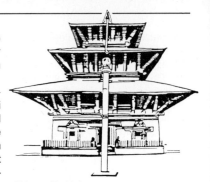

Bhimsen-Tempel

Neben dem Tank befindet sich der **Mani Mandap**, ein Pavillon aus dem Jahre 1700, der zu Krönungszeremonien diente.

Schräg gegenüber auf der anderen Straßenseite findet sich ein **Bhimsen-Tempel**, der Bhimsen, dem Gott der Händler, geweiht ist und der so bei Patans kommerzieller Zunft hohe Beliebtheit genießt. Das Gebäude hat drei Stockwerke. Das Hauptheiligtum befindet sich im ersten Stock, an dessen Ostseite eine schön gearbeitete Fensterbalustrade angebracht ist. Gebaut wurde der Tempel 1681, später erlebte er einige Restaurationen, zum letzten Male 1967. Von seinem Dach hängt eine Art überdimensionales goldmetallenes "Pendel", eine Repoussée-Arbeit mit Mantra-Inschriften, die dem Tempel von einem wohlhabenden Gönner gestiftet wurde. Dieses Kunsthandwerk, bei dem Metall zu Kunst- oder Schmuckobjekten gehämmert wird, hat in Nepal eine lange Tradition, die bis ins frühe 7. Jh. zurückverfolgbar ist.

Der wenig weiter südlich gelegene

Vishvanath-Tempel wurde 1626 unter *Siddhi Narasinha Malla* erbaut. Eine Besonderheit stellt die Säulenarkade aus filigran geschnitzten Holzpfeilern dar, die um das zentrale Heiligtum herum errichtet wurde. Über jeweils zwei Holzpfeilern sind Toranas zu sehen, die Shiva in seinen verschiedenen Manifestationen zeigen. Der Tempel wurde 1990-91 restauriert.

Direkt südlich schließt sich ein weiterer **Krishna-Tempel** an, der auch **Bala-Gopala-Tempel** genannt wird, der "Tempel des jungen Gopala", wobei Gopala ("Kuhhirte") nur ein anderer Name für Krishna ist. Im Gegensatz zu den meisten anderen Tempeln am Durbar Suqare besteht dieser aus Stein und ist eindeutig von der indischen Moghul-Architektur beeinflußt. Er besteht aus drei Etagen von Pavillons und umgebenden Säulengängen, die von einem Shikhara-Turm überragt werden. An den Streben über den Pfeilern des ersten Stockwerkes prangen Reliefs, die - im Uhrzeigersinn betrachtet - chronologisch Szenen aus dem

Epos Mahabharata darstellen, über den Pfeilern des zweiten Stocks Szenen aus der Ramayana. In beiden Epen bildet Krishna die zentrale Figur. Zu Krishnashtami, Krishnas Geburtstagsfest im August/September, werden hier größere Feierlichkeiten abgehalten. Auch dieser Tempel wurde 1990-91 ausgiebig restauriert.

Der sich südlich anschließende **Char-Narayan-Tempel** ("Tempel der vier Vishnus") stammt aus dem Jahre 1566 und ist somit der älteste Tempel des Durbar Square. An seinen Dachstreben sind eindrucksvolle Schnitzereien zu sehen, die Vishnu in seinen verschiedenen Erscheinungsformen darstellen.

Die gegenüber dem Taleju-Tempel auf der anderen Straßenseite stehende Statue des Königs **Yoganarendra Malla** stammt aus dem Jahre 1700. Über dem Haupt des Königs breitet sich schützend die Haube einer Kobra aus, so wie es sonst nur bei Vishnu-Statuen der Fall ist. Originellerweise sitzt auf der Haube die Figur eines Vogels - der Legende nach hatte der König behauptet, er werde erst sterben, wenn der Vogel von dort weggeflogen wäre. Möglicherweise wollte er sich so das ewige Leben sichern, was jedoch nicht gelang: Fünf Jahre nach der Errichtung der Säule verstarb *Yoganarendra*. Dem Volksglauben gemäß hatte er die Fähigkeit besessen, mit Gott zu kommunizieren und war eines nachts zu einem spitiruellen Gespräch aus dem Tempel verschwunden und nie wieder aufge-

taucht. Angeblich wird der König eines Tages wiederkehren, und deshalb werden die Tempeltore allzeit offen gehalten!

Der **Hari-Shankar-Tempel** ist einer gemeinsamen Erscheinungsform von Vishnu (Hari) und Shiva (Shankar) gewidmet und wurde zum Andenken an *Yoganarendra Malla* von dessen Tochter *Yogamati* errichtet (1704/5). An den Streben des dreigeschossigen Daches sind geschnitzte Höllenszenen zu sehen, die nichts Gutes ahnen lassen!

Chor-Narayan-Tempel

Kwa Bahal
(Hiranya Varna Mahavihara)

Nur wenige Minuten Fußweg nördlich des Durbar Square steht Patans prächtigste buddhistische Klosteranlage, der Kwa Bahal, auch "Golden Temple" genannt. Der *Überlieferung* nach reicht die Geschichte dieses Baus bis ins 12. Jh. zurück, die ältesten gesicherten Inschriften stammen jedoch erst vom Ende des 14. Jh.; einige davon berichten von den großzügigen Schenkungen, die dem Kloster in jeder Zeit gemacht wurden.

Ist der Zugang zu der Anlage - an zwei steinernen, bunten Löwenfiguren vorbei - noch recht unauffällig, so offenbart sich im Inneren die volle Pracht: Der *Hauptschrein* wird oben von drei vergoldeten Kuppeln abgeschlossen und weist zahlreiche goldene Statuen auf, darunter die des Akshobhya-Buddhas, des Schutzpatrons des Schreins. In der Mitte des Innenhofes befindet sich ein dreistöckiger, reich verzierter Tempel, dem ebenfalls ein goldenes Dach aufgesetzt ist.

Um den Hof herum führt ein *Wandelgang*, der mit Gebetsmühlen, Öllampen, aber auch vier Boddhisattva-Statuen gesäumt ist. Zum Verlassen des Wandelganges in den Innenhof ist das Ablegen der Schuhe oder sonstiger Lederartikel erforderlich. Eine Treppe führt ins Obergeschoß, wo Buddhafiguren und interessante Wandgemälde zu sehen sind.

Kumbheshvar-Tempel

Der Kumbheshvar-Tempel wurde Shiva in seiner Form als "Gott der Tongefäße" geweiht (*kumbha* = "Tongefäß", "Krug") geweiht und gilt als Patans wichtigster Shiva-Tempel. Seine Bedeutung beruht auf dem Glauben, Shiva verbringe die sechs Wintermonate hier, um dann die heißen Sommermonate auf seinem heiligen Berg Kailash zu verleben. Der Tempel ist einer von nur drei fünfgeschossigen Tempeln im Kathmandu-Tal, die anderen sind der Nyatapola-Tempel in Bhaktapur und, - mit Wohlwollen - der Panch-Mukhi-Hanuman-Tempel in Kathmandu.

Der Kumbheshvar-Tempel stammt wahrscheinlich aus dem Jahre 1392, ist möglicherweise aber noch älter. Auffallend sind die wohlausgewogenen, harmonischen Proportionen des Baus wie auch die meisterhaften Holzschnitzereien.

An der Nordseite des Tempels befindet sich ein kleiner *Tank*, der angeblich mit Wasser aus dem heiligen See von Gosainkund gespeist wird. Ein Bad im sündenabwaschenden Wasser des Tanks kann somit die langwierige Pilgerreise nach Gosainkund (zu Fuß gut eine Woche) ersparen! Zum Janai-Purnima-Fest, das an einem Vollmondtag im Juli/August stattfindet (*purnima* = "Vollmond") finden sich Tausende von Gläubigen am Tempel ein, nehmen rituelle Bäder im Tank und huldigen einem Lingam, der im Tank aufgestellt wird. Bei dieser Gelegenheit vollziehen die Brahmanen das rituelle Wechseln ihres Yagnopavit, ihrer

"Brahmanen-Schnur", die sie zum Zeichen ihres Standes über die linke Schulter geschlungen tragen.

Zur gleichen Zeit wird auch **Raksha Bandhan** gefeiert (wörtl. "Das Band des Schutzes"). Zu diesem Brauch binden sich Männer und Frauen gegenseitig einen bunten Zwirnsfaden an das Handgelenk und betrachten sich von nun an als "Bruder" bzw. "Schwester". Da sie nun also Geschwister sind, haben sie sich zu ehren und gegenseitig zu beschützen, wie es in einer traditionellen Hindu-Familie üblich ist.

An der Südseite des Komplexes stehen ein **Bhairav-Tempel** samt einer etwa "lebensgroßen" Holzfigur des Gottes und ein eingeschossiger **Baglamukhi-Tempel**, der der "Kranichgesichtigen Göttin" geweiht ist (*bagla* = "Kranich", *mukh* = "Gesicht"). Die Göttin wird in Zeiten von Sorgen oder Nöten aufgesucht. Lediglich ein verzierter Torbogen mit ineinander gewundenen Schlangen repräsentiert sie symbolisch.

Uma-Maheshvar-Tempel

Der Uma-Maheshvar-Tempel (s. Karte) zeigt sich als recht unauffällige Konstruktion mit einem zweigeschossigen Dach. Die Anlage dürfte nur für besonders Kunstinteressierte von Interesse sein. Sie enthält nämlich ein außerordentlich schönes Steinrelief aus dem 10. Jh., das Parvati (Uma) und Shiva (Maheshvar) darstellt. Eine Inschrift unter dem Relief erzählt dessen Entstehungsgeschichte.

Vishvakarma-Tempel

Etwas südlich des Durbar Square, in einem Viertel namens Hauda, das von zahlreichen Metallhandwerkern bewohnt wird, befindet sich ein Tempel, der dem Gott der Handwerker, Vishvakarma, gewidmet ist. Die Fassade wurde 1885 mit gehämmerten Kupferplatten bedeckt. Der Eingang wird von den Figuren der Flußgöttinnen Ganga und Yamuna flankiert.

Rato-Machhendranath-Tempel

Zu den wichtigsten Heiligtümern des so tempelreichen Patan gehört der Rato Machhendranath-Tempel, der einer sehr facettenreichen buddhistischen Gottheit geweiht ist, **Padmapani Avalokiteshvara**. Dieser wurde auch als "Roter Machhendranath" verehrt (*rato* = "rot") oder als Bungadyo, da ihm eine Verbindung zum 10 km entfernten Bungamati nachgesagt wird. Die Hindus verehren ihn als eine der vielen Formen Shivas.

Rato Machhendranath gilt als der Gott der Üppigkeit und des Regens, der sogar einmal eine zwölfjährige Dürre beendet haben soll, nachdem der Heilige Gorakhnath zu den neun regenspendenden Nags gebetet hatte. Aus diesem Grunde findet jedes Jahr im April/Mai - vor dem Beginn des Monsuns - die **Rato Machhendranath Jatra** statt (siehe Kap. "Feste & Feiertage"), zu dem die Statue des Gottes in Prozessionen durch die Stadt gefahren wird. Das Fest symbolisiert die Bitte der Bewohner Patans um einen regenrei-

Rato Machhendranath-Gefährt

ren, älteren Heiligtums. Den Tempel umgibt ein weitläufiger *Hof*, an dessen Nordseite Tierfiguren zu sehen sind, die die Monate des tibetanischen Kalenders repräsentieren. Die vier *Tempeltore* werden von steinernen Löwen bewacht. Das doppelgeschossige *Dach* ist metallgedeckt, und an dessen unteren Streben sind Holzschnitzereien zu sehen, die einen Vorgeschmack auf die Hölle geben. An den oberen Streben zeigen Schnitzereien Padmapani Avalokitehshvara.

Die im Tempelinneren aufbewahrte *Statue des Gottes* ist nur ein grob bearbeitetes, rot bemaltes Stück Holz, dessen Schlichtheit fast über seine Wichtigkeit als Regenbringer hinwegtäuschen könnte.

Minanath-Tempel

Der buddhistische Minanath-Tempel (*mina* ist das Sternbild Fische, *nath* = "Gott") beherbergt die Statue des Jatadhari Lokeshvara, einer Manifestation des Padmapani Avalokiteshvara. Diese Figur stellt so etwas wie den "Assistent" des Rato Machhendranath bei dessen Prozessionen dar und wird hinter ihm hergezogen. Der Tempel wurde im 16. Jh. unter *Halarchan Deva* gebaut und hat eine reich verzierte Eingangstür samt darüber befindlicher Torana sowie ein doppelgeschossiges Dach.

Mahabuddha-Tempel

Der "Tempel des Großen Buddha" befindet sich in einem Hof, der einst Teil eines Klosters gewesen sein

chen Monsun. Alle 12 Jahre wird das Fest besonders ausgiebig begangen, und die Statue wird bis nach Bungamati gebracht, das nächste Mal jedoch erst im Jahre 2003! Jedes Jahr verbringt die Statue sechs Monate in Patan und die restlichen sechs in Bungamati, eine Tradition, die wahrscheinlich von *Shrinivasa Malla* (reg. 1661-84) eingeführt wurde.

Der König begründete wohl auch den Rato Machhendranath-Tempel, der in den siebziger Jahren des 17. Jh. gebaut worden sein muß, möglicherweise an der Stelle eines ande-

muß, umgeben von einigen wenig ansehnlichen neuen Gebäuden (s. Karte). Initiator des Tempelbaus war ein nepalesischer Brahmane, *Abhaya Raja*, der eine Pilgerfahrt nach Bodh Gaya in Bihar (Nordindien) unternommen hatte, dem Ort von Buddhas Erleuchtung (*Bodh Gaya* = "hat die Erleuchtung erreicht"): Dort zeigte sich der Pilger überaus angetan von dem Mahabodhi-Tempel, der zu Buddhas Ehren gebaut worden war.

Nach seiner Heimkehr plante er, einen ähnlichen Tempel zu errichten, in dem er eine Buddha-Figur aufzustellen gedachte, die er aus Bodh Gaya mitgebracht hatte. *Der Bau* dauerte mehrere Generationen und wurde erst von späteren Nachfahren Abhaya Rajas zu Ende geführt. Während des Erdbebens von 1934 wurde der Tempel schwer beschädigt, und mangels Plänen oder Zeichnungen wurde er aus der Erinnerung rekonstruiert - was dabei herauskam, entsprach allerdings nicht mehr ganz dem Original. Nachdem die einzelnen Bruchstücke wie in einem Puzzle-Spiel wieder zusammengefügt waren, waren eine Menge Steine übriggeblieben! Aus diesen baute man flugs noch einen kleinen *Zusatzschrein*, der sich heute rechts hinter dem Tempel befindet. Er ist Maya Devi, der Mutter Buddhas, geweiht.

Alle Fassaden des Tempels sind mit *roten Backsteinen* abgedeckt, insgesamt über 9000, denen ein Bildnis des Buddhas eingeprägt wurde. Die Basis der Anlage bildet ein quadratischer *Sockel*, und über

diesem erhebt sich der schlanke, hohe Shikhara. Er wird von vier kleineren Turmspitzen umgeben, die jeweils an den Ecken angebracht sind.

Rudra Varna Mahavihara (Uku Bahal)

Etwas südlich des Mahabuddha-Tempels befindet sich das buddhistische Kloster Rudra Varna Mahavihara. Wahrscheinlich geht es auf König *Shiva Deva* zurück, der den Bau Mitte des 17. Jh. anlegen ließ. Der Tempel liegt inmitten eines Hofes, der vollgestopft ist mit Chaityas und Statuen aller Art. Sie stellen Garudas, Elefanten, Pfauen, Betende aber auch Premierminister *Juddha Shamsher Rana* dar, der dem Kloster nach dem Erdbeben von 1934 großzügige Finanzhilfe zur Restaurierung zukommen ließ.

Die Anlage ist rechteckig und mit einem zweigeschossigen Dach versehen, auf dessen oberem Teil sich eine Anzahl Turmspitzen erheben. Im Inneren befindet sich eine Figur der Hauptgottheit des Klosters, des Akshobya-Buddhas, umgeben von vier Figuren von Bodhisattvas. Die Anlage wird heute nicht mehr als Kloster genutzt - Mönche leben dort nicht mehr. Sie ist jedoch architektonisch interessant und gut erhalten und somit ein Favorit auf dem Besuchsprogramm.

Ashoka-Stupas

Wie in der Einleitung zu Patan erwähnt, sollen die vier Stupas, die an den Kardinalpunkten Patans (vergl.

Karte) errichtet wurden und die Stadtgrenzen markieren, auf den indischen König *Ashoka* zurückgehen. Dieser glühende Anhänger der Lehre Buddhas sandte Missionare in weite Teile Asiens aus, um die Lehre zu verbreiten und veranlaßte den Bau so manchen Heiligtums. Angeblich soll Ashoka angenommen haben, Buddha hätte zeitweilig im Bereich von Patan gewohnt und daraufhin die Stadt gegründet - historisch glaubhaft ist diese Version jedoch nicht unbedingt.

So, wie die Stupas sich heute präsentieren, ähneln sie den ursprünglichen Bauten nur noch wenig. Die besterhaltenste der Stupas ist die nördliche, die sich - blendend weiß gestrichen - auf der Spitze eines grasbewachsenen Hügels erhebt.

Patan-Zoo

Nepals einziger, mehr als bescheidener Zoo befindet sich im Stadtteil Jawalakhel. Es gibt Tiere aus der Himalaya-Region als auch dem Terai zu sehen, Bären, Nashörner, Tiger, Panther, Hirsche, Vögel etc. Präsentation und Haltung der Tiere ist allerdings alles andere als vorbildlich. Geöffn. 10.00 - 16.00 Uhr, Eintritt 20 Rs. für Nicht-Nepalis, fotografieren kostet 10 Rs. extra.

Tibetanisches Flüchtlingslager

Das "Tibetan Refugee Camp" im südwestlichen Stadtteil Jawalakhel ist eines der Zentren der Teppichweberei in Nepal, man kann bei den Arbeiten zusehen und - selbstverständlich - auch kaufen. In seiner Heimat gerät dieses Handwerk mehr und mehr in Vergessenheit, durch den relativ großen Zustrom von Tibetanern nach Nepal wird es hier glücklicherweise vorläufig am Leben erhalten - wobei der Tourismus eine nicht unerhebliche Rolle spielt. Das "Lager" ist heute längst eine wohlgeordnete Siedlung mit soliden Häusern, Werkstätten und Schulen.

Unterkunft

●Nepals einzige Jugendherberge, das *Mahendra Youth Hostel* oder auf Nepali *Mahendra Yuvalaya*, ist eine recht ruhige Anlage, mit einem etwas verwitterten Park darum (Tel. 5-21003). Schlafsaalbetten kosten 25 Rs., bzw. 50 Rs. in einem kleineren und komfortableren Schlafsaal. Zimmer für 1-2 Pers. (Bad) zu 150 Rs. Das ist zwar preiswert, die Lage - auf halbem Wege zwischen Kathmandu und dem Durbar Square von Patan - aber etwas weit vom Schuß.

●Interessanter gelegen ist das *Pizza Palace Guest House*, nämlich nur ein paar Schritte vom Durbar Square entfernt, mit der lebendigen Atmosphäre des Mangal Basar direkt vor der Haustür. Die Zimmer sind ganz ordentlich und kosten Einzel (Bad; TV) 450 Rs. (es gibt nur 1 Einzelzimmer) und Doppel (Gemeinschaftsbad) 250/300 Rs. Adresse: Pizza Palace Guest House Maha-pal - 14, near Patan Durbar Square, Tel. 5-26374.

●Ausgesprochen wohnlich ist das sehr saubere, ruhige und stilvolle *Greenwich Village Hotel* (***), das sich allerdings etwas in einer Seitenstraße versteckt. Das Hotel ist dennoch nicht unentdeckt geblieben und wird regelmäßig von kleineren deutschen und holländischen Reise- oder Bergtourgruppen angesteuert. Die Zimmer (Bad) sind sehr hell und blitzsauber; Einzel 60 $, Doppel 70 $, Deluxe 80 $, dazu jeweils 10 % Steuer. Adresse: Hotel Greenwich Village, Patan (Lalitpur), Kathmandu, P.O. Box 3808, Tel. 5-21780, 5-22399, 5-26682; Telex 2406 NECIL NP; Fax 977-1-526683.

●Ebenfalls sehr gut ist das von einem Garten umgebene **Hotel Summit** (***). Die Zimmer (Bad) kosten je nach Saison Einzel 45-75 $, Doppel 65-80 $. Angeschlossen ist außerdem ein Guest House, das Holland House mit Preisen von 15-25 $ (Einzel) und 20-30 $ (Doppel), je nach Saison. Zu allen Preisen 11 % Steuer. Adresse: Hotel Summit, Kupondole Heights, Patan (Lalitpur), Tel. 5-21894, 5-21810; Fax 977-1-523737.

●Das **Aloha Inn** (*) klingt zwar sehr nach Hawaii, liegt aber etwas unglücklich an der tristen Hauptstraße von Kathmandu nach Patan. Das Hotel ist dennoch sehr gut, und das angeschlossene Restaurant ist beliebt bei den in Patan ansässigen "Expats". Saubere Zimmer (Bad) zu 26 $ (Einzel), 36 $ (Doppel), Suiten zu 40 $ und 50 $; zu allem 11 % Steuer. Adresse: Aloha Inn, Jawalakhel, Patan (Lalitpur), Kathmandu, P.O. Box 7348, Tel. 5-22796; Fax 977-1-524571.

●Nichts besonderes ist das **Laxmi Hotel**, mit Zimmern (Bad) zu 7 $ (Einzel) und 8 $ (Doppel), ohne eigenes Bad 5 bzw. 6 $; dazu 10 % Steuer. Adresse: Laxmi Hotel, Man Bhawan, Jawalakhel, Patan (Lalitpur), Kathmandu, G.P.O. Box 4647, Tel. 5-21138.

●Eine absolute Luxusherberge ist das **Hotel Himalaya** (****), das sich aber schon wieder näher an Kathmandu befindet als am Zentrum von Patan. Neben sehr komfortablen Zimmern (AC, Heizung, Tel. etc.) gibt es einen Swimming-Pool und Tennis- und Badmintonplätze sowie ein sehr gutes Restaurant (Chalet Restaurant). Einzel 105 $, Doppel 115 $, Suite 350 $, plus jeweils 13 % Steuer. Adresse: Hotel Himalaya, Shahid Shukra Marg, Patan (Lalitpur), Kathmandu, P.O. Box 2141, Tel. 5-23900; Telex 2566 HOHIL NP; Fax 977-1-523909.

Essen

●Ein alter Favorit ist das **Café de Patan**, wenige Meter westlich des Durbar Square gelegen. Westliche und heimische Gerichte.
●Westliche Gerichte - vor allem Pizzas - gibts auch im **Pizza Palace Guest House** (s.o.).

●In Jawalakhel, etwas nördlich des Kreisverkehrs, von dem eine Straße zum Zoo abzweigt, findet man die **German Bakery** (vom Durbar Square kommend auf der linken Straßenseite). Das Vollkornbrot ist hier ausgesprochen schmackhaft, außerdem gibt es Kuchen (oft etwas zu süß), Sandwiches und Tee.

Anfahrt

●Von Kathmandu aus ist es eine mühelose **Fahrradstrecke** nach Patan, auch wenn sie einige unangenehm verkehrsreiche Hauptstraßen entlang führt. Vom Zentrum Kathmandus bis zum Durbar Square in Patan sind es ca. 5 km.
●**Busse** ab Kathmandu fahren vom Ratna Park ab, Kostenpunkt 2 Rs. Die Busse halten am Patan Gate, nur einen kurzen Fußweg vom Durbar Square entfernt.
●**Taxis** ab dem Zentrum von Kathmandu (New Road) bis zum Durbar Square kosten 70 Rs., von anderen Stellen entsprechend mehr oder weniger. Die Fahranweisung "Durbar Square" wird nicht von allen Fahrern verstanden, also besser den daran befindlichen Mangal Bazar als Fahrziel angeben, sprich "Mangal Basaar".

Zur tibetischen Grenze

Von Kathmandu führt der Arniko Highway nach 114 km nach Kodari an der Grenze Nepals mit Tibet (sie als Grenze zu China zu bezeichnen, soll den chinesischen Besatzern nicht vergönnt sein!). Ab dem Ort Barabise wird die Straße jedoch zunehmend schlechter, und in der Regenzeit (Mai - September) kommt es häufig zu Erdrutschen, die sie unpassierbar machen. In Barabise steht ein von China finanziertes Wasserkraftwerk, und auch der Arniko Highway wurde mit chinesischer Unterstützung gebaut. Eine versprochene Ölpipeline läßt jedoch schon lange auf sich warten.

Hinter der Grenzstation in Kodari befindet sich die "Friendship Bridge", deren Name ein weiterer symbolischer Anbuhlungsversuch Chinas an das kleine Nepal ist. Ausländer mit chinesischem Visum und Aufenthaltserlaubnis für Lhasa können die Grenze passieren. Vorsicht, in Grenznähe besteht ein generelles Fotografierverbot!

Anfahrt
●**Busse** fahren ab dem Bhimsen Tower in Kathmandu zumindest bis Barabise (33 Rs.), für die Strecke bis Kodari besteht keine Gewähr. Mit 4-5 Std. Fahrzeit ist zu rechnen.
●Günstiger ist das **Taxi**, das ca. 4 Std. bis zur Grenze benötigt, vorausgesetzt, der Highway ist in gut befahrbarem Zustand. Hin- und Rückfahrt samt ein- bis zweistündigem Aufenthalt ab ca. 4.000 Rs. Früh aufbrechen!
●Einige Reisebüros in Kathmandu offerieren gelegentlich **Busreisen** zur Grenze (früh-

morgens hin und abends zurück), die relativ preisgünstig sind. An Ort und Stelle nach eventuellen Angeboten fragen!.

Unterkunft
●Entlang der Strecke bieten sich an mehreren Stellen Unterkunftsmöglichkeiten: In Banepa und Dhulikhel (siehe die entsprechenden Ortsbeschreibungen) sowie in Barabise und Tatopani. Ab Dhulikhel bietet die Strecke recht gute Aussichten, so daß eine Unterbrechung der Reise lohnen könnte.

Ausflüge
im
Kathmandu
Valley

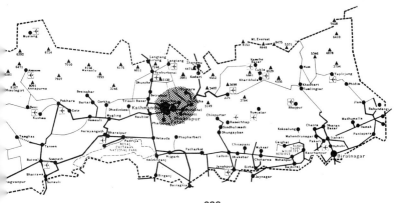

Überblick

Es ist noch gar nicht lange her, da waren die Begriffe Kathmandu oder Kathmandu Valley gleichbedeutend mit Nepal. Das Tal war eine Welt für sich, weitgehend abgeschlossen und nur durch wochenlange Fußmärsche zu erreichen. Mit dem Bau der Fernstraßen nach Indien, Tibet und Pokhara hat sich das geändert. Dennoch bleibt es das unangefochtene Zentrum des Tourismus in Nepal, was sicher an der Vielzahl von Sehenswürdigkeiten liegt.

Man könnte gut drei oder vier Wochen in Kathmandu verbringen und dabei täglich Ausflüge in die Umgebung unternehmen und hätte noch immer nicht alles gesehen.

Angesichts der Luftverschmutzung in Kathmandu wird das Kathmandu Valley als Wohnalternative immer attraktiver - manch Reisender mag es heute vorziehen, außerhalb von Kathmandu zu wohnen und dann die Stadt in Tagesausflügen zu besuchen, als umgekehrt.

Das Kathmandu Valley ist ca. 25 km lang und 15 km breit und umfaßt über 60 Orte oder Dörfer. Etwa die Hälfte davon wird im folgenden unter die Lupe genommen. Die relativ kleine Ausdehnung des Tales ermöglicht die Anfahrt zu den meisten Zielen per Fahrrad. Einige am Rand des Tales und sehr hoch gelegene Orte (z.B. Kakani, Pulchowki, Nagarkot u.a.) erfordern allerdings eine exzellente Kondition und - wenn möglich - ein Mountain Bike.

Ansonsten sind diese Orte, so wie alle anderen auch, mit dem öffentlichen Bus oder per Taxi zu erreichen. Die Busse sind zwar spottbillig, dafür aber auch langsam, oft extrem voll und nicht immer sicher; wer es sich leisten kann, ist besser mit dem Taxi beraten. Und natürlich geht es auch zu Fuß!

Die folgenden Ausflugsvorschläge sind so angelegt, daß jeweils mehrere Orte oder Sehenswürdigkeiten hintereinander besucht werden können. Einige der Routen führen über die schon besprochenen Städte Patan, Kirtipur und Bhaktapur (s. dort).

Swayambhunath - Ichangu Narayan

Ab der Kathmandu umgebenden Ring Road führt westlich von Swayambhunath (siehe Kathmandu, Sehenswertes am Stadtrand) eine ungepflasterte Straße in Richtung des Dorfes **Ichangu** mit seinem Tempel Ichangu Narayan (6 km ab Kathmandu). Kurz nach der Abzweigung von der Ring Road steigt die Straße kurz, aber sehr steil an, so daß altersschwache Autos hier eventuell aufgeben müssen. An dieser Stelle ergibt sich aber ein guter **Ausblick auf Kathmandu**. Nach der Steigung wird die Straße schmaler, ist aber für Autos befahrbar. Sie führt nun vorbei an idyllischen kleinen Newar-Siedlungen, Feldern und Hügeln, und man könnte glauben, Kathmandu sei ein paar Tagesreisen entfernt.

Ab der Steigung sind es ca. 2,5 km bis nach Ichangu, wo die Straße praktisch direkt auf einen Hof zuläuft, in dem sich der **Ichangu-Narayan-Tempel** befindet. Dieser gehört zwar zu den wichtigsten Vishnu-Tempeln des Kathmandu-Tales, sieht aber ebenso schlicht und nichtssagend aus. Hier bewahrheitet sich die Zen-Maxime vom Weg, der das Ziel ist! Tatsächlich gibt der Tempel optisch nichts her, allein der Weg dorthin ist jedoch äußerst sehenswert!

Der unauffällige Tempel stammt aus dem 17. Jh., an der gleichen Stelle hatte sich aber schon seit 1512 ein Vorgänger befunden. Vor dem Tempel stehen zwei Säulen mit Vishnus Symbolen darauf, einem Diskus und einer Muschel.

Von Ichangu bietet sich für Wanderfreunde ein ca. dreistündiger Fußmarsch zum Gipfel des **Nagarjun-Berges** (Nagarjun Stupa) an (s. folgendes Kapitel).

Anfahrt

●Die Fahrt mit dem **Fahrrad** ist sehr lohnenswert, die Strecke ist außer in der Regenzeit leicht zu befahren, und bei besagter, kurzer Steigung muß halt einige Meter geschoben werden.

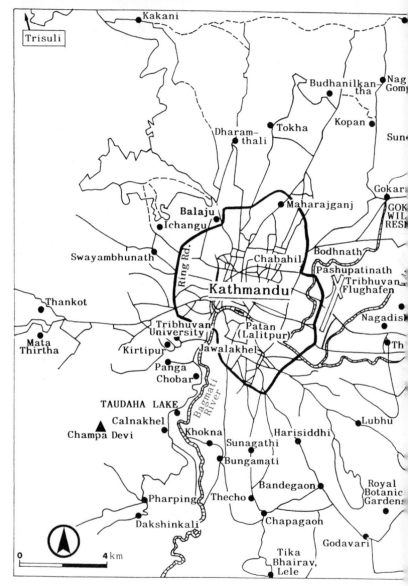

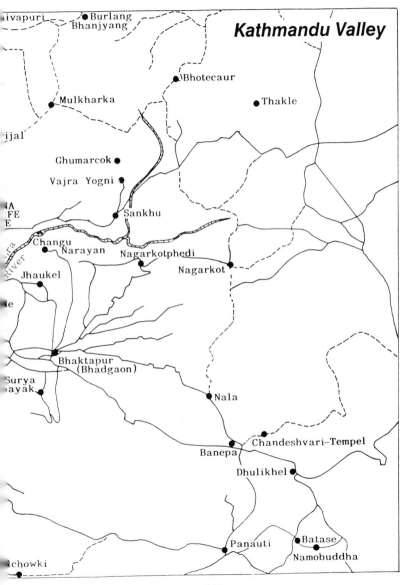

Kathmandu Valley

Nach Ichangu fahren leider *keine Busse*, die örtliche Bevölkerung fährt bis zur Ring Road und geht da die restlichen 3 km zu Fuß - kein Problem für ein Volk, das Fußwege oft in Tagen mißt statt in Stunden!

•*Taxis* ab Kathmandu kosten für die einfache Fahrt theoretisch 70 - 80 Rs., nur wird sich kein Fahrer darauf einlassen, da er höchstwahrscheinlich keinen Rückpassagier bekommt. Zudem weigern sich viele Fahrer ohnehin, die Strecke zu fahren, die oft in schlechtem Zustand ist, besonders in der Regenzeit - und, wie gesagt, die tückische Steigung schafft auch nicht jeder Wagen. Falls das Taxi doch bis zum Tempel fährt, so sind für Hin- und Rückfahrt plus einer Wartezeit von einer Stunde mindestens 300 Rs. zu veranschlagen; bei einem zusätzlichen Aufenthalt in Swayambhunath entsprechend der dortigen Wartezeit natürlich mehr.

Balaju - Nagarjun Stupa - Kakani

Balaju

Balaju, 5 km nördlich vom Zentrum von Kathmandu, ist so etwas wie das Industriegebiet der Stadt, mit diversen Fabriken, die die Sicht verschönern. Bis in die jüngere Vergangenheit bildete es einen eigenständigen Ort, durch das Wachstum Kathmandus wurde er jedoch eingeholt und zu einem Vorort der Hauptstadt gemacht.

Die Sehenswürdigkeit hier bildet der *Mahendra Garden*, ein ruhiger kleiner Park, der um einen Wassertank angelegt ist. Dieser Wassertank wird aus 22 Hähnen gespeist, die eine gesamte Längsseite des Tanks einnehmen - 22 Hähne stellt den nepalesischen Rekord für einen Wassertank dar, der Park wird deshalb im Volksmund auch Baiis Dhara Balaju genannt, "Balaju mit den 22 Strömen". Der Eintritt zum Park kostet 1 R., die Benutzung einer Kamera nochmals 1 R., einer Videokamera 10 Rs.; das Baden im Tank kostet zusätzlich 10 Rs.

Als weitere Attraktion gilt die Kopie des *"Schlafenden Vishnu"* von Budhanilakantha (siehe folgendes Kapitel), die, vom Parkeingang aus gesehen, in der vorderen rechten Ecke des Parks zu finden ist. Der Vishnu liegt in einem Bett aus ineinander verwobenen Schlangen und ist von einem kleinen Teich umgeben. Seine Länge beträgt etwa 2,5 m, womit er ungefähr halb so groß ist wie das Original. Obwohl dieser Vishnu offiziell als die Kopie bezeichnet wird, ist nicht sicher, welche der beiden Figuren tatsächlich die ältere ist. Da jedoch der Balaju-Vishnu gemeinhin als die Kopie gilt, kann diese ungestraft vom König besucht werden - die Tradition besagt dagegen, daß er sofort sterben müßte, wenn er den Vishnu von Budhanilakantha sähe! Hier bietet sich also eine straffreie Alternative.

Vor dem Schlafenden Vishnu steht ein *Tempel der Shitala Mai*, der Göttin der Pocken, aus dem 19. Jh. Um den Tempel gruppieren sich einige ältere Figuren von Bhagvati, Ganesh und Hari Shankar, sowie eine Figur der Göttin selber aus dem 14. Jahrhundert.

Anfahrt

●Ab dem National Theatre am Kanthipath, gegenüber dem Rani Pokhri, fahren schrecklich unbequeme Winzlingsbusse, sogenannte *Tempos*, nach Balaju, Kostenpunkt ca. 2 Rs.

●*Taxis* ab der New Road kosten ca. 50 Rs., ab Thamel nur ca. 40 Rs.

Nagarjun Stupa (Jamacho)

Etwa 2 km nördlich von Balaju befindet sich die Zufahrt zum *Nagarjun Forest Reserve*. Der Wald ist von einer Mauer umgeben, die sich an ihrer Südseite bis nach Balaju erstreckt. Dieser Wald zählt neben der Gokarna Forest Reserve und Pulchowki zu den letzten ursprünglichen Dschungelgebieten des Kathmandu Valley überhaupt und ist davon wohl das beeindruckendste. Der Wald wächst so dicht, daß an manchen Stellen kein Tageslicht hindurchdringt und beherbergt eine Vielzahl von Tierarten, z.B. Fasane und Hirsche. Augenzeugen wollen vor einigen Jahren sogar noch Tiger gesehen haben. Zum Betreten des Waldes muß am Eingang eine Gebühr von 0,50 Rs. entrichtet werden.

Die herrliche Natur und vor allem der Wildreichtum zogen schon im letzten Jahrhundert die nepalesischen Könige an, die hier eine *Jagd- und Ferienresidenz* einrichten ließen. Heute findet sich hier des öfteren König *Birendra* ein, um sein Waidglück zu versuchen. Die Residenz liegt am Ende eines schlicht als "Sackgasse" ausgeschilderten Weges, der rechts vom Hauptweg abzweigt. Der Zugang ist verboten, und etwaige Eindringlinge werden sich mit dem zahlreichen Sicherheitspersonal auseinanderzusetzen haben.

Folgt man dem Hauptweg in Richtung des Nagarjun-Gipfels, passiert man zunächst einen *Kontrollposten*, der nach Waffen oder gewilderten Tieren sucht. Das Jagen ist dem König und seinen Gästen vorbehalten! Ausländer werden in der Regel nur sehr oberflächlich kontrolliert.

Hinter dem Posten wird der Weg zunehmend schlechter - sicher gehört er zu den schlechtesten im Kath-

Gebetsfahnen an der Stupa

mandu-Valley - und führt in unzähligen Serpentinen durch dichten Dschungel zum Gipfel des *Nagarjun-Berges*. Ab der Zufahrt des Nagarjun-Waldes sind es ca. 15 km bis dort. Der Gipfel wird auf Newari *Jamacho* genannt, ist aber bekannter unter dem Namen *Nagarjun Stupa*, nach der Stupa, die sich darauf befindet. Die Stupa selber ist nichts Außergewöhnliches, sie ist jedoch mit Abertausenden von bunten Gebetsfahnen behängt, die den Eindruck eines vorangegangenen Volksfestes aufkommen lassen. Tatsächlich finden sich an Feiertagen und Wochenenden zahlreiche Bewohner Kathmandus hier zum Picknick ein, was leider auch an dem weitverstreuten Müll ersichtlich ist.

Die Nagarjun Stupa steht in einer Höhe von 2096 m, und der Ausblick von dort ist atemberaubend. Man hat freien Blick auf den Ganesh Himal, Langtang und das Kathmandu Valley. Neben der Stupa steht ein Aussichtsturm, der dem Gipfel noch einige Meter draufsetzt. Diese Stelle ist sicher eine der schönsten in der Umgebung.

Anfahrt

●Alle *Busse*, die in Richtung Kakani fahren, passieren die Zufahrt zum Wald, wo sich auch ein Kassenhäuschen befindet. Ab dort sind es allerdings noch 15 km bis hoch zur Nagarjun Stupa! Diese sind dann zu Fuß zu bewältigen. Die Busse fahren am Lekhnath Marg in Kathmandu ab und kosten bis Nagarjun ca. 2 Rs.

●Bequemer wäre ein *Taxi*; von der New Road bis zur Waldeinfahrt kostet es per Taxameter 60 Rs. Wer bis zur Stupa fahren will, muß einen für die Kilometerzahl unverhältnismäßig hohen Preis zahlen, da die Strecke derart miserabel ist. Leute mit schwachem Magen könnten durchaus seekrank werden! Hin- und Rückfahrt samt einem Aufenthalt von einer Stunde dürften mindestens 1.000 Rs. kosten, viele Fahrer fahren nicht unter 1.500 Rs.

●Wandernaturen böte sich ein herrlicher *Fußweg* ab Ichangu Narayan an (siehe vorangegangenes Kapitel). Dort zeigt man gerne den Pfad, wo's langgeht. Bis zur Stupa dauert es gut 3 Stunden.

Kakani

Die Straße, die an der Nagarjun Forest Reserve vorbeiführt, windet sich

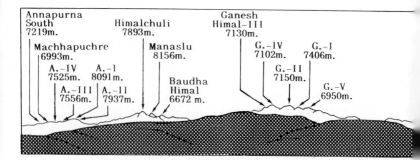

Annapurna
South
7219m.

Himalchuli
7893m.

Ganesh
Himal–III
7130m.

Machhapuchre
6993m.

Manaslu
8156m.

G.–IV
7102m.

G.–I
7406m.

A.–IV
7525m.

A.–I
8091m.

G.–II
7150m.

A.–III
7556m.

A.–II
7937m.

Baudha
Himal
6672 m.

G.–V
6950m.

weiter in nordwestliche Richtung durch eine wunderschöne Berglandschaft, die **Ausblicke** auf den majestätischen Nagarjun-Wald erlaubt. Diese Strecke gehört zu den schönsten im Kathmandu-Valley. Nach 26 km (ab Kathmandu) erreicht man - nach einer Abzweigung von der Hauptstraße - den Ort Kakani. Dieser liegt auf 2073 m Höhe, und es ergeben sich herrliche Ausblicke auf den Ganesh Himal und den westlichen Himalaya.

Das Leben in Kakani verläuft weit ruhiger als im so beliebten Nagarkot. Von hier aus bietet sich eine Reihe von **Trekking-Strecken** durch die Umgebung. Manchem dürfte es aber vielleicht etwas zu ruhig und einsam sein, außer Wandern gibt es nichts zu tun.

Um die einzige Unterkunft gruppieren sich nur ein paar Häuser, darunter eine Polizeiausbildungsstätte und eine alte Villa, die dem Personal der Britischen Botschaft als Feriendomizil dient. Wie in anderen Ländern Asiens, so beweisen die Briten auch hier ihren Instinkt, die schönsten (und kühlsten!) Stellen ausfindig zu machen!

Unterkunft/Essen

●Die einzige Unterkunft ist das regierungseigene **Taragaon Resort** mit nur 8 Zimmern. Das Haus wirkt etwas altertümlich und vergessen, was aber auch seine Atmosphäre hat. Die Zimmer sind ordentlich und bieten hervorragende Aussichten auf den Himalaya. Dem Hotel ist ein kleines Restaurant angeschlossen, das westliche wie auch nepalesische Gerichte serviert. Die Zimmer kosten Einzel 15 $, Doppel 20 $, dazu 10 % Steuer. Adresse: Taragaon Resort Hotel, Kakani, Nawakot, Tel. 2-28222.

Anfahrt

●Mit dem **Fahrrad** eine lohnende, wenn auch sehr anstrengende Strecke; die Straße ist zwar in gutem Zustand, führt jedoch kontinuierlich bergauf. Eine gute Kondition und ein Mountain Bike sind empfehlenswert.
●**Busse** fahren ab dem Lekhnath Marg in Kathmandu für 15 Rs.
●**Taxis** kosten nach Taxameter ca. 240 Rs. für die einfache Fahrt, die Fahrer verlangen aber mehr, wenn kein Rückpassagier zu erwarten ist. Hin- und Rückfahrt samt einstündigem Aufenthalt sollten ca. 600 Rs. kosten, bei längerem Aufenthalt dann entsprechend mehr.

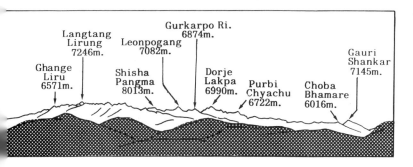

241

Budhanilakantha - Shivapuri - Dhum Varahi

Budhanilakantha

Maharajganj, die Ausfallstraße Richtung Nordosten, führt von Kathmandu nach Budhanilakantha (9 km), einer der wichtigsten *Vishnu-Figuren* des Landes und einer der ungewöhnlichsten dazu.

Die Figur zeigt Vishnu, den Urheber der Welten, der rücklings auf dem kosmischen Ozean liegt. Der Mythologie zufolge entsproß seinem Nabel ein Lotus, aus dem Brahma geboren wurde, der seinerseits die Welt erschuf. Die Figur ist ca. 4,5 m lang und ruht auf einem Bett aus ineinanderverflochtenen Schlangenkörpern, die Teil der elfköpfigen Riesenschlange Ananta ("Die Unendliche") sind. Der Vishnu scheint überirdisch friedlich über dem kosmischen Ozean zu treiben, was von einigen Tauben ausgenutzt wird, die ihn als Start- und Landebahn mißbrauchen! Der Teich um den Vishnu ist umzäunt, und nur Hindus haben am Fußende der Figur in den Innenbereich Zutritt. Nicht-Hindus bleibt der Blick durch die Zaunlatten hindurch, der aber dennoch lohnt.

Der Budhanilakantha stammt wahrscheinlich aus dem 7. Jh. und wurde aus einem einzigen Stein gehauen. Der Legende nach war die Figur ursprünglich in der Erde vergraben, bis ein Bauer beim Pflügen an sie stieß, und sie zu bluten begann. Budha bedeutet "im Schlamm vergraben", Nilakantha oder "Blaukehle" ist ein anderer Name für Vishnu.

Der Überlieferung nach darf der *nepalesische König*, der selbst als eine Inkarnation Vishnus betrachtet wird, die Figur niemals sehen, an-

Vishnu, der Bewahrer der Welt

242

sonsten müsse er sofort sterben. So hat er sich mit der kleineren Kopie in Balaju (s. dort) zu bescheiden, die er ungestraft besuchen kann.

Um den Teich mit dem Budhanilakantha herum befinden sich einige weitere Schreine, ein Shiva-Lingam und auch einige Gebäude neueren Datums.

Im November füllt sich das Gelände mit Tausenden von Pilgern, die dort das *Baikuntha-Chaturdasi-Fest* begehen. Der Mythologie gemäß schläft Vishnu die vier Monsun-Monate hindurch, und am freudigen Tag Baikuntha Chaturdasi erwacht er. Täglich findet hier gegen 9.00 Uhr die *Puja* statt, zu der ein Priester das Gesicht des Vishnu wäscht und Gläubige ihre Opfergaben ablegen.

Anfahrt
● Die Strecke ist kein Problem mit dem *Fahrrad*, es geht nur minimal aufwärts.
● *Busse* fahren ab dem National Theatre gegenüber dem Rani Pokhri, Kostenpunkt 2 Rs.
● Mit dem *Taxi* kostet die einfache Strecke per Taxameter 90 Rs., falls sich ein Fahrer auf das Einschalten des Taxameters einläßt. Hin- und Rückfahrt plus einstündiger Aufenthalt sollten ca. 300 Rs. kosten.

Shivapuri Hill

Etwa 1 km nördlich von Budhanilakantha beginnt an einem Kontrollposten der Aufstieg zum Shivapuri Hill (2725 m), einem der höchsten Gipfel am Rande des Kathmandu Valley. Die Straße ist relativ gut befahrbar und bietet mit steigender Höhe sehr gute Ausblicke.

Etwa 6 km nach dem Kontrollposten erreicht man *Nage Gumba*, ein buddhistisches Frauenkloster mit 18 ungeheuer freundlichen Nonnen, die sich hier einem Leben der Meditation verschrieben haben. Das Kloster ist wunderbar gelegen, ein Rasenplatz vor einem der Gebäude bietet eine erholsame Ruhestelle, und man hat freien Ausblick auf Budhanilakantha und Kathmandu.

Vom Kloster führt ein Pfad zum *Shivapuri-Gipfel*, der in zwei Stunden zu schaffen ist.

Nach einer etwa zweieinhalbstündigen Wanderung kann man auch *Gokarna* (s.u.) mit der sehenswerten Klosteranlage Gokarna Mahadev erreichen.

Anfahrt
● Mit dem *Fahrrad* ist die Strecke nicht unbedingt zu empfehlen, es geht steil bergauf, und der Straßenzustand ist nicht der allerbeste.
● *Taxis* ab Kathmandu kosten für die einfache Fahrt ca. 300-400 Rs., da der Fahrer aller Wahrscheinlichkeit nach leer zurückfahren müßte (per Taxameter wären es nur ca. 140 Rs.) Hin- und Rückfahrt sollten 300 Rs. plus Wartegebühren kosten (60-70 Rs./Std).

Dhum Varahi

An der Ostseite der Ring Road um Kathmandu, etwas nördlich der Brücke über den Dhobi-Khola-Fluß, steht einer der ältesten und imposantesten Schreine des Kathmandu-Valley, der Dhum Varahi. Die Entfernung ab Kathmandu-Mitte beträgt ca. 5 km. Der Schrein befindet sich mitten auf einem Schulhof, unter einem mächtigen Pipal-Baum. Wer ihn nicht gleich findet, sollte sich den Weg weisen lassen. Die Wurzeln haben im Laufe der Zeit die "lebensgroße" Figur des Schreins beschädigt. Die Figur stammt aus dem 6. Jh. und zeigt Vishnu in seiner Inkarnation als Wildschwein, die mit dem linken Ellenbogen Prithvi, die Erdgöttin, balanciert. Vishnu nahm die Wildschwein-Form zur Tarnung an, um den Dämon Hiranyaksha zu zerstören, der die Erde unter Wasser zog. Der Standort der Statue an dieser relativ verlassenen Stelle gibt einige Rätsel auf, es wird vermutet, daß sich hier einmal eine wichtige Siedlung befunden haben muß.

Anfahrt

●Per *Fahrrad* ist der Schrein gut nach einem Besuch von Chabahil oder Pashupatinath zu erreichen, von wo die Ring Road in nördliche Richtung weiter zu fahren ist. Wer von Budhanilakantha kommt, muß bei der Rückfahrt nach Kathmandu links in die Ring Road einbiegen. Dort steht links das Hotel Karnali, ein paar hundert Meter weiter rechts erscheint der unansehnliche Panchayat Silver Jubelee Garden, ein Monument landschaftsarchitektonischer Einfallslosigkeit.

Bodhnath - Kopan

Etwa 1 km westlich vor Bodhnath (siehe Kathmandu, Sehenswertes am Stadtrand) zweigt von der Hauptstraße eine kleinere, unasphaltierte Straße ab. Diese führt in nordöstlicher Richtung zur Ortschaft Kopan und dem dortigen *tibetanischen Kloster* (ab Kathmandu ca. 9 km, ab Bodhnath ca. 4 km). Das Kloster steht auf einem Hügel an der Nordseite des Ortes und umfaßt einige schlichte Gebäude. Von der Südseite des Hügels bietet sich ein imposanter Ausblick auf die Bodhnath-Stupa, die aus der Entfernung wirkt wie eine gigantische Glocke, die ein mystisches Wesen dort vergessen hat.

Die *Mönche* des Kloster sind Tibetaner, von denen die jüngsten längst im Exil geboren wurden und ihre geistige Heimat nie gesehen haben. Einige sind längerfristige Gäste aus Dharamshala in Indien, dem Hauptquartier des Dalai Lama. Gelegentlich ist sogar der eine oder andere westliche Mönch dabei.

Im Kloster werden regelmäßig *Lehrgänge* über Buddhismus, tibetanische Medizin, Thangka-Malerei und auch Meditationskurse abgehalten. Das Himalayan Yogic Institute in Maharajganj, Kathmandu, ist dem Kloster angegliedert und kann über das Programm Auskunft geben. Tel. 2-26717. Informationen ebenfalls beim Nepal Mahayana Centre, P.O. Box 817, Kathmandu.

Von Kopan lohnt ebenfalls ein Fußmarsch nach *Gokarna* (s.u.) Richtung Süden.

Anfahrt

●Die Strecke ist problemlos per *Fahrrad* zu bewältigen, in der Regenzeit wird die Straße jedoch oft in eine Schlammpiste verwandelt, und dann hört der Spaß auf.
●*Taxis* ab Kathmandu kosten nach Taxameter ca. 90 Rs. einfach. Hin- und Rückfahrt samt einstündiger Wartezeit ca. 250-300 Rs.

Bodhnath -
Gokarna - Sundarijal

Gokarna

Nach dem Besuch von Bodhnath bietet sich als interessante Alternative die Weiterfahrt zur Ortschaft Gokarna an, dessen Tempelanlage Gokarna Mahadev zu den wichtigsten des Tales zählt. Gokarna ("Kuhohr") liegt ewa 4 km nordöstlich von Bodhnath. Von Bodhnath führt die Hauptstraße zu einer etwas chaotischen Kreuzung mit einem Busbahnhof darum; dort zweigt eine Straße links ab und erreicht nach ca. 3 km Gokarna und den Tempel (rechte Straßenseite). Auf der linken Straßenseite beginnt hinter einer Dorfschule ein herrlicher kleiner Fichtenwald, der ideal für eine Ruhepause dienen kann.

Der Gokarna Mahadev steht an einer heiligen Stelle, an der sich der aus dem Norden fließende **Bagmati-Fluß** in einer Schlaufe zu verirren scheint und kurz wieder nach Norden fließt. Auch hier am Bagmati die Toten verbrannt, um ihnen den Weg in die nächste Existenz zu erleichtern.

Jedes Jahr im August/September findet am letzten Tag des abnehmenden Mondes das **Fest Gokarna Aunshi** statt, eine Art Vatertag, an dem die lebenden als auch verstorbenen Väter geehrt werden. Dabei gilt der im Allerheiligsten aufbewahrte Shiva-Lingam, der Gokarna Maheshvar, als ein potenter Mittler zwischen der Welt der Lebenden und der Toten.

Eine **Legende** erzählt von Dantur, dem Sohn einer Prostituierten, der aus Verzweiflung darüber, daß er seinen Vater nicht kannte, sich an einen Rishi oder Weisen wandte. Der Rishi gab ihm den Rat, im Bagmati bei Gokarna zu baden und den Seelen der Verstorbenen Opfergaben darzubringen, dann würe ihm sein Vater erscheinen. Während der Opferzeremonie fanden sich jedoch so viele Seelen ein, die sich der Opfergaben bemächtigen wollten, daß Dantur verwirrt war und seinen Vater vor lauter Seelen nicht sah. Unter den Anweisungen des Rishi konnte er schließlich die Seele seines Vaters ausfindig machen, und seither ist Gokarna der Ort der Totenverehrung. Nebenbei sicherte das Opfern in Gokarna so viel gutes Karma, daß Dantur später sogar König wurde.

Zum Gokarna Aunshi werden aber auch die lebenden Väter geehrt, und nach vielerlei Ritualen endet das Fest mit einem ausgiebigen Familienschmaus.

Der Tempelkomplex von Gokarna stammt aus dem 14. Jh., an der Stelle muß sich aber schon lange vorher ein Heiligtum befunden haben. Der Legende nach ist in Gokarna ein **Teil eines Hornes** vergraben, das Shiva als Hirsch getragen hatte. Shiva hatte sich einst - von seinen Pflichten als Gott erschöpft - in Form eines einhörnigen, goldenen Hirsches im Wald bei Pashupatinath vergnügt. Als seine Abwesenheit ein

wurde es als ein Ort von höchster Heiligkeit und Schönheit bezeichnet. Der Gokarna Mahadev wurde in den achtziger Jahren einer intensiven *Restaurierung* unterzogen, wobei allein das Reinigen der Außenwände anderthalb Jahre in Anspruch nahm. Viele der Dachstreben mußten durch neue ersetzt werden, der Zahn der Zeit und der Monsun hatten sie zerfressen.

Den Tempel bedeckt ein dreigeschossiges Dach, und Reihen von Götterfiguren umgeben ihn. Über dem Tempeleingang ist eine goldene Torana mit Shiva und Parvati in ihrer Manifestation als Uma und Maheshvar angebracht.

Einer der interessantesten Bestandteile ist der *Vishnu Paduka* schräg seitlich des Hauptgebäudes am Fluß. Dies ist ein offener, einstöckiger Schrein, der eine Metallplatte mit einem Fußabdruck Vishnus beherbergt. Da durch das Erdbeben von 1934 die Aufbauten stark beschädigt worden waren und das Fundament durch das Flußwasser angegriffen worden war, wurde auch der Vishnu Paduka eingehend restauriert. Dabei kam unter dem Fundament die ursprüngliche Opfergabe zum Vorschein, die man dort vor Baubeginn angebracht hatte: die Pancha Ratna oder "Fünf Juwelen" und einige Münzen.

Chaos auf der Erde entstehen ließ, suchten Brahma, Vishnu und Indra nach ihm. Als sie ihn schließlich in der Hirschform entdeckten, jagten sie ihn, bis sie ihn am Horn ergreifen konnten. Als sie alle gleichzeitig das Horn erfaßten, zerbrach es, und jeder der Götter hielt ein Teilstück in Händen. Auf Shivas Wunsch nahm Vishnu sein Stück des Horns mit zu seinem Wohnsitz in Vaikuntha, Indra beförderte sein Teil zu sich in den Himmel, und Brahma brachte das dritte Teil in Gokarna unter.

Alten Aufzeichnungen zufolge war Gokarna vor 1900 Jahren die befestigste *Hauptstadt der Kirata-Dynastie*. Der Name wurde von der südindischen heiligen Stadt Gokarna übernommen. In Sanskrit-Schriften

Anfahrt
●Mit dem *Fahrrad* oder *Bus* ab Ratna Park (3 Rs.).
●*Taxis* ab Kathmandu-Mitte kosten ca. 130 Rs. mit Taxameter oder ca. 350 Rs. für Hin- und Rückfahrt plus eine Stunde Aufenthalt.

●**Zu Fuß** lohnt der kurze Weg ab Kopan ostwärts; oder aber ab Shivapuri in Richtung Süden, Dauer ca. 2 - 2,5 Stunden.

Sundarijal

Folgt man der Straße von Gokarna in nordöstliche Richtung, gelangt man nach ca. 4 km zum idyllischen Sundarijal (15 km ab Kathmandu). Hier gießen sich einige kleine Ströme über einen **Wasserfall** in ein über hundert Jahre altes Auffangbecken, umgeben von viel Grün. Gleich daneben nimmt die beliebte **Trekking-Route nach Helambu** (ca. 7 Tage) ihren Anfang. Der Weg beginnt mit einer etwas unbequem zu begehenden Steintreppe, an deren Seite eine Wasser-Pipeline verläuft. Etwa 2 Stunden Fußweg oberhalb von Sundarijal befindet sich ein Staudamm, der weite Teile des Kathmandu Valley mit Wasser versorgt.

Anfahrt
●Per **Fahrrad** eine angenehme Strecke ab Kathmandu, es gibt nur wenig Verkehr und kaum Steigungen. Die Straße ist allerdings unbefestigt, und in der trockenen Zeit vor dem Monsun (April - Ende Mai) kann es furchtbar staubig werden.
●**Busse** fahren ab der Tukuchapul Station an der Ostseite der Central Bus Station, Kostenpunkt 5,50 Rs.
●**Taxis** ab Kathmandu-Mitte kosten per Taxameter ca. 150 Rs., unter 300 Rs. wird aber nichts zu machen sein, da kein Rückpassagier zu erwarten ist. Hin- und Rückfahrt plus eine Stunde Aufenthalt kosten ab 400 Rs.

Gokarna Game Reserve - Sankhu - Vajra Yogini

Gokarna Game Reserve

An der Süd- und Südostseite des Dorfes Gokarna erstreckt sich eines der wenigen naturbelassenen Waldgebiete des Tales, das Gokarna-Wildreservat oder Gokarna Game Reserve. Allerdings ist es nicht von der Ortschaft aus zu erreichen, von der es durch eine Mauer abgegrenzt ist. Der Zugang liegt an der Südseite des Geländes, an der Straße, die von Bodhnath geradeaus Richtung Osten (ab Bodhnath ca. 3 km, ab Kathmandu-Mitte 10 km) nach Sankhu und Vajra Jogini führt.

Das Reservat wurde Ende des letzten Jahrhunderts angelegt und beherbergt zahlreiche Hirscharten, Affen und Vögel. Die Hirsche sind sogar relativ zahm und können aus wenigen Metern Entfernung beobachtet werden. An der Nordseite des Waldes ist ein Tigergehege angelegt, dessen ursprüngliche Insassen jedoch angeblich verstorben sind. Möglicherweise ist inzwischen ein Nachschub neuer Tiger eingetroffen. In der Nähe des Geheges befindet sich ein speziell ausgewiesener Picknick-Platz, von dem die Einheimischen an ihren freien Tagen ausgiebig Gebrauch machen.

Das Reservat ist täglich von 8.00 - 18.00, im Winter bis 17.00 Uhr geöffnet; Eintritt 25 Rs. Zum Reiten können stundenweise Pferde oder

Elefanten angemietet werden, und
es gibt einen 9-Loch-Golfplatz.

Anfahrt
●Am besten mit dem *Fahrrad*.
●Nur einige wenige *Busse* fahren am Tag
Richtung Sankhu, die auch vor dem Reservat halten. Sie fahren ab Martyrs' Gate und
Central Bus Station (3 Rs.). Ansonsten bietet
sich der Bus nach Gokarna an (siehe vor-
angehendes Kapitel), wobei an der Bushaltestelle auszusteigen ist, an der der Bus
links in Richtung Gokarna von der Hauptstraße abbiegt. Von dort sind es ca. 20 Minuten zu Fuß zum Reservat, immer geradeaus Richtung Osten.
●*Taxis* ab Kathmandu kosten ca. 100 Rs.;
falls der Fahrer sich weigert, zum Taxameter-Preis zu fahren, wird's ca. 150 Rs. Oder
man steigt an besagter Kreuzung aus, wo er
leichter einen Rückpassagier findet, und
geht die 20 Minuten, wie oben beschrieben,
zu Fuß weiter.

Sankhu

Sankhu, 21 km östlich von Kathmandu gelegen, ist eine typische,
altertümlich wirkende Newar-Stadt,
die schon einmal interessantere
Zeiten gesehen hat. Aufgrund ihrer
Lage an der Handelsroute von
Kathmandu nach Tibet war sie einst
ein wichtiger Zwischenposten.

Aus seinem Schlaf rappelt sich der
Ort nur zu einem einzigen Anlaß auf,
den Fastenübungen im Monat Magh
(Januar/Februar). Diese beginnen
zur *Swastani Purnima*, dem "Vollmond der Göttin Swastani", dem ersten Tag des Monats und enden mit
dem letzten. Morgens finden sich
Hunderte von Pilgern am Sali Nad

(*nadi* = "Fluß") zum rituellen Bad ein, und am nahen Mahadev-Narayan-Tempel lauschen die Gläubigen den Priestern, die die Mythen der Swastani rezitieren.

Abgesehen von diesem Fest lohnt Sankhu nur als Transitort auf dem Weg nach Vajra Yogini.

Anfahrt

●Die Straße nach Sankhu ist asphaltiert, der Weg per **Fahrrad** ist problemlos. Es gibt nur ein paar wenige, minimale Steigungen.

●**Busse** fahren ab dem Martyrs' Gate und der Central Bus Station, aber nur wenige Male am Tag (5,50 Rs.).

●Beim **Taxi** pendelt sich das Taxameter um die 200-Marke ein. Für Hin- und Rückfahrt wären also ca. 400 Rs. zu zahlen, plus die entsprechenden Wartegebühren.

Vajra Yogini

Etwa 1,5 km nördlich von Sankhu führt die Straße zum Fuß einer Treppe, an deren oberen Ende sich der **Vajra-Yogini-Tempel** erhebt, einer der imposantesten Tempel des Kathmandu Valley. Die Treppe ist steil und kann manchen Zivilisationsmenschen aus der Puste bringen. Auf etwa halbem Wege findet sich eine Art Unterstand und ein kleiner Schrein mit Figuren von Ganesh, Kali und Bhairav. Weiter oben durchschneidet die Treppe einen kleinen Wald und endet direkt vor dem Hauptgebäude des Tempelkomplexes. Es wurde 1655 unter König *Pratap Malla* von Kathmandu angelegt, an der Stelle hatte sich aber wohl schon zuvor eine Tempelstätte befunden. Der Überlieferung nach lebt hier schon seit ewigen Zei-

ten die Göttin Vajra Yogini, und nur ihretwegen habe Manjushri das Wasser aus dem Kathmandu-Tal abfließen lassen.

Im Tempelinneren wird eine Figur der Vajra Yogini als auch von ihren zwei Begleiterinnen Sinhini ("Löwin") und Baghini ("Tigerin") verehrt. Die Südfassade des Tempels ist mit detailreichen Kupferarbeiten geschmückt, über der dort befindlichen Haupttür ist eine goldene Torana mit einem Abbild der Göttin zu sehen.

Nahebei ist der **Gunivihar-Tempel** mit seinem doppelgeschossigen Dach zu finden. Er stammt aus dem 16. Jh. und beherbergt eine Kopie der Stupa von Swayambhunath, denn eine Legende besagt, daß Vajra Yogini Swayambhunath begründet habe. Um die Tempel herum befinden sich die Gebets- und Wohngebäude der ansässigen Mönche mit einigen Schreinen und Statuen darin. Die Gebäude sind normalerweise abgeschlossen, auf Wunsch gewähren die Mönche aber Einblick. Von der so friedlichen und ruhigen Tempelanlage bietet sich auch ein hervorragender Ausblick auf die Felder und Hügel ringsum.

Anfahrt

●**Busse** fahren zumeist nur bis Sankhu (siehe oben). Von Sankhu sind es ca. 1,5 km bis zum Fuß der Treppe zum Tempel. Man folge der Straße durch Sankhu in Richtung Norden, bis eine Art Auto-Halteplatz auftaucht, von wo links die Treppe zum Tempel hochführt.

●**Taxis** ab Kathmandu kosten um 170 Rs. nach Taxameter; Hin- und Rückfahrt plus eine Stunde Aufenthalt für ca. 450 Rs.

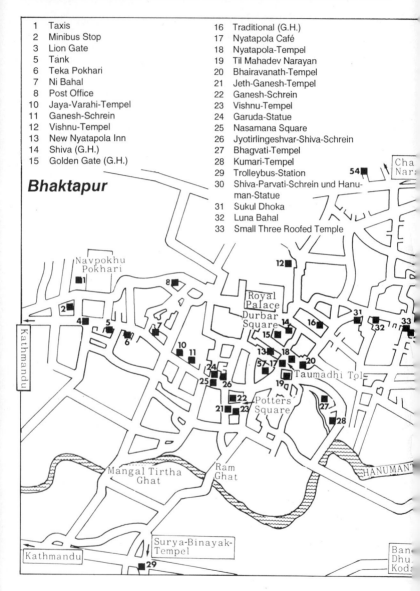

1 Taxis
2 Minibus Stop
3 Lion Gate
5 Tank
6 Teka Pokhari
7 Ni Bahal
8 Post Office
10 Jaya-Varahi-Tempel
11 Ganesh-Schrein
12 Vishnu-Tempel
13 New Nyatapola Inn
14 Shiva (G.H.)
15 Golden Gate (G.H.)

16 Traditional (G.H.)
17 Nyatapola Café
18 Nyatapola-Tempel
19 Til Mahadev Narayan
20 Bhairavanath-Tempel
21 Jeth-Ganesh-Tempel
22 Ganesh-Schrein
23 Vishnu-Tempel
24 Garuda-Statue
25 Nasamana Square
26 Jyotirlingeshvar-Shiva-Schrein
27 Bhagvati-Tempel
28 Kumari-Tempel
29 Trolleybus-Station
30 Shiva-Parvati-Schrein und Hanuman-Statue
31 Sukul Dhoka
32 Luna Bahal
33 Small Three Roofed Temple

Bhaktapur

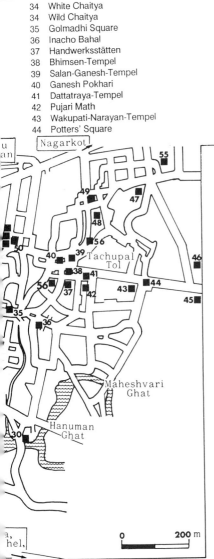

Bhaktapur (Bhadgaon)

Bhaktapur, 15 km östlich von Kathmandu an der alten Handelsstraße nach Tibet gelegen, ist mit ca. 250.000 Einwohnern die drittgrößte Stadt des Kathmandu Valley. Aufgrund ihrer relativ geringen Fläche besitzt sie nach Kathmandu die höchste Einwohnerdichte Nepals, etwa 2000 Einw./km^2. Die Bewohner sind hauptsächlich Newar, die "Ureinwohner" des Tales.

Bhaktapur ist eine faszinierend *altertümliche Stadt*, vollgestopft mit Tempeln und anderen Sehenswürdigkeiten, und im Gegensatz zu Kathmandu sind hier keine Betonneubauten oder andere ernüchternde Vorboten des 20./21. Jahrhunderts auszumachen. Die Stadt ist zudem auffallend geordneter und sauberer als Kathmandu, eine Tatsache, die schon von Reisenden des 19. Jh. beobachtet wurde.

Maßgeblich beteiligt an der Erhaltung des Stadtbildes war in den siebziger Jahren das deutsch-nepalesische *Bhaktapur Development Project*. Diese Zusammenarbeit

Bhaktapur: altertümliches Stadtbild

zwecks Restaurierung sanierungs-
bedürftiger, kulturhistorisch wertvoller Gebäude hatte 1969 verhältnismäßig bescheiden begonnen. Bei
einem offiziellen Besuch des saar-
ländischen Ministerpräsidenten in
Nepal hatte dieser aus Anlaß der
Hochzeit König *Birendras* ihm 1 Mio.
DM als Restaurationshilfe für die Pujari Math (siehe "Sehenswürdigkeiten") überlassen. Nach dem Ende
der Restaurierungsarbeiten im Jahre
1972 initiierten die dabei beteiligten
deutschen Architekten weitere Finanzhilfe, und so entstand 1973/74
das Bhaktapur Development Project.

Geschichte

Die **Anfänge** Bhaktapurs gehen bis
in die Licchavi-Periode zurück, das
"moderne" Bhaktapur aber, so wie
es sich in seiner Grundstruktur bis
heute präsentiert, wurde 889 n. Chr.
von König *Ananda Malla* begründet.
Sein Grundriß soll dabei die Form
eines Damru bekommen haben, einer kleinen Trommel Mahadevs
(Shiva), die etwa an eine Sanduhr
erinnert - oder an zwei Dreiecke, die
an ihren Spitzen gegenübergestellt
werden.

Der **älteste Teil der Stadt** befindet sich um den Dattatreya Square
herum, das Zentrum verlagerte sich
zwischen dem 14. und 16. Jh. jedoch westwärts, zu der Zeit, als
Bhaktapur das Kathmandu-Tal beherrschte. 1768 unterlag es den
Truppen *Prithvi Narayan Shahs* und
büßte seine Unabhängigkeit ein.

Der **Name Bhaktapur** bedeutet
"Stadt der Gottesfürchtigen" (*bhakta*
= "Gotthingegebener", *pur* =
"Stadt"), der ebenfalls gebräuchliche
Name Bhadgaon "Stadt der Bhadra

Kali". In früheren Zeiten wurden noch andere Namen benutzt, darunter Dharmapatan, "Stadt des religiösen Gesetzes".

Sehenswürdigkeiten

Siddha Pokhri

Bei der Anfahrt aus Kathmandu passiert man am Westrand der Stadt einen riesigen, fast 100 m langen Wassertank, den Siddha Pokhri. In der Nähe befindet sich das Armeehauptquartier Bhaktapurs und der Tundikhel, der Exerzierplatz. Der Siddha Pokhri wurde im 16. Jh. angelegt, und nach der Legende lebt darin eine gigantische Wasserschlange, die allerdings noch niemand zu Gesicht bekommen hat. Aus Furcht, die Schlange könnte an Land kriechen, wird der Tank nie geleert, und zahlreiche Einwohner Bhaktapurs machen einen großen Bogen um das Gelände, um nicht als Schlangenfraß herhalten zu müssen! Im Laufe der Jahrhunderte wurden einige Veränderungen am Tank vorgenommen, zuletzt 1958 auf Veranlassung König Birendras.

Durbar Square

Als alte Königsstadt hat auch Bhaktapur seinen Durbar Square, der allerdings weit leerer und aufgeräumter erscheint als die von Patan oder Kathmandu. Früher muß es hier weit beengter gewesen sein, denn durch das Erdbeben von 1934 wurden viele Gebäude zerstört und danach nie wieder aufgebaut. Glaubt man alten Überlieferungen, so haben sich hier einst 99 Hofanlagen befunden. 1742 gab es erwiesenermaßen 12, und heute sind es noch sechs.

Im Westen wird der Platz vom **Durbar Square Gate** begrenzt, das unter *Bhupatindra Malla* (reg. 1696 - 1722) als Hauptzugang zum Durbar Square errichtet wurde. Vor diesem halten heute die Taxis der Tagesbesucher aus Kathmandu, die auch sogleich von Horden von Kindern umlagert werden, die ihre Dienste als "Führer" anbieten oder betteln. Oben am Torbogen ist ein Kirtimukha ("Gesicht des Ruhmes") angebracht, an den Seiten befinden sich Holzfiguren von Hanuman (links) und Bhairav (rechts).

Direkt links hinter dem Tor sind zwei Figuren von sitzenden Löwen zu sehen, die die dahinter angebrachten Abbildungen von **Bhairav und Ugrachandi** (Durga) bewachen. Ugrachandi hat 18 Hände, in denen sie Waffen und Symbole schwingt, die ihr von verschiedenen Göttern gegeben worden waren, um damit Dämonen und andere Plagegeister zu besiegen. In diesem Falle tötet sie gerade Mahishasur, einen Dämon mit Büffelkopf. Nachdem die Figuren 1707 auf Veranlassung von *Bhupatindra Malla* gefertigt worden waren, wurden dem verantwortlichen Bildhauer angeblich die Hände abgehackt - der König wollte sichergehen, daß er nie wieder etwas Ebenbürtiges schaffen könnte!

Etwas weiter östlich steht die **Bhaktapur Art Gallery**, deren Zugang von Figuren von Narasinha

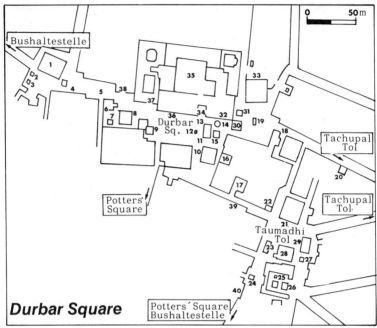

Durbar Square

1	Shiva-Parvati-Tempel	20	Traditional (G.H.)
2	Shiva-Parvati-Tempel	21	Nyatapola-Tempel
3	Shiva-Tempel	22	Restaurant
4	Palast eines Malla-Prinzen	23	Nyatapola Café
5	Durbar Square Gate	24	Jagannath-Tempel
6	Rameshwar-Tempel	25	Shiva-Schrein
7	Bhadri-Tempel	26	Til-Mahadev-Narayan-Tempel
8	Krishna-Tempel	27	Luna Hiti
9	Shiva-Tempel	28	Dabu (Tanzplattform)
10	Pashupatinath-Tempel	29	Bhairavnath-Tempel
11	Vatsala-Durga-Tempel	30	Siddhi-Lakshmi-Tempel
12	Statue des Königs Bhupatindra Malla	31	Vatsala-Tempel
13	Taleju Bell	32	55 Window Palace
14	Chayasilin Mandap	33	Fasidega-Tempel
15	Tank	34	Goldenes Tor
16	Shiva Inn (G.H.)	35	Taleju Chowk
17	Golden Gate Guest House	36	Art Gallery
18	Tadhunchen Bahal (Chatur Varna Mahavihara)	37	Sundari Chowk
		38	Statuen von Bhairav und Durga
19	Löwen	39	New Nyatapola Inn
		40	Bhadgaon G.H.

und Hanumanta-Bhairav, eine Mischform von Hanuman und Bhairav, flankiert ist. Die Figuren wurden von Bhupatindra Malla als eine Art Friedenssicherer aufgestellt, denn er glaubte, daß die Kraft der beiden Figuren sich gegenseitig in Schach halten könne und so eine ausgleichende Wirkung auf die Stadt habe. Das Gebäude der Galerie wurde aber erst 1934-35 nach dem Erdbeben errichtet, die Galerie selber besteht seit 1960. Das große hölzerne Eingangstor wurde 1969 hinzugefügt. Die Galerie zeigt hinduistische und buddhistische Gemälde, Thangkas, Palmblatt-Manuskripte sowie diverse Kunstobjekte aus Holz, Metall und Stein. Lohnenswert für alle kulturhistorisch Interessierten. Geöffnet Mi - Mo, 10.30 - 16.00 Uhr; Eintritt 5 Rs.

An der Ostseite des Durbar Square, hoch auf einer Säule, thront die **Bhupatindra-Malla-Statue** und blickt in Richtung Königspalast. Der König kniet in Ehrfurcht vor Taleju Bhavani, der Familiengöttin, mit zum Gebet gefalteten Händen, auf dem Kopf einen königlichen Turban. Neben ihm liegen sein Schwert und sein Schild, die er zum Gebet abgelegt hat. Der Thron, auf dem er sitzt, wird von einem Schirm überdacht, und unten wird er von vier Löwen getragen, die ihrerseits auf einem Lotus ruhen. Die Statue wurde von *Bhupatindras* Sohn *Jaya Ranjit Malla* (reg. 1722 - 1769) aufgestellt und gilt als ein Meisterwek ihrer Gattung.

Die Geschichte des **Royal Palace** gegenüber der Statue ist nicht mehr exakt zu rekonstruieren, wahrscheinlich wurden hier schon zu Beginn der Stadtgründung im 9. Jh. Palastgebäude angelegt. Aus dieser Zeit ist jedoch nichts verblieben, und der bestehende Palast stammt ursprünglich aus dem Jahre 1427, der Zeit *Yaksha Mallas*, wurde jedoch im 17. Jh. unter *Bhupatindra Malla* weitgehend erneuert. Leider sind die meisten Gebäude des Komplexes nicht zugänglich.

Der zentrale Blickfang des Palastes ist sein "Goldenes Tor", das **Sun Dhoka**, auf das auch die Statue Bhupatindra Mallas gebannt zu starren scheint. Es wurde 1753 unter *Jaya Ranjit Malla* errichtet und gilt als die wertvollste Kupferarbeit Bhaktapurs, wenn nicht gar des gesamten Kathmandu Valley. Ganz oben ist Vishnus Reittier, der Garuda, zu sehen, der gerade dabei ist, Schlangen zu vernichten. Darunter und direkt über dem Tordurchgang, zeigt sich Taleju Bhavani, die Hausgöttin der Dynastie, in ihrer furchterregenden, 16armigen Pracht.

Das Tor bildet auch den Zugang zum links dahinter befindlichen **Taleju-Tempel** auf dem **Mul Chowk**. Der Zutritt dorthin ist jedoch untersagt, und die Präsenz eines Soldaten in strategischer Position läßt keinen Zweifel daran, daß das Verbot auch eingehalten wird. Ein Blick an dessen Schulter vorbei läßt zwei vergoldete Fenster, ein paar Wandgemälde und die Statuen von König *Jitamitra Malla* (reg. 1673 - 1696) samt Gemahlin erkennen. Diese wurden 1708/09 unter *Bhupatindra*

Malla errichtet, dem großen architektonischen Erneuerer des Palastes und des Durbar Square.

Hinter dem Mul Chowk befindet sich der - leider ebenso unzugängliche - **Kumari Chowk**, der eines der Paradebeispiele nepalesischer Baukunst sein soll.

An der Nordostseite des Mul Chowk führt ein Tor zum **Nag Pokhri**, einem Badetank aus der Zeit *Jagat Prakash Mallas* (reg. 1644 - 1673), der von seinem Nachfolger *Jitamitra Malla* renoviert und mit einem Pfeiler mit dem Kopf des Schlangengottes Vasuki versehen wurde. Das Wasser für den Tank wurde durch ein Rohrsystem angeblich 11 km weit herangeleitet.

Der südöstliche Teil des Palastkomplexes, rechts des Goldenen Tores, wird vom **Palast der 55 Fenster** eingenommen, in dem die Könige Bhaktapurs zu residieren pflegten. Das Gebäude hat drei Stockwerke, dessen oberstes eine Halle von 55 geschwungenen Fenstern aufweist. Dieses Stockwerk war ursprünglich überhängend gebaut worden, nach dem Erdbeben von 1934 wurde es jedoch in veränderter Form wiederhergestellt.

An der Südseite des Baus steht der **Chyasilin Mandap**, der vor dem Erdbeben einer der augenfälligsten Schreine des Platzes gewesen sein soll und in jüngerer Vergangenheit restauriert wurde, zum Teil unter Zuhilfenahme der originalen, verbliebenen Bausubstanz.

Wenige Meter südwestlich davon findet sich auf einer dreigeschossigen Plattform der **Vatsala-Tempel**, errichtet unter *Jagat Praksh Malla* im Jahre 1672. Er hat eine indischwirkende Shikhara und eine Treppe, die von steinernen Löwen und Elefanten flankiert wird. Vor dem Tempel hängt eine dickbauchige **Taleju-Glocke**, die *Jaya Ranjit Malla* 1737 dort anbringen ließ, um die Gläubigen zum Gebet in den Taleju-Tempel zu rufen.

Eine weitere, kleinere Glocke am Sockel des Tempels wird im Volksmund **Glocke des jaulenden Hundes** genannt. Angeblich wurde sie von *Bhupatindra Malla* installiert, um dem Klang einer Totenglocke entgegenzuwirken, die er eines Nachts im Traum vernommen hatte. Leider ist ihr Klang bei Bhaktapurs Hundepopulation recht unbeliebt, die jedesmal furchtbar zu jaulen beginnt, wenn die Glocke erschallt! (Ihre Hundevettern in Kathmundu beweisen aber wohl laut und deutlich, daß es zum Jaulen nicht unbedingt einer Glocke bedarf!)

An der Südostseite des Durbar Square steht Bhaktapurs Version des **Pashupatinath-Tempels**. Er soll der älteste Tempel der Stadt sein, um den sich einige Legenden ranken. Eine davon besagt, daß im Traum einst die Stimme des Pashupatinath von Kathmandu den Bhaktapur-König geheißen habe, einen Pashupatinath-Tempel in Bhaktapur zu bauen. Gemäß einer anderen besuchte einer der Könige täglich den Pashupatinath-Tempel in Kathmandu, wurde eines Tages jedoch durch das Hochwasser des Bagmati daran gehindert. Daraufhin gab er Anweisung, einen eigenen Pashupatinath-Tempel nahe seinem Palast zu errichten. Historiker halten für möglich, daß der Tempel 1492 nach dem Tod von König *Yaksha Malla* von dessen Witwe erbaut wurde.

Noch wahrscheinlicher ist, daß er 1682 unter *Jitamitra Malla* entstand, dem Vater von *Bhupatindra Malla*. Der Tempel ist seinem Vorbild von Kathmandu auffallend ähnlich, und daran befindet sich auch ein Schrein der Guhyeshvari.

1934 wurde die Anlage beim Erdbeben stark zerstört und danach rekonstruiert. Die Dachstreben stammen noch vom ursprünglichen Bau und zeigen Shiva, einige Figuren aus der Ramayana sowie erotische Szenen.

An der Südostseite des "Palastes der 55 Fenster" steht der 1696 unter Bhupatindra Malla erbaute **Siddhi-Lakshmi-Tempel**, dessen Treppen von menschlichen und tierischen Wächterpaaren geschützt werden. Vor dem Allerheiligsten finden sich Abbildungen der Matrikas oder "Muttergottheiten".

An diesem östlichen Ende des Durbar Square schließt sich ein kleineres Anhängsel an, wo sich unter anderem der wenig ansehnliche **Fasidega-Tempel** befindet, eine Art Chaitya auf einem sechsstufigen Sockel, das alles in protzigem Grellweiß. Eine Treppe führt zum Allerheiligsten, das Shiva geweiht ist.

Die südliche Seite des Platzes wird von einigen Gebäuden eingenommen, die ursprünglich Dharm-shala oder Pilgerherbergen waren, heute aber als Souvenirläden dienen. Der östlich aus dem Platz führende Weg passiert rechts den **Tadhunchen Bahal** oder **Chatur Varna Mahavihara** ("Vierfarben-Kloster") aus dem 15. Jh. An der Ostseite des Innenhofes sind einige sehr interessante Holzschnitzereien an den Dachstreben zu sehen, die Ausblick auf die in der Hölle zu erwartenden Torturen gewähren: Einem der Sünder wird der Kopf von zwei Ziegenböcken zerquetscht, einem anderen wird ein Zahn per Riesenzange gezogen!

Taumadhi Tol

Vom Pashupatinath-Tempel im Durbar Square führt eine Gasse ostwärts vorbei an einigen Souvenirgeschäften zu einem weiteren größeren Platz, dem Taumadhi Tol. An dessen Nordseite steht der alles überragende, 30 m hohe **Nyatapola-Tempel**, der höchste des Kathmandu Valley. Dieser stammt aus dem Jahre 1708, und der Bauherr war wieder der unermüdliche *Bhupatindra Malla*. Der Tempel wurde der Göttin Siddhi Lakshmi geweiht und hatte die Aufgabe, den unheilvollen Einfluß Bhairavs im benachbarten Bhairav-Tempel auszugleichen, der wohl irgendeinmal über die Stadt gekommen sein mußte.

Einigen Überlieferungen nach ist er aber der Göttin Bhairavi gewidmet, nach anderen wiederum war er niemals offiziell eingeweiht worden und gehörte somit eigentlich gar

Nyatapola-Tempel

keiner Gottheit. Selbst in den vorangegangenen Jahrhunderten waren die "Eigentumsverhältnisse" nie ganz geklärt, und da nur Priester gelegentlich zum Allerheiligsten Zutritt hatten, wußte die gemeine Laienschaft nie, welche Götterfigur sich eigentlich darin befand. Der Hauptschrein wurde schon bald nach Fertigstellung die meiste Zeit unter Verschluß gehalten. Einiges deutete gar darauf hin, daß das Heiligtum gänzlich leer war. In Anbetracht der nicht unerheblichen Unklarheiten ob der innewohnenden Gottheit wurde der

Tempel volkstümlich nur "Tempel mit den fünf Dächern" genannt, auf Newari: Nyatapola Deval.

Dessen Hauptmerkmal bildet in der Tat das fünfgeschossige Dach, eines der wenigen seiner Art, das den Eindruck von überwältigender Macht schafft - so sollte es wohl auch sein, um den Bhairav von nebenan ruhig zu stellen. Am Dach sind 108 Streben mit Schnitzereien angebracht, die Siddhi Lakshmi in ihren verschiedenen Formen als auch geringere Götter darstellen.

Die Stufen, die zum Allerheiligsten hochführen, werden von einigen kolossalen Statuen bewacht. Auf unterster Ebene stehen die 2,40 m hohen Figuren zweier gefürchteter Ringer ihrer Tage, Jaya Malla und Patta, die angeblich die Kraft von 10 normalen Sterblichen besaßen. Darüber stehen zwei Elefanten mit der zehnfachen Kraft der Ringer, dann zwei Fabeltiere mit jeweils der Kraft von zehn Löwen. Ganz oben stehen die Figuren der Halbgöttinnen Baghini, der Tiergöttin, und Sinhini, der Löwengöttin. Diese wiederum sind zehnmal so stark wie die unter ihnen stehenden Fabelwesen. Diese Steigerung soll zweifellos auf die ungeheure Macht hinweisen, über die die Göttin im (vermutlich leeren) Allerheiligsten verfügt.

Die Anlage wirkt insgesamt außerordentlich harmonisch, und sicherlich gehört sie zu den architektonischen Höhepunkten des Kathmandu Valley. Diese Harmonie schien sich auch auf die Statik auszuwirken, denn beim Erdbeben von 1934, als die meisten derartigen Gebäude schwer in Mitleidenschaft gezogen wurden, kam der Nyatapola-Tempel mit einigen Minimalschäden davon.

Der *Bhairavnath-Tempel*, als dessen Gegenstück der Nyatapola-Tempel geschaffen wurde, steht wenig entfernt an der Ostseite des Taumadhi Tol. Er wurde unter *Jagat Jyoti Malla* (reg. 1613 -1637) zunächst mit nur einem Stockwerk gebaut, und 1718 ließ *Bhupatindra Malla* zwei weitere Etagen aufsetzen. Der Tempel ist Bhairav, dem Vernichter der Dämonen, gewidmet, aber allem Anschein nach war man sich nicht sicher, wo die zerstörerische Kraft des Gottes enden könnte, und man benötigte eine Macht, um ihn im Zaum zu halten.

Am Tempel - auch unter dem Namen Akash-Bhairav- oder Kashi-Vishva-Tempel bekannt - nimmt die Bisket Jatra, das nepalesische Neujahrfest in Bhaktpatur seinen Ausgangspunkt (siehe Kapitel "Feste & Feiertage"). Dazu werden die Figuren von Bhairav und seiner Gemahlin in ihrer Form als Bhadra Kali auf separaten Festwagen durch die Stadt gezogen. Der Legende nach kann Bhairav ungeheuer bösartig werden, wenn man ihn sich selbst überläßt, und so stellt man sicherheitshalber seine Frau als Begleiter an! Die Figur des so zorneswütigen Bhairav ist übrigens gerademal 30 cm hoch, die seiner Gattin 25 cm.

Etwas südlich des Bhairavnath-Tempels liegt etwas versteckt in einer Hofanlage der Vishnu geweihte *Tilmadhav-Tempel*. Er ist einer der ältesten Tempel Bhaktapurs, eine Inschrift besagt, daß er mindestens seit dem Jahr 1080 besteht. In seiner heutigen Form existiert er jedoch erst seit dem frühen 18. Jh. Als Vishnu-Tempel verfügt er über alle der Gottheit zustehenden Zeichen, zwischen zwei Säulen mit Vishnus Symbolen Chakra (Diskus) und Muschel kniet ein Garuda, Vishnus Reittier.

An der Südwestseite des Taumadhi Tol steht das Gebäude des *Café Nyatapola*, ein ehemaliges Wohnhaus, das zu einem Restaurant umfunktioniert wurde. Im Gegensatz zu den umliegenden Gebäuden ist es sehr jung, wurde aber 1977 mit deutscher Hilfe restauriert. Die geschnitzten Fenstergitter sind recht interessant, ebenso die erotischen Schnitzereien an den Dachstreben. Zu allem ergibt sich vom Obergeschoß eine herrliche Aussicht auf das rege Treiben auf dem Platz.

Dattatreya Square (Tachupal Tol)

Vom Taumadhi Tol führt ein etwa zehnminütiger Fußweg in nordöstliche Richtung zum Tachupal Tol oder Dattatreya Square, dem Kern des frühen Bhaktapur. Die Straßen dorthin sind beiderseits mit Geschäften gesäumt. Sie befinden sich in besserem Zustand als die Altstadtgassen von Kathmandu und vermitteln dennoch das Flair einer Stadt des 17. Jahrhunderts. Dieses wird gelegentlich durch einen vorbeiknatternden Traktor gestört, ansonsten gibt es jedoch kaum motorisierte Vehikel.

Am Dattatreya Square angelangt, sieht man an dessen Südwestseite einen zweigeschossigen, rechteckigen *Bhimsen-Tempel*, der dem Gott der Händler geweiht ist. Sein genaues Entstehungsdatum ist unbekannt, er muß irgendwann im 17. Jh. errichtet worden sein. Davor befindet sich eine Plattform mit einem kleinen *Vishnu-Tempel* mit doppelgeschossigem Dach.

Die Südseite des Platzes wird von einem Gebäudekomplex eingenommen, in dem Handwerker Bhaktapur-typische Holzschnitzereien anfertigen. An der Rückseite des Innenhofes führt eine Treppe hinauf zum *Bhaktapur Handicraft Centre*, in dem die Artikel verkauft werden. Es gibt holzgeschnitzte Miniaturausgaben des berühmten "Pfauenfensters" (siehe unten), dämonische

Masken aus Holz oder Pappmaché sowie Marionetten, die Götter oder Dämonen darstellen und ebenfalls eine Spezialität Bhaktapurs sind. Beim Kauf darf bzw. muß gehandelt werden.

Der Blickfang des Dattatreya Square ist der Tempel an der Ostseite, der ihm den Namen gab. Der *Dattatreya-Tempel* ist einer gemeinsamen Manifestation von Brahma, Vishnu und Shiva geweiht, die Dattatreya genannt wird, was übersetzt etwa "Göttliche Dreifaltigkeit" bedeutet. Diese Mischinkarnation kommt ansonsten sehr selten vor, es gibt nur wenige Tempel, die ihr gewidmet sind. Der vor dem Tempel knieende Garuda deutet an, daß die Nepalesen sie in erster Linie als eine Erscheinung Vishnus betrachten. Dennoch sind hier Statuen

Der Dattatreya Square

aller drei Gottheiten untergebracht.

An der Stelle des Dattatreya-Tempels hatte sich einst nur ein kleiner Schrein befunden, der den Ort markierte, an dem ein weitverehrter spiritueller Lehrer gestorben war. *Yaksha Malla* ließ dort 1427 einen hölzernen Mandap bauen, der auffallend dem Kashtamandap von Kathmandu ähnelte. Genau wie dieser, so soll auch der Mandap aus dem Holz eines einzigen Baumes angefertigt worden sein. 1458 wurde der Mandap unter *Vishva Malla* erneuert und erweitert. An der Westseite ließ er einen Anbau errichten, der die Statuen der drei Gottheiten beherbergen sollte und dem gesamten Gebäude nun den Charakter eines Tempels verlieh. Für die Bevölkerung zugänglich gemacht wurde er jedoch erst 1486, vier Jahre nach dem Tod *Vishva Mallas*.

Die zum Allerheiligsten führenden Stufen werden wie die des Nyatapola-Tempels von zwei monumentalen Ringern bewacht - originalgetreue Kopien der Nyatapola-Ringer, die 1860 dem Tempel beigefügt wurden.

Wenige Meter östlich, an der Südostecke des Dattatreya Squares steht das Gebäude, mit dem das Bhaktapur Development Project begann, die **Pujari Math**. Diese birgt einige der beeindruckendsten Holzschnitzarbeiten des Kathmandu Valley und wurde deshalb auch zum Sitz des Woodcarving Museum erkoren, das weitere imposante Schnitzereien präsentiert (s. unten).

Das exakte Entstehungsdatum der Pujari Math oder "Priester-Residenz" ist nicht überliefert. Das Gebäude muß irgendwann in den Jahren nach der Fertigstellung des Dattatreya-Tempels entstanden sein und diente dem Priester des Tempels als Wohnsitz. Die Tradition, Tempeln einen Math hinzuzufügen, wurde im Indien des 8. Jh. von *Adi Shankaracharya*, einem spirituellen Lehrmeister, eingeführt. Der Bauherr der Pujari Math war ein reicher Händler namens *Gosain Gurubaksha Giri*, ein Anhänger der Lehren des Shankaracharya.

Gurubaksha Giri hatte im Handel mit Tibet ein ungeheures Vermögen angehäuft, von dem er einen beträchtlichen Teil in die Konstruktion des Priesterhauses steckte. Wegen der guten Beziehungen zu Tibet ließen die tibetanischen Herrscher der Math bald generöse Schenkungen zuteil werden. Jedes Jahr erhielt die Math eine Tola (ca. 11 g) Gold, eine Tola Silber, ein Pferd, einen Wollteppich, 365 Walnüsse und 216 Rupien (2 mal die heilige Zahl 108!). Diese Schenkungen wurden erst 1904 beendet. Wohlhabende nepalesische Mitbürger stifteten der Math große Flächen Landes, machten die Math unermeßlich reich und sorgten dafür, daß die jeweiligen Priester satt von den Pfründen leben konnten. Wahrscheinlich gab es unter den Priester-Aspiranten Bhaktapurs keinen größeren Wunsch als den, zum Priester des Dattatreya-Tempels ernannt zu werden.

Gurubaksha Giri, der wohlhabende Begründer der Math, wandte sich vom Weltlichen ab und wurde der erste Priester, der in dem Gebäude wohnte. Wer sein Nachfolger wurde, ist unbekannt, von 1486 bis 1763 übernahmen wahrscheinlich Sadhus der Naga-Sekte das Kommando. Die Naga-Sadhus - mehr bekannt für ihre fakirhafte Erscheinung und ihren Dauerkonsum von Haschisch als für übermäßigen Meditationseifer - waren jedoch unkompetent und wirtschafteten die Math ab. Folglich wurden sie unehrenhaft entlassen und machten einer Folge von Priestern Platz.

Die Pujari Math ist ein vierstöckiger Bau, der drei Innenhöfe umfaßt. Diese sind mit so aufwendigen und filigranen Schnitzereien versehen, daß es manchem die Sprache verschlagen kann. Es lohnt sich, auf Details zu achten, denn in jedem kleinen Winkel, der eine Schnitzfläche bietet, scheint sich eine Figur oder ein Ornament zu befinden. Im Laufe der Jahrhunderte erlebte die Math einige Umbauten, die zum Teil durch diverse Erdbeben notwendig geworden waren. Die heute vorhandenen Schnitzereien stammen aus dem 18. Jh. und waren vor allem unter *Bhupatindra Malla* und *Ranjit Malla* entstanden, den großen Kunst- und Architekturmäzenen von Bhaktapur.

An der Ostseite des Hauses, wo eine schmale Gasse vorbeiführt, präsentieren sich einige kunstvolle Fenster, die in Form eines Pfaus geschnitzt sind, der sein Gefieder ausbreitet. Eines der Fenster ist besonders meisterhaft gearbeitet und sehr gut erhalten - dies ist das berühmte *Pfauenfenster*, das auch auf zahlreichen Ansichtskarten zu sehen ist. In der Gasse unter dem Fenster befindet sich ein Souvenirladen, der unter anderem Miniaturversionen dieses Fensters anbietet. Die Preise richten sich nach Größe und Machart, sind aber recht niedrig.

In den Obergeschossen der Pujari Math befindet sich das eingangs erwähnte *Woodcarving Museum*, das Götterfiguren verschiedener Epochen und andere Schnitzereien ausstellt. Ein Besuch lohnt. Von diesen oberen Stockwerken ergibt sich durch die herrlich geschnitzten Fenster zudem ein guter Ausblick auf die so reich verzierten Innenhöfe der Math. Das Museum ist geöffnet Sa - Do 10.00 - 17.00 Uhr, Fr 10.00 - 15.00 Uhr; Eintritt 5 Rs., Fotografieren 10 Rs. extra.

Direkt gegenüber der Pujari befindet sich das *Brass & Bronze Museum*, das Metallobjekte verschiedener Jahrhunderte zeigt. Öffnungszeiten und Preise wie oben.

Etwas nördlich des Dattatreya Square steht der kleine *Salan-Ganesh-Tempel*, aus dem Jahre 1654. Seiner reichhaltigen Verzierung zum Trotz weist er nur eine rudimentäre, grob gearbeitete Ganesh-Figur auf. Ihr wird eine mystische Verbindung zur Taleju des Taleju-Tempels im Königspalast nachgesagt.

Nava-Durga-Tempel

An der Ostseite des Salan-Ganesh-Tempels führt eine Straße in Richtung Nava-Durga-Tempel, dem "Tempel der neun Durgas". Die neun Durgas sind Gottheiten, die der Göttin Durga entsprungen sind und jeweils über eigene Aspekte oder Eigenschaften verfügen. Als Gruppe zusammengefaßt gelten sie als Beschützerinnen der Stadt und können diese - sofern sie mit Opfergaben aus Blut und Spirituosen beschwichtigt werden! - von allem Unheil fernhalten. Werden die Opferrituale aber falsch ausgeführt oder gar gänzlich vernachlässigt, rächen sie sich durch Unheil, Pest und Tod! Um dies zu vermeiden, sollen gelegentlich merkwürdige und blutige Riten im Tempel stattfinden.

Vakupati-Narayan-Tempel

Folgt man der Straße, die ostwärts aus dem Dattatreya Square hinausführt, erreicht man nach ein oder zwei Minuten den Vakupati-Narayan-Tempel, dessen Alter unbekannt ist. Er ist dem Garuda-Narayan geweiht und verfügt anstelle des üblichen einzelnen Garuda beachtlicherweise über zwei Garudas, die auf Säulen vor dem Tempel angebracht sind. Der Tempel ist weitgehend mit Metallarbeiten verziert, die Torana und das Dach sind aus Kupfer. Das Dach weist einige sehenswerte Detailarbeiten auf, z.B. auf den Ecken sitzende Vogelfiguren und eine großzügig ornamentierte Dachspitze, von der ein mit Inschriften versehener Metallstreifen, die Dhvaja, herabhängt.

Potters' Square

Einige Minuten Fußweg vom Durbar Square oder Taumadhi Tol in südwestliche Richtung befindet sich das Töpferei-Zentrum Bhaktapurs, der Potters' Square ("Platz der Töpfer"). Auf halboffenen Verandas sitzen die Töpfer, drehen ihre massi-

Arbeit an der Drehscheibe

ven steinernen Töpferscheiben und formen den Ton mit einer schlafwandlerischen Sicherheit, wie sie nur aus der Erfahrung von Generationen erwachsen kann. An der Herstellungsmethode hat sich wahrscheinlich seit Jahrhunderten nichts geändert. Die fertigen Gefäße werden zum Trocknen in die Sonne gestellt, und so ist der Platz mit Tausenden davon übersät, in allen erdenklichen Größen und Formen.

Bestandteil des Platzes ist der kleine *Jeth-Ganesh-Tempel*, der 1646 von einem reichen Töpfer gestiftet wurde. Demzufolge muß das Töpfereigewerbe an diesem Platz mindestens bis ins 17. Jh. zurückreichen. Der Priester des Ganesh-Tempels hat traditionellerweise selbst aus den Reihen der Töpfer zu stammen.

Surya-Binayak-Tempel

Gut anderthalb Kilometer südlich außerhalb des Stadtkerns, in ländlicher Umgebung nahe der Trolleybus Station, findet sich der Surya-Binayak-Tempel, der im 17. Jh. unter *Vishnu Deva Varma* gebaut worden sein soll. Angeblich steht er an einer so geschickt errechneten Stelle, daß die ersten Sonnenstrahlen genau auf seine kleine Ganesh-Figur fallen. Daher der Name Surya Binayak oder "Sonnen-Ganesh". Er ist einer von insgesamt vier Binayak-Tempeln im Kathmandu Valley. Die anderen drei stehen in Chabahil, Chobar und Bungamati.

Den Binayak-Tempeln wird die Kraft nachgesagt, bei diversen Familienproblemen günstig eingreifen zu können - der Surya Binayak soll beispielsweise Kindern, die ihrem Alter unangemessen spät zu sprechen beginnen, zur Sprache verhelfen!

Der hier verehrte Ganesh ist nur ein grob gehauenes Steinrelief, das allerdings von einem goldmetallenen, filigran gearbeiteten Schrein umrahmt ist. Das ganze befindet sich hoch an einem Felsen gelegen und ist über eine Treppe zu erreichen. Das Gelände um den Tempel dient einheimischen Familien als Picknickplatz, und Hochzeitsgesellschaften halten hier gerne ihren Festschmaus. Von der Erhebung hinter dem Tempel ergibt sich eine gute Aussicht auf Bhaktapur. Zum Tempel gelangt man zu Fuß, per Fahrrad oder Taxi; ein Muß auf dem Besuchsprogramm ist er nicht.

Unterkunft

Bhaktapur bietet so viel Sehenswertes und so viel unverfälschte Atmosphäre, daß sich das Wohnen hier sicherlich lohnt. Tagsüber wird der Ort zwar von Tausenden von Tagesausflüglern überrannt, die sich aber spätestens am frühen Abend nach Kathmandu zurückziehen. Verglichen mit Kathmandu ist Bhaktapur eine Oase der Ruhe, ganz zu schweigen von der besseren Atemluft. Folglich ziehen es immer mehr Leute vor, hier zu wohnen anstatt in Kathmandu. Dem Trend entsprechend gibt es neben den althergebrachten Einfachunterkünften neuerdings auch einige Guest Houses der soliden Mittelklasse. Wer allerdings Luxushotels sucht, dem ist in Kathmandu immer noch besser gedient.

●Einfach, aber ausreichend ist das freundliche *Traditional Guest House*, von dessen Dach sich ein guter Ausblick auf die benachbarten Tempelanlagen bietet. Zudem sind die meisten Gäste sehr mit dem im

Hause gebotenen Essen zufrieden. Die Zimmer haben Bad und kosten Einzel 150 Rs., Doppel 250 Rs. Adresse: Traditional Guest House, Sakotha, Bhaktapur - 11, Tel. 6-11057.

●Sehr beliebt ist das **Shiva Guest House**, das sich am Ostende des Durbar Square befindet und in der Saison oft ausgebucht ist. Es verfügt über ein einfaches, aber gemütliches Restaurant mit gutem Ausblick und recht akzeptable Zimmer (Gemeinschaftsbad). Einzel kostet 200, Doppel 250 und Dreierzimmer 350 Rs., dazu 10 % Steuer. Adresse: Shiva Guest House, Durbar Square, Bhaktapur - 11, P.O. Box Bhaktapur No. 34, Tel. 6-10740, 6-10946.

●Das **Golden Gate Guest House** hat akzeptable Zimmer ohne eig. Bad zu 150 Rs. Einzel, 250 Rs. Doppel. Zimmer mit Bad kosten 400, 500 oder 600 Rs. Adresse: Golden Gate Guest House, Durbar Square, Bhaktapur - 11, Tel. 6-10534, 6-11081.

●Gleich gegenüber findet sich das 1995 eröffnete **New Nyatapola Inn**, mit sehr sauberen, teppichbelegten Zimmern (Bad) zu 400 Rs. (Einzel) und 500/600 Rs. (Doppel). Das nette Besitzerehepaar ist nach Kräften bemüht, es den Gästen angenehm im Hause zu machen. Adresse: New Nyatapola Inn, Taumadhi Tol, Bhaktapur - 11, Tel. 6-11323.

●Ebenfalls neu ist das sehr gemütliche, in einem typischen Newar-Haus untergebrachten **Bhadgaon Guest House**, das den Taumadhi Tol überblickt. Die Zimmer (Bad) sind sehr sauber und gleichfalls mit Teppich ausgelegt. Kostenpunkt Einzel 300 Rs., Doppel 500 Rs., Dreier 800 Rs. Adresse: Bhadgaon Guest House, Taumadhi Tol, Bhaktapur - 11, Tel. 6-10488, 6-10481, Fax 977-1-610484.

●Gleich am Dattatraya Square oder Tachupal Tol befindet sich das **Dattatraya Guest House**, mit recht ordentlichen Zimmern (Bad). Vom Dach des Hauses ergibt sich ein hervorragender Ausblick auf die Stadt und die umliegenden Berge. Leider war bei der letzten Recherche, in der Off-Season '95, niemand im Hause anzutreffen, der die Zimmerpreise zuverlässig hätte nennen können. Ca. 200-400 Rs.

Essen

Die Auswahl an Speisemöglichkeiten ist recht gering und beschränkt sich fast ausschließlich auf die Restaurants der Guest Houses. Es gibt zwar einige einheimische Lokale, die aber sind dermaßen "schlicht", daß sie von den meisten Touristen gar nicht als solche erkannt werden.

●Restaurants mit westlich ausgerichteten oder für westliche Zungen modifizierten Nepali-Gerichten gibt es im **Traditional Guest House**, **Shiva Guest House** und **Golden Gate Guest House**, und im open-air **Durbar Square Restaurant**, gleich rechts hinter dem Eingang zum Durbar Square.

●Das **Café Nyatapola** (auch Nyatapola Restaurant genannt) im Taumadhi Tol ist schon wegen der Aussicht vom Obergeschoß einen Besuch wert. Es gibt westliche und einheimische Gerichte.

●Bhaktapurs Spezialität ist der "**Bhaktapur Curd**" oder auf Newari **Jujudhau**, der angeblich beste Yoghurt weit und breit. Das Geheimnis seines Geschmacks soll in der besseren Milch der Bhaktapur-Kühe und dem speziellen Verarbeitungsprozeß liegen, wie auch daran, daß die Bhaktapurer Milchbauern nur relativ wenig Wasser untermischen! Wer ihn probieren möchte, findet nahe der Bushaltestelle am Navpokhu Pokhri einige Läden.

Anfahrt

Die Anfahrt nach Bhaktapur läßt sich gut mit dem Besuch von Thimi kombinieren.

●Die Strecke von Kathmandu nach Bhaktapur (ca. 16 km ab Thamel oder 15 km ab der New Road) ist theoretisch zwar gut mit dem Fahrrad zu bewältigen, die dichten Abgasschwaden machen das Unterfangen allerdings zur Qual.

●*Busse* ab Kathmandu fahren an der Bagh Basar Bus Station ab und kosten 2 Rs. Sie halten am Navpokhu Pokhri in Bhaktapur, einem größeren Wassertank am westlichen Stadtrand. Von dort sind es nur wenige Minuten Fußweg Richtung Osten zum Durbar Square.

●Eine weitere Möglichkeit wäre der durch eine Oberleitung gespeiste, elektrische **Trol-**

leybus. Dieser fährt in Kathmandu nahe dem National Stadium ab und endet fast 1 km südwestlich des Durbar Square, nahe dem Surya-Binayak-Tempel. Von dort ist man in 10 - 15 Minuten zu Fuß im Stadtkern. Die Busfahrt kostet 3 Rs.

●*Taxis* ab Kathmandu (New Road) kosten per Taxameter 150 Rs. bis zum Durbar Square, die allermeisten Fahrer weigern sich jedoch unter allen möglichen Vorwänden, dorthin das Taxameter einzuschalten. Mit einem Einzelfahrpreis von 200 - 250 Rs. muß gerechnet werden. Günstiger ist deshalb möglicherweise das Anheuern eines Taxis für Hin- und Rückfahrt mit Wartezeit, die genügend Raum für die Besichtigungen läßt. Das kostet dann ca. 300 Rs. für die Hin- und Rückfahrt plus 80 - 100 Rs. pro Stunde Wartezeit. Ein dreistündiges Besuchsprogramm, in dem man das Wichtigste sehen kann, sollte samt Hin- und Rückfahrt zu 550 - 600 Rs. kosten - vorausgesetzt, die Preise haben sich nicht inzwischen erhöht.

Ausflüge in die Umgebung

Von Bhaktapur aus lassen sich vielfältige Ausflüge in den östlichen Teil des Kathmandu Valley unternehmen. Einzelheiten zu den Reisezielen und zur Anreise sind den folgenden Kapiteln zu entnehmen.

●Einen Ausflug lohnt etwa das 4 km nördlich gelegene *Changu*, wo sich der älteste Tempel des Kathmandu-Tales, der Changu Narayan, befindet.

●Der winzige Ort *Nagarkot* (15 km nordwestlich) bietet hervorragende Ausblicke auf die umliegende Bergwelt und kann als Ausgangspunkt für Trekking-Touren dienen.

●Über das wenig sehenswerte *Banepa* erreicht man *Panauti* (ca. 15 km südöstlich) am Zusammenfluß von Roshi Khola und Punyamati, das nur zu religiösen Festen aus seinem Dämmerschlaf zu erwachen scheint.

●Auch *Dhulikel* (14 km östlich) bietet Naturschönheit im Überfluß. Zehn Kilometer weiter Richtung Süden befindet sich in *Namobuddha* eine der bedeutendsten Stupas in Nepal.

Thimi - Bhaktapur - Changu Narayan

Thimi

Mit ca. 20.000 Einwohnern ist Thimi die viertgrößte Stadt des Kathmandu Valley. Es erstreckt sich zwischen der alten und der neuen Kathmandu-Bhaktapur-Straße, ca. 12 km östlich von Kathmandu und 3,5 km westlich von Bhaktapur.

Der *Ortsname* stammt vom Newari-Begriff *Chhemi* für "fähige Leute" und wurde von den Bhaktapur-Königen geprägt, die in den Bewohnern willige Kämpfer gegen die Dynastien von Kathmandu und Patan fanden.

Heute werden die Fähigkeiten ausschließlich für unkriegerische Zwecke genutzt, und Thimi gilt als das *Zentrum des Töpferhandwerks*, als die "Stadt der Töpfer". Das so beschauliche Handwerk hat eine lange Tradition in dem Ort und wurde schon von den Reisenden vergangener Jahrhunderte erwähnt. Hergestellt werden Wasser- und Kochgefäße sowie Zierobjekte (kleine Elefantenfiguren) o.ä. und Behälter für Rakshi, dem so gerne zugesprochenen Reiswein. Oft spielt sich der gesamte Herstellungsprozeß mitten auf der Straße ab, wo die fertigen Produkte auch zum Trocknen in die Sonne gestellt werden. Außerdem werden in Thimi die bunten Papiermaché-Masken gefertigt, die in Kathmandu oder Bhaktapur zu kaufen sind.

In Thimi findet sich weiterhin ein *Mahadev-Tempel* aus dem 15. und ein *Narayan-Tempel* aus dem 16. Jh. Direkt nördlich an Thimi schließt sich **Nagadish** an, wo ein Weg durch einen hohen Torbogen zum **Ganesh Dyochhen** führt (*dyochhen* = "Gotteshaus"). Nahebei steht der in der lokalen Tradition wichtige **Ganesh-Tempel**, über dem sich ein dreigeschossiges Dach erhebt.

Etwas weiter nördlich liegt das Dorf **Bhode** mit seinem **Mahalakshmi-Tempel** aus dem 17. Jh. Die Legende besagt, daß Bode 1512 gegründet wurde, nachdem Mahalakshmi, der schon ein Schrein an der Stelle des heutigen Dorfes geweiht war, dem König von Bhaktapur im Traum erschienen war.

Die rustikal wirkende Hauptstraße des Ortes verläuft in Nord-Süd-Richtung, im rechten Winkel zu den beiden Straßen nach Bhaktapur. Am südlichsten Platz an der Hauptstraße steht Thimis wichtigster Tempel, der **Balkumari-Tempel** aus dem 16. Jh. Er ist Balkumari, einer von Bhairavs Shaktis oder weiblichen Gegenstükken, geweiht. Der Tempel bildet den Mittelpunkt der Neujahrsfeiern des Ortes (April/Mai), wenn unter allerlei Ausgelassenheiten 32 festlich geschmückte Khat, eine Art Sänfte, um ihn herum getragen werden. Zum heiß erwarteten Höhepunkt gestaltet sich die Ankunft eines ganz besonderen Khat, auf dem sich eine verehrte Ganesh-Figur aus dem Nachbardorf Nagadish (auch Nade genannt) befindet.

Anfahrt
● Per **Bus** ab der Bagh Basar Station.
● Mit dem *Taxi* für ca. 100 Rs. nach Taxameter.

Bhaktapur

Bhaktapur bietet so viel an Sehenswürdigkeiten, daß sich auch ein mehrtägiger Aufenthalt lohnt. Alle Informationen zur Stadt finden sich im entsprechenden Kapitel.

Changu Narayan

Etwa 4 km nördlich von Bhaktapur findet sich auf einem Hügel (1677 m) das Newar-Dorf Changu, an dessen höchster Stelle der älteste Tempel des Kathmandu Valley steht, der Changu Narayan.

Die **Strecke von Bhaktapur** dorthin gehört sicher zu den schönsten im Tal, und von dem Platz unmittelbar vor Changu bietet sich eine herrliche Aussicht. Von dem Platz führt eine für Autos unbefahrbare Dorfgasse hoch zum wenige Minuten entfernten Tempel. Dabei passiert man alte, traditionelle Backsteinhäuser, vor denen möglicherweise deren weibliche Bewohner auf althergebrachte Weise Wolle spinnen.

Der ursprüngliche Tempelbau geht wahrscheinlich auf König *Hari Datta Varma* und das Jahr 325 zurück. Die **Legende** besagt, daß der Garuda einst in einen mörderischen Kampf mit dem Schlangengott Takshaka Naga verwickelt war, der alles attakkierte, was ihm in den Weg kam. Als das Wasser aus dem Kathmandu-Tal abgelaufen war, verlor er seinen angestammten Wohnort und rächte sich in blinder Wut. Nach dem

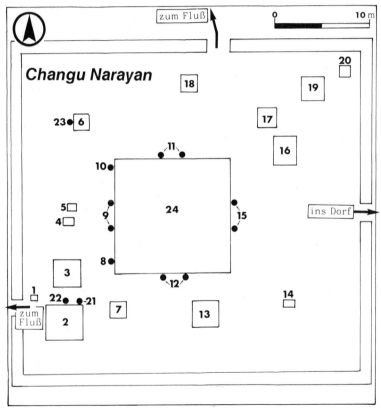

Kampf, in den zeitweilig auch andere Götter verwickelt wurden, schlossen die beiden Frieden, der Schlangengott wickelte sich um den Hals des Garuda, und freundschaftlich flog das Gespann zum Hügel von Changu.

Dem Erzählen nach wird die im Changu-Narayan-Tempel aufbewahrte Narayan-Figur gelegentlich naß von "Schweiß", was bedeutet, daß die beiden wieder miteinander

kämpfen! In früheren Zeiten wischten die Priester diesen "Schweiß" mit einem Tuch ab, das sie danach dem König schenkten. Heute gilt ein derartiges Tuch als sicherer Schutz gegen Schlangenbisse und wird in Streifen geschnitten und am Körper getragen - falls man gute Beziehungen zum Priester hat und eines bekommt.

Unter der Schirmherrschaft von *Ganga Rani*, der Frau von König *Shiva Sinha Malla*, wurde der Tempel Ende 16./Anfang 17. Jh. restauriert. 1702 wurde er bei einem Brand beschädigt und danach in seiner heutigen Form wiederhergestellt. Einige Kupferinschriften, angebracht von König *Bhaskar Malla*, stammen aus dem Jahr 1708.

Der Tempel ist in einem Hof gelegen, umgeben von einigen kleineren Schreinen und Figuren. Vor der Haupttür steht der **Garuda** aus dem 5. Jh., der sich seinen neugewonnenen Freund, den Schlangengott Takshaka Naga, um den Hals gewunden hat. Ungewöhnlicherweise weist der Garuda menschliche Züge auf. Gleich daneben sind Statuen von König Bhupatindra und seiner Frau zu sehen, die sich als großzügige Gönner dem Tempel gegenüber hervorgetan hatten.

Mehrere Figuren stellen Vishnu in seinen verschiedenen Manifestationen dar; so z.B. eine **Vishnu-Trivikrama-Statue** aus dem 8. Jh., die einen "Schreitenden Vishnu" abbildet. Die Mythologie erzählt, daß Vishnu einst in Zwergen-Form mit dem Dämonen Bali zusammenge-

1	Bhairav-Schrein
2	Lakshmi-Narayan-Tempel
3	Pashupatinath-Schrein
4	Statue von König Bhupatindra Malla und Gemahlin
5	Garuda
6	Mahavishnu-Schrein
7	Reliefs von Narayan mit der Schlange Ananta und Uma Maheshvar (Parvati und Shiva)
8	Vishnus Muschelsymbol
9	Löwenfiguren
10	Vishnus Chakra (Diskussymbol)
11	Löwenfiguren
12	Elefantenfiguren
13	Mahadev-Schrein
14	Ganesh-Schrein
15	löwenähnliche Fabelwesen
16	Abbildungen von Avalokiteshvara und Vishnu
17	Vishnu-Bildnis
18	Nriteshvar-Schrein
19	Mahavishnu-Schrein
20	Shiva-Lingam
21	Figur Vishnus als Vikrantha
22	Vishnu als Narasinha
23	Garuda-Bildnis
24	Changu-Narayan-Tempel

Am Tempel Changu Narayan

Nordwestecke des Hofes steht eine Statue von Vishnu, wie er auf dem Garuda reitet und dabei die Zeichen seiner Macht in Händen schwingt. Dieses Abbild ist auch auf der nepalesischen 10-Rupien-Note zu sehen - ein wohl untrügerisches Indiz für die Bedeutung des Tempels.

Der attraktivste Teil der Anlage ist die **Haupttür** an der Westseite, die von zwei steinernen Löwen bewacht wird. Die Tür als auch die benachbarten Fenster sind mit detailliert gearbeiteten Kupferplatten verziert, über der Tür befindet sich eine filigran ausgeführte Torana mit Vishnu in der Mitte und an den Seiten zwei seiner Göttinnen. Die goldkupferne Pracht dieser Fassade stellt eines der schönsten architektonischen Fotomotive des Tales dar.

Das Gebäude ist mit einem doppelstöckigen **Dach** gedeckt, von dem der untere Teil durch geschnitzte Streben gestützt wird. Sie zeigen die Dasavatar Vishnus, d.h. seine zehn Inkarnationen (*das* = "zehn", *avatar* = "göttliche Inkarnation").

troffen war, der ihm soviel Land versprach, wie er in drei Schritten erlaufen konnte (*tri* = "drei", *vikrama* = "Schritt"). Darauf wuchs Vishnu unversehens zu einem Giganten und schritt mit drei Schritten Unterwelt, Erde und Himmel ab und ließ so keinen Zweifel, wer der Herr des Universums war.

Die **Vishvarupa-Figur** zeigt Vishnu als Beherrscher der Welt (*vishva* = "Welt", *rupa* = "Form"), stehend und von seinen Göttinnen und anderen Figuren umgeben. Unter ihm ist ein schlafender Vishnu zu sehen, der an den Budhanilakantha erinnert.

Nicht fehlen darf auch eine **Narasinha-Figur**, Vishnu halb als Mensch, halb als Löwe (*nara* = "Mann", *sinha* = "Löwe"), die gerade nach allen Regeln der Kunst einen Dämonen auseinanderpflückt. In der

Anfahrt
●**Busse** fahren nicht nach Changu, von Bhaktapur aus kann man laufen (4 km).
●Die Straße ist asphaltiert, hat aber eine starke Steigung, so daß **Fahrradfahrer** auf ein Mountain Bike zurückgreifen sollten. Zurück geht's um so leichter!
●Bei der Anfahrt mit dem **Taxi** ab Kathmandu zeigt das Taxameter ca. 140 Rs. an; die Fahrer nehmen für die einfache Strecke aber ab ca. 200 Rs. Hin- und Rückfahrt mit einer Stunde Aufenthalt sollten etwa 400 Rs. kosten. Fahrzeuge können nur bis zu dem eingangs erwähnten Platz am Dorfanfang fahren, von dort sind es ca. 3 Minuten zu Fuß zum Tempel.

Nagarkot

Überblick

Der winzige Ort Nagarkot, 20 km östlich von Bhaktapur und 35 km östlich von Kathmandu gelegen, bietet von allen Berggipfeln am Rand des Kathmandu Valley die faszinierendsten Ausblicke. Nagarkot liegt 2168 m.ü.M., damit aber noch unter den Gipfeln von Shivapuri und Pulchowki. Die besten Monate für einen Besuch sind Oktober bis März. Das Blickfeld erstreckt sich vom Dhaulagiri im Westen bis zum Everest und Kanchenjunga im Osten. Außerdem sind die Sonnenaufgänge ein Ereignis, und zahlreiche Besucher Nagarkots bleiben nur einen Tag, um einen davon zu erleben.

Nagarkot zieht sich weit auseinander. Am Ende der Straße, oben auf dem Gipfel, befindet sich ein Armeequartier, das in den letzten Jahren immer mehr Land in eingenommen hat. Hier oben gibt es wenige Häuser und Unterkünfte. Das "Zentrum" befindet sich etwa einen Kilometer davor; links an der Straße ist eine Ansammlung von Häusern zu sehen, dort zweigt eine Straße nach links ab, die zu der größten Konzentration von Unterkünften führt. Es gibt noch ein paar Unterkünfte einige Kilometer vor dem Gipfel, die offiziell auch zu Nagarkot zählen.

Unterkunft und Essen

Nagarkot ist der Ort im Kathmandu Valley, der am besten mit Unterkünften ausgestattet ist. Eine gute Alternative zum hektischen Kathmandu!

Unterhalb von Nagarkot

Einige wenige Übernachtungsmöglichkeiten bestehen ca. 3 km unterhalb des Orts"zentrums" von Nagarkot. Diese sind zwar schon komfortabler als die in Gipfelnähe gelegenen, dafür hat man von dort einen Fußmarsch in Kauf zu nehmen, um zu den guten Aussichtspunkten zu gelangen. Die Unterkünfte haben ihre eigenen Restaurants, die aber aufgrund der relativ isolierten Lage zu Überteuerungen neigen.

●Die erste Unterkunft aus Richtung Kathmandu kommend ist das sehr gute, ruhig gelegene *Sunrise Hotel* (Tel. 2-90873). Von der Rückseite des Hauses ergibt sich ein großartiger Ausblick; ein kleiner Swimming-Pool und ein Tennisplatz sind angeschlossen. Die Zimmer (Bad) sind ordentlich aber nicht berauschend, Kostenpunkt 2.000 Rs. (1-2 Pers.) plus 10 % Steuer. Frühstück und Abendessen sind im Preis inbegriffen.

●Das *Nagarkot Cottage* (Tel. 2-90876) hat einfache, aber ordentliche Räume und ist von einem Garten umgeben. Elektrizität gibt es nicht, abends brennen ganz alte Ölfunzeln oder der Kamin im gemütlichen kleinen Restaurant. Einzel mit Bad 15 $, Doppel 20 $, dazu 10 % Steuer.

●Etwas höher - sowohl geografisch als auch preislich - liegt das komfortable *Hotel Flora Hill*. Die Zimmer (Bad) sind sauber und freundlich, die Preise scheinen aber dennoch etwas hoch. EZ 40 $, DZ 46 $, 10 % Steuer; Tel. 2-90863.

In der Ortsmitte

Hier gibt es eine vielfältige Auswahl an Unterkünften, die auch alle sehr gute Ausblicke bieten - oft direkt vom Bett aus. Fast alle Häuser haben ihre eigenen Restaurants, aber keinen Strom. Die Unterkünfte befinden sich ein paar hundert Meter von der Hauptstraße, die den Berg hinaufführt, zurückversetzt; einige Hinweisschilder weisen den Weg, der von dem bescheidenen "Zentrum" von Nagarkot links abzweigt.

●Das *Hotel Galaxy* (Tel. 2-90875) hat Zimmer mit Bad zu 6/8 $ (Einzel) und 15 $ (Doppel). Die oben gelegenen Räume sind besser als die unteren. 10 % Steuer.

●Das *Peaceful Cottage & Café du Mont* (kein Tel.) hat Zimmer mit Bad bzw. Waschbecken ab 200 Rs. (Einzel) und 300 Rs. (Doppel); 10 % Steuer. Das im Obergeschoß gelegene Café du Mont bietet einen ausgezeichneten Panoramablick auf die Berge.

●Das *Hotel View Point* hat bequeme Zimmer (Bad), Einzel 10 $, Doppel 15/20 $ (Tel. 2-90870).

●Direkt an einem Hang befindet sich das einfache *Niva Home* (kein Tel.), das aber sehr gute Aussichten bietet. Die Zimmer kosten 300/350 Rs (1-2 Pers.).

●Etwa 100 m entfernt liegt das 1995 eröffnete *Hotel Country Villa* (Tel. 2-21012 oder Kathmandu 2-28014, 2-28346). Das Haus macht von außen nicht viel her, die Zimmer (Bad) sind aber sehr ordentlich und komfortabel, dazu ergibt sich von ihnen ein herrlicher Ausblick. Ein Balkon, von dem sich die Aussicht noch besser genießen läßt, ist zusätzlich vorhanden. Einzel kosten 30 $, Doppel 40 $., dazu 10 % Steuer. Angeschlossen ist ein sehr sauberes, aber auch teures Restaurant.

●Sehr beliebt ist das *Nagarkot Farmhouse*, das in 1.900 m Höhe am Nordrand Nagarkots gelegen ist. Das Haus ist ein Tochterunternehmen des Vajra Hotels in Kathmandu, was schon einiges verspricht. Die 8 Zimmer sind tatsächlich sehr gut, die Lage ausgezeichnet. Angeschlossen ist ein Restaurant und ein Yoga- und Meditationsraum. Zimmer ohne eigenes Bad zu 25 $ (Einzel) und 35 $ (Doppel), mit Bad 32/46 $. Alle Preise beinhalten drei Mahlzeiten. Es

empfiehlt sich, sich zuvor beim Vajra Hotel zu melden: Hotel Vajra, P.O.Box 1084, Kathmandu, Tel. 2-72719, 2-71545, 2-71819, 2-71824; Fax 977-1-271695. Direkttelefon ins Nagarkot Farmhouse 2-28087.

Am Armeequartier

Die Straße, die zum Gipfel führt, wird jäh durch einen Schlagbaum unterbrochen, denn nahebei befindet sich ein Militärlager. Die Umgebung hier ist ruhiger als in der Ortsmitte, dafür gibt es auch nur wenige Unterkünfte.

●Kurz vor dem Schlagbaum steht an der linken Straßenseite das *New Sunbeam Guest House*. Die Zimmer (Toilette, aber kein eig. Bad) sind heruntergekommen und bei Preisen von 300 und 400 Rs. völlig indiskutabel.

●Hinter dem Schlagbaum führt die Straße weiter zum Armeequartier, als auch zum regierungseigenen *Taragaon Resort* (Tel. 2-11008). Die Lage ist wunderbar ruhig und idyllisch, dazu bietet sich eine sehr gute Aussicht. Die Zimmer (Bad) sind halbwegs akzeptabel; Kostenpunkt Einzel 15 $, Doppel 20 $, Deluxe-Räume 21/28 $. Zu allem noch 10 % Steuer.

●Auf einer kleinen Anhöhe, noch ca. 200 m vor dem Schlagbaum, ist seit 1994 das *Club Himalayan Nagarkot Resort* im Bau. Die Eröffnung ist für 1996 geplant. Man beziehe aber ein, daß Fertigstellungstermine in Nepal allerdings routinemäßig überschritten werden, oft um Jahre! Das Hotel wird Nagarkots komfortabelste Unterkunft werden,

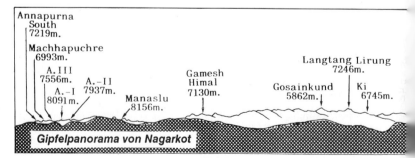

Annapurna South 7219m.
Machhapuchre 6993m.
A.III 7556m.
A.–II 7937m.
A.–I 8091m.
Manaslu 8156m.
Gamesh Himal 7130m.
Langtang Lirung 7246m.
Gosainkund 5862m.
Ki 6745m.

Gipfelpanorama von Nagarkot

aber auch mit entsprechend hohen Preisen. Die Aussicht von dieser Stelle ist großartig und kann sogar - wle vom halbfertigen Bau zu urteilen war - direkt von den Zimmern aus genossen werden.

●Etwas unterhalb obigen Resorts war Ende 1995 zudem noch ein kleines Guest House im Bau.

Anfahrt

●Ab Bhaktapur fahren täglich einige wenige **Busse**, deren Fahrplan jedoch eines der vielen asiatischen Mysterien darstellt. Lange Wartezeiten sind möglich, und wenn der Bus endlich kommt, ist er meist so überfüllt, daß nur das Dach als Sitzplatz bleibt. 6 Rs.

●**Taxis** nach Nagarkot fahren nur auf Pauschale, auf den Taxameter-Preis läßt sich kein Fahrer ein. Ab Bhaktapur ist mit ca. 400 Rs. zu rechnen, ab Kathmandu ca. 700 Rs. Hin- und Rückfahrt sollte bei einer Stunde Aufenthalt (genug für die berühmten Nagarkot-Sonnenaufgänge) ca. 500 bzw. 900-1.000 Rs. kosten.

Trekking-Routen ab Nagarkot

Nagarkot - Bhaktapur
Dauer: ca. 2,5 Std.

Der 15 km lange Abstieg nach Bhaktapur ist leicht über die relativ gut ausgebaute Straße zu bewerkstelligen. Der dort entlangfließende, spärliche Verkehr, trägt aber nicht

zu jedermanns Wandervergnügen bei. Zwischen den Serpentinen, in denen sich die Straße entlangschlängelt, bieten sich Abkürzungspfade an, die die Route interessanter machen. Beim Aufstieg ab Bhaktapur ist mit gut 4 Std. zu rechnen.

Nagarkot - Changu Narayan
Dauer: 3-4 Std.

Von Nagarkot führt ein Pfad westwärts in Richtung Changu Narayan, der mehrmals die Straße nach Bhaktapur kreuzt. Der interessanteste Streckenabschnitt beginnt bei einer Haarnadelkurve der Straße, die am besten per Bus ab Nagarkot zu erreichen ist (3 Rs.). Man bitte den Schaffner, am Weg nach Changu Narayan zu halten.

Von der Kurve führt der Weg ca. 20 - 30 Minuten durch einen Pinienwald aufwärts, bis er an einem Bergkamm anlangt. Der Weg führt nun genau diesen Kamm entlang gemächlich in Richtung des Dorfes Changu und bietet dabei hervorragende Ausblicke. Man passiert einige winzige Ortschaften, und wenn das goldene Dach des Changu-

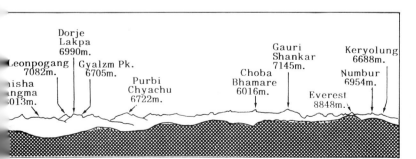

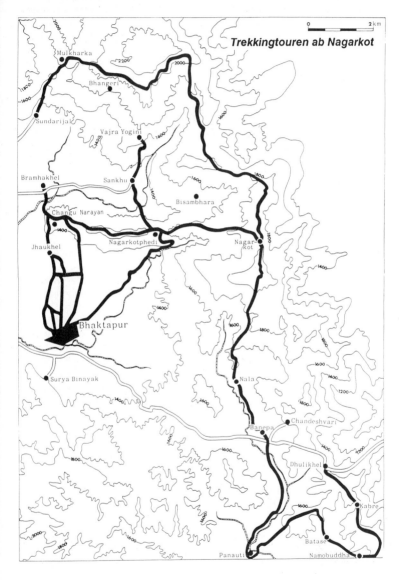

Trekkingtouren ab Nagarkot

Narayan-Tempels über Changu auftaucht, ist man am Ziel angelangt. Ab Changu ist es ein 4 km langer Abstieg über eine gut ausgebaute Straße nach Bhaktapur, möglicherweise steht am Halteplatz von Changu ein Taxi, das man für die Fahrt dorthin mieten kann.

Eine andere Möglichkeit wäre der Weitermarsch in Richtung Norden, wo man kurz hinter Changu den Manohra-Fluß überquert. Dieser ist meist sehr flach, und über die vorhandenen Steine kann man ihn problemlos überqueren. Hinter dem Fluß gelangt man zum Dorf Bramhakhel an der Straße Kathmandu - Sankhu. Westwärts führt sie zum Gokarna-Wildreservat, dann nach Bodhnath und Kathmandu.

Nagarkot - Sankhu

Dauer: (12 km) ca. 2,5 Std.

Auf dem Weg über den Bergkamm, der nach Changu führt, ist an der Nordseite der Ort Sankhu zu sehen, der von üppigem Ackerland umgeben ist. Vom Kamm führt ein Weg in nordwestlicher Richtung nach Sankhu hin. Ab Sankhu fahren mehrere Busse pro Tag nach Kathmandu. Es böte sich aber auch der Besuch des Vajra-Yogini-Tempels an, der sich ca. 1,5 km weiter nordwärts, der Straße folgend, oben auf einem Hügel befindet.

Nagarkot - Banepa

Dauer: ca. 2 Std.

Von dem Aussichtsturm an der Südseite des Bergkammes bei Nagarkot führt ein Weg steil bergab ins Dorf Nala (7 km) und von dort weiter nach Banepa (10 km), von dem aus sich zahlreiche weitere Wander- oder Fahrmöglichkeiten bieten (nach Kathmandu, Panauti, Dhulikhel o.a.).

Nagarkot - Sundarijal

Dauer: 1-2 Tage.

Dieses ist eine weit kompliziertere und längere Trekking-Route, die einen harten oder zwei gemächliche Tage in Anspruch nimmt. Ab den Guest Houses in der Ortsmitte führt ein Pfad Richtung Nord-Nordost über die Orte Kattike (1 Std.), Jorsim Pauwa (1 Std.), Chowki Bhanjyang (1 Std.) und Bhotechaur (1 Std.) nach Sundarijal.

In Bhotechaur gibt es Übernachtungsmöglichkeit in einem Tea-Shop. Von Bhotechaur ist dann zunächst zurück in Richtung Chowki Bhanjyang zu gehen, bis rechts ein Weg abzweigt, der über einen Bergkamm führt. Dieser schlängelt sich weiter nach Mulkharka und von dort entlang des Staudammes oberhalb von Sundarijal hinab in den Ort. Von dort fahren Busse nach Kathmandu. Ansonten böte sich ein weiterer Trekking-Tag zum Kloster Nage Gumba auf dem Shivapuri Hill an. Trekking-Touren nach Sundarijal und Shivapuri werden von vielen Trekking-Veranstaltern angeboten, auch in umgekehrter Richtung.

Banepa - Nala - Panauti

Banepa

Banepa eignet sich als Zwischenstation für Ausflüge in den südöstlichen Teil des Kathmandu Valley. Der Ort selbst, 26 km östlich von Kathmandu, erscheint auf den ersten Blick als einer der am wenigsten einladendsten Orte des Kathmandu Valley, was an seinem so famos *häßlichen Ortszentrum* liegt: Dieses ist nichts als eine große, verkehrsreiche und laute Kreuzung, in deren Mitte eine Statue von König Tribhuvan steht und Richtung Kathmandu blickt - als wolle er nur schnell fort von hier. An der Ostseite der Kreuzung hat sich ein chaotischer Bushalteplatz angesiedelt, um den sich vielerlei Mensch und Getier drängt. Im Monsun, wenn sich der Boden zu Morast aufweicht, bekommt die Szenerie einen weiteren unansehnlichen Aspekt dazu. Banepas einzige Besonderheit ist die Tatsache, daß *Edmund Hillary* seine Everest-Expedition 1953 von hier aus organisierte. Der Ort ist heute eines der wichtigsten Handelszentren des Kathmandu-Tales.

Begibt man sich in die Seitengassen nördlich der Kreuzung, bietet sich schon ein besseres Bild, es gibt typische alte Newar-Häuser, Wassertanks und zwei Vishnu-Tempel aus dem 16. Jh., die in den achtziger Jahren renoviert wurden.

Die Straße, die nordwärts von der Kreuzung abzweigt, führt - an zwei Wassertanks vorbei - zum winzigen Ort Chandeshvari und seinem *Chandeshvari-Tempel* (ca 1,5 km). An dieser Straße begannen alle frühen Everest-Expeditionen ihren langen Marsch. Der Chandeshvari-Tempel stammt aus dem 17. Jh. und wurde zu Ehren von Parvati gebaut, die der Legende nach den Dämonen Chand vernichtet haben soll. Chand hatte die Gegend terrorisiert, worauf die Bewohner die Göttin um Hilfe riefen. Chandeshvari bedeutet soviel wie "Beherrscherin des Chand".

Der Tempel hat ein dreigeschossiges Dach und einige kunstvolle

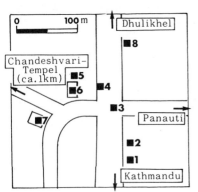

Banepa

1 Munal Guest House
2 Banepa Guest House
3 König-Tribhuvan-Statue
4 Busstation
5 Hospital
6 Wassertank
7 Wassertank
8 Snow Land (G.H.)

Schnitzereien. Das auffallendste Merkmal ist jedoch ein wundervoll buntes Wandgemälde an der Westseite des Tempels, das den furchterregenden Bhairav darstellt. Hinter dem Tempel fließt ein kleiner Fluß, an dessen Ufer Leichenverbrennungen stattfinden, die den Toten hier ein besonders günstiges Schicksal in der Nachwelt versprechen.

Nala

Unterkunft/Essen

Es werden wohl nur wenige Leute den brennenden Wunsch verspüren, in Banepa zu übernachten, und so kann man hier relativ sicher sein, kaum einen anderen Traveller zu treffen. Die Nähe des interessanten Panauti wäre ein Grund, hier zu wohnen, denn dort gibt es keine Unterkünfte. Leider liegen Banepas Guest Houses an der Hauptstraße und nahe der großen Kreuzung, was alles andere als eine Idylle verspricht. Zudem ist die Auswahl derzeit recht dürftig:

●Das *Banepa Guest House* (Tel. 011-61422) hat vor einiger Zeit die Straßenseite gewechselt. Das neue Haus ist zwar nicht berauschend, aber dennoch das beste, was der Ort zu bieten hat. Angeschlossen ist das Rajamata Restaurant & Bar. Die Zimmer sind derzeit noch auf Gemeinschaftsbad angewiesen, ein eigenes Bad soll jedoch demnächst hinzugebaut werden. Es gibt vier Zimmer, Kostenpunkt je 200 Rs.

●Ähnliche Preise im schlichten *Munal Guest House*, das ebenfalls vor einiger Zeit umgezogen ist - einhundert Meter in Richtung Dhulikhel (siehe Karte).

Anfahrt

●*Busse* fahren regelmäßig ab der Central Bus Station in Kathmandu, Preis 9 Rs., Fahrzeit ca. 1 Std. Ab Banepa gibt es alle möglichen Verbindungen zur Weiterfahrt, so nach Panauti, Dhulikhel, Panchkhal u.a.

●*Taxis* ab Kathmandu kosten nach Taxameter ca. 250 Rs.; falls der Fahrer sich auf's Einschalten nicht einläßt, sind 350 - 400 Rs. für die einfache Fahrt auch noch akzeptabel.

Das mittelalterliche Nala befindet sich ca. 3 km nordwestlich von Banepa und ist ganz auf Landwirtschaft eingestellt - an jeder Ecke werden Säcke mit Kartoffeln gelagert, Zwiebeln gewogen oder Gemüse verladen. Ein Großteil der in Kathmandu getrunkenen Milch stammt von hier, genauer gesagt aus dem nördlich gelegenen Dorf Tusal. Dort wurde mit Hilfe der Schweizer Regierung eine Milchfarm eingerichtet.

Nala bietet dem Besucher einige verwinkelte alte Gassen und zwei sehenwerte Tempel. An der höchsten Stelle des Ortes steht der *Bhagvati-Tempel*, dessen Entstehungsjahr ungewiß ist. 1647, zur Regierungszeit von König Jagat Prakash Malla von Bhaktapur wurde er erneuert. Der Tempel ist einer der wenigen viergeschossigen im Kathmandu Valley, und am zweiten und dritten Stockwerk sind horizontale Streben angebracht, an die traditionell Haushaltsutensilien und andere Opfergaben an die Göttin Bhagvati gehängt wurden. Am Eingang stehen zwei Steinlöwen Spalier, und auf einigen Säulen sind Löwen- und Pfauenfiguren zu sehen.

Am Rande des Ortes steht der buddhistische *Lokeshvara-Tempel*, ein zweigestöckiges Gebäude, das von einem Hof umgeben wird. Vor dem Tempel befindet sich ein kleiner Wassertank. Dem Tempel soll Lokeshvara innewohnen, dessen knapp 1 m hohe Statue in bunten Stoff gekleidet ist. Sein Gesicht ist weiß bemalt, auf dem Kopf trägt er eine Krone mit Federschmuck.

Anfahrt

●*Busse* fahren nur bis Banepa, von dort ist es ein gemächlicher halbstündiger Fußweg. Die Straße nach Nala zweigt an der Westseite von Banepa ab, gleich neben einem Polizeiposten, an dem die aus Richtung Kathmandu kommenden Fahrzeuge kontrolliert werden. Der Polizeiposten befindet sich einige hundert Meter westlich der großen Kreuzung in Banepa.
●*Taxis* aus Kathmandu kosten ab 600 Rs. für Hin- und Rückfahrt plus eine Stunde Aufenthalt.

Panauti

Banepa ist häufig nur Zwischenstation zum Besuch von Panauti, das sich ca. 6 Kilometer ab der großen Kreuzung in Banepa weiter südlich befindet.

Panauti ist eine weitere altertümliche Kleinstadt, gelegen am *Zusammenfluß von Roshi Khola und Punyamati Khola*. Solchen Zusammenflüssen wird oft mystische oder religiöse Bedeutung zugeschrieben, und so ist es nicht verwunderlich, hier umfangreiche Tempelanlagen zu finden. Der Legende nach soll noch ein dritter, unterirdischer Fluß dazutreffen, was die Heiligkeit des Ortes noch erhöht. Das indische Gegenstück dazu wäre Prayag oder Allahabad am Zusammenfluß von Ganges, Yamuna und (dem mystischen, unterirdischen) Saraswati.

Panauti

Aufgrund seiner Lage an einer wichtigen Handelsroute war Panauti früher einmal eine blühende Handelsstadt. Heute ist es ein schläfriges Nest, das nur zu seinen regelmäßigen *religiösen Festen* aus seinem Schlummer zu erwachen scheint. Zum Magh Sankranti, dem ersten Tag des Monats Magh, (Januar) finden sich die Gläubigen zum rituellen Bad am Treffpunkt der beiden Flüsse ein, das alle Sünden des vergangenen Jahres hinwegwaschen soll. (Der Name Punyamati bedeutet "Ort der Tugend").

Am Ende der Regenzeit werden die Götterfiguren der lokalen Tempel in einer Prozession durch die Straßen des Ortes gezogen, und im November/Dezember huldigt man Shiva in seiner Form als Dhaneshvar Mahadev, wörtl. "Der Gott des Reis". *Dhan* (sprich Dhaan) ist Sanskrit/Nepali für Reis, so wie er vom Felde geerntet wird (gekochter Reis ist Bhat). Eine Ähnlichkeit besteht aber auch zur Vokabel *dhan*, gesprochen mit kurzem a, die "Reichtum" bedeutet. Reis und Reichtum liegen in Nepal nicht weit auseinander.

Das größte religiöse Fest Panautis findet alle 12 Jahre an den Flußufern statt, wenn sich dort Tausende von Pilgern zum Bad einfinden - das nächste Mal 1998.

Sehenswürdigkeiten

Mitten im Ort steht der *Indreshvar-Mahadev-Tempel*, einer der ältesten des Kathmandu Valley. Ursprünglich wurde er 1294 gebaut, im 15. Jh. jedoch zu seiner heutigen Form erneuert. Vor einigen Jahren waren Teile seines dreigeschossigen Daches herausgebrochen, vor kurzem wurde jedoch die Restaurierung abgeschlossen.

Im Allerheiligsten wird ein Shiva-Lingam aufbewahrt, um den sich eine pikante Legende rankt. So soll einst Ahilya, die Frau eines Weisen, von Indra verführt worden sein, der zum Zweck der Täuschung die Form ihres Mannes angenommen hatte. Als der Weise davon erfuhr, rächte er sich auf eine ganz und gar originelle Art: Er verwünschte Indra und ließ auf dessen Körper zahlreiche Yonis oder weibliche Geschlechtsorgane erscheinen! Indra war daraufhin verständlicherweise etwas verstört, und tat, zusammen mit seiner Frau Indrayani, in Panauti Buße. Nach einigen Jahren erbarmte sich die Göttin Parvati und verwandelte Indrayani in einen Fluß, der unterirdisch in den Zusammenfluß von Roshi Khola und Punyamati Khola einfließen sollte. Nach einigen weiteren Jahren wähnte Shiva die Zeit gekommen, um Indra aus seiner ungewöhnlichen Lage zu befreien. Er erschien in Panauti in Form des o.g. Lingam, und als Indra wenig später im Fluß badete, verschwanden die Yonis von seinem Körper. Um den Lingam wurde der Tempel gebaut, der nun an die denkwürdigen Ereignisse erinnert.

Um den Tempel herum befinden sich einige weitere Lingams sowie ein Schrein, der Ahilya gewidmet ist, dem Opfer von Indras Verführungskünsten. An der Seite zum Punya-

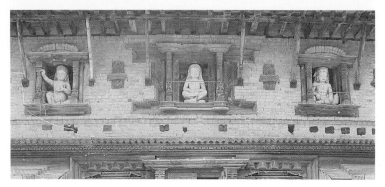

Bhairav-Tempel

mata Khola hin steht ein interessanter **Bhairav-Tempel**, aus dessen oberen drei Fenstern hölzerne Menschenfiguren herausschauen, was sehr stark an den Shiva-Parvati-Tempel in Kathmandus Durbar Square erinnert.

Direkt am Treffpunkt der beiden heiligen Flüsse steht ein **Krishna-Narayan-Tempel** unbekannten Datums. An den Flußufern befinden sich die an segensreichen Ufern so unabkömmlichen Verbrennungs-Ghats. Die Anlage dient aber auch sehr gut als Platz zum Ausruhen mit einem entspannenden Ausblick über die beiden Flüsse.

Auf der anderen Seite des Roshi Khola, gegenüber dem Krishna-Narayan-Tempel, befindet sich der kleine **Brahmayani-Tempel**, der Brahmayani geweiht ist, der Schutzpatronin von Panauti. In den achtziger Jahren wurde er ausgiebig restauriert, nachdem er fast völlig verfallen war. Bei den Arbeiten mußten

besondere Vorsichtsmaßnahmen getroffen werden, um die Göttin nicht zu erzürnen, die sonst wer-weiß-was mit dem Ort angestellt hätte!

Die beste Aussicht auf diesen Tempel als auch auf den ganzen Ort ergibt sich von dem **Hügel**, der steil hinter dem Tempel ansteigt. Dieser ist leicht zu besteigen, und von oben sieht man bestens das zwischen den Flüssen eingepferchte Panauti mit zahlreichen Tempeldächern, die sich daraus in die Höhe recken. Von Panauti führt eine Hängebrücke über den Roshi Khola, und gleich dahinter liegt der Hügel.

Anfahrt

●**Busse** ab Banepa kosten 2 Rs., die Strecke ist aber auch gut zu Fuß zu bewältigen, wobei man noch jede Menge ländliche Atmosphäre erlebt.

●**Taxis** ab Banepa müßten ca. 60 Rs. kosten, wahrscheinlich nehmen die Fahrer aber mehr. Fahrten ab Kathmandu kosten nach Taxameter ca. 300 Rs. Hin- und Rückfahrt plus zweistündigem Aufenthalt liegen bei ca. 700-800 Rs.

Dhulikhel - Palan-
chowk - Namobuddha

Dhulikhel

Von der ominösen Kreuzung in Ba-
nepa führt die Straße ostwärts nach
4 km in den Ort Dhulikhel (30 km ab
Kathmandu) und dann weiter in
Richtung tibetanischer Grenze. Die-
se Straße, der Arniko Rajmarg oder
Arniko Highway, stellt die wichtigste
Landverbindung nach Tibet dar.

Dhulikhel (1524 m) ist eine angenehme kleine Newar-Stadt, von der
sich *faszinierende Ausblicke* auf
die Region des Langtang, Helambu
und nach Osten bis Mt. Makalu bieten. Der Ort gehört somit zu den attraktivsten im Kathmandu Valley,
und kein Wunder, daß der Tourismus hier schon früh Fuß faßte. Zu
den naturgegebenen Sehenswürdigkeiten kommen einige von Menschen gemachte, es gibt einige mit
wunderschönen Schnitzereien ver-
sehene Wohnhäuser zu sehen wie
auch einige Tempel. Am zentralen
Platz von Dhulikhel findet sich ein
Wassertank sowie ein *Narayan-* und
ein *Harisiddhi-Tempel*. Etwas außerhalb, an der Strecke nach Namobuddha stehen ein kleiner *Shiva-*
und ein *Kali-Tempel*, letzterer auf
einem Hügel, von dem sich eine gute Aussicht ergibt.

Unterkunft/Essen

●Seit 1969 besteht die beliebte *Dhulikhel
Lodge*, ein zum Guest House umfunktioniertes altes Newar-Haus (Tel. 011-61152,
Fax Kathmandu 222926), die sich gleich im
Zentrum von Dhulikhel befindet. Die Zimmer
(Gemeinschaftsbad) sind einfach, aber ausreichend; Kostenpunkt Einzel 150 Rs., Doppel 250 Rs.
●Der gleichen Familie gehört das neue
Dhulikhel Lodge Resort nahe dem Busbahnhof. Das Haus ist an einen Hang gebaut, und von den Zimmern bietet sich eine
sehr gute Aussicht. Die Zimmer (Bad) sind
sauber und ordentlich und kosten Einzel 42
$, Doppel 48 $, Dreier 68 $; dazu 10 % Steu-
er. Adresse: P.O.Box 6020, Kamaladi, Tel.
01-212988, 222926 oder 011-61114, 61494;
Fax 977-1-222926.
●Gleich auf der anderen Straßenseite steht
das ebenfalls neue, aber nicht sonderlich
begeisternde *Hotel Arniko*. Zimmer (Bad)
zu 30 $ (Einzel) und 35 $ (Doppel), dazu
10 % Steuer. Adresse: G.P.O Box 8513,
Kathmandu, Tel. 01-220474, 011-61480; Fax
977-1-227600.
●Das Hotel *Sun-n-Snow* (auch Hotel Himalayan Horizon) ist die komfortableste Unterkunft am Ort. Das Haus besteht aus einem
alten und einem neuen Flügel (eröffnet
1995); von beiden ergeben sich hervorragende Ausblicke und die Umgebung ist ruhig und erholsam. Die Zimmer (Bad) im alten Flügel kosten Einzel 49 $, Doppel 53 $;
im neuen Flügel 59/63 $. Letztere sind viel
größer und besser, und die Mehrausgabe
von je 10 $ lohnt. Außerdem dürften diese
Zimmer mittlerweile auch mit TV ausgestattet sein. Zu allen Preisen kommen 10 %
Steuer. Adresse: Hotel Sun-n-Snow,
P.O.Box 1583, Kathamndu, Tel. 01-420774,
420776, 011-61466; Tlx. 2606 MEDREP NP;
Fax 977-11-61476.
●Das nahe gelegene *Gaurishanker Mountain View Guest House* (kein Tel.) ist sehr
mäßig; schlichte, zum Teil muffige Zimmer
mit Bad zu 500 Rs., ohne eig. Bad 400 Rs.
●Am östlichen Ortsende - auf dem Weg in
Richtung Naombuddha-Trek - findet sich
das *Nawa Rangu Guest House & Restaurant* (Tel. 011-62116). Schilder weisen
schon ab der Busstation den Weg. Die
Zimmer (Gemeinschaftsbad) sind einfachster Art. Etwas besser als die Zimmer erwarten lassen, fällt das Essen im Hause aus.

●Am Arniko Highway, ca. 4 km weiter in Richtung Tibet, steht das komfortable *Dhulikhel Mountain Resort*, von dessen Gartenrestaurant sich wunderbare Himalaya-Ausblicke bieten. Die insgesamt 43 Zimmer (Bad) sind in mehreren, gut über die Anglage verteilten Bungalows untergebracht. Einzel zu 58 $, Doppel 60 $, dazu je 10 % Steuer. Adresse: Dhulikhel Mountain Resort, Khawa, Dhulikhel, Tel. 01-420774, 420776, 226779, 011-61466; Tlx. 2415 RESORT NP. Die Telefonnummern sind dieselben wie beim Hotel Sun-n-Snow (s.o.).

●Das vielleicht beste Preis-/Leistungsverhältnis im Ort bietet das *Himalaya Mountain Resort*, das sich noch 100 m weiter in Richtung Tibet befindet (Khawa, Dhulikhel, Tel. 011-61158). Die Anlage ist von einem sehr hübschen, ruhigen Garten umgeben und die Aussicht auf die nahen Berge ist großartig. Bei Preisen von 300 Rs. (Einzel) und 400 Rs. (Doppel) ausgezeichnet! Dem Haus wurde Ende '95 ein kleiner Neubau mit weiteren, und komfortableren Zimmern hinzugesetzt, angeblich zu gleichen Preisen.

●Etwa 2 km außerhalb von Dhulikhel, an der Strecke nach Namobuddha und ca. 2 km vor Kabre, befindet sich die winzige *Panorama View Lodge*. Diese steht hoch auf einem Hügel (1700 m), einem der besten Aussichtspunkte der ganzen Umgebung. Man sieht den Machhapuchre, Annapurna, Mt. Manaslu, Lantang, Gauri Shankar und einige weitere Gipfel sowie faszinierende Sonnenauf- bzw. -untergänge. Das Haus steht weithin allein und verlassen da, und so bietet dieser Ort Ruhe und Entspannung. Es gibt nur vier sehr einfache Zimmer (Gemeinschaftsbad) zu je 100 Rs. (1-2 Pers.). Essen ist erhältlich.

Anfahrt

●*Busse* fahren ab Banepa (2,50 Rs.) und der Central Bus Station Kathmandu (10 Rs.).
●Bei *Taxis* aus Kathmandu zeigt das Taxameter ca. 300 Rs. an, wahrscheinlich läßt der Fahrer sich aber nicht auf den Taxameter-Preis ein. Hin- und Rückfahrt plus zweistündigem Aufenthalt sollten ca. 800-900 Rs. kosten.

Palanchowk

Eines der wichtigsten Heiligtümer der Umgebung von Dhulikhel ist der *Palanchowk-Bhagvati-Tempel* im Dorf Palanchowk. Er ist Kali geweiht, und Dienstag und Samstag morgens

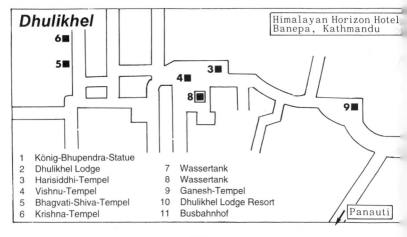

Dhulikhel

Himalayan Horizon Hotel
Banepa, Kathmandu

6 ■
5 ■
3 ■
4 ■
8 ■
9 ■

Panauti

1	König-Bhupendra-Statue		
2	Dhulikhel Lodge	7	Wassertank
3	Harisiddhi-Tempel	8	Wassertank
4	Vishnu-Tempel	9	Ganesh-Tempel
5	Bhagvati-Shiva-Tempel	10	Dhulikhel Lodge Resort
6	Krishna-Tempel	11	Busbahnhof

finden sich hier zahlreiche Gläubige zu Opferritualen ein. Zwar ist der Tempel selber kaum sehenswert, von seinem Standort aus hat man aber einen hervorragenden Ausblick. Gleich daneben befindet sich das winzige Dorf Palanchowk, in dem die Zeit stehengeblieben zu sein scheint.

Anfahrt

Palanchowk liegt etwa 27 km von Dhulikhel entfernt, oder 23 km vom Dhulikhel Mountain Resort. Vom Resort folge man dem Arniko Highway bis zur kleinen Ortschaft Lamidhara (ca. 13 km), wo eine Straße rechts in Richtung Palanchowk abzweigt (ca. 10 km). Ab Lamidhara steigt der Weg steil an mit zunehmend guter Aussicht. Kurz nach Lamidhara ist ein Militärposten zu passieren.
●*Busse* fahren nur ab Banepa (9,50 Rs.), und allem Anschein nach auch nicht allzu häufig. Dienstags und samstags morgens gibt es mehr Verbindungen als sonst, da dann viele Pilger den Bhagvati-Tempel aufsuchen. Die Busse fahren über Dhulikhel und Lamidhara; Fahrzeit ca. 1,5 Std.

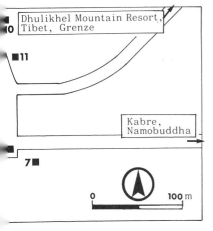

●Einfacher ist die Anfahrt per *Taxi*. Hin- und Rückfahrt samt einstündigem Aufenthalt sollte ca. 1.200 Rs. kosten. (Taxameter-Stand ab Kathmandu: ca. 550 Rs.) Dasselbe ab Dhulikhel etwa 600 Rs.

Namobuddha

Etwa 10 km südöstlich von Dhulikhel befindet sich die Stupa von Namobuddha, die - nach einer Art religiöser Richter-Skala - der *viertheiligste buddhistische Ort* Nepals sein soll. Die ersten drei sind Lumbini, Swayambhunath und Bodhnath. Über die Ursprünge der Stupa ist wenig bekannt, dafür ranken sich zwei *Legenden* darum.

Die populärste erzählt von einem Jäger, der auf dem Hügel der späteren Stupa einst eine Tigerin erlegte, woraufhin deren Nachwuchs zu verhungern drohte. Aus Mitgefühl für die leidenden Kreaturen opferte sich der Buddha und bot ihnen sein eigenes Fleisch dar. Ein Steinrelief an der Stupa zeigt Buddha, der seine Hände den Tigern zum Fraß hinhält.

Die andere Legende besagt, daß ein Prinz einst auf eine kranke Tigerin und ihre Jungen traf. Die Tigerin bat den Prinzen um Hilfe, woraufhin er Stücke aus seinem Körper schnitt und sie den Jungen zu fressen gab. Als deren Hunger gestillt war, griff die Tigerin den Prinzen an. Erschreckt fragte er sie, warum, schließlich hatte sie ihre Jungen vor dem Hungertod bewahrt. Die Tigerin antwortete, daß er als Märtyrer sterbe und dafür als Buddha wiedergeboren würde.

Der Name der Stupa ist Sanskrit für "Heil dem Buddha", und wie üblich, sind oben die allsehenden Augen des Buddha angebracht. Um die Stupa herum stehen einige kleinere Chaityas, und unzählige bunte Gebetsfahnen flattern im Wind. An einer Seite der Stupa steht ein kleines Klostergebäude, von dem aus Stufen auf einen Hügel führen. Dort sind zwei Stupas zu sehen, die Vater und Mutter des aufopferungsvollen Prinzen repräsentieren.

Trek nach Namobuddha

Von Dhulikhel führt eine sehr schlechte, schlaglochübersäte Straße in Richtung Namobuddha, die kaum für normale Fahrzeuge geeignet ist, bestenfalls für Jeeps. Die sicherste Art, dorthin zu gelangen, ist also zu Fuß. In der Regenzeit kann aber auch das unangenehm werden, denn die Straße wird schnellstens zur Schlammpiste.

Der Fußweg dauert ca. 3 Std. und führt 2 km nach Dhulikhel an der Panorama View Lodge als auch am Shiva- und Kali-Tempel, die auf zwei Hügeln stehen, vorbei. Nach weiteren 2 km erreicht man das Dorf Kabre. Statt der Straße zu folgen, kann man aber eine Abkürzung nehmen, die gleich hinter der Panorama View Lodge ihren Anfang nimmt und am Rande eines Bergrückens durch ein kleines Dorf hindurch ebenfalls nach Kabre führt. Dieser Weg ist kürzer und interessanter, aber auch etwas abenteuerlicher als der an der Straße entlang! Von Kabre folgt man wieder der Straße und passiert gleich hinter dem Ort ein paar Pinienwälder

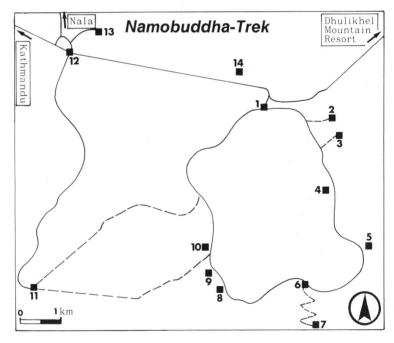

und gelangt schließlich nach Phulbari. Bis Namobuddha sind es dann noch etwa 2 km, wobei es einige Male auf- und abgeht. Falls jemand glaubt, sich verlaufen zu haben, frage man die Einheimischen nach dem Weg. Namobuddha heißt auf Newari, das die meisten Leute hier sprechen, *Namra Bhagwan* (letzteres sprich bhagwaan).

Eine weitere, etwa gleich lange Anmarschmöglichkeit bietet sich ab Panauti, mit Weg über den Ort Batase.

Lubhu

Diese Tour sei nur Leuten empfohlen, die nach dem Besuch der touristischen Highlights alltägliches ländliches Leben fernab der Tourismuspfade erleben wollen. Nach dem obligatorischen Besuch in Patan könnte man die südöstlich von Patan von der Ring Road abgehende Straße nach Lubhu nehmen (ab der Ring Road. ca. 5 km). Auf dem Weg passiert man manch ländliche Idylle, aber auch zahlreiche Ziegelbrennereien, die ihre wenig gesunden Qualmschwaden in den Himmel spucken. Lubhu selber ist ein verschlafenes Nest, das sich um das

1	Dhulikhel
2	Shiva-Tempel
3	Kali-Tempel
4	Kabre
5	Phulbari
6	Namobuddha
7	Klosteranlage
8	Shankhu
9	Jakidol
10	Batase
11	Panauti
12	Banepa
13	Chandeshvari-Tempel
14	Hotel Himalayan Horizon

Ende der Straße schmiegt, die am Ortsende nur als Trampelpfad weiterverläuft. Es gibt ein paar kleine Tempel und viele staunende Einwohner, die sich fragen, was der Tourist wohl hier verloren haben möge!

Anfahrt

●Entlang der Straße zwischen der Ring Road und Lubhu pendeln *Sammeltaxis*, Kostenpunkt 10 Rs./Pers. Taxis ab Kathmandu dürften ca. 400 Rs. für Hin- und Rückfahrt samt einstündigem Aufenthalt kosten.

●Dazu gibt es gelegentlich noch *Busse*, verlassen sollte man sich aber nicht darauf.

●Am idealsten ist die Anfahrt *per Fahrrad*, die Strecke ist leicht und weist kaum Steigungen auf.

Volldampf aus allen Schloten: Die "gute" alte Ziegelindustrie

Auf den ersten Blick sehen sie ja recht anheimelnd aus, diese Ziegelbrennereien, die man an vielen Orten des Kathmandu Valley vorfindet. Assoziationen an die "gute alte Zeit" werden wach, als auch in Europa noch die Bausteine von Hand gemacht wurden. Das so idyllische Bild aber trügt: Die Ziegelbrennereien sind schlimmste Umweltvernichter.

Jedes Jahr im Winter leidet das Tal um Kathmandu unter Smog, der größtenteils von den 250 Ziegelbrennereien der Gegend verursacht wird. Der heiße und staubige Ausstoß der Fabriken wird von den höheren Luftschichten unten gehalten und kann durch die Tallage auch nicht seitwärts ausweichen. Der Effekt: Zahllose Einwohner leiden in dieser Zeit unter Asthma oder anderen Lungenerkrankungen. Durch den Bauboom, den Kathmandu seit einigen Jahren erlebt, wurde das Problem noch verschärft. Aufgrund einer neuen Gesetzgebung, die den Betrieb von Ziegelbrennereien ohne Lizenz erlaubt, verdoppelte sich die Zahl der Fabriken in kürzester Zeit. So wurden zwar Arbeitsplätze geschaffen, die Luft aber erheblich verschlechtert. Eine mittelgroße Brennerei beschäftigt um die 400 Arbeiter. Diese sammeln den benötigten Lehm, vermengen ihn mit Wasser, formen ihn und trocknen das Produkt in der Sonne. Darauf folgt der Brennprozeß.

Die Umweltschäden beschränken sich aber nicht auf die Luftverschmutzung. Durch die Ziegelherstellung wird der Boden seiner fruchtbarsten Schicht beraubt, in jeder Brenn-Saison (September - Mai) um die 1000 Tonnen, die ca. 1,5 Mio. Steine ergeben. Zum Brennen wird Kohle verwandt - importiert aus Indien -, die ihrerseits die Luft verpestet, aber auch Holz. Jeder der Holztransporter, die die Brennereien beliefern, bedeutet eine weitere Lichtung des ohnehin schütteren nepalesischen Waldes.

Bishankhu Narayan - Godavari - Pulchowki

An der Südseite von Patan zweigt von der Ring Road eine Straße in Richtung Harisiddhi und Godavari ab. Die folgende Strecke kann theoretisch mit der Besichtigung von Patan verbunden werden. Aufgrund der zahlreichen Sehenswürdigkeiten in Patan und der Länge der Strecke ist dies aber recht unpraktikabel. Deshalb sollte man sich für diese Tour einen ganzen Tag reservieren.

Bishankhu Narayan

Etwa 3 km südöstlich der Abzweigung erreicht man das Dorf Harisiddhi mit seinem viergeschossigen **Harisiddhi-Bhawani-Tempel**. Ca. 2 km weiter liegt das noch kleinere Baregaon.

Von Baragaon zweigt eine Straße in Richtung eines größeren Hügels ab. Bald passiert sie einen kleinen Fluß, und man erreicht einen kleinen Dorfplatz, direkt neben besagtem Hügel. Hier wiederum zweigt links eine Straße ab und man gelangt nach gut einem Kilometer zu einem wichtigen Schrein, dem **Bishankhu Narayan**. Eine steile Treppe führt zu einer an einen Felsen gebauten Plattform. Im Felsen befindet sich eine etwa mannsbreite Spalte, in der sich eine Narayan-Figur versteckt zu haben scheint - dies ist der Bishankhu Narayan oder auch "Versteckter Narayan".

Einer etwas verwirrenden Legende nach soll sich einst Shiva (nicht Narayan/Vishnu) versteckt haben, der den Dämonen Bhasmasur fürchtete, welcher durch seine Berührung alles zu Asche verwandelte (Sanskrit: *bhasma* = "Asche"). Diese Fähigkeit hatte Shiva ihm zuvor selbst beigebracht. Um dem Dämonen den Garaus zu machen, stellte Vishnu ihm eine Falle und ließ ihn seine Stirn berühren. Darauf zerfiel der Dämon selbst zu Asche. Daraus soll dann der Hügel entstanden sein, der sich hinter der Felsspalte erhebt. Die Spalte ist durch ein grobmaschiges Eisengitter vor Normalsterblichen abgesperrt; nur einem Priester ist der Zutritt erlaubt, der dort morgens Pujas abhält. Von der Plattform und dem Hügel ergeben sich wunderbare Ausblicke auf die Umgebung. Touristen verirren sich dennoch kaum hierher.

Anfahrt

●Am besten mit dem *Fahrrad*. Die Strecke ist ca. 15 km lang und leicht befahrbar. Bis Baregaon gibt es noch einigen Verkehr, ab dort so gut wie keinen mehr.

●Hin- und Rückfahrt *per Taxi* ab Kathmandu, plus eine Stunde Aufenthalt, kosten ca. 450-500 Rs.

Godavari

Etwa 3 km weiter südöstlich befindet sich das kleine, verstreute Godavari. Hinter dem Ort macht die Straße eine Linksabbiegung und führt zu den *Royal Botanical Gardens*. Dieser Botanische Garten ist ein beliebter Ausflugsort der Einheimischen, unbedingt gesehen haben muß man ihn dennoch nicht. Es gibt ein paar Blumenbeete, verschiedene Baumsorten (meist unbezeichnet), etwas Wildwuchs und einige Gelegenheiten zum Ausruhen. Geöffnet täglich 10.00 - 14.00 Uhr; Eintritt 1 R.

Folgt man der Straße, die zum Botanischen Garten führt, weiter nach Osten, anstelle von dort zum Garten zu fahren, erreicht man nach ca. 100 m *Godavari Kunda*, eine heilige Quelle. Alle 12 Jahre versammeln sich hier Abertausende von Gläubigen zum rituellen Bad, das genausoviel Verdienst einbringen soll wie die Gabe von sechs Millionen Kühen an Brahmanen! Die nächste Gelegenheit ergibt sich leider erst wieder im Jahre 2003!

Anfahrt

●Für das *Fahrrad* ist die Strecke schon etwas weit, 22 km ab Kathmandu; machbar ist es dennoch.
●Ab Lagankhel in Patan fahren *Busse* für 4 Rs. nach Godavari, Fahrzeit ca. 1 Std.
●*Taxis* ab Kathmandu und zurück, samt einer Stunde Aufenthalt, sollten nicht mehr als 500-600 Rs. kosten.

Pulchowki

Noch vor dem Botanischen Garten zweigt von der Hauptstraße südlich eine unasphaltierte Straße ab, die fast unmittelbar danach am St. Xavier's College vorbeiführt. Ca. 300 m weiter südlich befindet sich gegenüber einem Marmor-Steinbruch der Schrein der Göttin *Pulchowki Mai*, der Schutzpatronin von Pulchowki.

Folgt man der Straße weiter, so führt sie über zahlreiche Serpentinen hoch zum *Gipfel von Pulchowki*, dem mit 2762 m höchsten Punkt im Kathmandu Valley. Die Aussichten, die sich dabei bieten, sind oft atemberaubend. Es gibt viel dichten Wald, und im Frühjahr erblühen unzählige Blumen, darunter roter und weißer Rhododendron. Pulchowki bedeutet "Ort der Blumen" (von Nepali *phuul* = "Blumen"). In der Regenzeit sind die oberen Gebiete des Berges meist wolkenverhangen, und möglicherweise regnet es, während unten die Sonne scheint. Auf dem Gipfel findet sich ein weiterer Schrein der Pulchowki Mai, ein Shiva-Schrein und eine kleine Stupa. Leider wird die szenerie aber durch einen benachbarten Fernmeldeturm gestört, der sich hier in die Höhe reckt. Die Ausblicke ins Tal aber sind - an einem klaren Tag - die Anfahrt allemal wert.

Anfahrt

●Mit einem *Mountain Bike* und exzellenter Kondition! Ab Kathmandu sind es ca. 27 km, und es geht steil bergauf.
●Hin- und Rückfahrt per *Taxis* ab Kathmandu plus 1 Std. Aufenthalt kosten ca. 600 - 750 Rs. Starke Steigungen sind den Taxifahrern immer wieder ein Vorwand, überdurchschnittlich viel zu verlangen, obwohl bei der Bergabfahrt ja fast spritfrei gefahren werden kann!

Kunterbunt: Vor dem farbenprächtigen Gemälde der Göttin *Chandeshvari* bei *Banepa* könnte man fast den freundlichen Musiker übersehen.

Menschen im Kathmandu-Tal: Oben ein heiliger Mann am *Durbar Square* in *Kathmandu;* rechts oben eine Bäuerin bei *Gokarna* (man beachte die "Fotogebühr" in ihrer Hand).

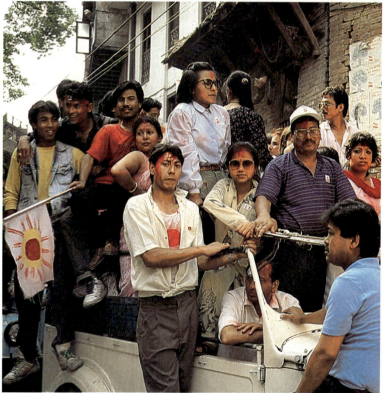

Nach den Wahlen von 1991 veranstalteten die Kommunisten einen Umzug durch die Stadt, wobei sie sich ihre Gesichter mit blutroter Farbe bemalt hatten (unten).

Seen, Flüsse und Teiche: Wasser spielt eine wichtige Rolle im Leben der Hindus. Es dient der physischen oder rituellen Reinigung, wie am *Ganga Sagar* in *Janakpur* (links).

Die vielen Seen des Landes laden zu erholsamen Ausflügen ein, zum Beispiel der *Fewa Lake* in *Pokhara*.

Durbar Square, Kathmandu: Auf engem Raum drängen sich zahllose Sehenswürdigkeiten (rechts unten), eine davon ist der kupferbeschlagene *Maru-Ganesh-Schrein* (oben).

Auch das prächtige, von Göttern und Soldaten bewachte Tor zum alten Königspalast sollte man sich anschauen (oben).

Pilgerziel: Am heiligen Ufer des *Kali Gandaki* bei *Devghart* segnet ein *Sadhu* einen Pilger, der dafür einige hundert Kilometer zurückgelegt hat.

Vajra Varahi - Tika Bhairav - Lele

Auch für diese Tour sollte man einen Tag extra einplanen, ohne Patan zu besichtigen, das zwar auf dem Weg liegt, aber auch alleine schon einen ganzen Tag in Anspruch nehmen könnte.

Vajra Varahi

Am Südende von Patan führt eine Straße von der Ring Road in südliche Richtung nach ca. 3 km nach **Sunagathi**. Hier gibt es einen Tempel für Vringeshvar Mahadev (Shiva) und einen Jagannath-(Vishnu) Tempel, aber sonst nicht viel.

Etwa 2 km weiter südlich passiert man das Dorf **Thecho** mit einem Balkumari- und einem Brahmayani-Tempel.

Einen Kilometer weiter südlich liegt **Chapagaon**. Der Ort zeichnet sich durch ein ausgeklügeltes System von Abwässerkanälen aus, die zum Teil unterirdisch verlaufen - ein System, das anderswo im Tal durchaus Nachahmung verdient hätte! Hier gibt es einige kleine Tempel zu sehen, das wichtigste Heiligtum befindet sich jedoch ca. 500 m östlich von Chapagaon: In der Ortsmitte zweigt eine Straße Richtung Osten ab und führt zum **Vajra-Varahi-Tempel**, der einer tantrischen weiblichen Gottheit geweiht ist. Der Tempel stammt aus dem Jahre 1665 und ist von einem kleinen umzäunten Waldstück umgeben. Der lokalen Überlieferung gemäß kann niemand auch nur einen Stein oder sonst irgendetwas aus dem Wald ungestraft mitnehmen. Ihm würde das Haus über dem Kopf abbrennen oder sonst ein Unheil widerfahren! Auch das Fotografieren des Tempels ist offiziell verboten, obwohl sich niemand daran zu halten scheint.

Anfahrt

●Kein Problem mit dem **Fahrrad**, es sind ca. 14 km ab Kathmandu.

●**Busse** fahren ab Lagankhel in Patan, Kostenpunkt 5 Rs., Fahrtdauer 1 - 1,5 Std.

●Zwischen der Ring Road und Chapagaon pendeln auch **Sammeltaxis** für 6 Rs./Pers. Einfach ein Taxi an der Strecke anhalten und mitfahren.

●**Taxis** ab Kathmandu kosten 130 Rs. nach Taxameter; 180 - 200 Rs. für die einfache Fahrt wären aber angemessen, da der Fahrer kaum einen Rückpassagier finden wird. Hin- und Rückfahrt mit einer Stunde Aufenthalt für ca. 350 - 400 Rs.

Tika Bhairav

Südlich von Chapagaon wird die Landschaft zunehmend hügeliger und idyllischer. Von der Hauptstraße zweigt eine kleinere Straße ab und führt um einen Hügel herum vorbei am **Anandaban Leprosy Hospital** ins Dorf Tika Bhairav. Das Lepra-Krankenhaus ist eine Außenstelle des Patan Hospital. Anandaban heißt hoffnungsvoll "Wald der Glückseligkeit".

Das Dorf Tika Bhairav ist nach einem **Shiva-Schrein** benannt, der den Gott in seiner schrecklichen Form als Bhairav darstellt. Das Bildnis ist ein buntes Wandgemälde in einer Art Unterstand, gelegen am Zusammenfluß zweier kleiner Flüsse. Der Schrein zeichnet sich zwar durch nichts Spektakuläres aus, die umliegende Landschaft ist den weiten Weg aber wert. Um den Zusammenfluß erheben sich einige Hügel, von denen man eine herrliche Aussicht genießt, während unten im Fluß die Kinder baden und einige Bauern ihre Felder bestellen.

Anfahrt

●Notorische Fahrradfahrer sollten sich auf ein *Mountain-Bike* schwingen, es geht vor Tika Bhairav einige Male stark bergauf, kurz vor dem Ort einmal stark bergab. Ab Kathmandu sind es ca. 19 km.

●*Taxis* ab Kathmandu kosten ca. 600-700 Rs. für Hin-/Rückfahrt plus 2 Std. Aufenthalt.

Lele

Lele (sprich etwa: lilli) liegt ca. 1,5 km östlich von Tika Bhairav am Ende der Hauptstraße, es könnte aber ebensogut das Ende der Welt sein. Der Ort ist himmlisch ruhig, wundervoll von sanften Hügeln und Feldern umgeben, und Touristen erzeugen hier noch eine kleine Sensation. Der einzige Nachteil der Idylle ist die Tatsache, daß es hier keine Übernachtungsmöglichkeit gibt! Lele wäre ideal für ein paar Tage absoluter Entspannung.

Am Ostende des Ortes, der sich an einer einzigen Straße entlang-

Bäuerinnen in Tika Bhairav

streckt, befinden sich zudem einige sehenswerte kleine Tempel. So ein *Muktinath-Tempel* aus dem Jahre 1668 und, weiter außerhalb, ein *Tileshvar-Mahadev-Tempel* aus dem 16. Jh.

Anfahrt

●Mit dem *Mountain Bike* gut machbar. Ab Kathmandu sind es bei direkter Fahrt über die Hauptstraße ca. 19 km, mit Umweg über Tika Bhairav ca. 21 km.
●Hin- und Rückfahrt per *Taxi* plus ein angemessener Aufenthalt von 2 Std. für 600 Rs. oder etwas darüber.

Khokna - Bungamati

Khokna

Überquert man am Südende der Tibetanischen Flüchtlingssiedlung in Jawalakhel, Patan, die Ring Road, so führt dort eine unasphaltierte Straße nach Süden in Richtung Khokna und Bungamati (10 bzw. 11 km ab Kathmandu). Beides sind kleine Newar-Orte, die im 16. Jh. entstanden und so eng beieinander liegen, daß sie gelegentlich als "Zwillingsstädte" bezeichnet werden.

Khokna wirkt sehr altertümlich, vollgepackt mit den typischen Backsteinhäusern der Newar. Nur wenige Straßen sind mit dem Auto passierbar. Vorsicht, die zahlreichen Hühner und Enten haben in jedem Fall Vorfahrtsrecht! Vor vielen Häusern kann man Frauen beim Spinnen von Wolle beobachten, an dessen Technik sich seit Jahrhunderten nichts geändert zu haben scheint.

Daneben ist Khokna für das hier produzierte *Senföl* bekannt. Dessen Herstellung liegt vornehmlich in den Händen der Manandhar-Kaste und ist ebenso einfach wie effizient: Eine Gruppe schweißbedeckter Männer dreht ein schweres Rad, das über eine Mechanik zwei mächtige Holzblöcke zusammendrückt, zwischen denen die Senfkörner - in aus Bambus gewobene Behältnisse gesteckt - zerquetscht werden.

Überraschend breit gebaut ist die Hauptstraße des Ortes, an der sich ein *Rudrayani-Tempel* befindet, der der Schutzpatronin des Ortes geweiht ist. Die Straße war ursprüng-

Picknick bei Khokna

lich sehr schmal, wurde nach dem Erdbeben von 1934, das Khokna arg in Mitleidenschaft zog, verbreitert wiederhergestellt.

Anfahrt

● Per *Bus* ab Jawalakhel in Patan für 2 Rs.
● *Taxis* ab Kathmandu kosten nach Taxameter ca. 110 Rs.; Hin- und Rückfahrt plus 2 Std. Aufenthalt (in denen auch das benachbarte Bungamati zu Fuß besucht werden kann) für maximal 400-450 Rs.
● Am idealsten wäre das *Fahrrad*; die Strekke bietet nur in der heißen Zeit vor dem Monsun Probleme, wenn von vorbeifahrenden Wagen kiloweise Staub aufgewirbelt wird.

Bungamati

Direkt südöstlich an Khokna schließt sich Bungamati an, das querfeldein oder über die Hauptstraße erreicht werden kann. Diese "Stadt der Bauern" (so lautet die Übersetzung aus dem Newari) wurde 1593 von König *Narendra Deva* begründet. Den Mittelpunkt stellt der auf einem rechteckigen Platz gelegene *Rato-Machhendranath-Tempel* dar, der Heimatstandort des Rato Machhendranath, der hier jeweils sechs Monate des Jahres verbringt und dann in einer feierlichen Prozession nach Patan gebracht wird. Um den Tempel herum geht es herzerfrischend weltlich zu, Bauern dreschen ihr Stroh, Kinder spielen mit lautem Gejohle, und zahlreiche Zeitgenossen schauen dem ganzen Treiben etwas gelangweilt zu. Der Tempel ist hier nicht nur Mittelpunkt des religiösen, sondern auch des ganz normalen Alltagslebens.

An der Südwestecke des Platzes steht ein kleiner, aber sehr verehrter *Bhairav-Tempel*, dessen Allerheiligstes sich im Obergeschoß befindet.

Etwa zwischen Bungamati und Khokna erhebt sich auf einer Anhöhe der *Karya-Vinayak-Tempel*, der Ganesh gewidmet ist. Der Gott ist hier nur durch einen etwas abgeschliffenen Stein repräsentiert, um den ein kleiner Schrein errichtet ist. Die darum angelegten Tempelbauten sind nicht sehr interessant, es ergibt sich jedoch eine gute Aussicht auf das Umfeld. Auf der anderen Seite des Bagmati-Flusses erhebt sich weithin sichtbar der Chandragiri, der "Berg des Mondgottes".

Anfahrt

● Wie nach Khokna; *Taxis* kosten vielleicht ein paar Rupien mehr, da die Strecke nach Bungamati ca. 1 km länger ist. Bei der Anfahrt über die Hauptstraße, die etwas höher liegt als Bungamati, bieten sich kurz vor Erreichen der Abzweigung zum Ort hervorragende Ausblicke: Man sieht, wie der Rato-Machhendranath-Tempel sich mit seiner Shikhara-Spitze majestätisch über den Ort erhebt. Ein gutes Motiv für das Teleobjektiv!

Kirtipur

Kirtipur, die "Ruhmreiche Stadt", liegt 9 km südwestlich von Kathmandu auf einem steil ansteigenden Zwillingshügel, zwischen dessen Spitzen sich ein kleines Plateau ausbreitet. Die Bevölkerung beträgt einige Tausend (genaue Zahlen scheinen nicht zu existieren) und gehört hauptsächlich den Newar an. Die Stadt macht heutzutage einen äußerst verlassenen, von der Welt vergessenen Eindruck, der über ihre historische Bedeutung fast hiwegtäuschen könnte. Die alten, verwinkelten Gassen, in denen kein modernes Verkehrsmittel Platz hat, wecken Assoziationen an das Hochmittelalter. Leider ist die Stadt auch nicht sonderlich sauber, aber das ist wohl der Preis für ihre "Unverfälschtheit". Wer einen typischen Newar-Ort besuchen möchte, ist hier am richtigen Ort, ebenso alle, denen Patan oder Bhaktapur zu sehr tourismusgeprägt erscheinen. Da es weder Hotels noch Restaurants am Platze gibt, kann die Stadt nur in einem Tagesausflug besichtigt werden.

Geschichte

Kirtipur wurde zwischen 1099 und 1126 unter König *Shiva Deva* gegründet, und im 15. Jh., zur Zeit der Malla-Könige, entwickelte es sich zu einer florierenden Siedlung. Als das Kathmandu-Tal 1482 in drei Reiche unterteilt wurde, geriet es unter die Herrschaft von Patan.

Die strategisch günstige Lage und einige wehrhafte Bauten machten es zu einer fast uneinnehmbaren Festung - fast. Zweimal war die Gurkha-Armee unter *Prithvi Narayan Shah* gegen diese Festung angerannt, 1755 und 1764, und beide Male wurde sie zurückgeschlagen. *Prithvi Narayan Shah* ließ die Stadt 1766-67 jedoch erneut belagern, und dieses Mal gelang ihm die **Eroberung**. Aus Rache für die vorangegangenen verlorenen Schlachten und dafür, daß sein Bruder bei der zweiten Belagerung ein Auge verloren hatte, ließ der König bei allen männlichen Bewohnern die Nasen abschneiden. Das Naseabschneiden war in jenen Tagen ein geläufiges Mittel, jemandem eine Schmach zuzufügen und wurde auch bei Verbrechern angewandt. Nur Musikanten, die Blasinstrumente spielten, ließ der König ungeschoren! Damit hatte er seinen Feingeist bewiesen und konnte sich nun der weiteren Eroberung des Kathmandu Valley widmen.

In der jüngeren Vergangenheit vollzogen sich in der Stadt einige Umwälzungen, als die **Tribhuvan-Universität** auf ihrem Gebiet gebaut wurde. Die Mehrheit der Bevölkerung bildeten traditionell Händler aus der Shreshta-Kaste oder Jaypus, Bauern. Durch den Bau der Universität verloren viele von ihnen ihr Land und mußten sich nach neuen Tätigkeiten umsehen. Das traditionelle Gefüge des Ortes ging verloren.

Heute macht Kritipur einen Eindruck auf den Besucher, als wäre

die Zeit dort schon ewig stehengeblieben - trotz der modernen Universität vor seinen Toren.

Sehenswürdigkeiten

Innerhalb der Stadt können aufgrund der engen, holprigen und zudem stark an- oder absteigenden
Gassen keine Fahrzeuge verkehren.
Alle Wege sind deshalb zu Fuß zurückzulegen.

Nagar Mandap (Shri Kirti Vihar)

Nähert man sich Kirtipur über die
Straße aus Richtung Kathmandu, so
fällt schon einige hundert Meter vor
der Stadt, zur linken Seite, ein ungewöhnliches Gebäude mit einem
rot-grünen Dach ins Auge. Dieses
hebt sich auffallend aus der Masse

der backsteinbraunen, typischen
Newar-Häuser heraus. Das Gebäude gehört zum Nagar Mandap oder
Shri Kirti Vihar, einem buddhistischen Tempel der Hinayana-Tradi-
tion ("Kleines Fahrzeug") und wurde
im ureigensten *Thai-Stil* errichtet.

Der Bau wurde von der thailändischen Botschaft in Kathmandu finanziert und 1991 fertiggestellt. Gelegentlich verrichten hier thailändi-
sche Mönche ihren Dienst, die sogar
von ihrer Botschaft mit Heimatküche
versorgt werden! Im Inneren des
Gebäudes - die korrekte Thai-Be-
zeichnung wäre Viharn - befindet
sich ein aufwendiger Gebetsschrein.

Der neue Thai-Tempel ist nur Teil
einer größeren Tempelanlage aus
dem Jahre 1975. Die Gebäude geben nicht viel her, der Tempel aber

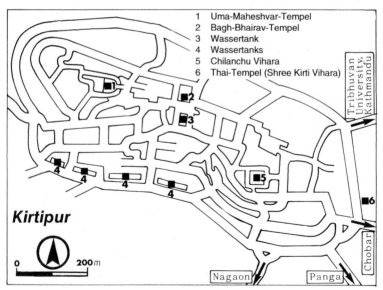

1 Uma-Maheshvar-Tempel
2 Bagh-Bhairav-Tempel
3 Wassertank
4 Wassertanks
5 Chilanchu Vihara
6 Thai-Tempel (Shree Kirti Vihara)

Tribhuvan University, Kathmandu

Kirtipur

0   200 m

Nagaon   Panga   Chobar

ist im Besitz von Miniaturnachbildungen der **vier heiligen Orte** des Buddha: Lumbini (Geburtsort), Bodh Gaya (Ort der Erleuchtung), Sarnath (Ort der ersten Predigt) und Kushinagar (Ort des Hinüberwechselns ins Nirvana). Bis auf Lumbini befinden sich die Orte in Indien. Man bitte einen der anwesenden Priester, einen Blick auf die Nachbildungen werfen zu dürfen!

Chilanchu-Stupa

Die Chilanchu-Stupa ist auf dem höchsten Punkt Kirtipurs gelegen (vergl. Karte) und geht angeblich auf König *Ashoka* zurück, was jedoch anzuzweifeln ist. Das exakte Alter der Stupa ist unbekannt, eine Inschrift deutet lediglich darauf hin, daß sie im Jahre 816 von einem gewissen Jagatpal Sarna aus Patan renoviert wurde. Dennoch ist die Stupa das älteste erhaltene Bauwerk Kirtipurs. Sie ist 10 m hoch, auf einem quadratischen Sockel aufgebaut und weist eine starke Ähnlichkeit zur Stupa von Swayambhunath auf. Die vier umgebenden, kleineren Stupas stammen aus dem 16. Jh.

Am Westrand des Geländes steht der 1514 erbaut **Jagatpal Vihara**, der nach seinem Erbauer, *Mahapatra Jagatpal Varma* benannt wurde.

Bhag-Bhairav-Tempel

Kirtipurs wichtigste religiöse Stätte ist der Bagh Bhairav-Tempel, der dem Schutzpatron der Stadt geweiht ist, einem zorneswütigen Bhairav in Tigergestalt (*bagh* = "Tiger"). Die Entstehung des Tempels wird mit

mehreren **Legenden** in Verbindung gebracht.

Eine davon besagt, daß einst ein mörderischer Tiger die Bevölkerung von Kirtipur in Angst und Schrecken versetzte und bei jeder Gelegenheit Vieh riß. Um die Bestie zu beschwichtigen, ließ der König ein Tigerbildnis anfertigen, das daraufhin als eine Manifestation Bhairavs, des Gottes der Zerstörung, betrachtet wurde.

Eine andere Legende erzählt von einem Hirtenjungen, der eines Tages seine Schafe hütete und auf die Idee kam, aus Erde einen Tiger zu formen. Als Zunge steckte er ihm ein Blatt ins Maul. Als der Junge sein Spiel unterbrach, entdeckte er, daß alle seine Schafe verschwunden waren. Verzweifelt suchte er das Weidegelände nach den Tieren ab, doch vergebens. Er kehrte zu seiner Tigerfigur zurück und sah mit Schrecken, wie sie plötzlich vom Geist eines übernatürlichen Tigers ergriffen war und drohend ihr Maul öffnete. Das Blatt, das als Zunge gedient hatte, fehlte jedoch. Nachdem die Geschichte die Runde gemacht hatte, baute die Bevölkerung einen Tempel um die Figur und verehrte sie als eine Form des Bhairav. Bis heute ist sie ohne Zunge, wurde aber mit einer Silberschicht überzogen. Die Newar nennen die Figur, die von Hindus und Buddhisten gleichermaßen verehrt wird, Ajudya oder "Großvatergott".

Der Tempel wurde wahrscheinlich zwischen 1099 und 1126 gebaut, hat ein dreigeschossiges Dach und ist von einem ausgedehnten Hof umgeben. Die beiden Untergeschosse des Daches sind mit Ziegeln gedeckt, das oberste ist kupferbeschlagen. An der Vorderseite sind Waffen angebracht - vornehmlich Schwerter und Schilde -, die die besiegten Kritipur-Soldaten *Prithvi Narayan Shah* überreicht haben sollen. An den Dachstreben sind einige erotische Schnitzereien zu sehen. Um den Tempel stehen einige kleinere Schreine, zum Teil mit Shikhara-Turm, sowie Steinskulpturen, die bis ins 12. Jh. zurückgehen.

Uma-Maheshvar-Tempel

Kirtipurs zweitgewichtigster Tempel ist der Uma-Maheshvar-Tempel aus dem Jahre 1673, an einer der höchsten Stellen der Stadt gelegen. In ihm werden Shiva (Maheshvar) und Parvati (Uma) verehrt, und so wird die Stätte auch häufig ***Bhawani-Shankar-Tempel*** genannt, was wiederum nur ein anderer Name für das Götterpaar ist.

Trotz dessen Schutzes haben es die Naturgewalten nicht immer gut mit dem Bau gemeint, und gar mehrere Male blies der Wind das Dach hinweg. So kam es zu einigen Restaurierungen. Die Stelle, an der der Tempel steht, ist in besonderem Maße dem Wind ausgesetzt.

Vor dem Eingang steht ein kleiner Lakshami-Narayan-Schrein.

Das Gebäude besteht aus Ziegelstein und Holz und wird von einem dreigeschossigen Ziegeldach bedeckt. Links am Tempel hängt eine Glocke, die 1895 in England gegossen wurde. Im Inneren befindet sich eine gut ausgeführte Skulptur des Götterpaares, die wiederum von weiteren Shiva-, Parvati- als auch Vishnu-Figuren umgeben ist.

Unterkünfte/Restaurants

Fehlanzeige - es gibt keines von beiden, so daß die Stadt in einem Tagesausflug von Kathmandu aus besucht werden muß.

Anfahrt

●Ab Kathmandu ist die Strecke (9 km ab New Road) gut per ***Fahrrad*** zu bewältigen, auch wenn die letzten Meter den steilen Berg hoch wohl geschoben werden müssen. In der Stadt selber ist es besser zu laufen, da die meisten Straßen sehr holprig sind, und viele der engen Gassen steil auf- oder abführen und für Räder gänzlich unpassierbar sind. Die völlige Abwesenheit irgendwelcher Fahrzeuge in Kirtipur macht das Laufen zu einem streßfreien Erlebnis.

●***Busse*** fahren ab dem Ratna Park, kosten 3 Rs. und halten an der Tribhuvan-Universität, von wo es noch einige Minuten Fußweg zur Stadt ist.

●***Taxis*** ab der Innenstadt von Kathmandu kosten per Taxameter 100 Rs.; falls nur zur Hinfahrt angeheuert, nehmen die Fahrer aber gerne mehr, da sie möglicherweise keinen Rückpassagier bekommen. Mehr als 150 Rs. sollte aber auch das nicht kosten.

Die Taxis halten meist im Osten der Stadt, an einer noch relativ breiten Straße, die von den örtlichen Bauernfrauen als Dreschplatz benutzt wird. Ab dort wird die Straße Richtung Ortsmitte hin für Autos zunehmend unpassierbar. Zu Fuß sind es noch 3 oder 4 Minuten zum Bagh-Bhairav-Tempel - falls man sich in dem enormen Gassengewirr nicht verläuft!

Ein Leben für Shiva: Ein junger *Sadhu* in *Pashupatinath*, eingerieben mit heiliger Asche.

Marktgeschehen: Ein Geschäft in *Tansen* bietet buntgefärbte Schlemmereien zum Knabbern an, während ein junges Paar am *Pashupatinath-Tempel* rotes Pulver für die Opfergabe

kauft. Unten lacht eine freundliche Marktfrau in *Pokhara* in die Kamera. Märkte sind überall in Nepal ein Erlebnis, frühes Erscheinen ist aber Bedingung.

Die Augen des Buddha sehen alles: Links überschauen sie eine Gruppe Pilger an der

Stupa von *Bodhnath,* rechts prangen sie am Tempel von *Swayambhunath.*

Trekking: Das Wandern in den Bergen, wie hier entlang des *Muktinath-Treks,* bietet faszi-

nierende Ausblicke und Bekanntschaft mit Bewohnern dieser rauh-schönen Landschaft.

Abendrot: Hinter *Swayambhunath* versinkt die Sonne mit spektakulärem Farbenspiel.

Chobar - Pharping - Dakshinkali

Chobar

Nach der Besichtigung von Kirtipur (siehe Kathmandu, Sehenswertes am Stadtrand) empfiehlt sich der Besuch des 2 km weiter südöstlich gelegenen kleinen Ortes Chobar. Dieser liegt malerisch auf einem Hügel, der den Bagmati überblickt. Die Hauptsehenswürdigkeit ist der buddhistische **Adinath-Tempel**, der Buddha in seiner Manifestation als Lokeshvar, dem "Herrn der Welt", gewidmet ist (*Adinath* bedeutet "Der Ur-Gott"). Der Tempel wurde im 15. Jh. gebaut und 1640 erneuert.

Das auffälligste Merkmal sind die zahllosen Küchenutensilien, die an verschiedenen Stellen angebracht sind - Töpfe, Pfannen, Besteck, Werkzeug, Spiegel, Besen und sonstige Notwendigkeiten des nepalesischen Durchschnittshaushalts. Für diese Gaben gibt es mehrere Gründe: So wollen frisch verheiratete Paare dadurch um eine glückliche Ehe bitten, andere Gläubige um die Erfüllung eines Wunsches. Einer dritten Variante gemäß werden die Utensilien dem Gott gestiftet, damit er sie dem Spender im nächsten Leben zurückgeben möge!

Im Allerheiligsten wird eine Rato-Machhendranath-Figur aufbewahrt. Zum Fest Chaitra Ashtami, am 8. Tag des Monats Chaitra (März/April), wird die Figur in einer Prozession zum Bagmati getragen und dort gebadet.

Etwas weiter südlich am Fluß befindet sich die **Chobar-Schlucht** (Chobar Gorge), die der Heilige Majushri einst in die Felsen geschnitten haben soll, um das Wasser im Kathmandu-Tal abfließen zu lassen. Mit dem Wasser flossen auch die im See lebenden Schlangen ab, mit Ausnahme von Karkotak, dem König der Schlangen. Manjushri gewährte ihm, dort weiterleben zu dürfen, und machte ihn zum Herren allen Reichtums des Kathmandu Valley. Dazu richtete er ihm den Taudaha-See ein (ca. 1,5 km südwestl. der Schlucht), in dem er bis heute - ein paar Tausend Jahre alt und quicklebendig - seine Schätze hütet.

Direkt südlich der Schlucht steht ein wichtiger Tempel, der **Jal Vinayak**. Jal ist Sankskrit/Nepali für "Wasser" - schließlich floß ja hier das Wasser des Tales ab -, Vinayak ein anderer Name für Ganesh. Die Einheimischen machen hier gerne Picknick, und gelegentlich finden sich ganze Hochzeitsgesellschaften ein. Dem im Tempel wohnenden Ganesh wird die Fähigkeit zugesprochen, Charakterstärke zu verleihen, und so bitten hier viele Gläubige um dieses so edle Gut. Der Tempel, direkt an den Bagmati gebaut, stammt aus dem Jahre 1602, wahrscheinlich hat sich hier aber schon zuvor etwas ähnliches befunden. Am Sockel des Tempels ist ein Bildnis des göttlichen Paares Shiva und Parvati zu sehen, das aus dem 12. Jh. stammt.

In unmittelbarer Nachbarschaft der Anlage hat sich eine Zementfabrik

breit gemacht, die erste Nepals, von
und zu der unablässig Lastwagen
donnern und dabei kiloweise Staub
aufwirbeln - ein arger Schandfleck in
der sonst so reizvollen Umgebung.

Anfahrt

●Chobar liegt an der Straße nach Pharping
und Dakshinkali und alle *Busse*, die dorthin
fahren, kommen hier vorbei.

●Der *Taxi*-Preis richtet sich danach, ob nur
der Adinath-Tempel oder auch die Schlucht
mit dem Jal-Vinayak-Tempel besucht wird.
Für beide Sehenswürdigkeiten plus insgesamt 2 Std. Aufenthalt ist mit ca. 500-600
Rs. zu rechnen.

●Kein Problem ist der Anmarsch *zu Fuß* ab
Kirtipur (gut 3 km bis zur Schlucht), der Weg
führt über die Dörfer Panga und Nagaon.

Pharping

Der kleine Ort Pharping befindet sich
ca. 9 km südlich von Chobar, an der
Straße, die weiter nach Dakshinkali
führt. Bei der Fahrt taucht kurz nach
dem Taudaha-See an der rechten
Seite der *Champadevi-Berg* (2279
m) auf. Auf dessen Gipfel soll einst
ein markanter Baum gestanden haben, der bevorzugt zum Aufknüpfen
von Verbrechern genutzt wurde.

Kurz vor dem Ortsanfang von
Pharping befindet sich an der rechten Straßenseite der *Shekh-Narayan-Tempel* aus dem 17. Jh. Dazu
gehören auch die direkt an der Straße gelegenen Teiche, in denen
Pharpings Hausfrauen gerne ihre
Familienwäsche reinigen. Das Wasser ist außergewöhnlich klar, und in
einem der Teiche sieht man ein
Steinrelief von Surya, dem Sonnengott, das um das 12./13. Jh. ent-

Der Shekh-Narayan-Tempel

standen sein muß. An den Teichen
führt eine Treppe hoch zu einem
Felsen, wo sich das Haupteiligtum
befindet, das Vishnu (Narayan) geweiht ist. Ein Relief zeigt den Gott in
seiner Form als Zwerg Vamana, der
später zum Riesen wurde und in drei
gewaltigen Schritten die Erde ab-
maß.

An der Westseite von Pharping
steht auf einem Hügel der buddhistische *Vajra-Yogini-Tempel*, ebenfalls aus dem 17. Jh. Irgendeine Art
von Heiligtum muß sich aber auch
hier schon vorher befunden haben,
denn im 11. Jh. lebte an dieser Stelle
der Weise Pham-Thing-Pam, ein
Schüler des tibetanischen Yogis Na-

repa. Pham-Thing-Pam wurde von seinem Lehrer in diverse Tantra-Techniken eingeführt, und auch zwei seiner Brüder widmeten sich hier tantrischen Studien. Der Ort wurde somit bald zu einer buddhistischen Pilgerstätte.

Der Tempel beherbergt eine Figur der tantrischen Göttin Vajra Yogini, der auch ein gleichnamiger Tempel bei Sankhu geweiht ist. Die Figur ist rot, und einer ihrer Füße ruht auf Maheshvar, während der andere in die Luft zeigt. Dabei führt sie einen Becher in Form eines Totenschädels an ihre Lippen, und die andere Hand schwingt ein furchterregendes Messer. Eine Göttin, mit der man sich besser nicht anlegt!

Ein von Hindus und Buddhisten gleichermaßen verehrtes Heiligtum befindet sich etwas weiter südwestlich. Die kleine **Gorakhnath-Höhle** ist nach dem Hindu-Heiligen Gorakhnath benannt, dessen Hand- und Fußabdrücke am Eingang zu sehen sind. Die buddhistischen Tibetaner nennen sie **Asura-Höhle**, nach dem Dämon (*asura* = "Dämon"), der hier vom Boddhisattva Padmasambhava besiegt worden war. Um die Höhle haben sich einige Klostergebäude angesiedelt, aus denen nicht selten die sonore, aber nichtsdestoweniger faszinierende Musik tibetanischer Instrumente tönt. Vom Hügel hinter den Gebäuden, wo auch eine Stupa zu finden ist, hat man einen hervorragenden Ausblick auf Pharping und das Kathmandu Valley, an klaren Tagen sogar bis zum Himalaya.

Anfahrt

●**Busse** fahren ab dem Martyrs' Gate in Kathmandu, Normalbusse zu 5 Rs., Expreßbusse zu 15 Rs. Deren Endziel ist das ca. 1 km entfernte Dakshinkali, und dienstags und samstags sind die Busse proppevoll mit Pilgern dorthin. Fahrzeit ca. 1,5 Std.

●**Taxis** ab Kathmandu kosten laut Taxameter ca. 200 Rs. bis zum Shekh-Narayan-Tempel, 230 Rs. nach Gorakhnath. Hin- und Rückfahrt mit 2 Std. Aufenthalt, in denen alles besichtigt werden kann, zu ca. 700 Rs.

Dakshinkali

Der **Tempel der Dakshinkali**, der "Kali des Südens", befindet sich in einer Schlucht zwischen zwei Felshügeln, am Zusammenfluß von zwei Flüssen. Das Gelände ist von Wald umgeben, und nicht wenige Besucher glauben, etwas "Unheimliches" in der Atmosphäre zu verspüren. Zu verdenken wäre es ihnen nicht: Der Dakshinkali-Tempel ist der Austragungsort eines blutrünstigen **Opferrituals**, bei dem der Göttin Kali unkastrierte männliche Haustiere geschlachtet werden. Eine Steinfigur zeigt die Göttin, wie sie auf einem männlichen Wesen herumtrampelt!

Die meisten Schlachtopfer sind glücklicherweise nur Gockel, obwohl einige ältere Einwohner sich daran erinnern wollen, daß vor einigen Jahrzehnten hier noch legale **Menschenopfer** stattgefunden haben sollen. Auch heute noch soll es gelegentlich Menschenopfer in Nepal geben, in zahlreichen Dörfern kursieren Geschichten von urplötzlich verschwundenen Kindern, die nie wieder gesehen wurden. Auch im benachbarten Indien kommt es noch regelmäßig zu (offiziell verbotenen!) Menschenopfern, deren Empfängerin immer Kali oder eine ihrer Manifestationen ist.

Die meisten **Pilger** in Dakshinkali finden sich Samstag morgens ein, dann stehen Hunderte von Familien Schlange, den Gockel unter dem Arm, und warten, bis ihre Opfergabe an der Reihe ist. Ein Priester schneidet den Tieren den Hals durch und läßt das Blut auf eine Kali-Figur träufeln. Der unmittelbare Opferbereich ist für Ausländer nicht zu betreten, von ein paar seitlich gelegenen Stufen hat man jedoch vollen Ausblick auf das blutige Geschehen. Der zweitwichtigste Opfertag ist der Dienstag, an dem aber weit weniger Pilger eintreffen. Besuche am Dienstag sind empfehlenswerter, da es am Samstag oft allzu eng wird.

Nach dem Opfer treten die Familien mit ihren toten Tieren den Heimweg an, um sie danach festlich zu verspeisen. Sie gelten nun als Prasad, d.h. als "Geheiligte Speise", da ja die Göttin davon gekostet und das Tier dadurch gesegnet hat. Vielen Pilgern läuft das Wasser aber schon sofort im Munde zusammen, und sie ziehen zum Picknick in ein angrenzendes Waldstück.

Am blutrünstigsten geht es zum der Kali geweihten Dasain-Fest im Oktober zu, wenn auch größere Tiere wie Schafe, Ziegen, Schweine und Büffel geopfert werden. Der sich dann bildende See aus Blut ist sicher nicht jedermanns Sache.

Anfahrt

●Mit dem **Bus** wie nach Pharping. Die Busse halten an einer Art Parkplatz vor dem Tempelgelände. Von dort sind es einige wenige Minuten Fußweg links den abschüssigen Weg entlang, vorbei an einigen Souvenirhändlern.

●**Taxis** ab Kathmandu kosten ca. 200 Rs. nach Taxameter. Hin- und Rückfahrt plus 1 Std. Aufenthalt ab ca. 500 Rs. Einfache Fahrten am besten nur samstags und dienstags unternehmen, da dann am ehesten Taxis für die Rückfahrt zu finden sind. An anderen Tagen lassen sich dort kaum Taxis blicken.

●Per **Fahrrad** ist es eine interessante Strecke (21 km ab Kathmandu), die jedoch kontinuierlich bergauf führt. Ein Mountain Bike und recht gute Kondition sind anzuraten.

Thankot - Mata Tirtha

Thankot, ca. 12 km westlich von Kathmandu am Prithvi Highway gelegen, ist der westlichste Ort des Kathmandu Valley. Kurz dahinter überquert die Straße einige schwindelerregende Bergpässe und führt dann - etwas weniger abenteuerlich - weiter nach Pokhara. Thankot wurde in der Malla-Epoche begründet, und unter *Prithvi Narayan Shah* wurde hier ein Militärlager angelegt. Der Ortsname bedeutet übersetzt etwa "Militärische Festung".

Am zentralen Platz von Thankot steht der zweigeschossige **Mahalakshmi-Tempel**, der an seinen Streben einige erotische Schnitzereien aufweist. Er ist Mahalakshmi, der Göttin des Wohlstandes, geweiht, und jedes Jahr nach der Ernte im November wird ihr in einem ausgedehnten Fest gehuldigt. Dazu wird

die Figur der Göttin unter allerlei Frohsinn und Ausgelassenheit in einer Prozession auf ihrer Khat oder Sänfte durch den Ort getragen. Begleitet wird sie von einer Ganesh-Figur, die aber auf einer separaten Sänfte thront. Mit den Feierlichkeiten wird um Mahalakshmis Segen für die eingefahrene Ernte gebeten, die sie beschützen möge. Gleichzeitig erhofft man sich eine günstige Ernte im folgenden Jahr.

Außer diesem Tempel gibt es in Thankot selber nicht viel zu sehen - bestenfalls noch das Mango-Frooty-Werk am Ostrand des Ortes, das Nepal mit dem gleichnamigen Mangotrunk versorgt! Die ländliche und waldreiche Umgebung lädt aber zu ausgedehnten Wanderungen ein. Direkt neben dem Polizeiposten zweigt links (von Kathmandu kommend gesehen) ein Weg ab und

führt über eine kleine Ansiedlung durch einige malerische Felder. Ca. 2 km östlich von Thankot zweigt von der Hauptstraße ein Weg in Richtung Süden ab, der - leicht ansteigend - durch dörfliche Ansiedlungen und Felder führt. Nach einer halben Stunde erreicht man am Fuße eines Berges das **Mata Tirtha**, wörtlich das "Mutter-Heiligtum". Dieses ist ein aus Bergbächen gespeistes kleines Wasserbassin, in dem der Betrachter - so die Überlieferung - das Antlitz seiner verstorbenen Mutter erblicken kann.

Zur Zeit der legendären Gopala-("Kuhhirten"-)Dynastie vor etwa 2500 Jahren war, der **Überlieferung** zufolge, ein Kuhhirte, tief erschüttert vom Tod seiner Mutter, zu dieser Stelle gepilgert. Am Rande des Beckens betete er zum Geist seiner Mutter und opferte ihm eine Kugel aus gekochtem Reis. Plötzlich zeigte sich auf der Wasseroberfläche das Gesicht seiner Mutter, und eine Hand tauchte aus dem Wasser, die nach der Opfergabe griff.

Seither wird hier im April oder Mai die **Mata Tirtha Puja** abgehalten, eine Art Muttertag, an dem man den Seelen der verstorbenen Mütter huldigt. Dazu finden sich Hunderte oder Tausende von Pilgern ein, die zuvor in einem nahegelegenen größeren Wasserbecken rituelle Bäder vollziehen. Das Fest wird deshalb auch Mata Tirtha Snan genannt, das "Bad am Mutter-Heiligtum".

Die Muttervisionen soll es heute allerdings aufgrund eines Unglückes kaum noch geben: Ein Mädchen hatte sich beim Anblick ihrer Mutter in das Becken gestürzt und war ertrunken. Daraufhin stellten die Mütter ihr posthumes Erscheinen ein.

●An der Straße nach Pokhara, etwas westlich des Ortszentrums von Thankot, befindet sich der **Tribhuvan Memorial Park**, dessen Mittelpunkt passenderweise von einer Statue von König Tribhuvan gebildet wird. Der Park eignet sich gut zum Ausruhen und wird von der örtlichen Bevölkerung auch gern als Picknick-Platz benutzt.

Anfahrt

●Regelmäßige **Busse** nach Thankot fahren ab dem Martyrs' Gate (auch Shahid Gate oder Shahid Dhoka genannt) in Kathmandu. Kostenpunkt ca. 5 Rs.

●Alle Busse, die das Kathmandu Valley in **westlicher Richtung** verlassen, müssen in Thankot an dem Polizeiposten halten. Also alle Busse nach Pokhara, Gorkha, Mugling usw. Bei den Touristenbussen nach Pokhara kann man den Schaffner bitten, als Stehpassagier die paar Kilometer mitgenommen zu werden. Die Schaffner haben meist nichts dagegen, sich einige Rupien in die eigene Tasche dazuzuverdienen, das machen sie mit einheimischen Passagieren auch so. 5 - 10 Rs. sind angemessen.

Zur Rückfahrt frage man einfach bei jedem beliebigen Bus, der am Polizeiposten hält und weiter in Richtung Kathmandu fährt.

●**Taxis** ab Kathmandu kosten ca. 125 Rs. einfach; Hin- und Rückfahrt mit 2 Std. Aufenthalt ca. 450 Rs.

Von Kathmandu nach Pokhara

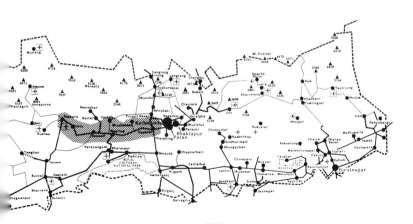

Westlich von Kathmandu

Der Prithvi Rajmarg von Kathmandu nach Pokhara ist die von Touristen meistbefahrene Route Nepals und auch eine der schönsten. Nachdem man den Polizei-Kontrollposten in Thankot (10 km westlich von Kathmandu) verlassen hat, an dem die Highway Permits überprüft werden, überquert man einen leicht schwindelerregenden Paß, um danach durch wunderbar hügelige bis bergige Landschaft zu fahren. Über weite Strecken befindet man sich in Sichtweite des *Trisuli-Flusses,* der sich hier längsseits der Straße durch die Berge schneidet. Der Trisuli begleitet den Reisenden bis ca. 7 km

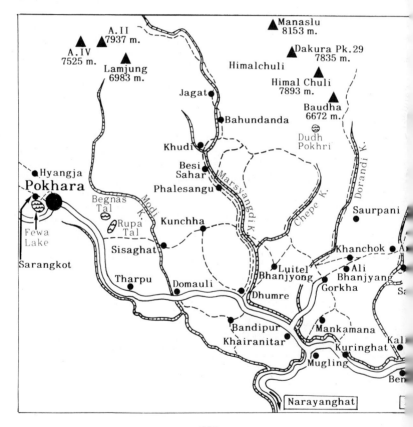

westlich von Mugling, wo er mit dem Marshyangdi zusammenfließt.

Der erste halbwegs wichtige Ort auf der Strecke ist *Naubise,* 26 km westlich von Kathmandu gelegen. Hier zweigt der Tribhuvan Rajmarg vom Prithvi Rajmarg ab, um über 107 km nach Hetauda zu führen, das am Schnittpunkt des Terai mit dem Gebirge liegt.

Abstecher nach Daman

Wer die Möglichkeit hat – z.B. mit einem Mietwagen –, könnte hier einen Abstecher einlegen: Man folge ab Naubise dem Tribhuvan Rajmarg, der bald in zahllosen Serpentinen an Höhe gewinnt. Nach 44 km ab Naubise erreicht man den wundervoll in einem Tal gelegenen Ort *Palung,* in dem in der kühlen Jahreszeit Hunderte von leuchtendgelben Tori-(Raps)Feldern erblühen.

10 km weiter südlich von Palung schließt sich *Daman* an, einer der besten – vielleicht sogar der beste Aussichtspunkt auf den Himalaya. In Daman (2322 m) steht ein Aussichtsturm (Eintritt 5 Rs.), von dem man einen (an klaren Tagen) überwältigenden Panorama-Blick erhält. Auf der Aussichtsterrasse sind die Richtungen angegeben, in denen man die wichtigsten Gipfel erblicken kann. Im Turm befindet sich auch ein Schlafsaal mit Rundausblick, Kostenpunkt 50 Rs. pro Bett und Übernachtung. Nahebei steht neuerdings auch ein komfortables Hotel zur Verfügung; Zimmerpreise um 50 $.

Anreise

Daman kann im Rahmen eines Tagesausflugs von Kathmandu mit dem *Taxi* in 2,5 - 3,5 Stunden erreicht werden. Für Hin- und Rückfahrt müssen 2.000-2.500 Rs. bezahlt werden.

Mugling

Doch zurück zum Prithvi Rajmarg und der Fahrt nach Pokhara. Der nächste wichtige Ort nach Naubise ist Mugling, das, 110 km westlich von Kathmandu und 90 km östlich von Pokhara gelegen, so etwas wie die **Halbwegesmarke** darstellt. Deshalb ist der Ort auch ein beliebter Rastplatz für Bus- und LKW-Fahrer, es gibt kleine Restaurants, die alle recht gute nepalesische Gerichte kredenzen. Ein Dal-Bhat-Tarkari kostet zumeist 35 Rs. Es stehen kleine Lodges als preiswerte Übernachtung zur Verfügung, und das gehobenere *Hotel du Mugling* (EZ 27,50 $, DZ 38,50 $). Mugling ist **Verkehrsknotenpunkt** – überall parken LKW's und Busse –, hier trifft der Mahendra Rajmarg auf den Prithvi Rajmarg. Der Mahendra Rajmarg führt 34 km durch sehr sehenswerte Landschaft nach Narayanghat, das als guter Ausgangspunkt für Besuche des Royal Chitwan National Park dienen kann, und dann weiter Richtung Bhairawa.

Nach Gorkha

Vom Prithvi Rajmarg zweigt ca. 8 km westlich von Mugling eine von den Chinesen erbaute, sehr gute Straße in Richtung Norden ab und endet 18 km weiter im sehr attraktiven Gorkha (s.u.). Aber auch die Anfahrt dorthin lohnt die Mühe; die Straße windet sich durch herrliche sattgrüne Landschaft und gibt in der klaren Jahreszeit den Blick frei auf die schneebedeckten Gipfel des Ganesh Himal oder des Annapurna-Massivs.

Von der Abzweigung nach Gorkha an verbleiben noch 88 Kilometer bis Pokhara, von denen zumindest die letzten 20 erstaunlich flach verlaufen.

Gorkha

Geschichte

Der Name Gorkhas ist aufs Engste mit der Geschichte Nepals verknüpft, denn ohne die kampfesstarken Einwohner dieses Ortes – die Gorkhali – gäbe es Nepal in seiner heutigen Form wahrscheinlich gar

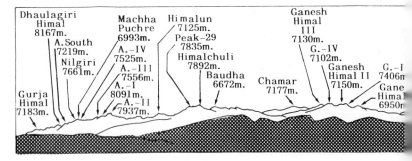

nicht. Die Gründer Gorkhas waren Brahmanen sowie Rajputen, die Angehörigen einer Krieger-Kaste aus Rajasthan in Indien, gewesen, die sich im 17. Jh. vor den Moslems hierhin in Sicherheit gebracht hatten. Die Könige der Shah-Dynastie, die Gorkha regierten, erwiesen sich als begnadete Feldherren und dehnten ihr Territorium beständig aus. 1768 eroberten sie das Tal von Kathmandu und schufen somit das Nepal in etwa seiner heutigen Ausdehnung. *Prithvi Narayan Shah*, der Gorkha-König, dem dieses Meisterstück der Kriegskunst gelang, gilt daher als der Gründervater Nepals. Besonders heftige und langwierige Auseinandersetzungen hatte es jedoch zuvor mit Kirtipur gegeben (siehe unter "Kirtipur"), und aufgrund dessen sollen Gorkhali dort bis heute nicht gern gesehen sein!

Sehenswertes

Heute ist das 1142 m hoch gelegene Gorkha eine friedliche und ruhige Stadt, in der nur noch das hoch auf den Bergrücken gebaute **alte Fort**

Altes Holzkarussell an der Straße nach Gorkha

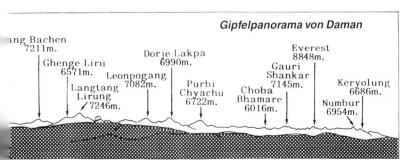

Gipfelpanorama von Daman

ang Bachen 7211m.

Ghenge Liru 6571m.

Langtang Lirung 7246m.

Leonpogang 7082m.

Dorje Lakpa 6990m.

Purbi Chyachu 6722m.

Choba Bhamare 6016m.

Gauri Shankar 7145m.

Everest 8848m.

Numbur 6954m.

Keryolung 6686m.

und der **Königspalast** an die kriegerische Vergangenheit erinnern. *Prithvi Narayan Shah* hatte den Komplex 1790 anlegen lassen, um ein Denkmal für die Eroberung des Kathmandu-Tales zu setzen. Die Anlage vereint einen Tempel an die Göttin Kali, einige Priestergebäude und den ehemaligen Palast, der dem Besucher allerdings verschlossen bleibt. Das Fotografieren innerhalb des Komplexes ist verboten, es gibt einige sehr wachsame Soldaten, die sofort hervorstürmen, macht man verdächtige Bewegungen mit der Kamera.

Um von Gorkha zum Fort aufzusteigen (1380 m), gehe man zuerst zum kleinen Busbahnhof des Ortes. An dessen Nordostseite – der dem Berg zugewandten Seite – beginnt der Weg mit einer Treppe, auf die ein Weg folgt, der durch eine an den Berg gebaute Ansiedlung führt. Entlang des Weges gibt es einige Abzweigungen, die für Verwirrung sorgen könnten, wer sich aber immer in Richtung bergauf hält, dürfte keine Probleme haben, zum Fort zu gelangen. Zur Sicherheit frage man an allen kritischen Punkten die Einwohner nach der Richtung. Auf die Frage "Darbar?" ("Königshof?") wird jeder den richtigen Weg weisen können. Der Aufstieg ist sehr steil und dauert ab dem Busbahnhof gut 45 Min. Je mehr die Beine danach zittern, um so mehr wird man die Erbauer des Palastkomplexes bewundern, die die schweren Baumateria-

Eselshirte in Gorkha

308

lien hier hochschleppen mußten.

Hier oben, in luftiger Höhe und die schier grenzenlose Weite vor Augen, kann man sich gut vorstellen, wie sich die Gorkhali anschickten, das Land zu erobern – so weit das Auge reichte und noch ein Stück mehr. Tatsächlich ist die *Aussicht* fesselnd: An der Nordostseite erhebt sich der Ganesh Himal, im Nordwesten das Annapurna-Massiv. Die Gipfel mit ihren schneebedeckten Kuppeln, scheinen zum Greifen nahe. Die besten Ausblicke ergeben sich frühmorgens, gleich nach Sonnenaufgang. Für viele Einwohner gehört es zum festen Tagesablauf, frühmorgens zum Gebet zum Kali-Tempel hochzupilgern.

Unterkunft/ Essen

●Der Wohnort der Wahl ist zweifellos das *Hotel Gorkha Bisauni* (Tel. 064/ 20107), das voll auf ausländische Gäste eingestellt ist. Das schlägt sich vor allem in der Speisekarte nieder, auf der es ein reichhaltiges Angebot von Müsli bis Bratkartoffeln wie auch nepalesische/indische Gerichte gibt. Das alles zu sehr humanen Preisen. Von einer Dachterasse hat man einen hervorragenden Ausblick in Richtung Osten und kann abends wahrlich spektakuläre, feuerrote Sonnenuntergänge genießen. Die Zimmer selber sind vollkommen ausreichend, schlicht, aber sauber. Zimmer mit Bad (1 - 2 Pers.) kosten 150/200/300 Rs., solche ohne eigenes Bad 75/100 Rs.; Betten im Dorm jeweils 30 Rs. Zu allem 10 % Steuer. Das Hotel ist leicht zu finden, wenige Meter hinter dem Ortseingang weist rechts an der (einzigen) Straße ein Schild den Weg. Von der Abzweigung führt ein ungepflasterter Weg nach ca. 20 m dorthin.

●Die weiteren im Ort vorhandenen Unterkünfte sind sehr einfache Lodges, die nur in Betracht kommen sollten, falls das Bisauni voll belegt ist. Sie befinden sich alle entlang der Straße. In Reihenfolge vom Hotel Bisauni aus kommend: *Hotel Pemper, Hotel Ravi, Hotel Park, Thakali Lodge* und *Hotel Swagat.*

●4 km von der Stadt in Richtung Kathmandu entfernt, bietet sich noch das recht noble *Gorkha Hill Resort* an (Tel. 01-227929, 271239, Fax 977-1-471630). Die Zimmer (Bad) sind komfortabel, und von den meisten hat man spektakuläre Ausblicke. Einzel 30 $, Doppel 40 $, dazu 10 % Steuer.

Anreise

●Ab Kathmandu gibt es täglich ca. 6 *Busse,* Kostenpunkt 50 Rs., Fahrzeit ca. 8 - 9 Std. Direkte Busse ab Pokhara (ca. 7 Std.) zu 39 Rs. Möglich wäre die Anreise auch mit einem Kathmandu-Pokhara-Bus (oder in umgekehrter Richtung), bei dem man dann im Dorf Khirauni am Prithvi Rajmarg (8 km westl. von Mugling) aussteigen müßte. Ab dort fahren lokale Busse die restlichen 18 km für 8 Rs. bis Gorkha. Direkte Busse ab Birganj für 69 Rs, ab Narayanghat zu 24 Rs.

●Fahrten per *Taxi* ab Kathmandu kosten ca. 3.000 Rs., ab Pokhara ca. 2.500 Rs.

Weiterreise

●Dieselben Busse, die nach *Gorkha* verkehren, können auch für die Rückfahrt bzw. Weiterreise benutzt werden.

●Viele Reisende nach Gorkha kommen mit einem gemieteten Auto oder Jeep, und wer kein eigenes Fahrzeug hat, kann vielleicht eine *Mitfahrgelegenheit* ergattern. Im Hotel Gorkha Bisauni umhören!

Trekking-Touren ab Gorkha

Ab Gorkha kann man eine Reihe von interessanten Trekking-Touren unternehmen, die – und das macht vielleicht das Besondere an ihnen aus –, bisher nur von wenigen Leuten beschritten werden.

●An einem Tag zu schaffen ist der Hin- und Rückweg zum **Mankamana-Tempel** (1713 m), den viele Nepalesen einmal pro Jahr zu Fuß ansteuern, zumindest aber einmal in ihrem Leben. Der Tempel steht in dem Ruf, alle Wünsche zu erfüllen, darunter auch den nach männlichen Nachkommen. Mankamana liegt etwa auf halber Strecke zwischen Mugling und Gorkha und kann auch von Mugling aus erreicht werden.

●Bei Dhumre am Prithvi Rajmarg, ca. 18 km westlich von Khirauni, finden sich die **Bandipur Caves,** Kalksteinhöhlen, denen eine religiöse Bedeutung nachgesagt wird. Von Dhumre aus (dorthin fahren zahlreiche Busse) sind sie mit einem lokalen Führer leicht zu erreichen.

●Eine relativ unbekannte Trekking-Route führt von Gorkha nach **Trisuli Bazar** (über Taple, Borlang – alternativ über Khanchok und Arughat – dann weiter über Salletar, Hanse Bazar, Katunje Bazar und Samri Bhanjyang). Die Einheimischen schaffen die Strecke in 2 Tagen, 3 - 4 Tage wären aber ratsamer. In Trisuli Bazar könnte man den bekannten Langtang-Trek (siehe Kapitel "Trekking") anschließen.

●Mindestens 10 Tage nimmt der Trek zum **Dudh Pokhri** in Anspruch (hin und zurück). Dieser "Milchsee" befindet sich in 4267 m Höhe, wird als heilig verehrt und ist somit ein wichtiges Pilgerziel. Da die Region größtenteils unbewohnt ist, sollte einiger Proviant mitgeführt werden. Ebenso notwendig ist ein ortskundiger Führer.

Pokhara

Überblick

Ziemlich genau 200 km westlich von Kathmandu liegt Pokhara (ca. 110.000 Einw.), das zweitwichtigste Touristenziel des Landes. Mit der sich ständig verschlimmernden Luftverschmutzung in Kathmandu könnte es aber auch bald die Nummer Eins sein. Es sind Bemühungen im Gange, Pokhara ein Umweltdesaster à la Kathmandu zu ersparen; so sind z.B. die mit Abgasen um sich spukkenden "Tempos" oder Minibusse in Pokhara nicht zugelassen. Pokhara hat aber auch in den letzten Jahrzehnten eine rasante Entwicklung erlebt. Vor dem Bau des Siddharta Highways nach Indien und des Prithvi Highways nach Kathmandu Ende der sechziger Jahre war es von der Außenwelt weitgehend abgeschnitten. Reisen nach Kathmandu wurden zu Fuß bewältigt, was eine ganze Woche dauerte – vorausgesetzt, man verirrte sich nicht.

Zwar gab es seit 1962 eine Flugverbindung von und nach Kathmandu, diese konnten sich aber nur einige wohlbetuchte Touristen leisten. In jenem Jahr, dem Geburtsjahr des Pokhara-Tourismus, wurde der Ort von nur 681 Touristen besucht. Es gab keine Straßen, keinen Strom und nur drei Hotels. Heute sind es über 100.000 Touristen pro Jahr, nicht mitgerechnet die zahlreichen indischen Touristen, die von den nepalesischen Statistiken gesondert behandelt werden.

Die relativ niedrige Lage Pokharas verursacht ein **wärmeres Klima** als im höher gelegenen Kathmandu, was man in den kühlen Wintermonaten als sehr angenehm empfindet. Die kühlsten Temperaturen im Dezember und Januar liegen um 7 °C. Von April bis Juni kann es jedoch ernstlich heiß werden, mit Temperaturen bis 34 °C.

Im Gegensatz zu Kathmandu bietet Pokhara kaum kulturelle, aber jede Menge **landschaftliche Höhepunkte.** Der Ort befindet sich in 884 Meter Höhe inmitten eines fruchtbaren, 124 km² großen Tals. Darin eingebettet liegen sieben Seen, davon drei größere. An der Westseite von Pokhara erstreckt sich das malerische Fewa Tal oder der Fewa Lake, eine der touristischen Hauptattraktionen der Region. Der Name Pokhara (sprich Pokhra) bedeutet nichts anderes als "See".

In der klaren Jahreszeit von Oktober bis März bietet Pokhara großartige Ausblicke auf das sich im Norden erhebende Annapurna-Massiv und, weiter westlich, das Dhaulagiri-Massiv. In den übrigen Monaten sind die Berge mehr oder weniger wolkenverhangen, und aus dem Fernblick wird meistens nichts. Die besten Chancen bieten sich noch frühmorgens beim ersten Hahnenschrei.

Die wichtigsten Gipfel der **Annapurna-Kette**:

Annapurna I	8091 m
Annapurna II	7937 m
Annapurna III	7556 m
Annapurna IV	7525 m
Gangapurna	7455 m
Annapurna-Südgipfel	7219 m
Glacier Dome	7193 m
Nilgiri-Ostgipfel	7134 m
Nilgiri-Westgipfel	7055 m
Machhapuchre	6993 m
Lamjung Himal	6931 m

Die höchsten Berge der **Dhaulagiri-Kette:**

Dhaulagiri I	8172 m
Dhaulagiri II	7715 m
Dhaulagiri III	7703 m
Dhaulagiri IV	7682 m
Dhaulagiri V	7617 m
Churen-Himal-Ostgipfel	7317 m
Churen-Himal-Westgipfel	7371 m
Dhaulagiri VI	7316 m
Putha Hiunchuli	7247 m
Gurja	7193 m
Tukuche	6836 m

Pokhara ist heute eine lebendige Stadt, die fünftgrößte Nepals. Die **Bevölkerung,** die sich seit dem Zensus von 1971 mehr als vervierfacht hat, setzt sich aus mindestens zwei Dutzend Volksgruppen und Kasten zusammen. Darunter sind Brahmanen, Chhetri, Newar, Magar, Thakali und Gurung. Die Thakali sind landesweit als Hoteliers bekannt und leiten auch in der Region von Pokhara zahlreiche gastronomische Betriebe. Aus den Gurung rekrutiert sich ein großer Teil der hochangesehenen Gurkha-Regimenter. Viele pensionierte Ex-Gurkhas aus der Gruppe der Gurung betreiben derzeit ganz friedlich Guest Houses, die sie sich mit ihrem gesparten Sold aufgebaut haben. Pokhara lebt ansonsten vornehmlich von der althergebrachten Landwirtschaft, auch wenn Handel und Industrie zunehmend an Bedeutung gewinnen.

Die Gurkhas
— Helden ohne Zukunft?

Es gibt wohl kaum jemanden, der nicht von ihnen gehört hätte – Nepals Gurkha-Soldaten gehören zur Militärgeschichte wie die Erfindung des Schießpulvers. Die untersetzten, im Privatleben so freundlichen Männer verbreiteten so manches Mal Panik und Schrecken unter ihren Gegnern. Zuletzt im Falkland-Krieg, als die argentinischen Truppen in heilloser Flucht auseinanderliefen, nachdem sie gehört hatten, daß die Gurkhas im Anmarsch seien. Seit ihren frühesten Einsätzen für ihre britische Streitmacht haben sich die Gurkhas Respekt sowohl von Freund als auch Feind erstritten.

Um aber gleich mit einem vielverbreiteten Irrtum aufzuräumen: Die Gurkhas stammen nicht aus einer homogenen, mysteriösen "Kriegerkaste", wie gerne dargestellt, sie setzen sich vielmehr aus einer Reihe *unterschiedlicher Volksgruppen* zusammen. Die meisten von ihnen gehören den Gurung, Magar, Rai, Limbu, Sunuwar, Khasa oder einigen anderen an. Die Bezeichnung "Gurkha" stammt vom Gorkha-Reich (mit o!) ab, mit seinem Zentrum Gorkha, dessen Truppen im 18. Jh. Nepal durch Eroberungen zu etwa seiner heutigen Form vereinten. "Gurkha" ist dementsprechend nur eine Titulierung, die an die ruhmreiche militärische Tradition des Reiches erinnern soll und im allgemeinen einen "tapferen Krieger" bezeichnet.

Die *Geschichte* der britischen Gurkha-Regimenter begann 1815, als nepalesische Truppen regelmäßig in Nordindien einfielen, um ihr Territorium auszudehnen. Die britischen Kolonialherren Indiens waren über diese Entwicklung zunehmend "displeased" und schickten Expeditionstruppen unter General *Ochterloney* nach Nepal, um dem Spiel ein für allemal ein Ende zu bereiten. Der Feldzug erwies sich jedoch bei weitem nicht so einfach wie erwartet, und die Briten verließen die Schlachtfelder höchst beeindruckt von der Kampfkraft und Disziplin der Nepalesen. Die Auseinandersetzungen ver-

liefen jedoch nicht allzu blutig, und der Feldzug schleppte sich noch ein wenig dahin, um dann mehr oder weniger freundschaftlich zu enden. Im Endergebnis gaben die Nepalesen ihre besetzten Gebiete zurück und stimmten der Niederlassung eines Vertreters der britischen Krone in Kathmandu zu. Und: Nepalesische Soldaten konnten von nun an für die britische Armee rekrutiert werden.

In der Folgezeit machten die Gurkhas an allen erdenklichen Fronten von sich reden: Bei den indischen Aufständen von 1857 genau wie in den beiden Weltkriegen oder bei der Bekämpfung der kommunistischen Rebellen in Malaya und Borneo. Beim Golfkrieg 1991 waren über 300 Gurkhas dabei, allerdings nur in Versorgungseinheiten. 26 Gurkhas wurden bisher mit dem Victoria Cross ausgezeichnet, Großbritanniens höchstem militärischen Orden.

Die Geschichte der Gurkhas ist eng mit ihrer traditionellen Waffe verknüpft, dem *Khukri*. Dies ist ein leicht gewölbter Dolch, dem fast mystische Bedeutung beigemessen wird und der zur Standardausrüstung eines Gurkha gehört. Der Tradition gemäß darf der Khukri nie aus seiner Scheide gezogen werden, wenn ihm danach nicht Blut dargeboten würde. Es gibt Erzählungen von Gurkhas, die den Khukri zu nichtkriegerischen Zwecken herauszogen, dann aber doch noch vorsichtshalber ein Huhn töteten, um nicht einen Fluch auf sich zu laden. Zahllose Geschichten ranken sich um die legendäre Geschicklichkeit der Gurkhas, den Khukri gegen Feinde einzusetzen. So schlich sich manch einzelner Gurkha in eine feindliche Stellung und überwältigte im Handumdrehen mehrere Soldaten - lautlos und fast gespenstisch. Bei nächtlichen Aktionen sollen sie sogar mal die Schnürsenkel ihrer schlafenden Opfer abgetastet haben, um niemanden zu erwischen, der die Stiefel in britischer Weise gebunden hatte!

Doch die ruhmreichen Zeiten der Gurkha-Regimenter sind wahrscheinlich bald vorbei. Die britische Regierung plant im Zuge eines allgemeinen *Truppenabbaus*, die heute noch 7500 Mann zählenden Gurkhas bis 1997 auf 2500 zu reduzieren. Das ist ein harter Schlag für die persönlich Betroffenen, aber auch für Nepal, für das seine Gurkhas nach dem Tourismus der zweitwichtigste Devisenbringer sind. In der jüngsten Vergangenheit schickten die Gurkhas jährlich ca. 60 Mio. DM nach Hause. Die Dörfer, die Gurkhas hervorgebracht haben, gehören meist zu den wohlhabenderen.

Heute noch versehen viele Gurkhas in Hongkong ihren Dienst, wo sich die Zentrale der Gurkha-Regimenter befindet. 1997 wird Hongkong jedoch an China zurückgehen, und nichts wird mehr so sein wie zuvor. Schon heute sehen sich viele Gurkhas nach Beschäftigung als private Leibwächter oder Wachmänner um oder versuchen, in der indischen Armee unterzukommen, die ebenfalls Gurkha-Regimenter unterhält. Etwa 800 Gurkhas dienen in Singapur, wo sie für den Schutz von Ministern als auch staatlichen Gebäuden verantwortlich sind. Zwar treffen auch heute noch jedes Jahr im Frühling Tausende von jungen Männern in den Rekrutierungszentren in Pokhara und Dharan ein, um die harte Aufnahmeprüfung zum Gurkha abzulegen. Doch derzeit werden nur noch 200 Rekruten im Jahr aufgenommen,

und bald vielleicht schon gar keine mehr. Diejenigen, die es noch schaffen, werden in ihren Heimatdörfern als Helden gefeiert.

Wie es aussieht, werden zu den zahllosen *Ankedoten,* die man sich über den Heldenmut der Gurkhas erzählt, kaum noch neue dazukommen, Ankedoten wie diese: Im Zweiten Weltkrieg suchte ein britischer Offizier Freiwillige unter seinen Gurkhas, die sich für einen riskanten Absprung aus 300 Meter Höhe kurz hinter die feindlichen Linien bereitfinden sollten. Nach kurzem Zögern meldete sich knapp die Hälfte der Gurkhas. Der Offizier begann nun, das Unterfangen zu erklären. Als den Gurkhas allmählich klar wurde, daß man ihnen sogar Fallschirme geben würde, meldete sich auch der Rest.

Ebenfalls im Zweiten Weltkrieg tauchte ein Gurkha bei der britischen Militärführung in Singapur auf, der sich von Burma aus Hunderte von Kilometern durch japanisch besetztes Gebiet geschlagen hatte. Die Offiziere fragten, wie er das ohne Karte nur geschafft habe. Was heißt hier ohne Karte, antwortete der Gurkha und zog stolz ein verknittertes Stück Papier aus der Tasche. Es war ein Streckenplan der Londoner U-Bahn.

Gurkha-Ehrengarde

Zur Orientierung

Pokhara ist überraschend langgestreckt und besteht aus drei fast separaten, sehr unterschiedlichen Stadtteilen: Das Zentrum bildet das quirlige Marktviertel, lokal *Basar* genannt. Hier schlägt das ursprüngliche Herz Pokharas, ein geschäftiges Viertel mit zahlreichen Märkten und Läden. Im Vergleich zu ähnlichen Vierteln in Kathmandu wirkt es jedoch wohlhabender, sauberer und geordneter – mit anderen Worten: weniger chaotisch, aber auch farbloser. An der Südseite des Basars liegt der Busbahnhof, eine Art offenes Gelände, das genausogut als rustikaler Fußballplatz oder Viehweide herhalten könnte.

Etwas weiter südwestlich befindet sich das *Flughafen-Viertel,* das aber bei weitem nicht so mondän erscheint, wie sein Name vermuten ließe. Hier befinden sich lediglich der winzige Flughafen, ein paar Hotels und die Touristen-Information.

An der Westseite von Pokhara liegt der Fewa Lake, der an seinem südlichen Ende vom Pardi-Staudamm begrenzt wird. Das umliegende Viertel wird schlicht *Pardi Dam* genannt, hier befinden sich zahlreiche ruhig gelegene Unterkünfte.

Nördlich davon schließt sich *Baidam* an, das Haupttouristenviertel am *Fewa Lake*, mit zahllosen Unterkünften und Restaurants. Entfernung Baidam - Basar 5 - 6 km, Baidam - Flughafen 4 km, Baidam - Pardi Dam 1-2½ km (je nach Standort in Baidam).

Sehenswürdigkeiten

Bindya-Vasini-Tempel

Pokharas bekanntester Tempel befindet sich am Nordrand der Stadt auf einem kleinen Hügel und ist der Göttin Durga in ihrer Form als Bindya Vasini geweiht. Die Figur der Göttin ist gänzlich aus Saligram gefertigt, einem Ammonit-Fossil aus der Jura-Periode (vor über 100 Mio. Jahren). Die aus Meerestieren entstandenen Saligrame werden im Pokhara-Tal häufig gefunden und sind ein beliebtes Souvenir, das von zahlreichen Geschäften oder fliegenden Händlern angeboten wird.

Der Legende nach brachte der König von Kaski die Figur der Göttin von den Bindyachal-Bergen hierher, wo er rastete, um sie dann weiter nach Kaskikot zu transportieren. Dort wollte er sie in einem Tempel unterbringen. Als er wieder aufbrach, ließ sich die Figur nicht mehr vom Fleck rühren. Der König nahm dies als Entscheidung der Göttin, an dieser Stelle zu bleiben, und ließ ihr stattdessen hier einen Tempel erbauen. 1948 machte der Tempel Lokalgeschichte, als sich während eines Feueropfers das Feuer plötzlich nicht mehr kontrollieren ließ und schließlich weite Teile des angrenzenden Stadtteiles in Schutt und Asche legte.

Der Tempel beherbergt außer der Bindya-Figur noch einige andere Götterstatuen. Die um das Hauptgebäude liegenden Nebenbauten werden oft von Sadhus als Aufenthaltsort genutzt. Wer die Sadhus fotogra-

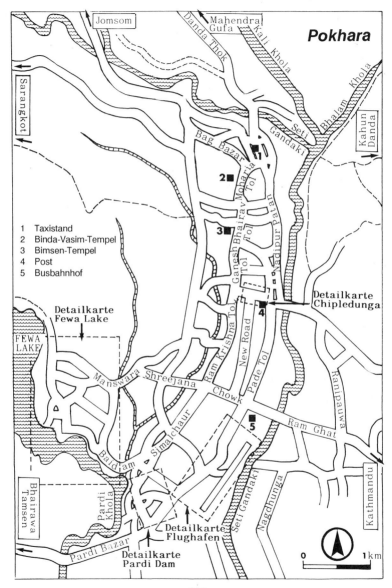

Pokhara

1 Taxistand
2 Binda-Vasim-Tempel
3 Bimsen-Tempel
4 Post
5 Busbahnhof

Detailkarte
Fewa Lake

Detailkarte
Chipledunga

Detailkarte
Flughafen

Detailkarte
Pardi Dam

0   1 km

fiert, wird um einen Obulus gebeten werden, da stehen sie ihren weltlichen Mitbürgern in nichts nach!

Bhimsen-Tempel

Der Bhimsen-Tempel, einer von Pokharas erstaunlich wenigen Tempeln, steht im Basar-Viertel und ist im typischen Kathmandu-Stil gehalten. Das läßt vermuten, daß ihn Newar-Handwerker aus Kathmandu erbauten. Der Tempel ist zweigeschossig und weist an seinen Streben einige erotische Schnitzereien auf.

Tibetische Siedlungen

In und um Pokhara finden sich mehrere Siedlungen von Tibetanern, von denen die jüngeren in den meisten Fällen aber schon in Nepal geboren sind. Etwa 3 km südwestlich des Flughafens liegt die Ansiedlung Tiashiling, wo in guter alter Tradition Teppiche gewebt werden.

Eine größere Siedlung befindet sich bei Hyangja (etwa 2 Std. Fußweg nordöstlich von Pokhara), wo die Bewohner mit Schweizer Hilfe einige Handwerkstätten aufgebaut haben. Es werden Teppiche und andere Handwerksartikel hergestellt. Viele Tibetaner verkaufen ihre Waren vom Fahrrad aus am Fewa Lake und fallen dabei durch ihre scheinbar nimmermüde gute Laune auf!

Buddha Gumba

Ein relativ junges buddhistisches Kloster existiert ca. 3 km östlich der Mahendrapul oder "Mahendra-Brücke". Ab dort folge man der asphaltierten Straße, die bald in eine unasphaltierte übergeht und zu dem auf einem kleinen Hügel gelegenen Kloster führt. Darin sind einige schöne Wandgemälde zu sehen sowie eine große bronzene Buddhastatue.

Museen

Pokhara hat zwei Museen: Das *Natural History Museum* (auch Annapurna Regional Museum) befindet sich auf dem Gelände der Tribhuvan University und stellt nepalesische Vögel und Schmetterlinge aus.

Das zweite, das *Pokhara Museum*, befindet sich etwas nördlich der Busstation an der Hauptstraße und zeigt einige historische Objekte. Unbedingt gesehen haben muß man die Museen aber nicht. Geöffnet jeweils Do. - Sa. 10.00 - 17.00 Uhr und Fr. 10.00 - 15.00 Uhr.

Mahendrapul und Seti-Gandaki-Fluß

Die Mahendrapul *(pul = "Brücke")* im Basar-Viertel überquert den Seti Gandaki, der ansonsten zum Teil unterirdisch verläuft. Unter der Brücke fließt er durch eine tiefe, schmale Schlucht in Richtung Süden. Auf Höhe des Flughafens passiert er eine weitere, aber gewaltigere Schlucht, über die ebenfalls eine Brücke gebaut ist. Von hier schaut man auf den in ca. 30 m Tiefe beängstigend dahinströmenden Fluß. Das Wasser des Seti Gandaki ist häufig weißlich-aufgeschäumt, was an Kalksteinablagerungen liegt, die er so rasant mit sich reißt. Seti bedeutet dementsprechend "weiß".

Devis Fall (Patale Chhango)

Der Devis Fall befindet sich ca. 2,5 km südwestlich des Flughafens am Siddharta Highway.

Eigentlich weiß niemand genau, wer hier in seinen Tod gestürzt ist – verschiedenen Erzählungen zufolge war es eine Mrs. Devis, ein Mr. David oder jemand mit ähnlich klingendem Namen. Dementsprechend viele Namensvarianten gibt es für diesen Ort. Der Devis Fall – einigen wir uns einmal auf diesen Namen – wird vom Pardi Khola gespeist, der dem Fewa Lake entspringt, teilweise unterirdisch weiterfließt und sich schließlich in einen Wasserfall ergießt. Teile der unterirdischen Strecke weisen Öffnungen auf, unter denen das Wasser recht ungestüm gluckert. Der Überlieferung nach badete ein europäisches Touristenpaar in dem Fluß, als das Mädchen von den Fluten mitgerissen und in die Tiefe gezogen wurde. Ihr Freund versuchte, sie zu retten, doch vergebens. Den verschiedenen Versionen zufolge kam er dabei selber um bzw. konnte sich noch mit letzter Kraft retten. Wie auch immer.

Der Devis Fall wird heute als Sehenswürdigkeit vermarktet, wer davon fernbleibt, hat aber auch nichts verpaßt. Der kleine Wasserfall ist für ein paar Rupien zu besichtigen. Das Absperrgitter vor dem gefährlicheren Teil des Geländes sollte keinesfalls übergangen werden! Der Autor wäre beim Versuch, die Fälle aus nächster Nähe zu untersuchen, beinahe selber in der Tiefe verschwunden,

und dieses Buch hätte an dieser Stelle geendet ... Auch wenn der Boden des Geländes solide aussieht, so befinden sich darin zahlreiche nur von Gras überwucherte Löcher, unter denen der unterirdische Fluß brodelt. Bei einem Fehltritt gibt es keine Rettung.

Die wichtigen Stadtteile

Basar/ Mahendrapul

Der geschäftsorientierte Stadtkern von Pokhara ist nicht anziehender als der vergleichbarer Städte, und so lohnt sich die Fahrt hierhin nur zum Einkaufen oder für den längst überfälligen Gang zur Post. Das G.P.O. oder Hauptpostamt befindet sich an der Ecke Chiple Dhunga/ Mahendrapul. Das Viertel darum wird so auch Mahendrapul genannt, nach der Brücke, die nahebei über den Seti-Gandaki-Fluß führt. Ein wenig mehr Atmosphäre bieten die nördlich an den Basar angrenzenden Stadtteile, in denen noch viele alte Häuser zu sehen sind.

Unterkunft

Naya Basar, Mahendrapul und die davon abzweigende Chiple Dhunga weisen eine ganze Reihe von einfachen Hotels auf, die eher von indischen oder einheimischen Touristen belegt werden als von Westlern. Wer einmal völlig vom touristischen Trubel am Fewa Lake wegkommen will, könnte einen Aufenthalt hier in Erwägung ziehen. Jedermanns Sache ist es aber sicher nicht.
●Recht gut und sauber ist das *Hotel Chiple* (Chiple Dhunga; Tel. 20737), mit Zimmern (Bad) zu 250 Rs. (Einzel) und 450 Rs. (Doppel); Zimmer ohne eigenes Bad zu 200/300 Rs.; plus jeweils 10 % Steuer.

●Ähnliche Zimmer, sauber, aber nicht allzu groß, bietet das *Hotel Kailash* (Chiple Dhunga; Tel. 20652). Zimmer mit Bad kosten 250 Rs. (Einzel) und 400 Rs. (Doppel); ohne Bad 130/165 Rs. 10 % Steuer.

●*Hotel Sunkoshi* (Chiple Dhunga; Tel. 21565), Zimmer mit Bad 250/350 Rs., ohne Bad 120/150 Rs.; 10 % Steuer.

●*Hotel Galaxy* (Chiple Dunga, Tel. 20162); einfache Zimmer mit Bad zu 150 Rs. (Einzel), 250 Rs. (Doppel) und 350 Rs. (Dreier); dasselbe, jedoch ohne eigenes Bad zu 60/100/150 Rs.

Essen

Es gibt jede Menge kleine Restaurants mit einheimischer Kost, deren hygienischer Standard aber oft zu wünschen übrig läßt.

```
 1  Bazar
 2  Hotel Chiple
 3  Supermarket
 4  Hotel Kailash
 5  Open House (Rest.)
 6  Galaxy Hotel
 7  Marwari Sewa Bhojanalaya (Rest.)
 8  Hotel Muktinath
 9  Hotel Yak
11  Postamt
12  Hotel Sunkoshi
13  Hotel Deorali
14  Hotel Namuna
```

●Das *Marwari Sewa Bhojanalaya* (*bhojanalaya* = "Restaurant") in Chiple Dhunga ist eines der beliebteren und serviert Dal-Baht-Teller für 35 Rs., bei denen mehrere Male nachgefüllt wird. Morgens gibt es Puri-Bhaji, das sind aufgeblähte Teigfladen (Puri) mit einer Gemüsemischung (Bhaji), die hauptsächlich auf Kartoffeln basiert. Die eigentlich südindische Massalla Dosa gibt es auch, aber die gelingt nördlich des Chapati-Äquators – etwa auf der Höhe von Bombay! – nur ganz selten!

●Dal-Bhat-Platten bietet auch das kleine Restaurant des *Hotel Namuna* in Chiple Dhunga, zum gleichen Preis wie oben.

●Das nahegelegene *Sunkoshi Hotel* annonciert auf seiner Speisekarte ebenfalls Dal-Bhat, aber auch westlich Orientiertes wie Honey Porridge, Banana Porridge und Pizza sowie einige chinesische Gerichte.

●Weit außerhalb dieses Stadtteils befindet sich ein Restaurant, das nicht unerwähnt bleiben soll: Das *Holy Restaurant* im Erdgeschoß des *Hotel Anand* (Prithvi Chowk, ca. 200 m westl. des Busbahnhofes). Dieses ist wohl der beste Ort in Pokhara für authentische indische Küche. Es gibt sehr leckere Gemüse-, Panir-(Käse)- und Fleischgerichte, dazu einen ebenso guten und freundlichen Service. Eine Mahlzeit für 2 Personen dürfte ab ca. 200 Rs. kosten.

●Indisch/nepalesisches Fast Food gibt's im *Open House Restaurant*, und das sogar recht gut. Einen Versuch wert sind die Vegetable Cutlets, Gemüsefrikadellen. Nur leider ist der Service nicht immer allzu "fast".

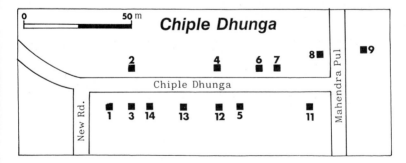

Chiple Dhunga

1 Flughafen
2 Pokhara Holiday Inn
3 Hotel Mt. Annapurna
4 Taragaon Hotel
5 Touristeninformation
6 Hotel New Crystal
7 Nepal Airways
8 Taragaon Resort

Airport

Wie alle Flughäfen so liegt auch der von Pokhara außerhalb der Stadt in relativ unbebautem Gebiet. In unmittelbarer Nähe gibt es einige Unterkünfte, aber sonst nicht viel. Das Wohnen hier sei nur Leuten empfohlen, die aus irgendeinem Grund Flughafennähe bevorzugen.

Unterkunft

●Das **New Crystal Hotel** (***), ein ehemaliges Schwesterhotel des Crystal in Kathmandu, ist ruhig gelegen und von einem netten Garten umgeben. Die Zimmer (Bad) sind sehr komfortabel. Einzel 47 $, Doppel 52 $, Luxus-Suiten 59 - 129 $; dazu 11 % Steuer. Adresse: Hotel New Crystal, P.O.Box 234, Nagdhunga, Pokhara, Tel. 20035-6; Telex 6004 CRYTLPKR NP; Fax 977-61-20234.
●Das **Hotel Mount Annapurna** (**) wird von sehr freundlichen Tibetanern geleitet, hat ebenfalls einen Garten und einfache, aber saubere Zimmer (Bad). Einzel 29 $, Doppel 41 $; plus 11 % Steuer. Adresse: Hotel Mt. Annapurna, P.O.Box 12, Airport, Pokhara, Tel 20037; Fax 977-61-20027.
●Die regierungseigene **Taragaon Lodge** hat halbwegs akzeptable Zimmer (Bad) zu 13 $ (Einzel) und 16 $ (Doppel); Extrabett zu 7 $. Zu allem 10 % Steuer.

Essen

●Für seine stolzen Preise zu schlecht ist das Restaurant des **New Crystal Hotel.**
●Besser ist das Restaurant des **Mount Annapurna Hotel.** Ansonsten gibt es in dieser Gegend nichts.

Sonstiges

●Das Büro der **Royal Nepal Airlines** befindet sich auf dem Flughafen, etwas rechts des Abfertigungsgebäudes. Rück- und Weiterflüge sollten hier rechtzeitig rückbestätigt werden. Die Fluggesellschaft neigt zum Überbuchen, und die Rückbestätigung verringert die Gefahr, trotz seines OK-Tickets dem Flieger nachwinken zu müssen!
●Ein sehr gutes Reisebüro für Trekking- oder andere Touren, preiswerte Wagenmiete, Hotelbuchungen zu reduzierten Preisen etc., ist **Super Travels & Tours**, gleich gegenüber der Zufahrt zum Flughafen (P.O.-Box 55, Pokhara Airport, Tel. 20018, 21777, 21778; Fax 977-61-21178). Der freudliche Besitzer des Unternehmens, Mr. Ram Bahadur Shreshta, ist langjähriger Präsident des örtlichen Zweiges der Nepal Association of Travel Agents, und ein sanfter Tourismus liegt ihm am Herzen. Eine Zweigstelle des Unternehmens befindet sich in Kathmandu: P.O.Box 3031, Tridevi Marg, Thamel, Kathmandu, Tel. 226499; Fax 977-1-220143.

Pardi Dam

Hier beginnt das reizvolle, malerische Pokhara: Das Gebiet um den Pardi-Staudamm ist eine ruhige Wohngegend am Südende des Fewa Lake, in dem sich zahlreiche pensionierte Gurkha-Soldaten angesiedelt haben. Von den Dachterrassen, die die Guest Houses obligatorisch bieten, ergeben sich hervorragende Ausblicke auf die Berge. Das Wohnen hier sei denjenigen empfohlen, die zwar touristischen Komfort, aber kein touristisches Treiben wie in Baidam wünschen.

Unterkunft

●Das *Ashok Guest House* (Tel. 20374) ist ruhig gelegen und hat einen kleinen Garten. Zimmer (Bad) zu 10 - 20 $ (Einzel) und 20 - 25 $ (Doppel); plus 10 % Steuer.

●Nahebei liegt das *Hotel Peaceful* (Tel. 20861), mit einfachen Zimmern (Bad) zu 3 - 6 $ (Einzel) und 6 - 8 $ (Doppel). Zimmer ohne eigenes Bad zu 2-4 $. 10 % Steuer.

●Besser wirkt das *Hotel Garden* (Tel. 20870), die Zimmer (Bad) kosten 5 - 20 $ (Einzel) und 10 - 30 $ (Doppel). Zimmer ohne eigenes Bad zu 3 - 5 $. 10 % Steuer.

●Das *Hotel Nascent* (Tel. 21719) gehört einem Ex-Gurkha-Captain und hat angenehme, saubere Zimmer. Mit eigenem Bad 6/10/15 $, ohne Bad 2/3/4 $.

●Sehr gut ist auch das schräg gegenüber gelegene *Hotel Try Star* (Tel. 20930), das ebenfalls von einem Ex-Gurkha geleitet wird.

Schöne helle und saubere Zimmer (Bad) zu 10 $ (Einzel) und 15/20 $ (Doppel); Schlafsaal (Dorm) 3 -5 $. Dazu 10 % Steuer.

●Ordentliche Zimmer gibt's auch in der *Super Lodge* (Tel. 2-1861): Einzel mit Bad zu 7 $, Doppel 12 $, Dreier 15 $; Zimmer ohne eigenes Bad zu 3/5/7 $. Dazu jeweils 10 % Steuer. Ein Restaurant ist angeschlossen.

●Sehr gemütliche, saubere Zimmer (Bad) hat das *Tibet Resort* (P.O.Box 101, Pardi, Pokhara, Tel. 20853, 20253, Fax 977-61-20726). Einzel mit Bad kosten 23/26 $, Doppel 34/36 $; Zimmer ohne eigenes Bad zu 10/14 $, dazu 10 % Steuer. Bei Vorlage dieses Buches hat der Manager 20 % Ermäßigung versprochen. Vom Dachrestaurant des Hauses ergibt sich ein unübertroffener Panorama-Blick auf die umliegenden Berge. Angeboten werden auch Trekking- oder Wandertouren zu relativ unbekannten Zielen

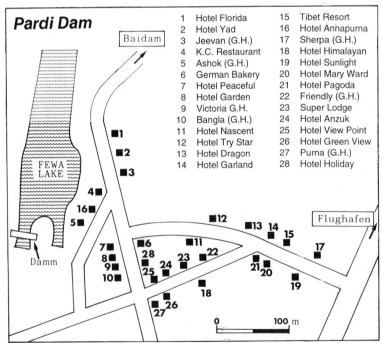

Pardi Dam

Baidam

FEWA LAKE

Damm

Flughafen

1	Hotel Florida	15	Tibet Resort
2	Hotel Yad	16	Hotel Annapurna
3	Jeevan (G.H.)	17	Sherpa (G.H.)
4	K.C. Restaurant	18	Hotel Himalayan
5	Ashok (G.H.)	19	Hotel Sunlight
6	German Bakery	20	Hotel Mary Ward
7	Hotel Peaceful	21	Hotel Pagoda
8	Hotel Garden	22	Friendly (G.H.)
9	Victoria G.H.	23	Super Lodge
10	Bangla (G.H.)	24	Hotel Anzuk
11	Hotel Nascent	25	Hotel View Point
12	Hotel Try Star	26	Hotel Green View
13	Hotel Dragon	27	Purna (G.H.)
14	Hotel Garland	28	Hotel Holiday

0   100 m

in der Umgebung, die auch den ungeübten Trekker nicht überfordern.

• Die luxuriöseste Unterkunft des Viertels ist das **Hotel Dragon** (**). Ein gemütliches kleines Restaurant ist vorhanden, ebenso eine Bar und ein netter Dachgarten. Zimmer (Bad, AC, TV) zu 40 \$ (Einzel) und 50 \$ (Doppel); Extrabett 15 \$. Plus 11 % Steuer. Adresse: Hotel Dragon, Pardi Pokhara, P.O.Box 15, Tel./Fax 20391.

Essen

• Die meisten Guest Houses verfügen über eigene Restaurants mit westlicher und einheimischer Küche.

• Beliebt ist das **K.C. Restaurant** an der Nordseite des Damm-Bezirkes.

• Die **German Bakery** bietet frisches (Vollkorn-)Brot, Kuchen u.ä.

Baidam / Fewa Lake

Die Ostseite des Fewa Lake ist Pokharas touristisches Zentrum, mit Dutzenden von Hotels und Restaurants, die dicht auf dicht aneinander liegen. Dazwischen finden sich zahlreiche Fahrradverleiher und einige kleine Buchläden. Dieser **"Tourismus-Gürtel"** erstreckt sich über eine Länge von ca. 3 km, die meisten touristischen Einrichtungen befinden sich direkt an der Straße, die am Seeufer entlangführt. Trotz allem Trubel ist dies immer noch die schönste Gegend von Pokhara, die Aussicht auf die Berge ist überwältigend (Oktober bis März!), und der See bietet sich für ausgedehnte Ruderausflüge an. In der Regenzeit sollte man vorsichtig sein: Wenn der Regen hereinbricht, kann es auf dem See sehr stürmisch werden, und es bilden sich gefährliche Strudel.

Etwa auf halber Höhe des Sees befindet sich der **Royal Palace,** ein alter Königspalast, der sich aber nur durch eine häßliche graue Mauer auszeichnet.

Der **Fewa Lake** ist ca. 4 km^2 groß und wird vom Harpa Khola gespeist. Seine Entstehung wird von einer Legende beschrieben: Eines Tages besuchte ein Gott unverhofft ein Dorf, das sich an der Stelle des heutigen Sees befand. Um die Bewohner auf die Probe zu stellen, hatte er sich eine Verkleidung zugelegt und zog nun von Tür zu Tür und bat um Speise und Obdach. Niemand gewährte es ihm, bis er schließlich auf ein gastfreundliches Ehepaar traf, das ihn zu sich einlud. Am nächsten Morgen brach der Gott auf und riet dem Ehepaar, das so hartherzige Dorf zu verlassen und sich in die Berge zu begeben. Als die beiden in sicherer Entfernung waren, ließ der Gott eine Flut über das Dorf hereinbrechen, das so von der Landkarte verschwand – und der Fewa Lake war entstanden.

Unterkunft

Die Auswahl an Unterkünften ist riesig, vor allem in der unteren und mittleren Preislage. Die Bebauung entlang des Sees ist aber mittlerweile so eng, daß gelegentlich die laute Musik der Restaurants in die Zimmer dringt. Ganz allgemein ist auch bis auf einige Ausnahmen von den Hotels abzuraten, die entlang der Hauptstraße im Mittelbereich des Sees liegen. Dieser Abschnitt ist laut und unruhig und - durch stetige Bauaktivitäten - auch sehr staubig. Die besten Wohngegenden sind die nördlichen und südlichen Außenbereiche am See.

• Sehr angenehm ist das **Fairmount Hotel** (Tel. 21252, Fax 977-61-21451), mit hellen, freundlichen Zimmern (Bad; teilweise TV), hilfreichem Personal und sehr gutem Essen

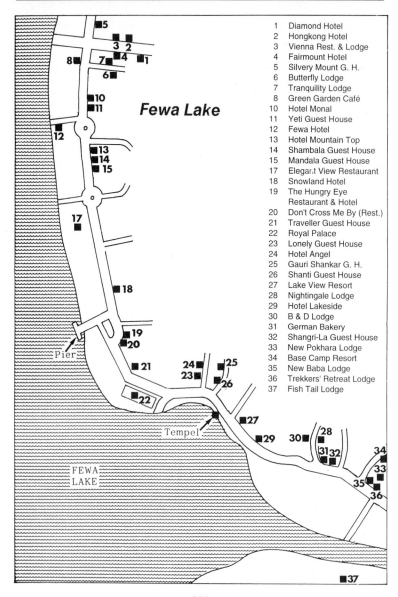

1   Diamond Hotel
2   Hongkong Hotel
3   Vienna Rest. & Lodge
4   Fairmount Hotel
5   Silvery Mount G. H.
6   Butterfly Lodge
7   Tranquility Lodge
8   Green Garden Café
10 Hotel Monal
11 Yeti Guest House
12 Fewa Hotel
13 Hotel Mountain Top
14 Shambala Guest House
15 Mandala Guest House
17 Elegant View Restaurant
18 Snowland Hotel
19 The Hungry Eye
     Restaurant & Hotel
20 Don't Cross Me By (Rest.)
21 Traveller Guest House
22 Royal Palace
23 Lonely Guest House
24 Hotel Angel
25 Gauri Shankar G. H.
26 Shanti Guest House
27 Lake View Resort
28 Nightingale Lodge
29 Hotel Lakeside
30 B & D Lodge
31 German Bakery
32 Shangri-La Guest House
33 New Pokhara Lodge
34 Base Camp Resort
35 New Baba Lodge
36 Trekkers' Retreat Lodge
37 Fish Tail Lodge

Fewa Lake

Pier

Tempel

FEWA
LAKE

(nepalesisch/indisch, mexikanisch, chinesisch, kontinental); die Speisekarte ist außerordentlich umfangreich. Einzel kosten 18 $, Doppel 25 $, bzw. 25 $ für Deluxe-Räume (mit Badewanne).

•Ziemlich genau gegenüber liegt die kleine *Vienna Lodge*, die über ein besonders gutes Restaurant verfügt. Die vier einfachen Zimmer (Bad) kosten je nach Größe und Standard 200/250/ 300/400 Rs. Die gelegentlich laute Musik des Restaurants könnte gelegentlich störend wirken.

•Das gegenüberliegende *Hotel Diamond* (Tel. 21159) besteht aus drei von der Straße etwas zurückversetzten Gebäuden, die um einen kleinen Garten angelegt sind. Die Lage ist außerordentlich ruhig. Die Zimmer (Bad) sind ordentlich und kosten Einzel 15 $, Doppel 20 $ und Dreier 25 $, plus je 10 % Steuer. Vor dem Hotel befindet sich das *Oasis Restaurant*; jeden Abend um 19.00 Uhr werden dort kostenlose, traditionelle Tanzdarbietungen geboten.

•In unmittelbarer Nähe finden sich noch einige weitere Unterkünfte - alle sind sie recht ruhig gelegen, der Wohnkomfort variiert allerdings. Das *Silvery Mountain Guest House* gehört zu den preiswerteren, ist aber auch relativ alt und nicht sonderlich gut in Schuß. Preise 4-8 $; die billigeren Zimmer haben kein eigenes Bad. Etwas besser und teurer sind das *Laxmi Guest House* und *Hotel Tropicana*. Noch weiter nördlich, auf einer kleinen Anhöhe, die den See überblickt, liegt die einfache, aber sehr preiswerte *Lonely View Lodge*. Dem gleichen Besitzer gehört das ebenfalls preiswerte, nahegelegene *Pleasure Home Guest House*; das ihm angeschlossene *Mellow Fellow Café* wurde von einem Leser wegen seines guten Essens und der besonders gelungen Musikauswahl besonders empfohlen.

•Sehr nett und ruhig gelegen ist die *Tranquility Lodge* (Tel. 21030), ein ehemaliges, 1980 zum Hotel umfunktioniertes Privathaus. Ringsherum befindet sich ein großer Garten, und die Zimmer sind sehr sauber und ordentlich. Mit eigenem Bad zu 400 Rs. (Einzel) und 500 Rs. (Doppel), solche

mit zusätzlicher Badewanne 500/600 Rs.; Zimmer ohne eigenes Bad zu 150/200 Rs. Dazu kommen eigentlich 10 % Steuer, die aber bei Vorlage dieses Buches erlassen werden! Besitzer und Manager des Hauses sind ausgesprochen hilfsbereit und betreiben auf dem Gelände des Guest Houses auch ein zuverlässiges kleines Reisebüro.

•Genau gegenüber befindet sich die gute *Butterfly Lodge*. Der Besitzer, Govinda Raj Pahari, hat einige Jahre in Deutschland verbracht und ist nett und hilfsbereit. Die Zimmer (Bad) sind um einen hübschen Liegegarten gelegen und sehr ruhig; Kostenpunkt 6 $ (Einzel) und 10 $ (2-3 Pers.); Zimmer ohne eigenes Bad zu 2/3 $. Für den Preis eine der besten Unterkünfte in Baidam!

•Das *Hotel Monal* (Tel. 21459) gehört einem deutsch-nepalesischen Ehepaar und befindet sich mitten im touristischen Herzen von Baidam. Komfortable, große Zimmer (Bad) zu 12 $ (Einzel) und 16 $ (Doppel), Deluxe 16/20 $. Plus 10 % Steuer.

•Sehr beliebt trotz seines mittlerweile etwas renovierungsbedürftigen Zustandes ist das *Hotel Fewa* (Tel. 20151), dessen Name sicherlich von seiner recht einmaligen Lage herrührt: Das Hotel befindet sich am Ende eines Weges, der von der Uferstraße abzweigt, direkt am Seeufer, einsam und allein. Ruhige Lage. Zimmer mit Bad zu 8 -10 $ (Einzel) und 15 $ (Doppel). Ohne eigenes Bad 2,5/3 $. 10 % Steuer.

•Das *Lake View Resort* (vormals Hotel Kantipur) ist eine der gehobeneren Unterkünfte im südlichen Bereich von Baidam (Tel. 21477). Angeschlossen ist ein beliebtes Gartenrestaurant, das *Gorkha Palace Restaurant.* Zimmer (Bad) zu 10 $ (Einzel), 15 $ (Doppel), 20 $ Deluxe und 30-50 $ Super-Deluxe. 10 % Steuer.

•Ordentliche Zimmer (Bad) in der von einem Holländer geleiteten, recht ruhig gelegenen *Nightingale Lodge* (Tel. 20338; Fax 977-61-21704). Einzel 10 $; Doppel 20 $, Dreier 30 $, dazu je 10 % Steuer.

•Gleich gegenüber liegt die saubere und angenehme *B & D Lodge* (Tel. 21228), mit Zimmern (Bad) zu 10 $ (Einzel), 15 $ (Doppel) und 20 $ (Dreier). 10 % Steuer.

•Besonders ruhig gelegen ist die *New Pokhara Lodge* (Tel. 21680), die sich etwa 100 m von der Hauptstraße zurückversetzt befindet (Zugangsweg neben der New Baba Lodge oder dem Base Camp Resort). Die Zimmer (Bad; teilweise TV) sind sehr sauber, hell und groß, und insgesamt ist dies sicher eine der günstigsten Unterkünfte am See. Einzel zu 10 $; Doppel 15 $ und Deluxe-Räume zu 20 $; dazu je 10 % Steuer.

•Die von Tibetanern geleitete *New Baba Lodge* (Tel. 21997, 20981) hat sehr komfortable, gemütliche Zimmer (Bad, AC, TV) zu - offiziell - 30 $ (Einzel) und 50 $ (Doppel); oft werden diese Preise jedoch um ca. 40 % reduziert und damit bietet das Haus ein sehr gutes Preis-/Leistungsverhältnis. Der volle Preis scheint jedoch etwas überhöht. Zu allem 10 % Steuer.

•Das *New Trekkers' Retreat* (Tel. 21458), gelegen an einem kleinen Garten, hat gerade einen Zubau bekommen (z.Zt. des Schreibens noch im Bau). Die Zimmer (Bad) im neuen Gebäude haben sehr unterschiedlichen Standard und werden wohl 6-40 $ kosten. Auf dem Gelände befindet sich auch noch ein alter kleiner Reihenbungalow, mit anspruchslosen Zimmern (Gemeinschaftsbad) zu 100 Rs.

•Eine wunderbare Anlage ist das zurückversetzte, komfortable *Base Camp Resort*, ein von in Nepal tätigen Mitarbeitern von Hilfsorganisationen bevorzugtes Hotel. Die sehr schönen, sauberen Bungalows reihen sich um einen kleinen Garten, die Zimmer (Bad, TV, Kühlschrank) sind sehr wohnlich. Einzel 51/61 $, Doppel 55/66 $, Extrabett 18 $; zu allem 10 % Steuer. Adresse: Base Camp Resort, Lakeside, Pokhara, P.O.Box 182, Tel. 21226, Fax 977-61-20903.

•Pokharas teuerste Unterkunft ist die luxuriöse *Fishtail Lodge*, deren merkwürdiger Name nichts weiter ist als die Übersetzung von Machhapuchre, dem "Fischschwanz-Berg". Die Lodge befindet sich auf einem vegetationsreichen Landvorsprung im See, und Gäste oder Besucher werden in einem speziellen Pendelverkehr hin- und herbefördert. Die Anlage ist idyllisch gelegen und sehr komfortabel, Beschwerden gibt es in der heißen Jahreszeit lediglich ob der Hitze, die Zimmer haben kein AC. Ein gemütliches Restaurant mit Kamin in der Mitte ist angeschlossen. Insgesamt: Ein netter Platz für Leute, die nicht auf's Geld achten müssen. Einzel 69 $, Doppel 79 $; plus 10 % Steuer. Adresse: Fishtail Lodge, P.O.Box 10, Pokhara oder P.O.Box 140, Durbar Marg, Kathmandu, Tel. 2-21711, 2-25242; Telex NP 2205 AAPU; Fax 977-1-225236.

Essen

Die Auswahl an Essensmöglichkeiten ist mindestens so groß wie die der Unterkünfte, das Speiseprogramm ähnelt sich aber weitgehend - die meisten Restaurants bieten ein bunt gemischtes Programm aus westlichen, mexikanischen, chinesischen und (in geringerem Maße) indischen und nepalesischen Gerichten. Aufgrund der zahlreichen Touristen aus Israel finden sich auch zunehmend israelische Gerichte auf den Speisekarten. Die meisten Restaurants unterscheiden sich in der Qualität nur wenig voneinander (meist ist sie recht gut), und so entscheidet oft das Ambiente oder die Lage über Erfolg oder Mißerfolg eines Lokals.

•Sehr beliebt sind *Don't Cross Me By* und *Hungry Eye Restaurant*, beide im geschäftigen Mittelbereich der Uferstraße gelegen. Es gibt das o.g. Allround-Programm, durchweg in guter Qualität.

•Das *Elegant View Restaurant* ist ein größeres Gartenlokal, direkt am Seeufer. Das Essen ist sehr gut, allerdings dauert es oft seine Zeit bis es ankommt.

•Ebenfalls gleich am Seeufer, ein paar Meter weiter südlich, liegen das *Boomerang Restaurant* und das *Fewa Park Restaurant*. Auch hier sind Ambiente und Essen sehr gut, die oft laute Musik des Boomerang kann aber auf die Nerven gehen.

•Aus der Masse hebt sich besonders das Restaurant der *Vienna Lodge* ab. Alles hier ist von höchster Qualität - Mueslis, Porridge, Vollkorn-Käse-Toast, italienische und österreichische Gerichte. Dazu gibt es eine Auswahl von verschiedenen Kräuter- oder anderen Tees. Die Besitzer der Vienna Lodge sind - der Name verrät es - Österreicher.

Anreise

Ab Kathmandu

●*Tagbusse* fahren ab dem Bhimsen Tower und ab der Central Bus Station für 73 Rs., Nachtbusse zu 84 Rs. Beide sind aber meist so voll und unbequem, daß man dringend davon abraten muß. Fahrzeit je nach Straßenzustand (im Monsun gibt es meist Probleme!) ca. 8-9 Std.

●Besser sind die *Touristenbusse,* die bei allen Reisebüros gebucht werden können, am besten 1 - 2 Tage vorher. Diese Busse kosten 140 Rs. und sind komfortabler ausgestattet, mit halbwegs gepolsterten, aber recht engen Sitzen. Es werden weniger Stops eingelegt, daher Fahrzeit ca. 7 - 8 Std. Bei besonders schlechtem Straßenzustand, z.B. wenn der Monsun wieder einmal Riesenlöcher in die Piste geschwemmt hat, kann es aber auch noch länger dauern. Zumeist werden zwei Essenpausens eingelegt: zuerst direkt nach Verlassen des Kathmandu Valley an einem schlichten Teehaus, dann etwa auf halber Strecke in Mugling, wo einige recht gute Restaurants preiswerte Mahlzeiten anbieten.

●Gar nicht so teuer ist die Fahrt per gechartertem *Taxi,* vorausgesetzt, man reist nicht mit Sparbudget. Die einfache Strecke sollte um 4.000 Rs. kosten, handeln ist u.U. nötig. Fahrzeit ca. 5-6 Std. Für eine solch lange Strecke sollte man sich aber einen zuverlässigen Fahrer ausgucken, also am besten jemanden, mit dem man schon problemlos Fahrten innerhalb des Kathmandu Valley absolviert hat. Es ist recht unangenehm, wenn sich der Fahrer bei den gefährlichsten Haarnadelkurven plötzlich als verhinderter Testpilot entpuppt! Ein Blick auf den Allgemeinzustand des Fahrzeugs kann auch nicht schaden, besonders bei den Reifen.

●Für Eilige empfiehlt sich das *Flugzeug.* Die Royal Nepal Airlines fliegt zumeist zweimal täglich von Kathmandu nach Pokhara, Flugzeit 35 Min., Kostenpunkt 61 $. Es werden hauptsächlich die kleinen, 19sitzigen Twin Otter eingesetzt, gelegentlich auch die etwas größere, aber auch ältere Avro. Die Aussicht ist vorzüglich, am Anfang des Fluges hat man beeindruckende Ausblicke auf Bodhnath und Swayambhunath.

●Weitere *Flüge* ab Kathmandu mit Everest Air (1-2 mal tägl.), Necon Air (2 mal tägl.) und Nepal Airways (1-2 mal tägl.). Die Adressen der Airline-Büros in Kathmandu siehe unter dem Kapitel "Verkehrsmittel".

Vom Royal Chitwan National Park

●*Busse* ab Tadi Bazar (141 km) kosten 55 Rs., Fahrzeit ca. 5-6 Std. Busse ab Narayanghat (128 km) zu 46 Rs.

●*Taxis* ab Tandi Bazar kosten ca. 3.500 Rs. Falls kein Taxi aufzutreiben ist, mit dem Bus bis Narayanghat/Bharatpur fahren (13 km) und dort im Hotel Chitwan Keyman oder dem Regal Rest House nachfragen.

Ab der indischen Grenze

●*Busse* ab Bhairawa/Sunauli (185 km) kosten 72/120 Rs. (Tag/Nacht); Fahrzeit ca. 8-9 Std. Nachtbusse benötigen möglicherweise noch länger, da die Strecke sehr serpentinenreich und gerade nachts besonders gefährlich ist. Busse ab Kakarbhitta an der nepalesischen Ostgrenze (565 km) zu 198/251 Rs.; Fahrzeit ca. 17-18 Std.

●*Taxis* ab Bhairawa/Sunauli kosten ca. 3.000-3.500 Rs. Nachfragen im Hotel Yeti in Bhairawa oder im Nepal Guest House in Sunauli.

Ankunft

Bei der Ankunft mit Bus oder Flugzeug erlebt man höchstwahrscheinlich ein nervtötendes Szenario: die zahlreichen *Schlepper,* die am Busbahnhof und Flughafen auf die Neuankömmlinge lauern und ihnen "ihr" Hotel aufschwatzen wollen. Dabei sind sie leider extrem aufdringlich und legen jedes noch so kühle "Nein" des Touristen als "Ja, vielleicht" aus. Gelegentlich gibt es sogar Prügeleien unter den Schleppern. Das ganze Spektakel wirkt sehr unangenehm, besonders nach einer strapaziösen Busfahrt.

Das beste: Die Schlepper, so gut es geht, ignorieren und mit dem *Taxi* zu einer Unterkunft fahren, die man sich zuvor aus diesem Buch herausgepickt hat. Falls sie einem nicht zusagt, kann man in unmittelbarer

Nachbarschaft leicht eine andere finden, es gibt genügend Auswahl. Bezüglich der Taxipreise ab Flughafen und Busstation siehe unter "Verkehrsmittel, Taxi". Auch die Taxifahrer bieten ihren Dienste reichlich aufdringlich an, wer aber einen ausgewählt hat, wird von diesem gegen den Rest seiner "Kollegen" vor weiteren Angeboten geschützt!

Weiterreise

●Ab dem Busbahnhof fahren *Busse* in alle möglichen Richtungen, siehe einige Preise unter "Anreise".
●*Jomson,* das beliebte Trekking-Ziel (siehe Kapitel "Trekking") soll ab 1998 durch eine Straße mit Pokhara verbunden sein, bis dahin bleibt jedoch das Flugzeug die einzige Methode – vom Laufen abgesehen – , dorthin zu gelangen. Flüge dorthin gehen dreimal die Woche mit der Royal Nepal Airlines (Tel. 21021), ebenfalls dreimal mit der Nepal Airways (Tel. 21178) und fünfmal wöchentlich mit der Everest Air (Tel. 21883). Kostenpunkt jeweils 50 $. Die Büros der Gesellschaften befinden sich im winzigen Flughafen von Pokhara, bzw. direkt gegenüber.
●Weitere *Flugverbindungen* bestehen nur nach Nepalganj (Necon Air; 67 $). Everest Air und Necon Air starten auch zu 45minütigen Mountain Flights von Pokhara, die einen guten Ausblick auf Berge der Umgebung versprechen; Preis 50 $. Die Necon Air unternimmt täglich einen Mountain Flight, die Everest Air je nach Saison zwei- bis fünfmal wöchentlich. Je nach Nachfrage, Jahreszeit und Wetterlage kann die Flugfrequenz aber auch kurzfristig erhöht oder verringert werden.

Verkehrsmittel

●Anders als in Kathmandu ist hier noch das *Fahrrad* das empfehlenswerteste Fortbewegungsmittel. Fahrräder werden in Baidam alle paar Meter angeboten, sei es von Guest Houses oder speziellen Fahrradvermietern. Der Preis liegt aufgrund der großen Konkurrenz bei niedrigen 10-15 Rs./ Std. oder 40-50 Rs./Tag. Vor der Fahrt sollte jedoch der Zustand des Geräts überprüft werden, um einerseits nicht irgendwo auf der Strecke zusammenzubrechen, andererseits, um eventuelle Schadensforderungen des Vermieters auszuschließen. Auch ist eine Sitzprobe anzuraten, denn nicht alle Räder sind hinterteilfreundlich, was sich bei längeren Strecken unangenehm bemerkbar macht.
●*Motorräder*, ebenfalls vielerorts in Baidam zu mieten, kosten 300-400 Rs./Tag.
●Die einzelnen Stadtteile sind relativ gut mit einem *Busnetz* untereinander verbunden, die Fahrpreise liegen bei 1 - 2 Rs. Die Busse sind im Vergleich zu denen in Kathmandu sogar recht leer, so daß man hier nicht gleich auf's Dach klettern muß!
●In Pokhara steht eine große Anzahl von *Taxis* bereit, die aber, anders als in Kathmandu, kein Taxameter besitzen. Damit ist Überpreisen natürlich Tür und Tor geöffnet. Die Fahrer haben stillschweigende Abmachungen untereinander, von Touristen mehr zu nehmen als von den Einheimischen, was zum Teil eklatante Ausmaße annimmt. So wird z.B. von westlichen Ausländern oft das doppelte verlangt wie von den Einheimischen, von japanischen Touristen das drei- oder vierfache! Bei den Sehenswürdigkeiten in der Umgebung von Pokhara sind im folgenden jeweils "vernünftige" Preise als Richtlinie angegeben, die vielleicht etwas über dem Lokallevel, aber unter "Touristenplünderpreis" liegen!
Bei Fahrten innerhalb von Pokhara gelten etwa die folgenden Preise: Flughafen - Baidam 50 - 60 Rs., Flughafen - Basar 40 - 50 Rs., Baidam - Basar 40 - 50 Rs., Busbahnhof - Baidam 40 - 50 Rs.

Information

●Ein *Tourist Office* befindet sich nahe dem Flughafen, wenige Meter westlich des New Crystal Hotel. Informationsmaterial ist jedoch nur sehr spärlich vorhanden. Geöffnet So - Fr, Sa u. Fei geschlossen; die Zeiten richten sich nach den Jahreszeiten, Mitte November bis Mitte Februar 9.00 - 16.00 Uhr, ansonsten 10.00 - 17.00 Uhr; Fr jeweils nur bis 15.00 Uhr. Tel. 20028.

Wichtige Adressen und Telefonnummern

- Polizei 20033, 20241
- Feuerwehr / Krankenwagen 20222;
- Immigration (für Visumverlängerungen), Pardi, Tel 21167
- Distriktpolizei, Ghairapatan, Tel. 20033
- Royal Nepal Airlines, Airport, Tel. 21021
- Western Regional Hospital, Ramghat, Tel. 20066;
- Shining Hospital (Mission Hospital), Tundikhel, Tel. 20111

Ausflüge in die Umgebung

Mahendra Cave (Mahendra Gufa)

Etwa 7 km nördlich von Pokhara liegt in der Ortschaft Batulechaur die Mahendra Cave, eine gut begehbare Kalksteinhöhle. Der lokale Name lautete ursprünglich Chamero Odar, "Fledermaushöhle", nach einem Besuch Königs *Mahendras* wurde sie jedoch ihm zu Ehren umbenannt. In der Höhle befinden sich einige Stalaktiten und Stalagmiten, ohne Taschenlampe kann man aber nicht viel sehen.

Anfahrt

- Am besten per *Fahrrad;*
- *Taxis* ab Pokhara kosten für Hin- und Rückfahrt plus 1 Std. Aufenthalt ca. 300 Rs. – wie an anderer Stelle erwähnt, neigen Pokharas Taxifahrer bei Touristen zu Überpreisen.
- Die Strecke ist aber auch gut *zu Fuß* zu bewältigen, Laufzeit ab Fewa Lake ca. 2 Std.

Sarangkot

Der Ausflug nach Sarangkot ist wahrscheinlich der meistabsolvierte, aber was soll's, die Gegend ist wunderschön, und von dem Ort (1592 m) hat man eine gute Aussicht auf den Fewa Lake und den Himalaya, besonders bei Sonnenaufgang. Sarangkot ist ca. 9 km westlich von Pokhara gelegen, eine unasphaltierte, halbwegs gute Straße windet sich den Berg empor, endet jedoch schon vor dem Gipfel. Dieser ist dann noch einige hundert Meter Fußweg entfernt. Oben gibt es einige einfache Unterkünfte, so die Didi Lodge, Trekking Lodge, New Tourist Lodge u.a.

In Sarangkot ist die Unterkaste der Chhetri beheimatet, der Lamichhane Thapa, die mittlerweile aber über das ganze Land verteilt leben. Einmal im Jahr kommen sie hier zur Kulian Puja zusammen, einem "Ahnenfest", und zelebrieren ihre gemeinsame Herkunft. Im Ort finden sich noch die Überreste einer Festung aus dem 18. Jh.

Anfahrt

- *Taxis* ab Pokhara kosten je nach Hautfarbe des Passagiers ca. 500 - 1500 Rs., letzteres ist der Höchstpreis, der oft japanischen Touristen abverlangt wird. 500 - 600 Rs. für Hin- und Rückfahrt samt 2 Std. Aufenthalt sind aber völlig genug. Handeln, handeln, handeln!
- Wer sich darauf nicht einlassen will, kann über verschiedene *Fußwege* nach Sarangkot gelangen. Vom Bindya-Vasini-Tempel führt eine Straße westwärts Richtung Sarangkot, an der sich häufig Abkürzungswege zwischen den Kurven anbieten. Auf dem Weg liegt das Dorf Silangabot. Laufzeit bis Sarangkot ca. 2 - 3 Std. Eine andere Route führt ab Bhairav Tol in Pokhara – etwas südlich des Bindya-Vasini-Tempels – über das Dorf Gyarjati und Silangabot nach Sarangkot.

Kahun Danda

Etwa 4 km nordöstlich des Basar-Viertels findet sich dieser 1560 m hohe Bergrücken (= *danda*), auf dem ein Aussichtsturm errichtet wurde. Der Fußweg dorthin ist eine gute Möglichkeit für potentielle Trekker, sich ein wenig warm zu laufen.

Anmarsch
●Der Weg führt von Phulbari, ca. 2 km östlich des Bindya-Vasini-Tempels, nach Kahun Danda. Laufzeit ca. 1 Std.

Rupa Tal und Begnas Tal

Diese beiden Seen (= *tal*) liegen 17 km östlich von Pokhara und sind nach dem Fewa Lake die größten Seen des Tales. Von Touristen werden sie aber kaum besucht, eher von einheimischen Ausflüglern. Am Begnas Tal können Boote ausgeliehen werden, und die Umgebung beider Seen eignet sich vorzüglich für Wanderungen.

Anfahrt
●*Busse* ab Pokhara fahren nur bis zum Ort Begnas Basar, von wo es jeweils noch ca. 2 km Fußweg zu den Seen ist.
●*Taxis* für die Hin- und Rückfahrt samt 2 Std. Aufenthalt sollten maximal 700 Rs. kosten. Die Taxis können am Südostzipfel des Begnas Tal parken, wo gleich mietbare Boote zur Verfügung stehen.

Trekking in der Umgebung

Naudanda

Naudanda befindet sich in 1463 m Höhe auf dem Rücken des Kaski-Massivs, und der Weg dorthin bildet die erste Etappe auf dem Jomson-Muktinath-Trek. Ab dem Shining Hospital am Nordrand Pokharas fahren Jeeps nach Suikhet, von wo man Naudanda in ca. 3 Std. erreicht. Wer den ganzen Weg trekken will, geht vom Shining Hospital über die tibetanische Siedlung Hyangja nach Suikhet (ca. 2 Std.) und dann nach Naudanda (s. Karte Jomson-Trek). Gesamtzeit also ca. 5 Std. Im Ort finden sich ein paar einfache Herbergen und Restaurants sowie ein Markt. Seit dem Bau der Pokhara-Baglung-Straße ist Naudanda auch per Fahrzeug zu erreichen.

Ghachowk

Ebenfalls in Hyangja beginnt der 2-Tage-Trek (hin und zurück) nach Ghachowk (1341 m), einer der ältesten Siedlungen der Pokhara-Region, von wo man den Machhapuchre aus der Nähe betrachten kann. Entfernung ab Pokhara ca. 24 km. Von Hyangja führt die Route über Mardi Lahanchowk, Listi Khola, Tallo Ghachowk ("Unteres Ghachowk") nach Uppalo Ghachowk ("Oberes Ghachowk").

Annapurna Base Camp

Von Suikhet (s.u. "Naudanda") führt die Route zum Ort Dhampus auf dem gegenübergelegenen Bergkamm. Von dort aus sind es 4 Tage bis Chomrong (2000 m), über Landrung und Gandrung. Von Chomrong sind es weitere 2 - 3 Tage. In Chomrong bietet sich die letzte Möglichkeit, Proviant einzukaufen – zwar gibt es am Base Camp Teehäuser, es besteht jedoch keine Gewähr, daß sie auch geöffnet sind!

Das Terai

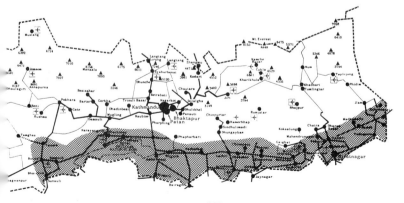

Überblick

Das Terai, die fruchtbare Tiefebene Nepals, ist sicher das *touristische Stiefkind* des Landes. Der Hauptgrund, daß sich Touristen hier bisher nur selten blicken lassen, besteht wohl in der Tatsache, daß die Region einfach zu sehr Indien ähnelt und nicht dem Klischee von Nepal entspricht. Diese Vernachlässigung hat das Terai jedoch nicht verdient, es gibt einige sehr interessante Orte − zweifellos auch solche, die es zu meiden gilt − und eine Kultur, die sich sehr von der der Bergbewohner unterscheidet. Ein Besuch des Terai rundet den Nepal-Aufenthalt wunderbar ab.

Terai bedeutet wörtlich lediglich "Tiefebene", der Begriff wurde aufgrund der einst weit verbreiteten Malaria jedoch fast gleichbedeutend mit "Fieberland". Die Malaria verhinderte lange die großräumige *Besiedlung* des Gebiets.

Das Terai ist maximal 40 km breit und erstreckt sich über die gesamte Länge Nepals: der Nordrand wird durch die Shiwalik- oder Churia-Bergkette gebildet, im Süden erstreckt es sich über die Grenze hinweg in die indischen Bundesstaaten Uttar Pradesh, Bihar und West Bengal hinein. Nach der erfolgreichen Bekämpfung der Malaria begann die Bevölkerung zu wachsen und zugleich setzte ein vermehrter Zustrom aus den Berggebieten ein. Wohnte zu Beginn der 50er Jahre nur etwa ein Drittel aller Nepalesen im Terai, so ist es heute etwa die Hälfte. Da das Terai aber nur ca. 23 % der Landesfläche einnimmt, ist die Be-

völkerungsdichte dort somit überdurchschnittlich hoch.

Die wichtigste Volksgruppe des Gebietes sind die *Tharu,* die vermutlich von den Rajputen aus Rajasthan abstammen. Der Überlieferung nach flüchteten sie im 12. Jh. vor den in Indien eindringenden Moslems hierhin. Einige Tharus glauben, daß ihre Vorfahren Rajputen-Frauen waren, die sich aus Angst vor Schändung durch die Moslems mit ihren Dienerinnen ins Terai geflüchtet hatten.

Diese Erklärung wird durch einen alten Tharu-Hochzeitsbrauch gestützt: Verläßt die Braut ihr Elternhaus, um ins Haus ihres Mannes zu ziehen, bekommt sie von ihren Eltern eine Lampe wie auch einen Becher voll Gift mit auf den Weg. Das Gift hat sie zu trinken, sollte sie unterwegs in die Hand eines Feindes fallen. Dieser Brauch liegt ganz in der Tradition der Rajputen, deren Frauen sich lieber in Massenselbstmorden das Leben nahmen, als in die Hände von marodierenden Moslems zu fallen. Viele der Frauen verbrannten sich, andere nahmen Gift oder gaben sich einen Dolchstoß.

Bis in die jüngere Vergangenheit lebten die Tharu als Jäger, Sammler oder Fischer. Landwirtschaft war fast unbekannt. Neben den Tharu, die ca. 600.000 - 700.000 Mitglieder zählen, leben noch *andere ethnische Gruppen* im Terai, so die Danuwar, Majhi, Darai, Rajbansi, Satar, Dhimal, Bodo u.a. Sie alle sprechen ihre eigenen Sprachen, die aber mit dem Nepali und den nordindischen Sprachen verwandt sind.

Die verbreitetsten *Sprachen* im Terai sind (in Reihenfolge der Anzahl der Sprecher): Maithili, Bhojpuri, Awadhi und Tharu. Nepali gilt als Amtssprache, vor wenigen Jahrzehnten noch wurde an den Schulen aber nur Hindi gelehrt, kein Nepali.

Das Terai ist heute – nach der Rodung riesiger Waldflächen – so etwas wie die *Korn- und Gemüsekammer* des Landes. Hauptanbauprodukte sind Reis, Weizen, Mais, Zuckerrohr, Jute, Linsen, Bohnen und Tabak. In Janakpur befindet sich die größte Zigarettenfabrik des Landes, die einige tausend Arbeiter beschäftigt. Die Felder sind äußerst fruchtbar – zum Teil werden drei Ernten pro Jahr eingefahren –, was aber nicht zuletzt auf der Bodenerosion in den Berggebieten beruht: Dort wäscht der Monsunregen die kostbaren Lehmschichten aus, und die Flüsse schwemmen sie ins Terai. So wird der Boden im Hochland zunehmend nutzlos, und den Bauern der Hochregion bleibt oft nur, den kostbaren Bodenschichten zu folgen und sich im Terai niederzulassen.

Das Terai bildet aber auch den Schauplatz der *Industrialisierung* Nepals, die großen Städte und die Hauptverkehrsadern werden zunehmend von Fabriken umlagert, die Nepal ins Industriezeitalter führen sollen. Bisher steht dieser Versuch auf wackeligen Füßen. Die meisten Nepalesen bevorzugen Waren, die in Indien hergestellt, und die tonnenweise über die durchlässige Grenze geschmuggelt werden. Die

Schmuggelaktivitäten – mit dem Schwerpunkt im Raum Birganj – halten wahrscheinlich Abertausende von Bewohnern in Brot und Arbeit.

Doch auch auf andere Art sind die *Beziehungen zu Indien* hier nicht immer von Harmonie geprägt. Die zum Teil verheerenden sozialen Verhältnisse jenseits der Grenze, vor allem im ärmsten aller indischen Bundesstaaten, Bihar, verursachen eine Welle indischer Einwanderer. Aufgrund eines Abkommens können Inder (wie Nepalesen auch) die Grenze ohne Paß oder sonstige Papiere passieren. Viele nutzen diese Freiheit, um sich in Nepal eine Arbeit zu suchen. Dabei fallen sie den Behörden kaum auf, denn sie sprechen dieselbe Sprache wie die Bewohner auf der nepalesischen Seite der Grenze. Tausende von Indern verdingen sich so als Riksha-Fahrer oder Markthändler und belasten den ohnehin schwachen nepalesischen Arbeitsmarkt.

Reiseinformationen in Kürze

Wichtigste Sehenswürdigkeiten

Der *Royal Chitwan National Park,* ein ursprüngliches Dschungelgebiet mit zahlreichen Tier- und Pflanzenarten; *Janakpur,* der Geburtsort der Hindu-Göttin Sita und ein wichtiger Pilgerort; *Lumbini,* der Geburtsort Buddhas; *Devghat,* ein heiliger Ort, am Zusammenfluß von Kali Gandaki und Narayani in malerischer Natur gelegen.

Beste Reisezeiten

Oktober bis November, nach dem Monsun, wenn alles in ein sattes Grün getaucht und das Klima mildwarm ist; weiterhin *Februar bis März,* der Frühling des Terai, wenn die Blumen erblühen und die Temperaturen immer noch sehr angenehm sind.

Im Dezember ist es fast schon "kühl" und oft auch nebelig, mit Tageshöchsttemperaturen um 23 - 25 °C. Vorsicht im April und Mai, es kann über 50 °C heiß werden! Ebenso abzuraten ist von der Regenzeit (Juni bis etwa Mitte September) in der es zu Überschwemmungen kommen kann.

Kleidung

Der Jahreszeit entsprechend, d.h. von November bis Februar sollte ein leichter Pullover oder eine Jacke mitgeführt werden; ansonsten so leichte Bekleidung wie möglich. Bei längeren Ausflügen in den Royal Chitwan National Park ist besonders in der heißen Jahreszeit eine Kopfbedeckung ratsam.

Sicherheitsvorkehrungen

Obwohl die Malaria selten geworden ist, empfiehlt sich eine *Malaria-Prophylaxe.*

Die Grenzgebiete zu Indien sind gelegentlich Tummelplatz indischer Ganoven, die für eine Straftat nach Nepal überwechseln, um danach wieder in Indien unterzutauchen. Unterlassen Sie deshalb nächtliche Spaziergänge in einsamen Gegenden!

Tansen (Palpa)

Überblick

Von Pokhara erreicht man über den Siddharta Rajmarg nach 117 km das in der Shiwalik-Kette gelegene Tansen (1500 M.ü.M.). Die Strecke bietet alles, was man bei Fahrten in die Berge so schätzt, grandiose Ausblicke und enge Serpentinenkurven, von denen man nie genau weiß, ob man sie überlebt. Nach 41 weiteren Straßenkilometern (von Tansen) führt der Highway nach Butwal. Der südliche Endpunkt ist Bhairawa.

Tansen (20.000 Einw.) ist ein quirliger Marktflecken mit verwinkelten und altertümlichen Gassen, die von vielfältigen Geschäften gesäumt werden. Insgesamt strahlen die Gassen ein leicht mittelalterliches Flair aus, so wie man es in den älteren nepalesischen Städten häufig antrifft. Der Ort ist besonders bekannt für die dort hergestellten metallenen Haushaltsgegenstände und für seine rege Topi-Produktion – in den Marktgassen finden sich zahlreiche Läden, die eine prächtige Auswahl dieser Nepali-Käppis führen und so auch den anspruchsvollsten Topi-Träger zufriedenstellen dürften.

Sehenswertes

Tansen kann tatsächlich auf eine lange Geschichte zurückblicken. In

Topi Verkauf in Tansen

333

der Zeit vor der Einigung Nepals durch die Gorkhalis war es Hauptstadt des Königreiches Palpa. An diese Epoche erinnert heute noch ein *altes Stadttor,* das angeblich höchste in Nepal. Weitere alte Bauten sind ein imposanter *Narayan-Tempel* mit erotischen Schnitzereien und ein *Ranamjeshwari-Tempel,* der 1815 aus Anlaß eines militärischen Sieges über die Briten angelegt wurde. Kaum ansehnlich präsentiert sich dagegen der alte, plump gebaute *Rana-Palast,* in dem heute einige Verwaltungsbehörden untergebracht sind.

Unterkunft

●Um die Bushaltestelle von Tansen herum finden sich einige einfache Lodges, die zum Teil aber sehr uneinladend wirken. Die beste hier gelegene Unterkunft ist das *Pawan Guest House* (kein Tel.), ziemlich an der linken hinteren Ecke des Busbahnhofes. Zimmer ohne eigenes Bad kosten 35/40/60 Rs., ein Bett im Dorm 15 Rs.
●Wenige Meter weiter rechts gibt es im *Dhawalagiri Hotel* Einzel und Doppel ohne Bad zu 30 bzw. 60 Rs., Doppel mit Bad zu 100 und ein Bett im Dorm zu 15 Rs. Der Zugang erfolgt von der Rückseite des Busbahnhofes durch etwas, das aussieht wie die Wohnstube einer Familie, oder durch den Haupteingang von der Straße, die hinter dem Busbahnhof und dem betreffenden Gebäude vorbeiführt.
●Als mit Abstand beste Unterkunft präsentiert sich das 1600 m hoch auf dem Srinagar Hill gelegene *Hotel Srinagar,* das dementsprechend häufig auch von Tourgruppen belegt ist. Von hier aus lassen sich auch Trekking-Touren in die nähere oder weitere Umgebung organisieren, es gibt einen Buchungs-Service für Bus- oder Flugtickets,

Geldwechsel und sonstige Dienstleistungen, wie man sie von besseren Hotels her kennt. Die Zimmer (Bad) sind groß und ordentlich, Einzel zu 20, Doppel 28 US$, Bungalow-Unterbringung 30 US$; dazu 10 % Steuer. Adresse: Hotel Srinagar, Tansen, Palpa, Tel. 20045, 20212. Zu buchen auch über Nataraj Tours & Travel, Durbar Marg, Kathmandu.

Essen

●Das *Hotel Srinagar* kredenzt gute indische, nepalesische, chinesische, tibetanische und westliche Gerichte, ansonsten gibt es nur ein paar sehr schlichte Brutzelhütten um den Busbahnhof herum.

Anreise

●Busse *ab Kathmandu* (Central Bus Station) kosten 103 Rs. (Tag) bzw. 128 Rs. (Nacht); Fahrzeit ca. 7-8 Std. (302 km).
●*Von Pokhara* fahren täglich nur zwei Busse nach Tansen, Kostenpunkt 50 Rs., Fahrzeit ca. 5 - 6 Std.
●Einige Verbindungen mehr bestehen *ab Bhairawa,* Tickets zu 25 Rs., Fahrzeit ca. 2,5 Std.
●Wer sich nach Ankunft in Tansen dazu entschließt, im 3 km entfernten Hotel Srinagar zu wohnen, sollte von einem der Läden am Busbahnhof dort anrufen, um sich nach Möglichkeit per Fahrzeug abholen zu lassen.

Weiterreise

Nach Pokhara oder Bhairawa ab dem Busbahnhof zu obigen Preisen. Wer keinen direkten Bus nach Bhairawa bekommt, sollte sich zunächst bis Butwal durchschlagen und von dort aus weiterreisen. Butwal kann aber auch als Umsteigepunkt für Fahrten nach Nepalganj, Narayanghat o.a. dienen.

Umgebung

Die Umgebung von Tansen eignet sich ausgezeichnet für Wanderungen, insbesondere das Gebiet um den Srinagar Hill (ca. 3 km ab Tansen), wo sich lohnenswerte Ausblicke auf einige Himalaya-Massive ergeben.

Butwal

Butwal ist eine nur halbwegs belebte Stadt von 40.000 Einwohnern, weder besonders sehenswert noch besonders abstoßend. Der einzige Grund, sie in einem Reiseführer zu verewigen, ist die Tatsache, daß sie an einem für den Reisenden möglicherweise wichtigen **Verkehrsknotenpunkt** liegt. Von hier gehen Busverbindungen nach Tansen, Nepalganj, Bhairawa, Sunauli, Narayanghat u.a., und je nach Reiseprogramm muß hier eventuell umgestiegen werden.

Falls eine Übernachtung notwendig wird, gibt es eine Reihe einfacher und preiswerter Lodges.

Das beste Hotel am Ort ist das **Hotel Sindoor** (*), Zimmer (AC) zu 18 US$ (Einzel) und 27 US$ (Doppel), plus jeweils 12 % Steuer. Tel. 20381, 20189. Für den Fall, daß jemand, direkt aus Indien kommend, hier wohnen will, gibt es in Sunauli – wenige Meter hinter der Grenze auf der rechten Seite – ein gut ausgeschildertes Buchungsbüro des Hotels.

Nepalganj

Mit seinen ca. 50.000 Einwohnern ist Nepalganj die größte Stadt des westlichen Terai. Ein erheblicher Teil der Bevölkerung, darunter zahlreiche Moslems, stammt aus Indien, und ohnehin wirkt die Stadt eher indisch als nepalesisch.

Als wichtiges Handelszentrum verfügt die Stadt über quirlige Basarstraßen mit einem Sammelsurium von Geschäften. Für Reisende ist Nepalganj jedoch nur als Transitort auf dem Weg zum Royal Bardia National Park von Bedeutung. Der nahe gelegene Grenzübergang nach Indien darf nur von Indern und Nepalis passiert werden.

Unterkunft/ Essen

●An der Straße zur indischen Grenze befindet sich das *Hotel Sneha* (Tel. 20119), mit großen und bequemen Zimmern (Bad) und auch einem guten Restaurant. Einzel 10 $, Doppel 15 $ und AC-Räume zu 15/20 $. 10 % Steuer.

●Gleich daneben liegt das neuere *Hotel Batika* (Tel. 21360), mit überdurchschnittlich guten Zimmern (AC) zu 7 $ (Einzel) und 10 $ (Doppel). 10 % Steuer.

●Einige weitere, billigere Unterkünfte gruppieren sich um die zentrale Kreuzung des Ortes, so die *Shanta Shakya Lodge* oder das *Shital Guest House* und *Narayani Guest House.* Zimmerpreise ab ca. 60 Rs., aber welcher Standard bei diesen Spartarifen zu erwarten ist, dürfte klar sein.

Anreise

●Die *Busse* der staatlichen Gesellschaft Saja Sewa fahren ab dem Bhimsen Tower in Kathmandu, Kostenpunkt 177/222 Rs., Fahrzeit 14 - 15 Std.; Busse ab Pokhara zu 154/189 Rs. (ca. 10 Std.), ab Narayanghat 130 Rs. (ca. 7 Std.).

●*Flüge* ab Kathmandu gehen einmal täglich zu 99 US$, Flugzeit 1 Std. 35 Min.

Weiterreise

●Ab Nepalganj ist der *Royal Bardia National Park* in ca. 4 Autostunden zu erreichen, zwecks Mietwagen wende man sich an eines der beiden Hotels in der Stadt.

●*Flüge* gehen unter anderem nach Dhangarhi (auch: Dhangadhi), dem nächsten am Nationalpark gelegenen Flughafen; Flüge einmal pro Woche, 55 US$, 30 Min. Flüge auch nach Mahendranagar an der fernen Westgrenze (zweimal pro Woche, 77 US$, 45 Min.); Sanfeboga (einmal pro Woche, 61 US$, 35 Min.) u.a.

Royal Bardia National Park

Dieses 1988 zum Naturschutzpark erklärte Gebiet ist mit 968 km^2 annähernd so groß wie der Chitwan-Park zusammen mit der angeschlossenen Parsa Wildlife Reserve und ähnelt diesem auch anderweitig.

Der Park liegt im Südwesten Nepals etwa zwischen Kumbher, Surkhet und Orhangarhi. Zu den Gründen, warum bisher nur wenige Besucher den Weg hierher finden, gehören sicher die schlechte Zugänglichkeit des Parks und die frappierend hohen Unterbringungskosten.

Abgesehen davon ist der Bardia-Nationalpark ein faszinierendes Stück urtümlicher Wildnis, in dem immer noch das Nashorn und der Bengalische Tiger unangefochtene Herren sind. Die Tiger sollen hier weitaus leichter zu sehen sein als im Chitwan-Park.

Der Park setzt sich aus Wäldern des Sal-Baumes und weiten Grassteppen zusammen, den Phanta, die besonders gut zur Wildbeobachtung geeignet sind. Neben den oben erwähnten Tieren gibt es Leoparden, andere Dschungelkatzen, Bären, Wildschweine, Affen und eine Reihe von Hirscharten, darunter den sehr seltenen Sumpfhirsch (Cervus duvauceli; Nepali: Bara Singha). In den Flüssen tummeln sich neben zahlreichen Fischarten Gharial- und Sumpfkrokodile sowie Flußdelphine. Die Zahl der Vogelspezies wird mit 350 angegeben, darunter befindet sich der vom Aussterben bedrohte Sarus-Kranich (Grus antigone). *Parkeintritt* 650 Rs. für 2 Tage.

Anreise, Unterkunft, Essen

●Die einzige, wenn auch großartige Unterbringungsmöglichkeit besteht in der *Tiger Tops Karnali Lodge,* ein Ableger der Tiger Tops Lodge im Chitwan-Park, die es im Rundum-Paket samt Anreise, Verpflegung etc. zu buchen gibt. Dazu muß man sich an das Buchungsbüro des Unternehmens in Kathmandu wenden: Tiger Tops Ltd. P.O. Box 242, Durbar Marg, Kathmandu, Tel. 2-22706, 4-15659; Telex 2216 TIGTOP NP; Fax 977-1-414075. Eine Voranmeldung ist dringend anzuraten.

●Als Unterkunft steht sowohl eine komfortable Lodge als auch ein *Zeltlager* (Tented Camp) zur Verfügung, die bei so hohen Preisen von mindestens 150 US$ pro Tag nicht für jedermann in Frage kommen dürften. Als Aktivitäten werden Elefanten-Safaris, Dschungelwanderungen, Bootsausflüge u.ä. angeboten.

●Das Unternehmen arrangiert auch die *Anreise* zum Park, die in der Regel *per Flug* nach Nepalganj und anschließend per Autofahrt zur Lodge erfolgt.

●Die *Anreise* kann aber auch mit einer mehr oder weniger ausgedehnten *Floßfahrt* über die Flüsse Karnali und Bheri kombiniert werden. Dabei dürften abenteuerliche Wildwassererlebnisse und atemberaubende Ausblicke auf die vorbeirauschende Landschaft garantiert sein.

Nashorn

Bhairawa (Siddhartha Nagar)

Bhairawa (50.000 Einw.), am Südende des Siddharta Rajmarg gelegen, gehört zu den angenehmsten Städten des Terai, mit geschäftigen Basarstraßen, wohlgefüllten Läden, zahllosen Rikshas und dennoch einer sehr entspannten Atmosphäre.

Besonderes zu tun oder sehen gibt es nicht, die Stadt dient aber als Ausgangspunkt für Fahrten nach Lumbini, dem Geburtsort Buddhas. Die Nähe des erlauchten Ortes erklärt auch den alten Stadtnamen Siddharta Nagar. "Stadt des Siddharta", in Anlehnung an Buddhas weltlichen Namen.

Vier Kilometer südlich von Bhairawa stößt man auf die indische Grenze mit dem Grenzort Sunauli, der von Westlern passiert werden kann (mit den nötigen Visa, versteht sich). Die Nähe zu Indien verleiht Bhairawa auch ein sehr indisches Flair; das Stadtbild wirkt kaum nepalesisch.

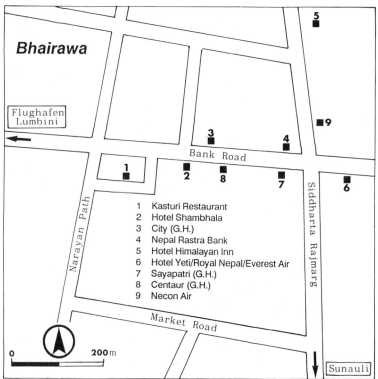

Bhairawa

Flughafen Lumbini

Bank Road

Narayan Path

Siddharta Rajmarg

Market Road

1 Kasturi Restaurant
2 Hotel Shambhala
3 City (G.H.)
4 Nepal Rastra Bank
5 Hotel Himalayan Inn
6 Hotel Yeti/Royal Nepal/Everest Air
7 Sayapatri (G.H.)
8 Centaur (G.H.)
9 Necon Air

0   200 m

Sunauli

Information

•Ein *Tourist Information Centre* befindet sich am Grenzübergang in Sunauli.

Verkehrsmittel

•An der zentralen Straßenkreuzung am Hotel Yeti parken etliche *Rikshas,* andere durchkreuzen die Straßen auf der Suche nach Passagieren. Aufgrund der hohen Konkurrenz sind die Preise niedrig, ca. 3 Rs. für 1 - 1,5 km.

•Zwecks *Mietwagen* wende man sich an das Hotel Yeti; Preis ca. 1000 Rs./ Tag, plus Benzin und die Mahlzeiten für den Fahrer. Das Hotel kann auch *Jeeps* für die Fahrt nach Lumbini organisieren. Hin- und Rückfahrt samt zwei- bis dreistündigem Aufenthalt kosten ca. 500 Rs. Für längere Fahrten sind die Jeeps allerdings ungeeignet, es handelt sich um schrecklich unbequeme, ungefederte Knochenschüttler aus der Mitte des 20. Jh.

Unterkunft

In dieser Beziehung ist Bhairawa wohlversorgt, es gibt eine Reihe von preiswerten Lodges und auch anspruchsvollere Hotels.

•Das *Sayapatri Guest House,* Bank Road, hat einfache Zimmer ohne Bad zu 70 (Einzel), 85 (Doppel) und 115 Rs. (Dreier); 10 % Steuer.

•Etwas besser ist das über eine Art bescheidenem Shopping Center eingerichtete *City Guest House,* Bank Road, (Tel. 20277), mit Einzel/ Doppel ohne Bad zu 60/150 Rs., mit Bad 150/200 Rs.; plus 10 % Steuer.

•Auch recht ordentlich ist das *Hotel Shambhala,* Bank Road, (Tel. 20167), die Zimmer kosten 125/175 (ohne Bad) bzw. 200/250 Rs. (mit Bad), egal ob ein oder zwei Personen darin wohnen; ein Bett mit Dorm zu 30 Rs. 10 % Steuer.

•Einfache aber ordentliche Zimmer (Bad) gibt's im *Centaur Guest House* (Tel. 20742), zu preiswerten 100 Rs. (Einzel) und 150 Rs. (Doppel).

•Noch eine Preisstufe darüber liegt das *Hotel Himalayan Inn* (Tel. 20347). Die Zimmer sind recht sauber und haben alle Bad, Einzel zu 275, Doppel 385 Rs. Ein Restaurant ist angeschlossen.

•Das nobelste Haus am Ort ist das zentral gelegene *Hotel Yeti* (Tel. 20551) mit gepflegten, sauberen Zimmern (Bad) zu 12 $ (Einzel), 16 $ (Doppel) und AC-Räumen zu 20 $. 10 % Steuer kommen dazu. Das Hotel ist gelegentlich von japanischen oder taiwanischen Tourgruppen belegt, die den Geburtsort ihres Religionsstifters besuchen; Vorbuchungen könnten notwendig sein. Ein Restaurant ist vorhanden.

Restaurant

•Das Restaurant im 1. Stock des *Hotel Yeti* ist ausgesprochen gut, man kredenzt schmackhafte indische und nepalesische Gerichte zu moderaten Preisen. Aufgrund der fernöstlichen Tourgäste finden sich auch einige chinesische Gerichte auf der Speisekarte, ganz abgesehen von den obligatorischen westlichen, wie Banana Porridge o.ä.

•Als ganz hervorragend erweist sich das in einer kleinen Seitengasse der Bank Road gelegene *Kasturi Restaurant.* Es gibt köstliche indische Curries, für die Qualität sehr preiswert und dazu in angenehmen Ambiente. Bezüglich des Preis/ Leistungsverhältnisses eines der besten Restaurants im Terai!

Anreise

•*Tagbusse von Kathmandu* fahren ab der Bushaltestelle Ratna Park zu 94 Rs., Fahrzeit gut 12 Std.; Nachtbusse kosten 117 Rs.

•*Busse ab Pokhara* 72/120 Rs., Fahrzeit ca. 9 Std.

•*Weitere Busverbindungen* ab Nepalganj, Butwal, Tansen, Narayanghat, Janakpur u.a.

•*Ab Sunauli* an der indischen Grenze nehme man statt Bus besser eine Riksha. Die Strecke kostet ca. 10 - 15 Rs., je nachdem, ob ein oder zwei Passagiere mitfahren und wieviel Gepäck dabei ist.

●Die *Royal Nepal Airlines* fliegt dreimal wöchentlich aus Kathmandu ein, Preis 72 US$, Flugzeit 55 Min. Weitere Flugverbindungen ab Kathmandu mit Necon Air, Nepal Airways und Everest Air (jeweils zwei- bis dreimal wöchentl.).

Weiterreise

●*Nach Sunauli* für 10 - 15 Rs. mit der Riksha, Fahrzeit ca. 20 Min.
Zwecks Weiterfahrt *nach Lumbini* siehe dort unter "Anreise".

Sunauli

Sunauli, 4 km südlich von Bhairawa, ist einer der wichtigsten *Grenzübergänge nach Indien,* und so sammeln sich um den Schlagbaum herum LKW's, unansehnliche Bauten, und ebenso zahlreiche dubiose Gestalten, die weiß-der-Deibel-welchen Geschäften nachgehen. Von Bhairawa aus ist der Ort vielleicht einen kurzen Blick wert, übernachtet haben muß man hier aber nicht.

Wenige Meter vom Grenzposten entfernt steht ein *Tourist Information Centre* Rede und Antwort bzw. händigt Informationsmaterial aus.

Unterkunft/ Essen

Wer gerade aus Indien angekommen ist, kann problemlos weiter nach Bhairawa fahren, das den Gast angenehmer empfängt als Sunauli. Falls dennoch hier übernachtet werden soll, besteht eine Reihe von Möglichkeiten dazu.

●Die beste davon ist vielleicht das *Nepal Guest House* (Tel. 208771), das äußerlich nicht viel hergibt, für die Preislage aber ganz ordentliche Zimmer bietet. Außerdem ist das Personal sehr hilfreich. Das Gebäude verfügt über eine Dachterasse und es herrscht ganz allgemein eine freundliche Atmosphäre. Das Wasser im Haus stammt interessanterweise aus einem nebenbei gelegenen, über 100 m tiefen artesischen Brunnen. Was die Zimmer anbelangt, so gibt es eine Menge verschiedener Kategorien. Einzel kosten – je ob mit oder ohne eigenem Bad – 50/ 80 Rs, Doppel 80/100 Rs., Dreier 120/140 Rs.; ein Bett im Dorm zu 20 Rs.. Plus 10 % Steuer.

●Ein *Restaurant* ist angeschlossen, außerdem besteht ein Mietwagen-Service (mit Fahrer). Zur Vefügung stehen verschiedene Wagen- oder Kleinbustypen. Personenwagen kosten ca. 1000 Rs./Tag plus Benzin; bei mehrtägigen Touren sind Reduktionen möglich.

●*Hotel Jay Vijaya* (Tel. 20918), Zimmer mit Bad 50/80/150 Rs., ohne Bad 40/50/60 Rs., das Dorm zu 15 Rs.

●*Hotel Mamta* (Tel. 20312), mit Dachterrasse und Restaurant, Dorm 20 Rs., Zimmer mit Bad 100 Rs.; 10 % Steuer.

Anreise

Im Prinzip wie nach Bhairawa, da viele der Busse aus Kathmandu und Pokhara nach einem Halt in Bhairawa gleich weiter nach Sunauli fahren; falls nicht, geht's per Riksha von Bhairawa nach Sunauli.

Weiterreise

Es bestehen zahlreiche direkte Busverbindungen nach Kathmandu, Pokhara u.a., aber auch zu indischen Zielen wie Benares, Gorakhpur etc.; zuverlässige Buchungen im Nepal Guest House oder im Tourist Ticket Reservation Service links neben dem Mamta Hotel (Tel. 20877).

Lumbini

Geschichte

Für einige hundert Millionen Buddhisten in aller Welt hat dieser Ort eine ganz besondere Bedeutung: Hier wurde **Buddha** (der "Erleuchtete") **geboren,** allerdings unter dem Namen *Gautama Siddharta.* Das exakte Geburtsjahr ist umstritten, das Jahr 543 v.Chr. ist glaubhaft, anderen Interpretationen zufolge kann es aber auch ein paar Jahrzehnte davor gewesen sein.

Wie auch immer – daß Buddha hier das Licht der Welt erblickte, ist unangefochten. Der Überlieferung nach waren seine Eltern König *Suddhodhana* aus dem Shakya-Klan und dessen Frau *Maya Devi. Suddhodhana* herrschte über ein kleines Königreich, mit der Hauptstadt Kapilavastu, als deren Standort das heutige Tilaurakot, 27 km westlich von Lumbini, angesehen wird.

Als Maya Devi hochschwanger war – angeblich im zehnten Monat – beschloß sie, ihr Elternhaus in Devadaha zu besuchen, ein Königreich, das sich östlich von Lumbini erstreckt haben muß, dessen genaue Lage aber unbekannt ist. Auf dem Weg dorthin passierte sie den Garten von Lumbini, dessen Schönheit in zahlreichen Pali- und Sanskrit-Versen besungen ist. Von dem Garten magisch angezogen, rastete die Königin dort, als plötzlich die Wehen einsetzten. Da die Königin gerade stand, hielt sie sich an dem herunterhängenden Zweig eines Sal-Baumes fest und gebar den zukünftigen Buddha. Während Brahma und Heerscharen anderer Götter vom Himmel herabstiegen, dem Neugeborenen ihren Respekt zu zollen, flossen plötzlich zwei Ströme vom Himmel herunter, der eine mit warmem, der andere mit kaltem Wasser, die das Kind reinigen sollten. Dazu bildete sich ein Teich voll Öl, der heute noch mit einem kleinen Gewässer an der Südwestseite der Geburtsstelle in Verbindung gebracht wird, dem Tilar Nadi oder "Öl-Fluß".

Zum Zeichen der göttlichen Herkunft des Buddha soll gleich nach seiner Geburt ein weißer Schirm über seinem Haupt erschienen sein. Dann blickte das Kind in alle Himmelsrichtungen und stapfte sieben Schritte nach Norden, gefolgt von Brahma und den anderen Göttern. Aus jedem seiner sieben Fußabdrücke sproß eine Lotusblume. Danach verkündete das Neugeborene, daß dies seine letzte Geburt im Kreislauf der Wiedergeburten sei, und die Erde begann zu erbeben, die Winde hörten auf zu wehen, Blumen erblühten, und dann breitete sich ein tiefer Frieden über dem Land aus.

Gut zweieinhalb Jahrhunderte nach dem weltbewegenden Ereignis, im Jahre 249 v.Chr., besuchte der indische König *Ashoka* den Ort und errichtete vier Stupas und eine steinerne Säule, den **Ashoka's Pillar.** Als die chinesischen Reisenden *Fa-Hian* und *Hiuen Tsang* in den Jahren 403 bzw. 636 n.Chr. Lumbini

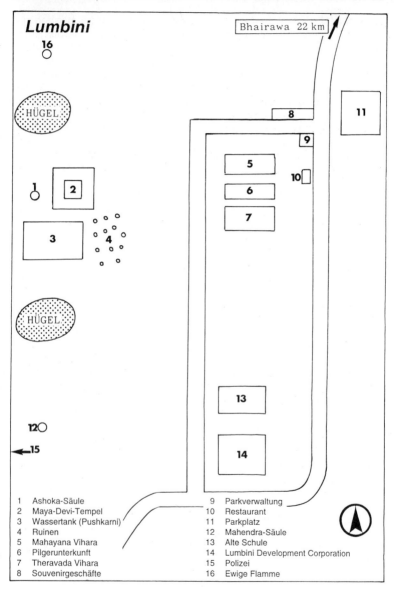

Lumbini

Bhairawa 22 km

HÜGEL

HÜGEL

1	Ashoka-Säule
2	Maya-Devi-Tempel
3	Wassertank (Pushkarni)
4	Ruinen
5	Mahayana Vihara
6	Pilgerunterkunft
7	Theravada Vihara
8	Souvenirgeschäfte
9	Parkverwaltung
10	Restaurant
11	Parkplatz
12	Mahendra-Säule
13	Alte Schule
14	Lumbini Development Corporation
15	Polizei
16	Ewige Flamme

besuchten, lag es in Ruinen. Von zahllosen Tempel- und Palastgebäuden, die man in den Jahrhunderten nach Buddhas Geburt errichtet hatte, war nicht mehr viel verblieben.

Hiuen Tsang erlebte, wie ein Blitz in die Ashoka-Säule einschlug und sie in zwei Teile spaltete. Sie konnte erst 1895 wieder von dem deutschen Archäologen *Dr. Führer* ausfindig gemacht werden und wurde neu errichtet. Der Sal-Baum, an dem sich Maya Devi bei der Geburt festgehalten hatte, soll bis ins frühe 7. Jh. überdauert haben, was ihn stolze 1200 Jahre alt hätte werden lassen.

Sehenswertes

Heute ziert Lumbini eine Reihe von Bäumen, auf dem Gelände um Buddhas Geburtsort stehen neben Sal-Bäumen Pipal- (Ficus religios), Mango- (Magnifera indica), Ashoka- (Saraca indica) sowie einige andere Bäume. Dazwischen finden sich einige sehr abgetragene Ruinen und – wie nach Buddhas Geburt – eine sehr friedvolle und erhebende Atmosphäre. Sind die verbliebenen Ruinen nur von mäßigem Interesse, so wird das in gewissem Maße vielleicht durch die besinnliche Stimmung des Ortes wettgemacht. Architektonische Weltwunder oder andere handfeste Attraktionen sollte man jedoch nicht erwarten. Die Regierung plant zwar, das Gelände zu einer größeren Pilger- und Touristenattraktion auszubauen, wie das aussehen könnte und wann es soweit ist, bleibt abzuwarten. Derzeit ist ein zwei- bis maximal dreistündiger Aufenthalt vollkommen ausreichend.

Ashoka-Säule

Die Stelle, an der Maya Devi den Buddha gebar, wird durch die Ashoka-Säule (Ashoka's Pillar) gekennzeichnet, die der indische König *Ashoka* bei seinem Besuch im Jahre 249 v.Chr. hatte aufstellen lassen. Lange Jahre verschollen, wurde sie erst 1895 wiederentdeckt. Der Heiligkeit des Ortes zum Trotz hat die Säule nichts Erhebendes oder Subtiles an sich, eher wirkt sie wie der Schlot einer Ziegelbrennerei! Nur die Gebetsfahnen lassen einen sakralen Hauch aufkommen.

An der Säule ist eine Inschrift *Ashokas* angebracht: "König Ashoka, geliebt von den Göttern, begab sich hierhin im zwanzigsten Jahr seiner Herrschaft, huldigte dem Buddha, erklärte 'Hier wurde der Buddha Shakyamuni ("der Einsiedler der Shakya") geboren. Und er ließ das steinerne Bildnis eines Pferdes anfertigen und diese Säule errichten. Da der Anbetungswürdige hier geboren wurde, ist das Dorf Lumbini von allen Steuern befreit."

Maya-Devi-Tempel

Der Buddhas Mutter geweihte Maya-Devi-Tempel steht direkt neben der Säule, es ist die größte und einzig erhaltene alte Anlage auf dem Gelände. Wahrscheinlich wurde sie auf den Überresten einer oder mehrerer Stupas oder eines Tempels erbaut, möglicherweise auch auf einer von Ashoka gestifteten Stupa.

Im Inneren befindet sich ein Stein-relief, das die **Geburtsszene Buddhas** darstellt, so wie sie in der buddhistischen Frühzeit oft abgebildet und verehrt wurde. Gezeigt wird Maya Devi, die sich an einem Sal-Zweig festhält, während der Buddha neben ihr auf einem Lotussockel steht, den ganzen Körper in eine heilige Aura gehüllt. Aus dem Himmel darüber begießen ihn zwei göttliche Wesen mit Blumen und Wasser. Das Relief wurde zwischen dem 11. und 15. Jh. von Malla-Königen gestiftet, der Tempel selber wird auf ein Alter bis zu 2000 Jahren geschätzt, Genaueres ist nicht bekannt.

An der Südseite des Tempels ist ein Badeteich angelegt, der **Pushkarni,** in dem sich Maya Devi vor der Niederkunft gereinigt haben soll. Pushkarni ist die weibliche Form von Pushkar ("Teich"), dem Wassertank wird demnach das weibliche Geschlecht zugesprochen.

Sonstiges

Um Tempel und Wassertank finden sich einige stark abgetragene Ruinen aus der Zeit zwischen dem 2. Jh.v.Chr. und dem 9. Jh.n.Chr. Am Ostrand des Geländes wurden in der jüngeren Vergangenheit einige, ebenfalls nur wenig interessante Tempelgebäude hinzugefügt, so die **Mahayana Vihara,** in der eine größere Buddhafigur zu sehen ist. Sie zeigt den Buddha mit der Handgeste Bhumisparsha (Sanskrit für "Berührung der Erde"), mit der er symbolisch die Erde anruft, seine Erleuchtung zur Kenntnis zu nehmen.

Unterkunft/ Essen

●Zwischen den neuen Klosterbauten an der Ostseite des Geländes steht eine Dharmashala oder **Pilgerherberge** zur Verfügung. Die Übernachtung ist kostenlos (Spenden sind aber willkommen!), man erhält aber auch nur ein Bettgestell ohne jegliches Bettzeug. Schlafsacks mitbringen.
●Fünf Minuten Fußweg vom Parkeingang entfernt liegt die **Lumbini Village Lodge** (Madhabani Ganbikas Samiti, Lumbini, kein Tel.), in dörflich wirkender Umgebung. Die schlichten Zimmer (Gemeinschaftsbad) kosten 100 Rs. (Einzel) bzw. 200 Rs. (Doppel). Ein kleines Restaurant ist angeschlossen.
●Als luxuriöse Alternative bietet sich das extrem teure **Lumbini Hokke Hotel** (Tel. 20236) an, das sich etwa 2 km nördlich der Ruinen befindet. Bei der Anfahrt aus Bhairawa weist ein Schild auf die Abzweigung zum Hotel hin. Das Haus wirbt in erster Linie um japanische Touristen, was sich auch auf die Preise niederschlägt: Einzel kosten 77 $, Doppel 114 $. Dafür sind die Zimmer (Bad, AC) erwartungsgemäß sehr komfortabel.
●Eine Speisemöglichkeit bietet ein kleines, einfaches **Restaurant** links vom Eingang zu den Anlagen von Lumbini.

Anreise

●Ab Bhairawa fahren regelmäßige **Busse** zum Preis von 8,50 Rs.
●Busse ab Butwal zu 13,50 Rs.
●**Jeep-Service** siehe unter Bhairawa, Rubrik "Verkehrsmittel".

Weiterreise

●Die letzten Busse zurück **nach Bhairawa** fahren gegen 18.30 Uhr, Haltestelle am Eingang zu den historischen Anlagen.
●Ruinen-Fans und Hobby-Historiker könnten ansonsten noch **nach Tilaurakot** weiterfahren, dem alten Kapilavastu. Es gibt eine direkte Straßenverbindung von Lumbini dorthin (27 km), so daß man immer einen Bus bekommt, ist aber fraglich. Die Fahrt dorthin sollte deshalb, wenn möglich, mit einem Mietwagen absolviert werden.

Tilaurakot

Kapilavastu, das heutige Tilaurakot, war Ausgrabungen zufolge mindestens vom 8. Jh.v.Chr. bis zum 2. Jh.n.Chr. bewohnt. Als der Chinese *Huien Tsang* den Ort im Jahre 636 aufsuchte, waren jedoch nur noch Ruinen vorhanden. Heute sind von den alten Anlagen abgetragene Reste zu sehen, die aber vielleicht in manchem Besucher den Schliemann wecken. Die Ruinen deuten auf ehemals große Wohn-, Palast- und Befestigungsanlagen hin.

Kapilavastu war einst Hauptstadt des Reiches der Shakya, in der Buddha als Thronfolger 29 Lebensjahre verbrachte, ehe er sich für ein Leben in Einsamkeit und Meditation entschloß. Zu Buddhas Lebzeiten schon wurde Kapilavastu schwer zerstört; der Übeltäter war ein gewisser König *Vidudhaba von Kosala,* das Ergebnis der Beziehung von König *Prasanjit* zu einer Sklavin. Nach einem Besuch in Kapilavastu, bei dem ihm nicht die erwartete Ehrerbietung zuteil geworden war, schwor er Rache, und schickte sich an, Kapilavastu zu zerstören. Einer Überlieferung nach griff er Kapilavastu dreimal an und wurde jedesmal von Buddha dazu veranlaßt, die Attacken einzustellen. Beim vierten Male zerstörte er die Stadt jedoch und richtete unter den Einwohnern ein solches Massaker an, daß 9990 Opfer zu beklagen waren. Einige der Shakyas überlebten, viele aber flohen ins Kathmandu Valley.

Anreise

● Siehe Lumbini, "Weiterreise".
● Eine andere Anreisemöglichkeit besteht von Butwal per Bus nach Taulihawa (18 km), von wo es noch 1,5 km bis Tilaurakot sind.

Narayanghat und Bharatpur

Diese Zwillingsstädte sind ein guter Ausgangspunkt für Besuche des Chitwan-Parks und von Devghat, einem wichtigen Pilgerort. **Narayanghat**, die westlichere des urbanen Gespannes, erstreckt sich entlang des Ufers des Narayani, der hier schon eine recht majestätische Breite aufweist. Der Fluß wird sogar von einem Sandstrand gesäumt, von wo man abends beobachten kann, wie die Sonne als feuerrote Kugel versinkt. Narayanghat ist eine lebendige Handelsstadt, das kommerzielle Zentrum der Region, und eine der angenehmeren Städte des Terai.

Bharatpur, die östliche Hälfte, ist ruhiger und eher provinziell.

Als Verkehrsmittel innerhalb der Zwillingsstadt kommt praktisch nur die **Riksha** in Frage. Für Fahrten zwischen Narayanghat und Bharatpur zahlen die Einheimischen 8 Rs.; Touristen kommen günstigstenfalls mit 10-12 Rs. davon.

Unterkunft/ Essen

● Sehr nobel ist das **Hotel Safari Narayani** (Tel. 20130, 20634-5), das gerne von Tourgruppen angesteuert wird. Die Zimmer (AC) sind sehr komfortabel, und das Haus liegt sehr ruhig von einem Garten (samt Swimming-Pool) umgeben. Hinzu kommt ein sehr gutes Restaurant mit westlicher und indisch/nepalesischer Küche, das für seinen Standard sogar preiswert ist. Einzel zu 35 $, Doppel 45 $ und die Suite 70 $. 10 % Steuer. Buchungen in Kathmandu im Hotel Oasis, Tel 5-22746.

●Eine Preisstufe darunter liegt das *Hotel Chitwan Keyman* (Tel. 20200), mit Zimmern (AC) zu 32 US$ (Einzel) und 38 US$ (Doppel), plus 10 % Steuer. Die Zimmer sind sauber und wohnlich. Ein recht gutes Restaurant ist ebenfalls vorhanden, im Vergleich zu dem des Safari Narayani scheint es jedoch teilweise überteuert.

●Das direkt auf der anderen Straßenseite liegende *Island Jungle Resort Bharatpur Heights* war ursprünglich ein Guest House der amerikanischen Hilfsorganisation USAID. Die Zimmer befinden sich in kleinen Bungalows, die sich wiederum um einen größeren Garten gruppieren. Im Vergleich zur wunderbaren Anlage des Safari Narayani Hotel wirkt diese jedoch etwas vernachlässigt. Die Zimmer (Bad) koste Einzel 30 $, Doppel 36 $, dazu 10% Steuer. Buchungen unter G.P.O.Box 2154, Durbar Marg, Kathmandu, Tel. 220162, 225615, 229116; Fax 977-1-223814.

●Für seinen Preis recht gut ist das *Rhino Guest House* (Tel. 20479), die wohl sauberste Lodge am Ort. Einzel mit Bad kosten 125 Rs., Doppel 175 und Dreier 250 Rs. Angeschlossen ist das kleine, open-air gelegene *Bar-B-Q Restaurant*.

●Gleich gegenüber liegt das akzeptable *Quality Guest House* (Tel. 20939), mit einfachen Zimmern (Bad) zu 125 Rs. (Einzel) und 200 Rs. (Doppel).

●Das *Hotel New Besauni* (Tel. 20421) liegt etwas zurückversetzt an der Hauptstraße durch den Ort. Es hat einfache Zimmer (Bad) für 1-2 Personen zu 100/150/175 Rs., Viererzimmer mit Bad zu 350 Rs.

●1995 wurde das *Regal Rest House* eröffnet (Tel. 21442), das derzeit einzige Mittelklassehotel am Ort. Die Zimmer (Bad; AC) sind akzeptabel, aufgrund der Lage an einer größeren Kreuzung sollte man aber möglichst ein Zimmer nach hinten hinaus wäh-

len. Kostenpunkt 500 Rs., bzw 550 Rs. für Zimmer mit TV (BBC, Star TV, Zee TV, Pakistan TV u.a.). Deluxe-Räume kosten 550/650 Rs., diese haben auch eine Badewanne im Badezimmer; letztere haben dazu TV. Ein paar anspruchslose Guest House-Zimmer sind ebenfalls vorhanden (100-250 Rs.).

●Weiterhin existiert noch eine Reihe von simplen Lodges im Ort, die aber wohl nur in Betracht gezogen werden sollten, wenn das Reisebudget bedrohlich zur Neige geht. Die *Saugat Lodge* an der Hauptstraße hat Einzel ohne Bad zu 50 Rs., Doppel zu 90 Rs.; Zimmer mit Bad kosten 120 Rs. Die nahegelegene *Ruby Lodge* hat Doppel ohne eigenes Bad zu 80 Rs., Dreier zu 120 Rs.

Anreise

●*Busse ab Kathmandu* fahren vom Ratna Park als auch vom Bhimsen Tower, Preis 53 Rs., Fahrzeit ca. 6 Std. Weitere Verbindungen ab Pokhara (46 Rs.), Gorkha (24 Rs.), Bhairawa (47 Rs.), Butwal (38 Rs.), Birganj (47 Rs.), Biratnagar (132 Rs.), dazu Hetauda, Janakpur, Nepalganj, Kakarbhitta u.v.a.

●*Flüge ab Kathmandu* mit den diversen Gesellschaften kosten jeweils 50 US$; die Royal Nepal, Everest Air und Necon Air fliegen täglich, die Nepal Airways viermal wöchentlich. Flugzeit 25 Minuten.

Weiterreise

●Eine interessante Ausflugsmöglichkeit ist die Fahrt *nach Devghat,* siehe dazu die folgende Ortsbeschreibung.

●Jeder Bus in Richtung Hetauda oder Birganj muß durch Tadi Bazar (13 km), von wo aus man Sauraha und den *Chitwan-Park* erreicht.

●*Flüge* ab Bharatpur gibt es nur nach Kathmandu. Der Flughafen, mit einem der armseligsten Abfertigungsgebäuden in Nepal, befindet sich ca. 500 m südöstlich des Safari Narayani Hotels. In dem Gebäude sind die winzigen Büros der Royal Nepal Airlines, Nepal Airways und Necon Air untergebracht. Das Büro der Everest Air befindet

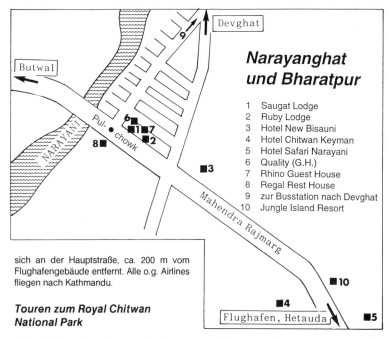

Narayanghat und Bharatpur

1 Saugat Lodge
2 Ruby Lodge
3 Hotel New Bisauni
4 Hotel Chitwan Keyman
5 Hotel Safari Narayani
6 Quality (G.H.)
7 Rhino Guest House
8 Regal Rest House
9 zur Busstation nach Devghat
10 Jungle Island Resort

sich an der Hauptstraße, ca. 200 m vom
Flughafengebäude entfernt. Alle o.g. Airlines
fliegen nach Kathmandu.

Touren zum Royal Chitwan National Park

Beide Nobelhotels offerieren Dschungel-
touren in den Chitwan-Nationalpark.
•Das Hotel Keyman Chitwan bringt seine
Tourgäste im Jungel Shangrila Camp in
Sauraha unter und veranstaltet dreitägige
Besichtigungsprogramme (2 Übernachtungen) des Parks zu 120 US$/ Person. Einge-
schlossen sind darin Übernachtung, Ver-
pflegung, Elefanten-Safaris, Kanu-Fahrten,
Besuche in Dörfern, Tharu-Tanzvorfüh-
rungen u.a. Informationen in Kathmandu un-
ter Tel. 4-19798.
•Das Safari Narayani bietet ein ähnliches
Programm, die Gäste wohnen aber mitten
im Park, in der Safari Narayani Lodge. Es
gibt dabei Touren mit unterschiedlicher
Dauer, 3 Tage (2 Übernachtungen) kosten
300 US$, 4 Tage (3 Übernachtungen) 400
US$. Diese Preise schließen aber schon die
An- und Abfahrt nach/von Kathmandu ein.
Informationen in Kathmandu (Patan) unter

Hotel Narayani, Tel. 5-25015 bis 18, Fax
977-1-521291.
•Ähnliche Tourprogramme sind auch zu
buchen beim *Jungle Island Resort*; siehe
im Kapitel zum Chitwan National Park.

Devghat

Devghat, 8 km nördlich von Narayanghat gelegen, ist einer der heiligsten und zugleich landschaftlich reiz-
vollsten Orte des Terai. Er liegt an
der Mündung des Kali Gandaki in
den Narayani, wie die Hindus sagen,
an einem Sangam. Ein Sangam ist
ein Zusammenfluß zweier oder mehrerer Flüsse, dem man eine spirituelle Kraft nachsagt.

Das besondere am *Sangam von Devghat* ist die Farbe der dort zusammenströmenden Flüsse: Das Wasser des Kali Gandaki erscheint schwarz oder zumindest dunkel *(kali* = "schwarz")*, das Wasser des Narayani dagegen hell oder türkis. Wo die Flüsse aufeinandertreffen, kann man den Farbunterschied klar erkennen. Und als wäre dies nicht genug des "Wunders", so werden beide Flüsse von leuchtend weißem, herrlichem Kieselstrand gesäumt. Am Sangam selber dehnt sich dieser zu einem weiten Areal aus, das zahllosen Pilgern Platz bietet.

Zum Festtag *Magh Sankranti,* dem ersten Tag des Monats Magh, findet hier die Devghat Mela statt, das wichtigste Badefest Nepals. Es signalisiert das Ende der kalten Jahreszeit und das Ende des als wenig glückbringend erachteten Monats Paush. Zum Fest finden sich Abertausende von Pilgern ein.

Nahe dem Zusammenfluß sind einige kleinere Tempelgebäude und Pilgerunterkünfte angelegt. Die Atmosphäre um diesen Ort ist friedlich und verzaubernd. Vielleicht liegt es an den zahlreichen Einsiedlern, die sich hier niedergelassen haben und ihr Leben der Religion gewidmet haben. Zum Teil liegt es aber sicher an der herrlichen Natur. Die Flüsse winden sich in zahlreichen Schlaufen durch dichtbewaldete Hügel, zu deren Grün die weißen Strände einen wunderbaren Kontrast setzen. Heilig oder nicht – ein wundervoller Ort! Devghat bedeutet – recht zutreffend – "Ufer der Götter".

Anreise

Am besten besucht man Devghat in einem Tagesausflug von Narayanghat aus; auf Touristen eingestellte Unterkünfte gibt es nicht, wer unbedingt hier wohnen und sich an der spirituellen Atmosphäre des Ortes laben möchte, könnte versuchen, in den Pilgerherbergen unterzukommen.

●Es fahren regelmäßige *Busse* ab Narayanghat, Kostenpunkt 3 Rs. Abfahrt von einer kleinen Busstation, ca. 1,5 km nordwestlich des Pulchowk, der großen Kreuzung vor dem Regal Rest House. In Devghat halten die Busse genau vor einer ca. 100 m langen Hängebrücke über den Narayani. Von dieser aus kann man links (Bushaltestelle im Rücken) den Zusammenfluß sehen. Unmittelbar nach dem Überqueren der Brücke biege man links in einen Weg ein, der nach einigen Minuten zum Sangam und den Tempelanlagen führt. Man kann aber auch einen längeren Weg wählen, der zunächst durch die sehr attraktive Dorfmitte verläuft. Dazu gehe man nach Überquerung der Brücke zunächst einige hundert Meter geradeaus und biege dann im Dorf links in Richtung Fluß ab. So dauert der Weg ungefähr 20 - 30 Minuten.

●Zwecks *Mietwagen,* die allerdings ebenso vor der Brücke halten müssen, wende man sich an die Hotels Chitwan Keyman, Safari Narayani oder das Regal Rest House in Narayanghat/Bharatpur.

Weiterreise

●Weiter geht es nur noch *zu Fuß,* doch Vorsicht, in den umliegenden Wäldern soll es noch Tiger und andere wenig touristenfreundliche wilde Tiere geben.

●Ansonsten ist Devghat bisweilen der Ausgangsort von *Floßtouren* den Narayani hinab in Richtung Chitwan-Park. Möglicherweise kann das Hotel Safari Narayani derartiges organisieren, fragen Sie dort nach.

Tadi Bazar (Tandi Bazar)

Royal Chitwan National Park

Überblick

Das kleine Tadi Bazar am Mahendra Rajmarg ist **Transitpunkt** für alle Reisenden nach Sauraha am Rande des Royal Chitwan National Park. Tadi Bazar ist per Bus von zahlreichen Orten aus zu erreichen, so von Kathmandu, Pokhara, Narayanghat, Hetauda, Birganj u.a.

Am Highway, etwa da, wo die Busse halten, weist ein Schild den **Weg nach Sauraha** (7 km). Dieser führt am Dorf Chitrasali durch einen kleinen Flußlauf, der meistens etwa knietief ist. Im Monsun kann das Wasser aber auch beträchtlich steigen. Für die Weiterreise von Tadi Bazar kommen somit nur Jeeps, Ochsenkarren oder eventuell Fahrräder in Betracht (letzteres falls man den Wasserkontakt nicht scheut). Eine Fahrt im Jeep kostet nur 5 Rs./Pers., wenn man sich zum Wohnen in einer von den Fahrern angebotenen Lodge entscheidet (womit eine Leserin jedoch schlechte Erfahrungen gemacht hat; Übervorteilung?!); ansonsten 30 Rs./Pers. Der Transport im Ochsenkarren schlägt mit ca. 80-100 Rs./Fuhre zu Buche, dauert aber auch bis zu 2 Std. Die an der Hauptstraße in Tadi Bazar auszuleihenden Fahrräder kosten 50 Rs./Tag, und mit diesen hat man dann den Fluß zu durchwaten. PKW's können die Überquerung bei flachem Wasserstand auch schaffen, wenn der Fahrer sich darauf einläßt.

Mit einer Ausdehnung von 932 km^2 ist der Royal Chitwan National Park eines der größten verbliebenen **Dschungelgebiete** des Landes und ein anschauliches Beispiel dafür, wie es vor noch nicht allzu langer Zeit fast überall im Terai ausgesehen hat. Nachdem 1954 von der USAID (United States' Agency for International Development) ein Anti-Malaria-Programm begonnen und 1960 erfolgreich abgeschlossen worden war, wuchs die Bevölkerung des Terai dermaßen rapide, daß weite Waldflächen gerodet und in Ackerland umgewandelt wurden. Von 1950 bis 1960 vermehrte sich die Bevölkerung in manchen Gebieten auf mehr als das Dreifache. Proportional dazu nahm auch der Waldbestand ab, und von den Wäldern im Chitwan-Gebiet verblieben nur noch 35 % der ursprünglichen Fläche.

Interessanterweise hatte es schon seit Mitte des 19. Jh. Jagdverbote in Chitwan gegeben - die allerdings kaum von Respekt vor diesem Naturvermächtnis zeugten. Die Rana-Premiers, die die Wälder als ihre **privaten Jagdreviere** betrachteten, verhängten harte Strafen gegen Wilderei. Die Wilderer sollten nicht töten, was die Ranas in ihrer Jagdfreude selber zu erlegen hofften. Außerdem gehörte die Chitwan-Jagd zum obligatorischen Besuchspro-

Charas, Bhang und Ganja
— Ein Vollrausch für die Götter

Es gab einmal Zeiten – die älteren von uns erinnern sich vielleicht noch –, in denen bezog sich das Prädikat "echter Nepalese" nicht etwa auf die ethnische Zugehörigkeit eines Himalaya-Bewohners. Gemeint war vielmehr die Herkunft des Haschisch, von dem Nepal angeblich das weltweit beste hervorbrachte. Folglich gab es bald eine Art **Haschisch-Tourismus** nach Nepal, besonders in den 60er und 70er Jahren. Kathmandus "Pie Shops", die Kuchen mit wohldosiertem Haschisch-Anteil kredenzten, wurden zur Legende.

Mittlerweile ist der Anbau und Verkauf des Stoffes verboten, und Nepal bemüht sich auch, "Hippies" fernzuhalten. So gilt die Regelung, daß sich Ausländer nicht mehr als 120 Tage pro Jahr in Nepal aufhalten dürfen; dann muß unweigerlich ausgereist werden. Auf diese Weise, so die Hoffnung, können sich keine vom Haschisch apathisch gewordenen "Hippies" einnisten.

War das Haschisch den Westlern nur ein exotisches Mittel, in einen alternativen (zum Alkohol) Vollrausch zu gelangen, so hat es in Indien vom Ursprung her sakrale und rituelle Bedeutung. Haschisch – die Bezeichnung stammt aus dem Arabischen, in Indien und Nepal heißt es *Charas* – ist das Harz der **Cannabis-Pflanze** (Cannabis sativa), gemeinhin auch als Hanf bekannt. Der berauschende **Wirkstoff der Pflanze** ist das THC (Tetrahydrocannabinol), das schon die Drogenringe der 70er Jahre chemisch zu extrahieren verstanden, um so leichter transportier- und versteckbare Haschischmengen zu erhalten, das alles ohne jeglichen Wirkstoffverlust. Das Cannabis ist eine zweigeschlechtliche Pflanze, die über 2 m hoch werden kann und ihre Wirkung vor allem in warmem, feuchtem Klima entfaltet. Die traditionellen Anbaugebiete in Nepal sind die Hügelregionen und das westliche Terai. Die in Europa kultivierten Hanf-Arten dienen der Gewinnung von Textilfasern für Seile und Gewebe. Neben dem Harz haben noch andere Bestandteile der Pflanze berauschende Wirkung, so der Blütenstaub und Blätter und Stengel. Letztere werden getrocknet und landen als Ganja in Zigarette oder Chilam, einem länglichen Rauchinstrument aus Ton. Im Kiffer-Jargon ist das Ganja auch als "Gras" bekannt. Die verschiedenen Cannabis-Teile können zusammen mit verschiedenen Zutaten auch zu einem Getränk aufbereitet werden, dem Bhang. Häufige Bestandteile sind Milch, Honig, Mandeln, Gewürze etc.

Cannabis-Pflanze

In der indischen **Geschichte** findet das Cannabis zum ersten Male in der Shatapathana-Brahmana Erwähnung, einer Schrift aus dem 8. Jh.v.Chr. Darin wird es als Vijaya ("Sieg") bezeichnet, was gleichzeitig auch der Name einer tantrischen Göttin ist. In der Hindu-Mythologie gilt Cannabis als dem Gott Shiva untergeordnet, denn Shiva tritt auch in der Form des Aushadheswara auf, des "Gottes der Heilkräuter".

In der Ayurveda, der traditionellen **indischen Kräuterheilkunde,** wird Cannabis gegen Appetitlosigkeit, Verdauungsstörungen, Rheuma, Cholera, Ruhr und Schlaflosigkeit verwandt. Ganz im Sinne seiner engen Beziehung zum Cannabis soll Shiva sogar ganze Berge davon weggeraucht haben. Einige Darstellungen zeigen, wie ihm Bhang in dicken Strömen aus seinem Haarknoten fließt, eine Anspielung auf ähnliche Abbildungen, bei denen dem Haarknoten der Ganges entspringt. In gewisser Weise wird so der Bhang auf die gleiche göttliche Stufe gestellt wie der heilige Ganges. Dementsprechend kursiert unter den Maithili-Sprechern des nördlichen Bihar ein Vers: "Ganga (Ganges) und Bhanga sind zwei Schwestern; beide leben von Gangadhara ("Der, der den Ganges herabfließen läßt"; Shiva). Ganga gibt dir Weisheit, und Bhanga zeigt dir den Weg zum Himmel".

Das Bhang spielt heute noch bei *tantrischen Riutalen* eine Rolle, ebenso beim Holi, dem *hinduistischen Frühlingsfest*, in dem sich Teile der (männlichen) Bevölkerung einen ausgedehnten Bhang-Rausch antrinken. Gelegentlich wird dem Gemisch der Same des Datura-Strauches (Datura stramonium) untergemixt, was die Rauschwirkung erheblich erhöht. Datura ist ein Nachtschattengewächs, das ebenfalls in engen Zusammenhang mit Shiva gebracht wird. In hohen Dosen kann es zu schweren Vergiftungen oder Schlimmerem führen.

Alltäglicher als Bhang ist jedoch der Gebrauch von Charas und Ganja, dem sich insbesondere die *Sadhus* verschrieben haben, die asketischen Anhänger Shivas. Auf viele Weise versuchen die Sadhus – der Begriff ist Sanskrit und bedeutet etwa "Die zur Vollkommenheit Gelangten" – in spirituelle Nähe ihres Gottes zu begeben: Viele tragen einen aufgetürmten Haarknoten auf dem Kopf und einen Trishul oder Dreizack, das Zeichen Shivas, in der Hand. Und fast alle frönen dem Rausch des Cannabis.

Als *Urheimat des Cannabis* wird die weite Region zwischen Ural, Kaukasus, Zentral- und Ostasien angenommen. Systematisch angebaut wurde es wahrscheinlich schon im Nordchina des 4. oder 3. Jahrtausend v.Chr. Als Heilmittel wird es zum ersten Mal im China um 2000 v.Chr. erwähnt. Zentralasiatische Nomaden führten die Pflanze in West- und Südasien ein, nach Europa gelangte sie erst im 8. Jh. durch den Einfall der Mauren in Spanien. Wann dabei ihr ritueller Gebrauch begann, ist nicht ganz klar. Die indischen Veden, die ältesten religiösen Texte der Welt (ca. 2. Jahrtausend v.Chr.) besingen schon das Soma, ein mystisches Getränk, das mit Cannabis in Verbindung gebracht werden könnte – die Interpretationen, was es tatsächlich war, klaffen aber weit auseinander. Herodot beschrieb im 5. Jh.v.Chr. den Totenkult der Skythen, in dem Cannabis Verwendung fand.

Eine weitere *Beziehung der Droge zum Tod* wurde im Arabien des 8. Jh. vom gefürchteten *Harun Ar Raschid* geschaffen. Um seine Gegner zu töten, setzte er seine Soldaten unter Haschisch und schickte sie aus zum heimtückischen Mord. Aufgrund ihres Rausches nannte man sie Haschischin. Unter dem Einfluß der Droge vollführten sie ihren Auftrag mit gespenstischer Entschlossenheit, ohne Furcht vor der Ergreifung und dem eigenen Tod.

Die Verbindung des Haschisch zum Mord drückt sich heute noch in einigen englischen und französischen Vokabeln aus: Aus "Haschischin" entstanden die Worte *assassin* ("Meuchelmörder"), *to assassinate* ("meuchlings ermorden") und *assassination* ("Meuchelmord"). Hatte da gerade jemand etwas von "Love & Peace" gesagt ...?

Royal Chitwan National Park

1	Landa Ghat	25	Shiva Nagar
2	Chormara	26	Ram Pur
3	Tiger Tops Tharu Village	27	Pullar
4	Agyaula	28	Gitanagar
5	Kasaswoti	29	Baruwa
6	Pragati Nagar	30	Narayan Pur
7	Dibay Puri	31	Kach Pachiya
8	Tribeni Ghat	32	Bharatpur
9	Balmiki Ashram	33	Narayanghat

10	Dopani	34	Gaidakot
11	Chamka	35	Devghat
12	Khoriya Mohan	36	Suki Var
13	Tiger Tops Tented Camp	37	Dhruba
14	Island Resort	38	Kasara
15	Bagh Mara	39	Ghatgai
16	Tiger Tops Jungle Lodge	40	Jarneli
17	Bhimle	41	Elephant Breeding Center
18	Meghauli	42	Bagh Mara
19	Pipra	43	Gathauli
20	Debya Nagar	44	Sauraha
21	Ratanpur	45	Bachhauli
22	Chanautiya	46	Ratna Nager
23	Gunja Nager	47	Tadi Bazar
24	Parvati Pur	48	Gaida Wild Life Camp

49	Kumroj
50	Khairhani
51	Kathar
52	Birendranagar
53	Bhandara
54	Daduwa
55	Sunachuri
56	Gaida Wild Life Jungle Camp

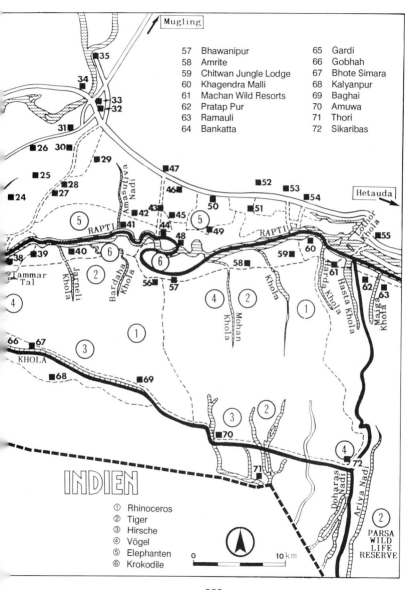

57 Bhawanipur
58 Amrite
59 Chitwan Jungle Lodge
60 Khagendra Malli
61 Machan Wild Resorts
62 Pratap Pur
63 Ramauli
64 Bankatta

65 Gardi
66 Gobhah
67 Bhote Simara
68 Kalyanpur
69 Baghai
70 Amuwa
71 Thori
72 Sikaribas

Mugling

Hetauda

INDIEN

① Rhinoceros
② Tiger
③ Hirsche
④ Vögel
⑤ Elephanten
⑥ Krokodile

0   10 km

PARSA
WILD
LIFE
RESERVE

gramm ausländischer Staatsgäste, denen hier exotischere Zielscheiben präsentiert wurden, als sie in ihrer Heimat vorfanden. Der traurige Abschußrekord wurde im Winter 1938/39 anläßlich des Besuches des Vizekönigs von Indien, *Lord Linlithgow*, aufgestellt: Auf der Strecke blieben 120 Tiger, 38 Nashörner, 27 Leoparden und 15 Bären.

1964 wurden die **ersten Maßnahmen zum Schutz** des Gebietes ergriffen. 22.000 Siedler, die sich hier niedergelassen hatten, wurden umgesiedelt. Eine 130köpfige Schutztruppe wurde aufgestellt, die den zahlreichen Wilderern das Handwerk legen sollte, die in den 60er Jahren etliche Tierarten ausgerottet hatten, ein Schicksal, das Ende der 60er Jahre fast auch die Nashörner ereilt hätte, die heute Attraktion einer jeden Safari sind.

1973 wurde das Gebiet zum **Nationalpark** erklärt, die Einhaltung der Schutzmaßnahmen obliegt seither - wie in allen nepalesischen Nationalparks - der Armee. Am Ostrand von Chitwan wurde die Parsa Wildlife Reserve geschaffen, die heute mit dem Chitwan-Nationalpark praktisch eine Einheit bildet. Die Bedeutung des Parks wurde 1984 noch unterstrichen, als die Vereinten Nationen es zu einem "World Heritage Natural Site" erklärten - oder, um es Deutsch und etwas weniger elegant auszudrücken, einem "Vermächtnis der Natur an die Menschheit".

Heute ist der Chitwan-Nationalpark ein attraktives Reiseziel für Touristen, die glücklicherweise nur noch mit der Kamera "jagen". Unter der in den Randgebieten lebenden Bevölkerung hält sich aber **Abneigung gegen den Park**. Der Grund liegt hauptsächlich in der Vernichtung von Feldfrüchten durch Tiere, die sich außerhalb des Parks auf Nahrungssuche begeben. Man schätzt, daß so 10-90 % der landwirtschaftlichen Produktion verloren gehen. Zudem kommt es nicht selten zu Todesfällen durch wilde Tiere, die - schwer verständlich für die Anwohner - ihrerseits aber unter Schutz gestellt sind. Jedes Jahr im Winter steht der Park jedermann für zwei Wochen lang zum Schneiden von Gras offen, das als Viehfutter oder Dachmaterial Verwendung findet. Pro Grasschneide-Saison sterben durchschnittlich 3-5 Menschen, die meisten davon durch Nashörner.

Die ablehnende Haltung kann auch durch den Tourismus kaum zum Besseren geneigt werden. Nur geringe Teile der Bevölkerung profitieren davon, die meisten Devisen fließen auf die Konten von Hotelketten und Reiseunternehmen. Die durch Tourismus geschaffenen Arbeitsplätze werden oft von Zugereisten aus den Städten besetzt. Zu allem Übel erzeugt der Tourismus noch eine hohe lokale Inflation, mit der viele Anwohner nicht Schritt halten können.

Flora und Fauna

Die Dschungel des Terai bildeten einst eine unüberwindbare Barriere, die Nepal gegen Eindringlinge aus dem Süden abschirmte. Durchstreift man den Chitwan-Park, bekommt man einen guten Eindruck von der Undurchdringlichkeit dieses natürlichen Schutzwalles.

In seine Vegetationsformen unterteilt, besteht das Areal aus 70 % Wald, der vom Sal-Baum dominiert wird, 20 % Grasland und 7 % Mischwald entlang der Flußläufe. Die restlichen 3 % entfallen auf Flüsse und Sümpfe.

Sal-Wald

Die 30-40 m hohen **Sal-Bäume** (Shorea robusta) bilden dichte Wälder, die über ein so geschlossenes Blätterdach verfügen, daß nur wenig Sonnenlicht hindurchdringt. Der typische Sal-Wald weist somit nur wenig niederwüchsige Pflanzen oder Strauchwerk auf. Lediglich an den Stellen, wo das Blätterdach aufgelockerter ist, kommt es zu vermehrtem Strauch- und Graswuchs. Eine der vorherrschenden Grasarten ist das **Themeda caudata**, das im dichten Wald bis zu 2 m hoch wird, in Lichtungen aber sogar bis zu 6 m.

Eine kleinere Baumart, die sich im Sal-Wald ansiedelt, ist der **Tatari-Baum** (Dillenia pentagyna), der eine eßbare (aber abführende!) Frucht hervorbringt.

Eine andere Frucht dieses Waldes ist die **Amla** (Phyllanthus emblica), eine Art größere Stachelbeere, die für ihren hohen Vitamin-C-Gehalt geschätzt wird. Sie wird auch in ayurvedischen Elixieren verwendet, und man sagt ihr eine Verbindung zu Vishnu und Shiva nach. In den Zwischenzonen, wo der Sal-Wald in den an Flüssen gelegenen Mischwald übergeht, verzeichnet man einen größeren Artenreichtum. Auffallend sind die **Schlingpflanzen** der Gattung Bhorla (Bauhinia varhii), die sich um die Baumstämme ranken und sie dabei zu erwürgen scheinen.

Fluß-Wald

Ein sehr abwechslungsreiches Bild bietet der "Fluß-Wald" (engl. riverine forest), der entlang der Flüsse hervorragende Voraussetzungen findet. Er umfaßt eine Vielzahl von niedrigwüchsigen bis mittelhohen Bäumen, zwischen denen sich dichtes Strauchwerk und zahlreiche kleinere Pflanzenarten breitmachen. Darunter sind der **Curryblatt-Strauch** (Murraya keonigii), dessen Blätter in indischen Curries Verwendung finden, oder **Palash**, (Butea monosperma), die "Flamme des Waldes", die im März den Wald mit ihren feuerroten Blüten in Brand zu setzen scheint.

Die wichtigsten **Bäume** dieses Mischwaldes sind der Sisu (Dalbergia sissoo), Tanki (Bauhinia malabarica), Belur (Trewia nudiflora) und der Khair (Acacia katechu). Letzterer bildet einen Samenkern, die sogenannte **Supari-Nuß**, die zusammen mit dem Betel-Blatt zur beliebten Betel-Mischung zusammengerollt und gekaut wird. Der **Jamun-Baum** (Szygium cumini) produziert eine schwarzrote Beere, die Jamun (auch Java Berry oder Black Berry), die sehr schmackhaft ist und in Teilen des indischen Subkontinents als Hausmittel gegen Diabetes gilt.

Grasland

Das Grasland schließlich wird von 70 verschiedenen Grassorten gebildet, die zum Teil 6 m hoch werden können. Aufgrund ihrer Höhe werden solche Arten bisweilen auch als "Elefanten-Gras" bezeichnet. Bei der zuvor erwähnten Grasschneide-Periode wird vor allem das **Khair-Gras** (Imperata cylindrica) geschnitten, das am besten auf solchen Böden gedeiht, die zuvor landwirtschaftlich genutzt wurden. Da seit 1964 keine Landwirtschaft im Bereich des Parkes betrieben wird, werden die Khair-Flächen immer geringer, und die Gattung wird von anderen verdrängt. So von der Spezies Saccharum spontaneum, eine sich schnell ausbreitende Art, die 90 % der Flußniederungen in Beschlag genommen hat. In den etwas höher gelegenen Regionen, wo auch spärlicher Baumbewuchs vorkommt, sind vornehmlich die Gattungen Typha elephantina, Phragmites karka, Nerenga porphyrocoma als auch einige Themeda- und Saccharum-Spezies verbreitet.

Flüsse und Sümpfe

Als größter Feind des ökologischen Systems von Flüssen und Seen erweist sich die **Seehyazinthe** (Einchhornia crassipes), eine Zierpflanze, die aus Südamerika nach Indien eingeführt worden war. Diese scheinbar so harmlose Wasserpflanze kann sich innerhalb von 8 Monaten um das 60.000fache vermehren und bildet auf der Wasseroberfläche einen dichten Gewächsteppich. Dadurch dringt kein Sonnenlicht mehr ins Wasser und zahllose Tier- und Pflanzenarten sind bedroht.

Tierwelt

Nicht weniger artenreich als die Flora - und für viele Besucher noch faszinierender - ist die Tierwelt des Chitwan-Parks mit ihrem König, dem **Bengalischen Tiger** (Panthera tigris tigris). Außer dem Menschen hat er keinen natürlichen Feind. Tiger benötigen ein ausgedehntes Territorium, in dem sie keinen Widersacher dulden, bei männlichen Tieren umfaßt es 50-60 km², bei weiblichen 25-30 km². Das Revier eines männlichen Tieres kann sich aber mit den Revieren von bis zu vier weiblichen Tieren überschneiden. Im Chitwan-Park gibt es gemäß der Wildzählung von 1994 etwa 140 Tiger - vor zehn Jahren waren es nur 40. Der dramatische Anstieg der Population wird auf eine weitgehende Unterbindung der Wilderei zurückgeführt. Dennoch ist es nicht sehr wahrscheinlich, daß der Besucher einen Tiger zu Gesicht bekommt. Erstens sind die Tiere am aktivsten zwischen Spätnachmittag und Nacht, und zweitens meiden sie die Nähe des Menschen - was aus einschlägigen Erfahrungen heraus wohl auch berechtigt erscheint.

Eher sieht man vielleicht **Leoparden** (Panthera pardus), die auch tagsüber jagen, oder eine der vielen anderen **Wildkatzen**, die im Park beheimatet sind: Leopardenkatzen (Felis bengalensis), Dschungelkatzen (Felis chaus) und Fischer-Katzen (Felis viverrina). Selten zu sehen sind die Civet-Katzen (Paradoxus hermaphroditus), die nur nachts auf die Jagd gehen.

Leopard

Weitere im Park vertretene Jäger sind **Schakale** (Canis aureus), **Indische Füchse** (Vulpes bengalensis), **Streifenhyänen** (Hyaena hyaena) und **Wildhunde** (Canis alpinus). Letzterer ist als mörderischer Kämpfer bekannt, der es im Notfall auch mit einem Tiger oder Bären aufnimmt. Wegrennen kann er dann immer noch, denn Wildhunde erreichen Geschwindigkeiten von 45 km/h! Im Chitwan-Park sind sie mittlerweile selten geworden, sie zählen zu den gefährdeten Arten.

Das Tier, das bei den Elefanten-Safaris den größten Eindruck hinterläßt, ist aber zweifellos das **Nashorn** (Rhiniceros unicornis). Nachdem die Population in den 60er Jahren auf 100 Tiere abgesunken war, gibt es heute 560 Exemplare, genug, um gelegentlich Tiere in den Royal Bardia National Park in Westnepal zu "exportieren". Genau wie bei den Tigern ist die Zahl der Nashörner in den letzten Jahren erheblich gestiegen. Nach offiziellen Angaben ist die Nashorn-Wilderei weitgehend ausgemerzt, Naturschützer gehen jedoch davon aus, daß jährlich noch etwa 25 Nashörner gewildert werden. Die Hörner der Tiere werden zu Pulver zermahlen, daß in Südost- und Ostasien einerseits als fiebersenkendes Mittel, aber auch als Aphrodisiakum begehrt ist. Auf dem Schwarzmarkt von Hongkong kostet ein Gramm des Pulvers bis zu 30 $ - so viel wie der durchschnittliche Nepalese in zwei Monaten verdient. Seinem Gewicht von 2 Tonnen zum Trotz ist das Nashorn, wenn gereizt, ein blitzschneller Läufer und hochgefährlich. Das gilt besonders für Muttertiere. Wenn man sich bei einer Elefantensafari auf fünf Meter mit einem ausgewachsenen Nashorn Auge in Auge sieht, kann einem durchaus mulmig werden.

Die **Elefanten** übrigens, auf deren Rücken die Safaris stattfinden, sind absolut zahme Vertreter ihrer Gattung und speziell für den Dienst am Touristen in den Park abkommandiert. Was nicht heißt, daß sie alles über sich ergehen lassen; Fälle, in denen ein Elefant seinen Trainer oder jemand anderes tötet, kommen vor. Wilde Elefanten sind heute äußerst rar, diese aber sind weitaus gefährlicher.

Die Indischen Elefanten (Elephans maximus) wiegen bis zu 6 Tonnen, verspeisen pro Tag 250-350 kg Futter und trinken 200 Liter Wasser. Sie erreichen ein Alter von 70, 80 oder gar mehr Jahren. Bei den Besuchern der Parks rangieren sie sicher an der Spitze der Beliebtheitsliste, und es ist ein sehenswertes Spektakel, wenn die Tiere sich nach getaner Arbeit im Fluß mit Hilfe ihres Rüssels "duschen". Nach dem Bad wälzen sie sich häufig im Sand oder besprühen sich damit, um sich mit einer vor Insekten schützenden und Hitze absorbierenden Schicht zu umhüllen.

Weiterhin leben im Park diverse **Affenarten** wie Languren (Presbytis entellus) oder Rhesus-Affen (Macaca mulatta), Ameisenbären (Melursus ursinus), **Hirsche** wie der Chital (Axis axis), Sambar (Cervus unicolor) und Schweinshirsche (Axis pornicus). Es gibt Wildschweine (Sus scrofa), Mungos (Herpestes edwardsii), etliche Mäuse-, Hasen- und Eichhörnchenarten etc. Die Liste klingt wie ein zoologisches Lexikon. Zwischen den Bäumen flattern 400 **Vogel-** und 150 **Schmetterlingsarten**.

Am unteren Ende der Popularitätsskala finden sich **Insekten, Skorpione** und einige Dutzend **Schlangenarten**. Unter diesen sind die harmlosen Blindschleichen (Rhamphotyphlos braminus), die giftigen Grubenvipern (Trimersus albolabris), Kobras (Naja naja) und die mit bis zu 5 m längsten aller Giftschlangen, die Königskobras (Ophiophagus hannah). Die Schlange mit dem stärksten Gift ist aber die Indische Krait (Bungarus caerulus), die sich tagsüber glücklicherweise kaum aus ihren Ritzen, Löchern oder sonstigen Unterschlüpfen herausbewegt. Die gefräßigste Schlange ist die bis zu 6 m lange Python (Python molurus), die ihren Unterkiefer so weit aushaken kann, daß sie ganze Schweine oder Hirsche verschlingen kann, um sich anschließend einige Wochen voll dem Verdauungsprozeß zu widmen.

Ebenso wie das Land ist auch das Wasser mit den unterschiedlichsten Gattungen bevölkert. In den Flüssen schwimmen 70 Arten

Fische, darunter der bis zu 45 cm lange Goranhi (Chagunus chagunia), ein beliebter Speisefisch. Außerdem gibt es *Gharial-Krokodile* (Gavialis gangeticus), *Flußdelphine* (Platanista gangetica) und eine Reihe von *Schildkrötenarten*. Die Sümpfe und Seen sind das Habitat des *Sumpfkrokodils* (Crocodylos palustris), das an den Ufern stundenlang regungslos verharrt und auf Beute lauert.

Information

●In Sauraha befindet sich direkt links vor dem Parkeingang das *Park Visitors' Centre* (geöffn. tägl. 8.00-17.00 Uhr), das für Besucherfragen zuständig ist. Für 15 Rs. ist eine Übersichtskarte des Parks erhältlich, die von den Lodges in Sauraha weit teurer angeboten wird.

●Zum Besucherzentrum gehört ein kleines *Museum*, das weitere Informationen über den Park vermittelt.

●Das *Parkhauptquartier* befindet sich in Kasara, gut 15 km weiter westlich von Sauraha. Auf dem Gelände ist auch eine Krokodilsfarm angelegt, in der Gharial-Krokodile gezüchtet werden.

Eintritt

Der Eintritt in den Park kostet ab 650 Rs. für ein Zwei-Tages-Ticket. Tickets für einen kürzeren Aufenthalt sind nicht erhältlich, für längere Besuche zahlt man entsprechend mehr. Besucher, die in einer der konzessionierten Unterkünfte innerhalb des Parks wohnen, zahlen diese Summe nur einmal, egal wie lange sie dort bleiben.

Die Tickets gibt es im Park Visitors' Centre. Auf Betreten ohne gültigen Eintritts-Coupon steht eine Geldstrafe von 500 Rs. Bei Sauraha wird die Parkgrenze vom Rapti-Fluß gebildet, das jenseitige Ufer darf nur nach Zahlung der Gebühr betreten werden.

Der Park darf ohne Führer nicht betreten werden. Davon ist auch abzuraten, es gibt genug gefährliche Tiere. Jede Lodge in Sauraha kann auf Anfrage einen Führer besorgen, ebenso das Visitors' Centre. Die Führer kosten ca. 600 Rs./Tag oder 300-400 Rs. für einen halben Tag.

Aktivitäten

Kanufahrten

Am Parkzugang in Sauraha lassen sich schmale Einbaum-Kanus zu Fahrten entlang des Rapti mieten. An Attraktionen erlebt man dabei die sich am Ufer aalenden Krokodile oder/und die zahlreichen Wasservögel. Viele der Vögel sind Wandervögel, die sich nur von Oktober bis April im Park aufhalten. Die meisten Vögel bekommt man wahrscheinlich im Februar zu Gesicht. In vielen Fällen müssen die Bootspassagiere nach der Hinfahrt den Rückweg zu Fuß antreten, während der Bootsmann das Kanu wieder flußaufwärts zurückstakt. Bei allen Kanufahrten ist ein Führer notwendig, der nach festgesetzten Tarifen der Parkverwaltung bezahlt wird (Tagestouren von 8 Std. zu 150 Rs./Person; kürzere Touren entsprechend billiger). Die Kanufahrten selber kosten je nach Entfernung ca. 50 Rs./Person.

Elefantensafaris

Das größte Abenteuer, das der Chitwan-Park zu bieten hat, ist sicher der Ritt auf dem Rücken eines Elefanten, wobei man dabei auch gleich feststellen kann, ob man seetüchtig ist: Es schaukelt recht ordentlich dort oben in luftiger Höhe von 2,50-2,80 Meter! Dem zu erwartenden Erlebnis tut das aber keinen Abbruch.

Elefanten können samt *Phanit*, dem Elefanten-Trainer, am Elefanten-Camp in Sauraha "gechartert" werden; diejenigen, die eine Package-Tour gebucht haben (siehe unten), brauchen sich nicht darum zu kümmern, alles ist vom betreffenden Unternehmen organisiert. Ansonsten kosten 2 Std. innerhalb des Parks 650 Rs./Pers., außerhalb 200 Rs./Pers. Diese Preise können sich kurzfristig ändern, man frage im Visitors' Centre nach.

Der Höhepunkt des Ritts auf diesem Dschungelschiff ist das Einkreisen einer Gruppe von *Nashörnern*, zu dem die Elefanten speziell abgerichtet sind. Die Chancen, Nashörner zu sehen, sind zwar nicht einhundertprozentig, meist aber klappt es, und man sieht sich Auge in Auge einem der gefährlichsten Gesellen des Parks gegenüber. Vorsichtshalber sollte man sich zu jeder Zeit des Ritts fest am Sattel oder dem daran befindlichen Seil festhalten: In Einzelfällen können Elefanten bei plötzlichen Angriffen von Nashörnern Panikreaktionen zeigen, die meist jedoch nur sehr kurz andauern. Der Phanit bekommt das Tier in der Regel in wenigen Sekunden wieder unter Kontrolle.

Der *Elefanten-Trainer* heißt also Phanit und nicht etwa Mahut, wie man es aus in Indien spielenden Hollywood-Dschungelstreifen kennt. Als Mahut wird in Nepal der Stallbursche des Elefanten-Camps bezeichnet, und der Phanit wäre mit dieser Titulierung tief getroffen. Der dritte im Bunde ist der Pachhua, eine Art Assistent des Phanit, der für das Futter der Elefanten zuständig ist. Es besteht also eine klare Hierarchie in dieser Gruppe, der wichtigste Mann ist der Phanit, gefolgt von Pachhua und Mahut.

Kleidung: Um sich bei Elefantenritten vor der prallen Sonne zu schützen, empfiehlt sich ein Hut oder eine Mütze, sowie großzügiges Einschmieren mit Sonnencreme. Da man auf den engen Dschungelpfaden mit seinen vom Elefantensitz herabhängenden Beinen häufig Äste oder Blattwerk streift, sollte man unbedingt eine lange Hose tragen. Die Kleidung sollte der Umgebung farblich angepaßt sein, grelle Farben sind zu meiden.

Dschungelfahrten

Fahrzeuge dürfen die Wege im Park nur mit Sondergenehmigung der Parkverwaltung oder des Department of National Park and Wildlife Conservation in Kathmandu befahren. Die im Park angesiedelten Lodges besitzen diese Sondergenehmigung, und Dschungelfahrten sind oft im Besuchsprogramm der Unternehmen einbegriffen. Falls nicht, können sie auf Wunsch organisiert werden.

Package-Touren

Eine Reihe von Unternehmen bietet Package-Touren in den Chitwan-Park an, bei denen An- und Abreise von/nach Kathmandu, ein mehrtägiges Besuchsprogramm sowie Unterkunft in einer der konzessionierten Lodges innerhalb des Parks eingeschlossen sind. Diese Lodges operieren mit einer Sondergenehmigung der zuständigen Behörden. Die Package-Touren sind in der Regel lohnenswerte Erlebnisse, bei Tagespreisen von über 100 US$ jedoch nicht für jedermanns Geldbeutel. Günstiger ist es, selber anzureisen und vor Ort direkt bei den Lodges zu buchen.

Die Programme der diversen Unternehmen ähneln sich mehr oder weniger, es gibt Kanu-Fahrten, Dschungelwanderungen und -fahrten (im Jeep), Elefanten-Safaris, Be-

suche in Tharu-Dörfern, traditionelle Tharu--Tanzvorführungen u.ä. Die im folgenden genannten Preise schließen Unterkunft und Mahlzeiten ein. Elektrizität gibt es hier nicht.

Alle Touren lassen sich in Kathmandu buchen, die meisten Büros derartiger Veranstalter befinden sich am Durbar Marg, so daß man dort auch die Preise vergleichen kann.

Da die Veranstalter in der Regel 50 % der Kosten schon bei der Buchung abkassieren, sollte man die Angebote eingehend überprüfen. Die Preise ändern sich zumeist jährlich, und auch die Programme wechseln. Die Stornierungsgebühren für schon gebuchte Touren belaufen sich auf 50 % der Gesamtsumme innerhalb der letzten 24 Std. vor der Abreise, bzw. 25 % bei Stornierungen innerhalb von 1-15 Tagen vor Abreise.

●Das Unternehmen Tiger Tops betreibt unterschiedliche Unterkünfte im Park, deren Buchung jeweils mit diversen Tour- oder Besichtigungsprogrammen einhergehen. Darunter sind Dschungelwanderungen, Elefantenritte, Jeepfahrten, Bootstouren, Tierbeobachtungen etc. Die komfortabelste Unterkunft ist die *Tiger Tops Jungle Lodge*, bestehend aus einigen rustikalen Pfahlhäusern, die aus traditionellen Baumaterialien erbaut sind. Die Preise sind allerdings horrend: 296 $ pro Tag/Person auf "sharing basis", d.h., das Zimmer wird mit noch jemand anders geteilt, der genau so viel bezahlt; wer ein Einzelzimmer belegt, zahlt einen Zuschlag von 160 $, macht also stolze 456 $ pro Tag!

Daneben bietet das Unternehmen ein Zeltlager oder Tented Camp, ein zünftiges Safari-Zeltlager. Kostenpunkt 175 $ pro Person/Tag auf Zelt-"sharing basis" oder 250 $ im Einmannzelt.

●Auch gibt es noch das *Tiger Tops Tharu Resort*, eine aus "Langhäusern" bestehende Anlage, mit geschmackvoll-rustikal eingerichteten Zimmern. Im Gegensatz zu den anderen Unterkünften im Park ist diese auch in der Regenzeit geöffnet. Kostenpunkt 183 $ pro Tag/Person auf "sharing basis", bzw. 258 $ bei Einzelbelegung.

●Das *Machan Wildlife Resort* befindet sich im Osten des Parks und bietet Zelt- oder (teurere) Lodge-Unterkunft. Die Preise richten sich außerdem nach der Anreiseart aus Kathmandu, per Bus, Floß oder Flugzeug. Dreitagesprogramme (2 Übernachtungen)

kosten 275 US$ (Bus), 320 US$ (Floß) und 325 US$ (Flugzeug) mit Lodge-Unterkunft. Zu buchen bei Machan Wildlife Resort, Durbar Marg, P.O. Box 78, Kathmandu, Tel. 225001, 227099; Telex 2409 ALPINE NP; Fax 977-1-419749.

●Das *Island Jungle Resort* ist auf der Badeljhora-Insel (auch Bandarjhora) im Narayani am Westrand des Parks angelegt, auf der unter anderem häufig Tiger gesichtet werden. Es gibt verschiedene Programme mit einer Dauer von mindestens zwei Tagen; diese beinhalten eine Zeltunterkunft und kosten pro Person und Tag 114 US$ sowie eine einmalige Parkeintrittsgebühr von 10 US$. Für An- und Abreise werden zusätzlich 60 US$ (Bus), 100 US$ (Flugzeug) bzw. 50 US$ pro Tag bei Anreise per Floß berechnet. Buchungen unter Island Jungle Resort, P.O. Box 2154, Kathmandu, Tel. 220162, 225615, 220116; Telex 2409 ALPINE NP; Fax 977-1-223814. Buchungen sind auch möglich im Island Jungle Resort in Bharatpur.

●Das *Gaida Wildlife Camp* liegt nahe Sauraha am nördlichen Rand des Parks. Es steht eine Lodge- wie auch eine bequeme Zeltunterkunft zur Verfügung, letztere jedoch nur von Oktober bis Mai. Kostenpunkt 115 US$/Tag in der Lodge, 89 US$/Tag im Zelt. Dazu wird jeweils eine einmalige Parkgebühr von 10 US$ erhoben. Buchungen bei Gaida Wildlife Camp, G.P.O. Box 2056, Durbar Marg, Kathmandu, Tel. 220940, 227425; Telex 2659 LAMEX NP.

●Die *Safari Adventure Lodge* an der Parkgrenze bei Sauraha hat verschiedene Tagespreise, die sich nach der Aufenthaltsdauer richten. Am günstigsten sind Aufenthalte mit mindestens drei Übernachtungen. Diese kosten je nach Anreisemethode 119 US$ (Bus), 164 US$ (Floß) oder 209 US$ (Flugzeug). Zu buchen bei Safari Adventure Lodge, Durbar Marg, P.O. Box 4142, Kathmandu, Tel. 229009; Fax 977-1-226912.

Unterkunft / Essen in Sauraha

Sauraha ist das Low-Budget-Zentrum des Chitwan-Parks, der Anlaufort für alle, die nicht jeden Tag ein durchschnittliches nepalesisches Jahreseinkommen (180 US$) ausgeben können. Das Dorf selber hat ein ländliches Flair, das durch die relativ zahlreichen einfachen Unterkünfte bisher nicht gefährdet scheint. Strom gibt es im Ort z.Zt. noch nicht, obwohl von offizieller Seite seit Jahren betont wird, daß es "demnächst" soweit sein soll. Ende 1995 stand die Hauptleitung in Richtung Sauraha kurz vor ihrer Vollendung. Es läßt sich allerdings leicht ausmalen, daß mit dem Einzug der Elektrizität sich die Restaurants auch bald mit wattstarken Stereoanlagen ausstatten werden, und am Ende wird es zugehen wie in Thamel - bye-bye Ruhe! Einige Guest Houses verfügen über Generatoren, die abends für zwei oder drei Stunden die Lichter leuchten lassen.

Essen ist relativ peiswert in den Guest Houses und einigen Restaurants erhältlich. Eine kleine Ansammlung von Restaurants findet sich im bescheidenen "Zentrum" Saurahas, an der Straßenkreuzung nördlich des Royal Park Hotels.

●Das *Chitwan Park Cottage* (Tel. 29370) liegt am Rande eines Reisfeldes, von den Zimmern hat man direkten Ausblick darauf. Die Anlage ist ruhig, die Zimmer (Bad) sind nicht allzu groß, aber sehr sauber und wohnlich. Kostenpunkt 200/300 Baht plus 10 % Steuer.

●Die *Rhino Lodge* (Tel./Fax 60160) besteht aus zwei Grundstücken, das eine westlich der Straße und sehr idyllisch am Fluß gelegen, das andere an der Ostseite der Straße. Die Zimmer (Bad) in den Cottages am Fluß kosten 12 $, die auf dem anderen Grundstück 7 $ und 10 $. Die Lodge hat ihren eigenen Elefanten, mit Namen Sonakali oder "Goldblüte" (Jahrgang 1967), der für Ausflüge zur Verfügung steht.

●Schräg gegenüber liegt das *River View Jungle Camp* (Tel. 60164, 29363), mit kleinen Cottages, die sich über eine gartenähnliche Anlage verteilen. Das Ambiente ist gut, das Personal sehr freundlich, die Preise scheinen jedoch etwas überhöht. Zimmer mit eigenem Bad zu 600 Rs., ohne Bad zu 200/300 Rs. Abends gibt es Strom aus dem Generator.

●Das **Chitwan Safari Camp** (Tel. 29370) wird von einem netten Tharu geleitete, der bis zur Eröffnung des Chitwan-Parks noch mit seiner Familie noch darin gewohnt hatte. Die ordentlichen Zimmer (Bad) verteilen sich über eine ruhige Anlage. Einzel/ Doppel ohne eigenes Bad kosten 100/150 Rs., Doppel mit Bad 300 Rs. - letzeres eventuell auch etwas weniger, über den Preis läßt sich manchmal reden.

●Das **Jungle Safari Camp** (Tel. Kathmandu 220162, 225612; Fax 977-1-223814) ist eine besonders gepflegte und sehr ausgedehnte Anlage. Die Zimmer (Bad) sind sehr ordentlich, Kostenpunkt 80/100 Rs. für Zimmer ohne eigenes Bad, 150/200 Rs. für Zimmer mit "semi-attached bath" (zwei Zimmer teilen sich ein Badezimmer) und 200/300 Rs. für Zimmer mit eigenem Bad.

●Ähnlich ist die **Annapurna View Lodge** (Tel. 29363) nebenan; Zimmer ohne eigenes Bad zu 60 Rs., mit Bad zu 300 Rs.

●Sehr ruhig liegt die **Saurah Jungle Lodge** (Tel. 60160, 29363), mit sehr einfachen Tharu-Cottages ohne eigenes Bad zu 60 Rs., zu 200 Rs. mit eigenem Bad.

●Das **Royal Park Hotel** (Tel. 29361) besteht aus mehreren Bungalows, die sich über eine besonders ausgedehnte Gartenanlage verteilen. Die Zimmer komfortabel und haben sehr große Badezimmer; Kostenpunkt 15 $ Einzel und 20 $ Doppel, dazu 10% Steuer. Von 19.00-21.00 gibt es Strom aus dem Generator. Ganz vorzüglich ist die dem Haus angeschlossene, kleine German Bakery, die sich direkt vor dem Hotel, an der vorbeiführenden kleinen Straße befindet. Es gibt vorzügliche Brote, Kuchen und Kekse.

Anreise

●Für Reisende per **Bus** ist der ansonsten unwichtige Ort Tadi Bazar am Mahendra Rajmarg oder East-West-Highway der Dreh- und Angelpunkt. Hier halten unter anderem Busse aus Pokhara (143 km), Bhairawa (154 km), Narayanghat (13 km), Hetauda (75 km), Birganj (134 km) und Kathmandu (155 km). Die Busse ab Kathmandu fahren die Route über Mugling und Narayanghat, die

auf der Karte länger wirkt als der Weg über den Tribhuvan Highway mit den Stationen Daman und Hetauda. Letztere Strecke ist aufgrund zahlreicher Serpentinen aber weitaus länger (210 km) und für Busse nicht sehr geeignet. Dafür ist sie landschaftlich enorm sehenswert! Busse ab Kathmandu fahren ab dem Ratna Park zu 43 Rs., Fahrzeit ca. 6 Std. Die Busse der staatlichen Saja Sewa fahren ab dem Bhimsen Tower. Busse ab Pokhara zu 47 Rs.

Ab Tadi Bazar fahren Jeeps für ca. 30 Rs./Person die restlichen 7 km bis Saurah. Kurz nach Tadi Bazar muß beim Ort Chitrasali (auch: Gauthali) ein kleiner Fluß durchquert werden, der außerhalb der Regenzeit etwa kniehoch steht und auch zu Fuß passiert werden kann. Als Alternative bieten sich Ochsenkarren für ca. 80-100 Rs. pro Fuhre an. Diese benötigen aber ca. 1,5 Std. bis Saurah.

●Gecharterte **Taxis** ab Kathmandu kosten (über die kürzere Strecke) ab ca. 3.000 Rs. für die einfache Fahrt. Bei etwas höherem Wasserstand in Chitrasali könnte die Fahrt jedoch dort zu Ende sein, und der Weg wäre nur noch per Ochsenkarren oder Jeep fortzusetzen.

●**Jeeps** lassen sich bei zahlreichen Reiseveranstaltern in Kathmandu mieten, allerdings meist zu höheren Preisen als Taxis.

●Die Jeeps, die von Tadi Bazar aus fahren, dienen oft als Touristen-Zulieferer zu den Guest Houses in Saurah. Wer sich überreden läßt, in einer vom Fahrer empfohlenen Herberge abzusteigen, zahlt nur 5 Rs. (oder auch gar nichts!) für die Fahrt. Ansonsten sind es 30 Rs.

●**Flüge** ab Kathmandu gehen täglich nach Bharatpur/Narayanghat, Kostenpunkt 50 US$, Flugzeit 25 Min.; Flüge nach Meghauli im Nordwesten des Parks in der Hauptsaison täglich, 72 US$, 35 Min. Bharatpur/ Narayanghat wird von allen Airlines angeflogen, Meghauli z.Zt. nur von Royal Nepal.

●Sicher nicht uninteressant ist eine Anreise per **Floß**. Die Reisebüros in Kathmandu organisieren Rafting Trips den Trisuli und Narayani flußabwärts, die schließlich zum Chitwan-Park führen. Der Ausgangsort liegt

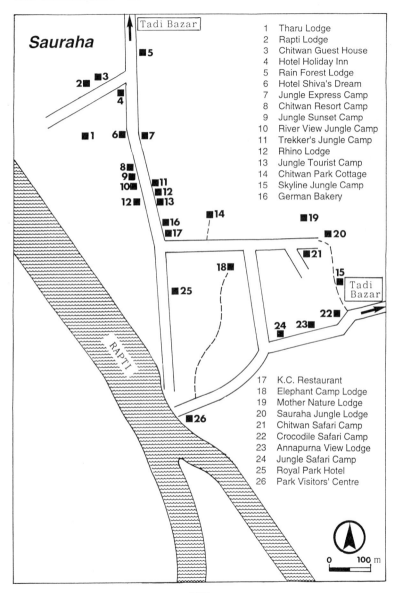

Sauraha

Tadi Bazar

1   Tharu Lodge
2   Rapti Lodge
3   Chitwan Guest House
4   Hotel Holiday Inn
5   Rain Forest Lodge
6   Hotel Shiva's Dream
7   Jungle Express Camp
8   Chitwan Resort Camp
9   Jungle Sunset Camp
10   River View Jungle Camp
11   Trekker's Jungle Camp
12   Rhino Lodge
13   Jungle Tourist Camp
14   Chitwan Park Cottage
15   Skyline Jungle Camp
16   German Bakery

Tadi Bazar

RAPTI

17   K.C. Restaurant
18   Elephant Camp Lodge
19   Mother Nature Lodge
20   Sauraha Jungle Lodge
21   Chitwan Safari Camp
22   Crocodile Safari Camp
23   Annapurna View Lodge
24   Jungle Safari Camp
25   Royal Park Hotel
26   Park Visitors' Centre

0   100 m

das kann wahrscheinlich von Kathmandu aus organisiert werden; oder man wende sich an das Hotel Safari Narayani in Narayanghat.

Weiterreise

Auch die Weiterreise erfolgt über Tadi Bazar. Wer von dort weiter in Richtung Kathmandu, Pokhara, Bhairawa, Birganj o.ä. zu reisen gedenkt und keinen Bus bekommt, sollte zunächst - je nach Reiserichtung - Narayanghat (13 km) oder Hetauda (75 km) ansteuern und dort umsteigen.

●Für *Ausflüge* in die Umgebung stehen in Sauraha zahlreiche Leih-Fahrräder zur Verfügung (ca. 50 Rs./Tag).

Hetauda

Hetauda ist ein wichtiger Verkehrsknotenpunkt am Fuß der Churia-Bergkette, der Schnittpunkt des Tribhuvan Rajmarg mit dem Mahendra Rajmarg. Um die zentrale Kreuzung herum rührt sich Marktleben, ansonsten aber gibt es keinen Grund zu verweilen.

Von mäßigem Interesse ist der Ropeway, eine *Lastenseilbahn*, die vom Westrand der Stadt nach Kathmandu führt. Diese wurde 1964 mit einer Kapazität von 22,4 Tonnen pro Stunde in Betrieb genommen. Mit dem Bau der Highway-Verbindung zwischen Hetauda und Naubise nahm die Bedeutung dieser originellen Konstruktion jedoch ab.

Wer aus irgendeinem Grunde hier bleiben muß, findet Unterkunft im *Motel Avocado*, *Hotel Rapti* oder im *Lido Inn Guest House*, alle am Tribhuvan Rajmarg gelegen.

meist am Trisuli östlich von Mugling oder bei Mugling selber. Die Floßfahrten erlauben hervorragende landschaftliche Ausblicke gepaart mit einem guten Schuß Abenteuer-Romantik. Außerhalb der Regenzeit verläuft die Route recht geruhsam und verlangt den Teilnehmern keine übermäßigen Anstrengungen ab. Die entlang der Ufer gelegenen weißen Sandstrände bieten ausgezeichnete Camping-Möglichkeiten.

Derartige Rafting-Trips kosten ca. 25-80 US$ pro Person und Tag, wobei aber zuvor in jedem Fall zu klären ist, welche Leistungen im Preis inbegriffen sind. Die scheinbar preiswertesten Angebote könnten sich nach Zuzahlung von notwendigen Extras als die teuersten entpuppen, also Preise und Leistungen gut vergleichen.

Eine kürzere Rafting-Alternative ist die Fahrt über den Narayani ab Devghat. Auch

Birganj

In der Region um Birganj, vorwiegend entlang des Tribhuvan Rajmarg, haben sich etliche junge Industrieunternehmen angesiedelt. Schon bei der Anfahrt aus Richtung Norden passiert man zahlreiche Fabriken, aber auch einige Elendssiedlungen mit Schmutz und viel Staub. Das läßt natürlich nichts Gutes für Birganj erahnen. Birganj (ca. 70.000 Einw.) bestätigt den ersten Eindruck und darf sich inoffiziell mit dem Titel "Unattraktivste Stadt des Terai" schmücken. Die Stadt wirkt heruntergekommen, schmuddelig und deprimierend. Sie ähnelt den unangenehmen Städten jenseits der Grenze in Bihar oder Uttar Pradesh. Nach Birganj kommt man nur wegen des nahen Grenzübergangs Rauxaul (3 km), der unter anderem nach Benares führt.

Information

● Ein *Tourist Information Centre* befindet sich gleich am Busbahnhof, Tel. 2083.

Verkehrsmittel

● Neben den allgegenwärtigen *Rikshas* gibt es *Tongas*, Pferdewagen mit Platz für ca. 3 Passagiere. Kurzstrecken kosten 5-15 Rs., man kann sie aber auch zu Stadtrundfahrten anmieten. Eine Stunde sollte ca. 50 Rs. kosten. Mehr Zeit braucht man nicht, meist galoppieren die Pferdelenker - Tonga-Walla genannt - schon früher zum Ausgangspunkt zurück, da es nicht viel zu sehen gibt.

Unterkunft / Essen

● Günstigerweise befinden sich am Busbahnhof gleich zwei recht gute Hotels, die Zimmer in allen Preisklassen aufweisen. Das *Hotel Diyalo* (*), Tel. 22370, 21570, ist ordentlich und sauber und hat sogar einen kleinen Dachgarten. Zimmer ohne Bad gibt es ab 65 Rs., solche mit Bad zu 125/175/225/450/475 Rs., letztere mit AC; 12 % Steuer. Im Erdgeschoß gibt es ein gutes Restaurant mit indisch/nepalesischen und auch westlichen Gerichten.

● Direkt nebenan liegt das gleichwertige *Hotel Kailas* (*), Tel. 22384. Auch die Zimmerpreise ähneln sich, Zimmer ohne Bad zu 75 Rs., ansonsten 125/175/225/275/450 Rs.

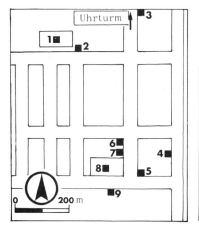

Birganj

1   Wassertank
2   Gita-Tempel
3   Mahalakshmi Hotel
4   Hotel Suraj
5   Tourist Information
6   Hotel Kailas
7   Hotel Diyalo
8   Busbahnhof
9   Nepal Tourist Lodge

Die teuersten haben AC und befinden sich gleich neben einer Dachterrasse. 12 % Steuer. Ganz annehmbar zeigt sich das hauseigene Restaurant, das sich abends in schummrige Bar-Atmosphäre hüllt. Es gibt indisch/nepalesische Kost.

●Außerdem existieren noch eine Reihe von kleineren Unterkünften, die aber nicht immer sehr sauber sind, beispielsweise das *International Guest House* oder die *Nepal Lodge*. Preise zum Teil ab ca. 50 Rs.

Anreise

●*Nachtbusse* aus Kathmandu fahren ab der Central Bus Station und Ratna Park für 119 Rs.; Fahrzeit ca. 11 Std.

●*Tagbusse* zu 90 Rs.

●*Busse* ab Tadi Bazar zu 40 Rs. (4 Std.), Narayanghat 50 Rs. (5 Std.), Pokhara 90 Rs. Fahrzeit ab Pokhara ca. 10 Std.

●Die *Royal Nepal Airlines* fliegt Birganj täglich aus Kathmandu an, der Flughafen

1	Bahnhof, Hotel Aanand
2	Tourist Information Centre
3	Rama Hotel
4	Necon Air
5	Hira Lodge
6	Srijana Lodge
7	Jyoti Lodge
8	Hotel Welcome
9	Janaki Lodge
10	Shiva-Tempel
11	Navrang Hotel (Rest.)
12	Telefon-/Fax-Service
13	Kwality und weitere Restaurants
14	Sitayana Lodge
15	Janak-Tempel
16	Raj Mahal Lodge
17	Churi-(Armreifen-)Verkauf
18	Ram-Tempel
19	Moti Lodge
20	Dhanusha Guest House
21	Nepal Rastra Bank
22	Busstation
23	Brunnen
24	Lakshman-Tempel
25	Janaki-Tempel
26	Sita Rama Vivaha Mandap
27	Shiv Misthan Bandar (Rest.)
28	Krankenhaus
29	Sankat-Mochan-Tempel
30	Dulha-Dulhani-Tempel (Dulha-Bhagwan-Tempel)
31	Ram-Janaki-Tempel
32	Ram-Janaki-Tempel
33	Hanuman Darbar
34	Silberschmiede
35	Royal Nepal Airlines
36	Hotel Panchavati

liegt allerdings bei Simra, 20 km nördlich von Birganj. Infolgedessen ist Birganj selber in den Fluglisten der Airline nicht zu finden, man schaue immer nach Simra. Flugpreis 44 US$, Flugzeit 25 Min.

Weiterreise

●Weiter geht es nur nach Indien, der Weg zur Grenze wird per Riksha zurückgelegt, Kostenpunkt ca. 15 Rs.

Janakpur

Überblick

Janakpur ist zweifellos die interessanteste Stadt des Terai, in der man sogar Wochen verbringen könnte. Eigentlich sollte Janakpur die viertgrößte Touristenattraktion des Landes sein (nach Kathmandu,

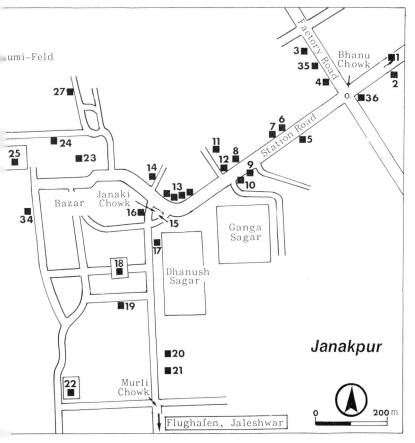

367

Pokhara und dem Chitwan-Nationalpark), doch derzeit sind die Touristen noch rar und werden bestaunt wie Außerirdische.

Janakpur, offiziell auch gerne Janakpur Dham genannt (ein Dham ist ein geheiligter Pilgerort), verfügt über ungeheuer *viel Atmosphäre*, die sich aus verschiedenen Quellen speist: Aus farbigen, verwinkelten Straßen, in denen noch das eine oder andere Handwerk zu beobachten ist, zahlreichen Badeteichen (insgesamt 24), an denen sich die Gläubigen mit viel Muße rituell reinigen oder ganz profan ihre Familienwäsche säubern und zahlreichen Tempeln (etwa 120 - es kommen immer noch welche dazu), die ein faszinierendes, friedliches Fluidum verbreiten. Dazu wimmelt es von Pilgern und Sadhus, die dem Stadtbild einen weiteren bunten Tupfer aufsetzen.

Die Präsenz zahlreicher Tempel und auch heiliger Männer kommt natürlich nicht von ungefähr. Gemäß der *Ramayana*, dem großen Hindu-Epos des Weisen Valmiki, wurde hier die *Göttin Sita* geboren und vermählte sich mit Rama. Der Überlieferung nach half einst König Janak von Mithila seinen Untertanen bei der Feldarbeit aus. Beim Pflügen erschien Sita, die Inkarnation der Glücksgöttin Lakshmi, in der Ackerfurche, hervorgebracht von ihrer Mutter, der Erde. König Janak zog Sita - der Name bedeutet "Ackerfurche" - als seine Tocher auf, und bald war sie zu einem schönen, klugen und von den Männern begehrten

Mädchen herangewachsen. Als ihre Hochzeit bevorstand, fanden sich dementsprechend viele Freier ein, die von König Janak auf die Probe gestellt wurden: Derjenige sollte Sita ehelichen, der in der Lage wäre, den Bogen Shivas zu spannen - eine Tat, derer kein Sterblicher fähig sein würde.

Als Rama an der Reihe war, schaffte er nicht nur, den Bogen zu spannen, er zerbrach ihn dabei sogar in drei Teile, die weit fortgeschleudert wurden. Sita war von Rama zutiefst angetan und heiratete ihn. In der Folgezeit hatte das Paar etliche Abenteuer zu bestehen, und genau diese bilden den Kern der Ramayana. Dabei erwies sich Sita als ihrem Gatten treu ergebene Ehefrau, und folglich gilt sie heute als das Idealbild weiblicher Tugend. Dieser Nimbus erklärt auch die vielen kleinen Läden, die Chura verkaufen, die bunten Armreifen der verheirateten Frau. In Janakpur Chura zu kaufen, gilt als besonders verheißungsvoll.

Janakpurs Ruf beruht jedoch nicht nur auf Legenden. So war es auch das Zentrum des alten *Videha-Reiches*, das weite Teile des Terai umfaßte, vom Kali Gandaki bis zum Sapt Koshi und bis ins heutige indische Bihar hinein.

Die *Sprache* der Region, das *Maithili*, entwickelte sich zu einer ausgefeilten Kultursprache. Noch heute wird in erster Linie Maithili gesprochen - ebenso wie auf der anderen Seite der Grenze - oder aber ein rustikaler Dialekt des Maithili, das Theyti.

Ein sichtbarer Überrest der alten **Maithila-Kultur** sind die bunten, naiv wirkenden Zeichnungen von Tieren oder Pflanzen, die die Dorffrauen der Region an ihren Lehmhäusern anbringen. Diese Tradition, die auszusterben drohte, wurde durch die Bemühungen einer Amerikanerin wiederbelebt. In Workshops ließ sie die Frauen ihre alte Volkskunst wiedererlernen, und bald verdienten sich einige durch den Verkauf von Bildern oder Handwerksartikeln ein Zubrot.

Janakpurs unübersehbaren Mittelpunkt bildet der **Janaki Mandir** oder Janaki-Tempel. Janaki (sprich etwa Dschaanki) ist ein anderer Name für Sita. Der Tempel soll exakt an der Stelle stehen, an der König Janak Sita in der Ackerscholle fand. Mit seiner eindeutigen Moghul-Architektur erscheint er über den Dächern der Stadt fast wie eine Fata Morgana, irreal wie ein Traumbild, und das trotz seines so wuchtigen und pompösen Äußeren.

Aber auch abgesehen vom Janaki-Tempel dreht sich alles in Janakpur um Rama, Sita und die Ramayana. Viele Plätze in der Stadt sind nach Figuren benannt, die direkt oder indirekt mit der Ramayana zu tun haben. So gibt es einen Janak Chowk oder "König-Janak-Platz" und einen Bhanu Chowk, zu Ehren des Übersetzers der Ramayana ins Nepali, *Bhanu Acharya* oder "der Gelehrte Bhanu". Die beiden wichtigsten Wassertanks in der Innenstadt sind der Ganga Sagar ("Meer des Ganges") und der Dhanush Sagar

Janaki-Tempel

369

("Meer des Bogens"), wobei letzterer an Ramas Meisterstück mit Shivas Bogen erinnert.

Fast alle Tempel der Stadt sind Rama, Sita oder beiden gemeinsam gewidmet. So gibt es etliche Ram- oder Ram-Janaki-Tempel, und es gilt bei Gesprächen mit Einheimischen immer herauszufinden, welcher Tempel denn genau gemeint ist.

In den kleinen Straßen südlich und südöstlich des großen Janaki-Tempels kann man noch Silberschmiede, Juweliere oder andere *Kunsthandwerker* beobachten. Einige Stände verkaufen Blöcke aromatischer Hölzer, die als Opfergabe im Janaki-Tempel verbrannt werden.

Insgesamt betrachtet, scheint Janakpur die *indischste aller nepalesischen Städte* zu sein - wenn man

Juwelier am Janaki-Tempel

die Atmosphäre des Ortes in sich aufnimmt und dann noch aus Dutzenden von Lautsprechern mit Hindi-Filmmusik beschallt wird, könnte man fast vergessen, auf welcher Seite der Grenze man sich befindet. Die nahegelegenen Grenzübergänge Madhubani (12 km; Bahn) und Bhittamor (22 km; Straße) können von Westlern nicht passiert werden.

Sehenswürdigkeiten

Janaki-Tempel

Janakpur gilt zwar schon seit dem 16. Jh. als wichtiger Pilgerort, nachdem Einsiedler im dortigen Dschungel einige Figuren von Rama und Sita und einen Teil des mystischen Bogens Shivas entdeckt hatten. Das heute wichtigste Heiligtum des Ortes, der Sita geweihte Janaki-Tempel, wurde jedoch erst im Jahr 1911 nach 12jähriger Bauzeit fertiggestellt. Auftraggeberin war die Maharani von Tikamagarh im indischen Bundesstaat Madhya Pradesh. Da der Bau 900.000 Rupien kostete - damals eine ungeheure Summe - wird er auch Nau-Lakha-Mandir genannt, "Tempel der 900.000 Rupien".

Der Tempel ist ein gewaltiges Beispiel der *Moghul-* oder *sarazenischen Architektur*, wie sie im Indien des 17. Jh. verbreitet war, und zudem eines der sehr wenigen nepalesischen Beispiele dieses Stils. Aus weißem Marmor gebaut, mißt der Tempel etwa 50 m Seitenlänge, weist zahllose geschwungene Fenster- und Torbögen und ein Dach mit orientalisch anmutenden Turm-

Janaki-Tempel

spitzen auf. Über jeder Ecke des Gebäudes befinden sich vier größere Türme, die wie Minarette einer Moschee wirken. In seiner Gesamtheit erscheint der Tempel fast wie eine Filmkulisse zu "Ali Baba und die 40 Räuber". Wer Kuala Lumpurs Bahnhof kennt, der im gleichen Stil erbaut wurde, wird auch dazu auffallende Ähnlichkeiten feststellen.

Betritt man das Innere des Komplexes, gelangt man in eine Art Hof, in dessen Mitte sich das Allerheiligste befindet, ein kleineres, aber reich verziertes Tempelgebäude. Darin wird eine **Figur Sitas** aufbewahrt, die angeblich in einem Fluß bei Ayodhya gefunden wurde. Ayodhya in Uttar Pradesh, Indien, gilt als Geburtsort Ramas. Sita wird von weiteren Gestalten aus der Ramayana umgeben, von Rama, seinem Bruder Lakshman und anderen.

Zahlreiche **Gläubige** bieten Sita Opfergaben und beten vor ihr, um anschließend das Gebäude mehrere Male im Uhrzeigersinn zu umwandeln, (Parikrama, "Umrundung").

Das Allerheiligste ist täglich von 5.00-8.00 Uhr und von 17.00-20.00 Uhr geöffnet, an zahlreichen Festtagen aber auch darüber hinaus. Die wichtigsten **Feste** sind das Janaki Navami, Sitas Geburtstag im Mai, und das Rama Sita Vivaha Panchami im November/Dezember, das an Ramas und Sitas Hochzeit erinnert (*vivaha* = "Hochzeit"). Zu beiden Festen finden sich Abertausende von Pilgern in Janakpur ein.

Aber auch am **normalen Alltag** ist die Atmosphäre im und um den Tempel herum fesselnd. Man könnte Stunden auf dem weiten Vorplatz verbringen, jede Tageszeit bringt eine besondere Stimmung hervor. Am Eingang zum Tempel sitzen Händler, die Mala verkaufen, die duftenden Blumengirlanden, die Sita geopfert werden. Etwas weiter entfernt finden sich Stände, die Obst und Süßigkeiten feilbieten. Die kommerzielle Zunft vermengt sich nahtlos mit eiligen Gläubigen, die kurz vor dem Tempeltor innehalten, um ein Gebet in Richtung Allerheiligstes zu sprechen.

Am Brunnen vor dem Tempel, von wo aus man durch das Tempeltor genau auf das Allerheiligste blicken kann, säubern einige Anwohner ihre Wäsche oder unterwerfen sich einer rituellen Reinigung, um sich danach in den Tempel zu begeben. Das muß aber vor 8 Uhr morgens stattgefunden haben, denn dann dreht die Stadtverwaltung den Brunnen ab. Abends dann gilt es, einen der teils unbeschreiblichen Sonnenuntergänge mitzuerleben, die den Himmel hinter dem Tempel in atemberaubende Rot- und Violett-Töne tauchen. Die Vorderseite des Tem-

pels zeigt, wie traditionell üblich, nach Osten, der aufgehenden Sonne entgegen.

Rama Sita Vivaha Mandap

Wenige Meter nördlich des Janaki-Tempel schließt sich ein tempelähnliches Gebäude an, der *Rama Sita Vivaha Mandap* (*Vivaha Mandap* = "Hochzeits-Podest"). Darin wird Sitas Hochzeit mit Rama von buntgekleideten Puppen nachgestellt. Die beiden sind von einigen Heiligen umgeben, vor ihnen ist die Feuerstelle angedeutet, die zu jeder Hindu-Hochzeit gehört und die das frischgebackene Ehepaar siebenmal zu umrunden hat (Dabei geht bezeichnenderweise der Mann voraus, und die Braut ist mit ihrem Sari-Zipfel an ihn angebunden!). Das Hochzeits-Podest wurde mit gläsernen Wänden umgeben und darauf ein Dach im typischen

---

Festivals

Am lebhaftesten geht es in Janakpur zu seinen großen religiösen Festtagen zu:

●*Parikrama* (Feb./Mär.) - Etwa 50-70.000 Pilger finden sich jedes Jahr zu diesem "Umkreisen" (*Parikrama*) von Janakpur ein. Die Pilger umwandern die heilige Stadt in einem Radius von ca. 90 km, was spirituelles Heil verspricht. Dabei übernachtet man an 15 Stellen, denen eine religiöse Bedeutung nachgesagt wird. Folglich dauert das Fest 15 Tage.

●*Rama Navami* (Mär./Apr.) - Der Geburtstag Ramas, der mit heiligen Gesängen, Fasten und der Speisung von Sadhus und Pilgern begangen wird.

●*Sita Navami* (Apr./Mai) - Der Geburtstag Sitas, der mit Gebeten und Gesängen im Janaki-Tempel zelebriert wird.

●*Jhulan* (Jul./Aug.) - Zu diesem ausgelassenen Fest werden Puppen von Rama und Sita auf Schaukeln gesetzt und - zur Freude des Götterpaares - kräftig hin- und hergeschaukelt. *Jhulan* bedeutet nichts anderes als "Schaukeln".

●*Chhat Parva* (Okt./Nov.) - Das Chhat oder Chhat Parva ist ein Opferfest für den Sonnengott Surya. In der Nacht vor Chhat versammeln sich die Gläubigen an den Flüssen und Wassertanks von Janakpur, um am nächsten Morgen die aufgehende Sonne zu begrüßen. Dazu wird gesungen, man entzündet kleine Öllampen und bringt dem Sonnengott Opfergaben dar.

●*Rama Sita Vivaha Panchami* (Nov./Dez.) - Zur Erinnerung an die Hochzeit von Rama und Sita strömen über Hunderttausend Pilger zum Janaki-Tempel. In den vor Pilgern überquellenden Straßen wird die prunkvolle Hochzeitsprozession des göttlichen Hochzeitspaares nachgespielt. Dazu werden blumengeschmückte Figuren von Rama und Sita auf Hochzeitswagen durch die Stadt gefahren, oder - anstelle der Figuren - Kinder, die sich stilecht als Rama und Sita verkleidet haben.

Kathmandu-Stil errichtet. Die Ecken des Podestes sind von kleineren Schreinen markiert, in denen ebenfalls Figuren des Paares zu sehen sind. Die gesamte Anlage befindet sich in einem netten kleinen Park. Eintritt: 2 Rs., Fotoerlaubnis: 5 Rs.

Mani Mandap

Ist der Vivaha Mandap nur so etwas wie der symbolische Hochzeitsort von Rama und Sita, so soll sich der tatsächliche etwa 4 km nordwestlich von Janakpur-Mitte, im Dorf **Rani Bazar** befinden. Zu sehen ist hier eine leichte, grasbewachsene Anhebung, der Mani Mandap, mit einem ehrwürdigen alten Pittojia-Baum darauf. An dieser Stelle soll das Götterpaar - so schwört der Volksmund - seinen Hochzeitsempfang gegeben haben.

Einige Meter weiter nördlich steht in einem Hain ein kleiner **Rama-Sita-Schrein**; noch ein paar Meter weiter nördlich ist eine quadratische Zementplatte in den Boden eingelassen (Betreten verboten!), die angeblich genau die Stelle des Hochzeitsfeuers markiert, das die beiden umschritten. Wahr oder nicht, so ist die Gegend hier - Felder, schattige Haine und Wassertanks - sehr malerisch und gut einen Fußmarsch von Janakpur aus wert.

Um hinzukommen, folge man der Straße vom Ramanand Chowk ca. 1,5 km in nördliche Richtung, bis links eine kleine "Nepal Oil"-Tankstelle auftaucht, neben der links ein Weg abzweigt. Diesem folge man ein paar hundert Meter bis zu einer heruntergekommenen Sporthalle, die mitten in der Feldlandschaft steht und schon von weitem zu sehen ist. An der Halle biege man rechts ab, und nach einigen weiteren hundert Metern erreicht man zwei Wassertanks. An deren Westseite befindet sich der Mani Mandap. Fahrten mit der Riksha hierhin dürften hin und zurück ca. 50-60 Rs. kosten, inklusive einem einstündigen Aufenthalt.

Ram Mandir

Der zweitwichtigste Tempel der Stadt ist der Ram Mandir oder Ram-Tempel (Ram ist die Nepali- oder Hindi-Schreibweise, Rama

Von Puppen nachgestellte Hochzeit von Rama und Sita

ist Sanskrit). Dieser stammt aus dem Jahre 1882 und wurde 1927 unter dem Rana-Premier *Chandra Shamsher* renoviert. Viel zu sehen gibt es nicht, da alle wichtigen Bezirke für Nicht-Hindus unzugänglich sind. Auch dieser Tempel wird von etlichen Blumen- und Süßigkeiten-Verkäufern umlagert.

Dulha Dulhani Mandir

Von der lokalen Bevölkerung verehrt ist auch der westlich des Ramanand Chowk gelegene Dulha Dulhani Mandir, der "Bräutigam- und-Braut-Tempel". Damit sind Rama und Sita gemeint. Der Tempel, auch "Dulha Bhagwan Mandir" genannt, ist klein, die Gebäude neueren Datums.

Sankat Mochan Mandir

Dieser Tempel ist ausnahmsweise Hanuman geweiht, dem Affengott und Ramas treuem Mitstreiter in der Ramayana. Von einem Besuch versprechen sich die Gläubigen die Lösung von Problemen. Der Tempel steht etwas nördlich der Hospital Road, neben einer Art dörflichem Fußballplatz.

Hanuman Darbar

Südwestlich des Ramanand Chowk befindet sich der Hanuman Darbar, ein Hanuman-Schrein, dessen Hauptattraktion ein fettleibiger Affe ist. Das Tier ist angeblich das schwerste Exemplar seiner Gattung und wird als Manifestation des Affengottes angesehen. Zur "Belohnung" muß er sein Leben in einem schmutzigen Käfig fristen und macht dabei einen ganz und gar jämmerlichen Eindruck. Religion und Respekt vor der Kreatur scheinen sich in diesem Falle gegenseitig auszuschließen.

Ratan Sagar

Interessanter und schöner gelegene Tempel finden sich am Westrand der Stadt. Ausflüge zu Fuß oder per Riksha in diese so wundervoll friedlichen Bereiche bieten sich am besten frühmorgens oder spätnachmittags an, Riksha-Fahrten ab der Innenstadt von Janakpur samt zweistündigem Aufenthalt kosten ca. 80 Rs.

Die Straße, die in westlicher Richtung von Ramanand Chowk abzweigt, führt gleich nach der Kreuzung an zahlreichen Tempelanlagen vorbei (darunter auch am Dulha Dulhani Mandir) und weiter durch wogende Reisfelder. Einige hundert Meter nach der Kreuzung führt rechts ein Weg ab, der zu einem der wichtigsten Badetanks führt, dem *Ratan Sagar* oder "Diamanten-Meer". Jeweils an seiner Nord- und Südseite wird er von einem *Ram Janaki Mandir* flankiert, beide Tempel sind gleichermaßen dem göttlichen Paar gewidmet und weisen Züge der Moghul-Architektur auf. In dem an der Nordseite gelegenen Tempel finden sich einige interessante Wandmalereien, die diverse Hindu-Gottheiten darstellen.

Bihar Kunda

Südlich von der Straße ab Ramanand Chowk ("Platz der Glückseligkeit Ramas") zweigt ein weiterer Weg ab, der sich zum Bihar Kunda hinwindet, dem wichtigsten Badetank außerhalb der Innenstadt. Dieser ist von vielen Tempelgebäuden umgeben - Bihar Kunda bedeutet etwa "See der Klosteranlagen" - aus denen oft der inbrünstige Gesang frommer Priester dringt. Pujas finden täglich um 6.00 und 18.00 Uhr statt.

Janakpur Women's Art Project

Dieses Projekt wurde 1989 von der Amerikanerin *Claire Burkert* ins Leben gerufen, um einerseits die Kunst der *Maithila-Malerei* wieder aufleben zu lassen, aber auch um die Frauen, die die Malereien traditionsgemäß ausführen, ökonomisch auf eigene Füße zu stellen. Als Malerin betätigt sich fast jede Hausfrau in der Region, denn jedes Jahr im Oktober oder November werden die Außenwände der Lehmhäuser neu gestrichen und mit typischen Maitila-Motiven verziert.

Die Maithila-Malerei benutzt Motive und Gestalten aus der hinduistischen Mythologie, aus dem Alltagsleben, aber auch abstrakte Symbole und Muster. Oft erinnern die Malereien an westliche "naive Kunst". Im Zentrum des Janakpur Women's Art Project kann man Frauen bei der Malerei beobachten als auch ihre Produkte kaufen: Gemälde und bemalte Keramik-Waren kosten ab ca. 200 Rs. In Kathmandu werden die Objekte von *Sana Hastakala* in Mahaguthi sowie einigen anderen Kunstläden vertrieben.

Das Janakpur Women's Art Project befindet sich etwa 2 km außerhalb von Janakpur, im **Dorf Kawol**. Um dorthin zu gelangen, orientiere man sich vom *Machha Palan* aus, einem staatlichen Fischaufzucht-Betrieb. Dieser befindet sich an der Hauptstraße nach Süden, kurz vor dem Flughafen. Gegenüber dem Machha Palan folge man einer von der Hauptstraße abzweigenden Straße in östliche Richtung (siehe Hinweisschild) bis Kawol. Dort biege man rechts ab und gehe die Straße weiter bis kurz vor einem kleinen Tempel. Vor dem zweige man links ab, dann sofort wieder rechts. Nach ca. 200 m, weiter in südöstlicher Richtung gehend, gelangt man zum Women's Art Project.

Janakpur Railway

Janakpur ist der einzige Ort Nepals, in dem Eisenbahnfreunde auf ihre Kosten kommen: Hier nimmt die einzige in Betrieb befindliche, insgesamt nur 51 km lange Bahnlinie des Landes ihren Ausgangspunkt. 17 km der Linie befinden sich aber auf der indischen Seite der Grenze, so daß die Strecke innerhalb von Nepal nur 34 km ausmacht.

Die Janakpur Railway wurde Mitte der 30er Jahre angelegt und führt von Janakpur in nordwestliche Richtung nach Bijalpura (sprich Bisalpura), in südöstliche Richtung nach Jaynagar im indischen Bihar. Eine Fahrt mit dem winzigen Zug – bestehend aus vier oder fünf Waggons und einer tapfer kämpfenden, prustenden kleinen Dampf bzw. Diesellok – hinterläßt unvergeßliche Eindrücke. Schließlich kommt es nicht alle Tage vor, daß man mit Hunderten von Mitpassagieren das Waggondach teilen muß! Der Innenraum ist ohnehin hoffnungslos überfüllt, und auf jedem Vorsprung, auf jedem Puffer und allem, was Halt geben könnte, hängen, hocken und hangeln Fahr"gäste". Der tollste Anblick bietet sich ein oder zwei Tage vor großen Festen, wenn alles versucht, nach Hause zu kommen. Dann ist der Zug mit Menschen übersät.

Für Touristen, die sich dazugesellen wollen (das Beobachten der Abfahrt tut's vielleicht auch schon!): Falls alles nach Plan

Janakpur Railway

375

verläuft, rattert der Zug (Diesel) täglich um 6.00 und 15.00 Uhr *in Richtung Jaynagar* (29 km; 2 Std.; 2. Kl. 9 Rs., 1. Kl. 24 Rs.). Ausländer dürfen die Grenze üblicherweise nicht passieren (einige haben es mit viel Überredung schon geschafft!) und müssen am Grenzposten aussteigen. Nach der Ankunft in Jaynagar fährt der Zug zurück nach Janakpur, so daß man an der Grenzstation wieder zusteigen kann. Wahrscheinlich bleibt dann nur noch ein Platz auf dem Dach!

Auf der Fahrt zur indischen Grenze passiert man den *Bahnhof von Khajuri*, kurz vor der Grenze gelegen (11 km v. Janakpur). Hier werden die Lokomotiven gewartet. Für Eisenbahn-Freaks möglicherweise ein interessanter Ausflug! Insgesamt gibt es noch 11 Dampflokomotiven; allesamt sind sie hier nach Göttern oder Heiligen benannt, so z.B. Gorakhnath, Guhyeshvari u.a.

Ein weiterer Zug (Dampflok) fährt um 14.30 Uhr *nach Bijalpura* auf nepalesischem Gebiet (22 km; 2 Std; 2. Kl. 7 Rs., 1. Kl. 18 Rs.). Der Zug kehrt erst am nächsten Morgen zurück nach Janakpur, und somit müßte man in Bijalpura übernachten. In dem winzigen Dorf gibt es aber keine Unterkünfte, und man könnte bestenfalls versuchen, privat unterzukommen.

Passagiere und Schaulustige sollten möglichst früh vor Abfahrt am Bahnhof erscheinen. Erstere, weil sie dann vielleicht noch einen Platz in einem der Waggons erheischen können, letztere, weil das Gewühl auf dem Bahnhof ein wunderbares Spektakel ist. Die Züge stehen etwa 1/2 Std. vor Abfahrt auf dem Gleis.

(Die Fahrpläne ändern sich gelegentlich; am Bahnhof oder in der Tourist Information nach den aktuellen Abfahrzeiten fragen!)

Information

●In der Station Road, etwas westlich des Bhanu Chowk, befindet sich ein *Tourist Information Centre* (Tel. 20755). Beim letzten Besuch war jedoch außer einer durchaus interessanten Broschüre über Janakpur auf Hindi(!) und dem Zugfahrplan nichts zu holen.

Verkehrsmittel

●Wie überall im Terai die *Riksha*; 1 km Fahrt kostet ca. 3 Rs.; mit 2 Pers. 4-5 Rs.

●Das *Fahrradgeschäft* zwei Häuser links neben dem Welcome Hotel verleiht gelegentlich Fahrräder. Falls nicht, beim Management des Welcome Hotel nachfragen.

●Im Hotel läßt sich auch ein *Auto mieten* - ein sparsamer indischer Maruti Van (6-7 l/ 100 km), Kostenpunkt 900-1.000 Rs./Tag plus Benzin und die Spesen für den Fahrer (50 Rs./Tag). Eventuell handeln! Einige solide indische Ambassador-Wagen (das Beste auf Nepals zerrütteten Straßen!) hat die Bombay Lodge (Tel. 20753) am Janak Chowk zu vermieten. Preise etwa wie oben, auch hier muß wohl gehandelt werden.

●In der Stadt verteilt finden sich einige Unternehmen, die Jeeps vermieten (mit Fahrer). Die meisten sind in erster Linie Autowerkstätten und somit kaum als *Jeep-Verleihs* erkennbar. Eines der Unternehmen liegt direkt gegenüber dem Welcome Hotel.

Unterkunft

Janakpurs größte Schwachstelle sind die Unterkünfte. Es gibt wohl kein Hotel, das halbwegs gehobeneren Ansprüchen gerecht wird.

●Das beste Hotel der Stadt ist das *Hotel Welcome* (*) in der Station Road (Tel. 20646, 20922; Fax 977-41-20922), das zudem sehr günstig und zentral gelegen ist. Das Spektrum an Zimmern ist groß, es gibt solche ohne eigenes Bad zu 75 Rs., Zimmer mit Bad zu 200 (Einzel) bzw. 250 Rs. (Doppel), sowie Deluxe-Räume in unterschiedlichen Größen (Bad; AC; TV) zu 1.000 Rs. Die Deluxe-Räume sind allerdings zu heruntergekommen und ihr Geld nicht wert. Ein Bett im Dorm kostet 50 Rs. Bei längeren Aufenthalten sind Rabatte möglich. Zu allen Preisen 10 % Steuer. Von einer Dachterrasse aus hat man einen guten Ausblick auf die Stadt und den Janaki-Tempel. Besonders sehenswert zu Sonnenuntergang, da die Sonne genau hinter dem Tempel versinkt.

•Frisch renoviert präsentiert sich das *Rama Hotel* (Factory Road, Tel. 20059). Das Haus ist ruhig gelegen, auch wenn gelegentlich ein Kassetten-Laden von der anderen Straßenseite herüberdröhnt. Die Zimmer (Bad) sind klein und in der heißen Jahreszeit etwas stickig, aber ansonsten sehr sauber und ordentlich. Einzel kosten 75/110 Rs., Doppel je nach Größe 175/300/350 Rs. Dazu gibt es ein sehr angenehmes, sauberes und großes Luxuszimmmer (Bad mit Badewanne; AC) zu 800 Rs.; dieses ist derzeit wohl das beste Hotelzimmer in Janakpur. Zu allem kommen 10 % Steuer.

•An der Station Road, ca. 200 m vor dem Bahnhof, befindet sich das neuere, derzeit noch im Ausbau begriffene *Hotel Aanand* (Tel. 20562; Fax 977-41-20935). Die Zimmer sind nicht sehr groß, aber recht sauber und wohnlich. Zimmer mit Bad kosten je nach Ausstattung 175/250 Rs., solche mit zusätzlichem TV 350 Rs. Zimmer ohne eigenes Bad kosten 80 Rs., ein Bett im Dorm 40 Rs. Zu allem 10 % Steuer.

•Das am Bhanu Chowk gelegene *Hotel Panchavati* (Tel. 20395) ist ebenfalls ein Neuzugang, aber ansonsten nicht umwerfend. Mäßige Zimmer (Bad) zu 150 Rs. (Einzel), 210 Rs. (Doppel) und 300 Rs. (Dreier), bzw. 350 Rs. für Zimmer mit TV.

•Links neben der Nepal Rastra Bank befindet sich ein regierungseigenes schlichtes *Guest House* (Tel. 20186), so zumindest nennt es das englischsprachige Schild über dem Eingang. Auf Nepali besagt es *Dhanusha Athiti Griha* oder "Dhanusha-Gasthaus". Riksha-Fahrern sollte man besser diesen nepalesischen Namen angeben. Das Guest House hat nur 4 relativ anspruchslose Zimmer (Bad), die bei nur 60 Rs. (keine Steuern) aber durchaus einen Versuch wert sind. Das Haus liegt zudem angenehm von der Straße zurückversetzt in einer Art Garten in einem ruhigen Teil der Stadt.

•Neben diesen Unterkünften gibt es eine Reihe von simplen Lodges, die zum Teil aber gar nicht übel sind. Viele davon sind nur in Nepali ausgeschildert, so daß man sich zum Auffinden den Stadtplan im Buch zu Hilfe nehme. Die wohl beste der Lodges ist die *Janaki Lodge* (Tel. 20926) schräg gegenüber dem Welcome Hotel. Von den Zimmern (Bad) hat man Ausblick auf den Ganga Sagar. Einzel kosten 55, Doppel 80 Rs., dazu 10 % Steuer.

•Die *Moti Lodge* befindet sich am Ram Mandir und hat 6 Zimmer (Gemeinschaftsbad); Einzel 40, Doppel 65 und Dreier 80 Rs., plus 10 % Steuer.

•Die einfache *Bombay Lodge* (Ausschilderung nur auf Nepali) am Janak Chowk kleine Zimmer ohne eigenes Bad zu 50 Rs. (Einzel) und 80 Rs. (Doppel). Tel. 20753. Die Zimmer sind wahrlich nicht umwerfend, dafür hat das Haus Autos zu Fahrten in die nähere oder weitere Umgebung zu vermieten (siehe Abschnitt Verkehrsmittel).

•Dazu existiert noch eine ganze Reihe von weiteren Lodges, die alle jedoch nur untersten Ansprüchen gerecht werden und nur zu erwägen sind, wenn tatsächlich alles andere voll ist. Siehe *Raj Mahal Lodge* (rechts neben der Bombay Lodge), *Hotel Jyoti*, *Srijana Lodge*, *Sitayana Lodge*, *Hira Lodge* (engl. Ausschilderung "Rest House"), *Janak Lodge* u.v.a. Die meisten Lodges sind nur auf Nepali ausgeschildert, man nehme sich gegebenenfalls den Stadtplan zu Hilfe.

•Westlich des Janaki-Tempels ist für 1996/97 eine größere Dharamshala oder *Pilgerherberge* geplant. Diese soll Unterkunft in drei verschiedenen Preiskategorien bieten: Billig-, Mittel- und Luxusklasse. Zutritt hat jedermann, verboten ist allerdings der Genuß von Fleisch und Alkohol. Das Projekt wird von der Verwaltung des Venkateshwara-Tempels in Tirupati (Südindien) finanziert, einem der reichsten Tempel Indiens.

Essen

•Im Erdgeschoß des *Welcome Hotel* wartet das großartige *Garden Restaurant* auf. Es gibt ausgezeichnete indische/nepalesische Gerichte, die zudem in Riesenportionen serviert werden. Für die Qualität sehr preiswert! Ein Essen für zwei Personen dürfte ab ca. 100 Rs. kosten. Einige westliche Speisen (z.B. Nudel-, Kartoffelgerichte und Suppen) sind ebenfalls erhältlich.

●Entlang der Station Road nahe dem Janak Chowk steht eine ganze Reihe kleiner, aber ordentlicher Restaurants zur Verfügung, die preiswerte Curries oder Dal-Bhat-Tarkari-Platten anbieten. Überhaupt sind diese zahlreichen Eßgelegenheiten ein weiteres Plus für Janakpur.

●Eines der besten Lokale in diesem Teil der Stadt ist das *Kwality Restaurant*, das sehr schmackhafte und preiswerte Curries bietet. Das Restaurant ist Treffpunkt der Mitglieder des amerikanischen Peace Corps, die bisweilen in Janakpur Dienst tun.

●Das *Shiv Mishthan Bhandar* nahe dem Janaki Tempel ist in erster Linie ein Süßigkeitengeschäft (*mishthan bhandar* = "Süßigkeitenladen"), es gibt aber auch recht gutes und vor allem preiswertes Essen. Das Geschäft sieht nicht gerade vornehm aus - gelinde gesagt -, wer billig essen will, kommt hier aber auf seine Kosten. Morgens gibt es leckeres Kichori (kleine Teigfladen mit Gemüse-Curry), mittags gute Dal-Bhat-Tarkari zu 15 Rs. Sehr gut ist auch der hausgemachte Yoghurt und der Tee. Der Besitzer des Shiv Mishthan Bhandar, stadtbekannt unter seinem Vornamen Shankar-ji (das Suffix -ji bezeugt Respekt), ist trotz allen Geschäftssinns auch ein Philanthrop: Seit Jahren schenkt er jeden Samstag gegen 12 oder 13 Uhr auf dem Bahnhof Essen an die Armen aus.

Anreise

●Von der Central Bus Station in Kathmandu (375 km) fahren täglich mehrere *Tag- und Nachtbusse* zu 127 bzw. 156 Rs.; Fahrzeit 10-12 Std.

●Weitere *Busverbindungen* ab Pokhara (363 km; Tag 121 Rs., Nacht 152 Rs.), Nepalganj (208/261 Rs.), Gorkha (89 Rs.), Hetauda (53 Rs.) Bhairawa (125/157 Rs.), Birganj (63 Rs.), Rajbiraj (40 Rs.), Biratnagar (75 Rs.), Kakarbhitta (94 Rs.), Narayanghat (60 Rs.), dazu ab Butwal, Itahari u.a.

●*Flüge* ab Kathmandu gehen täglich mit der Royal Nepal Airlines, sowie dreimal wöchentlich mit der Necon Air. Kostenpunkt gleichermaßen 55 $; Flugzeit ca. 30 Min. Die Necon Air steht in dem Ruf die pünktlichere und zuverlässigere zu sein.

Weiterreise

●Vom Busbahnhof gibt es u.a. *Busse nach Jaleshwar* (5,50 Rs.) und Bhittamor (7,50 Rs.), dem Grenzposten, den Westler aber nicht passieren können.

●Die *Busse* der staatlichen *Saja Sewa* fahren von einem Halteplatz etwas nördlich des Ramanand Chowk zurück *nach Kathmandu*; *private Minibusse* dorthin fahren ab dem Busbahnhof im Südteil der Stadt.

●Per **Flugzeug** gibt es eine weitere Verbindung **nach Rumjatar** (einmal pro Woche), Kostenpunkt 39 US$, Flugzeit 25 Min. Das Büro der Royal Nepal Airlines befindet sich in der Factory Road, Tel. 20185. Die Necon Air fliegt nur zurück nach Kathmandu. Ihr Büro liegt ebenfalls in der Factory Road, Tel. 20688.

Rikshas zum Flughafen kosten ca. 20 Rs.

Umgebung

Dhanusha

Dhanusha ist ein winziges Dorf, ca. 50 Straßenkilometer nördlich von Janakpur, das seine Existenz Shivas Bogen verdankt. Als Rama Shivas Bogen spannte und ihn in drei Teile zerbrach, fiel einer davon hier zu Boden und erstarrte zu Stein. Der Ortsname Dhanusha bedeutet "Bogen". Die Stelle, an der das Stück niederfiel, ist heute ein wichtiger Wallfahrtsort.

Allzuviel zu sehen gibt es dennoch nicht, das angebliche **Stück aus Shivas Bogen** ist eine wellenförmige, etwa 1,5 m lange Steinformation, die man mit viel Fantasie und etwas Wohlwollen durchaus als bogenähnlich ansehen könnte. Die Pilger streuen darauf Blumen oder legen kleine Münzen ab. Um den Bogen herum befinden sich Priesterwohnungen und ein kleiner Ram-Tempel.

Das idyllische Gelände ringsum füllt sich einmal im Jahr mit Tausenden von Pilgern, nämlich im Monat Magh, wenn die traditionelle **Dhanusha Mela** stattfindet. Dies ist eine Mischung aus frommem Wallfahrerfest und Jahrmarkt, mit Verkaufsständen und sogar mobilen Kinos, die Hindi-Filme präsentieren. Die meisten Besucher campieren unter freiem Himmel oder in der benachbarten Dharamshala oder Pilgerherberge.

Anreise

●Täglich fahren drei **Busse** ab Janakpur für 13,50 Rs., Fahrzeit mindestens 1,5 Std.

●Günstiger wäre ein **Mietwagen**; das Hotel Welcome in Janakpur kann Fahrten dorthin organisieren, Kostenpunkt ca. 700-800 Rs. Um nach Dhanusha zu gelangen, fährt man zunächst 25 km Richtung Norden bis Dhalkebar und biegt dort rechts in den Mahendra Rajmarg ein. Dem folgt man ca. 15 km in Richtung Osten, wo dann rechts eine ungepflasterte Straße abzweigt und nach Dhanusha führt.

Jaleshwar und Suga

Jaleshwar ist ein kleiner, aber quirliger Ort, 20 km südlich von Janakpur, dessen spitiruellen Mittelpunkt ein weißgetünchter Mahadev-Tempel bildet. Auf dem Tempelgelände befindet sich ein Brunnen, auf dessen Grund ein Shivalingam angebracht ist. In der trockenen Jahreszeit ragt er über der Wasseroberfläche hervor, und die Gläubigen steigen die im Brunnen angebrachte Treppe hinab und zelebrieren am Shivalingam Pujas. Um den Tempel herum spielt sich in den Straßen lebhaftes nepalesisch-indisches Kleinstadtleben ab.

Von Jaleshwar aus läßt sich **Suga** erreichen (2 km), ein wunderbares typisches Mithila-Dorf mit beigefarbenen, kühlen Lehmhäusern, von denen einige mit den oben erwähnten traditionellen Tier- oder Blumenmotiven geschmückt sind. Viele der Malereien befinden sich aber in den Innenhöfen der Gebäude, in die man nicht ohne Erlaubnis eindringen

sollte. Aber auch die Häuser selber, mit schmalen Gassen dazwischen, verblüffen durch ihre schlichte Schönheit. Ein Großteil der Bevölkerung besteht übrigens aus Brahmanen-Familien, und nicht wenige Bewohner heiraten über die nahe Grenze hinweg nach Indien ein. Für die Bewohner dieser Gebiete hat die Grenze keine große Bedeutung, Sprache und Kultur sind zu beiden Seiten des Schlagbaumes gleich.

Anreise

●Von Janakpur fahren regelmäßige Busse nach Jaleshwar (5,50 Rs.). Von hier aus bleibt nur der Fußmarsch. Dazu gehe man von Jaleshwar aus die Hauptstraße in Richtung indische Grenze, also nach Süden. Am Südrand von Jaleshwar biegt dann links eine ungepflasterte Holperstraße ab, die nach Suga führt. Um die Abzweigung haben sich einige kleine Läden geschart, dort kann man zur Sicherheit fragen.

Kapleshwar

Wem ein Ausflug nach Jaleshwar und Suga zu umständlich ist, der braucht sich vielleicht gar nicht so weit von Janakpur zu entfernen: Auch in dessen unmittelbarer Umgebung gibt es die typischen Mithila-Dörfer. Ein Beispiel dafür ist Kapleshwar, an der Eisenbahnlinie Janakpur-Jaynagar gelegen. Man folge den Bahngleisen in östliche Richtung (vor dem Bahnhof stehend, rechts herunter), wo man nach ca. 2 km Kapleshwar erreicht. Auch hier weisen einige Häuser Malereien auf, außerdem werden Töpfereiwaren hergestellt. Überhaupt lohnt ein Spaziergang entlang der Gleise, man passiert sehenswerte ländliche Idyllen aus Feldern, Weihern und Dörfern. Seitlich der Gleise befinden sich gut begehbare Wege.

Rajbiraj

Rajbiraj an der Strecke nach Biratnagar gelegen, ist eine uninteressante bis öde Stadt von über 30.000 Einwohnern, in der man mit hoher Wahrscheinlichkeit der einzige Tourist ist.

Unterkunft gibt es in der simplen **Sinha Lodge.** Regelmäßige **Busverbindungen** bestehen ab Janakpur, Biratnagar, Itahari u.a. Ab Kathmandu und Biratnagar ist Rajbiraj per **Flugzeug** zu erreichen: Flüge jeweils einmal pro Woche, ab Kathmandu 77 US$, ab Biratnagar 30 US$; Flugzeit 50 bzw. 15 Minuten.

Sehenswert ist allerdings bei der Weiterfahrt in Richtung Biratnagar oder Itahari das riesige **Staubecken des Sapt Koshi,** das man dabei überquert. Der Sapt Koshi ist einer der wasserreichsten Zuflüsse des Ganges, und das Staubecken, das eher an einen Meeresarm erinnert, soll Überschwemmungen verhindern. Leider ist die Straße beiderseits von Rajbiraj in einem so schlechten Zustand, daß ein Abstecher hierhin noch unattraktiver gemacht wird, als er ohnehin schon ist.

Koshi Tappu Wildlife Reserve

Dieser nur 175 km² große Naturschutzpark ca. 45 km nordwestlich von Biratnagar besteht größtenteils aus Strauch- und Graslandschaft mit wenigem Wald entlang der Flußläufe. Das Gebiet ist eine der letzten Zufluchtsstätten der wilden **Wasserbüffel,** von zahlreichen Hirscharten, darunter dem seltenen **Nilgai** oder "Blauhirsch", von Flußdelphinen als auch dem sogenannten Gharial-Krokodil.

Gharial-Krokodile (ein doppeltgemoppelter Name, denn Gharial bedeutet in einigen nordindischen Sprachen schon Krokodil!) gibt es ansonsten nur noch in vereinzelten Gebieten am Ganges und Brahmaputra und im Royal Chitwan National Park. Reduziert wird die Gattung durch Überfischen der Gewässer, wodurch ihnen die Nahrungsquellen entzogen werden, wie auch durch die immer heftigeren Monsunfluten, die die Brutstätten der Tiere an einst geschützten Uferstellen wegspülen.

Außer in diesem Park kommen *Flußdelphine* noch im Royal Chitwan National Park und in einigen Flüssen außerhalb der Reservate vor. Die meiste Zeit des Jahres halten sie sich in den oberen Flußläufen auf, während des Monsuns wandern sie jedoch flußabwärts. Tragischerweise können die Delphine, die am Damm von Tribeni Ghat (nahe Mugling) den Narayani flußabwärts wandern, danach nicht wieder an ihren angestammten Platz zurück: Die Erbauer des Dammes haben es versäumt, ihnen "Fischtreppen" einzurichten, über die sie hätten zurückschwimmen können.

Zurück zu Koshi Tappu. Das Gebiet beherbergt außerdem 280 in oder am Wasser lebende *Vogelarten,* darunter verschiedene Entengattungen, Störche, Kraniche, Ibise, Reiher u.a. Der Parkeintritt beträgt 650 Rs.

Unterkunft

●Das *Koshi Tappu Wildlife Camp* bietet relativ komfortable Unterbringung in Safari-Zelten, aber nur während der Saison von Anfang Oktober bis Mai. Preis 125 $ pro Tag und Person, inklusive Exkursionen zur Vogelbeobachtung, Mahlzeiten und Transport ab/nach Biratnagar. Buchungen oder Anfragen in Kathmandu unter Tel. 226130, Fax 977-1-224237.

●Zwecks eventueller preiwerterer Unterbringungsmöglichkeiten (Zelt o.ä.) wende man sich an das *Department of National Parks & Wildlife Conservation*. Adresse: Babar Mahal, Kathmandu, P.O.Box 860, Tel. 220912.

●Ansonsten läßt sich der Park in einem Tagesausflug von Biratnagar aus besuchen, wo genügend Unterkunftsmöglichkeiten zur Verfügung stehen. Die Fahrzeit ab Biratnagar (45 km) beträgt in einem Mietwagen je nach Straßenzustand 1,5 - 2 Std.

Anreise

●Per Bus oder Mietwagen (im Hotel Namaskar in Biratnagar danach fragen); die Anfahrt zum Park erfolgt über die Straßenverbindung Biratnagar - Rajbiraj, wo in der Nähe des Ortes Laukhi ein Schild den Weg weist. Dieser ist ein reiner Fußweg und führt nach ca. 3 km zum Parkhauptquartier in Kausaha. Hier muß der Eintritt bezahlt werden.

Itahari

Eine kleine Stadt, die sich um die zentrale Kreuzung des Mahendra Rajmarg mit der Straße zwischen Biratnagar und Dharan Bazar zu schmiegen scheint. Wichtig ist sie bestenfalls als *Umsteigepunkt,* hier halten zahlreiche Busse auf dem Weg nach Dharan Bazar, Biratnagar, Kakarbhitta, Rajbiraj u.a.

Wer hier unbedingt übernachten muß – Gott verhüt's – findet im *Jaya Nepal Hotel* Zimmer mit Bad um 100 Rs.

Dharan Bazar

Dharan Bazar, kurz Dharan genannt, ist eine quirlige Marktstadt (50.000 Einw.) am Nordrand des Terai. Direkt dahinter steigt die Straße auf und innerhalb von Minuten befindet man sich wieder in den Bergen. Dharan selber bietet zwar keine besonderen Sehenswürdigkeiten, ist aber aufgrund seines bunten Marktlebens vielleicht einen kurzen Ausflug (z.B. von Biratnagar aus) wert. Busse ab Biratnagar kosten 10 Rs. und fahren relativ häufig.

Das Wohnen hier ist weniger angenehm, es gibt nur sehr primitive Unterkünfte, so das **Hotel Evergreen** und die **Yug Lodge**. Preise um 100 Rs.

Weiterreise

●Dharan ist der Ausgangspunkt für Fahrten **nach Dhankuta** (33 Rs.), das 53 wundervolle Straßenkilometer weiter nördlich liegt. Dorthin führt eine der schönsten Autostrekken in Nepal, eine gut ausgebaute Straße, die durch idyllische Täler und über manch steilen Bergrücken führt.
●Zu allem Glück gibt es am Markt in Dharan **Taxis** für die Weiterfahrt zu mieten, eine absolute Rarität im Terai, dessen Straßenbild ansonsten von Rikshas und Lastwagen geprägt wird.

Dhankuta

Ein Blick auf die Landkarte verrät, daß Dhankuta schon nicht mehr zum Terai gehört, aber per Fahrzeug nur von dort aus zu erreichen ist. Der wundervoll ruhige Ort mit ca. 20.000 Einwohnern liegt pittoresk auf einem Bergrücken ausgestreckt und erscheint auffallend sauber und wohlhabend. Die Wohnhäuser sind äußerst gepflegt, die Straßen fast peinlich rein. Ein erheblicher Teil des Wohlstandes des Ortes entstammt den fetten Soldüberweisungen von Gurkha-Soldaten, von denen Dhankuta ganz besonders viele hervorgebracht hat.

Dhankuta hat einen stillen Charme, ohne aber spezielle Sehenswürdigkeiten bieten zu können. Die Hauptattraktion ist die herrliche Umgebung, die – mit einem erfrischenden, gesunden Klima gesegnet – zu ausgedehnten Spaziergängen einlädt. Außerdem kann Dhankuta Ausgangspunkt für eine Reihe von Treks durch Ostnepal sein, unter anderem für den Kanchenjunga-Trek (über Taplejung, das auch von Biratnagar aus von der Royal Nepal Airlines angeflogen wird). Manchen Traveller verschlägt es aber auch "nur so" hierhin, ohne einem zwanghaften Bewegungsdrang nachzugeben. Hier kann man es gut eine längere Zeit aushalten.

Unterkunft

●Es gibt mehrere kleine Lodges wie die **Shah Lodge, Salleri Lodge** und **Sanglo Lodge,** die sich entlang der (einzigen) Straße durch Dhankuta aufreihen. Die Straße ist aber sehr ruhig, da sie in einer Sackgasse endet, und der Hauptverkehr etwas unterhalb des Ortes über die Dharan-Bazar-Straße fließt. Die Lodges sind einfachster Natur und haben Gemeinschaftsbad; Kostenpunkt ab 50 Rs.
●Die empfehlenswerteste Unterkunft ist jedoch das **Hotel Parichaya** (Tel. 20425), das

wenige Meter von einem großen Pipal-Baum entfernt steht. Vom Baum führt eine kurze Zufahrt dahin. Das Parichaya verfügt über ordentliche Zimmer (Gemeinschaftsbad), Einzel 50, Doppel 80 und Dreier 100 Rs.; ein Bett im Dorm kostet 15 Rs.

Essen

●Entlang der Straße durch den Ort stehen einige kleine, aber sehr saubere Restaurants mit Dal-Bhat-Tarkari zu ca. 15 Rs., ebenso im *Hotel Parichaya.*
●Eine angenehme Überraschung ist das *Peep-In Restaurant & Bar,* das von einem jungen Rock-Fan aus Dhankuta geleitet wird. Das Peep-In ist blitzblank sauber, hat gemütliche Sitzgelegenheiten und eine westlich orientierte umfangreiche Speisekarte, von Müsli bis zu unendlichen Hühnergerichts-Variationen. Dazu läuft im Hintergrund sehr gute Rock-Musik vom Tape, und fast fühlt man sich hier nach Thamel versetzt. Der Treffpunkt für "a night on the town" in Dhankuta! Das Peep-In befindet sich etwas zurückversetzt von der Straße durch Dhankuta, etwa in der Ortsmitte.

Anreise

●Ab Dharan Bazar fahren Busse die 53 km bis Dhankuta für 33 Rs., Fahrzeit ca. 2 Std. Die von einer englischen Firma gebaute Straße ist in perfektem Zustand. Verkehr gibt es kaum. Auf der Strecke, die durch viele malerische Täler führt, eröffnen sich einzigartige Aussichten – ein Erlebnis für sich.
●Direkte Nachtbusse ab Kathmandu zu 247 Rs., Fahrzeit ca. 16 Std.

Weiterreise

●Die Straße von Dharan Bazar ist hinter Dhankuta noch im Ausbau begriffen, derzeit gelangt man nur bis Basantapur. Praktisch bleibt im Moment aber nur der Rückweg nach Dharan Bazar, von wo mehrere Optionen bestehen: weiter nach Biratnagar oder über Itahari nach Kakarbhitta, Rajbiraj, Janakpur o.a.

Biratnagar

Mit ca. 150.000 Einwohnern ist Biratnagar die größte Stadt des Terai und Standort zahlreicher junger Industrieunternehmen. Die 30 km lange Strecke von Itahari nach Biratnagar säumen beiderseits triste Fabriken, die aber interessanterweise in vielen Fällen auch einen firmeneigenen kleinen Tempel auf ihrem Gelände aufweisen.

Die Atmosphäre Biratnagars selber ist stark von der *Industrialisierung* geprägt, es ist eine recht uninteressante Stadt, die weder anzieht noch sonderlich abstößt. Das *Stadtbild* ist zwar recht lebendig – mit zahlreichen Bewohnern, die sich durch die von Geschäften flankierten Straßen

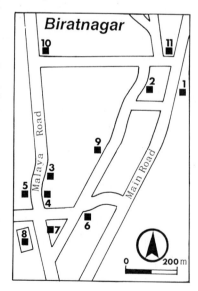

drängen –, zu tun oder sehen gibt es für den Touristen jedoch nichts. In den meisten Fällen ist Biratnagar nur Zwischenstation für Fahrten von oder nach Janakpur, Dhankuta oder Kakarbhitta.

Sechs Kilometer südlich der Stadt befindet sich die indische **Grenzstation Jogbani,** die von Westlern aber nicht passiert werden kann. Aufgrund der Nähe zu West Bengal sprechen viele der Bewohner neben Nepali auch Bengali.

Verkehrsmittel

●Das lokale Verkehrsmittel bildet, wie in den meisten Orten des Terai, die **Fahrrad-Riksha,** die dort weit billiger ist als z.B. in Kathmandu. 1 km kostet ca. 3 - 5 Rs.
●Zwecks **Mietwagen** wende man sich am besten an die Rezeption des Hotel Namaskar, das höchstwahrscheinlich einen besorgen kann.

Unterkunft

●Eine empfehlenswerte Adresse ist das **Hotel Namaskar** (Bazar Adda Chowk, Main Rd., Tel. 23320, 21199). Die Zimmer sind sauber, wenn auch teilweise etwas klein, alles in allem recht ordentlich. Eigenes Bad vorhanden. Einzel 150, Doppel 150/200/250 Rs., die AC-Räume 450 Rs.; 10 % Steuer.
●Auch nicht schlecht ist das **Hotel Geetanjali** (Malaya Rd., Tel. 27335), (Doppel-)Zimmer mit Bad zu 165 Rs., ohne Bad zu

1 Hotel Namaskar 2 Padma Lodge
3 Royal Nepal Airlines 4 Hotel Geetanjali
5 Hotel Milan 6 Shanti Sital Lodge
7 Dhankuta Lodge 8 Busbahnhof 9 Post
10 Everest Air 11 Polizei

125 Rs., Dorm 50 Rs. Dazu 10 % Steuer. Im Hotel gibt es zwar kein Restaurant, aber einen Essensservice, durch den die Gäste die Mahlzeiten auf Bestellung aufs Zimmer bekommen.
●Schräg gegenüber auf der anderen Straßenseite liegt das etwas finstere **Hotel Milan** (Malaya Rd., Tel 25615); Einzel ohne eigenes Bad zu 50 Rs., Doppel zu 100, mit Bad zu 150 Rs., 10 % Steuer.
●Ansonsten gibt es noch einige sehr schlichte und entsprechend billige Lodges ab ca. 50 Rs.: die **Dhankuta Lodge** gegenüber dem Busbahnhof ist noch die beste davon. Weiterhin die **Shanti Sitral Lodge** oder das **Padma Hotel & Lodge.**

Essen

●Seinem Status einer aufstrebenden Industriestadt zum Trotz weist Biratnagar einen unangenehmen Mangel an Restaurants auf, das einzig halbwegs mondäne Lokal wurde vor kurzem geschlossen. Die in der Stadt verbliebenen Speiselokale sind alles andere als einladend. Als einzig empfehlenswerte Adresse verbleibt somit das Restaurant im Erdgeschoß des **Hotel Namaskar,** das recht gute und preiswerte nepalesische und indische Küche bietet, mit ein paar westlichen Gerichten dazu. Leider ist das Restaurant etwas schummrig und voll von Moskitos. Biratnagars Moskitos sind scheinbar die größten des Terai!
●Recht gut ist das Essen im **Hotel Geetanjali** (nur für die dort wohnenden Gäste).
●Einfachere Kost gibt es im **Hotel Milan.**

Anreise

●**Busse ab Kathmandu** (540 km) kosten 180 Rs. (Tag) bzw. 226 Rs. (Nacht); Fahrzeit ca. 15-16 Std.
●Daneben existieren zahlreiche weitere **Busverbindungen,** so ab Pokhara (Tagbus 189 Rs.), Bhairawa (Tag 180, Nacht 225 Rs.), Narayanghat (131 Rs.), Birganj (115/135 Rs.), Janakpur (75 Rs.), Rajbiraj (35 Rs.), Dharan Bazar (14 Rs.), Kakarbhitta (42 Rs.) u.a.

•Die Royal Nepal Airlines unterhält eine Reihe von *Flugverbindungen* nach Biratnagar: Flüge ab Rajbiraj gibt es nur einmal pro Woche, Kostenpunkt 30 US$, Flugzeit 15 Min.; Flüge ab Kathmandu zweimal täglich, 77 US$, 55 Min. Weitere Verbindungen ab Bhojpur, Lamidanda, Phaplu, Rumjatar, Taplejung und Tumlingtar. Das Büro der Royal Nepal Airlines befindet sich in der Malaya Rd., nur wenige Meter links neben dem Geetanjanli Hotel; Tel. 22576.

•Die privaten Airlines bieten nur *Flugverbindungen ab Kathmandu:* Necon Air (Tel. 25987-8) und Everest Air (Tel. 22227, 25345) fliegen jeweils einmal täglich ein, die Nepal Airways (Tel. 25324-5) täglich außer donnerstags.

Weiterreise

•Biratnagar ist häufig der Ausgangspunkt für Fahrten nach Dhankuta (siehe oben). Dazu nehme man zuerst einen Bus bis Dharan Bazar (14 Rs.) und steige in einen Dhankuta-Bus um (33 Rs.).

Kakarbhitta

Kakarbhitta an der äußersten Ostgrenze Nepals ist ein für Westler passierbarer Grenzposten und Einreisepunkt für Traveller aus Richtung Siliguri/Darjeeling oder Assam (falls dieses für Touristen zugänglich ist, was meist leider nicht zutrifft). Die Gebiete jenseits der Grenze gehören zum indischen Bundesstaat West Bengal. Siliguri ist ca. 25 km von Kakarbhitta entfernt, Darjeeling (über Siliguri) ca. 107 km.

Ansonsten ist Kakarbhitta bedeutungslos und unansehnlich, wer hier einreist, wird zusehen, möglichst schnell weiterzukommen. Biratnagar, die erste größere nepalesische Stadt von der Grenze aus gesehen und Ausgangspunkt für viele weitere Fahrten, liegt 115 Straßenkilometer weiter westlich.

Information

•Direkt hinter der Grenze befindet sich an der Nordseite der Straße ein *Tourist Information Centre,* das einzige in Ostnepal (das nächste gibt es in Janakpur, 280 Straßenkilometer weiter westlich).

Geldwechsel

•An der Südseite der Straße durch Kakarbhitta befindet sich eine Zweigstelle der *Nepal Rastra Bank.* Überall in Nepal kann auch mit indischen Rupien bezahlt werden kann (festgelegter Kurs: Für 1 Indische Rupie gibt es 1,60 Nepalesische Rupien).

Anreise aus Indien

•Von Siliguri aus fahren Busse bis zur indischen Seite der Grenze; der Ort dort heißt Naxalbari und ist in Indien berühmt-berüchtigt: Hier nahm in den 70er Jahren eine kommunistische Untergrundbewegung ihren Anfang, die im ganzen Bundesstaat West Bengal – und darüber hinaus – für Angst und Schrecken sorgte. In Anlehnung an den Ausgangspunkt des Geschehens nannten sich die Bandenmitglieder "Naxalites". Von Naxalbari aus fährt man mit der Riksha weiter auf die nepalesische Seite.

Anreise aus Nepal

•Es gibt einige direkte Tag- und Nachtbusse *ab Pokhara und Kathmandu* (Ratna Park) für 199/251 bzw. 204/255 Rs. Bei Fahrzeiten von mindestens 18 oder 19 Std. seien diese aber nur den abgehärtetsten Travellern empfohlen.

•Angenehmer ist die Anreise *ab Janakpur,* von wo sowohl Tag- als auch Nachtbusse fahren (90 bzw. 120 Rs.). Da der Mahendra Rajmarg streckenweise einen erbärmlichen

Zustand aufweist, nimmt selbst diese Strekke bis zu 10 Std. in Anspruch.

●Direkte Busverbindungen auch ab Pokhara (Tag 199/Nacht 251 Rs.), Bhairawa (203/254 Rs.), Hetauda (106/132 Rs.), Birganj (140/165 Rs.), Janakpur (95 Rs.), Biratnagar (42 Rs.), Dharan Bazar (40 Rs.) u.a.

●Wer *aus Dhankuta* kommt, sollte zuerst nach Itahari fahren und versuchen, dort einen Bus in Richtung Kakarbhitta zu finden.

Weiterreise in Nepal

●Ab Kakarbhitta fahren zahlreiche direkte Busse in Richtung Kathmandu, Pokhara, Janakpur u.a. Wer gerade aus Indien einreist, kann aber wohl auf solche langen Weiterfahrten verzichten. Empfehlenswerter wäre erst einmal ein Bus bis Biratnagar (42 Rs.) oder aber nach Itahari (14 Rs.), um von dort in den erholsamen Bergort Dhankuta weiterzureisen.

●Ab Bhadrapur (ca. 20 km südlich von Kakarbhitta) bestehen täglich Flugverbindungen mit Necon Air und Everest Air nach Kathmandu, Flugzeit 1 Std., Preis 99 $.

Weiterreise nach Indien

●Mit der Riksha über die Grenze und dann per Bus ab Naxalbari nach Siliguri. Siliguri ist der wichtigste Verkehrsknotenpunkt im nördlichen West Bengal und von dort aus besteht eine Reihe von Weiterreisemöglichkeiten: per Bus oder Mini-Bahn nach Darjeeling, per Bahn in Indiens Norden oder z.B. nach Kalkutta. Eine direkte Zugverbindung besteht auch nach Benares, dorthin kommt man aber günstiger über den Grenzübergang Birganj. Eine Weiterreise nach Assam über Land ist zur Zeit nicht möglich. Auch die anderen Staaten im Nordostzipfel Indiens sind nur mit speziellen Genehmigungen besuchbar, die teilweise sogar direkt in Indien beantragt werden müssen. Für die komplizierten Details sollte man sich am besten an die zuständige indische Botschaft wenden.

Trekking und Rafting

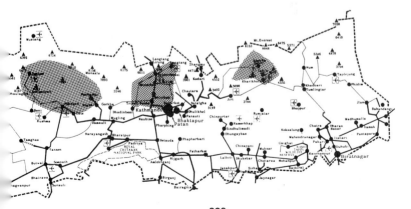

Trekking

(Nach Informationen von Martin Struschka)

Für fast jeden vierten Nepal-Reisenden gehört das Trekking zum Urlaubsprogramm, das besagt zumindest die Statistik. Durchschnittlich knapp ein Viertel der Besucher läßt sich ein Trekking Permit ausstellen, dazu kommt aber noch eine Anzahl, die in der Gegend um Kathmandu oder Pokhara trekt, wozu man keine Genehmigung benötigt. Das Trekking ist zu einer Art Urlaubssport geworden, und auf den gängigen Routen findet man eine funktionierende touristische Infrastruktur vor, die den Trekker auch da noch mit Müsli versorgt, wo die Atemluft schon dünn wird. Auf diesen Strekken trifft sich der agile Frührentner mit dem bergberauschten Asien-Freak.

Trekking Permits

Für Touren durch die Berggebiete außerhalb der Täler von Kathmandu und Pokhara sind zuvor Genehmigungen einzuholen, die sogenannten Trekking Permits.

Für die Permit-Erteilung gelten folgende *Formalitäten:* Die Trekking Permits werden im Immigraton Office im Tridevi Marg, Kathmandu, oder der Zweigstelle in Pardi Dam, Pokhara, ausgestellt. Geöffnet So-Do von 10.30-12.30 Uhr im Winter, ansonsten bis 13.00 Uhr; Fr von 10.30-12.00 Uhr. In der Hauptsaison sammeln sich schon gegen 8 Uhr morgens die ersten Bewerber vor dem Office, was aber nicht viel einbringt. Günstiger ist es meist, erst gegen 11 Uhr einzutrudeln, wenn der große Ansturm vorüber ist.

Formalitäten zur Erteilung eines Trekking Permits siehe Seite 21.

Sicherheit

Man sollte sich klar darüber sein, daß man in den ärmsten Landstrichen eines der ärmsten Länder der Welt zwangsläufig als Krösus angesehen wird. Das zieht auch unlautere Elemente an. Überfälle auf Trekker sind zwar sehr selten, kommen aber vor. Aus diesem Grunde ist vor Solo-Touren dringend abzuraten, und auch einsame Gebiete abseits der bekannten Trekking-Routen sollten gemieden werden. Diese Warnungen gelten in verstärktem Maße für Frauen. In diesem Zusammenhang noch eine ganz spezielle Warnung: 1993 ging der Fall des Besitzers von "Highland Sherpa Trekking and Mountaineering" in Thamel durch die nepalesische Presse. Nach glaubhaften Aussagen von Trekkerinnen (u.a in einem Brief an den Peter-Rump-Verlag) machte sich besagte Person mehrerer Vergewaltigungen schuldig. Daß er dafür nicht verhaftet und bestraft wurde, lag allem Anschein nach an seinen guten Beziehungen zu einflußreichen Persönlichkeiten.

Die daraus zu ziehende Lehre? Erstens natürlich von o.g. Trekking-Agentur fernzubleiben, die aber, wer weiß, vielleicht schon ihren Namen geändert hat. Zweitens gilt es, möglichst keine Situationen entstehen zu lassen, in denen derartiges passieren kann. Übergroße Vertrauensseligkeit ist heute in Nepal leider genauso fehl am Platze wie überall anders auch.

Ausrüstung

Manche Ausrüstungsgegenstände sollten unbedingt auf den Trek mitgenommen werden, andere sind weniger wichtig, als man annehmen könnte.

Schlafsack

Ein Schlafsack ist zwar nicht in jedem Falle erforderlich, aber sicher von großem Vorteil. In den Unterkünften entlang der Trekking-Routen werden zwar meist ausreichend Decken zur Verfügung gestellt; diese sind aber häufig alles andere als sauber, um nicht zu sagen verdreckt oder verlaust. Im eigenen Schlafsack schläft es sich da sicher besser. Auch kann es in Höhen von ca. 4000 m schon in den frühen Wintermonaten so bitterkalt werden, daß die Decken möglicherweise nicht ausreichen.

Schlafsäcke können auch noch vor Ort

gekauft oder ausgeliehen werden, so z.B. in zahlreichen Geschäften in Thamel oder Pokhara.

Sehr hilfreich ist auch eine Isoliermatte, da man sonst gelegentlich nur eine Decke zwischen sich und dem kalten Steinboden hat.

Zelt

Ist nur in den ganz abgelegenen Gebieten vonnöten, wo man keine Unterkünfte vorfindet. In diesem Falle sollte selbstverständlich auch ein Schlafsack dabei sein.

Warme Kleidung

Schon im Oktober kommt es in Höhen um 4000 m nachts zu Frost, so daß warme Kleidung unentbehrlich ist. Empfehlenswert sind eine Daunen- oder zumindest eine Windjak-

(MS)

ke, eine dicke Hose und zwei Pullover. Handschuhe und Pudelmütze sind zusätzlich anzuraten. Das alles angezogen und dann unter eine Schicht aus drei oder vier Decken, und die Nacht wird gut überstanden!

Schuhe

Feste Schuhe erleichtern vieles, sie sollten aber gut eingelaufen sein, sonst sind Blasen garantiert. Am besten eignen sich Schuhe, die bis über die Knöchel reichen, um Verstauchungen vorzubeugen. Bei den leichteren Strecken ist für den Fall einer starken Fußschwellung auch die Mitnahme von einfachen Gummilatschen angebracht, da die Füße vielleicht nicht mehr in die normalen Schuhe passen. Die Träger auf dem Helambu-Langtang- oder Jomson-Trek können sich alle nur Gummilatschen leisten und kommen dank der vielen Treppen auf den Routen damit zurecht. Festes Schuhwerk wäre aber auch ihnen mehr als zu gönnen. Die Treppen sind notwendig, da die Träger mit ihren Lasten kaum steil auf- oder absteigende Strecken bewältigen können.

Medizin-Set

Zu empfehlen ist ein Medizin-Set mit Stützverbänden, einer Sportsalbe, reichlich Heftpflaster (um eventuelle Blasen abzupolstern), Desinfektionsmittel, Breitbandantibiotika, Mittel gegen Durchfall, Aspirin (gegen die in dünner Luft häufigen Kopfschmerzen), Papiertaschentücher, Erkältungsmittel und Nasenspray (gegen die in der kalten Jahreszeit fast unausweichlichen Erkältungen), Mineralsalzlösungen, Vitamintabletten, Wasserentkeimungstabletten und eine starke Sonnencreme, möglichst einen Sun-Blokker. (Siehe auch Kapitel "Ausrüstung" im Abschnitt "Vor der Reise".)

Verpflegung

Ob das Mitführen von Verpflegung notwendig ist, hängt vom besuchten Gebiet ab: Auf den gängigen Strecken gibt es ausreichende Verpflegungsmöglichkeiten, in abgelegenen Gegenden dagegen ist das Essen sehr karg und oft relativ teuer. Als

Faustregel gilt, daß die Nahrungsmittel um so teurer werden, je höher und abgeschiedener die Gegend liegt. Falls Zusatzverpflegung mitgenommen wird, ist eine energiereiche, kohlehydrathaltige Kost anzuraten, so z.B. Müsli, Vollkornbrot, Traubenzuckerpräparate, Schokoriegel u.ä.

Sonstiges

Zu empfehlen ist die Mitnahme von: Taschenlampe (es gibt meist keinen Strom in den Bergen) oder Kerzen und Feuerzeug/Streichhölzer, Taschenmesser, Nähzeug, Wasserflasche (bzw. Thermosflasche für warme Getränke im Winter), Sonnenbrille und ein breitkrempiger Hut.

Karten

In Nepal ist zu allen Trekking-Gebieten eine ganze Reihe von verschiedenen Karten erhältlich, die alle Vor- und Nachteile aufweisen. Manche sind topographisch schlichtweg falsch, auf anderen fehlen wichtige Ortschaften, was die Planung und Orientierung erschwert, und wieder andere sind sehr undeutlich gedruckt. Am besten, man legt sich vorsichtshalber alle erhältlichen Karten des betreffenden Gebietes zu, um so auf der einen das zu finden, was die andere verschweigt und umgekehrt.

Zu den besseren Karten gehören die der "Arbeitsgemeinschaft für vergleichende Hochgebirgsforschung" von der Technischen Universität in München. Diese sind in jedem besseren Buchladen in Kathmandu für ca. 400 Rs. erhältlich. Topographisch sind diese einwandfrei, es fehlen jedoch einige Ortschaften. Maßstab 1: 100.000.

Gewicht der Ausrüstung

Hierbei gilt das alte tibetanische Sprichwort: "Die leichteste Ziege ist als erste auf der Weide" - mit anderen Worten, man nehme nur soviel mit wie nötig und so wenig wie möglich! Jedes Kilo mehr macht sich beim Aufstieg in den Oberschenkeln bemerkbar und beim Abstieg in den Kniegelenken, wenn nicht noch woanders auch. Wer auf den gängigen Routen trekt und womöglich ein Zelt oder ähnlichen unnöti-

gen Balast mitschleppt, ärgert sich wahrscheinlich fast schwarz, denn Unterkünfte gibt es dort überall.

Unterkünfte/ Essen

In den Bergen, die von einer Bevölkerung bewohnt werden, die tagtäglich um ihr Überleben ringt, wird auch der leutseligste Optimist keine Luxusunterbringung erwarten. Die Unterkünfte entlang der Routen sind schlichte Lodges, die sich gelegentlich auch euphemistisch "Hotels" nennen. Der lokale Name für diese Gasthäuser ist *Bhatti*.

Der Standard ist von Strecke zu Strecke verschieden, so sind die Unterkünfte im Annapurna-Gebiet z.B. durchweg besser als die in Helambu-Langtang. Im Annapurna-Gebiet bekommt man eigene kleine Zwei- oder Drei-Bett-Zimmer (neben den obligatorischen Dormitories oder Schlafsälen), die um 40 bzw. 50 Rs. kosten; in Helambu-Langtang besteht die Unterkunft aus einem größeren Raum, der in einen Küchen- und einen Schlafbereich unterteilt ist. In letzterem erhält man seinen Schlafplatz (ca. 10 - 20 Rs.) umgeben von den Mitgliedern einer vielköpfigen, tief schnarchenden Großfamilie! Decken müssen hier zumeist mit 10 Rs. bezahlt werden, im Annapurna-Gebiet sind sie im Preis inbegriffen. Besser kommt das Annapurna-Gebiet auch bezüglich der Energieversorgung weg, denn in vielen Orten gibt es Strom, gewonnen aus der reichlich vorhandenen Wasserkraft; in Helambu-Langtang dagegen sitzt man abends bei romantischem Kerzenschein.

Was die *Toiletten* betrifft, so sind dies entweder winzige Häuschen, die aus verständlichen Gründen weitab des Hauptgebäudes errichtet sind, oder nur Stellen hinter dem Haus, im Wald oder sonstwo, die man sich als Ort für die Notdurft erkoren hat. Das *Bad* ist oft nur eine Rohrleitung, die Wasser aus dem nächsten Gebirgsbach herbeiführt, mit winterlichen Wassertemperaturen von knapp über dem Gefrierpunkt! Trotzdem sollte man keinesfalls von eventuell angebotener "Hot Shower" (heiße Dusche) Gebrauch machen, da das Wasser mit ziemlicher Sicherheit durch ein Holzfeuer erwärmt wird. Ein Traveller-Luxus, der ökologisch auf keinen Fall vertretbar ist (siehe auch Kap. Ökologie). Das Wasser ist übrigens zum Trinken umso ungefährlicher, desto höher man sich befindet, da sich dann logischerweise auch weniger Ansiedlungen befinden, die das Wasser verschmutzen können.

Wie die Qualität der Unterkünfte, so ist auch die **Qualität des Essens** von Route zu Route verschieden. In Helambu-Langtang z.b. ist das Angebot nicht ganz so üppig wie beim Jomsom-Trek, obwohl auch dort zunehmend "Traveller-Kost" wie Pizza und Muesli offeriert wird. Stellenweise gibt es nur das altbekannte Dal-Bhat-Tarkari. Entlang dem Jomsom- und Annapurna-Trek hat sich allerdings (leider?) eine kulinarische Infrastruktur entwickelt, und die schlichtesten Lodges zaubern die köstlichsten Gerichte hervor. Pizzas, Muesli, Nudelgerichte, Apfelkuchen und zahlreiche andere Westspeisen lassen fast vergessen, daß man sich im Himalaya befindet.

Träger / Guides

Wer die Bergwelt genießen möchte, ohne unter der Last seines Gepäcks zu ächzen, kann Träger anheuern, die ihm diesen so lästigen Bestandteil des Trekkens abnehmen. Die Träger werden von Reisebüros vermittelt, oder man kann sie selbst in jedem beliebigen Ort entlang der Strecke anstellen. Mit mehreren Leuten könnte man sich praktisch eine ganze Karawane von Trägern unter Vertrag nehmen, sagen wir 4 oder 5 Mann, dazu einen Guide, einen Koch und zwei Kochgehilfen. Solche Massenaufmärsche sind gar nicht selten.

Sowohl das **Anheuern** über eine Agentur als auch auf eigene Faust bringt Nachteile. Im ersteren Fall zahlt man mehr und hat auch keine Gewißheit, daß der angeblich so sachkundige Guide oder Träger das Gebiet überhaupt kennt. Es gibt z.B. Sherpa-Guides, die sich in Kathmandu für den Helambu-Langtang-Trek anwerben lassen, obwohl sie noch nie da waren und sich dann bei den Ansässigen dauernd nach dem Weg er-

kundigen müssen. Heuert man Leute entlang der Strecke an, werden diese mit ziemlicher Sicherheit zwar ortskundig sein, wenn irgendetwas schiefgeht, hat man aber keinerlei Beschwerdemöglichkeit, wie es bei der Buchung über eine Agentur der Fall wäre. Im Endeffekt entscheidet aber wohl der Geldbeutel, ob oder wo man Träger oder Guides anheuert.

Der **Tagespreis** für einen vor Ort engagierten Träger liegt bei 200 - 400 Rs., wobei im vorab zu klären ist, ob dessen Verpflegungskosten in der Summe einbegriffen sind. Nicht, daß man es ihnen nicht gönnen möchte, nur sollte vorher klar sein, wer dafür aufkommt.

Was noch bei Trägern oder Guides wichtig ist, wird vielleicht aus den Klagen deutlich, die Trekker des öfteren vorbringen: So laufen sie entweder zu schnell oder zu langsam, machen zu lange Pausen oder zu kurze Tagesetappen, laufen soweit vor, daß das Gepäck völlig außer Reichweite gerät etc., etc. Um solche **Unannehmlichkeiten** soweit wie möglich zu **vermeiden**, sollte man seine Wünsche vor Marschantritt vortragen – und dann hoffen, daß die Abmachungen auch eingehalten werden. Wer sich ob seines Trägers oder Guides nicht sicher ist, kann ihn zuerst für eine Teilstrecke anheuern und bei Unzufriedenheit dann einen neuen nehmen. Allgemein empfiehlt sich, die ganz wichtigen Bestandteile seines Gepäcks selber zu tragen, sicher ist sicher.

"Abkürzungen"

Während des Treks bekommt der Trekker möglicherweise von Einheimischen Abkürzungen empfohlen, die einen Versuch wert scheinen. Diese Abkürzungen sind aber oft sehr steil, was den Einheimischen, die in dem Terrain mit der Sicherheit einer Berggemse herumspazieren, überhaupt nichts ausmacht, dem Trekker aber gefährlich werden kann. Meistens wird aus diesen "Abkürzungen" nichts, da man äußerst vorsichtig seinen Tritt finden muß und so eher an Zeit verliert als gewinnt.

Ökologie

Aufgrund der Dezimierung des nepalesischen Waldes in der jüngeren Vergangenheit sollte alles vermieden werden, das den Baumbestand weiter verringert: Lagerfeuer sollten nur entfacht werden, wenn unbedingt nötig; und dann auch nur mit abgestorbenen oder abgefallenen Zweigen, nicht mit frischen, direkt von Baum oder Strauch.

Zum Kochen oder zum Erwärmen des Waschwassers sollte Gas oder Kerosin verwendet werden. Die Trekking-Agenturen können dahingehende Arrangements treffen. Ein weiteres Problem ist der zwangsläufig anfallende Müll: Unorganischer Abfall sollte möglichst eingesammelt und wieder mitgenommen werden, nicht aber einfach liegenlassen. Organischer Abfall ist zu vergraben.

Kletterer müssen ihren Abfall zurückbringen

Müllkippe Mount Everest: Nepal bittet zur Kasse

Katmandu (dpa). Müllkippe Mount Everest: Für den Schutz der Natur am höchsten Berg der Welt werden Bergsteiger bald drastisch zur Kasse gebeten.

Wie das nepalesische Tourismusministerium gestern in Katmandu mitteilte, muß eine fünfköpfige Expeditionsgruppe ab Herbst kommenden Jahres 50 000 US-Dollar für den Aufstieg zum 8 848 Meter hohen Gipfel zahlen. Für zwei weitere Teilnehmer müssen noch einmal 20 000 Dollar hingeblättert werden. Bislang hatten neunköpfige Gruppen nur 10 000 Dollar für den Gang auf den höchsten Berg der Welt bezahlen müssen. Zudem müs-

sen die Gipfelstürmer künftig für die Entsorgung ihres Mülls sorgen: Das Ministerium ordnete nämlich auch an, daß die Kletterer ihren Abfall wieder mit in ihre Herkunftsländer nehmen müssen.

Nach Schätzungen der nepalesischen Bergsteigervereinigung haben Expeditionen allein oberhalb des Everest-Basiscamps über 50 Tonnen Müll zurückgelassen. Der Neuseeländer Sir Edmund Hillary, der den Bergriesen im Mai 1953 als erster Mensch der Welt bezwungen hatte, hatte vor einiger Zeit sogar ein befristetes Verbot für Expeditionen angeregt.

Aus: Neue Westfälische, 20.7. '92

Marschzeiten

Die Zeit für ein und dieselbe Strecke kann logischerweise erheblich variieren, einige Trekker versuchen, den Weg in der geringstmöglichen Zeit zurückzulegen, andere gehen die Sache langsamer an. Es ist Unsinn, eine Route beispielsweise als "7-Tage-Trek" zu bezeichnen, wo sie doch beliebig ausgedehnt oder um einiges verkürzt werden könnte. Aufgrund der großen Auswahl an Lodges entlang der Hauptstrecken kann man frei über die Länge des Treks entscheiden. Im folgenden sind – um dennoch eine Orientierungshilfe zu geben – teilweise sehr lange Tagesetappen beschrieben, die für geübte Bergwanderer sicher zu schaffen, für Neulinge aber wahrscheinlich zu strapaziös sind. Diese Etappen können aber auch fast beliebig unterbrochen werden, nämlich überall da, wo es Lodges zur Übernachtung gibt. Halbiert man die i.f. beschriebenen Tagesmärsche, ergeben sich geruhsame Touren, die auch den absoluten Trekking-Anfänger nicht überfordern.

Helambu-Langtang-Trek

Von den Treks ab Kathmandu ist der durch das Gebiet von Helambu und Langtang sicher der populärste, auch wenn die landschaftlichen Ausblicke vielleicht nicht ganz so atemberaubend sind wie die im Annapurna-Gebiet. Dafür trifft man hier auf weniger Trekker als beispielsweise beim Jomsom-Muktinath-Trek. Beim Helambu-Langtang-Trek gibt es zahlreiche Variationsmöglichkeiten, so daß der folgende Routenvorschlag nicht als Dogma betrachtet werden sollte. Auch bezüglich der *Laufzeit* kann man variieren, ein Schnellmarschierer braucht vielleicht nur 7 oder 8 Tage, ein gemütlicher Wanderer nimmt sich wohl lieber 14 Tage Zeit für die Strecke. Das Optimum liegt irgendwo in der Mitte.

1. Tag

Der Trek beginnt in *Sundarijal* (siehe "Ausflüge im Kathmandu Valley") am Nordostrand des Kathmandu Valley, genauer gesagt am Fuße einer langen, steilen Treppe, an deren rechter Seite eine Wasserpipeline verläuft. Treppen wie diese wird es auf dem Trek sehr häufig zu steigen geben. Geht man diese Treppe hoch, so befindet man sich schon gleich in *Mahankal,* einem Dorf, das sich fast unmerklich an Sundarijal anschließt, man kann die beiden Orte eigentlich nicht auseinanderhalten.

Die Treppe geht schon bald in einen ebenfalls sehr steilen Bergpfad über, und nach 1 - 1,5 Stunden erreicht man – fast 400 m Höhenunterschied in den ungeübten Kniegelenken – den Ort *Mulkharka* (1763 m). Hier gibt es einen kleinen Laden, in dem Tee getrunken oder noch etwas Eßbares eingekauft werden kann.

Auch nach Mulkharka bleibt der Pfad sehr steil – dies ist sicher ein Einstiegstag, der in die Beine geht –, und führt durch eine Reihe von Hohlwegen. Nach ca. 2 Stunden erreicht man den ***Buriang-Bhanjyang-Paß*** (2438 m). Wenige Meter dahinter befinden sich einige alte Goth, d.h. Grundmauern von ehemaligen Behausungen oder Stallungen, die sich Camper als Windschutz nutzbar machen könnten.

Vom Paß geht es eine 3/4 Stunde abwärts nach ***Chisopani*** (2194 m), an dessen anderem Ende die Hotel Lodge Chisopani zum Übernachten bereitsteht. Es gibt dort zwei kleine Zimmer, ein Dorm und auch Essensmöglichkeit. Die nächsten Lodges befinden sich in Pati Bhanjyang, etwa 1 Stunde entfernt, so daß man diese Tagestouren von bisher weniger als 4 Stunden auch noch ausdehnen könnte.

2. Tag

Ab Chisopani führt der Weg steil bergab nach ***Pati Bhanjyang*** (1768 m) mit seinen oben erwähnten Lodges. Nach Pati Bhanjyang geht es 1,5 - 2 Stunden steil bergauf nach ***Chipling*** (2165 m), wo sich wieder einige Lodges anbieten.

Von dort führen roh gehauene Stufen in einer Stunde nach ***Jogin Danda*** (2453 m). Hier erwartet den Trekker ein gespenstisch anmutender Wald aus abgestorbenen Bäumen, die mit einer schlüpfrigen Schicht aus Moos überwuchert sind. Falls sich dann noch gerade Nebel einstellen sollte, was in der kühlen Jahreszeit oft der Fall ist, kann ei-

(MS)

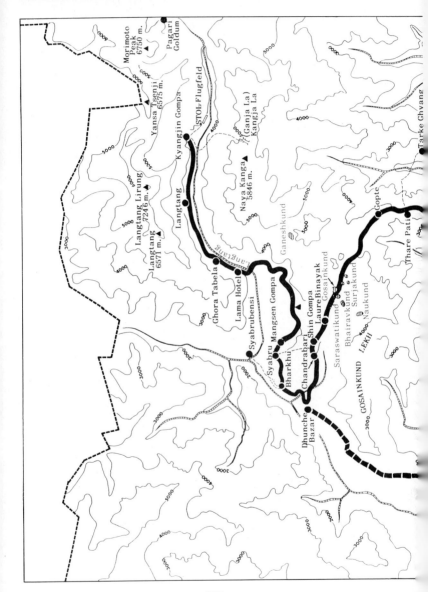

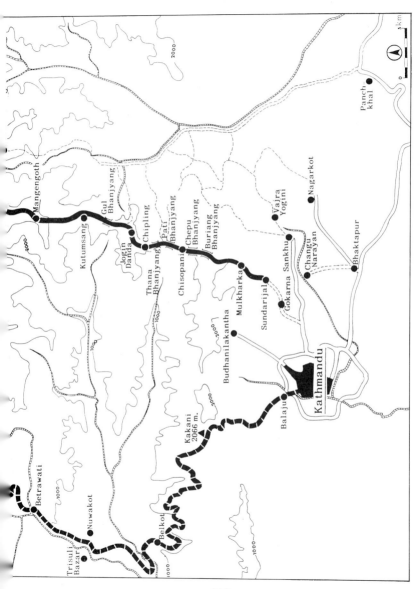

399

nem ein leichter Schauer des Gruselns über den ohnehin schon (vom Rucksack) geschundenen Rücken kriechen.

So in eine wohlige Stimmung versetzt, steigt man allmählich bis *Gul Bhanjyang* (2142 m) ab. Laufzeit ca. 1 Stunde. Dort stehen einige Lodges zur Auswahl. Danach führt der Weg erst 400 Höhenmeter empor, um dann wieder 100 Meter abzusteigen, und man gelangt nach ca. 2 Stunden in das Dorf *Kutumsang* (2468 m). Neben etlichen Lodges befinden sich hier ein Kontrollposten für das Trekking Permit sowie einer der "Eingänge" zum *Langtang National Park,* wo 250 Rs. Eintrittsgebühr zu entrichten sind. Weitere Parkzugänge bestehen in Dhunche Bazar, Sematang und Ghora Tabela.

3. Tag

Von Kutumsang aus sind strapaziöse 817 Meter Höhendifferenz zu bewältigen, bis man nach ca. 3 Stunden *Mangengoth* (3285 m) erreicht. Hier erwarten einen zwei Lodges und ein weiterer Kontrollposten, dieses Mal der Armee. Einige weitere Lodges und Teehäuser finden sich entlang der Route zwischen Kutumsang und Mangengoth, so daß man dort nach Belieben Ruhepausen einlegen kann. Hinter Mangengoth verläßt man das Gebiet der Tamang, das man bisher durchtrekt hat, und wechselt auf Sherpa-Territorium über.

In *Thare Pati* (3610 m), etwa 2 Stunden nach Mangengoth, unterhalten Sherpa-Familien einige Lodges. Thare Pati liegt auf einer Höhe, in der mancher vielleicht schon mit dem Höhenkoller konfrontiert wird. Vorsicht also bei irgendwelchen verdächtigen Symptomen (siehe Kapitel "Gesundheit").

Hinter dem Thare-Pati-Paß stehen nun gleich zwei Wege zur Auswahl, die zu den Gosainkund-Seen führen. (Eigentlich ist die Bezeichnung, so gebräuchlich sie auch sein mag, schlichtweg doppelt-gemoppelt, denn Kund bedeutet schon "See bzw. Seen"!) Einer davon ist ein gefährlicher Höhenweg, er verläuft über einen schmalen Kamm am Abgrund vorbei, und jeder Fehltritt endet mit einer Katastrophe. Diese Route dauert relativ kurze 6 -7 Stunden.

Der für den Normaltrekker einzuschlagende Weg führt nach 2 - 2,5 Stunden nach *Gopte* (3430 m), wo man in einer der dortigen Lodges erst einmal Kräfte sammelt, denn die folgende Etappe hat es in sich. Auch der Weg nach Gopte selber ist kein Spaziergang, es geht über alte Erdrutschfelder, wo man von Stein zu Stein hüpfen muß, da man sonst keinen festen Tritt findet. Von Gopte sind es noch etwa 8,5 anstrengende Stunden nach Gosainkund; dieser Weg ist somit etwas zeitraubender, aber auch weitaus ungefährlicher als der zuvor erwähnte. Vor dem nächsten Abschnitt sollte in Gopte übernachtet werden.

4. Tag

Von Gopte aus ist ein Höhenunterschied von harten 1179 Meter zu bewältigen, bis man den **Laure-Bina-Paß** (4609 m) erreicht. Dafür benötigt man 6 Stunden, wobei die ersten 3 Stunden zu aller Anstrengung noch abwechselnd bergauf und bergab führen, was das Laufen erschwert. Entlang der Route befinden sich einige Lodges, in denen man die Etappe aber auch vorzeitig beenden kann; so z.B. in der Surjakunda Lodge, 3 Stunden nach Gopte und somit ziemlich genau auf halber Strecke zum Laure-Bina-Paß.

Nach der Lodge beginnt der schwere Aufstieg, aus etwa 3300 m Höhe auf die 4906 m des Laure-Bina-Passes. Diese Strecke, steil wie sie ist, kann in 3 Stunden bewältigt werden. Eine Anzahl von Steinhaufen ist über die kahle Landschaft verstreut, errichtet von Pilgern, die sich davon ein günstiges Schicksal versprechen. Von der Paßhöhe geht es dann wieder 230 Höhenmeter gemächlich bergab an den **Surjakund-Seen** vorbei.

Von dort ist es noch etwa eine Stunde zum Dorf **Gosainkund** an den Gosainkund-Seen (4381 m), einem der wichtigsten Pilgerziele Nepals. Es steht eine Anzahl von Lodges zur Verfügung, von denen sich die Snowfall Lodge nach einhelliger Meinung als die unfreundlichste hervorgetan haben soll: Der miesepetrige Besitzer geizt anscheinend mit der Beheizung, und vor Abend gibt's nichts zu essen.

Die **Gosainkund-Seen** sind ein miteinander verknüpftes System von Einzelseen, von Bharavkund, Suryakund, Saraswatikund, Gosainkund u.a. Auf ihrer spiegelglatten Oberfläche reflektiert sich der strahlend blaue Himmel, als seien es Seen aus tiefblauer Tinte. Ein wahrhaft sehenswerter Anblick.

Zum Hindu-Fest Janai Purnima (Raksha Bandhan) werden die Seen von Abertausenden von Pilgern aufgesucht, die in den kalten Wassern baden. Die Brahmanen nutzen die Gelegenheit, um ihre Brahmanenschnur zu wechseln und ihre Ergebenheit zu Shiva zu bekunden, dem Gott der Zerstörung und Erneuerung. Der Legende nach war es auch Shiva, der die Seen erschuf, indem er seinen Trishul oder Dreizack in die Berge rammte, woraufhin drei Quellen emporsprudelten. Der Name des Trisuli-Flusses erinnert noch heute an diesen Schöpfungsakt mit dem Trishul. Zu Janai Prumina finden sich auch zahlreiche Jhankris oder Shamanen ein, die durch ihre hypnotisierende, magische Musik und Gesänge eine metaphysisch-geladene Atmosphäre erzeugen.

5. Tag

Etwa 1 - 1,5 Stunden nach Gosainkund gelangt man über einen abenteuerlichen Weg, der im wahrsten Sinne des Wortes am Abgrund vorbeiführt, bergab nach **Laure Binayak** (3901 m). Hier bietet sich ein wahrhaft überwältigender Ausblick auf das Langtang-Massiv, den Ganesh Himal, nach Tibet und sogar auf den Annapurna, wenn das Wetter mitspielt. Die besten Aussichten bieten sich zumeist früh morgens. Der Eindruck verschlägt einem die Sprache, und da fällt es dann auch kaum ins Gewicht, wenn man die einzelnen Gipfel vielleicht nicht mit ihrem Namen identifizieren kann. Das können übrigens auch die meisten Bergbewohner nicht, auf die Frage, welcher Gipfel dieser oder jener denn sei, erhält man meist eine sehr vage Antwort. Für die Übernachtung stehen einige Lodges bereit.

Nachdem man sich an dem Panorama sattgesehen hat, folgt der Abstieg. Nach einer halben Stunde erreicht man eine kleine Ansiedlung mit einigen Lodges, an der sich der Weg gabelt: Der eine Abzweiger führt über **Shin Gompa** (auch Sing Gompa) und **Syabru** nach **Dhunche Bazar;** die Laufzeit bis Dhunche beträgt ca. 6 Stunden und beinhaltet einen strapaziösen Abstieg von 1935 Meter. (Dhunche liegt auf 1966 m). Der andere Weg ist eine Abkürzung nach Dhunche, die ebenfalls über Syabru, nicht aber über Shin Gompa führt. Wer seinen Trek in Dhunche beenden möchte – von dort fahren Busse in 10-12 Std. nach Kathmandu – hat also die Auswahl der Route dorthin. Der längere Weg über Shin Gompa wird möglicherweise durch die dortige staatliche Käsefabrik schmackhaft gemacht, in der man sich mit diversen Käsesorten eindecken kann.

In Syabru (2230 m) treffen die Wege von Gosainkund, Dhunche und dem **Langtang-Tal** zusammen. Letzteres ist eines der meistdurchtrekten Gebiete, mit nur leichtem Aufstieg und Lodges im Stundentakt, so daß sich eine sehr freie Planung ermöglicht. Die in der Kurzübersicht angegebenen Tagesetappen sind somit noch variabler gestaltbar als ohnehin schon.

Von Syabru erreicht man das Langtang-Tal nach etwa 2,5 Stunden – man steigt zunächst ein Seitental hinab, überquert auf einer Holzbrücke einen Nebenfluß des Langtang Khola, dann geht es wieder bergauf, und das Seitental mündet in das

(MS)

Langtang-Tal ein. Anschließend verläuft der Weg über ein ausgedehntes Erdrutschfeld (mit einer Abzweigung nach Syabrubensi, (nicht zu verwechseln mit Syabru!) und führt nach steilem Abstieg von 570 Höhenmetern zum *Langtang Khola.* Es gibt Lodges zur Übernachtung.

6. Tag

Nach etwa 1 ¼ Stunden erreicht man eine Hängebrücke über den Langtang Khola, wobei man einige recht wohnliche Lodges passiert, darunter die Bamboo Lodge. Diese steht, wie der Name passend andeutet, von Bambus umgeben. Ab der Brücke sind es noch einmal etwa 1 ¼ Stunden bis zum *Lama Hotel* (2452 m), eigentlich eine Ansammlung von Lodges, von denen aber leider keine die Bezeichnung "Hotel" verdient. Der gesamte Weg von Syabru bis zum Lama Hotel ist übrigens auf sämtlichen derzeit erhältlichen Karten falsch angegeben, diese gehen noch von einer Brücke in der Nähe des Lama Hotels aus, die längst durch einen Erdrutsch hinweggerissen worden ist.

Vom Lama Hotel sind 598 Höhenmeter Anstieg zu überwinden, der Weg führt durch malerische Wälder entland dem Langtang Khola. Nach 2,5 Stunden trifft man in *Ghoda Tabela* (3050 m) ein, wo den Trekker ein Kontrollposten (für das Trekking Permit und das Eintritts-Ticket zum Langtang National Park) erwartet. Dem Posten wird durch eine etwas weiter oberhalb einquartierte Gur-

kha-Einheit der nötige Nachdruck verliehen. Übernachtung in einer der Lodges.

7. Tag

Nach Ghoda Tabela geht es 400 Höhenmeter bergauf, die ca. 2 Stunden in Anspruch nehmen. Am Ende dieser Strecke liegt das idyllische Dorf *Langtang* (3450 m), dessen altertümliche Steinhäuser aus einem anderen Jahrhundert zu stammen scheinen. Etwa die Hälfte der Häuser fungiert gleichzeitig als Lodges, was auf großen gelben Schildern auch werbewirksam verkündet wird. Über dem Dorf erhebt sich der majestätische Langtang Lirung (7245 m).

Zwei Wegstunden weiter liegt *Kyangjin Gompa* (3880 m), das für die meisten Trekker den Endpunkt im Langtang-Tal darstellt. Der Weg dorthin ist mit zahlreichen Mani-Mauern gesäumt, denen das tibetanische Mantra Om Mani Padme Hum ("Ehre sei Dir, Du Juwel in der Lotusblüte") eingemeißelt ist. Möge es den Trekker vor den Myriaden von Berggeistern beschützen! Wie der Name schon andeutet, ist Kyangjin Gompa Standort einer Klosteranlage und – möglicherweise wichtiger! – einer Käsefabrik, die vorzüglichen Yak-Käse produziert und auch mit Müsli und Honig aufwarten kann. Damit den grobstofflichen Körper wohlgestärkt, läßt es sich hier gut aushalten, es gibt Lodges zur Übernachtung:(Von Lesern besonders empfohlen wurde die *Yeti*

Lodge.) Ansonsten wäre die Fortsetzung des Treks bis **Pagari Goldum** (4770 m) möglich, oder man könnte Abstecher unternehmen wie die Besteigung des **Yala-Gipfels** (5500 m) o.ä.

Etwa 4 km von Kyangjin Gompa entfernt, zwischen den Orten Marku und Chhongdu, befindet sich ein **STOL-Flugfeld** Dieses dient für Charterflüge, einen Linienverkehr gibt es z.Zt. nicht.

Für Leute mit alpinistischer Erfahrung besteht ansonsten noch eine Ausweichmöglichkeit aus der Sackgasse, die das Langtang-Tal bei Kyangjin Gompa bildet – im Normalfall geht es, wie ein Blick auf die Karte verrät, ja sonst nur noch zurück. Die Route führt über den 5200 m hohen **Kangja La** oder **Ganja La,** ein Paß (= *La*), der dem normalbegabten Trekker einige Probleme aufwirft: Diese Höhe erfordert sehr warme Kleidung, da es auch schon im Herbst oder Frühling bitterkalt werden kann (ganz zu schweigen vom Winter); zweitens gibt es 2 - 3 Tagesmärsche lang keinerlei Unterkünfte, so daß die Mitnahme von Proviant und Zelt notwendig ist; und drittens ist die Route nicht ungefährlich, und auch trotz eventueller Bergerfahrung ist die Zuhilfenahme eines ortskundigen Führers anzuraten. Innerhalb von zwei bis drei Tagen erreicht man von Kyangjin Gompa das Sherpa-Dorf Tarku Ghyang und gelant dann ins Helambu-Gebiet, wo der Trek unter weitaus leichteren Gegebenheiten fortgesetzt werden kann. Insgesamt ist dies sicher eine hochinteressante Alternative, die aber nicht zu leicht genommen werden sollte.

8. bis 10. Tag

Für den durchschnittlich ambitionierten Trekker geht es von Kyangjin Gompa nur noch zurück, und zwar auf demselben Weg, den man gekommen ist, bis zu dem Erdrutschfeld zwischen der Langtang-Khola-Brücke und Syabru und der dortigen Abzweigung nach Syabrubensi (siehe 5. Tag). Hier ergeben sich nun zwei Möglichkeiten, zum einen die Route über Syabru und Bharku nach Dhunche Bazar, oder die über Syabrubensi und die von dort verlaufende, noch im Ausbau befindliche Straße nach Dhunche Bazar (z.Zt. noch keine Busverbindung). Die Routen dauern ca. 9 bzw. 8 Stunden.

Wählt man die **Strecke über Syabru,** durchquert man diesen Ort, bis am anderen Ende Hinweisschilder nach Gosainkund zu einem Militärlager ("Restricted Area") und Dhunche Bazar (der Weg ganz rechts) weisen. Der Marsch bis Dhunche dauert ca. 4,5 Stunden, wobei man nach ca. 3 Stunden bei **Bharku** auf die Syabrubensi-Dhunche-Straße stößt. Zwischen Syabru und Bharku sowie in Bharku selber befinden sich einige Lodges.

Von Bharku bis Dhunche benötigt man noch einmal 1,5 Stunden, obwohl die beiden nur 3 km Luftlinie auseinander liegen – zwischen ihnen befindet sich die Schlucht des

Trisuli, die man lange entlangwandern muß, ehe man über eine Brücke zum anderen Ufer gelangen kann. Die Strecke wird aber auch von gelegentlichen Lastwagen befahren, von denen man möglicherweise mitgenommen werden kann. Das erspart dann eine recht langweilige Wegstrecke und beschert eine holprige Fahrt auf der Ladefläche eines LKW.

Die andere Route über **Syabrubensi** verläuft zunächst entlang des Langtang Khola, bis dieser sich bei Syabrubensi mit zwei anderen Flüssen zum Trisuli vereint. In der Nähe des Ortes gibt es einige heiße Quellen. Von Syabrubensi kann man dann auf der weitgehend fertiggestellten Straße bis Dhunche laufen. Möglicherweise gibt es in der Zwischenzeit auch schon eine Busverbindung dahin.

Als Endpunkt der Busverbindung nach Kathmandu weist **Dhunche** eine Vielzahl von Lodges auf sowie einen größeren, unter einem Steilhang gelegenen Camping-Platz. Dort gegenüber werden die Bustickets nach Kathmandu verkauft (ab 6.00 Uhr), Kostenpunkt 64 Rs. Die Fahrtdauer für die 110 km beträgt ca. 10 Stunden, möglicherweise aber auch 12, wobei die unzähligen Kontroll-, Essens- oder sonstigen Stopps (Pannen!) eine nicht unerhebliche Rolle spielen. Bei einer Fahrt wurden dem Bus an einer unglückseligen Stelle noch 30 Kisten mit scharfer MG-Munition zugeladen, die dann in jeder Kurve fröhlich gegeneinanderschepperten. Eine stimmungsvolle Fahrt am Rande des Abgrunds!

Bei der allgemeinen Überfüllung der Busse ist auch damit zu rechnen, daß einem nur ein Platz auf dem Sonnendeck vergönnt ist, sprich auf dem Dach. Das kann gelegentlich sogar zur Freude gereichen, aber sicher nicht immer – man denke nur an die zahlreichen tief hängenden Äste, Stromleitungen, zu tief gebaute Brücken etc. Bei dem oben erwähnten Passagier- und Munitionstransport hockten gar 70 Personen auf dem Dach (durchgezählt!), zwischen denen sich noch ein pflichtbewußter Schaffner hindurchzwängte, um die Tickets zu kontrollieren!

Wer nicht direkt bis Kathmandu durchfahren will, könnte noch einen Aufenthalt in **Trisuli Bazar** einlegen, einem beschaulichen Ort am Trisuli (ca. 4 - 5 Std. ab Dhunche). Es gibt zwei Lodges, die Kerong Lodge und Ranjit Lodge: Von hier aus lassen sich interessante Ausflüge in die Umgebung unternehmen, so zum nahegelegenen alten **Fort von Nuwakot**. Oder man könnte zu weiteren Trekking-Touren aufbrechen, z.B. nach Gorkha. Von Trisuli sind es ca. 5 - 6 Busstunden nach Kathmandu.

Variationen des Helambu-Langtang-Treks

Die Variationsmöglichkeiten sind mannigfaltig, es lassen sich Teilstücke einschieben oder weglassen, je nach Zeit und Laune und ganz wie die geschwollenen Füße es wünschen. Man kann z.B. die Helam-

(MS)

bu-Region oder ebenso das Langtang-Gebiet einzeln bewandern; als Endpunkte der Treks kämen auch andere Orte als Dhunche Bazar in Frage, so Trisuli Bazar, Panchkhal, Dolalghat, Baliphli o.a. Bis auf den erstgenannten Ort befinden sich alle an der Straße von Kathmandu nach Tibet. Der oben beschriebene Trek ist nur eine, allerdings recht häufig gewählte Route von vielen.

Kurzübersicht
Helambu-Langtang-Trek

Die Angaben zwischen den Orten bezeichnen die Höhendifferenz und die Laufzeit.

Orte	Höhe
Sundarijal	1400 m
+ 363 m, 1 Std.	
Mulkharka	1763 m
+ 675 m, 2 Std.	
Burlang Bhanjyang (Paß)	2438 m
- 244 m, 1 Std.	
Chisopani	2194 m
- 426 m, 1 Std.	
Pati Bhanjyang	1768 m
+ 397 m, 1½ Std.	
Chipling	2165 m
+ 288 m, 1 Std.	
Jogin Danda	2453 m
- 311 m, 1 Std.	
Gul Bhanjyang	2142 m
+ 326 m, 2 Std.	
Kutumsang	2468 m
+ 817 m, 3 Std.	
Mangengoth	3285 m
+ 335 m, 2 Std.	
Thare Pati	3620 m
- 190 m, 2 Std.	
Gopte	3430 m
+ 1179 m, 6 Std.	
Laure Bina (Paß)	4609 m
- 228 m, 1 Std.	
Gosainkund	4381 m
- 480 m, 1½ Std.	
Laure Binayak	3901 m
- 1671 m, 4 Std.	
Syabru	2230 m
- 570 m, 2½ Std.	
Langtang-Khola-Tal (tiefst. Pkt.)	1660 m
+ 792 m, 2½ Std.	
Lama Hotel	2452 m
+ 598 m, 2½ Std.	
Ghoda Tabela	3050 m
+ 400 m, 2 Std.	

Langtang	3450 m
+ 430 m, 2 Std.	
Kyangjin Gompa	3880 m
- 1650 m, 9 Std.	
Syabru	2230 m
- 386 m, 3½ Std.	
Bharku	1844 m
+ 122 m, 1½ Std.	
Dhunche Bazar	1966 m

Jomsom-Muktinath-Trek

Dies ist der derzeit wohl populärste längere Trek, was nicht zuletzt an seinen faszinierenden Ausblicken auf die Bergwelt, vor allem auf das Annapurna-Massiv, liegt. Dementsprechend finden sich entlang der Strecke zahlreiche Unterkünfte und Essensmöglichkeiten, darben muß hier niemand. Das **Trekking Permit** für diese Route, die ihren Anfangs- und/oder Endpunkt in Pokhara hat, ist im Immigration Office in Pokhara oder Kathmandu einzuholen. Dort ist neben den normalen Trekking-Gebühren ein Eintrittsgeld für das Annapurna Area Project (ACAP) in Höhe von 200 Rs. zu entrichten.

Wie bei den meisten anderen Treks, so gibt es auch bei diesem zahlreiche **Varianten,** die länger oder kürzer ausfallen. Wer die gesamte Strecke von Pokhara in den Pilgerort Muktinath hin- und dann wieder zurückkreist, kann gut drei Wochen darauf verwenden, andererseits kann man sich den Großteil des Hin- oder Rückwegs durch einen Flug ersparen, was die Trekking-Zeit auf 1 - 2 Wochen verkürzt.

Viele Trekker entscheiden sich für den Rückflug von Jomsom nach Pokhara (50 US$), um nicht die schon gelaufene Strecke noch einmal wiederholen zu müssen.

Die folgende Variante geht den Trek aber umgekehrt an und beginnt mit einem **Flug von Pokhara** nach Jomson, und zwar aus einem einfachen Grund: Die Flüge in diese Richtung lassen sich zuverlässiger buchen. Die Wartezeiten für einen Sitzplatz in diese Richtung sind relativ kurz, ca. 1 - 3 Tage, bei (in der Saison) 1 - 2 Flügen täglich. In Jomsom dagegen kann man durchaus mit 5 Tagen rechnen, und nicht jeder möchte so lange dort festsitzen, da bietet Pokhara schon einen abwechslungsreicheren Aufenthalt.

Buchungen von Pokhara aus für einen **Rückflug** Jomsom-Pokhara sind theoretisch zwar möglich, ob man den Sitz dann aber auch wirklich bekommt, ist sehr fraglich. Bei Flügen in beide Richtungen kann es zudem zu wetterbedingten Verzögerungen kommen, Nebel oder heftige Winde lassen manchmal tagelang die Flüge ausfallen. Insgesamt betrachtet, ist ein Flug Pokhara-Jomsom eine bessere Option als in umgekehrter Richtung. Möglich wäre bestenfalls noch das Buchen eines Jomsom-Pokhara-Tickets, wenn man, von Pokhara aus kommend, Jomsom erreicht hat, um dann nach Muktinath weiter zu trekken, und rechtzeitig am Tag des Fluges wieder in Jomsom erscheint. Damit ist man zeitlich gebunden, und spontane verlängerte Aufenthalte in Mukti-

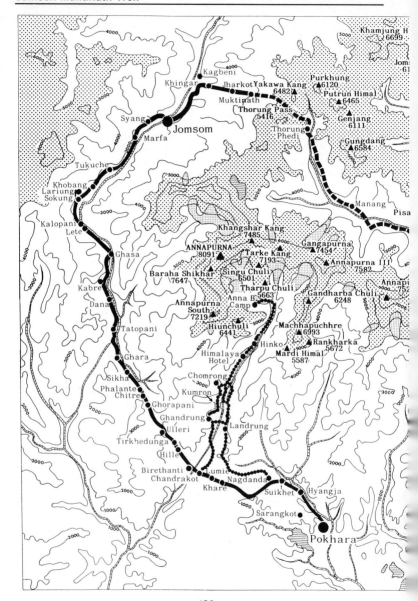

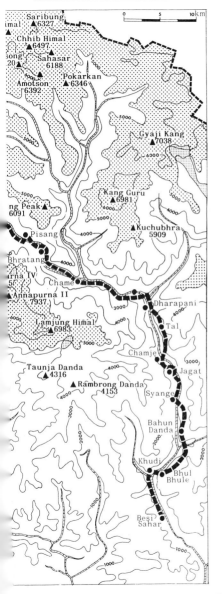

nath sind ziemlich ausgeschlossen. Es sei denn, man versucht, einen späteren Flug zu bekommen. Der Flug selber ist übrigens ein Erlebnis, vorausgesetzt, es ist klare Sicht und die Fenster der Maschine sind halbwegs geputzt – letzteres ist jedoch nur selten der Fall. Von Pokhara aus kommend, fliegt man praktisch zwischen Annapurna und Dhaulagiri hindurch, deren Umrisse sich durch die ungeputzten Scheiben mehr oder weniger deutlich abzeichnen. Linkerhand erhebt sich das Dhaulagiri-Massiv mit seinen 11 Siebentausendern und einem Achttausender, rechts sieht man das Annapurna-Massiv mit 13 Siebentausendern und ebenfalls einem Achttausender. Nach der Ankunft in Jomsom sollte man jedoch nicht sofort zum Trek aufbrechen, sondern seinem Körper aufgrund der Höhenumstellung zwei Tage Ruhe gönnen.

1. Tag

In Jomsom passiert man einen Kontrollposten für das Trekking Permit und überquert dann eine Hängebrücke über den Kali Gangaki. Entlang des Flußtales erreicht man nach ca. 1½ - 2 Std. eine Lodge, die **Eklai Bhatti** (2758 m) oder "Einsame Lodge".

Das klingt alles theoretisch sehr einfach, doch ganz so ist es nicht: Im Flußtal wehen **ungeheure Winde,** die auch häufig den Ausfall der Flüge von und nach Jomsom verursachen. Wer in diesem Tal zur falschen Tageszeit in die falsche Richtung läuft, wird seine Mission hier wohl schon scheitern sehen. Unbedingt sind also die Windrichtungen zu beachten: Im Bereich von Kalopani bis Kagbeni weht bis ca. 10.00 Uhr ein leichter Wind aus Norden, der folglich diejenigen begünstigt, die nach Süden marschieren. Ziemlich pünktlich dann um 10.00 Uhr wechselt der Wind die Richtung und bläst nun aus Süden mit einer Intensität, die im Tagesverlauf zunimmt. Dies ist eine Folge der Aufheizung der tibetanischen Hochebene, die quasi die Luft aus dem Tal absaugt wie mit einem gigantischen Staubsauger. Am Nachmittag ist es deshalb praktisch unmöglich, sich in Richtung Süden durchzukämpfen; man trifft auf eine unüberwindliche Sturmwand, die zudem noch Unmengen von Staub aufwirbelt. Wer nach Süden marschiert, sollte bei Tagesanbruch starten, um den schlimmsten Winden auszuweichen.

Eklai Bhatti markiert die Wegkreuzung nach *Kagbeni* und Muktinath. Um ins mittelalterlich wirkende Kagbeni zu gelangen, geht man noch ca. ½ Stunde dem Flußtal entlang. Von Kagbeni gibt es ebenfalls einen Weg nach Muktinath, der später in den von Eklai Bhatti dorthin führenden Weg einmündet.

Der Weg von Eklai Bhatti nach Muktinath steigt steil an und eröffnet nach etwa einstündigem Marsch den ersten und dazu noch lohnenswerten Blick auf das Tal von Muktinath. Eine weitere 3/4 Stunde später kommt man oberhalb des Dorfes *Kinghar* (3500 m) an, wo man eine Tee- oder Mittagspause einlegen kann. Danach erreicht man nach einer nochmaligen 3/4 Stunde die ehemalige Festungsstadt *Jharkot* (3612 m), die auf eine Felsklippe gebaut ist und über dem Tal thront, als erwarte sie noch immer einen Angriff. Der Ort hat aber sicherlich schon bessere Zeiten gesehen und wirkt heute eher leblos und verlassen. Es gibt zwei oder drei Lodges, die angesichts des nahen Muktinath aber nur sehr wenig frequentiert werden.

Von Jharkit geht es eine halbe Stunde steil bergauf, bis man schließlich in *Muktinath* (3730 m) angelangt ist, für viele hinduistische Pilger der "Ort der Erlösung" und für den Trekker die (vorläufige) Erlösung vom Rucksack. Muktinath ist das Ziel zahlreicher Pilger, darunter auch Buddhisten, vor allem aber von Sadhus, die die Strecke dorthin meist barfuß und ohne nennenswerte "Ausrüstung" zurücklegen – abgesehen vielleicht von ihrem Trishul oder Dreizack, das als Wanderstab dienen kann. Der Besuch von Muktinath gilt als ein Schritt – im wahrsten Sinne des Wortes – zur Befreiung der Seele aus dem Kreis der Wiedergeburten.

Der *Tempelbezirk* liegt noch einmal 72 Höhenmeter über dem Ort und ist in einer Viertelstunde zu erreichen. In einem der Tempelgebäude lodert eine von Erdgas gespeiste "ewige" Flamme, die von Hindus und Buddhisten gleichermaßen verehrt wird. Im Ort selber gibt es eine Reihe von Lodges sowie ei-

Zum Ort der Erlösung (MS)

nen Kontrollposten der Polizei. Hier läßt es sich eine Zeitlang aushalten.

2. Tag

Am zweiten Tag bzw. zweiten Marschtag, falls ein längerer Aufenthalt in Muktinath genossen wurde, erfolgt der Rückweg nach Jomsom. Die gesamte Strecke Muktinath-Pokhara ist auch das letzte, wenn auch recht lange Teilstück des *Annapurna-Circuit-Treks,* der Annapurna-Umrundung (ca. 3 Wochen). Diese wird üblicherweise gegen den Uhrzeigersinn durchgeführt, da die Überquerung des Thorung La, eines Passes in 5416 m Höhe, in anderer Richtung schwierig ist.

Die Landschaft von Muktinath über Kagbeni bis nach Marfa gleicht in ihrer Dürre und Kargheit schon auffallend der Hochebene von Tibet, die sich im Norden anschließt. Beson-

ders eindrucksvoll ist die Licht-und-Schatten-Wirkung in dieser wüstenähnlichen Mondlandschaft.

3. Tag

Die Etappe von insgesamt ca. 7 Stunden ist für den gemächlicheren Trekker vielleicht zu lang, sie kann aber auch beliebig auf mehrere Tage ausgedehnt werden. Etwa 1¼ Stunden nach Jomsom liegt vor den mittlerweile strapazierten Füßen *Marfa* (2667 m), ein angenehmes Dorf, das man auch anstelle von Jomsom zur Übernachtung in Erwägung ziehen kann. Hier sollte man auch versuchen, ein paar der in Nepal sehr geschätzten "Marfa-Äpfel" (*Marfa ke sev*) einzukaufen - die Äpfel schmecken absolut köstlich, oft haben sie ein Aroma, das an Waldhonig erinnnert. Marfa ähnlich wirkt *Tukuche* (2591 m), der 1½

411

Wegstunden entfernte nächste wichtigere Ort. Eine Stunde später erreicht man das kleine *Larjung* (2560 m), eine 3/4 Stunde danach eine spektakuläre Hängebrücke über den Kali Gandaki. Diese ist Teil einer neuen Route, die den alten Weg ersetzt, der an der Ostseite des Flusses entlangführt.

Auf beiden Wegen gelangt man nach *Kalopani* (2530 m), das mit *Lete* zu einem Zwillingsdorf zusammengewachsen ist. Hier gibt es einige nette Lodges und einen Kontrollposten für das Trekking Permit. Von Kalopani läuft man in ca. 3/4 Stunde zur *Namaste Lodge* (2300 m), die an einer sehr langen Hängebrücke über einen Nebenfluß des Kali Gandaki steht. Man überquere die Brükke, um eine Stunde später im Dorf *Ghasa* (2040 m) einzulaufen. Der Ort ist enorm langgestreckt und besteht quasi aus einem Unter-, Mittel- und Ober-Ghasa und ist somit ein perfektes Beispiel für die typische Ausdehnung von Thakali-Dörfern, die sich allesamt entlang der Wege erstrecken. Die Dörfer wachsen somit nur in die Länge, und bisweilen benötigt man eine halbe Stunde, um ein solches Dorf zu durchqueren. Eine Anzahl Lodges befinden sich in Ghasa, die besten im mittleren Teil, etwa 5 Minuten, nachdem man den Ortsanfang passiert hat.

4. Tag

Hinter Ghasa wird das Tal des Kali Gandaki viel enger und führt steiler bergab als bisher. Nicht weit hinter dem Ort führt eine Brücke auf das Ostufer des Flusses; dies ist ein neuer Weg, der auch von den meisten Trekkern und Einheimischen benutzt wird. Der alte, entlang des Westufers verlaufende Weg gilt als gefährlich und wird aufgrund von ständiger Erdrutschgefahr auch nicht mehr instandgehalten. Der neue Weg am Ostufer führt in 1½ Stunden nach *Kopchepani* (1800 m), das auf den meisten Karten allerdings nicht eingezeichnet ist – es befindet sich etwa auf der Höhe von *Kabre* auf dem Ostufer. In Kopchepani gibt es einige Lodges.

Kurz hinter dem *Pukre-Wasserfall* am Westufer führt der neue Weg über eine Brücke ebenfalls zum Westufer, und man erreicht nach einer Stunde (ab Kopchepani) das Dorf *Dana* (1420 m). Bis *Tatopani* (1200 m) bleibt der Weg nun auf dem Westufer. Tatopani ist der letzte Ort, bevor der Haupttrek in Richtung Ghorapani abzweigt. Der Ort selber besitzt eine Bank, einen Kontrollposten der Polizei und mehrere Lodges mit ausgezeichneten Kuchen und sonstigen Backwaren – ein Ort zum Übernachten und sich-Mästen! Abgesehen davon locken die nahe am Fluß gelegenen heißen Quellen, die dem Ort seinen Namen verliehen haben (*Tatopani* = "heißes Wasser") und an denen man sich von seinen mühselig erworbenen Schmutz- und Schweißschichten befreien kann. Insgesamt ein sehr angenehmer Ort, der aufgrund seiner relativ niedrigen Lage auch recht erträgliche Nachttemperaturen verzeichnet.

5. Tag

Diese Etappe ist wieder sehr lang, kann aber ebenso wieder unterteilt werden. Eine halbe Stunde nach Tatopani überquert man auf einer (von insgesamt zwei) Hängebrücken den Kali Gandaki sowie einen seiner Zuflüsse, den Ghar Khola. An dieser Stelle eröffnet sich eine Weggabelung, die die folgenden Alternativen bietet: Entweder man folgt dem Kali Gandaki 6 - 7 Stunden lang und gelangt nach **Beni** (823 m), oder aber man schlägt den Weg nach **Ghorapani** (2850 m) ein, was einen harten Aufstieg von fast 1700 Höhenmetern bedeutet.

Der Weg über Beni ist kilometermäßig zwar beträchtlich länger, dafür aber weitaus leichter. Zudem besteht die Möglichkeit, von dort in einem der zahlreichen Baufahrzeuge mitgenommen zu werden (eventuell sogar bis Pokhara), die am Bau der **Pokhara-Jomsom-Straße** beteiligt sind. Diese wird voraussichtlich 1998 fertiggestellt sein, was aber auch bedeutet, daß es mit der Idylle dieses Treks wahrscheinlich vorbei sein wird. Derzeit ist die Straße bis hinter Baglung vorgedrungen. Für Fahrten bis Pokhara werden den Passagieren ca. 150-200 Rs. berechnet (handeln!), eine Gewähr, mitgenommen zu werden, besteht jedoch nicht. Falls nicht, sind es noch mindestens 2 bis 3 Tagesmärsche nach Pokhara.

Die kilometermäßige "Abkürzung" über Ghorapani bedeutet einen schweißtreibenden Aufstieg, den sich viele Trekker auf zwei Tage verteilen. Von der Wegkreuzung Beni-Ghorpani(1170 m) führt diese Route – zunächst 522 Höhenmeter überwindend – in ca. 1½ Stunden nach **Ghara** (1692 m), das wie alle folgenden Dörfer extrem langgestreckt ist. Diese Orte gehen alle nahtlos ineinander über. Nach einer weiteren Stunde und einem Aufstieg von 228 Metern erreicht man **Sikha** (1920 m), in dem viele Trekker übernachten, um die restliche Steigung am nächsten Tag anzugehen.

Von Sikha aus durchquert man die eng aufeinander folgenden Dörfer **Phalante** (2256 m) und **Chitre** (2315 m), um nach insgesamt 2½ Stunden in **Ghorapani** (2850 m) anzukommen. Ghorapani ist zweigeteilt, ein Teil liegt auf einem Paß, ein anderer etwa 10 Wegminuten dahinter (in Laufrichtung gesehen). Ghorapani selber ist ein hübscher kleiner Ort mit einem Kontrollposten der Polizei und zahlreichen Lodges. Falls es im auf dem Paß gelegenen Ortsteil zu kalt sein sollte, kann man in den unteren Teil ausweichen, der durch den Paß vor den Winden geschützt ist.

Wem der Tag noch nicht genug Kletterei beschert hat, der kann den westlich von Ghorapani gelegenen **Poon Hill** (3194 m) erklimmen, von dem sich eine atemberaubende Aussicht auf das Annapurna- und das Dhaulagiri-Massiv bietet.

Ist man bis Ghorapani fast 1700 Höhenmeter hochgeklettert, so darf man nun bis **Birethanti** (1097 m) fast 1800 Meter absteigen – ein Unterfangen, das manch ungeübtem Trekker geschwollene Knie und überdehnte Bänder eintragen kann. Tatsächlich ist der Abstieg häufig verschleißender als der Aufstieg. Aus diesem Grunde wird der folgende Abstieg auch gern auf zwei Tagesetappen ausgedehnt.

Von Ghorapani läuft man zunächst eine 3/4 Stunde nach **Nangetati** (2606 m) und gelangt nach weiteren 1¼ Stunden nach Ulleri (2073 m). Die gesamte Strecke von Ghorapani bis hier ist sehr malerisch, bis zum Dorf **Banthanti** kurz vor Ulleri durchquert man einige Wälder, um dann in **Ulleri** einzutreffen, das sich eng an eine Felswand am Burungdi Khola preßt. Der Ort bietet eine gute Auswahl an Lodges; wer hier aber nicht übernachtet, sollte sich eine Tee- oder Essenspause gönnen, da der folgende Abstieg sehr abschüssig verläuft und entsprechend anstrengend ist.

6. Tag

Der Abstieg um 496 Höhenmeter von Ulleri nach **Tirkhedunga** (1577 m) nimmt etwa eine dreiviertel bis ganze Stunde in Anspruch, und hier zeigt sich, wer die stabilsten Knie- und Fußgelenke hat! Tirkhedunga liegt am Burungdi Khola, dem man hinter dem Ort weiter durch Orte wie Hille, Sudam u.a. folgt, bis man nach insgesamt 1 3/4 Stunden mäßig steilen Abstiegs **Birethanti** (1097 m) erreicht. In dieser größeren Ortschaft gibt es wieder einen Polizeiposten, der das Trekking Permit kontrolliert, dazu eine Bank und zahlreiche Lodges.

Von Birethanti nur 1 km Luftlinie entfernt liegt **Chandrakot** (1600 m), der steile Aufstieg dorthin von 503 Höhenmetern dauert jedoch 1 - 1½ Stunden. Chandrakot ist eine ansehnliche ehemalige Festungsstadt, die hoch über dem Tal des Modi Khola thront, und ein guter Ort zum Übernachten. Es stehen mehrere Lodges zur Verfügung.

7. Tag

Von Chandrakot nur eine halbe Stunde entfernt befindet sich **Lumle** (1615 m), wo man auf die im Bau befindliche Pokhara-Jomsom-Straße trifft. Hier bietet sich möglicherweise eine Mitfahrgelegenheit in einem der zahlreichen Baulaster, Kostenpunkt bis Pokhara ca. 100 Rs. pro Person. Wer lieber laufen möchte, hat bis Pokhara noch 5 Wegstunden vor sich, die zum Teil entlang der Straße abgelaufen werden, zum Teil auf Abkürzungen, die aus alten Trekking-Pfaden aus der Zeit vor dem Straßenbau bestehen.

Ab der Ortschaft **Nagdanda,** etwa 1½ Stunden hinter Lumle, gibt es aber auch einen reinen Fußpfad, der entlang der Bergkette zwischen Pokhara und Nagdanda zum Fewa Lake in Pokhara führt (3 - 4 Std. ab Nagdanda). Eine lohnenswerte Alternative!

Der andere Weg verläuft zum Teil über die Straße ab **Suikhet** (1100 m), etwa 2½ Stunden vor Pokhara, recht eintönig, es geht durch einige wenig interessante Ansiedlungen und Dörfer. Dann gelangt man zu einem Schlagbaum, der das Ende (von Pokhara aus gesehen) des für den Verkehr freigegebenen Teilstücks der Straße markiert. Dieser Schlagbaum wird sich in Zukunft natürlich kontinuierlich weiter nach Norden verschieben, solange, bis die gesamte Straße fertiggestellt ist. Am Schlagbaum warten Taxis, die gerne die müderen unter den Trekkern in Empfang nehmen und nach Pokhara transportieren. Ansonsten sind es derzeit noch 2½ Stunden Fußweg bis Pokhara.

Kurzübersicht
Jomsom-Muktinath-Trek

Die Angaben zwischen den Orten bezeichnen die Höhendifferenz und die Laufzeit.

Orte	Höhe
Jomsom	2713 m
+ 45 m, 2 Std.	
Eklai Bhatti	2758 m
+ 742 m, 2 Std.	
Kinghar	3500 m
+ 112 m, 1 Std.	
Jharkot	3612 m
+ 190 m, 1 Std.	
Muktinath	3802 m
- 1089 m, 6 Std.	
Jomsom	2713 m
- 46 m, 1¼ Std.	
Marfa	2667 m
- 76 m, 1½ Std.	
Tukuche	2591 m
- 31 m, 1 Std.	
Larjung	2560 m
+ 40 m, 1 Std.	
Koketani	2600 m
- 70 m, 1 Std.	
Kalopani	2530 m
- 230 m, 1 Std.	
Namaste Lodge	2300 m
- 260 m, 1 Std.	
Ghasa	2040 m
- 240 m, 1½ Std.	
Kopchepani	1800 m
- 380 m, 1 Std.	
Dana	1420 m
- 220 m, 2 Std.	
Tatopani	1200 m
- 30 m, ½ Std.	
Kreuzung Beni-Ghorapani	1170 m
+ 522 m, 1½ Std.	
Ghara	1692 m
+ 228 m, 1 Std.	
Sikha	1920 m
+ 930 m, 2½ Std.	
Ghorapani	2850 m
- 244m, 1 Std.	
Nangetati	2606 m
- 533 m, 1¼ Std.	
Ulleri	2073 m
- 496 m, 1 Std.	
Tirkhedunga	1577 m
- 480 m, 2 Std.	
Birethanti	1097 m
+ 503 , 1¼ Std.	
Chandrakot	1600 m
+ 15 m, ½ Std.	
Lumle	1615 m
- 615 m, 5 Std.	
Pokhara	1000 m

Annapurna-Base-Camp-Trek

Von mehreren Stellen entlang der Strecke ist ein Ausscheren zum Annapurna Base Camp möglich, z.B. ab Chitre, Tirkhedunga, Chandrakot und Suikhet, was den Trek hin und zurück um ca. 14 Tage verlängert (siehe auch Kapitel "Trekking in der Umgebung von Pokhara").

Manang-Trek

Eine weitere Möglichkeit wäre der Manang-Trek, der über den 5461 m hohen Thorung La führt, ein Paß, der von November bis April zugeschneit ist und dann nicht überquert werden kann. In jedem Fall ist warme Kleidung und entsprechende Ausrüstung anzuraten, das Wetter kann hier schnell umschlagen.

Der Trek führt von **Muktinath** in ca. 7 - 8 Tagen nach Besi Sahar. Zwei bis drei Stunden nach Muktinath erreicht man ein Teehaus, in dem auch übernachtet werden kann. Von dort ist es ein voller Tagesmarsch zum **Thorung La,** der aus dieser Richtung relativ schwer zu überqueren ist, leichter ginge es in der Gegenrichtung, also von Manang aus. Der Weg nach oben ist steil und geht dann in einen nur mäßig abschüssigen Abstieg über.

Über **Thorung Phedi** führt der Weg dann nach **Manang** (3351 m), dessen Bewohner weithin für ihre Geschäftstüchtigkeit bekannt und gefürchtet sind. Bei klarem Wetter ergeben sich wunderbare Ausblicke auf die Berge. Die nächste Station ist das Dorf **Pisang** im Schatten des Pisang-Gipfels (6091 m). Über **Chame, Tal, Syange** und **Bahun Danda** endet der Trek im geschäftigen **Besi Sahar** (823 m).

Von hier ist es ein zwei- bis dreitägiger Marsch bis **Pokhara.** Als Alternative böte sich der Weg nach **Dhumre** (1 - 2 Tage) an, von wo Busse nach Kathmandu und Pohara fahren.

Everest-Base-Camp-Trek

So verlockend es klingen mag, einmal bis zum Basislager des Mt. Everest vorgedrungen zu sein – der Weg dorthin gestaltet sich zu einer Plackerei, die nicht jedermanns Sache sein dürfte. Zum Ausgleich dafür bietet er unvergeßliche Ausblicke und die Bekanntschaft mit den Sherpa, dem mittlerweile legendären Bergvolk, das die Solu-Khumbu-Region um den Everest bewohnt.

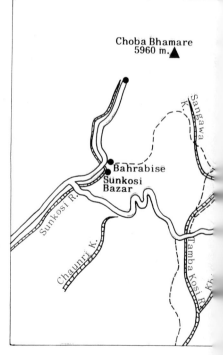

Aufgrund der extremen Höhen, die bei dem Trek erreicht werden – das Basislager liegt auf 5450 m – ist diese Tour jedoch nur Bergerfahrenen und Durchtrainierten zu empfehlen. Allzu viele, die vom falschen Ehrgeiz getrieben werden, machen mit der Höhenkrankheit oder anderen Gefahren Bekanntschaft. Dauer des Treks: 3 - 5 Wochen.

Der lange Marsch zum höchsten Berg der Welt beginnt in *Jiri* (1860 m), das von Kathmandu aus per Bus oder Flugzeug erreicht werden kann (Busfahrt gut 12 Std.; per Flugzeug gibt es nur Charterflüge, keinen Linienverkehr). Die nächsten Tagesetappen, die allerdings noch keine großartigen Ausblicke liefern, sind *Bhandar, Sagar* oder *Sete, Junbesi, Nuntala, Khari Khola, Puiyan, Phakding* und *Namche Bazar* (3441 m). Namche Bazar ist das Handelszentrum von Solu Khumbu und ein entsprechend lebendiger Ort, der sich weitgehend auf die Bedürfnisse von Trekkern eingestellt hat: Es gibt zahlreiche Restaurants, Hotels und Läden, in denen Proviant eingekauft werden kann. Ein Aufenthalt hier

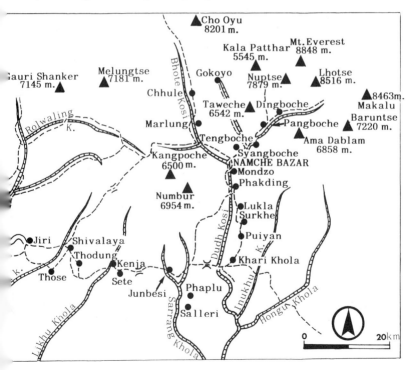

417

dient auch der Akklimatisierung, denn bald danach geht es auch in Höhen von über 4000 m.

Die nächsten Tagesetappen sind *Tyangboche* (auch: *Tengpoche),* dessen berühmtes Kloster 1989 abbrannte, seither aber schon wieder neu errichtet wurde, *Pheriche, Lobuche* und *Gorakh Shep.* Gorakh Shep ist der nördlichste Punkt des Treks und der letzte Ort, an dem man eine Lodge findet – in luftigen 5000 m Höhe!

Von hier aus ist es ein 6-Stunden-Marsch zum Basislager und zurück. Im Lager selbst gibt es nichts zu sehen. Hypersensible spüren aber vielleicht noch die Aura von *Edmund Hillary, Reinhold Messner* und all den anderen, die mehr oder weniger erfolgreich von hier über die sich auftürmenden Eismassen in Richtung Gipfel aufgebrochen sind.

Lohnenswerter ist aber wahrscheinlich der ebenfalls 6 Stunden in Anspruch nehmende Weg (hin und zurück) zum Gipfel des *Kala Patthar* (5545 m), von dem man den optimalen Ausblick auf den Everest und den Nuptse erhält.

Um nicht die gesamte Strecke bis Jiri zurücklaufen zu müssen, empfiehlt sich der ca. 5tägige Marsch über *Lubuche* und *Dingboche* nach *Lukla,* von wo es einen täglichen Flug nach Kathmandu gibt (40 min; 83 US$). Die Flugverbindungen ab Lukla sind allerdings notorisch unzuverlässig, es besteht keine Garantie, daß oder wann man einen Platz erhält, und wenn man einen hat, ob das Flugzeug auch tatsächlich fliegt. Wetterbedingte Flugausfälle sind sehr häufig.

Auf dem Weg zum alten Fort, Gorkha (MS)

Pioniertaten in der Todeszone: Die Bezwingung des Mount Everest

Als sich Nepal mit dem Ende der Rana-Herrschaft 1951 für die Außenwelt öffnete, machte sich die alpinistische Zunft auf, die höchsten Gipfel der Welt zu erobern. Die fünfziger Jahre wurden wohl zu den ereignisreichsten der alpinistischen Geschichte. Schon 1950 hatte eine französische Expedition unter der Leitung von *Maurice Herzog* mit dem Annapurna I (8091 m) zum ersten Mal einen Achttausender bezwungen. *Herzog* bezahlte seinen Ruhm allerdings teuer: Während des Abstiegs erlitt er schwere Erfrierungen, die später Amputationen zur Folge hatten.

Nur wenig später sollte auch der höchste Berg der Welt seinen unberührten Zustand verlieren. Der Mount Everest, 1876 nach dem britischen Vermessungsgeneral in Indien, *Sir George Everest*, benannt, hatte schon 1921 die erste Expedition, eine britische kartographische Expedition angelockt. Diese war bis auf 7000 m emporgedrungen. In höchste Gipfelnähe gelangte 1933 eine Mannschaft unter der Führung des Briten *Hugh Ruttland*, die bis auf 8570 m aufsteigen konnte. Den originellsten Versuch, den Everest zu bezwingen, unternahm 1947 der Kanadier *Earl Denham*, der sich als tibetanischer Mönch verkleidete, um das Genehmigungsverfahren zu umgehen. Doch schon unterhalb 7000 m mußte er sein Unterfangen aufgeben.

Dutzende von Bergsteigern, darunter viele Sherpas, hatten bei ähnlichen Aufstiegen den Tod gefunden. Allein bei einer russischen Expedition im Jahre 1952 waren 40 Teilnehmer umgekommen.

Es war schließlich ein neuseeländischer Bienenzüchter und sein nepalesischer Begleiter, die es als erste schafften: In einer sehr aufwendigen Expedition unter Leitung von *John Hunt* erreichten *Edmund Hillary* und *Sherpa Tensing Torgay* am 29.5.1953 den 8848 m hohen Gipfel des Everest. *Hillary* wurde später von der englischen Königin geadelt und war 1985-89 neuseeländischer Botschafter in Nepal.

Mittlerweile haben zahlreiche Expeditionen den Everest bezwingen können, darunter eine im Jahre 1990, an der auch der Sohn *Hillarys* teilnahm, der somit in die Fußstapfen seines illustren Vaters trat.

1973 wurde ein weiterer Meilenstein erreicht, als zwei Mitglieder einer japanischen Seilschaft den Gipfel zum ersten Mal im Herbst eroberten, in dem üblicherweise heftige und eisige Winde das Unterfangen erheblich erschweren. Während des Monsuns selber wie auch im Winter gelten Besteigungen grundsätzlich als unmöglich.

1975 bestieg die erste Frau den Everest-Gipfel, die Japanerin *Junko Tabai*.

1978 schließlich beginnen die Tiroler *Reinhold Messner* und *Peter Habeler* das 25jährige Jubiläum der Everest-Erstbesteigung auf ihre allereigenste, waghalsige Art: Zum ersten Mal unternahmen sie eine Besteigung ohne Sauerstoffgeräte – ein riskantes Unternehmen, da in der sogenannten "Todeszone" oberhalb von 7500 m die Zahl der roten Blutkörperchen rapide zunimmt, das Blut dickflüssiger und der Sauerstofftransport langsamer wird. *Messner* und *Habeler* hatten sich durch ein spezielles Konditionstraining auf diese Gegebenheiten vorbereitet und schafften es zudem, die letzten 900 m zum Gipfel in einer Rekordzeit von nur 6 Stunden zurückzulegen, der bis dahin kürzesten Zeit. *Messner*, inzwischen eine lebende Legende, vollbrachte später ähnliche sauerstofflose Wundertaten an allen weiteren 13 Achttausendern und ist somit der einzige Mensch, der auf allen Achttausendern der Welt gestanden hat.

Messners Leistungen waren zweifellos der Höhepunkt einer Entwicklung, die etwa Anfang der Siebziger Jahre begonnen hatte und in der zunehmend das scheinbar "Unmögliche" versucht wurde.

Mittlerweile wurde und wird der Everest von so vielen Expeditionen in Angriff genommen, daß die nepalesische Regierung eine zeitweilige Sperrung des Gebietes erwägt, damit es sich einige Jahre ökologisch von den Gipfelstürmern erholen kann.

Berg	Höhe	Erstbesteigung
Mount Everest	8848 m	Hillary, Norgay (Neuseeland, Nepal), 1953
Kanchenjunga	8586 m	Band, Brown (GB), 1955
Lhotse	8516 m	Reiss, Luchsinger (Schweiz), 1956
Mount Makalu	8463 m	Couzy, Terray (Frankreich), 1955
Cho Oyu	8201 m	Tichy, Joechler, Lama (Österreich, Nepal), 1954
Dhaulagiri	8172 m	4 Schweizer, 2 Nepalesen, 1960
Manaslu	8163 m	Imanishi, Gyalzen, Sherpa (Japan, Nepal), 1956
Annapurna I	8091 m	Herzog, Lachenal (Frankreich), 1950

Makalu-Base-Camp-Trek

Der selten begangene Weg zum Makalu-Basislager (4800 m) kann verschiedene Ausgangspunkte nehmen, so von *Kharte,* 1 bis 2 Tagesmärsche von Namche Bazar entfernt, oder von *Hille* (bei Dharan Bazar) oder *Tumlingtar.* Vom Basislager ergibt sich ein guter Ausblick auf den Mt. Everest. Dauer 3 - 4 Wochen.

Dolpo-Trek

Die Dolpo-Region westlich des Kali Gandaki-Tales wurde erst 1989 für das Trekking freigegeben, und aufgrund ihrer kaum vorhandenen Trekking-Infrastruktur wird sie bisher auch nur sehr wenig besucht. Der Trek beginnt in *Jumla* und führt zum *Shey Phoks Undo National Park* oder darüber hinaus. Dauer: 4 - 5 Wochen.

Rara-Lake-Trek

Jumla ist auch der Ausgangspunkt für Treks zum *Rara-See,* mit 13 km^2 Nepals größter See und Teil des *Rara National Park*. Der Trek führt durch nur sehr dünn besiedeltes Gebiet, und es gibt bisher nur wenig Lodges. Dementsprechend ist Zeltausrüstung und Proviant mitzunehmen. Dauer: 1 - 2 Wochen.

Der Yeti
— Realität oder Fata Morgana?

Für Nepals Bergbewohner ist er eine Gewißheit, für viele Bergsteiger eine Möglichkeit und für die meisten Wissenschaftler pure Fantasterei: Gemeint ist der Yeti, der "Schneemensch", der seit Jahrhunderten durch die Bergfolklore spukt.

Der **erste westliche Bericht** über das sagenumwobene Wesen stammte von einem europäischen Söldner, der Anfang des 15. Jh. in der Mongolei eine wilde, menschenähnliche Kreatur erspäht hatte. Ab dem 19. Jh. stießen europäische Expeditionen regelmäßig auf riesige mysteriöse Fußabdrücke im Schnee, die angeblich der Yeti hinterlassen hatte. *Reinhold Messner* sah derartige Spuren 1986 in Tibet.

Bei genauerem Betrachten konnten viele der **Spuren** als Abdrücke von Tieren oder Menschen erklärt werden, die durch schmelzenden Schnee bizarre Formen und Ausmaße angenommen hatten, andere blieben jedoch rätselhaft. Gepaart mit angeblichen Sichtungen des Yeti, bei denen er fauchte, schrie, sonstige schreckliche Laute von sich gab oder gar mit Steinen warf, schufen die Fußstapfen – ähnlich denen des "Bigfoot" in den USA – eine unauslöschbare Legende.

Aber ist es eine? Die Mönche des Klosters von Pangboche bei Namche Bazar würden diese Frage sicher verneinen: In dem Kloster wird eine ausgefallen große **Skeletthand** und eine überdimensionale, angeblich von einem Yeti stammende **Schädeldecke** aufbewahrt. Analysen der Schädeldecke, die in Belgien und in den USA durchgeführt wurden, identifizierten das Stück zwar als das von Menschenhand behandelte Fell einer Ziegengemse (Serau), die Mönche sind jedoch unabänderlich vom Yeti-Ursprung des Schädels überzeugt und hüten ihn als Reliquie. Auch die meisten Bergbewohner hegen keinen Zweifel an der Echtheit des Stückes. Ein Gemälde im Kloster von Pangboche zeigt den Yeti als eine Art Mischkreatur aus Affe, Bär und Wolf.

Gemäß den Erzählungen der Sherpas gibt es drei **Arten von Yetis,** in ihrer Sprache *Yeh-Tch* ("Mensch aus den Felsgebieten") genannt: die *Dzu-Tch* (oder Juti), die das Hausvieh verspeisen, meistens auf allen Vieren kriechen, aufrecht stehend aber 2½ m hoch sind; die *Mih-Tch* (oder Miti), gefährliche, menschengroße Affenwesen, die mit roten Haaren bedeckt sind; und schließlich die *Thelma*, kleinere affenähnliche Gestalten mit langen, schlaksigen Armen und einem roten oder blonden Fell. Letztere sind aber – so wird von wissenschaftlicher Seite vermutet – lediglich assamesische Gibbons, die sich in Regionen außerhalb ihres normalen Lebensbereiches verirrt haben.

Expeditionen, die sich auf die Suche nach dem Yeti begaben, konnten das Fabelwesen bisher noch nicht aufspüren. Die nepalesische Regierung hat aber schon für den Tag vorgesorgt, an dem der Yeti vielleicht doch den Weg von Bergsteigern kreuzen sollte: Das Töten und Fangen von Yetis ist gesetzlich verboten!

Rafting

Bei Nepals zahlreichen wildwasser-
reichen Bergflüssen wäre es verwunderlich gewesen, wären sie nicht
als Abenteuer-Spielplatz für Touristen entdeckt worden. Nach dem
Trekking ist heute das Rafting – was
frei als Wildwasserfahren übersetzt
werden könnte –, die zweitpopulär-
ste der anstrengenderen Urlaubs-
Aktivitäten in Nepal. Rafting Trips
werden von zahlreichen Reisebüros
und speziellen Rafting-Agenturen
angeboten.

Die zum Rafting genutzten Flüsse
sind der Trisuli und der Sunkoshi,
die beide vollkommen unterschiedliche Schwierigkeitsgrade bieten: Der
Trisuli ist leicht bis mittelschwer befahrbar und auch für Anfänger geeignet, beim wilderen Sunkoshi dagegen sollte Wildwasser-Erfahrung
mitgebracht werden. Mehr zu den
Flüssen am Schluß des Kapitels.

Die günstigsten Jahreszeiten

Die optimale Jahreszeit sind die Monate unmittelbar nach dem Monsun
(Oktober-November), wenn die
Flüsse einen hohen Wasserstand
haben und die Landschaft in ein
herrliches sattes Grün getaucht ist.
Auch sehr gut geeignet ist der Frühling (Februar - März), in dem die
Schneeschmelze ebenfalls für was-
serreiche Ströme sorgt, das Wetter
zudem angenehm warm ist.

Unangenehm ist der Winter (Dezember - Januar), da das ständige
Naßwerden bei der Kühle auf die

Gesundheit schlagen kann. Gänzlich
abzuraten ist von der Monsunzeit
(Mai - September).

Rafting Permits

Genehmigungen zum Rafting (Rafting Permits) werden im Ministry of
Tourism in Tripureshwar, Kathmandu, für jeweils 10 US$ ausgestellt.

Ausrüstung

Alles Notwendige wird von den Ver-
anstaltern gestellt (Paddel, Helme,
Schwimmwesten etc.); die Boote
sind so etwas wie aufblasbare Floße
mit einem erhöhten, wulstigen Rand,
die bis zu 10 Personen Platz bieten.

Veranstalter / Preise

Die **Rafting Veranstalter** sind in der
NARA (Nepal Association for Rafting
Agents), einer Art Dachorganisation
mit gewissen Statuten und Regeln,
organisiert. Diese oder auch andere
Organisatoren finden sich zahlreich
in Kathmandu (in Thamel, am Kantipath oder am Durbar Marg).

Die **Preise** für die Trips liegen bei
ca. 30 - 80 US$ pro Tag, die Dauer
bei 3 - 10 Tagen. Natürlich sollte
man sich auch hier darüber klar
sein, daß die billigsten Angebote
nicht unbedingt die besten
sind: Möglicherweise muß man sein
Essen selber kochen, die Anreise
findet in einem hoffnungslos überfüll-
ten öffentlichen Bus statt etc. Bei allen Buchungen gilt es, sich genau
nach den gebotenen Leistungen zu

erkundigen. Der billigste Trip nutzt nichts, wenn er mangelhaft organisiert und mit Überraschungen gespickt ist. Bei einigen Touren – am oberen Ende der Preisskala – braucht man nicht einmal selber zu paddeln, das übernimmt eine einheimische Paddel-Crew!

●Hier nun zwei empfohlene Veranstalter: *Ultimate-Descents* (Kathmandu, Thamel; neben dem Pilgrim's Book Shop) und *Mountain River Rafting (P.) Ltd.* (Kathmandu, Thamel, P.O.Box 10115; Tel. 417124, FAX 977-1-417124; im NANA-Hotel).

Die wichtigsten Routen

Der meist befahrene Fluß ist sicher der *Trisuli,* dessen Rafting-Touren irgendwo zwischen Naubise und Mugling beginnen können. Bei Mugling stößt der Trisuli auf den Marsyangdi und fließt dann unter dem Namen Narayani weiter in Richtung Süden und Chitwan-Nationalpark. Bei leichtem bis bestenfalls mittlerem Schwierigkeitsgrad ist der Trisuli auch für Anfänger geeignet. Die Touren dauern in der Regel 3 - 7 Tage, Fahrten zum Chitwan-Park 3 - 5 Tage.

Weitaus schwieriger befährt sich der *Sunkoshi,* der dem erfahrenen Rafter echte Wildwasser-Erlebnisse bieten kann. Der Sunkoshi (auch Sunkosi / Sun Kosi) entspringt in den Bergen östlich von Barabise, verläuft dann in südwestlicher Richtung wie der Arniko Highway, um danach nach Osten abzubiegen und sich westlich von Dharan Bazar ins Koshi Reservoir zu ergießen.

Tagestrips auf dem Fluß werden nördlich von Dolalghat (57 km nordöstlich von Kathmandu) veranstaltet, wobei landschaftlich sehr reizvolle Gebiete passiert werden. Wer gerne länger raftet, gelangt in 8 - 10 Tagen nach Chatra nahe Dharan Bazar.

Relativ wenig befahren sind *Kali Gandaki* und *Seti Khola* im Gebiet um Pokhara oder *Karnali* und *Bheri* in Westnepal. Am attraktivsten davon ist möglicherweise der über zahlreiche Stromschnellen führende Bheri, der unter anderem den Bardia-Nationalpark durchfließt. Rafting Trips auf diesem Fluß organisiert die Tiger Tops Karnali Lodge. Siehe auch das Kapitel zum Royal Bardia National Park.

Anhang

Glossar

Acharya - Sanskrit für "Lehrmeister" oder "Professor"; häufig ein Ehrentitel, der dem Namen von Gelehrten beigefügt wird.

Adi Buddha - Der "Urbuddha", der sich selbst geschaffen und auch die fünf Dhyani Buddhas (→) hervorgebracht hat.

Akshobhya - Der Dhyani Buddha (→), der die Himmelsrichtung Osten repräsentiert, und dessen Reittier ein Elefant ist.

Amitabha - Der Dhyani Buddha (→), der die Himmelsrichtung Westen repräsentiert, meist zusammen mit seinem Reittier, einem Pfau, dargestellt.

Annapurna - Sanskrit für "die Essensreiche"; gemeint ist die hinduistische Göttin des Überflusses und Wohlstandes, eine Verkörperung der Glücksgöttin Lakshmi; Annapurna ist gleichzeitig der Name eines der höchsten Berge (8091) des Himalaya und gilt vielen Nepalesen als heilig.

Asarh/Asadh - Der dritte Monat des nepalesischen Jahres (Juni - Juli).

Ashoka - Indischer Herrscher (269-233 v. Chr.) der Maurya-Dynastie und unermüdlicher Verfechter des Buddhismus; er sandte Missionare aus, die die Religion über den indischen Subkontinent und auch darüber hinaus verbreiteten und pilgerte im Jahre 249 v.Chr. nach Lumbini, dem Geburtsort Buddhas. Umstritten ist, ob er tatsächlich auch das Kathmandu Valley besuchte und dort - wie überliefert - zahlreiche religiöse Bauten stiftete.

Ashta Matrika - Die "Acht Muttergottheiten".

Ashta Nag - Die "Acht Schlangengötter", die die Elemente beherrschen.

Aushadheshwara - Der "Gott der Heilkräuter", eine Bezeichnung für Shiva in seiner Eigenschaft als Schutzpatron der traditionellen Medizin.

Avalokiteshvara / Awalokiteshwara - Der Bodhisattva (→) des gegenwärtigen Zeitalters und im Mahayana-Buddhismus (→) der Gott der Barmherzigkeit; in Nepal wird er oft unter dem Namen Machhendranath verehrt.

Avatar - Die auf der Erde lebende Inkarnation einer Gottheit.

Ayurveda, ayurvedisch - Sanskrit für "Wissenschaft vom langen Leben"; traditionelle indische Heilkunde, in der nur pflanzliche und mineralische Mittel verwendet werden. Ayurvedische Präparate sind heute noch überall auf dem indischen Subkontinent erhältlich; Nepal exportiert große Mengen ayurvedischer Heilkräuter

Baba - Nepali/Hindi für "Vater", "Väterchen"; häufig die Bezeichnung für Einsiedler, Yogis u.ä.

Bahal - Buddhistische, meist zweistöckige Klosteranlage, die um einen Innenhof herum gebaut ist.

Bahil - Eine einfachere und kleinere Version des Bahal.

Bajra / Vajra - Sanskrit für "Donnerkeil" oder "Blitz", ein an buddhistischen Tempeln angebrachter symbolischer Donnerkeil, ein Sinnbild für Macht.

Balkumari - Eine der Gemahlinnen des Bhairav (→).

Der vierarmige Avalokiteshvara

Betel - Gemisch aus kleingehackten Are-
ca-Nüssen (Areca catechu), Kalk und verschiedenen Gewürzen, die in ein Blatt des
Betel (Piper betle), einer Kletterpflanze, gerollt und gekaut werden. Je nach Mischung
entsteht eine leicht berauschende, beleben-
de oder verdauungsfördernde Wirkung; re-
gelmäßiger Gebrauch führt zur Zerstörung
des Gebisses, in Einzelfällen auch zu Lip-
pen- oder Gaumenkrebs.

Bhaat / Bhat - Nepali für "gekochter Reis";
das Standard-Gericht Nepals; die Bedeutung dieses Grundnahrungsmittels zeigt
sich unter anderem im Vorhandensein verschiedener Vokabeln Reis, je nachdem ob
es sich um Reis handelt, der auf dem Feld
steht (Dhan), rohe Reiskörner (Chawal) oder
gekochten Reis.

Bhadgaon - Ein anderer Name für Bhaktapur, eine der wichtigsten Städte des Kathmandu Valley. Der Name wird in westlichen
Reiseführern grundsätzlich falsch mit "Dorf
des Reis" übersetzt, in Wirklichkeit bedeutet
er jedoch "Dorf der Bhadra Kali" (→).

Bhadra Kali - Eine tantrische Göttin, die als
Gemahlin von Shiva angesehen wird.

Bhagavad Gita - Sanskrit für "Das göttliche
Lied", der zentrale Teil der Mahabharata (s.
dort), in dem Krishna seinen Kampfesge-
fährten und Schüler Arjuna unterweist.

Bhagwan - Sanskrit für "Gott"; in seine Bestandteile zerlegt, bedeutet es exakt: "Der,
der am Segen teilhat" (*bhaga-van*), und der
gleichzeitig auch Segen weitergibt.

Bhairav / Bhairab - Die furchterregende
Form von Shiva, in der er in Nepal häufig
verehrt wird.

Bhang - Stark berauschendes Getränk aus
der Cannabis-Pflanze (Cannabis sativa; Marihuana) und einigen anderen Zutaten; wird
besonders zu Holi getrunken, dem hinduistischen Frühlingsfest.

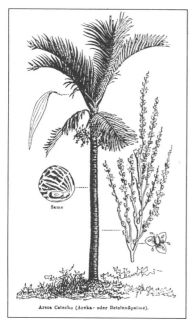

Areca Catechu (Areka- oder Betelnußpalme).

Cannabis sativa

Bhatti / Bhati - Einfache Herberge oder Teehaus, vornehmlich in Westnepal.

Bhimsen - Eine Gottheit und Verkörperung von Kraft und Mut.

Bhote - Nepalesische, oft herablassende Bezeichnung für Bergbewohner oder Tibetaner.

Bhot - Die kargen Hochsteppen nahe der Grenze zu Tibet.

Bodhi, Bo - Der Pipal-Baum (Ficus religiosus), unter dem Buddha angeblich seine Erleuchtung erlangte, und in dem nach hinduistischer Auffassung die Trimurti, die hinduistische Dreifaltigkeit aus Brahma, Vishnu und Shiva wohnt.

Bodhisattva - Begriff aus dem Mahayana-Buddhismus (→); er bezeichnet ein erleuchtetes Wesen, das, statt endgültig ins Nirvana (→) überzugehen, auf der Erde bleibt, um anderen zur Erlösung zu verhelfen.

Bon - Eine vorbuddhistische tibetanische Religion mit starken animistischen und magischen Elementen.

Bonpo - Anhänger des Bon-Glaubens.

Brahma - Der Schöpfergott der Hindus, dem im Gegensatz zu allen anderen Gottheiten aber kaum ein Tempel geweiht ist; als Grund dafür gilt die Heirat Brahmas mit seiner Tochter Saraswati (→), durch die er sich versündigt habe. Das Reittier Brahmas ist ein Schwan, mit dem er oft zusammen dargestellt wird.

Brahmanen - Die oberste Kaste (→) des Hinduismus, deren Mitglieder in der Vergangenheit zahlreiche Privilegien genossen, da sie als der "Kopf" der Gesellschaft angesehen wurden. Sie umfaßte die Priester und Gelehrten, sozusagen die intellektuelle Elite der Gesellschaft.

Brahmanismus - Der Vorläufer des Hinduismus; von zahlreichen magischen Riten durchsetzte Religion.

Buddha - Sanskrit für "der Erleuchtete"; Ehrentitel des Gautama Siddharta. Dieser wurde 543. v. Chr. oder früher (das Datum ist umstritten) als Sohn des Königs von Kapilavastu in Lumbini geboren; nach einem Leben der Entsagung und Meditation wurde ihm, unter einem Pipal-Baum sitzend, die Erleuchtung zuteil.

Chaitra - Der zwölfte und letzte Monat des nepalesischen Kalenders (März-April).

Chaitya - Eine kleine Stupa, in deren Innerem sich ein Götterbildnis oder eine buddhistische Reliquie befindet.

Chakra - Eine Art Scheibe oder Diskus, einer der vier Gegenstände, die Vishnu (s. dort) in den Händen hält.

Chang - Tibetanisches Reisbier aus fermentiertem Hopfen, Roggen, Mais oder Hirse.

Chapati - Rundes, dünnes Fladenbrot.

Charas - Nepali/Hindi für "Haschisch"; Nepal gilt als der Produzent einer der potentesten Sorten dieses (auch in Nepal verbotenen) Rauschmittels.

Chaturmukha - Sanskrit für "der Viergesichtige", ein Shiva Lingam (→) mit vier daran angebrachten Gesichtern Shivas.

Chautara - Steinplattform, die um den Stamm schattiger Bäume angelegt ist und Ruhezwecken dient.

Chetri / Chhetri - Die zweithöchste Kaste (→) des Hinduismus (die der Krieger). Die Sanskritbezeichnung und die heute in den meisten Teilen des indischen Subkontinents verbreitete lautet Kshatriya.

Chhura - Zerstampfter Reis.

Chirag - Öllampe zu zeremoniellen Zwecken.

Chitrakar - Sanskrit für "Bildermacher"; Bezeichnung einer Künstler- und Handwerkerkaste im Kathmandu Valley.

Chiya - Nepali für "Tee".

Geburt des Gautama Buddha im Lumbini-Hain

Chorten

Chorten - In den Hochlagen die Bezeichnung für einen kleinen buddhistischen Schrein.

Chowk - Die englische Schreibweise für Chauk, das Nepali-Wort für einen "Platz" oder "Hof".

Chura - Farbiger Armreif, der nur von verheirateten Hindu-Frauen getragen und im Falle des Todes des Mannes zerschlagen wird.

Churante - Verkäufer(in) von Chura (s dort).

Dahi - Nepali für "Yoghurt".

Dal - Linsenbrei aus gelben oder schwarzen Linsen, eines der nepalesischen Standardgerichte.

Dalai Lama - Das spirituelle Oberhaupt des tibetanischen Buddhismus, aufgrund religiöser Verfolgung in Tibet heute ansässig in Dharamshala, Nordindien.

Darbar - s. Durbar.

Dattatraya / Dattatreya - Relativ wenig verehrte Göttergestalt, eine gemeisame Inkarnation von Brahma, Vishnu und Shiva.

Deva / Dev - Sanskrit für "Gott", abgeleitet von *div*, "leuchten".

Deval - Nepali für "Tempel".

Devanagari - Schrift, in der Sanskrit, Nepali, Hindi und Marathi (Lokalsprache des indischen Bundesstaates Maharashtra) geschrieben werden. Zahlreiche andere Alphabete sind vom Devanagari abgeleitet, so z.B. das Thai-Alphabet, das kambodschanische u.a.

Devi - Sanskrit für "Göttin"; in Nepal ist es oft die Kurzbezeichnung für Mahadevi, das weibliche Pendant zu Shiva.

Dharamshala - Eine Pilgerherberge an religiösen Stätten, die zur kostenlosen Übernachtung zur Verfügung steht.

Dharma - Nicht leicht übertragbarer Sanskrit-Begriff, der etwa "religiöses Gesetz" bedeutet, im weiteren Sinne aber auch "Religion"; Buddhisten verwenden oft die Pali-Version des Begriffs, Dhamma.

Dhoka - Nepali für "Tor", "Pforte".

Der Dalai Lama

429

Dhoti - Von Männern getragenes indisches Wickelgewand; in Nepal ist "Dhoti" auch die abfällige Bezeichnung für einen Nordinder.

Dhvaja / Dhwaja - Sanskrit für "Fahne", ein Metallstreifen, der von Tempelspitzen herabhängt und über den die Götter zwischen Himmel und Erde hin- und herwandern können.

Dhyana - Sanskrit für "Meditation".

Dhyani Buddhas - Die vom Adi Buddha (→) geschaffenen fünf Dhyani Buddhas sind die Schöpfer des Universums in verschiedenen Zeitaltern; der Erschaffer der gegenwärtigen Epoche ist der Amitabha Buddha.

Diwali - Das hinduistische "Fest der Lichter", im Kathmandu Valley auch Tihar genannt.

Doko - Von Lastenträgern oder Bauern getragener Korb, der oft mit einem Stirnband an den Kopf gebunden wird.

Dorje - Siehe Bajra / Vajra.

Durbar - Englische Schreibweise von Darbar, "Königshof", "Palast".

Durga - Ein anderer Name für Kali (→), die Göttin der Zerstörung; Shivas Gemahlin.

Dvarapala / Dwarapala - Sanskrit für "Türwächter"; Figuren, die Tempeleingänge bewachen.

Dzopkyo - Kreuzung zwischen einem Yak und einer Kuh.

Dzu-Tch - In der Sherpa-Mythologie ein Yetiähnliches Wesen von riesenhafter Gestalt, das sich an den Viehherden schadlos hält.

Ekamukha - Sanskrit für "der Eingesichtige"; Bezeichnung für einen Shiva Lingam (→), an dem ein (statt mehrerer) Gesicht Shivas angebracht ist.

Ek - Nepali für "Eins" und ein Symbol für die Einheit aller Lebensformen.

Everest - Der Everest oder Mount ("Berg") Everest ist mit 8848 m der höchste Berg der Welt und wurde nach einem gewissen *George Everest* benannt, seines Zeichens Generalkartograph von Indien. Die Nepalesen bezeichnen den Berg jedoch als Sagarmatha, "Der Kopf des Meeres".

Falgun / Phalgun - Der elfte Monat des nepalesischen Kalenders (Februar-März).

Gaine - Traditioneller Straßenmusikant oder -sänger.

Ganesh - Der elefantenköpfige Sohn von Shiva und Parvati, der als Beseitiger von Hindernissen und Garant für Glück verehrt wird.

Ganja - Die Stengel und Blätter der Cannabis-Pflanze (Cannabis sativa), die geraucht, gegessen oder in Getränken genossen Rauschzustände erzeugt; Marihuana.

Garuda - Mystisches Fabelwesen, halb Mensch, halb Adler, das Reittier Vishnus; knieende Figuren von Garudas finden sich vor allen Vishnu-Tempeln.

Gautama Siddharta - Der Geburtsname des Buddha (→).

Gelugpa - Die sogenannte "Gelbmützen"-Sekte des Buddhismus.

Ghanta - Symbolische Glocke an Tempeln, die als das weibliche Gegenstück zum Bajra/Vajra/Dorje (→) gelten.

Ghat - Nepali für "Ufer" oder " Ufertreppen".

Ghi - Geklärte Butter, der besondere Reinheit zugesprochen wird; in englischer Schreibweise ghee.

Go-Mata - Sanskrit für "Mutter Kuh", eine respektvolle Anrede für dieses so nützliche Tier.

Ganesh

Gompa / Gumba - Kloster des tibetanischen Buddhismus.

Gopal / Gopala - Sanskrit für "Kuhhirte", ein anderer Name für Krishna.

Gopis - "Kuhhirtinnen" oder "Milchmädchen", gleichzeitig die Gespielinnen Krishnas, mit denen sich der Gott vergnügt haben soll - mit bis zu 16.000 zur gleichen Zeit!

Gorakhnath - Yogi des 11. Jh., der einen Shiva-Kult begründete und heute selber als Inkarnation Shivas betrachtet wird.

Gorkhali - Die Bewohner der Stadt Gorkha.

Gos - Alte indische Längeneinheit, die angeblich die Hörweite des Blökens einer Kuh umfaßt; verschiedenen vagen Quellen gemäß zwischen 3 1/3 und 10 Meilen.

Gurkhas - Nepalesische Soldaten, benannt nach der Stadt Gorkha, deren Truppen 1768 Nepal vereinten. Die meisten Gorkhas verdingen sich als Söldner hauptsächlich in der indischen und der britischen Armee; letztere baut ihre Gurkha-Regimenter derzeit jedoch drastisch ab. Entgegen einem weitverbreiteten Irrtum gehören die Gurkhas nicht einer homogenen Volksgruppe an, sondern setzen sich aus Mitgliedern der verschiedensten Bergvölker zusammen.

Guru - Sanskrit für einen "Lehrmeister", womit meistens ein spiritueller Lehrer gemeint ist, oft aber auch ein Lehrer in künstlerischen Sparten wie Musik, Tanz, Malerei o.ä. Verschiedenen Interpretationen nach bedeutet der Begriff "Der, der von Dunkelheit zum Licht führt" oder aber "Der Gewichtige".

Gurung - Bergvolk aus der Region um Gorkha und Pokhara, das einen hohen Anteil der Gurkhas (→) stellt.

Hanuman - Der Affengott und Held des Epos Ramayana (→), der als Sinnbild von Kraft und Ausdauer gilt; aus diesem Grunde ist er ein beliebter Gott der Soldaten, und Hanuman-Schreine oder -Figuren waren stets fester Bestandteil von Forts oder anderen militärischen Anlagen.

Harmika - Das Augenpaar, das an Stupas angebracht ist und den allsehenden Buddha repräsentiert.

Himal - Von Sanskrit hima, "Schnee", ein schneebedecktes Bergmassiv.

Gurkhas 1894

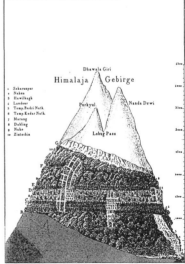

431

Hinayana - Das "Kleine Fahrzeug", ein Zweig des Buddhismus, dessen Ideal die persönliche Erleuchtung und Erlösung von Leiden ist. Siehe auch unter Mahayana.

Hiti - Wassertank, der aus (oft kunstvoll gefertigten) Wasserhähnen gespeist wird.

Holi - Hinduistisches Frühlingsfest.

Hookah - Englische Schreibweise für die Huka, eine Wasserpfeife zum Rauchen von Tabak oder berauschenderen Substanzen.

Indra - Die Hauptgottheit des vorhinduistischen Brahmanismus und Gott des Regens.

Inkarnation - "Verkörperung" oder "Fleischwerdung"; nach hinduistischer und buddhistischer Auffassung werden alle Wesen, die noch nicht die Vollkommenheit erlangt haben, nach ihrem Tod in einem neuen Körper wiedergeboren. Die Art und Weise dieser Inkarnation hängt vom individuellen Karma (→) ab.

Jag - Bezeichnung für die Fundamente von

Tempeln, wörtlich etwa "Erwachen".

Jagannath - Vishnu in seiner Form als "Herr der Welt" (Jagannath) und die Grundlage der englischen Vokabel Juggernaut ("Moloch", "Götze").

Jahnkrismus - Traditioneller Kult mit ausgeprägten animistischen und okkulten Elementen.

Jatra - Religiöses Fest.

Jeshth - Der zweite Monat des nepalesischen Kalenders (Mai-Juni).

Jhankri - Schamane oder Zauberer.

Kailash Parbat / Mount Kailash - Heiliger Berg in Tibet, nahe der nepalesischen Grenze, der als der Wohnsitz Shivas betrachtet wird und so ein wichtiges Pilgerziel darstellt.

Kalasha - Wassergefäß, das häufig an Tempeln angebracht ist.

Kali - Die Göttin der Zerstörung, eine andere Form von Durga (→); Kali wird jeweils schwarz dargestellt, mit einer Vielzahl von

Armen, in denen sie bedrohliche Waffen schwingt. In früheren Jahrhunderten wurden Kali oder einer ihrer Manifestationen häufig Menschenopfer dargebracht - heute nur noch in (illegalen) Ausnahmefällen. Im Normalfall begnügt man sich mit Tieropfern.

Karma - Sanskrit für "das Getane"; der Begriff bezeichnet den Verdienst bzw. die Schuld, die Lebewesen in ihren vergangenen Inkarnationen (→) angehäuft haben und die ihre zukünftigen Existenzen bestimmen. In der Philosophie des Karma werden gute Taten durch ein gutes Schicksal vergolten, schlechte durch ein schlechtes.

Kartik - Der siebte Monat des nepalesischen Kalenders (Oktober-November).

Kaste, Kastensystem - Das Wort Kaste stammt vom portugiesischen *casta* und bedeutet "Gruppe", "Familie" oder "Clan". Die hinduistische Gesellschaft ist traditionell in eine Vielzahl unterschiedlicher Kasten oder sozialer Gruppen unterteilt, deren Rechtfertigung aus dem Gesetz des Karma (→) bezogen wird: Jemand, der sich ein gutes Karma geschaffen hat, wird demzufolge in einer höheren, privilegierteren Kaste wiedergeboren, jemand mit schlechtem Karma in einer niederen Kaste oder gar als "Kastenloser" (→). Wie in der Rig Veda (ca. 1500 v. Chr.) angedeutet, war das Kastensystem von seinem Ursprung her ein System der Arbeitsteilung; dieses verfestigte sich im Laufe der Zeit zu einem erblichen Klassensystem, in dem niemand die Grenze der Kaste, in die er hineingeboren war, überschreiten konnte. Ehen wurden und werden zum größten Teil nur innerhalb der eigenen Kaste geschlossen. Die vier Hauptkasten sind die Brahmanen (Priester, Gelehrte), die Kshatriya, in Nepal Chetri genannt (Krieger, Soldaten), die Vaishya (Händler, Kaufleute, Bauern) und die Shudra (Arbeiter); diese unterteilen sich noch in ein unüberschaubares System von Unterkasten, deren Zahl und Art regional variiert. Erkennbar ist die Kastenzugehörigkeit in vielen Fällen am Namen, meist jedoch nur innerhalb eines regionalen Kulturkreises: Ein Nepalese könnte am Namen eines Tamilen kaum dessen Kastenzugehörigkeit identifizieren und umgekehrt.

Kastenlose - Außerhalb des hinduistischen Kastensystems (→) angesiedelte gesellschaftliche Gruppe, die in früheren Jahrhunderten mit dem unschönen Namen Acchut, "Unberührbare", bezeichnet wurden. Den Kastenlosen fielen traditionell nur niedere, "unreine" Arbeiten zu (z.B. die Verarbeitung toter Tiere, Reinigungsaufgaben etc.), und sie waren von der besseren Gesellschaft dermaßen gemieden, daß selbst der auf einen Brahmanen (→) fallende Schatten eines Unberührbaren jenen spirituell "verunreinigte". Die Stellung der Kastenlosen hat sich sehr verbesert, in Indien werden aber gelegentlich noch Kastenlose, die ihre Grenzen unstatthaft überschreiten (z.B. durch Heiraten/Affairen mit Höherkastigen) Opfer von Lynchjustiz.

Khat - Art zeremonielle Sänfte, auf der Götterfiguren während Prozessionen getragen werden.

Khola - Nepali für "Fluß".

Khukri - Das legendäre Messer der Gurkhas (→), lang, leicht geschwungen und gelegentlich mit Götterbildnissen verziert. Ursprünglich war es eine Art Sichel, mit der Unterholz und Sträucher geschnitten wurden. Heute gilt es als die "Nationalwaffe" Nepals.

Kinkinimala - Reihen von kleinen Glocken an Tempeldächern.

Kot - Nepali für "Fort"; häufiger Bestandteil von Ortsnamen, siehe Nagarkot, Thankot, Tiraulakot u.v.a.

Krishna - Die zentrale Gottheit der Bhagavad Gita (→) und die achte Inkarnation Vishnus; in der Ikonographie wird Krishna gern als tollendes, verspieltes Kind oder flötenspielender Kuhhirte dargestellt.

Kshatriya - Siehe Chetri.

Kubera - Der Gott des Reichtums.

Kumari - Sanskrit für "Jungfrau"; im Kathmandu Valley wird jeweils ein durch esoterische Methoden ausgewähltes Mädchen, die Kumari, als Inkarnation der Göttin Kali betrachtet. Ihr gottgleicher Status gilt aber nur solange, bis sie den ersten Blutstropfen verloren hat (sei es durch Menstruation oder aus anderen Gründen), danach wird eine Nachfolgerin erkoren.

Kund / Kunda - Nepali/Sanskrit für einen größeren Badebereich, oft an religiösen Bauten angelegt.

La - Ein (Berg-)Paß.

Lakshmi - Die Göttin für Glück und Wohlstand, meist in einer Lotusblume stehend dargestellt, mit zwei Elefanten an den Seiten, die sie mit Wasser besprühen.

Lali Gurans / Laligurans - Rhododendronart, Nepals "Nationalblume".

Lama - Priester oder Mönch des tibetanischen Buddhismus.

Ling / Linga / Lingam - Das phallische Symbol Shivas, das in einer Yoni (→) stehend dargestellt wird, dem sinnbildlichen weiblichen Geschlechtsteil und Symbol weiblicher Energie. Nepals bekanntester Lingam ist der von Pashupatinath.

Lokeshwara / Lokeshvara - Der "Gott der Welt", in hinduistischer Auffassung eine Inkarnation Shivas, für Buddhisten eine Verkörperung Awalokiteshwaras (→).

Machhendranath - Schutzpatron des Kathmandu Valley und Herr über Regen und Wohlstand.

Magh - Der zehnte Monat des nepalesischen Kalenders (Januar-Februar).

Mahabharata - Wichtiges Hindu-Epos, das auch die Bhagavad Gita (→) umfaßt.

Mahadev - Wörtlich "Der große Gott", ein anderer Name für Shiva.

Mahakal / Mahakala - Shiva in seiner Form als der Gott des Todes.

Maharaja - Sanskrit für "Großer König", zusammengesetzt aus Maha (= "groß") und Raja ("König"), abgeleitet von Sanskrit *raj*, "glänzen".

Maharishi - Populäre, aber grammatisch falsche Sanskritbezeichnung für einen "großen Weisen"; die nach den Sanskrit-Regeln korrekte Form lautet Maharshi.

Mahayana - Das "Große Fahrzeug", Zweig des Buddhismus, der sein Ziel im Lindern des Leids aller Kreaturen sieht, nicht wie der Hinayana ("Kleines Fahrzeug") in der Erlangung der eigenen Erlösung.

Maithuna - Darstellung eines Geschlechtsaktes, zu sehen an zahlreichen Tempeln.

Maitreya - Ein Buddha, der in Zukunft das Licht der Welt erblicken wird.

Makara - Mystisches Krokodil, das oft auf Toranas (→) abgebildet ist.

Malla-Dynastie - Dynastie der Malla-Könige des Kathmandu Valley (13.-18. Jh.), unter denen eine Vielzahl von religiösen als auch säkularen Bauten entstand.

Mandala - Mystisches Diagramm aus hinduistischer oder buddhistischer Tradition, das der Meditation dient.

Mandap - Schrein oder Plattform an Tempeln, meistens ohne Dach.

Mandir - Nepali für "Tempel".

Maithuna

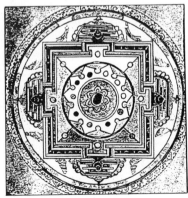

Mandala

Manjushri - Göttergestalt, die mit ihrem Schwert einen Einschnitt in die Berge um das Kathmandu Valley schlug und so den dort einst vorhandenen See abfließen ließ; wird oft auch als Gott des Lernens dargestellt.

Mantra - Mit spiritueller Energie behaftete mystische Silben, Worte oder Formeln, die zu Gebets- oder Meditationszwecken rezitiert werden.

Marga - Der achte Monat des nepalesischen Kalenders (November-Dezember).

Marwari - Händler-Kaste aus der Gegend von Marwar, Rajasthan (Indien), die auch in Nepal zunehmend an Einfluß gewinnt. Zahlreiche Mitglieder der Kaste haben sich in Kathmandu niedergelassen, wo sie diverse Geschäfte betreiben. Aufgrund der ihnen unterstellten Verschlagenheit in Geschäftsangelegenheiten und ihres angeblich sprichwörtlichen Geizes sind sie nicht überall gut angesehen. Im Volksmund ist der Begriff Marwari daher gleichbedeutend mit "Geizhals"!

Math - Das Wohnhaus eines Priesters.

Maya - Begriff aus der Hindu-Philosophie, der die sichtbare Welt bezeichnet, die vom spirituellen Blickwinkel aus aber als "Illusion" oder "Täuschung" angesehen wird. Das Wort stammt von der Sanskrit-Wurzel *ma*, "messen", und umfaßt somit die gesamte meßbare, erfaßbare Welt, im Gegensatz zur spirituellen.

Mela - Jahrmarkt, oft in Verbindung mit religiösen Feierlichkeiten.

Moksha - Das hinduistische Pendant zum buddhistischen Nirvana (→), die Erlösung aus der Welt des Leidens.

Momos - Art tibetanische Fleischklöße.

Mount Kailash - siehe Kailash Parbat.

Mudra - Symbolische Handgeste oder Körperstellung, oft an Götterdarstellungen zu sehen.

Nag / Naga - Einer der acht Schlangengötter, die das Element Wasser beherrschen.

Nagin / Nagini - Schlangengöttin.

Namaskar - Gleichbedeutend mit Namasté (→); wörtlich übersetzt "Ich grüße den Gott in dir".

Namasté - Die nepalesische (und indische) Allzweck-Begrüßungs- und Abschiedsformel; frei zu übersetzen mit "Guten Tag", "Seien Sie mir gegrüßt" etc., aber auch "Auf Wiedersehen" u.ä.

Nandi - Ein Bulle, das Reittier Shivas; als solcher wird er an Shiva-Tempeln in demütig knieender Stellung dargestellt, wobei er immer in Richtung des Allerheiligsten blickt.

Narasinha / Narsingh - In seiner korrekten Sanskritform Narasinha geschrieben, ist dies Vishnus Inkarnation als zur einen Hälfte Mensch (Nara = "Mann") und zur anderen Löwe (Sinha).

Narayan - Die in Nepal meist verehrte Form von Vishnu (→); der Name bedeutet verschiedenen Interpretationen zufolge "Der, der auf dem Wasser schwimmt" (eine Anspielung auf Vishnus schlafenden Zustand am Grunde des Ur-Ozeans), bzw. "Sohn des Nara, erster der Menschen".

Newar - Im Kathmandu beheimatete Volksgruppe, die als die "Urbevölkerung" des Kathmandu Valley betrachtet wird.

Newari - Die Sprache der Newar (→), die etwa von 3 % der nepalesischen Bevölkerung gesprochen wird.

Nirvana - Sanskrit für "Nichts weht mehr", ein Zustand "positiver Leere" und die Auflösung des Ichs; das höchste spirituelle Ziel der Buddhisten, das durch einen rechten Lebensweg und Meditation erreicht werden kann.

Nriteshwar - Shiva in seiner Form als "Gott des Tanzes".

Padma - Die Lotusblume.

Panchayat - Wörtlich "Fünferrat", ehemals ein Verwaltungssystem mit auf lokaler, regionaler und nationaler Ebene gewählten Mitgliedern; nachdem den Panchayats Korruption vorgeworfen und sie als ein Werk-

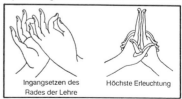

Ingangsetzen des   Höchste Erleuchtung
Rades der Lehre

Mudras

zeug einer undemokratischen Monarchie betrachtet wurden, erzwang die Demokratie-Bewegung von 1990 das Ende des Panchayat-Systems.

Pandit - Ein hinduistischer Schriftgelehrter.

Parvati - Hinduistische Göttin und Gemahlin Shivas.

Pashupati - Wörtlich "Der Herr der Tiere", Shiva in seiner Form als Beherrscher aller Kreaturen. Der ihm geweihte Tempel Pashupatinath ist Nepals wichtigstes Pilgerziel.

Pataka - Siehe Dhvaja / Dhwaja.

Pipal-Baum - Lat. Ficus religiosa; als heilig verehrter Baum, unter dem Buddha seine Erleuchtung erlangt haben soll; auch Bodhi oder Bo genannt.

Pokhri / Pokhari - Ein Badeteich.

Prasad - Rituelle Nahrung, die Götterfiguren dargeboten wird und von der die Gottheit symbolisch ißt; danach wird sie unter den Gläubigen verteilt und gegessen.

Puja - Hinduistische Gebetszeremonie.

Pujari - Ein Hindupriester.

Raja - Sanskrit für "König"; siehe auch unter Maharaja.

Ramayana - Diese "Romanze des Rama" ist das verbreitetste Hindu-Epos, das in leicht gewandelten Versionen auch in Thailand, Malaysia und Indonesien weitererzählt wurde und wird. Die Ramayana erzählt vom Gottkönig Rama und seiner getreuen Ehefrau Sita, die vom Dämon Rawana nach Lanka (Sri Lanka) entführt, mit Hilfe des Affengottes Hanuman und des Garuda (s. dort) aber auch wieder befreit wird.

Rana-Dynastie - Erbfolge von sogenannten "Premierministern", die von 1841-1951 über Nepal herrschten.

Rath - Zeremonieller Prozessionswagen, jeweils mit einer Götterfigur darauf.

Riksha / Rikshaw - Meist von einem Fahrrad gezogenes Vehikel zur Personenbeförderung, daher auch "Fahrrad-Riksha" genannt; durch laufende Menschen gezogene Rikshas gibt es auf dem indischen Subkontinent nur noch in Kalkutta.

Rimpoche - Der Abt in einem tibetanischen Kloster.

Rudra - Der vedische Gott des Blitzes und eine Art Vorläufer Shivas.

Rudraksha - Samenkern eines Baumes der Gattung Elaeocarpus, dem spirituelle Eigenschaften sowie eine Beziehung zu Shiva nachgesagt wird. Das Wort bedeutet soviel wie "Auge des Rudra", wobei Rudra eine andere Form von Shiva ist. Die Rudraksha-Samen weisen Furchen, die sogenannten Mukh oder "Gesichter", auf, und je weniger Furchen, desto seltener und teurer ist das betreffende Exemplar.

Sagarmatha - Siehe Everest.

Sal-Baum - Lat. Shorea robusta; stark vertreten in den niederen Hügelgebieten und dem Terai; das Holz des Baumes ist extrem robust (vergl. den lateinischen Namen!) und findet häufig zu Bauzwecken Verwendung.

Sangam - Der Zusammenfluß zweier oder mehrerer heiliger Flüsse, dem eine besondere Verehrung dargebracht wird.

Sankha - Die Muschel, die Vishnu in der Hand hält; eines seiner vier Symbole.

Sanskrit - Heute "tote" Sprache, die sowohl die Grundlage aller nordindischen Sprachen (inkl. Nepali) als auch der meisten europäischen Sprachen (außer Baskisch, Finnisch, Ungarisch, Estnisch, Türkisch) darstellt. Seine Blütezeit erlebte das Sanskrit um 400 v.Chr. Alle wichtigen Hindu-Schriften sind darin verfaßt. Sanskrit bedeutet übersetzt etwa "perfektioniert", und tatsächlich ist die Sprache extrem ausgefeilt und exakt, zur gleichen Zeit aber auch doppeldeutig, vielschichtig und interpretationsabhängig. Um zu überleben, war sie damit aber wohl zu kompliziert und wird heute bestenfalls noch von einigen Priestern oder Universitäts-Koryphäen beherrscht. Sanskrit-Elemente finden sich noch im Latein, Altgriechischen, Thai, Kambodschanischen, Malaiischen sowie einer Reihe anderer Sprachen.

Sanyasin - Hindu-Asket, jemand, der sich von der Welt ab- und dem religiösen Leben zugewandt hat; der Sanskritbegriff bedeutet, in seine Einzelteile (*san-ny-asin*) zerlegt, etwa "Jemand, der nieder- und zusammengeworfen hat", womit alle weltlichen Werte gemeint sind.

Sarangi - Wörtlich "Die Hundertfarbige", eine kleine viersaitige Fiedel, häufig von den Gaine (→) gespielt.

Saraswati - Die hinduistische Göttin des Lernens und Schutzpatronin von Kunst, Musik und Sprache; wird mit einer Vina (einem Saiteninstrument) und einem Buch in der Hand dargestellt, begleitet von einem Schwan.

Satal - Eine Pilgerunterkunft.

Sati - Die unglückselige Sitte der Witwenverbrennung, die vor allem durch Bemühungen der englischen Kolonialmacht in Indien eingedämmt wurde; nach dem Tod ihres Mannes hatte die Hindu-Witwe die Wahl zwischen einem Leben als sozial Ausgestoßene und dem Freitod auf dem Scheiterhaufen ihres Mannes. Frauen, die sich auf diese Art verbrennen ließen, galten posthum als Inkarnation der Göttin Sati-Savitri. In Nepal werden derartige Fälle heute nicht mehr registriert, in Indien kommen sie jedoch bisweilen noch vor.

Shakti - Sanskrit für "spirituelle Kraft" oder "Energie", aber auch Bezeichnung für den weiblichen Aspekt von göttlicher Allmacht, oft dargestellt als Shivas weibliches Gegenstück.

Shakya-Dynastie - Herrschergeschlecht eines kleineren Königreiches um Kapilavastu, dem heutigen Tiraulakot (nahe Bhairawa), das ca. vom 8. Jh.v.Chr. bis zum 2. Jh.n.Chr. existierte und dem auch Buddha (→) angehörte.

Shalagram - In Flüssen gefundener Ammonit oder auch Basaltsteine, die vom Wasser in eine ovale oder runde Form geschliffen wurden und als eine Repräsentation Vishnus gelten. Besonders auffällige Shalagrame konnten in früheren Jahrhundern astronomische Preise erzielen, und gelegentlich wurden Shalagrame in kostspieligen Zeremonien mit Tulsi-Pflanzen (Ocimum sanctum) "verheiratet", die als Manifestation von Lakshmi, Vishnus Frau, angesehen werden.

Shikhara - Quadratischer Steintempel mit hohem, schlankem Turm darauf.

Shiva - Der hindustische Gott der Zerstörung und Erneuerung; wird mit einem aufgetürmten Haarknoten dargestellt, aus dem der Ganges entspringt; um seinen Hals rankt sich eine Kobra, in der Hand hält er einen Dreizack, den *Trishul*. Wie alle Götter taucht auch Shiva (wörtl. "Der Gesegnete") unter zahllosen anderen Namen auf, so Mahadeva und Maheshvara (jeweils "Großer Gott"), Pashupati ("Herr der Tiere"), Nilakantha ("Blaukehle"), Nataraja ("König des Tanzes") u.v.a. In der Form des Nataraja tanzt Shiva am Ende des Weltenzyklus den *Tandava*, den Tanz der Vernichtung. In der Mahabharata werden 1.000 verschiedene Namen Shivas erwähnt.

Shrawan - Der vierte Monat des nepalesischen Kalenders (Juli-August).

Shreshta - Wörtlich "Der Beste", Kastenbezeichnung und Nachname der Newar (s. dort).

Shudra - Die unterste Kaste (→) der hinduistischen Gesellschaft.

Sita - Hinduistische Göttin und Gemahlin Ramas; der Überlieferung nach ist sie die Tochter der Erde und wurde in einer Ackerfurche im heutigen Janakpur geboren. Aufgrund ihrer ehelichen Treue zu Rama gilt sie als Idealbild der Hindu-Frau.

Stupa - Glockenförmige Kuppel, meist über geheiligte, buddhistische Reliquien gebaut.

Surya - Der hinduistische Sonnengott.

Tabla - Kleine traditionelle Handtrommel.

Taleju / Taleju Bhavani - Ursprünglich südindische Göttin, eine Inkarnation von Durga oder Kali (→); die Hausgöttin der Malla-Dynastie von Kathmandu.

Tantra, tantrisch - Esoterische Form von Buddhismus oder Hinduismus mit zahlreichen magischen Elementen.

Thakali - Volksgruppe aus dem Gebiet des Kali-Gandaki-Tales, die sich größtenteils dem Gastronomie-Gewerbe (kleine Guest Houses, Restaurants) verschrieben hat.

Thangka - Tibetanisches Stoffgemälde, hauptsächlich mit Motiven von Mandalas (s. dort) und tantrischen (→) Gottheiten.

Tihar - Im Kathmandu Valley Bezeichnung für das hinduistische "Fest der Lichter".

Tika - Rote Sandelholz- oder andere Paste, die von Hindus auf die Stirn aufgetragen wird, etwas über der Nasenwurzel, wo das mystische "Dritte Auge" vermutet wird; dient als Symbol des Göttlichen.

Tilak - Streifen aus einer roten Paste, die sich die Anhänger bestimmter Gottheiten auf die Stirn malen; die Anhänger Shivas, die Shivaiten, tragen drei waagerechte Streifen, die Anhänger Vishnus, die Vaishnaviten, drei senkrechte Streifen.

Tola - Gewichtseinheit, ca. 11,5 g.

Tol / Tole - Straße, Straßenblock oder Platz.

Topi - Nepali für "Kappe" oder "Mütze"; die bunte oder einfarbige Kappe der nepalesischen Männer.

Torana - Halbkreisförmiger, metallener Portalaufsatz an Tempeln, zumeist mit filigran

gearbeiteten Figuren oder auch Mustern versehen.

Trishul - Der Dreizack Shivas.

Tsampa - Getreidebrei mit Milch, Tee oder Wasser, ein Standardgericht der Bergbewohner.

Uma - "Göttin der Morgenröte", Form von Parvati, der Gemahlin Shivas.

Unberührbare - Siehe Kastenlose.

Vahana - Sanskrit für "Fahrzeug", "Vehikel"; bezeichnet die Reittiere der Gottheiten, z.B. Shivas Nandi-Bullen, Vishnus Garuda, Ganeshs Ratte etc.

Vaishya - Die dritthöchste Kaste (→) der hinduistischen Gesellschaft.

Vaitarani - Mystischer Fluß, angefüllt mit Schmutz und Fäkalien, den es nach dem Tod auf der Reise in das Totenreich des Gottes Yama zu überqueren gilt.

Vajra - Siehe Bajra.

Vajra Yogini - Tantrische Göttin.

Vamana - Auch Vikrantha genannt; Vishnus Inkarnation als Zwerg, der später aber so groß wurde, daß er das Universum in drei Schritten abschreiten konnte.

Varahi - Vishnu in seiner Inkarnation als Wildschwein.

Veden - Von Sanskrit *Veda*, "die Erteilung des Wissens"; die frühesten hinduistischen Texte, verfaßt im 2. Jahrtausend v.Chr. Das deutsche Wort "Wissenschaft" ist ethymologisch mit dem Begriff Veda verwandt.

Vihara - Buddhistische Klosteranlage, die auch einen Bahal oder Bahil (→) umfaßt.

Vikrantha - Siehe Vamana.

Vishnu - Einer der drei Hauptgötter des Hinduismus und Erhalter des Universums; in Nepal hauptsächlich als Narayan (→) verehrt, in Indien als Krishna oder Rama, die beide Inkarnationen Vishnus darstellen.

Yak - Last- und Nutztier aus der Büffel-Familie, dessen optimaler Lebensraum Höhen von 3000-7000 m sind. Sehr begehrt bei Bergvölkern ist die Yak-Milch, die einen doppelt so hohen Fettgehalt aufweist wie Milch von Tieren aus dem Flachland. Der wilde Vorfahre des Yaks, der tibetanische Drong, ist fast ausgestorben.

Yama - Der hinduistische Totengott.

Yeh-Tch - Die Sherpa-Bezeichnung für ei-

Das Ghazal
— Blues auf orientalisch

Ghazals sind inbrünstig vorgetragene Lieder, begleitet von einem Harmonium, einer Tabla und einem Saiteninstrument wie Sarod oder auch Gitarre. Die **Tradition** des Ghazal stammt aus Arabien und Persien und wurde im 12. Jh. von den moslemischen Eroberern auf dem indischen Subkontinent verbreitet. Die damalige Hofsprache war Urdu, eine erlesen klingende Mischung aus Arabisch, Persisch und Hindi.

Woher der **Begriff** "Ghazal" stammt, ist umstritten. Im Arabischen bedeutet das Wort "Zwiegespräch zwischen Mann und Frau"; im Persischen gibt es die Vokabel "Gazelle", eine Bezeichnung für den Schmerzensschrei eines verwundeten Hirsches. Was auch immer der Ursprung von "Ghazal" sein mag – beide Bedeutungen ergeben einen Sinn: Die Musikform des Ghazal handelt von Liebe, Schmerz, Sehnsucht, der Jugend und dem Rausch des Weines. Oder, um es auf Urdu, der Gesangssprache der Ghazals und Nationalsprache Pakistans zu sagen: von Sharab, Shabab, Kabab – von "Wein, der Jugend und dem Fleisch". Mit letzterem ist natürlich nicht der gemeine Braten gemeint, sondern die Lebenslust im allgemeinen – zu gut Deutsch "Wein, Weib und Gesang"!

Die **Texte** der Ghazals waren ursprünglich reine, hochstehende Poesie (Shairi), in die der Dichter (Shair) sein ganzes Liebesleid kleidete. Eine Analogie wäre somit der Blues der schwarzen Nordamerikaner, der ja ebenfalls von der Liebe und dem Verlassensein handelt. Während der Blues jedoch ursprünglich nur in der Unterschicht Verbreitung fand, gehörte das Ghazal zu festlichen Abenden in den Sultanspalästen. Das Ghazal wurde zu einer Kunst, die strengen Versmaßen und Reimregeln unterworfen war. Bevor ein Musiker oder Dichter sein Werk in der Öffentlichkeit vortragen durfte, mußte er es seinem Lehrmeister oder Ustad zur Prüfung vorlegen.

Nachdem das Ghazal in diesem Jahrhundert nur Interesse bei einer kleinen Minderheit fand, erlebte es in den achtziger Jahren eine Art **Wiedergeburt,** vor allem ausgelöst von einigen Mammuthits in indischen Filmen. Dabei wurde es aber zwangsläufig etwas "verpoppt", elektrische Gitarren kamen dazu und der eine oder andere Synthesizer.

Die **Ghazal-Konzerte** der populärsten Interpreten (z.B. *Pankaj Udhas, Anup Jalota,* das Ehepaar *Jagjit* und *Chitra Singh)* sind durchaus erlebenswerte Ereignisse. Das Publikum hängt förmlich an den Lippen der Sänger, jede schwierige Phrasierung, jede besonders aussagekräftige Verszeile lockt Rufe der Bewunderung hervor: "Wah, wah!" ("Toll, Spitze!") oder "Shabaash!" ("Bravo!") tönt es aus dem Publikum, einige Besucher gestikulieren gar, als wären sie selber die Sänger des Stückes. Eine unterstützende Gestik und Mimik gehört zum Ghazal, wie die gerissene Saite zum Blues.

Mit der neuen Popularität des Ghazal begann aber auch seine **Verwässerung** und manche Restaurant-Band spielt die neuesten platten Hindi-Filmhits und wandelt sie flugs zum Ghazal um. Ein Frevel in den Augen echter Ghazal-Puristen.

---

nen Yeti (→), übersetzt etwa "der Mann aus den felsigen Gebieten".

Yeti - Der mystische "Schneemensch", der durch Bergsteigergeschichten und die nepalesische Folklore geistert, für dessen Existenz es jedoch keine Beweise gibt.

Yoga - Ein System von Körper- und Meditationsübungen, die das Göttliche im Praktizierenden wecken sollen. Es gibt allerdings eine Reihe verschiedener Yoga-Zweige, die zwar das gleiche Ziel verfolgen, sich aber unterschiedlicher Methoden bedienen. Das Wort Yoga ist ethymologisch mit dem deutschen "Joch" verwandt und deutet darauf hin, daß Körper und Geist "unterjocht" oder diszipliniert werden sollen.

Yogi - Jemand, der Yoga (→) praktiziert.

Yogini - Das weibliche Pendant zum Yogi (→).

Yoni - Symbol des weiblichen Geschlechtsteiles und weiblicher Energie; wird meist mit einem Lingam (→) darin dargestellt.

Kleine nepalesische Sprechhilfe

Aussprache

Das Nepali benutzt bekanntlich nicht die lateinische Schrift, sondern das Devanagari. Die Buchstaben in der üblichen lateinischen Umschrift, die auch in diesem Buch verwendet wird, spricht man im großen und ganzen wie im Deutschen aus, auch die Doppelbuchstaben. Man beachte jedoch folgende Besonderheiten:

aa wie das langgezogene deutsche a in Nase; z.B.: *aamaa* = Mutter

a wie das kurze, dumpfe o in Roß; z.B.: *kalam* = Bleistift, Kugelschreiber

o langgezogen, wie in Oma, Motor

oi deutsches "eu"; z.B.: *hoina* = nein

kh beide Laute sind hörbar, werden aber als einer gesprochen. An ein k wird ein weiches h angehängt; z.B.: *khaanaa* = Essen

ch wie tsch in "Matsch"; z.B.: *chaang* = Nepal-Bier

chh tsch und h (zwei Silben); z.B.: *maachhaa* = Fisch

y wie j in Jäger, z.B.: *yo* = dies

j wie dsch in Dschungel, z.B.: *raajaa* = König

kk kurzes k, wie in Jacke; z.B.: *chakku* = Messer

ph wie f; z.B.: *phuul* = Blume

s immer "scharf" (stimmlos); z.B.: *sisi* = Flasche

sh scharfes s und deutliches h; z.B.: *aashaa* = Hoffnung

Wichtige Begriffe und Redewendungen

Guten Morgen/ Tag/Abend!	*Namasté*
Seien Sie gegrüßt!	
Auf Wiedersehen!	
Okay! Alles klar!	*Thiik tscho!*
Was gibt's Neues?	*Ke khabar tscho?*
Entschuldigen Sie!	*Maaph garnus!*
Mein Name ist ...	*Mero naam ... ho.*
Wie heißen Sie?	*Aaphuko naam ke ho?*

Wo befindet sich ...?	*... kaahaa chhaa?*
Wie heißt das?	*Naam ke ho?*
groß	*thulo, baraa*
klein	*tschhoto*
schön	*sundar*
häßlich	*kurupii*
gut	*raamro*
schlecht	*buro*
teuer	*mahango*
billig	*sasto*
Hotel	*hotel*
Zimmer	*kothaa*
Schlüssel	*tschaabii*
Geld	*rupiyaa*
Preis	*mol, daam*
Rechnung	*hisaap*
essen	*khaanu*
trinken	*piunu*
hungrig	*bhoko*
durstig	*piyaaso*
links	*bauñ*
rechts	*daahiino*
geradeaus	*siidhaa*
Ja!	*Añ! Jyu! Ho!*
Nein!	*Na! Nahiiñ!*
Mann	*maantschhe, maanis, purusch*
Frau	*naarii, strii*
Kind	*baalakha, naanii*
Stadt	*sahar*
Haus	*ghar, grihe*
Straße	*sadak*

Zahlen

0	*sunne*
1	*ek*
2	*dui*
3	*tiin*
4	*tschhaar*
5	*paañtschh*
6	*tschha*
7	*saat*
8	*aath*
9	*nau*
10	*das*
100	*sai/sahe*
1000	*hajaar*
10.000	*das hajaar*
100.000	*laakh*

Bücherliste

●*Amatya, Saphalya:* **Art and Culture of Nepal,** Nirala Publications, Jaipur/New Delhi. Ein guter allgemeiner Überblick über die nepalesische Kultur, mit Kapiteln zu Architektur, Kunsthandwerk, Tanz u.a.

●*Anderson, Mary M.:* **The Festivals of Nepal,** Rupa & Co., Calcutta / Allahabad / Bombay / Delhi. Eine sehr ausführliche Zusammenstellung aller nepalesischen Feste, samt ihren Ursprüngen und der Beschreibung, wie sie gefeiert werden. Da in Nepal fast immer gerade ein Fest ansteht, ein sehr nützliches Buch.

●*Bernier, Ronald M.:* **The Temples of Nepal,** S. Chand & Company, New Delhi. Für diejenigen, die sich genauer mit der nepalesischen Tempelarchitektur befassen wollen. Detaillierte Erklärungen zu den wichtigsten religiösen Bauten des Kathmandu Valley sowie eine allgemeine Einführung in die nepalesische Architektur.

●*Bista, Dor Bahadur:* **People of Nepal;** Ratna Pustak Bhandar. Eine Beschreibung der wichtigsten nepalesischen Volksgruppen, ihrer Lebensweisen, Riten etc. Sehr empfehlenswert zum Beispiel auch für Trekker, die mehr über die von ihnen durchkreuzten Gebiete und deren Bewohner erfahren wollen.

●*Chaudhuri, Nirad C.:* **Hinduism;** Oxford University Press. Eine scharfsinnige und unsentimentale Analyse des Hinduismus; der Autor, ein notorischer Querdenker, ist aufgrund seiner oft sehr kritischen und zynischen Art in seiner indischen Heimat nicht unumstritten, und einige seiner Bücher waren zeitweise verboten.

●*Donner, Wolf:* **Nepal;** Beck'sche Reihe, Verlag C.H. Beck, München. Landeskundlicher, informativer kleiner Band, gut geeignet als Einstiegshilfe in nepalesische Kultur, Geschichte, Wirtschaft u.ä.

●*Dubois, Abbe J.A.:* **Hindu Manners,** Customs and Ceremonies; Oxford University Press. Die in diversen Neuauflagen erschienenen Aufzeichnungen eines französischen Priesters, der von 1792-1831 in Indien lebte. Das Buch gibt einen unübertroffenen Einblick in das Leben, die Denkweise und Rituale der Hindus, die sich zum Teil bis heute nicht verändert haben. Ein absoluter Klassiker.

●*Egerton, Wilbrahim:* **An Illustrated Handbook of Indian Arms and those of Nepal, Burma, Thailand and Malaysia;** White Orchid Press, Bangkok. Die Neuauflage eines Buches von 1880, das sich in erster Linie mit den Waffen des indischen Subkontinents und Südostasiens befaßt, aber gleichzeitig auch einen Einblick in die militärische Geschichte des Subkontinents verschafft.

●*Goodman, Jim:* **Kathmandu;** The Times Travel Library, Times Editions, Singapore. Eine gute Einführung für Besucher des Kathmandu Valley, mit schönen Fotos, aber ohne praktische Reisehinweise.

●*Harrer, Heinrich:* **Die Götter sollen siegen - Wiedersehen mit Nepal;** Ullstein Verlag, Berlin.

●*Hillary, Sir Edmund:* **Ich stand auf dem Everest - Meine Erstbesteigung mit Sherpa Tensing;** Verlag. F. A. Brockhaus, Wiesbaden. Die Geschichte der historischen Everest-Erstbesteigung.

●*Jha, P.K.:* **Environment & Man,** Know Nepal. Series No. 5; erschienen bei Craftsman Press in Bangkok, erhältlich in Buchgeschäften in Kathmandu und Bangkok.

●*Kirkpatrick, William:* **An Account of the Kingdom of Nepaul;** Asian Educational Services, New Delhi. Eine der ersten europäischen Reisebeschreibungen von Nepal, aufgezeichnet von einem britischen Colonel im Jahre 1792.

●*Le Bon, Gustave:* **Voyage to Nepal;** White Orchid Press, Bangkok. Die Neuauflage eines Nepal-Klassikers aus dem Jahre 1883; der Autor, ein französischer Archäologe, beschreibt in kurzen, prägnanten Kapiteln das Nepal seiner Zeit, unterlegt mit vielen interessanten Zeichnungen.

●*Majupuria, Trilok Chandra and Indra:* **Erotic Themes of Nepal;** S. Devi, Lashkar (Gwalior), Indien. Die Autoren, ein nepalesisches Dozentenpaar der Universität von Kirtipur, haben einen großen Fundus von Literatur über ihr Land veröffentlicht. Dieses Buch durchleuchtet die erotische Kunst Nepals und deren religiöse Hintergründe.

●*Majupuria, Trilok Chandra and Indra:* **Glimpses of Nepal;** S. Devi, Lashkar (Gwalior), Indien. Recht ausführliche Beschreibungen der wichtigsten Sehenswürdigkeiten Nepals, mit Schwerpunkt auf dem Kathmandu Valley.

●*Majupuria, Trilok Chandra and Indra:* **The Complete Guide to Nepal;** M.D. Gupta, Lashkar (Gwalior), Indien. Eine Menge allgemeine Informationen zu Nepal und insofern ein brauchbares Nachschlagewerk, aber kein Reiseführer im praktischen Sinne, wie der Titel glaubhaft machen könnte.

●*Majupuria, Trilok Chandra and Joshi D.P.:* **Religious & Useful Plants of Nepal & India;** M. Gupta, Lashkar (Gwalior), Indien. Eine ausführliche Beschreibung der bei religiösen Ritualen verwandten Pflanzen und Kräuter.

●*Messner, Reinhold:* **Bergvölker im Himalaya;** Verlagsanstalt Athesia, Bozen.

●*Mishra, Hemanta and Jeffries, Margaret:* **Royal Chitwan National Park - Wildlife Heritage of Nepal;** The Mountaineers, Seattle, (USA). Ein sehr gutes Handbuch für Besucher des Chitwan-Parks, mit vielen Informationen zu dessen Flora und Fauna aber auch der am Rande des Parks lebenden Volksgruppe der Tharu.

●*Rau, Heimo:* **Nepal;** Verlag W. Kohlhammer, Stuttgart. Informativer Kunstreiseführer, aber nicht zur Reiseplanung geeignet.

●*Stevenson, Sinclair:* **The Rites of the Twice Born;** Oxford University Press. Eine hochinteressante Zusammenstellung der Riten der Brahmanen, deren Lektüre aber auch einen vertieften Einblick in den Hinduismus im allgemeinen gibt.

●*Sanday, John:* **An Illustrated Guide to the Kathmandu Valley;** The Guidebook Company, Hongkong. Viele interessante Informaionen zu den Sehenswürdigkeiten des Kathmandu Valley, aber ohne brauchbare praktische Reisetips. Dafür mit einigen schönen Fotos.

●*Tüting, Ludmilla (Hrsg.):* **Menschen - Bäume - Erosionen;** Der Grüne Zweig 120. Mit dem Untertitel "Kahlschlag im Himalaya - Wege aus der Zerstörung", eine interessante, schonungslose Analyse von Umweltproblemen des indischen Subkontinents.

●*Tüting, Ludmilla:* **Nepal verstehen;** in der Reihe Symphatie Magazine erschienene Broschüre, die einen guten Überblick über Land und Leute vermittelt. Zu beziehen beim Studienkreis für Tourismus, Dampfschiffstraße 2, 8130 Starnberg (5 DM in Briefmarken).

●*Uhlig, Helmut:* **Himalaya - Menschen und Kulturen in der Heimat des Schnees;** Gustav Lübbe Verlag, Bergisch-Gladbach.

●*Versch. Autoren:* **Nepal**; Nelles Verlag, München. Erschienen in der Serie Nelles Guides.

●*Voßmann, Gayaka:* **Nepali für Globetrotter;** Kauderwelsch Band 9, Peter-Rump-Verlag, Bielefeld. Ein leicht verständlicher und tatsächlich sofort anwendbarer "Sprechführer", mit separat erhältlicher Kassette zur akustischen Unterstützung.

●*Werner, David:* **Wo es keinen Arzt gibt;** Peter-Rump-Verlag, Bielefeld. Ein altbewährtes Reise-Gesundheitslexikon, das hoffentlich nie gebraucht werden wird - falls doch, ist es ein wertvoller Ratgeber, mit dem im Notfall eine Selbstbehandlung möglich ist.

●*Wiesener, U.:* **Kunstreiseführer Nepal;** DuMont Buchverlag, Köln. Kein Reiseführer im praktischen Sinne, aber sehr informativ für alle kulturell Interessierten.

Magazine

●**Himal:** Hochinteressantes, zweimonatlich erscheinendes Magazin in englischer Sprache, das ökologische, tourismusbezogene, soziologische oder sonstige Probleme Nepals anpackt. Sehr lesenswert! Erhältlich in vielen Buchhandlungen in Kathmandu und Pokhara oder im Abonnement bei Durga Press, Lusitpoldstr. 20, 82211 Herrsching, BRD, oder c/o Helene Zingg, Tannenweg 18, CH-3037 Gümlingen, Schweiz.

●**Nepal Traveller:** Kostenloses, informatives Magazin mit tourismusbezogenen oder landeskundlichen Themen. Liegt in nepalesischen Hotels und Geschäften aus und wird am Flughafen verteilt.

Bos indicus —
Heilig vom Horn bis zum Huf

Von jeher fiel der Kuh im Hinduismus eine erhabene Sonderstellung zu, die in den *alten Schriften* mit glühenden Worten besungen wird. So bringen die Puranas die Entstehung des Universums mit ihr in Verbindung, und in einer anderen Schrift, der Avesta, ist die Rede von einem göttlichen Wesen mit Namen Gausurvan oder "Kuhseele". Die Mahabharata propagierte die Schenkung von Kühen an Brahmanen als eine äußerst verdienstvolle Praxis und droht allen, die Kühe töten, töten lassen oder verzehren, mit der Hölle.

Bis heute Tag gilt die Kuh als die Verkörperung eines göttlichen, lebens- und segensspendenden Prinzips, das oft mit einer Mutter verglichen wird. Spricht man respektvoll von der Kuh, nennt man sie Go-Mata oder *"Mutter Kuh"*. Vor einigen Jahren machte der damalige indische Staatspräsident *Zail Singh*, ein Sikh, von sich reden, als er im religiösen Überschwang kühn behauptete, "die Kuh ist meine Mutter". Das brachte ihn zwar einigen fundamentalistisch eingestellten Hindus näher, sorgte aber ansonsten für allgemeine Heiterkeit.

Die herausragende Position, die die indische Kuh, zoologisch Bos indicus genannt, im Hinduismus einnimmt, beruht zweifellos auf dem *vielfachen Nutzen*, den sie einer agraren Gesellschaft bringt: Sie ist Nahrungs- und Düngerlieferant und unermüdliches Arbeitstier zugleich. Um diesen unentbehrlichen Helfer unter Schutz zu stellen, eignete sich das religiöse Gesetz vorzüglich, denn welcher Gläubige wollte schon den Zorn der Götter auf sich ziehen und in der von der Mahabharata herbeigeschworenen Hölle schmoren.

Ihrer gottähnlichen Stellung entsprechend ranken sich zahllose *Rituale um die Kuh* und ihre Erzeugnisse. Als Mittel gegen spirituelle Verunreinigung und zur Erlösung von Sünden wird von den Schriften die Einnahme des *Panchagavya* empfohlen, der "Fünf Kuhprodukte". Dies ist eine Mischung aus Kuhdung, -urin, Milch, Yoghurt und Ghi

(geklärte Butter). Daß westliche Beobachter des Hinduismus für dieses Ablaßmittel nur wenig Verständnis aufbrachten, scheint verständlich. Der französische Reisende *Jean-Baptiste Tavernier* zum Beispiel ließ in seiner Reisebeschreibung "Les Six Voyages de Jean-Baptiste Tavernier En Turquie, En Perse Et Aux Indes" (1676) jedesmal angewidert ein paar Zeilen aus, wenn es um dieses "delikate" Thema ging. Gewohnt an Hostien und Weihwasser, konnte er sich bei dieser Form spiritueller Medizin nur vor Ekel schütteln.

Heute jedoch könnte Monsigneur Tavernier beruhigt feststellen, daß die besagte Mischung wohl nur noch höchst selten verwendet wird; meist ersetzt man die beiden anstößigen Bestandteile durch Zucker und Honig. Die so entstandene neue Mischung heißt *Panchamrita*, etwa "Der fünffache Nektar". Gelegentlich wird aber noch *Kuhurin* getrunken, in einigen Kreisen gilt er immer noch als Elixier für Leib und Seele. Der Autor selber war Zeuge, als in einer Altstadtgasse von Benares mehrere Anwohner mit Gefäßen auf eine Kuh zustürmten, die im Begriff war, zu urinieren. Der glückliche Sieger in dem Rennen konnte sein Gefäß randvoll füllen, um dann damit nach Hause zu eilen und es ... na ja, alles andere ist Vermutung.

Altbekannt ist der Gebrauch von getrocknetem *Kuhdung*, Gobar, als Brennmaterial: er wird aber auch zur Hausreinigung benutzt, vielerorts wird das Haus einmal im Jahr in Kuhdung ausgerieben, da man ihm spirituelle, aber auch biologische Reinheit zuschreibt. Die anderen Produkte der Kuh, Milch, Yoghurt und Ghi, finden in zahlreichen religiösen Ritualen Verwendung.

Von nicht geringer ritueller Bedeutung ist natürlich die Kuh selber. In früheren Zeiten konnte manch Frevler seine Missetat durch die *Gabe von* einer oder mehreren *Kühen* an die Brahmanen seines Ortes wiedergutmachen. Konnte er sich keine Kuh leisten, wurde eine Geldsumme festgesetzt, die symbolisch den Wert einer Kuh besaß. Es ist wohl offensichtlich, wer sich diesen Kodex ausgedacht haben dürfte! Derlei Gaben sind heute rar, allgegenwärtig ist aber noch die Sitte, streunende Kühe zu füttern oder kurz mit der rechten Hand ihre Stirn zu berühren, um sie dann zur eigenen Stirn zu führen. Das soll die segensreichen Eigenschaften der Kuh auf den Gläubigen übertragen.

Wie wichtig die Kuh traditionell war, wird auch durch die Existenz eines alten *indischen Längenmaßes* belegt. Bis ins letzte Jahrhundert wurden Entfernungen in Gos oder Gau gemessen, eine Längeneinheit, die die Reichweite des Blökens der Kuh umfaßte. Da nicht alle Kühe gleich laut blöken, herrschte ob des genauen Ausmaßes eines Gos stets Unklarheit, und in alten Quellen wird dessen Länge wahlweise mit (erstaunlichen) 3 1/3, 4, 8 oder 10 Meilen angegeben. Allem Anschein nach gab es auch lokale Unterschiede, in Südindien z.B. galten längere Gos als auf Ceylon etc.

Interessant ist auch der Einsatz der Kuh in diversen *Totenritualen*. Lag ein Brahmane im Sterben, wurde eine Kuh in sein Zimmer geführt, deren Schwanz er in der Hand zu halten hatte. Nach dem Tod sollte ihn die Kuh so sicher über den schrecklichen Fluß Vaitarani führen, der mit Blut, Fäkalien und Schmutz angefüllt ist und hinter dem sich das Reich des Totengottes Yama befindet. War der Sterbende mittlerweile ohne Bewußtsein oder die Prozedur aus anderen Gründen nicht mehr durchführbar, wurde ihm lediglich ein Seil in die Hand gegeben, dessen anderes Ende um den Hals einer Kuh gewunden war.

Im Idealfall war die Kuh ausgiebig geschmückt, mit Gold und einem grünen Tuch an den Hörnern, Kupfer an den Hufen und einer Perlen- oder anderen Kette um den Hals. Um ihren Körper sollte ein Sari oder ein anderes weibliches Kleidungsstück gewickelt sein. Derartig wohlausstaffiert, waren Sterbender und Kuh bereit zur Reise über den Vaitarani. War der Tod allem Anschein nach eingetreten, gab man dem Verblichenen zum Test einen Klumpen Ghi auf die Stirn: Schmolz er nicht, nahm man es als Zeichen, daß kein Lebenshauch mehr vorhanden war. Nach der Kremation des Toten ließen die wohlhabenderen Familien die

Verbrennungsstätte zur Segnung mit Milch besprenkeln.

Bei der immensen rituellen Bedeutung der Kuh wäre es verwunderlich gewesen, sie nicht unter besonderen Schutz zu stellen. Die *Strafen*, die auf Verletzen oder Töten der Tiere standen, variierten je nach der Kaste des Übeltäters und der Region. Bestraft wurde sogar, wenn ein Kuhbesitzer sein Tier im Hause sterben ließ, anstelle es - wie die Regeln es vorschrieben - beim ersten Anzeichen des eintretenden (natürlichen) Todes an ein Flußufer oder ein Wasserbecken zu führen. Oft wurde der (ehemalige) Kuhbesitzer von den Brahmanen seines Ortes mit so hohen Geldstrafen belegt, daß er zeitlebens ruiniert war.

Ein ganz besonderes Spektakel bildete die Strafe, die Mitglieder der Tiyar-Kaste in Zentralindien erwartete, falls sie die Dummheit begangen hatten, eine Kuh zu töten: Der Täter muß geschlagene 21 Tage in einem Kuhstall verbringen, wobei er genau das zu tun hatte, was die Kühe gerade taten - legten sie sich hin, so hatte auch er sich niederzulegen, standen sie auf, so muß auch er aufstehen etc. Nach dem Ende dieser Mimikri-Therapie hatte er eine Pilgerfahrt zu absolvieren, das Panchagavya zu nehmen und zu guter Letzt den Mitgliedern seiner Kaste einen ausgiebigen Festschmaus zu spendieren.

Reise Know-How

REISE KNOW-HOW Bücher werden von Autoren geschrieben, die Freude am Reisen haben und viel persönliche Erfahrung einbringen. Sie helfen dem Leser, die eigene Reise bewußt zu gestalten und zu genießen. Wichtig ist uns, daß der Inhalt nicht nur im reisepraktischen Teil „Hand und Fuß" hat, sondern daß er in angemessener Weise auf Land und Leute eingeht. Die Reihe REISE KNOW-HOW soll dazu beitragen, Menschen anderer Kulturkreise näherzukommen, ihre Eigenarten und ihre Probleme besser zu verstehen. Wir achten darauf, daß jeder einzelne Band gemeinsam gesetzten Qualitätsmerkmalen entspricht. Um in einer Welt rascher Veränderungen laufend aktualisieren zu können, drucken wir bewußt kleine Auflagen.

SACHBÜCHER:

Die Sachbücher vermitteln KNOW-HOW rund ums Reisen: Wie bereite ich eine Motorrad- oder Fahrradtour vor? Welche goldenen Regeln helfen mir, unterwegs gesund zu bleiben? Wie komme ich zu besseren Reisefotos? Wie sollte eine Sahara-Tour vorbereitet werden? In der Sachbuchreihe von REISE KNOW-HOW geben erfahrene Vielreiser Antworten auf diese Fragen und helfen mit praktischen, auch für Laien verständlichen Anleitungen bei der Reiseplanung.

Welt

Achtung Touristen
DM 16,80   ISBN 3-922376-32-0
Äqua-Tour (RAD & BIKE)
DM 28,80   ISBN 3-929920-12-3
Auto(fern)reisen
DM 34,80   ISBN 3-921497-17-5
Die Welt im Sucher
DM 24,80   ISBN 3-9800975-2-8
Fahrrad-Weltführer
DM 44,80   ISBN 3-9800975-8-7
Motorradreisen
DM 34,80   ISBN 3-921497-20-5
Um-Welt-Reise (REISE STORY)
DM 22,80   ISBN 3-9800975-4-4
Wo es keinen Arzt gibt
DM 26,80   ISBN 3-89416-035-7

REISE STORY:

Reise-Erlebnisse für nachdenkliche Genießer bringen die Berichte der REISE KNOW-HOW REISE STORY. Sensibel und spannend führen sie durch die fremden Kulturbereiche und bieten zugleich Sachinformationen. Sie sind eine Hilfe bei der Reiseplanung und ein Lesevergnügen für jeden Fernwehgeplagten.

STADTFÜHRER:

Die Bücher der Reihe REISE KNOW-HOW CITY führen in bewährter Qualität durch die Metropolen der Welt. Neben den ausführlichen praktischen Informationen über Hotels, Restaurants, Shopping und Kneipen findet der Leser auch alles Wissenswerte über Sehenswürdigkeiten, Kultur und „Subkultur" sowie Adressen und Termine, die besonders für Geschäftsreisende wichtig sind.

Europa

Amsterdam
DM 26,80   ISBN 3-89416-231-7
Baltikum – Estl./Lettl./Litauen
DM 39,80   ISBN 3-89416-196-5
Bretagne
DM 39,80   ISBN 3-89416-175-2
Budapest
DM 26,80   ISBN 3-89416-212-0
Bulgarien
DM 39,80   ISBN 3-89416-220-1
England, der Süden
DM 36,80   ISBN 3-89416-224-4
Estland
DM 26,80   ISBN 3-89416-215-5
Gran Canaria
DM 36,80   ISBN 3-927554-24-3
Großbritannien
DM 39,80   ISBN 3-89416-617-7
Hollands Nordseeinsln
DM 24,80   ISBN 3-89416-619-3
Irland-Handbuch
DM 36,80   ISBN 3-89416-194-9
Island
DM 39,80   ISBN 3-921497-35-3
Lettland
DM 26,80   ISBN 3-89416-216-3
Litauen mit Kaliningrad
DM 29,80   ISBN 3-89416-169-8
London
DM 26,80   ISBN 3-89416-199-x
Madrid
DM 26,80   ISBN 3-89416-201-5
Mallorca
DM 29,80   ISBN 3-927554-17-0
Mallorca für Eltern und Kinder
DM 24,80   ISBN 3-927554-15-4
Oxford
DM 26,80   ISBN 3-89416-211-2
Paris
DM 26,80   ISBN 3-89416-200-7
Polen: Ostseeküste/Masuren
DM 36,80   ISBN 3-89416-613-4
Prag
DM 26,80   ISBN 3-89416-204-X
Provence
DM 36,80   ISBN 3-89416-609-6
Pyrenäen
DM 36,80   ISBN 3-89416-610-X
Rom
DM 26,80   ISBN 3-89416-203-1
Schottland-Handbuch
DM 36,80   ISBN 3-89416-179-5

Europa

Skandinavien – der Norden
DM 36,80   ISBN 3-89416-191-4
Südtirol/Dolomiten
DM 36,80   ISBN 3-89416-612-6
Tschechien
DM 36,80   ISBN 3-89416-600-2
Ungarn
DM 32,80   ISBN 3-89416-188-4
Warschau/Krakau
DM 26,80   ISBN 3-89416-209-0
Wien
DM 26,80   ISBN 3-89416-213-9

Deutschland

Berlin mit Potsdam
DM 26,80   ISBN 3-89416-226-0
Frankfurt/Main
DM 24,80   ISBN 3-89416-207-4
Mecklenburg/Vorp. Binnenland
DM 19,80   ISBN 3-89416-615-0
München
DM 24,80   ISBN 3-89416-208-2
Nordfriesische Inseln
DM 19,80   ISBN 3-89416-601-0
Nordseeinseln
DM 29,80   ISBN 3-89416-197-3
Nordseeküste Niedersachsens
DM 24,80   ISBN 3-89416-603-7
Ostdeutschland individuell
DM 32,80   ISBN 3-921838-12-6
Ostfriesische Inseln
DM 19,80   ISBN 3-89416-602-9
Ostharz mit Kyffhäuser
DM 19,80   ISBN 3-89416-228-7
Oberlausitz/Zittauer Gebirge
DM 24,80   ISBN 3-89416-165-5
Ostseeküste/Mecklenburg-Vorpom.
DM 19,80   ISBN 3-89416-184-1
Wasserwandern Mecklenburg/Brandenburg
DM 24,80   ISBN 3-89416-221-X
Rügen/Usedom
DM 19,80   ISBN 3-89416-190-6
Freistaat Sachsen
DM 26,80   ISBN 3-89416-177-9
Schwarzwald
DM 24,80   ISBN 3-89416-611-8
Land Thüringen
DM 24,80   ISBN 3-89416-189-2
Westharz mit Brocken
DM 19,80   ISBN 3-89416-227-9

Afrika

Afrikanische Reise
(Reise Story)
DM 26,80   ISBN 3-921497-91-4

Bikeabenteuer Afrika
(Rad & Bike)
DM 28,80   ISBN 3-929920-15-8

Durch Afrika
DM 56,80   ISBN 3-921497-11-6

Ägypten individuell
DM 36,80   ISBN 3-921838-10-x

Tonführer Ägypten: Kairo
DM 32,00   ISBN 3-921838-91-6

Tonführer Ägypten: Luxor, Theben
DM 29,80   ISBN 3-921838-90-8

Agadir, Marrakech und der Süden Marokkos
DM 32,80   ISBN 3-921497-72-8

Kairo, Luxor, Assuan
DM 26,80   ISBN 3-921838-08-8

Kamerun
DM 39,80   ISBN 3-921497-32-9

Kenya
DM 39,80   ISBN 3-921497-45-0

Libyen
DM 39,80   ISBN 3-921497-05-1

Madagaskar, Seychellen, Mauritius, Réunion, Komoren
DM 39,80   ISBN 3-921497-62-0

Marokko
DM 44,80   ISBN 3-921497-81-7

Nigeria – hinter den Kulissen
(Reise Story)
DM 26,80   ISBN 3-921497-30-2

Tunesien
DM 44,80   ISBN 3-921497-74-4

Tunesiens Ferienzentren
DM 29,80   ISBN 3-921497-76-0

Westafrika
DM 49,80   ISBN 3-921497-02-7

Die Wolken der Wüste
(Reise Story)
DM 24,80   ISBN 3-89416-150-7

Zimbabwe
DM 39,80   ISBN 3-921497-26-4

Asien

Bali & Lombok mit Java
DM 39,80   ISBN 3-89416-604-5

Bangkok
DM 26,80   ISBN 3-89416-205-8

China Manual
DM 44,80   ISBN 3-89416-167-1

China, der Norden
DM 39,80   ISBN 3-89416-229-5

Indien, der Norden
DM 44,80   ISBN 3-89416-223-6

Reisen mit Kindern in Indonesien
DM 26,80   ISBN 3-922376-95-9

Israel/Jordanien
DM 36,80   ISBN 3-921838-14-2

Jemen
DM 39,80   ISBN 3-921497-09-4

Kambodscha
DM 29,80   ISBN 3-89416-219-8

Komodo/Flores/Sumbawa
DM 36,80   ISBN 3-89416-060-8

Ladakh und Zanskar
DM 36,80   ISBN 3-89416-176-0

Laos
DM 29,80   ISBN 3-89416-218-x

Malaysia & Singapur mit Sabah & Sarawak
DM 39,80   ISBN 3-89416-178-7

Myanmar (Burma)
DM 32,80   ISBN 3-9800464-4-3

Nepal-Handbuch
DM 36,80   ISBN 3-89416-193-0

Phuket (Thailand)
DM 29,80   ISBN 3-89416-182-5

Saigon und der Süden Vietnams
DM 32,80   ISBN 3-389416-607-X

Singapur
DM 26,80   ISBN 3-89416-210-4

Sri Lanka
DM 39,80   ISBN 3-89416-170-1

Sulawesi (Celebes)
DM 36,00   ISBN 3-89416-172-8

Taiwan
DM 39,80   ISBN 3-89416-614-2

Thailand Handbuch
DM 36,80   ISBN 3-89416-171-X

Tokyo
DM 36,80   ISBN 3-89416-206-6

Vereinigte Arabische Emirate
DM 39,80   ISBN 3-921497-22-1

Vietnam-Handbuch
DM 39,80   ISBN 3-89416-620-7

Ozeanien

Neuseeland Campingführer
DM 24,80   ISBN 3-921497-92-2

Neuseeland (Reise Story)
DM 24,80   ISBN 3-921497-15-9

Bikebuch Neuseeland
(Rad & Bike)
DM 36,80   ISBN 3-929920-16-6

Rad & Bike:

Reise Know-How Rad & Bike sind Radführer von lohnenswerten Reiseländern bzw. Radreise-Stories von außergewöhnlichen Radtouren durch außereuropäische Länder und Kontinente. Die Autoren sind entweder bekannte Biketouren-Profis oder „Newcomer", die mit ihrem Bike in kaum bekannte Länder und Regionen vorstießen. Wer immer eine Fern-Biketour plant – oder nur davon träumt – kommt an unseren Rad & Bike-Bänden nicht vorbei!

Amerika

Atlanta & New Orleans
DM 28,80   ISBN 3-89416-230-9

Durch den Westen der USA
DM 39,80   ISBN 3-927554-20-0

Durch die USA mit Flugzeug und Mietwagen
DM 39,80   ISBN 3-927554-10-3

Amerika von unten (Reise Story)
DM 22,80   ISBN 3-9800975-5-2

„Und jetzt fehlt nur noch John Wayne..." (Reise Story)
DM 22,80   ISBN 3-927554-18-9

USA/Canada (Rad & Bike)
DM 46,80   ISBN 3-929920 17-4

USA/Canada NO
DM 44,80   ISBN 3-927554-19-7

Canada Ost/USA
DM 39,80   ISBN 3-927554-22-7

Durch Canadas Westen m. Alaska
DM 36,80   ISBN 3-927554-03-0

Hawaii
DM 36,80   ISBN 3-89416-860-9

Argentinien/Urug./Parag.
DM 44,80   ISBN 3-921497-51-8

Costa Rica
DM 36,80   ISBN 3-89416-166-3

Ecuador/Galapagos
DM 39,80   ISBN 3-921497-55-8

Guatemala
DM 36,80   ISBN 3-89416-214-7

Honduras
DM 36,80   ISBN 3-89416-608-8

Mexiko
DM 36,80   ISBN 3-9800975-6-0

Panama
DM 36,80   ISBN 3-89416-225-2

Peru/Bolivien
DM 36,80   ISBN 3-3929920-20-4

Radabenteuer Panamericana
(Rad & Bike)
DM 28,80   ISBN 3-929920-13-1

Traumstraße Panamerikana
(Reise Story)
DM 24,00   ISBN 3-9800975-3-6

Trinidad & Tobago
Barbados, St. Lucia, Grenada, St. Vincent & die Grenadinen
DM 36,80   ISBN 3-89416-174-4

Venezuela
DM 39,80   ISBN 3-921497-40-X

Wer in tropischen und subtropischen Ländern reist, weiß, daß die dortige medizinische Versorgung nicht mit der von zu Hause gewohnten vergleichbar ist.

Dieses Buch gibt Anleitung zur Hilfe und Selbsthilfe in allen Situationen, die die Gesundheit und Hygiene betreffen und orientiert sich dabei an den realen Gegebenheiten unterentwickelter Länder. Es vermittelt nicht nur Grundlagen der medizinischen Diagnose, Behandlung und Verhinderung typischer Krankheiten unterwegs, sondern bietet darüber hinaus umfassendes Hintergrundwissen zu allen Aspekten der Gesundheit.

Der Autor qualifizierte sich durch 20jährige Gesundheits-Fürsorge-Arbeit in den Bergregionen Mexikos. Sein Buch wurde mittlerweile in über 20 Sprachen übersetzt und in der ganzen Welt verbreitet. Die vorliegende deutsche Erstausgabe orientiert sich an den Bedürfnissen von Reisenden, die Gegenden besuchen, in denen es lebenswichtig sein kann, sich selbst und anderen helfen zu können.

Inhaltsübersicht

Vorbeugen: Hygiene, richtige Ernährung, Sonnenschutz usw. **Grundwissen:** Wie man Kranke untersucht, wie man sie pflegt, wie man Medikamente gebraucht; Antibiotika, was sie sind, wann sie helfen; Heilen ohne Medizin; wie und wann man Spritzen gibt; Hausmittel und Aberglaube in der 3. Welt; Krankheiten, die man oft verwechselt...

Krankheiten der Tropen: von Durchfall bis Allergie, von Erkältung bis Höhenkrankheit, Würmer und Parasiten, schwere Erkrankungen (Malaria, Typhus, Tetanus u.a.).

Hautkrankheiten: Identifikation, Behandlung, Ursachen.

Sonstige Krankheiten: Augenkrankheiten, Zahnprobleme, Erkrankungen der Blase und Genitalien usw.

Erste Hilfe: Was tun bei Fieber, Schock, Ohnmacht, Unfällen, Hitzeschäden? Behandlung von Wunden, Knochenbrüchen, Verrenkungen, Vergiftungen, Bissen, Transport von Verletzten usw.

Anhang für Fernreisende: Impfkalender, Adressen, Reise-Apotheke, Erste-Hilfe-Ausrüstung, Literaturangaben, Sach- und Stichwortregister, Malariaresistenz-Liste.

Über 300 erläuternde Abbildungen, Tabellen, Fieberkurven und vieles mehr.

David Werner

Wo es keinen Arzt gibt

Medizinisches Gesundheitshandbuch zur Hilfe und Selbsthilfe auf Reisen.

328 Seiten

mit Malariaresistenz-Liste
ISBN 3-922376-35-5, DM 26.80

Rainer Krack
Kulturschock THAILAND
204 Seiten, zahlreiche Abb.
ISBN 3-89416-162-0
ab Herbst 1990, DM 24,80

Rainer Krack
Kulturschock INDIEN
204 Seiten, zahlreiche Abb.
ISBN 3-922376-85-1, DM 24,80

Martin Lutterjohann
Kulturschock JAPAN
204 Seiten, zahlreiche Abb.
ISBN 3-922376-55X, DM 24,80

Gabriele Kalmbach
Kulturschock FRANKREICH
204 Seiten, zahlreiche Abb.
ISBN 3-89416-163-9, DM 24,80

Christine Pollok
Kulturschock ISLAM
204 Seiten, zahlreiche Abb., DM 24,80
ISBN 3-89416-164-7

TRAVELLER's BACKGROUND

ANDERE LÄNDER – ANDERE SITTEN: Alltagskultur ...
Tradition ... Verhaltensregeln ... Religion ... Tabus ...
Mann und Frau ... Stadt- und Landleben ... usw.

*Kultur*Schock

INDIEN

Rainer Krack

Viele, die ein fremdes Land besuchen, erklären es zum „Traumland", für andere ist es ein „Alptraum". Woher kommt dieser Gegensatz?
Der Grund ist das Schlüsselerlebnis eines jeden Reisenden, der **Kulturschock**. Schon unsere Vorfahren, die als „Entdecker" fremde Völker besuchten, waren entsetzt über deren „Andersartigkeit". Man versuchte, den Einheimischen ihren „heidnischen" Glauben auszutreiben und ihnen die abendländische „Kultur" beizubringen. Zum Glück oft nur mit recht mäßigem Erfolg.
Der **Kulturschock** ist nichts weiter, als das Beharren darauf, daß die eigenen Werte die richtigen, die anderen die „unnormalen" sind. Diese Haltung, die natürlicherweise eine Nicht-Anpassung an die Kultur der Besuchten nach sich zieht, führt unweigerlich zum Konflikt: Niemand kann sich in einem Land wohlfühlen,

dessen Denkweise er nicht versteht oder verstehen will und der durch das neu Gesehene nicht seine eigene Kultur in Fragen stellen kann. Wem es aber gelingt, sich in die fremde Kultur hineinzudenken und seine althergebrachten Denkschemata für die Zeit der Reise (und wenn möglich noch etwas länger) zu vergessen, dem wird die Erkundung des besuchten Landes gelingen.
Die Bücher der Reihe **Kulturschock** wollen zu diesem Gelingen beitragen. Sie befassen sich schwerpunktmäßig mit den Denk- und Verhaltensweisen der jeweiligen Einwohner, erklären Hintergründe, die zu diesen Lebensweisen führen und bieten eine Orientierung im Dschungel des fremden Alltags Familienleben, Moralvorstellungen und Anstandsregeln werden genauso erläutert wie Umgangsformen, religiöse Gebote oder Tischsitten.

Peter-Rump-Verlags-und Vertriebsges. mbH

Rainer Krack
India obscura
Außenseiter und Merkwürdigkeiten
der indischen Gesellschaft.

292 Seiten, zusätzl. 8 Farbseiten
1. Aufl., DM 24.80
ISBN 3-922376-70-3

Dieses Buch handelt von Außenseitern und Merkwürdigkeiten in einem ohnehin faszinierend „merkwürdigen" Land. Den Autor zieht es zu Handlungsorten und Randerscheinungen, die weder in Reiseführern noch in landeskundlichen Büchern Erwähnung finden. Der vorliegende Band eröffnet einen spannenden Einblick in das Mysterium Indien, wie ihn der Tourist wohl kaum erhalten wird: Indien von Innen betrachtet, mit den Augen eines Westlers auf der Suche nach dem Ungewöhnlichen. Das Ergebnis ist so vielgefächert wie Indien selbst: Faszinierend und schockierend zugleich, immer überraschend und niemals langweilig.

Aus dem Inhalt
Der Kult der Eunuchen: Männer lassen sich kastrieren, um den Göttern Yellama und Bahuchara zu dienen. Ihren Unterhalt verdienen sie durch Betteln oder als Stricher in Bombay.
Der reichste Tempel Indiens: Pilger spenden Geld, Gold und ihre Haare in Vertrauen auf Gott Venkateshwara, der es ihnen hundertfach zurückzahlen wird. Im „Tempel des Mammon" rollt die Rupie.

Die Parsen: Die Anhänger des Propheten Zarathustra, die ihre Leichen den Geiern vorwerfen, sterben aus. Und damit verschwindet die ehemalige Elite Indiens. Das Ende ist in Sicht!
Thags, die frommen Würger: Vor 150 Jahren wurden sie, die Reisende im Namen der Göttin Kali lautlos erwürgten, von den Engländern ausgemerzt. Fast. Ihre modernen Nachfolger werden heute wieder von der Polizei gehetzt.
Tempelprostitution: Mädchen werden in einer geheimen Zeremonie mit einer Göttin „vermählt". Das Fest, zu dem eine halbe Million Pilger strömt, ist der Anfang ihres Abstiegs.
u.a.

Jutta Mattausch

Ladakh & Zanskar

Ladakh, auch "Klein-Tibet" genannt, ist das Land der tausend Berggipfel, Mythen und buddhistischer Klöster. Es liegt im nördlichsten indischen Bundesstaat mitten im Himalaya und ist von endlosen bizarren Gebirgsketten, grünen Oasen und abgelegenen Dörfern geprägt, in denen die Zeit scheinbar stehengeblieben ist. Bergsteiger fasziniert Ladakh ebenso wie Kulturinteressierte.

Noch isolierter liegt die kleine Nachbarregion **Zanskar,** die nur während der kurzen Sommermonate mit der Außenwelt verbunden ist. Dort erlebt der Besucher die unverfälschte traditionelle Kultur in ihrer ganzen Vielfalt.

Dieses Handbuch bietet eine Fülle von Hintergundinformationen. Die engagierten Darstellungen der Natur und Geschichte, Religion, Sitten und Bräuche ergänzen in idealer Weise die konkreten Tips zur Reisevorbereitung, die ausführlichen Orts- und Klosterbeschreibungen und die verläßlichen Empfehlungen von Übernachtungs-, Transport- und Einkaufsmöglichkeiten. Sachkundig werden Trekkingrouten durch die grandiose Welt der Gipfel und Gletscher beschrieben. In einem umfangreichen Kapitel werden die Anreise und die wichtigsten Städte auf dem Weg in den Himalaya, **Delhi, Srinagar** und **Dharamsala,** vorgestellt.

Abgerundet wird dieses Reisehandbuch durch eine Vielzahl von aktuell recherchierten Adressen und Preisangaben, über 120 Farb- und Schwarzweißfotos, 40 Karten, Zeichnungen und Pläne, eine kleine Sprachhilfe, sowie ausführliche Register.

556 Seiten, ISBN 3-89416-176-0   **DM 36,80**

Reise Know-How Verlag Peter Rump GmbH

REISE KNOW-HOW

Thomas Barkemeier
Indien - Der Norden
Handbuch für
individuelles Reisen
und Entdecken

Indien, ein ganzer Kontinent voller Geheimnisse und Exotik - zu groß und vielfältig, um in ein Buch gepreßt zu werden. So bietet es sich an, dieses riesige Gebiet dem Reisenden in zwei Bänden zugänglich zu machen. Der Band Nordindien beschreibt das Gebiet vom Himalaya im Norden bis Bombay und Kalkutta im Süden.

Hier befinden sich die wichtigsten heiligen Stätten des Hinduismus und Buddhismus und die quirligsten Metropolen des Landes. Reisen in Nordindien bedarf einer guten Vorbereitung -zu andersartig sind Natur und Kultur, Land und Leute. Der Autor kennt Indien seit Jahren und faßt in diesem praktischen Reisehandbuch alle wichtigen Informationen sowohl zur Vorbereitung der Reise als auch zum Reisen im Land zusammen. Ausführlich werden Sehenswürdigkeiten und Naturschönheiten beschrieben. Viele praktische Tips zum richtigen Umgang mit den Menschen und den Unwägbarkeiten vor Ort ermöglichen eine optimale individuelle Reisegestaltung.

720 Seiten, über 100 Fotos, viele Karten und Pläne
24-Seiten-Beileger "Gesundheitstips"
ISBN 3-89416-223-6, DM 44,80

Reise Know-How Verlag Peter Rump GmbH

Billigflüge nach Kathmandu

Die nebenstehende Liste bietet eine Übersicht aller wichtigen **Billigflüge nach Kathmandu**. Die Daten wurden uns freundlicherweise von der Firma *Travel Overland* in München zur Verfügung gestellt. Natürlich ohne Gewähr, Stand Frühjahr 1996.

Bei Nachfragen an *Travel Overland:*
Barerstr. 73, 80799 München,
Tel.: 089/272760
Fax: 089/2725509

Es bedeuten:
•*Abflugorte:* Aus Platzgründen haben wir für die unterschiedlichen Flughäfen Nummern angegeben:

(1) Frankfurt, (2) München, (3) Berlin, (4) Hamburg, (5) Hannover, (6) Düsseldorf, (7) Köln, (11) Leipzig.

Innerhalb Deutschlands wird von einigen Gesellschaften ein Zubringerservice (Kennzeichnung: *RF*) von zwanzig Ausgangsorten mit dem *Rail & Fly-Ticket* der Bahn nach Frankfurt angeboten.

Ausgangsorte für den Zubringerservice: Bayreuth, Berlin, Bonn, Bremen, Dortmund, Dresden, Düsseldorf, Friedrichshafen, Hamburg, Hannover, Hof, Kiel, Köln, Leipzig, München, Münster, Nürnberg, Paderborn, Saarbrücken, Stuttgart, Westerland.

•*Stopover*, an denen man evt. gegen Zuschlag die Reise unterbrechen kann, werden extra angegeben.

•*Gültigkeit:* Wird in Tagen angegeben. Wenn "von/bis" aufgeführt ist,

Fluglinie (Land)	Abflugorte, Stopover	Gültigkeit (Tage)	Preise (von - bis)	Kinder (-2 / - 12)	Flugzeit, Reisezeit	Flugtage
Aeroflot (GUS)	1-4, 6, 7, 11 Moskau + 100 DM	365	1399	-90%/-50%	13/21	1
Air India (Indien)	1, *RF* + 133 DM Delhi	6 - 180	1366-1422	218,-/-50%	10/19	tgl.
Biman (Bangladesh)	1 Dacca + 300 DM	365	1199	548,-/-50%	11/18	1
Kuwait Airways (Kuwait)	1, 2, *RF* + 70 bis 134 DM Kuwait, Delhi	365	1499-1799	548,-/-50%	112/22	1
Lufthansa (BRD)	1, *RF*	6 - 180	1951-2126 1463-1592 [1]	-90%/-50% – / –	10,5/11,5	3
Pakistan Airlines (Pakistan)	1, *RF* + 118 DM Karachi, Islamabad + 100 DM	14 - 90	1322	210,-/-3%	12,5/25,5	1
Royal Air Nepal (Nepal)	*RF* Dubai	365	1215-2065	-90%/-33%	10,5/12	3
Singapore Airl. (Singapur)	*RF* Singapur	365	2350 - 2399	548,-/-50%	18/36,5 ÜN Singapur	tgl.
Thai Airways (Thailand)	*RF* 1 beide: Bangkok	365	2050-2360 1529-2239 [2]	548,-/-50% – / –	15/18	tgl.

nennt die erste Zahl die Mindest-Aufenthaltsdauer.

•*Preis:* Angegeben ist immer der niedrigste und höchste Hin- und Rückflugpreis (in DM) der billigsten Klasse für die angegebene Gültigkeitsdauer, inclusive der Zuschläge für das *Rail & Fly-Ticket.* Die Preise sind saisonbedingt. Die Kennzeichnungen für Sondertarife bedeuten:

(1) - Jugendtarif bis 24 Jahre, Studenten bis 26 Jahre

(2) - Jugendtarif bis 29 Jahre, Studenten bis 34 Jahre

•Die regulären Flugpreise in der **Business Class** betragen 5749,-DM, in der **First Class** zahlt man 8776,- DM. Diese Preise sind bei allen Gesellschaften gleich, sofern sie eine solche Klasse anbieten. Gelegentlich werden auch Flüge der Business Class zu Sondertarifen gehandelt.

•*Kinder:* Kinder bis zu zwei Jahren haben keinen Anspruch auf einen Sitzplatz; für sie braucht aber auch nur der angegebene DM-Preis bezahlt werden, bzw. das, was nach Abzug der angegebenen Prozentzahl übrigbleibt. Kinder über zwei bis zwölf Jahre haben Anspruch auf einen Sitzplatz und erhalten ebenfalls Ermäßigung. Bei Jugend- und Studententarifen gibt es keine Kinderermäßigung.

•*Flugzeit/Reisezeit:* Angegeben ist zuerst die Flugzeit, dann die gesamte Reisezeit incl. Stops. Bei einigen Fluglinien sind Übernachtungen (ÜN) notwendig.

•*Flugtage:* Hier ist die Anzahl von Flügen pro Woche angegeben.

H i l f e !

Dieses Reisehandbuch ist gespickt mit unzähligen Adressen, Preisen, Tips und Infos. Nur vor Ort kann überprüft werden, was noch stimmt, was sich verändert hat, ob Preise gestiegen oder gefallen sind, ob ein Hotel, ein Restaurant immer noch empfehlenswert ist oder nicht mehr, ob ein Ziel noch oder jetzt erreichbar ist, ob es eine Alternative gibt usw.

Der Autor dieses Buches ist zwar stetig unterwegs und versucht, alle zwei Jahre eine komplette Aktualisierung zu erstellen, aber auf die Mithilfe von Reisenden kann er nicht verzichten.

Darum: Schreiben Sie uns, was sich geändert hat, was besser sein könnte, was gestrichen bzw. ergänzt werden soll. Nur so bleibt dieses Buch immer aktuell und zuverlässig. Die besten und hilfreichsten Zuschriften belohnt der Verlag mit einem Freiexemplar der nächsten Auflage. Schreiben Sie direkt an:

Reise Know-How Verlag Peter Rump GmbH, Hauptstr. 198, D-33647 Bielefeld.

Danke!

461

Kartenverzeichnis

Der Autor

Rainer Krack, Jahrgang '52, lebt seit 1978 hauptsächlich in Asien. Bevor er zum ersten Mal Nepal besuchte, hatte er bereits 5 Jahre auf dem indischen Subkontinent verbracht, zumeist in Indien und Pakistan. Dort erlernte er Hindi, Urdu und Bengali, und seine folgenden Nepal-Aufenthalte vermittelten ihm zusätzlich Nepali-Kenntnisse. Seit 1987 lebt der Autor in Bangkok, verbringt aber jedes Jahr drei Monate in Nepal, das ihm zu einer Art "dritten Heimat" geworden ist. Dort kam ihm auch die Idee zu dem vorliegenden Buch.

Rainer Krack begann schon während vorangegangener Indien-Aufenthalte über Gesehenes und Erlebtes zu schreiben und wurde so, eher ohne es zu beabsichtigen, zum Journalisten. In der Folgezeit arbeitete er für verschiedene Agenturen, die seine Artikel weltweit verkauften. 1986 stieß er "per Zufall" auf den Peter-Rump-Verlag, und es begann eine Zusammenarbeit, die sich bisher in 10 Büchern niedergeschlagen hat. Zwischen seinen Buchprojekten arbeitet Rainer Krack weiterhin als freier Journalist.